江苏
软件与信息
服务业年鉴

2017 卷

Yearbook of Jiangsu
Software and Information
Service Industry

江苏省经济和信息化委员会
江苏省软件行业协会 编

南京大学出版社

图书在版编目(CIP)数据

江苏软件与信息服务业年鉴. 2017卷 / 江苏省经济和信息化委员会，江苏省软件行业协会编. — 南京：南京大学出版社，2017.9

ISBN 978 - 7 - 305 - 19305 - 7

Ⅰ. ①江… Ⅱ. ①江… ②江… Ⅲ. ①软件产业－江苏－2017－年鉴②信息服务业－江苏－2017－年鉴 Ⅳ. ①F426.67 - 54②F492 - 54

中国版本图书馆 CIP 数据核字(2017)第 230722 号

出版发行　南京大学出版社
社　　址　南京市汉口路 22 号　　　　邮　编　210093
出 版 人　金鑫荣

书　　名　**江苏软件与信息服务业年鉴(2017卷)**
编　　者　江苏省经济和信息化委员会　江苏省软件行业协会
责任编辑　荣卫红　　　　　　编辑热线　025 - 83685720
照　　排　南京南琳图文制作有限公司
印　　刷　江苏苏中印刷有限公司
开　　本　889×1194　1/16　印张 23.5　字数 648 千
版　　次　2017 年 9 月第 1 版　2017 年 9 月第 1 次印刷
ISBN 978 - 7 - 305 - 19305 - 7
定　　价　228.00 元

网址：http://www.njupco.com
官方微博：http://weibo.com/njupco
官方微信号：njupress
销售咨询热线：(025) 83594756

编辑委员会

编辑人员

主　编　池　宇

副主编　张　兴　何满怀

成　员　杨秋福　　陈　昆　　钱梦骄　　郑琳丽
　　　　张增全　　卢剑荣　　肖　彬　　李霞明
　　　　孙　勇　　刘元元　　余亮明　　高　吉
　　　　卞晓卫　　陈家春　　王　健　　郝春毅
　　　　蔡勇根　　张　艳　　何　坡　　程润秋
　　　　于　跃　　张　爽　　段玲燕　　王守军
　　　　庄　雷　　施　琦　　严　香　　张宏生
　　　　刘　钊　　颜　香

前　言

随着全球新一轮科技革命和产业变革持续深入推进，经济发展方式正加速转变，软件作为基础性、战略性产业发挥着重要支撑作用。软件和信息服务业是引领科技创新、驱动经济社会转型发展的核心力量，是建设制造强国和网络强国的核心支撑。

2016年是"十三五"开局之年，是集中力量推进供给侧结构性改革、加快江苏经济转型升级的关键之年，也是江苏实现软件大省向软件强省跨越的重要之年，因此，江苏省委省政府高度重视软件产业的发展，全年实现软件业务收入首次突破8000亿元，再创新高，规模位居全国前列。

为全面记录2016年江苏软件产业发展情况、重要活动、取得成就、创新工作，由江苏省经济和信息化委员会主编、江苏省软件行业协会承编的《江苏软件与信息服务业年鉴（2017卷）》首度以公开出版方式出刊，全书共分6个篇章，包括产业综述篇、地市产业篇、园区产业篇、产业要素篇、产业政策篇、2016年产业大事记，分析产业发展情况，传播产业发展政策，记录产业发展大事。

本书内容丰富，信息量大，数据翔实，图文并茂，便于读者阅读和使用。期望本书成为各级软件产业主管部门调研实际、指导产业发展的重要资料；成为全省软件企业家们熟悉环境、谋划发展、进行市场分析决策的有效工具；成为国内外投资商、证券商、服务外包商选择投资与合作对象的参考依据；成为从事软件和信息服务业研究人员，高等院校软件学院、科研机构等相关专业的师生全面了解江苏软件产业发展现状的最佳窗口。

本书在编写过程中得到了省市有关部门，各省辖市经信委、软件行业协会和产业园区的积极支持，在此衷心致谢。限于时间、条件等原因，本书难免存有错误和疏漏，欢迎各界朋友和读者不吝指正。

编辑委员会

二〇一七年十月

目 录

第一部分　产业综述篇

第二部分　地市产业篇

第三部分　园区产业篇

第四部分 产业要素篇

第五部分 产业政策篇

第六部分 2016年产业大事记

附 录

第 一 部 分

产 业 综 述 篇

第一章　江苏省软件产业发展综述

第一节　2016 年江苏省软件产业发展基本情况及特征

软件是信息产业的核心与灵魂,是提升国家信息化水平、支撑经济提质增效升级和促进大众创业、万众创新的重要力量。软件和信息服务业是关系国民经济与社会发展全局的基础性、战略性、先导性产业,已成为新一轮科技革命和产业革命竞争的焦点与战略制高点。2016 年,江苏省软件和信息技术服务行业认真贯彻省委、省政府关于大力发展新一代信息技术,努力建设软件强省的战略部署,着力推动大数据、云计算、人工智能、物联网、移动互联等新兴产业发展,持续推进产业标准化建设,使软件产业再上新台阶。全年软件和信息技术服务业继续保持两位数增长,产业结构处于持续调整期。传统软件企业充分把握金融、能源、通信、医疗等行业普遍面临结构升级的契机,以目标行业的信息化、智能化、平台化改造需求为切入点,加强对嵌入式软件的研发以及向云计算、大数据等服务化转型,打造新的业务增长点。

一、中高速增长成新常态

工业和信息化部统计年报数据显示,2016 年,江苏省纳入软件产业年报统计的企业共计 4 844 家,由于工信部于 2016 年 10 月提高纳入统计的企业规模标准①,2016 年报统计企业出现负增长,较上年减少 447 家,2008—2016 年江苏省纳入工信部统计年报的软件企业数见图 1-1。2016 年,江苏省软件产业从业人员共计 117.0 万人,比上年增加 4.83 万人,占全国软件业从业人员总数的 20.0%(具体内容见第四部分产业要素篇第二章人才篇)。

产业规模方面,2016 年,江苏省软件和信息技术服务业业务收入(以下简称软件业务收入)首次突破八千亿元,达 8 165.6 亿元,再创新高,仅次于广东省(8 223.4 亿元),居全国第二,同比增长 15.6%,增速较去年同期上升 1.2 个百分点。全年实现利润总额 817.1 亿,同比增长 2.5%。全国软件业务收入前五名见图 1-2。

---

① 将原统计范围"一是在我国境内注册(港澳台地区除外),主要从事软件研发、系统集成及相关信息技术服务业务,且主营业务年收入 100 万元以上,具有独立法人资格的软件企业;二是在我国境内注册,主营业务年收入达 500 万元以上,并有软件研发、系统集成及相关信息技术服务收入,且该收入占本企业主营业务收入 30% 以上的独立法人单位;三是在我国境内注册,主要从事集成电路设计的企业或其集成电路设计和测试的收入占本企业主营业务收入 60% 以上,且主营业务年收入达 100 万元以上的独立法人单位"中规定的三类企业规模分别修改为:第一类主营业务年收入 500 万元以上;第二类主营业务年收入 1 000 万元以上;第三类主营业务年收入 500 万元以上。

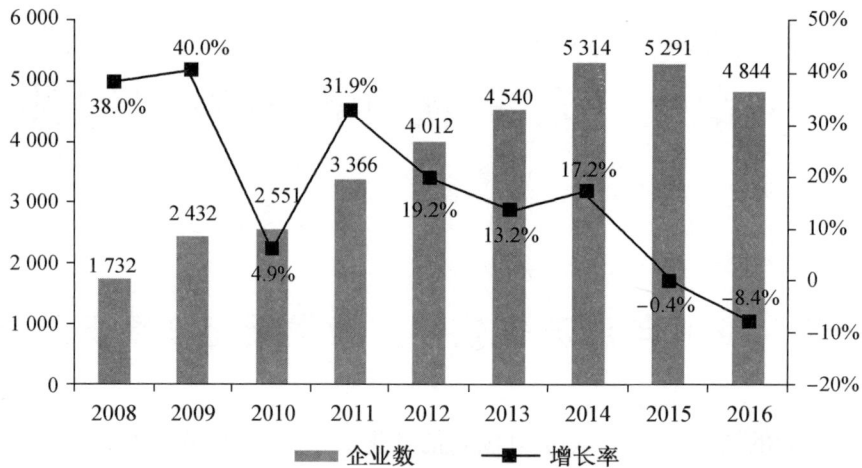

图 1-1　2008—2016 年江苏省纳入工信部统计年报的软件企业数及增长率

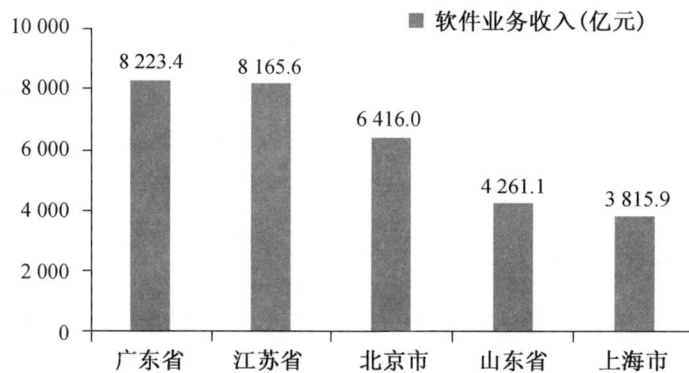

图 1-2　2016 年全国软件收入前五名省市

　　江苏省软件产业自 1999 年开始有不完整的统计数据,"十一五"后,软件业务收入根据工信部统一规定进行统计。"十一五"以来江苏省历年软件业务收入及增长速度见图 1-3。近年来江苏软件企业数量及软件业务收入情况见表 1-1。可以看出,国际金融危机之前,江苏软件业连续两年超高速增长,达到 60% 以上。2008 年之后,由于受到国际金融危机和我国经济调整的影响,增速出现震荡,尤其是"十二五"以来,增速逐年放缓,到"十二五"最后一年 2015 年,江苏省软件业务收入为 7 062.4 亿元,同比增长 14.4%,增速较 2014 年下降 4.8 个百分点。在"十三五"开局之年的 2016 年,江苏省软件业务收入达 8 165.6 亿元,同比增长 15.6%,增速较 2015 年上升 1.2 个百分点。可以看出,江苏软件业的发展速度已从"十二五"初期及以前的高速增长逐步进入中高速增长阶段,并呈现平稳增长态势。

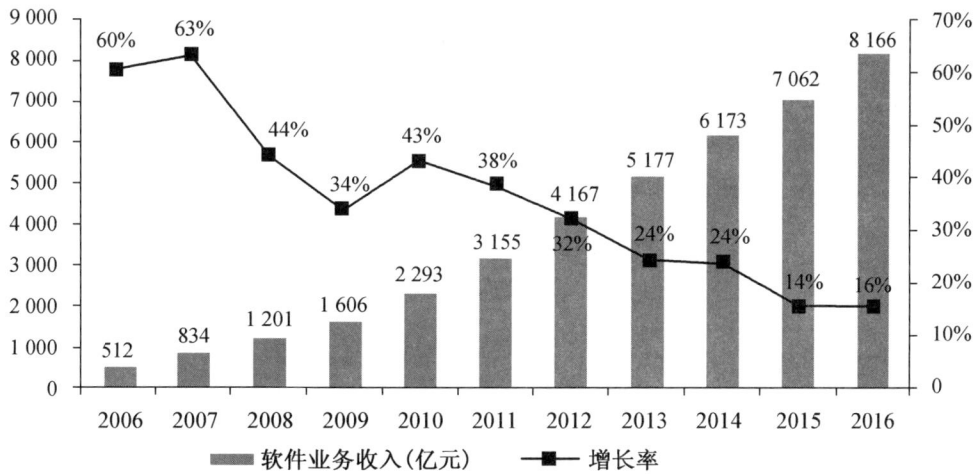

图 1-3　2006—2016 年江苏省软件业务收入增长情况

表 1-1　2007—2016 年江苏软件企业数量及软件业务收入情况

年份	企业数	企业数增幅(%)	软件业务收入(亿元)	软件业务收入增幅(%)
2007 年	1 255	25.8	834	62.8
2008 年	1 732	38.0	1 201	44.1
2009 年	2 432	40.4	1 606	33.7
2010 年	2 551	4.9	2 293	42.8
2011 年	3 366	31.9	3 155	37.6
2012 年	4 012	19.2	4 167	32.1
2013 年	4 540	13.2	5 177	24.2
2014 年	5 314	17.0	6 173	19.2
2015 年	5 291	−0.4	7 062	14.4
2016 年	4 844	−8.4	8 166	15.6

二、全国占比基本稳定

2006 年之前,江苏省占全国软件产业的比重在 10% 以下,2006—2015 年江苏省软件收入占全国总收入比重见表 1-2。可以看出,"十一五"以来,该项比重逐年提高,近 5 年基本稳定,接近 17%,到 2016 年为 16.9%,如图 1-4 所示。可以看出,"十二五"至"十三五"初期,江苏省占全国软件产业的比重趋势线基本接近平行,全国占比基本稳定。

表 1-2　2006—2016 年江苏省与全国软件收入情况

类别 \ 年份	2006	2007	2008	2009	2010	2011	2012	2013	2014	2015	2016
全国软件收入(亿元)	4 801	5 834	7 573	9 970	13 589	18 849	24 794	30 587	37 026	42 848	48 232
江苏软件收入(亿元)	512	834	1 201	1 606	2 293	3 155	4 167	5 177	6 173	7 062	8 166
江苏占全国比重(%)	10.7	14.3	15.9	16.1	16.9	16.7	16.8	16.9	16.7	16.5	16.9

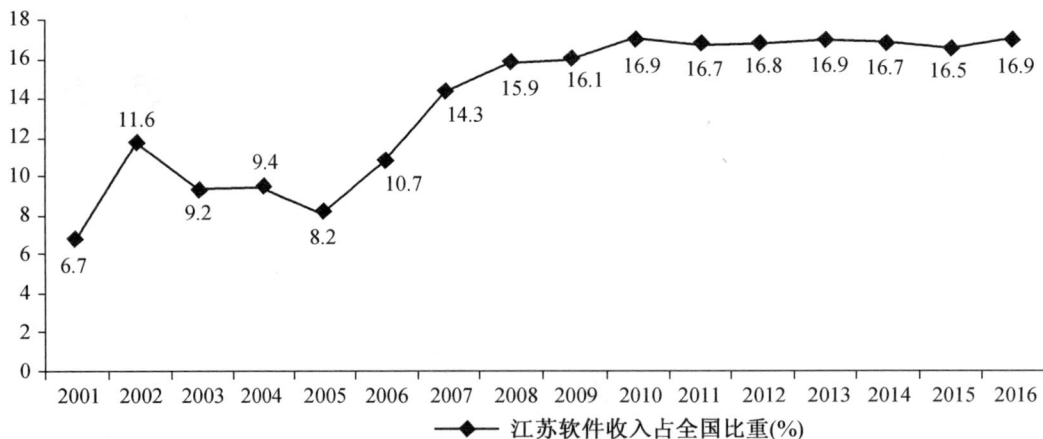

图 1-4　2001—2016 年江苏软件收入占全国比重情况

三、产业结构持续调整

从江苏省 2016 年软件业务收入构成来看,软件业务收入三大类型中,软件产品实现收入 1 851.3 亿元,同比增长 13.3％,较去年同期上升 14.4 个百分点,占全业务比重 22.7％,比去年同期下降 0.4 个百分点;信息技术服务实现收入 3 745.6 亿元,同比增长 32.0％,比去年同期上升 7.6 个百分点,占全业务比重 45.9％,比去年同期上升 5.7 个百分点;嵌入式系统软件实现收入 2 568.7 亿元,同比下降 0.8％,比去年同期下降 16.5 个百分点,占全业务比重 31.4％,比去年同期下降 5.2 个百分点,如表 1-3 所示。

表 1-3　2016 年江苏省软件业务收入构成一览表

类别	业务收入(亿元)	增幅(%)	占全业务比重(%)
软件产品	1 851.3	13.3(↑14.4)	22.7(↓0.4)
信息技术服务	3 745.6	32.0(↑7.6)	45.9(↑5.7)
嵌入式系统软件	2 568.7	−0.8(↓16.5)	31.4(↓5.2)
合计	8 165.6	15.6(↑1.2)	100

从以上数据可以看出,三大业务收入中,信息技术服务收入占比最高且增幅最快,一方面表明全省软件产业服务化转型取得较好进展;另一方面表明,江苏软件产业整体进入以"联网应用"为特征的网络化阶段,"网构软件"成为新的形态,平台化服务成为新的趋势。

2013 年之前,江苏省软件产业结构是嵌入式系统软件收入占据半壁江山,软件产品开发和信息技术服务收入占比相对比较小。到 2013 年呈现软件产品收入、信息技术服务收入、嵌入式系统软件收入三驾马车齐头并进态势(31％、39％、30％)。2014 年,虽然三大类软件收入保持平稳增长,但增长速度差距较大,嵌入式系统软件收入增幅超过全行业增速一倍,而其他两大类业务收入增速较小。2015 年,江苏省软件产业呈现信息技术服务收入领跑态势;至 2016 年,信息技术服务收入占比进一步上升,接近全省软件业务总收入的五成。以上数据表明,江苏省软件产业结构处于持续调整期,但结构调整的任务是长期的,不可松懈。

2016 年江苏在全国各类软件业务收入中的排名及占比见表 1-4。从中看出,江苏的软件产品收入、信息技术服务收入、嵌入式系统软件收入在国内排名分别为第 3、3、1 位,均与上年持平。这三项收入在国内同类收入中的比重分别为 12.3％、14.4％和 36.1％,与上年相比较,其中嵌入式系统软件收入下降了 1.0 个百分点,信息技术服务收入和软件产品收入分别上升 1.6、0.3 个百分点。

表 1-4 2016 年江苏省各类软件业务收入国内排名及占比

收入类别	江苏软件收入（亿元）	国内排名	占全国同类收入比重（%）
软件产品收入	1 851.3	3	12.3%
信息技术服务收入	3 745.6	3	14.4%
嵌入式系统软件收入	2 568.7	1	36.1%

四、产业集聚效应明显

江苏软件产业的区域布局呈现高度集聚态势。工信部 2016 年统计年报数据显示,沿沪宁线分布的南京、苏州（含昆山,下同）、无锡、镇江、常州分列全省软件业务收入前 5 名,上述苏南五市 2016 年合计实现软件业务收入 7 701.4 亿元,占全省总收入的 94.3%;五市合计软件业务出口额、软件企业数、从业人员数占全省比重分别为 99.96%、87.1%、96.6%。其中,南京、苏州、无锡的软件业务收入分别占全省业务总收入的 42.7%、24.9%、12.2%,合计占全省总收入的 79.8%,接近全省总收入的八成。

从纳入工信部统计年报的企业数来看,2016 年苏南 5 市共有软件企业 4 217 家,占全省总数的 87.1%;南京、无锡、苏州的软件企业数位居全省前三,3 市软企总数占全省的比例达 76.6%,其中,仅南京市在全省的占比就接近四成,达 39.4%。可以看出,江苏省已形成以南京、无锡、苏州为中心的软件产业集聚带,苏南地区对全省软件产业发展的整体带动作用日益凸显。这与上述城市着力塑造软件名城、紧抓产业载体建设密不可分。2016 年 8 月,南京市先后印发《南京市建设中国智能制造名城实施方案》及《南京市建设国际软件名城实施方案》,提出将南京打造为中国智能制造名城,进一步强化软件业对南京市经济社会的服务和支撑作用,凸显南京对江苏软件业的示范引领作用。

而苏中、苏北地区虽然在产业规模上尚不能比肩苏南,但近年来业务增速突出,发展势头不容忽视。2016 年全省各区域软件业务收入及增速见图 1-5。由图可见,2016 年,苏中、苏北地区软件业务收入增速分别达到 104.2%、39.9%。其中,南通市软件业务收入增长 555.7%、宿迁市软件业务收入增长 342.6%、徐州市软件业务收入增长 55.9%,远高于全省平均水平,发展潜力巨大。江苏各市 2011—2016 年软件企业数及软件业务收入见表 1-5。2016 年江苏各市软件产业年报统计数据见表 1-6,2016 年全省各市软件产业发展情况见第二部分地市产业篇。

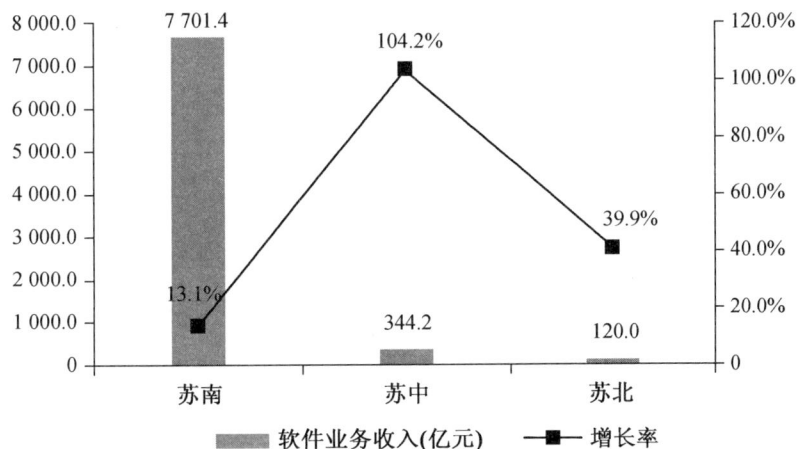

图 1-5 2016 年全省各区域软件业务收入及增速

表1-5 2011—2016年江苏省各市企业数和软件业务收入一览表

市别	企业数						软件业务收入(亿元)					
	2011年	2012年	2013年	2014年	2015年	2016年	2011年	2012年	2013年	2014年	2015年	2016年
南京	1 036	1 239	1 364	1 833	1 759	1 907	1 521.4	1 945.8	2 309.2	2 741.4	3 095.9	3 483.9
苏州	525	653	783	909	934	735	804.5	990.6	1 311.9	1 517.1	1 807.8	2 033.2
无锡	973	1 037	1 144	1 127	1 228	1 067	508.2	714.1	765.1	882.8	880.7	992.7
镇江	140	150	175	168	201	245	134.8	214.7	309.1	409.8	524.5	616.8
常州	207	222	228	406	460	263	113.9	200.5	305.2	400.3	499.1	574.9
南通	54	55	239	267	196	180	3.7	4.9	49.3	83.1	28.9	189.3
扬州	152	381	263	205	196	168	15.5	26.1	40.1	56.0	80.1	86.1
徐州	42	38	56	48	70	64	19.7	22.0	30.1	11.4	52.0	81.0
泰州	63	71	86	99	105	93	19.3	28.0	35.2	42.8	59.6	68.8
宿迁	131	103	133	161	46	31	6.5	7.9	5.1	8.6	4.1	18.2
盐城	10	25	32	42	39	67	0.6	2.2	5.8	12.7	15.9	15.2
连云港	15	17	15	13	18	11	1.6	4.3	5.6	2.3	7.4	2.9
淮安	18	21	22	36	39	13	5.7	6.0	5.7	4.3	6.3	2.6
合计	3 366	4 012	4 540	5 314	5 291	4 844	3 155.3	4 167.0	5 177.3	6 172.6	7 062.3	8 165.6

注:按各市2016年软件业务收入从高到低排列。

表1-6 2016年江苏省各市软件产业年报统计数据一览表

城市	企业数	从业人员年末数	软件业务收入(万元)	软件业务出口(万美元)
南京	1 907	472 463	34 838 700.6	94 665.9
苏州	735	213 805	20 332 392.2	452 651.8
无锡	1 067	148 053	9 926 509.1	106 664.3
镇江	245	237 477	6 167 768.7	6 040.2
常州	263	58 035	5 748 807.4	9 390.7
南通	180	16 053	1 892 797.7	217.9
扬州	168	5 794	861 442.5	0
徐州	64	5 403	810 317.5	23.5
泰州	93	7 235	688 074.1	0
宿迁	31	2 283	182 328.1	0
盐城	67	2 010	151 654.2	60.0
连云港	11	699	29 242.7	0
淮安	13	581	25 980.5	0
合计	4 844	1 169 891	81 656 015.1	669 714.2

注:按各市2016年软件业务收入从高到低排列。

五、企业强化标准建设

2016 年,全省软件企业以标准化建设与突出行业优势相结合,不断提高企业竞争力,取得显著成效。一是特色企业行业优势突出。江苏在电力自动化、通信管理、智能交通、电子政务、电子商务服务、互联网服务等方面涌现了一批如南瑞集团、金智科技、三宝科技、南京亚信、中兴软创、擎天科技、焦点科技、苏宁易购、苏州蜗牛、同程网、途牛网等知名企业,在国内占有明显的技术优势和市场优势。二是企业资质管理进展明显。2016 年,全省共有 2 340 家企业通过软件企业评估,14 家企业通过国家规划布局内重点软件企业核查,116 家企业评定为省规划布局内重点软件企业,29 家企业评定为省级软件企业技术中心,59 家企业通过了 ITSS 运维能力符合性评估,其中成熟度二级企业 2 家,三级企业 53 家,四级企业 4 家。280 家企业评估为计算机信息系统集成资质企业。截至 2016 年年底,江苏省软件资质企业地区分布情况见表 1－7。

表 1－7　江苏省软件资质企业地区分布表(截至 2016 年年底)

资质类型 ＼ 市别	南京	苏州	无锡	常州	镇江	扬州	泰州	南通	徐州	连云港	宿迁	淮安	盐城	总计
软件企业评估认定(2016 年起评)	960	488	270	135	68	161	67	40	68	13	15	23	32	2 340
国家规划布局内重点软件企业	23	4	5		2									34
省规划布局内重点软件企业	101	40	32	6	5	5	3	11	3	1		2	5	214
省软件企业技术中心	51	19	13	1	4	2	6		4	3		1	1	105
ITSS 运维能力通用要求符合性评估认定	21	29	8	3	8	11	1	2		1	1		2	87
信息系统集成资质企业	256	106	45	33	15	19	6	50	11	2	2	9	7	564

2016 年,省经济和信息化委积极承办国际标准会议,全面强化应用宣贯,形成江苏标准新局面。一是与工信部电子工业标准化研究院、苏州市政府联合承办了 IT 服务管理和 IT 治理分技术委员会,以及系统与软件工程分技术委员会两个国际标准组织的 2016 年全会和工作组会议,通过承办国际标准会议,推动省内重点软件企业深入参与国际标准制定工作,以标准化建设引领产业向高端发展。二是承办了全国信息技术服务标准(ITSS)分委会年度全会和分委会主任办公会这两个全国性标准化会议,并同期组织召开了全省 ITSS 和云计算等相关标准应用宣贯会,鼓励各地市结合自身实际情况,开展云计算标准指南和 ITSS 行动计划的宣贯、应用推广工作,引导本地用户单位和信息技术服务骨干企业研究制定宣贯、应用推广工作计划,鼓励南京、无锡、苏州等市组织建设标准示范城市或示范区。截至目前,通过标准符合性评估的供方单位数位居全国第二。

六、新技术催生新业态

随着新一代信息技术的快速发展,大数据、云计算、物联网、人工智能等技术在电子政务、教育、医疗、交通、电子商务等领域的应用日益深化,技术创新应用促进传统产业提质增效、赋能新一轮经济增长的作用日益凸显。2016 年,江苏省政府高度重视大数据、云计算等产业的发展,从宏观层面加强引导,加快新兴产业布局;省经济和信息化委积极推动相关规划及产业政策出台,全力构建产业生态;江苏软件企业也以新技术的快速发展为契机,持续拓宽业务范围,创新服务模式,为企业发展注入新动能。

一是政府层面加大新兴产业扶持力度。 2016 年,江苏省政府发布《江苏省大数据发展行动计划》,明确了全省大数据发展的组织机制、发展目标和重点工程、部门分工,并加大政企合作力度,签订了一系列战略合作项目:10 月 16 日,江苏省政府与阿里巴巴集团、蚂蚁金服集团分别签署战略合作框架协议,共同推动江苏电子商务、产业升级、云计算大数据、智能制造、政务治理等方面实现突破发展。10 月 19 日,江苏省政府与中国电信签署推进"互联网＋"战略合作协议,共同推进国家"互联网＋"行动在江苏省全面落地,加快推动互联网与江苏省经济社会各领域的深度融合和创新发展。11 月 16 日,江苏省政府与华为签署专项战略合作协议,双方将围绕物联网、智能制造、行业大数据应用、智慧城市建设、"互联网＋"政务、信息化人才培养等方面组织实施 20 多个具体合作项目,共同推进江苏信息产业创新发展。11 月 29 日,江苏省政府与京东签署战略合作框架协议,双方将在互联网与现代物流、"三农"、商贸流通、制造业、数据服务、创业创新、医药、金融等领域加强合作,促进江苏经济转型升级。

省经济和信息化委多措并举,从产业标准、生态构建、区域发展规划等多方面入手,着力推动大数据、云计算等产业蓬勃发展。在工信部及江苏省政府指导下,会同中国电子信息产业发展研究院、盐城市政府在盐城举办"2016 中国大数据企业大会",提升江苏大数据发展影响力,并指导成立江苏大数据联盟,吸纳会员单位 240 余家,涵盖大数据产、学、研、用以及服务等领域;在 2016 年省工业和信息产业转型升级引导资金中设立重点标准研制类项目,加大力度鼓励和引导全省优质企业和研究机构联合开展大数据、云计算、信息技术服务以及互联网等领域重点标准专项的研制和应用;开展标准化建设软课题研究,在 2016 年江苏省重点领域共性技术攻关项目招标中立项"工业大数据元数据规范标准与验证专题"。

二是骨干软企加速新兴领域战略布局。 2016 年,江苏共有 7 家企业入围中国互联网企业 100 强,其中苏宁云商跻身十强,途牛旅游、同程旅游、焦点科技、苏州蜗牛科技、江苏 365 网络、好享购上榜。全省共有 10 家企业入围第十五届中国软件业务收入前百家企业名单(见表 1-8),较 2015 年增加 2 家,10 家企业 2015 年软件业务总收入为 310.5 亿元,占全国百家企业软件总收入的比重为 6.55％,比去年上升 0.7 个百分点。上榜企业在总榜的位次整体有所上升,4 家企业排名上升,3 家企业新晋入榜。此外,金智、集群、恒宝、省通服四家上榜企业的软件业务收入增幅都达 18％以上,发展较快。

从企业案例看,润和软件于 2016 年提出定增预案,计划建设金融云服务 SaaS 平台,以服务于 3 个正在快速拥抱云计算的金融细分行业(银行业、保险业和新兴金融业);同时,计划建设金融专属云平台,并搭建能源信息化平台,实现原有业务的延伸升级。恒宝股份则整合金融数据,通过定增融资布局开发基于大数据分析的中小微商户精准服务系统,并在 NFC(近距离无线通信技术)移动支付领域整合现有的客户基础和技术资源,为公司通信业务的发展打造新的营收增长点。金智集团继续布局新能源智慧城市业务,设立智慧城市业务孵化基金,战略投资云思顿智慧垃圾箱、互联网＋传媒、"寻 Me"场内反向寻车系统等创业项目,并拟成立南京新能源智慧城市发展有限公司,从事新能源及智慧城市相关的电动汽车充电桩、充电站、充电塔的建设及运营,并提供智慧停车服务等。

表 1-8　2016 年(第十五届)中国软件业务收入前百家企业名单(江苏企业)

排名	企业名称	软件业务收入增幅(%)
6(↑0)	南京南瑞集团公司	0.9
13(↑0)	熊猫电子集团有限公司	0.1
17(↑9)	江苏集群信息产业股份有限公司	22.6
27(↑2)	江苏省通信服务有限公司	18.9
28(新上榜)	国电南京自动化股份有限公司	(新上榜)
73(↑6)	江苏金智集团有限公司	37.8
81(新上榜)	南京联创科技集团股份有限公司	(新上榜)
83(↑5)	恒宝股份有限公司	20.1
91(新上榜)	江苏润和科技投资集团有限公司	(新上榜)
95(↓19)	江苏国光信息产业股份有限公司	-8.9

三是中小软企加快新兴技术应用研究。2016 年,省经济和信息化委批准认定了第五批 18 家、第六批 19 家"江苏省信息产业企业联合研发创新中心"和第四批 29 家省级软件企业技术中心。从名单来看,多数联合研发创新中心聚焦互联网与传统产业结合的智能电网、交通、装备制造、医疗、农业、城市建设与运营等,致力于推进新领域软件服务模式与新业态的形成;同时,涌现一批致力于实现大数据、云计算、物联网等新兴技术在细分行业领域深化应用的案例。省级软件企业技术中心则大多分布在云计算和大数据服务、智能制造业、智能交通、智能电网、信息安全等领域,提高了企业技术突破的能力。

此外,省内也不断涌现相关业务领域的行业"新秀"。如专注于智能计算领域的南京天数信息科技有限公司针对医疗影像智能识别、金融量化分析与交易、智能生产制造三大领域,提出了新一代智能数据平台整体解决方案 Sky Discovery,以及在此基础上的超高性能机器学习/人工智能分析系统和云服务,目前已与省内多家三甲医院在智能诊断领域达成合作;南京地平线机器人技术有限公司主要从事与人工智能相关的软件及算法创新开发,同时致力于研发可实现深度学习的芯片,以用于汽车自动智能驾驶解决方案、语音识别与理解等。

另一部分软企则将大数据等新兴技术作为企业转型及服务升级的工具,力促服务升级。例如,南京易司拓电力科技股份有限公司通过深度数据挖掘等方式,推动营销模式精准化。该公司充分利用其电力监测设备国内市场占有率超 90% 的优势,一改研发、销售设备的传统业务模式,定期对售出设备后台采集到的海量运行数据进行量化分析。一旦发现异常,第一时间联系相关电网公司或电力企业,为其提供上门检测服务及专业解决方案,从而构建了"设备、数据、服务"的完整闭环。南京亚信紧抓产业机遇,拓宽业务模式,与常州科教城管委会联合共建智慧医疗大数据开放实验室,共同推动政府、医疗机构、企业、社会智慧医疗大数据的融合共享和创新应用。

四是精准技术定位助力软企上市提速。2016 年,江苏省共有 65 家软件和信息服务业企业挂牌新三板,同比增长 80.6%,数量提升明显。其中,以软件开发和信息技术服务为主营业务的共计 60 家,占总数的 92.3%;以通信设备、半导体及元件研发及销售为主营业务的共 5 家,占总数的 7.7%。从业务领域来看,上述企业大多运用新一代信息技术在细分行业不断拓展,主要分布在在线教育、电力、医疗信息化、移动游戏、智慧工厂、物流管理、智能建筑、信息安全等不同行业。江苏省上市企业名单详见第四部分产业要素篇第一章企业篇表 4-16、表 4-17。

七、持续强化产品研发

2016 年,企业注重软件研发,新产品被广泛应用在云计算、大数据、互联网、互联网金融、游戏文化、电子商务等领域。江苏省软件行业协会自 2015 年 12 月启动软件产品评估后,2016 年全年通过评估的软件产品达 4 980 项。从新增的软件产品整体情况看,应用在各行业的应用软件最多,其次是嵌入式软件,同时在云计算、大数据、移动互联网、互联网金融、电子商务等高技术行业出现了相当数量的产品。虽然行业应用软件仍占绝对优势,但可以看到基础软件、移动端软件等占据了相当的比例,软件产品的结构正发生转变。2016 年江苏省软件产品评估情况详见第四部分产业要素篇第二章第一节。

2016 年全国软件著作权登记量为 40.8 万件,江苏位列全国第 4,仅次于广东、北京、上海。2016 年产生的第十四届江苏省优秀软件产品奖(金慧奖)27 项,其中以行业应用软件数量最多,分布在 9 个细分行业领域,包括电力、交通、环保、工程机械、政务、医疗卫生、通信、教育、建筑工程等。

另外,企业更加注重技术中心和联合研发创新中心建设。2016 年 12 月,省经济和信息化委批准认定了第六批 19 家"江苏省信息产业企业联合研发创新中心"。至此,全省企业联合研发创新中心总数已达 110 家(见表 1 - 9),其中包括企业 397 家、高校 78 所、科研院所 92 家。上述创新中心研发总投入达 82.78 亿元,研发团队总人数达 16 210 人,其中院士 4 名,博士 1 653 名,硕士 4 615 名。这些联合研发创新中心很多属于新兴业态的领域,如云计算、大数据、信息安全,更多的是互联网和传统产业结合的智能电网、交通、装备制造、医疗、农业、城市建设与运营、气象等,有的联合创新中心运作已经比较成熟,推进新领域软件服务模式和新业态的形成。此外,2016 年 5 月,江苏省经信委批准认定了第四批 29 家省级软件企业技术中心。截至 2016 年年底,全省累计已认定省级软件企业技术中心 105 家。这些技术中心分布在云计算和大数据服务、网络信息服务、智能制造业、智能交通、智能电网、信息安全等领域,提高了企业技术突破的能力。

表 1 - 9 江苏省信息产业企业联合研发创新中心名单(截至 2016 年年底)

序号	企业联合研发创新中心名称	牵头单位
	第一批	
1	智能工业与机器人	南京科远自动化集团股份有限公司
2	大数据技术	江苏瑞中数据股份有限公司
3	基于北斗应用车联网	南京联创科技集团股份有限公司
4	信息安全	南京新模式软件集成有限公司
5	RFID 技术	南京三宝科技股份有限公司
6	安全智能工业控制	南大傲拓科技江苏有限公司
7	海洋工程与船舶电子装备	江苏远望神州软件有限公司
8	国产电子文档	江苏南大苏富特科技股份有限公司
9	绿色节能信息技术	南京擎天科技有限公司
10	透明云计算	江苏卓易信息科技股份有限公司
11	国产嵌入式芯片	苏州国芯科技有限公司
12	国产服务器 CPU	苏州中晟宏芯信息科技有限公司
13	智能汽车	江苏润和软件股份有限公司

（续表）

序号	企业联合研发创新中心名称	牵头单位
14	穿戴式医疗电子与健康云	南京久康网络科技有限公司
15	互联网服务	焦点科技股份有限公司
16	智能交通	南京多伦科技股份有限公司
17	智慧城市	江苏金智科技股份有限公司
18	智慧安保	南京杰迈视讯科技有限公司
19	MEMS 传感器	苏州固锝电子股份有限公司
20	互联网流量及数据分析	苏州迈科网络安全技术股份有限公司
21	智能气象	南京信大高科技发展有限公司
22	大数据	南京中兴新软件有限责任公司
23	智慧农业	江苏宁供农业产业发展有限公司
24	智慧城市工程	江苏省邮电规划设计院有限责任公司
25	智慧城市建设与运营	江苏赛联信息产业研究院股份有限公司
26	医疗电子及物联网应用	徐州雷奥医疗设备有限公司
27	新媒体	新华报业传媒集团
28	智能电网	南京易司拓电力科技股份有限公司
29	交互式智能语音系统	江苏南大电子信息技术股份有限公司
30	可重构系统芯片	清华大学无锡应用技术研究院
第二批		
1	北斗卫星应用	江苏北斗卫星应用产业研究院有限公司
2	智能制造装备	昆山华恒焊接股份有限公司
3	LTE -北斗车联网融合终端	无锡鹏讯科技有限公司
4	数字化家庭与智慧社区	中国移动通信集团江苏有限公司
5	物联网应用云服务	南京斯坦德云科技股份有限公司
6	智慧城市百姓生活应用	江苏晓山信息产业股份有限公司
7	轨道交通控制技术及应用	江苏大为科技股份有限公司
8	航空工业系统设计与仿真	苏州同元软控信息技术有限公司
9	智能激光应用	南京中科煜宸激光技术有限公司
10	汽车专用电子标识及系统应用	江苏蓝深远望系统集成有限公司
11	智能建筑能源管理	南京天溯自动化控制系统有限公司
12	重资产流程型行业工业 4.0	南京朗坤软件有限公司
13	北斗车载导航多媒体信息终端	江苏北斗星通汽车电子有限公司
14	企业数字化集成与应用	江苏蓝创信息技术服务有限公司
15	智能制造系统及应用	江苏海宝软件股份有限公司
16	城市感知云	苏州恒知电子科技有限公司

（续表）

序号	企业联合研发创新中心名称	牵头单位
第三批		
1	电信大数据	中博信息技术研究院有限公司
2	宽带集群通信系统应用	南京宽慧无线网络通信有限公司
3	互联网教育应用	南京奥派信息产业股份公司
4	云存储技术	南京云创存储科技有限公司
5	新创客聚合服务	江苏中江网传媒股份有限公司
6	智慧电子政务	江苏飞搏软件技术有限公司
7	融合媒体	江苏华博在线传媒有限责任公司
8	网络安全自动化检测	江苏君立华域信息安全技术有限公司
9	移动智能终端MEMS应用	无锡芯奥微传感技术有限公司
10	智慧空港	无锡知谷网络科技有限公司
11	4G－LTE天线模组	昆山睿翔讯通通信技术有限公司
12	新能源汽车云服务	南通鸿鹄信息技术有限公司
第四批		
1	大数据应用	中国电信股份有限公司江苏分公司
2	智慧旅游	江苏鸿信系统集成有限公司
3	互联网互动娱乐	炫彩互动网络科技有限公司
4	智慧园区	南京南大智慧城市规划设计有限公司
5	异构车联网融合	江苏南亿迪纳数字科技发展有限公司
6	金融大数据安全技术	江苏博智软件科技有限公司
7	信息安全云服务	江苏天创科技有限公司
8	功能非织造材料	苏州宝丽洁纳米材料科技股份有限公司
9	离散制造业智能制造	南通明兴科技开发有限公司
10	智能制造工业互联网	江苏通软科技有限公司
11	国产大数据设备及系统	扬州万方电子技术有限责任公司
12	电子商务服务	扬州瑞丰信息技术有限公司
13	大数据与移动支付	恒宝股份有限公司
14	智能测试技术	江苏东华测试技术股份有限公司
15	智慧科普云	江苏普源机电实业有限公司
第五批		
1	软件定义网络	江苏省邮电规划设计院有限责任公司
2	视频图像大数据	南京盾华交通科技有限公司
3	智慧城市大数据云服务	江苏曙光信息技术有限公司
4	车联网金融平台	江苏亿科达科技发展有限公司

（续表）

序号	企业联合研发创新中心名称	牵头单位
5	智慧养老	南京索酷信息科技有限公司
6	智慧教育	江苏三源教育事业有限公司
7	应急救援装备	南京正泽科技有限公司
8	户外广告巡管与监控服务	南京金达传媒科技有限公司
9	节能环保工程技术	江苏中顺节能科技有限公司
10	互联网电信业务技术	南京翔展信息科技有限公司
11	混合云平台	软通动力信息系统服务有限公司
12	裸眼 3D 显示技术	江苏万域数码科技有限公司
13	基础教育应用	江苏优胜信息技术有限公司
14	移动互联网应用	科升无线（苏州）股份有限公司
15	智能工厂关键技术研究与集成	连云港杰瑞深软科技有限公司
16	船舶工业软件测试技术	连云港自动化研究所
17	财政大数据	扬州天苗科技有限公司
18	数字教育出版	江苏睿泰数字产业园有限公司
	第六批	
1	电网大数据技术	国电南瑞科技股份有限公司
2	大数据智能精准营销	亚信科技（南京）有限公司
3	大数据信息安全	南京华讯方舟通信设备有限公司
4	智能车间系统	江苏省金思维信息技术有限公司
5	地理信息技术应用	江苏兰德数码科技有限公司
6	新一代移动通信技术应用	江苏鑫软图无线技术股份有限公司
7	掌上智能应用	南京宁登科技有限公司
8	环保安全大数据	江苏寅源科技股份有限公司
9	网络大数据服务	南京未来网络产业创新有限公司
10	智慧交通工程	南京飞搏智能交通技术有限公司
11	警务大数据	南京金盾公共安全技术研究院有限公司
12	VR 产教融合	江苏优企天下科技有限公司
13	工业大数据应用技术	江苏徐工信息技术股份有限公司
14	智慧医疗服务	江苏启航开创软件有限公司
15	工业软件质量精准诊断与分析	苏州洞察云信息技术有限公司
16	信用大数据	江苏汇誉通数据科技有限公司
17	航空航天关键零部件制造工艺技术	苏州千机智能技术有限公司
18	机器人系统集成及应用	江苏华航威泰机器人科技有限公司
19	时空信息大数据	江苏星月测绘科技股份有限公司

八、不断夯实人才基础

当前,新一代信息技术加速渗透融合已成为新一轮科技革命和产业变革的重要驱动力,对人才的需求提出了更高的要求。"互联网＋"、《中国制造2025》、国家大数据战略等部署进一步掀起了加快发展新经济的浪潮,在积极运用互联网思维、促进经济转型升级、主动适应经济发展新常态的背景下,江苏产业人才培养、储备、引进面临巨大挑战。2016年,江苏省经济和信息化委加强产业人才发展统筹规划,持续探索人才培养路径,创新人才培育模式,指导江苏软件产业人才发展基金会在人才服务方面打造品牌活动,为江苏软件产业发展夯实人才基础。

一是积极承办由工信部、教育部、江苏省政府联合主办的第五届"中国软件杯"大学生软件设计大赛,共吸引来自国内31个省市及地区的4 093支队伍以及来自英、韩、德等国的海外高校队伍参加,最后决出优秀参赛作品200余个,参赛人数和提交作品数均创新高。决赛期间,除举办企业现场招聘会、创业投融资对接会以外,还举办了历届大赛成果展、产教交流对接会等配套活动,强化催生多重产学合作效应,在业内形成了明显的品牌效应。

二是编制并发布《江苏省"十三五"互联网产业人才发展规划》。《规划》明确,到2020年,引进优秀软件和互联网创新创业团队30个,发掘优秀的潜力型互联网创新创业团队300个;培养互联网产业高端领军人才1 000名;建成省级互联网产业人才培训基地20个,开展5万人次以上的各类互联网产业技术、运营、服务、安全保障和管理实操等各类培训。

三是在江苏产业人才"育鹰计划"的基础上,升级实施"育鹰计划"2.0,重点围绕"互联网＋"、中国制造2025等主题,针对不同发展阶段的企业,按照梯队型企业领军人才培养模式,举办"创新战略""智慧产业""战略管理""领导力与产业变革"4期专题培训班,累计培训全省各类企业家学员近400人次,在业内取得了良好的口碑。

四是面向骨干人才举办江苏软件和信息服务公益学堂,以骨干人才培养为重点,紧扣企业发展需要和产业发展热点,提供面向软件和信息服务企业的软件架构师、项目经理公益培训,面向人力资源管理的HR经理公益培训和互联网产品经理公益培训;同时,采用线上线下相结合的教学形式,打造江苏软件和信息服务业"公益学堂",全年免费培养骨干人才200余人,进一步提高学习实效。

五是继续面向全国重点院校设立"江苏软件奖学金",面向基础紧缺人才开展2016—2017"爱英之旅"校园招聘活动。于2016年在南京、徐州、镇江、扬州4市举办5场省内专场招聘会(南京2场),在西安西北工业大学、合肥工业大学、武汉大学、同济大学举行4场省外校园招聘会,吸引省内70多家大型软件企业、全国25所重点高校5 000多名应届毕业生参与,发布招聘岗位超3 500个,招聘整体满意度达95％。

九、出口市场分布广泛

工信部年报统计数据显示,2016年江苏省软件业务出口涉及企业226家,占全部统计企业数的4.7％,较去年同期下降2.1个百分点;实现软件业务出口67亿美元,同比下降13.0％,连续3年负增长。近年来软件业务出口额及增长率见表1－10。全省软件业务出口额占全国的比重为12.9％,下降了2.7个百分点。在全省软件业务出口中,嵌入式系统软件出口33.8亿美元,占全部出口的50.4％,软件服务外包出口9.3亿美元,仅占全部出口的13.9％,所占份额较少。2016年江苏软件出口收入的行业结构见图1－6。按工信部规定,2016年年报美元兑人民币汇率使用1∶6.4计算,全省软件出口收入占全部软件业务收入的5.3％,比上年下降1.4个百分点,说明软件业务出口对全省软件业务收入增长的贡献率有所下降,这与全球经济低迷影响出口紧密相关。工信部年报统计数据显示,2016 年全省软件出口已退税额为 30.2 亿元,比上年减少 9.5 亿元。

表 1-10　江苏省近年软件业务出口情况

年份	2008 年	2009 年	2010 年	2011 年	2012 年	2013 年	2014 年	2015 年	2016 年
出口额(亿美元)	25.1	35.5	50.6	75.1	86.2	86.7	79.0	77.1	67.0
增幅(%)	43.9	41.7	42.4	48.6	14.7	0.6	-8.9	-2.4	-13.0

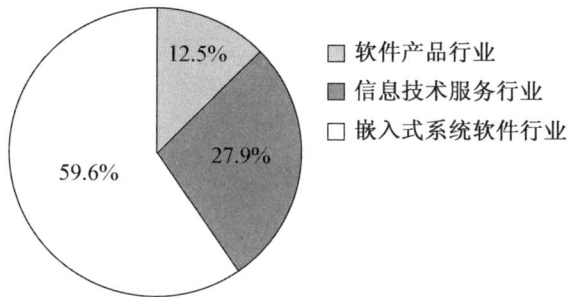

图 1-6　2016 年江苏省软件出口额行业构成情况

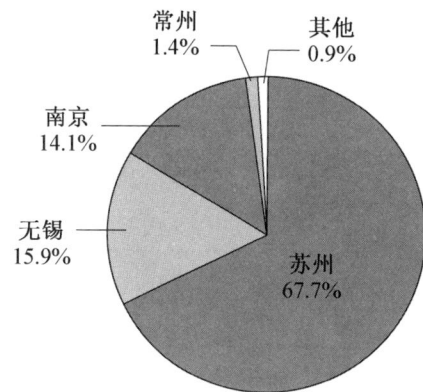

图 1-7　2016 年江苏省各市软件出口业务收入占比

根据工信部年报统计数据,2016 年江苏省共有 8 个市有软件出口业务,比上年减少 1 个市。省内有软件出口业务的企业主要集中于苏州、无锡、南京、常州四市,其中又以苏州市最为突出,该市 2016 年软件业务出口额占全省的 67.6%,接近七成。2016 年江苏省各市软件出口业务收入占比见图 1-7。省内软件出口中涉及软件外包服务出口和嵌入式系统软件出口分别有 5 个市和 7 个市,见表 1-11。

表 1-11　2016 年江苏省各市软件出口业务分类情况

单位:万美元

城市	软件出口	其中	
		软件外包服务出口	嵌入式系统软件出口
苏州	452 651.8	15 560.3	300 678.5
无锡	106 664.3	14 987.6	26 585.0
南京	94 665.9	60 175.5	5 061.4
常州	9 390.7	251.1	2 693.6
镇江	6 040.2	2 281.6	2 567.9
南通	217.9	0	217.9
盐城	60.0	0	0
徐州	23.5	0	23.5

注:按各市软件出口额从高到低排列。

江苏省软件业务出口市场比较广泛,2016 年的出口目的地国家和地区有 20 个以上,见表 1-12。其中,出口额超过 1 000 万美元以上的国家和地区共有 11 个,较上年减少 1 个,中国台湾、美国和韩国分列出口额前三位。

表 1 - 12　2016 年江苏省软件业务出口主要国家和地区

序号	出口目的地	出口额(万美元)
1	中国台湾	327 244.9
2	美国	88 683.5
3	韩国	64 427.1
4	亚洲其他国家	58 653.8
5	日本	37 719.4
6	印度	10 158.5
7	东欧其他国家	8 648.0
8	德国	6 772.4
9	西欧其他国家	5 462.4
10	中国香港	4 536.4
11	非洲	1 114.0
12	法国	900.0
13	南美洲其他国家	429.7
14	英国	322.5
15	其他国家	26 059.6

第二节　江苏省软件产业发展环境建设

江苏省软件产业的发展始终得到中央领导和省委、省政府的关心支持,各级领导多次深入江苏软件企业调研指导工作,鼓励企业自主创新,使企业深受鼓舞。2016 年,江苏省各地和各级主管部门继续创新工作举措,营造优良发展环境,使江苏继续成为软件企业家乐于投资的热土、软件产业蓬勃发展的沃土。

一、着力营造政策环境

近年来,江苏省把信息化作为促进产业结构调整和经济发展方式转变的着力点,着力加强信息通信基础设施建设,加强规划引领和政策支持,发展新一代信息产业和信息消费,强化网络信息安全,大力推动信息化和工业化深度融合,积极推动互联网经济发展。首先,在 2016 年全省经济和信息化工作会议上,提出要重点实施创新驱动发展战略,推动产业向中高端迈进;重抓升级提升计划实施,推动两化深度融合发展;把"推动制造业数字化、网络化、智能化,推进生产方式向柔性、智能、精细转变,提升企业互联网应用水平"作为建设制造强省的关键环节,并为此实施企业制造装备升级计划和企业互联网化提升计划,以及智能制造工程和高端装备创新工程。其次,发布了 2016 年软件业转型发展工作要点,继续推进江苏省软件产业转型发展,强化人才引进培养,鼓励自主创新,发挥龙头企业的带动作用以及为各行各业提供应用服务,全力推进互联网产业发展。一是政府层面出台多项政策和措施,推动产业发展。先后出台《关于印发江苏省企业互联网化提升计划的通知》《省政府关于加快推进"互联网＋"行动的实施意见》《省政府关于印发江苏省大数据发展行动计划的通知》《江苏省"十三五"互联网产业人才发展规划》等政策,为软件和信息服务业的发展提供了新的发展环境与市场空间。2016年3月,省政府印发《关于降低实体经济企业成本的意见》,强调对于高新技术企业、软件和集成电路设计企业等相关企业,简化流程,继续落实税收优惠政策。二是省经信部门积极贯彻落实省委、省政府出台的相关产业政策,加强规划引导,推进标准建设,深化载体服务。三是省经信委、省财政厅2016年通过省工业和信息产业转型升级专项引导资金中的企业互联网化提升大类支持了56个软件产业关键核心技术突破和产业化类项目,从资金上帮助企业提升创新和产业化能力。江苏省历年来制定的与软件业相关的政策、法规、规划、意见见表1-13。

表1-13 江苏省历年制定的软件产业政策、法规一览表

制定单位	日期	文号	名称
省人民政府	2001-1-22	苏政发〔2001〕26号	《省政府批转江苏软件园管委会关于江苏软件园发展的若干规定的通知》
省人民政府	2001-4-9	苏政发〔2001〕59号	《江苏省鼓励软件产业和集成电路产业发展的若干政策》
省政府办公厅	2002-12-3	苏政办发〔2002〕130号	《关于印发江苏省软件及信息产业发展实施意见的通知》
省国家税务局	2003-12-4	苏国税发〔2003〕241号	《关于明确软件和集成电路产品有关增值税问题的通知》
省财政厅、省信息产业厅	2005-12-6	省财建〔2005〕126号	《关于印发〈对通过CMM/CMMI评估的软件企业实行奖励的办法〉的通知》
省国家税务局	2005-12-24	苏国税发〔2005〕276号	《关于进一步落实软件产业税收优惠政策的通知》
省人大常委会	2007-5-30	省十届人大常委会公告第135号	《江苏省软件产业促进条例》
省人民政府	2008-4-22	苏政发〔2008〕37号	《关于印发江苏省促进国际服务外包产业加快发展的若干政策措施的通知》
省财政厅、江苏省信息产业厅	2008-12-17	苏财建〔2008〕51号	《关于印发〈江苏省省级现代服务业(软件产业)发展专项引导资金管理暂行办法〉的通知》
省政府办公厅	2010-4-10	苏政办发〔2010〕40号	《关于转发省发展改革委等部门江苏省软件和服务外包产业发展规划纲要(2009—2012年)的通知》
省经信委	2010-7-5	苏经信软件〔2010〕471号	《江苏省软件和信息服务业发展规划实施方案(2010—2012)》
省经信委、发改委、科技厅、财政厅、人力资源和社会保障厅、国土资源厅、住房和城乡建设厅、地方税务局	2010-7-21	苏经信办〔2010〕513号	《关于进一步落实推进全省软件和信息服务业发展政策的意见》
省人大常委会	2011-9-23	省十一届人大常委会公告第90号	《江苏省信息化条例》
省财政厅、省国家税务局	2011-11-2	省财税〔2011〕34号	《江苏省财政厅、江苏省国家税务局转发财政部、国家税务总局关于软件产品增值税政策的通知》

(续表)

制定单位	日期	文号	名称
省经信委	2012-3-20	苏经信软件〔2012〕219号	《江苏省软件和信息服务业"十二五"发展规划》
省人民政府	2013-6-17	苏政发〔2013〕72号	《关于大力推进信息化发展和切实保障信息安全的实施意见》
省人民政府	2013-12-31	苏政发〔2013〕168号	《关于促进信息消费的实施意见》
省政府办公厅	2014-7-21	苏政办发〔2014〕60号	《关于加快电子商务发展的意见》
省人民政府	2014-9-29	苏政发〔2014〕103号	《关于推进智慧江苏建设的实施意见》
省政府办公厅	2014-9-29	苏政办发〔2014〕77号	《关于印发智慧江苏建设行动方案(2014—2016年)的通知》
省政府办公厅	2014-10-22	苏政办发〔2014〕87号	《关于促进地理信息产业发展的实施意见》
省人民政府	2015-4-8	苏政发〔2015〕40号	《关于加快互联网平台经济发展的指导意见》
中共江苏省委 江苏省人民政府	2015-4-24	苏发〔2015〕13号	《关于加快发展互联网经济的意见》
省人民政府	2015-6-12	苏政发〔2015〕71号	《关于加快全省集成电路产业发展的意见》
省人民政府	2015-12-4	苏政发〔2015〕166号	《关于大力发展电子商务加快培育经济新动力的实施意见》
省人民政府	2016-2-1	苏政发〔2016〕10号	《关于印发江苏省企业互联网化提升计划的通知》
省人民政府	2016-3-31	苏政发〔2016〕46号	《省政府关于加快推进"互联网＋"行动的实施意见》
省人民政府	2016-8-19	苏政发〔2016〕113号	《省政府关于印发江苏省大数据发展行动计划的通知》
省经信委、省人才工作领导小组办公室	2016-10-23	苏经信软件〔2016〕598号	《关于印发〈江苏省"十三五"互联网产业人才发展规划〉的通知》
省政府办公厅	2016-11-25	苏政办发〔2016〕138号	《关于印发江苏省"十三五"互联网经济发展规划的通知》

二、深入推进名城建设

建设和创建中国软件名城是江苏省软件产业发展的一项重要举措,2016年该项工作深入向前推进。南京市加快推进国际软件名城建设,营造良好的政策环境,于2016年8月出台《南京市建设国际软件名城实施方案》,提出到2020年将南京"建成国际软件名城"的总目标,并围绕六方面提出了具体目标:产业规模方面,到2020年,全市软件和信息服务业收入达8 000亿元,其中软件业务收入达5 500亿元,规模在国内城市中名列前茅;产业集聚方面,全面建成中国(南京)软件谷、南京软件园、江苏软件园(简称"一谷两园")软件产业集聚区,"一谷两园"对全市软件和信息服务业贡献度超过80%;技术水平方面,培育一批国际知名软件产品和服务品牌,在基础软件和工业软件、云计算和大数据、人工智能、集成电路设计、虚拟现实/增强现实/混合现实等技术领域突破和掌握一批核心关键技术,形成位居国际前列、国内领先的创新能力;企业培育方面,将引进和培育30—50

家国际知名软件和信息服务企业,收入超百亿元企业达到 10 家以上,新培育中国软件百强企业 5—8 家,新落户的全球软件 500 强企业、国内软件百强企业、国内外涉软上市企业 20 家以上,全市涉软企业超过 5 000 家;人才建设方面,集聚软件行业顶尖专家 10 名、培育创新型企业家 20 名、引进高层次创业人才 200 名、扶持 2 000 名青年大学生创业,涉软从业人员达 100 万人;国际化程度方面,全面提升南京软件产业国际知名度,开展跨国经营的软件企业超过 100 家,在境外设立研发机构的软件企业超过 20 家,全市信息技术离岸外包执行额超 60 亿美元,把软博会打造成为全国最有影响力的专业国际展会之一。2016 年,南京市软件和信息服务业保持良好发展势头,全年完成软件业务收入 3 484 亿元,同比增长 12.6%,产业规模继续保持全国城市第四、全省第一。苏州市软件产业按照《中国制造 2025 苏州实施纲要》的各项要求,充分发挥软件在智能制造中的核心驱动作用,全面落实各项政策措施,着力优化发展环境,推动产业实现跨越发展,全市软件和信息服务业继续保持两位数增长,产业发展基础更加稳固,行业发展特色逐步显现,对全市产业转型升级的带动作用进一步增强。无锡市积极落实国家战略性新兴产业发展规划,积极推进移动互联网、云计算、大数据、物联网、智慧城市等建设,深化制造业与互联网融合发展,通过具化政策、健全制度、优化服务、整合平台,细化标准、招商引才等措施,促转型、调结构,软件产业规模不断增长、名企名品不断涌现、服务水平不断提升、产业结构不断完善。各市具体发展情况见第二部分地市产业篇。

三、加快培育特色园区

经评定,目前我省共有 7 家国家级软件园(具体内容见第三部分园区产业篇)和 25 家省级软件园(名单见表 1－14),软件产业的空间布局基本形成。近年来,为了加快软件园向特色化、平台化和服务化转型,省经济和信息化委先后开展了确定特色产业园和共建互联网产业园与众创园工作。如今,全省各地以特色园区引领各地产业发展已进入新常态。2015 年上半年,省经济和信息化委确定了 11 个优先发展的特色产业方向园区,这些园区主要集中在大数据、云计算、电子商务、北斗信息服务、智能电网、医药信息服务和矿山信息服务等领域,并确定了 7 个培育发展的园区特色产业方向,主要集中于嵌入式软件、物联网技术研发应用及平台服务等领域。另外,为加快互联网领域的大众创业、万众创新,省经济和信息化委还开展了共建江苏省互联网产业园与众创园工作,在2015 年批准认定首批 11 家互联网产业园和 12 家互联网众创园的基础上,于 2016 年再次批准认定了第二批 6 家互联网产业园和 16 家互联网众创园(名单见表 1－15),以推动互联网融合创新,促进互联网企业进一步集聚发展。此外,全省各地相继创建了一些特色园区,如 3 月 20 日,常州西太湖互联网创新创业孵化园开园,园区致力于打造"电商＋孵化＋金融＋物流"的良好产业发展生态圈,为广大互联网创新创业者免费提供良好的工作空间、网络空间、社交空间和资源共享空间,并提供行业资深的专业创业导师、传授创业知识、评估项目可行性、筹集项目资金等。4月 28 日,昆山巴城美居客电商产业园正式开园,园区建筑面积达 6.7 万平方米,总投资 3 亿元人民币,已与阿里巴巴商学院、苏州大学纳盾技术团队、麦麦提金融等公司达成战略合作,为淘宝、天猫卖家等网店运营管理团队提供完备的个性化产品和服务。9 月 28 日,南京智能制造产业园开园,该园首期规划面积为 7.61 平方公里,已有智创园和明发产业园两个成熟载体,载体面积约为 200 万平方米,现有注册企业 200 多家,其中 90% 以上企业拥有自主知识产权,是南京市智能制造产业集聚区之一。

表1-14　江苏省软件和信息服务产业基地（省级软件园）名单

序号	单位	序号	单位
1	南京徐庄软件产业基地	14	江苏海安软件科技园
2	昆山软件园	15	如皋软件园
3	南京新城科技园	16	沭阳软件产业园
4	扬州信息服务产业基地	17	盐城国际软件园
5	江阴高新技术开发区服务外包产业园	18	无锡太湖国际科技园（江苏软件外包产业园）
6	淮安软件园	19	常熟国家大学科技园
7	南京国际服务外包产业园	20	常州信息产业园
8	南通软件园	21	徐州软件园
9	泰州数据产业园	22	连云港开发区软件园
10	镇江软件园	23	南通国际软件园
11	无锡山水城（江苏基础软件产业园）	24	大丰国际软件园
12	苏州吴中经济开发区	25	无锡惠山软件外包园
13	宿迁软件园/宿迁软件和服务外包产业园		

表1-15　江苏省互联网产业园、众创园名单

类别	批次	序号	单位名称
省级互联网产业园	首批	1	扬州信息服务产业基地
		2	无锡（国家）软件园
		3	苏州工业园区苏州国际科技园
		4	南京白下高新技术产业园
		5	南京市栖霞区移动互联网产业基地
		6	常州市科教城
		7	江苏武进经济开发区西太湖电子商务产业园
		8	南通经济技术开发区
		9	镇江市京口区大禹山创意新社区
		10	宿迁电子商务产业园
		11	盐城大数据产业园
	第二批	1	中国（南京）软件谷管委会
		2	无锡惠山软件园
		3	徐州软件园发展有限公司
		4	昆山软件园发展有限公司
		5	淮安软件园管理发展有限公司
		6	盐城市电商快递产业园区管理委员会

类别	批次	序号	单位名称
省级互联网众创园	首批	1	东南大学
		2	南京邮电大学
		3	江南大学
		4	南京工业大学
		5	南京航空航天大学
		6	江苏启迪科技园发展有限公司
		7	徐州市大学生创业服务中心
		8	苏州火炬创新创业孵化管理有限公司
		9	南通市崇川科技创业服务中心有限公司
		10	南京信息职业技术学院
		11	常州信息职业技术学院
		12	淮安信息职业技术学院
	第二批	1	南京紫金(建邺)科技创业特区创业服务中心有限公司
		2	企运网(江苏零米信息科技有限公司)
		3	南京理工大学
		4	无锡恒生科技园有限公司
		5	宜兴众创空间科技发展有限公司
		6	中国矿业大学
		7	徐州工程学院大学科技园有限公司
		8	昆山启迪科技园发展有限公司
		9	南通大学
		10	淮海工学院大学科技园有限公司
		11	扬州创客空间投资发展有限公司
		12	镇江创业园有限公司
		13	江苏富达高新技术创业服务有限公司
		14	泰州市高新技术创业服务中心
		15	泗阳县电子商务产业园
		16	南京啡咖啡创客空间有限公司

四、完善产业服务体系

2016年,江苏省软件产业服务体系建设继续加强,对产业发展的支撑作用越来越强。**一是多渠道提供产业动态信息服务**。充分运用"江苏软件"微信公众号、"江苏软件政企通"APP手机软件、各类QQ群组等信息化宣传通道进行实时信息发布,并且通过收集整理反馈信息及时调整工作细节,确保各项政策和服务工作流程公开透明,深受企业欢迎。**二是做实公共服务体系**。部、省多方投资共建的江苏虚拟软件园在SaaS服务、测试服务、信息安全、服务外包、工业设计、云应用、物联网应用等方面提供服务。**三是强化人才服务体系**。详细资料见第五部分产业要素篇第二章。江苏省共有25家省级软件人才培训基地(名单见表1-16),2016年这些基地强化人才服务建设,为软件产业发展提供人才保障。**四是完善产业组织体系**。软件行业12个产业联盟(见表1-17)通过各种活动推动交流合作,实现优秀资源互补、互利共赢的合作平台,注重自主研发,在2016年9月举行的第十二届南京软博会上,展示了联盟的科技成果和核心技术。**五是构筑研发创新体系**。截至2017年4月,全省分5批累计认定省级软件企业技术中心129家,详细名单见第五部分产业要素篇表4-18。省经济和信息化委批准江苏省信息产业协同创新联盟分6批组建了110个联合研发创新中心挂牌运作,详细名单见表1-10。**六是培育产业文化体系**。由省经济和信息化委主编/主管,省软件行业协会承编/主办的《江苏软件与信息服务业年鉴》(年度)和行业内刊《江苏软件与服务》(双月刊),已经成为服务于全省各级领导及软件业界的重要信息平台,受到各界一致好评,对培育软件产业文化,指导和促进产业发展起到了积极作用。

表1-16 江苏省软件产业人才培训基地名单

序 号	单 位
1	江苏苏微软件人才培训中心
2	南京金陵软件教育培训学院
3	南京网博计算机软件系统有限公司(南京软件园外包服务人才培训平台)
4	南京信息管理学院
5	无锡软通动力科技有限公司
6	无锡市安艾艾迪服务外包培训学校
7	苏州软件园培训中心有限公司
8	苏州索迪培训中心
9	昆山安博教育科技有限公司
10	镇江京江软件园有限公司
11	南通软件园有限公司
12	南师大泰州学院信息科学与技术系
13	宿迁市蓝鸟软件培训学校
14	南京大学软件学院
15	东南大学软件学院
16	南京信息职业技术学院
17	常州信息职业技术学院
18	淮安信息职业技术学院
19	苏州市风云软件职业培训学校
20	常熟理工学院
21	盐城市惠众教育学校
22	南京新华电脑专修学院
23	南京雨花台区苏软人才培训中心
24	如皋青软实训软件培训中心
25	徐州市英才教育培训中心

表 1－17　江苏省软件产业联盟及秘书长单位

序号	联盟名称	秘书长单位
1	江苏省软件产业园合作发展联盟	江苏虚拟软件园有限公司
2	江苏省数据库产业联盟	江苏瑞中数据股份有限公司
3	江苏省传感网产业联盟	南京三宝科技股份有限公司
4	江苏省软件产业人才服务联盟	江苏欧索软件有限公司
5	江苏省信息安全产业联盟	新模式软件集成有限公司
6	江苏省互联网服务产业联盟	焦点科技股份有限公司
7	江苏软件外包服务产业联盟	江苏润和软件股份有限公司
8	江苏省国产芯片与软件产业联盟	江苏中科梦兰电子科技有限公司
9	江苏省海洋工程及船舶信息技术应用产业联盟	中船重工第 702 研究所
10	江苏省智能工业产业联盟	南京科远自动化集团股份有限公司
11	江苏省智慧城市信息产业联盟	江苏金智科技股份有限公司
12	江苏省云计算产业联盟	南京联创科技集团股份有限公司

五、营造产业发展氛围

2016 年,根据省委省政府印发的《关于加快发展互联网经济的意见》,省经济和信息化委员会大力推进江苏省互联网经济的发展,举办了系列宣传活动。**一是举办第十二届中国(南京)国际软件产品和信息服务交易博览会。**本届软博会以"贯彻落实'中国制造 2025'和'互联网＋'国家战略,建设国际软件名城"为主题,通过展示、交易、论坛、人才招聘等系列活动,为软件产业交流合作、资源共享搭建平台,达成签约项目 85 项,总投资达 316 亿元,创下历届软博会之最。相关活动方面,本届软博会共组织高层次专题论坛和活动 14 场、展会规模达 10 万平方米,共计吸引 30 多个国家和地区参展参会,20 多个国内省市代表团参加活动,1 237 家国内外企业参展,超过 11 万名观众参与本次软博会,其中专业观众、企业用户达到 8 万人,规模及影响力继续保持国内同类展会第一。**二是举办第二届"i 创杯"江苏省互联网创新创业大赛。**本届大赛突出培育新动能,突出"互联重塑价值,融合创造未来"主题,在充分继承发扬首届大赛成功经验的基础上,更加注重内容和形式创新,参赛项目覆盖消费领域、云计算与大数据、智能硬件、互联网＋工业、农业、教育文化等领域及行业。大赛吸引了 1 000 多个项目参赛,共吸引了百家媒体报道、百家投资机构参与,极大地提高了大赛的影响力,已形成一定的品牌知名度。经过为期 3 天的激烈角逐,20 个项目脱颖而出晋级总决赛,最终决出企业组特等奖 1 个、一等奖 3 个、二等奖 4 个、三等奖 8 个,团队组一等奖 2 个、三等奖 2 个,另有最佳人气奖、最佳创意奖、最具潜力奖各 1 名。苏州老玩童信息技术有限公司的"就爱广场舞社交软件"项目在众多作品中脱颖而出,获得特等奖,赢得 10 万元奖金。试达测评、天崎智能无人机解决方案、安防视频大数据分析引擎、仪器设备及检测研发共享平台、学海智伴等项目荣获一等奖,分别赢得 8 万元奖金。**三是举办江苏省互联网十大人物评选活动。**省经济和信息化委会同省委宣传部,指导省软件行业协会、创客公社开展"2016 年度江苏省互联网十大人物评选活动",充分发挥省内互联网领军人才示范作用,营造江苏互联网经济发展良好氛围。在评选现场特设的巅峰 TED 演讲环节中,22 位候选人——上台,针对当下互联网发展热点及自身企业的发展特色进行了精彩演讲。最终,在结合前期网络投票分数及现场企业家观察团评分、特邀大众评审投票后,2016 年度江苏省互联网十大人物正式诞生(名单见表 1–18)。

表 1–18　2016 年度江苏省互联网十大人物名单

奖项	获奖者	
2016 年度江苏省 互联网风云人物(5 名)	南京途牛科技有限公司　CEO	于敦德
	江苏千米网络科技股份有限公司　CEO	石正川
	同程网络科技股份有限公司　CTO	张海龙
	朗坤智慧科技股份有限公司　董事长	武爱斌
	汇通达网络股份有限公司　总裁	徐秀贤
2016 年度江苏省 互联网新锐人物(5 名)	开鑫贷融资服务江苏有限公司　总经理	周治翰
	苏州八天在线信息科技发展有限公司　CEO	顾　问
	邦道科技有限公司　CEO	翁朝伟
	江苏欧飞电子商务有限公司　总经理	林积扬
	江苏永安行低碳科技有限公　CEO	陶安平

第二章　全国软件产业发展概述

随着新一代信息技术与传统产业的融合渗透和软件定义的快速兴起,2016 年我国软件和信息技术服务业呈现平稳增长态势,成为推动产业转型升级和经济增长的重要引擎,产业发展呈现如下特点:

一、我国软件产业规模

据工信部统计年报,2016 年全国软件和信息服务业实现软件业务收入 48 511 亿元,同比增长 14.9%,软件业务收入占电子信息产业比重达 28.7%,比上年提高 0.7 个百分点,利润总额同步增长,全行业实现利润总额 6 021 亿元,同比增长 14.9%,与收入增长同步,软件的核心作用向各领域加速融合渗透。2005—2016 年我国软件和信息服务业在电子信息产业中的比重见表 1-19 和图 1-9,产业规模及增幅见图 1-10。

表 1-19　2005—2016 年中国软件和信息服务业规模及比重一览表

年份	软件与信息技术服务业规模(亿元)	电子信息产业规模(亿元)	占比(%)	软件出口与服务外包(亿美元)	电子信息产业出口(亿美元)	占比(%)
2005	3 900	38 400	10.2	34.9	2 682	1.3
2006	4 800	47 500	10.1	60.6	3 640	1.7
2007	5 834	56 000	10.4	102.4	4 595	2.2
2008	7 573	58 826	12.9	142.0	5 218	2.7
2009	9 970	60 818	15.6	185.0	4 757	3.9
2010	13 364	78 000	18.0	267.0	5 912	4.5
2011	18 849	93 766	20.1	304.0	6 612	5.6
2012	24 794	109 838	22.7	368.0	6 980	5.3
2013	30 587	123 789	24.7	469.0	7 807	6.1
2014	37 235	140 223	26.6	545.0	7 897	6.9
2015	42 848	15 4567	28.0	495.0	7 811	7.0
2016	48 511	171 000	28.7	519.0	7 729	6.7

数据来源:工业和信息化部

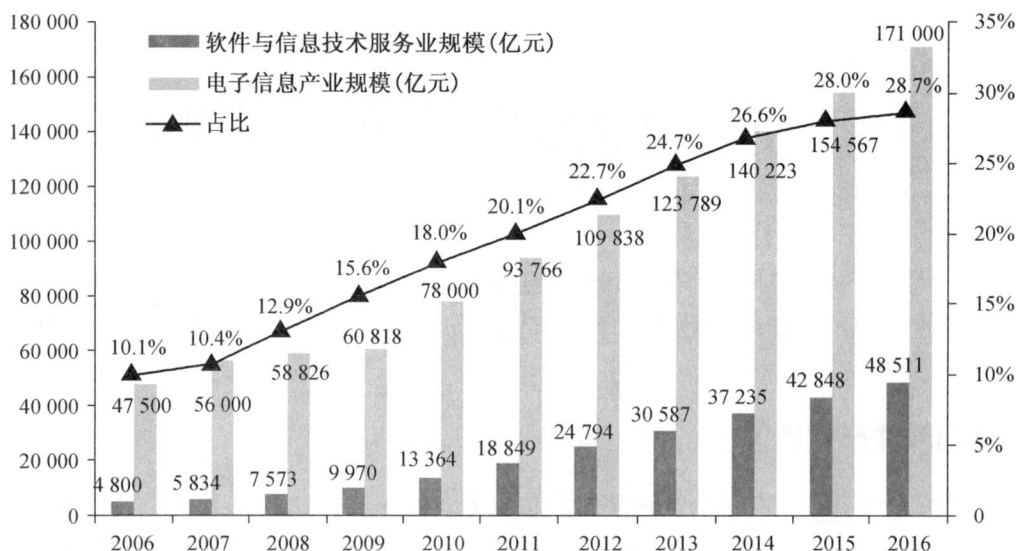

图 1－9　2006—2016 年软件和信息服务业占电子信息产业比重图

数据来源:工业和信息化部

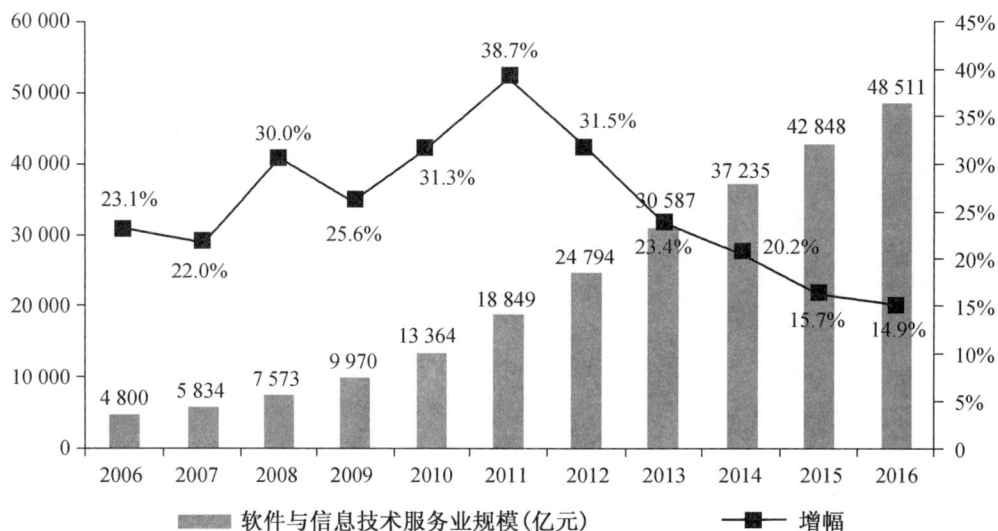

图 1－10　2006—2016 年全国软件和信息服务业规模增长图

数据来源:工业和信息化部

二、我国软件产业构成

2016 年,随着云计算、大数据、移动互联等新技术、新业态、新模式快速兴起,我国软件产业加快向网络化、服务化方向发展,全年实现信息技术服务收入 25 114 亿元,同比增长 16%,占软件业务总收入的比重为 51.8%,占比超过五成。其中,运营相关服务(包括在线软件运营服务、平台运营服务、基础设施运营服务等在内的信息技术服务)收入增长 16.1%;电子商务平台技术服务(包括在线交易平台服务、在线交易支撑服务在内的信息技术支持服务)收入增长 17.7%;集成电路设计增长 12.7%;其他信息技术服务(包括信息技术咨询设计服务、系统集成、运维服务、数据服务等)收入增长 16%。

软件产品收入增速低于平均水平。全年全国软件产品实现收入 15 400 亿元,同比增长 12.8%,占全行业收入比重为 31.7%。其中,信息安全产品增长 10.9%。

嵌入式系统软件收入平稳。全年全国嵌入式系统软件实现收入 7 997 亿元,同比增长 15.5%,占全行业收入比重为 16.5%。

2016 年我国软件业务收入构成情况见图 1-11。

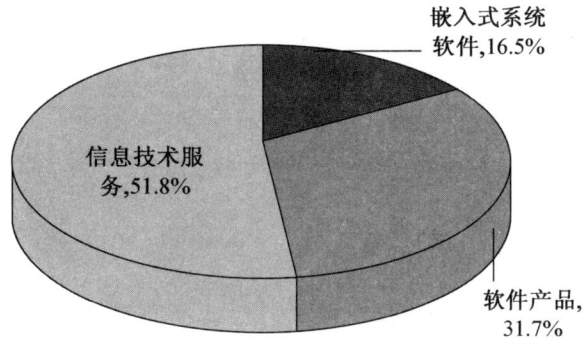

图 1-11 2016 年我国软件业务收入构成

数据来源:工业和信息化部

三、我国软件出口情况

据工信部统计,2016 年,我国软件业实现出口 519 亿美元,同比增长 5.8%。其中,外包服务出口增长 5%,嵌入式系统软件出口增长 6%。2006—2016 年全国软件和信息服务国内与出口规模见表 1-20。

表 1-20 2006—2016 年我国软件和信息服务国内与出口规模

年份	国内市场规模（亿元）	占比（%）	软件出口规模（亿元）	占比（%）	产业总额（亿元）
2006	4 332	90.25	468	9.75	4 800
2007	5 107	87.54	727	12.46	5 834
2008	6 603	77.20	970	12.80	7 573
2009	8 255	86.78	1 258	13.22	9 513
2010	11 602	86.82	1 762	13.18	13 364
2011	16 553	89.63	1 915	10.37	18 468
2012	22 509	90.78	2 285	9.22	24 794
2013	27 547	90.06	3 040	9.94	30 587
2014	33 889	91.07	3 346	8.93	37 235
2015	39 707	91.81	3 542	8.19	42 848
2016	44 982	92.72	3 529	7.28	48 511

数据来源:工业和信息化部

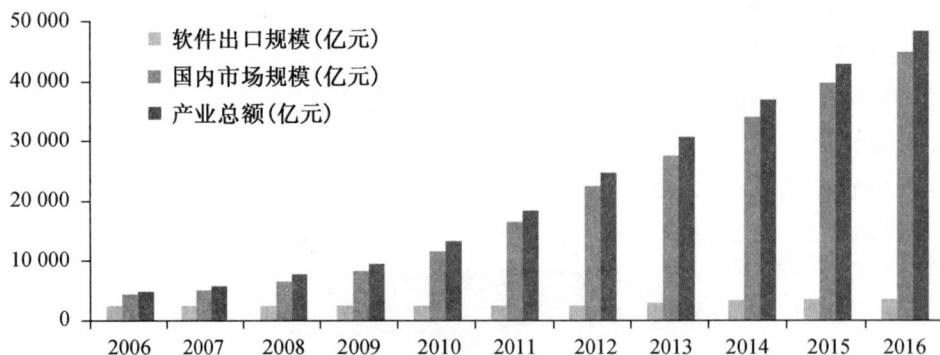

图 1-12　2006—2016 年我国软件和信息服务国内与出口规模

四、我国软件产业区域分布

2016 年,我国软件产业集聚发展态势明显,中心增速继续领先。东部地区完成软件业务收入 3.8 万亿元,同比增长 14.9%,占全国软件业的比重为 78.6%;中部地区完成软件业务收入 2 303 亿元,增长 20.6%,占全国软件业的比重为 4.7%;西部地区完成软件业务收入 5 288 亿元,增长 17.2%,占全国软件业的比重为 10.9%;东北地区完成软件业务收入 2 801 亿元,增长 6.3%,占全国软件业的比重为 5.8%,见图 1-13。

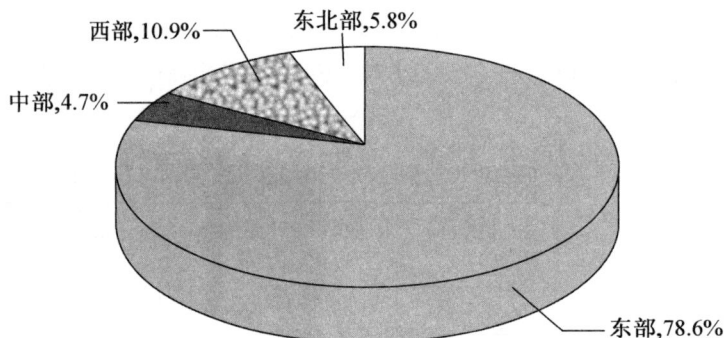

图 1-13　2016 年我国软件和信息服务业收入区域分布图

数据来源:工业和信息化部

主要软件大省保持平稳发展,部分省市增速突出。总量居前 5 名的江苏、广东、北京、山东、上海完成软件业务收入分别增长 14.4%、15.4%、11.6%、17.9% 和 13%。部分中西部省市增长较快,如西部的陕西、重庆增长超过 20%,中部的安徽、湖北增长超过 25%。

中心城市增速略高于全国平均水平。2016 年,全国 15 个副省级中心城市实现软件业务收入 2.7 万亿元,同比增长 15.5%,增速高出全国平均水平 0.6 个百分点;中心城市软件业规模占全国的比重为 55.3%,比 2015 年回落 1.6 个百分点,同时福州、苏州、合肥等其他一些城市(非副省级)的软件业也呈快速发展态势。全国软件业务收入达到千亿元的中心城市和直辖市共 15 个,比 2015 年增加 1 个。2016 年中心城市及全国软件业增速见图 1-14。

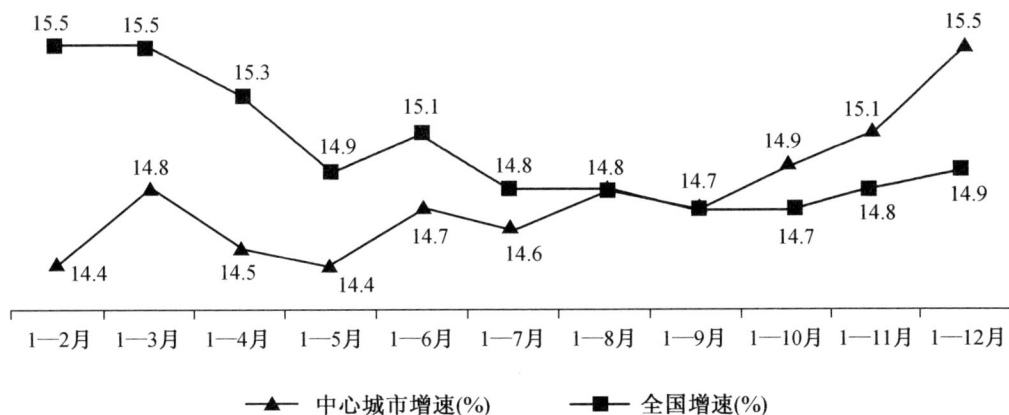

图 1-14　2016 年中心城市及全国软件业增速

数据来源：工业和信息化部

五、我国软件产业创新能力

据中国版权保护中心统计，2016 年，我国计算机软件著作权登记数量再创新高，全年共登记软件 407 774 件，同比增长 39.48％，登记量首次突破 40 万件大关，再创历史新高。这也是自 2010 年以来，同比增长最快的一年。2006—2016 年我国软件著作权登记数量见图 1-15。

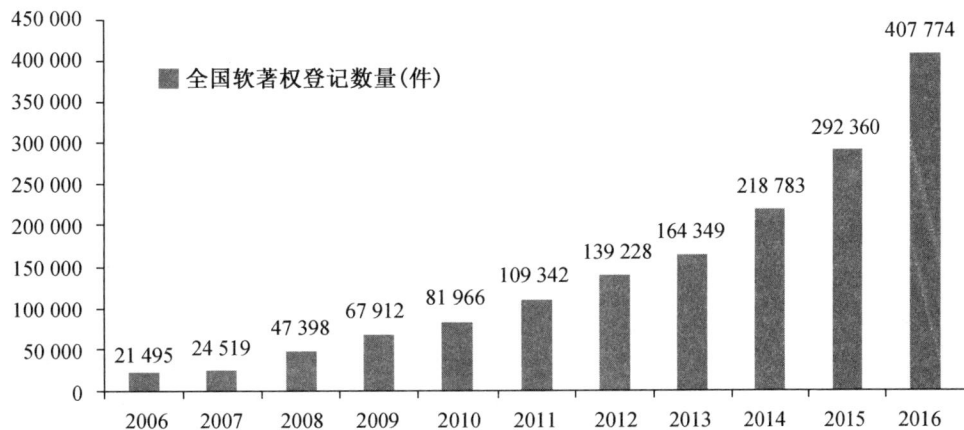

图 1-15　2006—2016 年我国软件著作权登记数量

数据来源：国家版权局

从登记量地区排名上看，位列全国前十位的地区分别是广东省、北京市、上海市、江苏省、浙江省、四川省、福建省、山东省、湖北省、安徽省。其中，广东省软件登记量为 91 715 件，约占登记总量的 22.49％，居全国榜首。前十位省市共登记了 328 437 件，约占登记总量的 80.54％。

从登记量增速情况来看，2016 年增速较快区域集中于西北和西南地区，宁夏回族自治区、西藏自治区、贵州省、青海省同比增长均超过 110％。福建省、海南省、甘肃省、新疆维吾尔自治区、四川省、河南省同比增长均超过了 50％。

计算机软件著作权质权登记 263 件，同比上升 33.5％；涉及合同数量 263 个，同比上升 33.5％；涉及作品数量 1 015 件，同比上升 18％；涉及主债务金额 285 961.82 万元，同比上升 62.6％，涉及担保金额 291 961.68 万元，同比上升 87.1％。

六、我国软件服务外包情况

2016年,我国服务外包继续快速发展,离岸服务外包日益成为我国促进服务出口的重要力量,对优化外贸结构、推动产业向价值链高端延伸发挥了重要作用。2016年我国服务外包产业发展主要呈现以下特点:

一是规模快速发展,新签合同额突破1万亿元。全年新签服务外包合同额10 213亿元人民币(币种下同),首次突破1万亿元,增长20.1%;执行额7 385亿元,增长17.6%。其中,离岸服务外包合同额6 608亿元,执行额4 885亿元,同比分别增长16.6%和16.4%。我国离岸服务外包规模约占全球市场的33%,稳居世界第二,离岸外包执行额占我国服务出口总额的1/4。

二是产业结构逐步优化,技术密集型业务占比提高。借助于云计算、大数据、物联网、移动互联等新一代信息技术,推动"互联网+服务外包"模式快速发展,服务外包企业稳步向高技术、高附加值业务转型。全年承接离岸信息技术外包(ITO)、业务流程外包(BPO)和知识流程外包(KPO)执行额分别为2 293亿、809亿元和1 783亿元,占比分别为46.9%、16.6%和36.5%,同比增长11.4%、35.9%和15.5%。

三是企业专业服务水平不断提高,创新能力稳步提升。服务外包企业新增软件能力成熟度(CMM)等国际资质认证927项,单笔合同均价527万元,同比增长15.3%和5.6%。企业的技术能力和专业服务水平不断提升,正在由提供单一技术服务逐步转向提供综合解决方案服务,由项目承接转向战略合作,由成本驱动转向创新驱动。

四是服务外包示范城市集聚引领作用不断增强。示范城市承接离岸服务外包执行额4 564亿元,同比增长15.9%,占全国的93.4%。其中,京沪广深四个城市离岸外包执行额1 385亿元,同比增长21.3%,占全国的28.4%,在技术、商业模式创新方面发挥了重要的引领作用;2016年新增的10个示范城市离岸外包执行额384亿元,同比增长32.2%,高于示范城市及全国的整体增速,成为服务外包产业新的增长极。

五是与主要发包市场合作加强,国际市场稳步拓展。承接美欧日和香港地区等主要发包市场的服务外包执行额3 086亿元,同比增长19.3%;承接"一带一路"相关国家服务外包执行额841亿元,占我国承接离岸外包的17.2%。离岸服务外包现已拓展至201个国家和地区,业务遍布全球。通过承接离岸服务外包业务,企业的研发能力不断提升,推动技术、设计和标准"走出去",促进了国际经贸合作日益深化。

六是从业群体不断壮大,吸纳大学生就业稳步增长。服务外包产业新增从业人员121万人,其中大学(含大专)以上学历80万人,占新增从业人数的65.9%。截至2016年年底,我国服务外包产业从业人员856万人,其中大学(含大专)以上学历551万人,占从业人员总数64.4%。

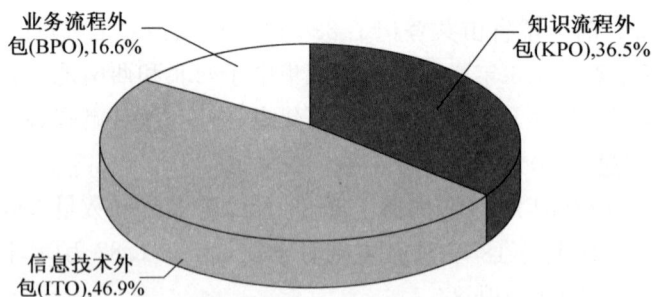

图1-16 2016年中国离岸服务外包业务结构分布情况

数据来源:商务部

地市产业篇

第一章　南京市软件产业发展报告

2016年,在工信部和江苏省委省政府的关心指导下,在南京市委市政府的正确领导下,南京市加快推进国际软件名城建设,软件和信息服务业继续保持良好发展势头。

一、2016年发展概况

(一) 产业规模

2016年南京市完成软件和信息技术服务业收入3 483.9亿元(工信部年报数据),同比增长12.6%,产业规模继续保持全国城市第四、全省第一。全年新增涉软企业400家,总数超过4 100家;新增涉软从业人员6万人,总数达70.6万人;新通过评估软件企业960家,占全省比例41%;新通过评估软件产品2 307个,占全省比例达47.2%。

(二) 产业结构

2016年,南京市软件业务收入三大类型中,软件产品收入1 093.13亿元,占总收入31.4%;信息技术服务收入2 111.97亿元,占总收入60.6%;嵌入式系统软件收入278.77亿元,占总收入8%。随着"互联网+"行动计划、大数据战略的落实推进,互联网、大数据和云计算在各行各业应用日益深入,带动信息技术服务相关产业保持较快增长,云计算和大数据产业收入增速超过18%。随着中国制造2025、智能制造、制造业与互联网融合等战略的实施,基础软件和工业软件市场需求不断释放,促进工业软件实现较快发展,工业软件产业收入增速超过15%。软件和信息服务业产业结构调整优化趋势明显。

(三) 园区建设

目前南京市已形成以中国(南京)软件谷、南京软件园、江苏软件园"一谷两园"等国家级园区为重点,徐庄软件园等省级软件园、互联网产业园为支撑的集聚发展格局,其中"一谷两园"产业规模占全市72%。中国(南京)软件谷作为全国首批国家软件和信息服务业示范基地,产业规模、园区形象、品牌优势已跃居全国软件园区第一方阵。同时,重点园区专业化、特色化发展取得进展,2016年,软件谷获批"江苏省互联网产业园",新城科技园科创特区、徐庄软件园啡咖啡创客空间、企运网等3家创客载体被评为"江苏省互联网众创园"。

(四) 重点企业

目前,南京市涉软企业总数超过4 100家。其中,2016年度中国软件业务收入百强企业8家,居全国第三位,占全省总数的80%;中国互联网百强企业5家,占全省总数的71%;国家规划布局内重点软件企业10家,江苏省规划布局内重点软件企业61家,占全省总数的52.6%。累计涉软上市(挂牌)企业104家,其中诚迈科技于2017年1月20日在深圳创业板上市。已有微软、IBM、HP、甲骨文、SAP等30家世界500强软件企业和中兴、华为、东软、中软等36家中国软件百强企业在南京设立创新中心、研发中心，软件产业的国际化水平明显提升。

（五）重点产品

经过几年的培育和发展，南京市形成了一批具有自主知识产权的品牌软件产品。南京市累计获评"中国优秀软件产品"93项。12件软件产品荣获第十四届江苏省优秀软件产品奖（金慧奖）称号，占全省总数近45％。8项软件产品入选2016年江苏省优秀版权作品（软件类）获奖名单，占全省总数的40％。智能电网、通信、智能交通等软件产品占有率继续在全国保持领先。云计算、大数据、互联网等新业态、新模式发展势头良好，成为引领和拉动软件产业持续增长的新引擎。

（六）软件人才

目前，南京市涉软从业人员总数达70.6万人。近年来，南京市大力实施软件企业家培育工程，每年评选一批"南京市软件产业领军人物"和"成长型软件企业家"，累计已有35位优秀企业家当选"南京市软件产业年度领军人物"，26位企业家入选成长型软件企业家培育计划。拥有国家、省、市软件产业人才培训基地37家，年培训规模超过8万人次。

二、开展的主要工作

（一）制定落实产业规划和政策措施

一是紧密结合国家、省、市中国制造2025、互联网＋、大数据、制造业与互联网融合发展等战略部署，高标准编制《南京市"十三五"互联网经济发展规划》《南京市"十三五"软件和信息服务业发展规划》。二是制定出台《南京市建设国际软件名城实施方案》，提出建设国际软件名城的具体思路和对策。"十三五"期间，重点推动发展高端化国际化产业集群、建设具有国际影响力的产业园区、引进和培育具有国际竞争力的知名企业、培养集聚国际化专业人才、打造具有国际优势的创新能力、营造国际化发展的产业环境等重点任务，重点实施强化组织领导、强化财政支持、强化产业集聚、强化协调推进、强化国际化发展、强化企业"双创"、强化考核评估等政策措施，全面提升南京软件产业国际知名度和竞争力。三是制定出台《南京市促进大数据发展三年行动计划（2016—2018年）》，强化大数据发展的顶层设计和统筹协调，进一步明确南京市未来三年促进大数据发展的指导思想、总体目标、重点任务、保障措施等。

（二）推进优质项目落户

一是推进与阿里巴巴集团深入合作。2016年4月27日，南京市与阿里集团成功举办2016云栖大会·南京峰会，吸引了国内外几十位云计算和大数据专家以及上千名互联网开发者参会，会议对阿里云最新技术、信息安全、大数据平台和产业生态等进行了深入研讨，为参会企业提升技术水平、创新商业模式起到了良好的推动作用。8月，阿里云创客＋基地在江北新区落户，将为创业者提供云资源支持、技术指导、导师引荐、创业活动、投融资对接帮助等综合服务。二是推动紫光西部数据中心落户。国内大数据领军企业紫光股份与美国西部数据共同投资设立紫光西部数据有限公司并落户白下高新园，该合资公司将把西部数据现有的数据中心存储系统引入中国市场，并研发新一代存储技术、云计算、大数据以及智慧城市应用系统，建设紫光西部数据中心。

（三）推进大数据产业发展

南京市抢抓大数据发展战略机遇，采取了一系列举措推进大数据产业发展。一是出台政策措施。先后出台了《关于加快大数据产业发展的意见》《南京市促进大数据发展三年行动计划(2016—2018年)》等政策意见,营造了良好的发展环境,有力促进了大数据产业及应用的持续健康发展。二是持续提升大数据产业规模。南京市大数据产业规模年均增幅超15%,建设了以中国(南京)软件谷为重点的大数据产业园区,培育了一批龙头企业,引进了一批重点项目,数据共享开放和应用示范也取得了较好成效。三是积极推进大数据平台建设。已建设南京超级云计算服务中心、南京云计算中心、SAP中小企业信息化服务平台等大数据平台,正在筹建南京大数据交易服务中心,探索开展大数据衍生产品交易。

(四)成功举办第十二届南京软博会

2016年9月2—5日,第十二届中国(南京)国际软件产品和信息服务交易博览会在南京国际博览中心举办。本届软博会展会规模达10万平方米,吸引了31个国家和地区、20多个城市的客商参展参会,参展企业共计1 237家,达成签约项目85项,总投资超过316亿元。省委李强书记对软博会高度重视,专程赴展会现场考察调研,肯定本届博会规模大、办得好、参与度高,并提出"要进一步加强中央媒体宣传推广力度,充分利用'两微一端'扩大影响,做好行业领袖和国际企业CEO邀请,继续提升展会市场化和专业化水平"的要求。

(五)推进国际交流合作

3月,组织软件谷等重点园区、焦点科技、泰通、敏行等软件企业参加2016年汉诺威消费电子、信息及通信博览会(CeBIT),展示南京市互联网、通信、软件外包和电子商务等领域的领先技术和品牌产品。5月,组织软件谷、江苏软件园和有关重点企业参加第二十届中国软博会。12月,组织软件谷等园区、微软等企业参加2016年世界智能制造大会,多维度展示软件在智能工厂、智能车间、智能制造发展中的基础和核心支撑作用。

(六)营造良好的政策环境

一是做好宣传培训服务。会同南京市软件协会召开产业政策宣讲会及产业统计、双软认定、税收政策培训会,为400多家企业宣传辅导国家、省、市软件产业政策,帮助用好用足财税政策,提升企业创新水平和竞争能力。二是积极承办第二届"i创杯"江苏省互联网创业大赛有关活动。根据省经信委部署,南京市经信委广泛发动团队和企业报名参加比赛,积极承办有关活动,共承接了7场路演专场活动。10月25日,大赛总决赛举行,南京市4家软件企业分获本届大赛二、三等奖。三是积极推进标准应用推广,积极向工信部申报信息技术服务标准(ITSS)应用示范城市,推动建立了中国ITSS实训基地南京中心,组织召开ITSS宣贯活动。

三、2017年工作打算

(一)发展目标

2017年,南京市将深入贯彻落实省、市党代会精神和工信部高水平建设中国软件名城的新要求,以国家、省、市软件和信息技术服务业、大数据产业、互联网经济等发展规划为引领,围绕《南京市建设国际软件名城实施方案》《南京市促进大数据发展三年行动计划(2016—2018年)》的目标、任务和措施,坚持高端化和国际化发展导向,持续提升软件与信息服务业发展水平,产业规模继续在国内城市中名列前茅,加快建设国际软件名城。

（二）重点工作

1. 推进软件园区集聚发展

一是加快发展中国（南京）软件谷、南京软件园、江苏软件园"一谷两园"国家级软件园区，高标准建设大数据产业基地、信息安全产业园、互联网产业园等专业园区，积极创建中国软件名城示范区、国家大数据产业集聚区。二是推进徐庄软件园等省级软件园、互联网产业园错位发展，形成相对优势。三是充分利用江苏省对省级软件园、互联网产业园及众创园的政策扶持，加快发展软件谷、白下高新园等互联网产业园，新城科技园等众创园。

2. 推进软件产业国际化发展

一是引导南京市重点软件企业"走出去"，以新设、并购、参股、技术和品牌投资等多种方式设立境外研发机构和分支机构。二是大力吸引国内外知名软件企业落户，重点引进全球软件500强企业、国内软件百强企业、国内外上市软件企业在南京市落户发展。三是积极参加CeBIT、北京软博会、大连软交会等国内外知名专业展会，宣传推介南京软件重点园区、企业和产品，积极开拓国际市场。

3. 推进大数据产业健康发展

一是落实南京市2017年大数据发展工作要点，夯实大数据发展基础、推动数据资源共享开放、深化大数据运用、加快大数据产业发展等方面工作举措。二是推动南京超级云计算服务中心、南京云计算中心、SAP中小企业信息化服务平台等重点平台提升运营水平和服务能力。加快筹建南京大数据交易服务中心，探索开展大数据衍生产品交易。三是推动在工业、电力、交通、电信、健康医疗等行业深度应用大数据，形成一批可满足大数据重大应用需求的产品、系统和解决方案。

4. 高标准举办第十三届南京软博会

贯彻落实省市领导批示要求，借鉴同类展会先进经验做法，进一步提升南京软博会品牌影响力。第十三届南京软博会将于2017年9月举办，展会规模10万平方米，将充分展示云计算、大数据、智慧城市、移动互联网、工业软件、人工智能、虚拟现实、游戏动漫等领域的最新技术和成果。同期将举办十多场高峰论坛和专题会议，对软件和信息服务业发展进行全方位的探讨。

5. 推进软件产业环境优化

一是促进政策措施落地见效。落实国家、省、市出台的关于"中国制造2025""互联网＋"、大数据、软件信息服务业等一系列产业政策和市有关住房、人才等优惠政策，做好宣贯服务，帮助企业用好用足现有政策，切实降低企业经营和用人成本。贯彻落实《南京市建设国际软件名城实施方案》，牵头市有关部门、各区和园区明确责任落实，确保完成全年目标任务。二是按照工信部、省经信委要求，开展信息技术服务标准（ITSS）培训评估和应用示范，支持企业参与ITSS标准制定，提升企业信息服务质量水平。三是充分发挥专项资金引导作用，重点对软件载体建设、企业培育、人才集聚、国际化发展、宣传推介等方面给予支持。

第二章　苏州市软件产业发展报告

2016 年,苏州市软件产业按照《中国制造 2025 苏州实施纲要》的各项要求,充分发挥软件在智能制造中的核心驱动作用,全面落实各项政策措施,着力优化发展环境,推动产业实现跨越发展。全市软件和信息服务业继续保持两位数增长,产业发展基础更加稳固,行业发展特色逐步显现,对全市产业转型升级的带动作用进一步增强。

一、2016 年发展概况

(一) 产业总体规模快速增长

"十二五"期间,苏州市出台了《关于推进软件产业和集成电路产业跨越发展的实施意见》(苏府〔2011〕71 号)和《关于推进软件产业和集成电路产业跨越发展的若干政策的通知》(苏府〔2011〕72 号)两个政策文件。2016 年,为适应产业新的发展形势和结合《若干政策》5 年来的实施情况,苏州市对《若干政策》进行了修改,进一步推动了全市软件产业的快速发展。苏州软件产业规模长期在省内保持第二,仅次于南京。2016 年,全市软件产业实现销售收入 2 022.3 亿元(工信部年报数据),同比增长 11.3％。苏州软件产业的发展速度已从"十二五"期间的高速增长逐步进入中高速增长阶段,呈现平稳增长态势。从软件业务收入构成来看,全市软件业务收入三大类型中,软件开发收入为 278.4 亿元,占全业务比重 13.76％;信息技术服务收入为 456.4 亿元,占全业务比重 22.57％;嵌入式系统软件收入为 1 287.5 亿元,占全业务比重 63.67％。从产品结构来看,仍然是嵌入式系统软件收入占大半壁江山,产业结构调整的任务还很艰巨。

(二) 重点园区集聚效应显现

继续加强载体建设,不断推动产业向特色园区集聚。全市 4 个国家级软件园、3 个省级软件园累计拥有研发及产业用房的规划面积达 465 万平方米,全市 80％以上的评估软件企业在区内集聚发展,区内纯软软件业务收入占全市比重继续保持高位。各产业园区注重培育创新型企业,持续引进国内知名企业落户,不断加快产业化特色发展步伐。工业园区先后吸引包括百度、华为、腾讯等国内知名互联网及大数据企业在园区设立研发中心、创新基地,为本地区软件产业的健康发展奠定了基础。高新区依托现有产业领域的比较优势,不断提升优势领先产业对产业链上、下游资源的整合与配套能力,明晰产业的核心竞争优势,重点培育智慧医疗和地理信息大数据产业链条。同时与阿里巴巴集团开展战略合作,借助阿里云计算(苏州)有限公司的技术实力,推动工业云建设,助力制造业企业产业升级,帮助该区的产业发展从"招商引资"过渡到"招商引智"。吴中区与苏州电信合作搭建了"智慧吴中"云平台,规划建设了全区数据存储、计算、交换与共享服务 IT 基础设施集群,统筹规划了云计算中心的整体布局。

(三) 骨干企业优势突出

目前全市通过评估的 600 多家软件企业中,营业收入过亿的软件企业超 20 家,凌志软件、浩辰、蜗牛等 23 家企业入选 2016—2017 年江苏省规划布局内重点软件企业。截至 2016 年,全市通过 CMMI 三级以上认证、ISO27001 认证的企业历年累计数量已分别超 70 家和 120 家。一批重点软件企业抓紧上市融资,截至目前,苏州已有近 50 家软件和信息服务业相关企业在新三板挂牌。此外,通过不断优化产业结构,实现多行业的良性发展,涌现出了一批特色企业。如在线旅游行业汇聚了八爪鱼、同程网等行业知名企业;地理信息方面,依托苏州科技城地理信息与文化科技产业基地,引进了中科天启遥感、坚石信息、中科蓝迪环保、梦图软件、集思方成等地理信息企业;智能交通应用软件方面,形成了以博远容天、易程智能、苏州富欣智能交通、怡和交通等为代表的轨道交通旅客服系统、客运票务系统、票检系统以及交通信号系统等智能交通应用软件产业集群;云计算领域则汇聚了中国移动研发基地、微软互联网创新中心、华为苏州研究院、同程网、方正、凌志软件等企业。

(四) 企业研发能力不断增强

企业持续加强软件自主研发,新技术被广泛应用于云计算、大数据、互联网等领域,一批优秀产品处于行业领先地位。2016 年,全市共计实现软件著作权登记 6 905 件,通过软件产品评估 916 件,共有 5 件产品荣获江苏省优秀软件产品奖(金慧奖),至此,全市近 5 年来获得金慧奖的产品数升至 32 个。同时,企业更加重视技术中心和联合研发创新中心建设。2016 年,苏州航天、山石网科等 3 家企业软件技术中心被认定为省级软件企业技术中心;科升无线、洞察云等 5 家企业获批江苏省信息产业企业联合研发创新中心。截至目前,全市共有 22 家省级软件企业技术中心,并有 15 家企业获批企业联合研发创新中心,数量位居全省前列。

(五) 人才引进和培育力度不断加大

一是建立完善的软件人才引进培育机制,引进实施各层次、各类型软件人才工程计划,拓宽优秀人才引进渠道。深入实施姑苏创新创业领军人才计划和"1010 工程",不断加大高端创新型人才的引进工作,大力引进一批拥有核心自主知识产权、掌握关键技术的高科技领军人才。2013—2016 年,苏州软件方向获评省双创人才 17 人、省创新团队 3 个。二是加强管理型、服务型、创意型人才培育与储备,积极组织参与省经信委与省人才办合作推进的江苏软件产业"育鹰计划",推荐参加第五届"中国软件杯"大学生软件设计大赛、第二届"i 创杯"互联网创新创业大赛等活动。三是积极推进同国内外教育、培训机构的合作与资源共享,建立完善的人才培育和培训体系。截至 2016 年,全市拥有苏州软件园培训中心有限公司、苏州索迪培训中心等 7 个省级(含以上)软件和信息技术服务业人才培训基地,每年培育软件专业人才近万人。此外,苏州大学计算机学院、苏州工业园区软件外包学院、苏州科技学院等高校和 NIIT 苏州软件人才实训基地等多家培训机构也为苏州软件产业人才的培育提供了有力支撑。

(六) 综合平台功能更趋完善

全市共有 77 家省级以上科技企业孵化器,其中国家级 27 家、省级 50 家,多数孵化创业园内均有软件及信息服务企业入驻。以企业共性需求为导向,不断加大投入,分别建设了软件评测、技术培训、数据服务、集成电路设计、中小企业信息化(云计算)、知识产权保护、动漫游戏服务等较为完善的公共技术平台体系,为园内企业提供了优质的技术支撑服务,削减了企业的孵化成本,大大缩短了企业的创业期。其中苏州大学国家大学科技园、苏州工业园科技企业孵化器、苏州高新技术创业服务中心等国家级孵化器孵化了大量的软件企业,省级孵化器昆山软件园作为专业软件园,为昆山软件产业发展搭建了很好的平台。同时,全市建立了苏州武大影像信息工程研究院有限责任公司、方正国际软件有限公司等 5 个省院士工作站,拥有企业技术创新联盟和产学研用联盟 12 个,其中省级 4 个、市级 4 个、区级 4 个。

（七）加大宣传力度,提升城市影响力

积极组织软件企业参展北京软博会、南京软博会、大连软交会等知名展会,在帮扶企业拓展市场的同时,较好地树立了苏州城市形象;鼓励企业组织或参加国际性软件专业论坛、研讨会等活动,提高行业号召力。根据国际标准化组织和国际电工委员会的安排,IT 服务管理和 IT 治理分技术委员会（SC40）及系统和软件工程分技术委员会（SC7）两个国际性标准化会议分别于 2016 年 5 月 16—20 日和 2016 年 5 月 21—27 日在苏州市召开。期间,两个会议的主要内容——全国信标委 ITSS 分委会主任会议及全体委员会、信息技术治理国际标准化高峰论坛也同期举行,来自全球 60 多个国家和地区的 600 余人次参加了会议。会议期间,SC40 和 SC7 各工作小组还深入市内相关产业园区与重点企业进行实地考察、交流。通过承办 SC40 和 SC7 全会,加强了国际交流与合作,增强了我国软件和信息服务业的标准竞争力与国际话语权,主导并深度参与了软件和信息技术服务领域的国际标准化工作;同时,为推动苏州市软件企业实质性参与软件工程、IT 服务领域的国际标准制定,加强国家标准应用,以高标准引领产业发展提供了机遇。

二、2017 年发展展望

2017 年是"十三五"的关键之年。苏州市经信委将认真贯彻市委、市政府的决策部署,以大力推进"中国软件名城"建设为契机,围绕"软件定义一切,制造从'芯'开始",以大数据、云计算、物联网、人工智能产业为重点,深化改革、优化环境、创新驱动、整合发展,不断推动苏州市软件产业跨越发展。

（一）明确两个发展重点

1. 工业大数据

《促进大数据发展行动纲要》《江苏省大数据发展行动计划》《苏州市大数据产业发展规划》《关于促进大数据应用和产业发展的若干政策意见》等文件的相继出台,为苏州市大数据的应用和产业发展指明了方向、确立了目标、提供了政策扶持。当前苏州市工业企业资源集约利用系统平台所归集的工业企业家底数据为加快工业大数据的分析应用提供了可能性。下一步将在此基础上加大对工业数据的清洗分析和挖掘处理,为促进工业转型升级提供必要的土地政策、财税政策、科技创新和产业发展扶持政策决策依据,不断优化各地产业布局,推进优势产业链及价值链的延伸,提升智能制造的发展空间,真正实现《中国制造 2025 苏州实施纲要》的各项预期目标。同时,通过对工业大数据的分析研究,培育一大批本地工业大数据应用企业。

2. 人工智能

依托大数据和云计算平台,提供了包括语音、图像、地图、视频在内的海量数据资源库以及强大的计算平台,为苏州人工智能产业的发展提供了强有力的支撑。下一步将围绕培育人工智能龙头企业,在加强深度学习、类脑芯片研发等优化产业结构,适时出台配套政策等方面促进本地人工智能产业的发展。

（二）落实五大工作举措

1. 积极对上争取各类政策支持

贯彻落实国家、省、市各级支持软件和信息服务业发展的各项政策，积极对上争取。组织软件企业申报国家重大产业发展专项、江苏省工业和信息化转型升级专项引导资金、江苏省双创团队（软件和物联网专项）等，同时加大苏州市市级转型升级专项资金（软件专项）的扶持力度。鼓励各类金融机构加大对软件企业的支持，引导各方资本、创新要素向产业集聚。组织资本市场和软件企业专场对接活动，引导银行等金融机构为软件企业提供专业化服务，支持有条件的软件企业上市。

2. 牢筑产业基础构建产业生态圈

整合苏州现有大数据产业资源，建设面向社会开放的语音、图像、视频和行业应用数据；整合苏州现有云计算产业资源，建设满足深度学习等智能计算需求的新型计算集群共享平台；整合产学研资源，促进企业技术难点突破和研究成果产业化。适时引进国内外活跃研究机构、潜在独角兽企业到苏州创新创业，积极构建由企业主导、高校研发、政府投入的产业生态圈。

3. 强化软件在苏州创新发展中的重要作用

结合苏州"一基地、一高地"行动计划要求，鼓励和推动苏州软件，尤其是工业核心软件的研发和创新，加大工业软件应用与推广力度，计划组织开展"软件定义一切，制造从'芯'开始"系列活动。通过本地工业软件在企业智能制造中的应用示范、推广和交流，一方面，组织研发和应用的对接，拓展工业软件的应用市场；另一方面，通过对技术水平高、应用前景好的行业信息化解决方案的宣传推广，实现工业软件在行业应用中的重点突破，推动一批重点工业企业利用信息技术提升核心竞争能力。

4. 完成全市软件企业"划型分类"标准的制定和实施

全面梳理市内软件企业，切实规范全市软件企业的数据归集。依托信息系统，对企业的产品、服务行业、业务形态等多方面进行评价和考量，进而对软件企业进行分类管理。并以此作为各地软件产业销售收入考核指标的重要考核依据，也为今后项目申报、评优推优和政策支持提供重要参考。将传统的对软件企业的点对面的粗放型管理方式优化为点对线、点对点的精细化管理，强化全市软件企业尤其是重点软件企业在各行业的引领创新作用。

5. 进一步优化软件企业创新发展环境

支持企业开发创新性产品，鼓励企业与高校、研究机构等结成创新联盟，加强产学研的深度融合。继续推动信息技术服务标准（ITSS）在苏州的深入宣贯和实施，将标准化的思维深入融合到企业的日常研发和服务中，切实促进软件企业内在创新实力的提升。

第三章　无锡市软件产业发展报告

2016年,无锡市积极落实国家战略性新兴产业发展规划,积极推进移动互联网、云计算、大数据、物联网、智慧城市等建设,深化制造业与互联网融合发展,通过具化政策、健全制度、优化服务、整合平台、细化标准、招商引才等措施,促转型、调结构,软件产业规模不断增长、名企名品不断涌现、服务水平不断提升、产业结构不断完善。

一、2016 年发展概况

(一)软件产业数据

2016年,无锡市软件和信息技术服务业累计完成业务收入992.7亿元(工信部年报数据),同比增长12.7%;云计算产值同比增长25.17%;通过认定软件企业评估270家,累计1 034家;通过软件产品评估登记611项,累计4 825项;新注册软件和信息服务企业1 245家,同比增长19.7%;总注册资本44.3亿元,同比增长31.99%。

(二)重点工作成果

1. 政策驱动促发展

(1)制定软件产业"十三五"规划。联合江苏省赛联信息产业研究院,制定《无锡市软件和信息服务业"十三五"发展规划》,推动无锡市人民政府出台《市政府办公室关于印发无锡市软件和信息服务业"十三五"发展规划的通知》(锡政办发〔2016〕184号)。

(2)制定专项资金管理细则。联合市财政局制定出台《无锡市软件和云计算产业扶持资金管理实施细则》(锡信〔2016〕30号　锡财工贸〔2016〕20号),规范了软件和云计算产业扶持资金的使用管理。

(3)组织开展政策宣贯。赴各市(县)、区经信部门,以及重点园区和企业开展调研、服务,及时掌握产业发展情况,组织软件产业政策专场宣讲,做好企业服务工作。

2. 项目争创结硕果

(1)组织省级工业和信息产业转型升级引导资金申报。无锡市共有24个项目(含江阴、宜兴3个项目)获省专项资金支持,2016年全市软件产业共获省级专项资金支持达2 850万元,创近年来新高。

(2)组织省战略性新兴产业(软件和互联网类)发展专项资金项目申报。江苏卓易信息科技股份有限公司获项目经费支持1 000万元。

(3)组织省市共建互联网产业园和互联网众创园申报。无锡惠山软件园获"江苏省互联网产业园"称号,宜兴众创空间科技发展有限公司和无锡恒生科技园有限公司获"江苏省互联网众创园"称号,并获专项资金支持。截至2016年年底,全市累计共有省级互联网产业园2家、互联网众创园3家。

(4)组织省级软件企业技术中心申报。朗新科技股份有限公司等6家企业获"江苏省软件企业技术中心"称号。截至 2016 年年底,全市累计共有江苏省软件企业技术中心 13 家。

(5)组织省级信息产业企业联合研发创新中心申报。软通动力信息系统服务有限公司等 5 家企业获"江苏省信息产业企业联合研发创新中心"称号。截至 2016 年年底,全市累计共有江苏省信息产业企业联合研发创新中心 16 家。

(6)组织省优秀版权作品申报。江苏远望神州软件有限公司的"危机应急管理决策支援兵棋推演系统软件"和无锡挪瑞科技股份有限公司的"电子海图显示与信息系统软件"获"江苏省优秀版权软件作品"称号。

3. 招商推介显成效

(1)推进浪潮集团与无锡市签约合作。2016 年 12 月 26 日,无锡市人民政府、浪潮集团就大数据产业园项目达成签约,双方将共同建设无锡浪潮大数据产业园,设立无锡浪潮大数据总部和大数据研究院,建设"感知中国"大数据交易中心和众创空间＋孵化器。

(2)组织参展第二十届中国国际(北京)软件博览会及第十二届中国(南京)国际软件产品和信息服务交易博览会,全市 20 余家有关园区和企业同时参展 2 个博览会。中国国际(北京)软件博览会上,无锡市共有 6 家企业 8 件软件产品荣获奖项,其中金奖 5 项、创新奖 3 项。无锡市信电局连续八年荣获南京软件博览会"最佳组织奖"。

(3)组织国内考察调研和招商宣介。组织市(县)区职能部门、有关重点产业园及企业和软件协会赴成都、重庆、深圳、东莞、北京等地考察调研和招商宣介。考察观摩了深圳高交会和奇虎 360 科技有限公司等一批国内知名 IT 企业,宣传推介了无锡市新一代信息技术产业和智慧城市建设发展情况,洽谈促成了一批项目合作意向和签约落地。带领无锡市软件行业协会考察了成都和深圳软件行业协会,学习先进城市行业协会经验,服务全市软件企业和行业工作。

(4)组织国外新一代信息技术和智慧城市招商合作经贸活动。市信电局率有关区县和园区、企业机构负责人,赴匈牙利实地考察新一代信息技术和智慧城市知名企业。市智慧城市建设办公室、匈牙利 EPS 集团、中兴智能交通有限公司三方就有关合作意向达成谅解备忘录,就有关智慧城市建设合作、匈牙利产业园区建设、双方企业互动合作等事项达成一致意见。

4. 企业服务尽心力

(1)组织市软件和云计算专项资金项目申报和储备。共扶持资金项目 17 个,安排 840 万元专项资金;组织 2017 年度资金项目申报储备,共入库项目 18 个。

(2)组织软件和云计算专项资金资质奖励类项目申报。推进软件和云计算企业与产品资质认定工作,包括 2015 年度优秀软件产品"飞凤奖"、CMMI4－5 级、ITSS2 级、系统集成 1—2 级和云安全等级保护 3—4 级等 20 类资质认定奖励类项目,共实施财政性奖励 330 万元。

(3)组织无锡市第七届优秀软件产品"飞凤奖"评审。依照《无锡市优秀软件产品"飞凤奖"申报评选办法》,评选出优秀软件产品"飞凤奖"10 件,并予以奖励和表彰。

(4)组织省发改委"十三五重大项目"和促进大数据发展重大工程申报工作。"十三五重大项目"共 5 家企业 6 个项目申报,"促进大数据发展重大工程"推荐了《无锡市民卡工程》《面向区域医院分级诊疗大数据分析应用平台》《服务于公共卫生行业的疫苗安全监管大数据应用平台》3 个项目。

(5)推进软件行业协会工作。搭建无锡软件微信公众平台,宣介无锡软件产业发展环境,落实产业服务工作;实施软件评优活动,评选 2016 年度"无锡市软件十大事件"和"软件企业十大优秀项目经理人",编撰《2015 年度无锡市软件产业信息汇编及研究报告》,开展推进软件产业发展各种活动。

5. 人才育引出实招

(1) 产业人才招引培育。组织企业参与省委、市委组织部、人才办组织的海外人才招引工作计划，推荐企业参加工信部和外国专家局组织的软件和集成电路中青年技术骨干人才培养计划，组织数十家企业分批参加省级"育鹰计划 2.0"人才培训班，组织参加江苏省企业大学成立大会，推进全市软件企业家积极参加产业人才发展工作。

(2) 信息技术服务标准(ITSS)应用推广及人才培养。新认定 ITSS 二级企业 3 家、三级企业 6 家、四级企业 1 家。截至 2016 年年底，全市通过 ITSS 认定企业 16 家，其中 ITSS 二级企业 7 家、三级企业 8 家、四级企业 1 家。依托中国 ITSS 实训基地(江苏新世纪信息科技有限公司)，支撑江苏省各地 ITSS 宣贯会共计 62 场，计 4 363 人次；通过线上线下相结合的方式，全市共培养 ITSS 系列 IT 工程师和项目经理 473 人。

(3) 招才引智专场活动。12 月，无锡市"百企千才高校行"在西安电子科技大学组织专场活动，无锡市 40 余家 IT 企业携 90 余个职位 750 个岗位在活动中设立 IT 专场，受到市 IT 企业和西安广大学子的关注和欢迎。

6. 重大活动显实力

(1) 举办互联网创新创业大赛。举办"无锡市第一届'I-Park 杯'互联网创新创业大赛暨江苏省第二届'i 创杯'互联网创新创业大赛选拔赛"，组织有关互联网产业园、众创园、企业服务平台设置 5 场分站赛和决赛，推荐市 20 强晋级省总决赛和省复赛，最终在省总决赛获一等奖 2 名、二等奖 2 名、三等奖 4 名，总数位列全省第一，综合成绩位居全省前列。通过互联网大赛手段，进一步营造全市互联网发展环境，发掘互联网项目和企业，助推全市互联网产业和 IT 人才队伍良好健康发展。

(2) 组织"物联网＋大数据"高峰论坛。2016 年度世界物联网博览会期间，组织"物联网＋大数据"高峰论坛。工信部、江苏省经信委、无锡市领导等出席会议致开幕辞和发表重要讲话。中国工程院院士倪光南参会并做主题演讲，IBM 公司、中国智慧城市百城会、亚信科技、联想集团、华为科技等国内外知名企业参加了论坛。论坛演讲嘉宾、参会人员共 300 余人。

二、2017 年发展目标和措施

(一) 产业发展目标

2017 年，无锡市将以环境营造和强化服务为重点，推进新常态下全市软件和云计算产业健康、持续、稳步发展，助推无锡市产业强市发展战略。全市计划实现软件和信息服务产业收入增长 15％；云计算产业实现销售收入增长 20％。

(二) 重要工作举措

1. 加强宣贯引领，落实产业政策

一是加强对《无锡市软件和信息服务业"十三五"发展规划》(锡政办发〔2016〕184 号)、《中共无锡市委、无锡市人民政府关于推进现代产业发展的政策意见》(锡委发〔2015〕56 号)、《关于进一步加快云计算产业发展的实施意见》(锡政办发〔2015〕123 号)有关软件和云计算产业政策的宣贯。

二是加强对《无锡市现代产业发展资金管理办法》(锡政发〔2016〕18 号)、《无锡市软件和云计算产业扶持资金管理实施细则》(锡信〔2016〕30 号　锡财工贸〔2016〕20 号)政策专场宣讲，规范政策和资金落实方式，做好企业服务保障工作。

三是加强软件和云计算产业扶持资金项目申报指南、资质认定办法规定、软件产品飞凤奖评选办法等制度规定的发布和更新,扩大产业政策的知晓率和覆盖面,让相关企业应知尽知、应享尽享。

2. 加快创新驱动,深化产业发展

一是"云计算"领域。以国家云计算服务创新发展试点城市为抓手,成立云计算产业发展联盟,以城市云计算、太湖云、华云等重点基础设施平台为引领,推进云计算关键技术新突破、云计算重大应用有亮点、云计算平台经济出规模。

二是"大数据"领域。实施国家和省大数据发展行动计划,积极打造苏南大数据中心,以三大电信运营商 IDC 和浪潮集团天元大数据中心建设为引领,组织 IT 企业适应大数据发展潮流,建立大数据中心或相关机构,推进大数据在各行业的应用,带动产业发展。

三是"物联网"领域。以每年一届的世界物联网博览会为抓手,以江苏省首批特色小镇鸿山物联网小镇创建为引领,积极培育物联网产业龙头和骨干企业,带动中小企业发展壮大,打造无锡国家传感网创新示范区,深化物联网产业发展。

四是"区块链"领域。成立软件行业协会区块链专业委员会和"物联网+区块链"联合实验室,并以软协区块链专委会和联合实验室为引领,发布实验室行动计划,与相关政府机构、企业组织和研究院所签约合作,推进区块链关键技术突破和应用发展。

五是"智能制造"领域。协助推进落实《无锡市智能制造三年(2017—2019 年)行动计划》,深化与各市(县)区板块、各有关职能部门,以及各行业协会的合作,加强与制造业各行业细分领域的沟通协调,共同推动"智能制造"产业的快速发展。

3. 结合区域特色,推进产业活动

一是开展重点城市和区域产业招商。面向软件和云计算、互联网+、物联网、大数据、智能制造和智慧城市发展等领域,结合各市(县)、区发展特色和招商重点,市、区联动,分别举办不同城市、区域的招商和对接活动。

二是举办互联网创新创业大赛。营造互联网经济发展环境,依托市内互联网产业园和众创园,与各市(县)区板块和有关职能部门深度合作,组织举办"无锡市 2017 年第二届'I-Park'互联网创新创业大赛",同时为省第三届"i 创杯"互联网创新创业大赛输送优秀团队和项目。

三是组织软件和信息服务业博览会参展。以城市组团形式,选取全市具有代表性的软件企业,参展 2017 年中国国际(北京)软博会和南京软博会。

4. 组织申报评选,提升产业服务

一是资金项目申报。做好对上项目申报服务,包括申报省战略性新兴产业、省双创团队、省级工业和信息产业转型升级引导资金、省信息产业企业联合研发创新中心、省软件企业技术中心等相关组织和辅导工作;做好本市项目申报组织和评选,建立软件和云计算专项资金储备项目库,充实项目存量,开展第八届无锡市软件产品"飞凤奖"的申报评选。

二是人才培育引进。加快推进信息技术服务标准(ITSS)认证和符合性评估,加大培育 ITSS 专业人才力度;做好省"育鹰计划"高级研修班和省"爱英计划"重点高校招聘的组织工作;按计划参加省委、市委组织部、人才办组织的海内外人才招引工作,并做好推荐选送工作。

三是行业产业服务。加强与各市(县)区板块、有关园区和企业的沟通交流,做好走访、座谈、调研和组织参展、媒介宣传等服务工作;充分发挥软件行业协会作用,承办重大活动、组织行业研讨和企业交流,编撰动态新闻信息和年度产业报告;与《无锡日报》合作组织"无锡 IT 产业行"系列报道,在《锡商周刊》《今商圈》杂志以及无锡观察、无锡软件等微信公众号上同步刊载宣传,讲述无锡优秀 IT 企业故事,营造产业发展环境,推进产业强市。

第四章　镇江市软件产业发展报告

2016 年,镇江市软件和互联网产业紧紧围绕经济发展大局,积极把握大数据、云计算、互联网＋、智能制造等新一代信息技术热点,坚持以园区建设为载体,以企业创新为重点,以"四名"培育为抓手,促进软件业向"网络化、智能化、融合化、服务化、平台化"转型,软件业保持良好的发展态势。

一、2016 年发展概况

(一) 产业规模持续扩张

全市 2016 年软件业实现营业收入 617 亿元(工信部年报数据),同比增长 17.8％,发展呈稳中增长的态势;全市从事软件设计研发、信息系统集成、数据存储处理、集成电路设计、嵌入式软件的企业达 650 多家。软件产业正成为镇江经济发展的重要力量。

(二) 前瞻研究成果颇丰

为全面落实国家、省云计算、大数据、互联网＋等政策,通过调研考察学习,召开交流座谈会等形式,先后出台了《关于加快全市互联网产业发展的意见》《镇江市大数据发展行动计划》《关于加快智慧经济发展的指导意见》等一系列政策文件,为产业发展明确了方向。

(三) 园区建设持续有力

推进园区基础设施建设,协调解决建设过程中存在的问题,截至目前,全市已有镇江软件园、丹阳开发区科创园、扬中智能电气软件园、丹徒高新技术创业园、镇江科技产业园等 10 个涉软园区,软件企业达 400 多家,其中大禹山新社区成功创建省级互联网产业园,镇江创业园及江苏富达创业园成功创建省级互联网众创园。

(四) 品牌创建成效显著

组织开展 2015 年"四名"评选活动,最终评出 1 家名园、5 家名企、2 个名品、2 个名人,并在全市范围内召开软件和信息服务业"四名"工作推进会。恒宝股份获得 2016 中国软件业务收入百强企业,恒宝股份、江苏锐天获评 2016—2017 年度江苏省规划布局内重点软件企业,江苏睿泰获评省级软件企业技术中心,明润科技的"明润耙吸疏浚监控平台软件 V3.0"荣获江苏省第十四届优秀软件产品奖(金慧奖),恒宝股份的"恒宝移动支付异形卡操作系统软件 V1.0"荣获江苏省优秀版权作品奖。

(五) 活动开展有声有色

联合省软协召开全市"双软评估"政策解读培训会,加强双软评估服务机构服务质量,提升全市软件产品、软件企业的数量及质量;联合省经信委召开全市 ITSS、云计算等相关标准宣贯会议,宣传推广 ITSS 等相关标准。组织近 40 家园区及企业参加南京软博会，为企业提供交流平台。组织 18 家企业参加省"育鹰计划"培训，提升企业家的能力和水平。组织惠龙易通、乐游信息、明润科技、现代造船技术有限公司参展大连软交会。组织市内 15 家大数据相关企业参加 2016 中国大数据企业年会。

（六）优化政策服务落地

建立软件企业服务帮办机制，梳理软件业政策服务指南，通过经信"服务菜单"和"政策通"发布，提升了企业对政策知晓率。帮助企业申报国家工业转型升级重点项目、省转型升级引导资金等项目，2016 年共获国家、省专项资金近 1 000 万元。同时，加强市级资金扶持和引导作用，联合市财政局组织 2016 年度市软件和互联网产业发展专项资金项目申报、评选工作，扶持奖励 20 个项目共 371 万元。

（七）互联网创新创业氛围渐浓

举办镇江市首届互联网创新创业项目路演，共有 40 个项目报名，10 家风投机构参与，江苏慧明、江苏运达冷链、江苏迅捷科技等项目获风投机构持续跟踪。组织园区及企业参加江苏省第二届"i 创杯"互联网创新创业大赛，共有 25 个项目报名参赛，7 个项目入围复赛，3 个项目入围决赛，参赛项目数量、质量均较去年大幅提升。举办全市"互联网＋"主题培训系列活动，从实务操作的角度，通过成功案例，重点分享"互联网＋"的发展方向、盈利模式等。举办"互联网＋美丽乡村"发展论坛暨丹阳市淘实惠农村电商发展峰会，200 余位丹阳市乡镇网点老板参会，现场签约 30 多家。指导并组织大数据时代冷链科技创新与食药品安全高峰论坛，近 150 位与会嘉宾共同见证中国冷链物流智慧云平台的正式上线，10 家企业现场签约入驻平台。

（八）重点打造新一代信息技术产业链

梳理出 123 家新一代信息技术企业进行面上分析，同时形成完善的工作推进方案，重点对企业运行、项目进展、技术研发、人才等方面进行了解，并对企业提出的问题给予及时的反馈。联合市侨办举办海外华侨华人高层次人才洽谈会新一代信息技术专场，会上共对接有意向的项目 5 个，其中集成电路 1 个、云计算大数据 2 个、物联网项目 2 个。组织 2016 中国镇江新一代信息技术暨大数据产业（成都）推介会，来自成都的 50 余家企业负责人和高校科研院所负责人参加会议，会上集中签约 6 个项目，总投资预计超过 8 亿元。

（九）深入推进大数据中心建设

2016 年市政府将"建设镇江大数据中心"作为 2016 年市政府十大任务之一。2016 年 9 月 30 日，镇江大数据中心正式挂牌成立。以云神工程为基础，整合中国电信、浪潮集团、清华同方、香江科技等领军企业在大数据领域的资源优势，充分发挥国家智慧旅游服务中心建设以及镇江与华大基因合作的战略机遇，构建镇江政务大数据中心和国家级行业大数据中心。

（十）统计工作全面加强

出台《镇江市软件和信息技术服务业统计工作方案》，梳理明确统计依据、重点指标及统计范围等关键要素，进一步明确与辖市区联动统计体系，建立日常统计联络员制度，责任明确到人。加强软件和信息服务业数据采集、入库和经济运行监测分析，对纳入全市软件和信息技术服务业统计体系的重点监测企业进一步细化归类,为省及相关部门提供实时的软件统计数据。

二、展望 2017 年发展目标与举措

2017 年镇江市软件和信息服务业发展总体思路:以"市场主导,政府引导,规划引领,载体支撑,产业融合"为指导思想,互联网产业突出"互联网＋产业"和互联网创新创业,大数据产业重点在于大数据中心基础设施的建设和政务信息系统的集中,力争做到"抓重点、出亮点、找痛点、解难点、扫盲点",全市软件和信息服务业营业收入增长 13% 以上。

（一）引进战略合作伙伴

与华为、清华同方、浪潮、软通动力、易华录等国内知名的 IT 企业合作,借助其技术和资源优势,搭建顶层技术架构,带动全市软件企业发展,推动全市软件产业迈上新台阶。

（二）强化重点项目支撑

通过 PPP 模式,建设国内一流水平的大数据中心。与知名 IT 企业建立战略合作关系,合作共建智慧城市,拓展大数据应用,发展大数据产业。全市范围内重点选排 25 个有特点、亮点的项目,按照月调度、季推进的时间节点,指导协调企业在推进过程中存在的问题和困难。

（三）强化平台桥梁纽带作用

以软件行业协会会员单位为主发起成立软件产业发展基金,引进政府和社会资本加入,针对软件企业轻资产、融资难的问题,重点解决互联网初创企业天使轮和 A 轮融资。成立信息产业联盟,实现全市制造业和软件研发企业的零距离对接,为传统制造型企业提供嵌入式软件研发、ERP、OA、协同设计与制造、电子商务开发与推广等整体解决方案,促进信息化和工业化更广泛地深度融合。

（四）创新政府资金扶持方式

一是重点支持公共性、基础性、共享性的平台、设施、工具、中心或实验室的建设和发展;二是用于营造产业发展的氛围,重点在人才培养和引进、园区生活配套(交通、购物、娱乐、公寓、廉租房、食堂等)、龙头企业和领军人才的奖励;三是设立若干条件,对达到条件的企业、项目给予资金支持,由事前扶持变为事后奖励,既保证政府扶持资金的安全性、可靠性,也达到了扶优扶强的效果,部分特别优秀的初创项目可以通过有偿滚动扶持、入股、风投等形式进行支持。

第五章　常州市软件产业发展报告

2016 年,常州市软件和信息服务业继续保持较快发展速度,规模质量齐头并进,产品结构不断优化,发展环境持续提升,企业数量达到 611 家,同比增长 5%。

一、2016 年发展概况

(一)产业规模保持增长

2016 年,常州市软件和信息服务业收入达 575 亿元(工信部年报数据),同比增长 15%。从业务类型看,软件产品收入实现 142 亿元,信息技术服务收入实现 159 亿元,嵌入式系统软件收入实现 274 亿元。从辖区完成情况看,新北区继续领跑全市,完成软件业务收入 322 亿元,占全市总收入的 56%;武进、钟楼发展较快,分别完成软件业务收入 175 亿元和 42 亿元。平台运营和电商平台服务收入增幅较高,随着互联网经济发展,线上线下结合越来越密切,更多的企业利用本地原材料、加工制造等优势,通过线上平台交易整合线下资源。

(二)产业集聚稳步发展

国家级软件园常州创意产业基地集聚企业超 400 家,园区重点发展电子商务和移动互联新兴产业,引进上市企业东北电气以及常鑫亿思德转型电商项目、四海商舟跨境电商众创空间项目等具有发展潜质的项目落户基地。常州科教城(武进)软件园集聚企业超 200 家,园区重点关注无人智能系统、VR、移动互联网等方向,与中国移动通信集团江苏有限公司常州分公司就 WLAN 无线网络项目签订合作协议。目前平台已集聚天峋智能、中科视图、易哲软件、四为信网检测等互联网企业 100 多家。科教城移动通信互联产业园以移动通信、云计算、大数据、软件开发等为重点发展方向,集聚了青之峰、鑫软图和佰腾科技等软件互联网企业,三艾云、冰鉴科技和时光信息等数据应用服务企业。西太湖电子商务产业园重点发展以电子商务为特色的互联网产业,引进了视觉中国、整搜在线和云凯数据等数据生成、应用服务企业。

(三)产业特色逐渐彰显

1. 云计算产业发展迅速

2016 年 4 月,江苏移动与云泰互联共建的云计算华东基地项目正式落地,该基地将建设华东地区最大的云计算中心,占地 82 亩,总投资 50 亿元,含 4 栋共 7.8 万平方米云计算数据中心楼,能容纳 1 万个机柜,可提供约 20 万台到 30 万台云主机服务器处理能力,已基本完成 3.5 万平方米厂房建设。赞奇科技、振邦智慧城市、云端网络等云计算企业纷纷加大技术研发力度,在各自领域打造云计算应用服务平台。

2. 互联网产业特色明显

常州市在电子商务、移动互联等领域已形成一定特色。新阳科技、天正工业、复材电商等一批企业加快转型,商业模式创新增多;鑫软图、天峋无人机和佰腾科技等企业在移动互联方面取得创新突破;科教城移动通信互联产业发展迅速。

3. 智能智造不断加强

武进区智能机器人产业集聚度高,拥有铭赛机器人、高尔登和中科机器人等研发和生产企业超30家;纳恩博、爱尔威等智能平衡车生产企业也发展迅速。

二、2016 年开展的主要工作

(一)重大活动成效显著

2016 年,常州市经信委组织全市 50 多个项目参加了江苏省第二届"i 创杯"互联网创新创业大赛,在科教城、创意基地分别举办了大赛项目的巡回路演活动。经过省初赛、路演、复赛,全市最终有 6 个项目晋级决赛,其中天峋(常州)智能科技有限公司和江苏佰腾科技有限公司两个参赛团队分获一等奖和三等奖。

2016 年 9 月,常州市经信委组织赞奇科技、智宝机器人等 30 家软件和信息服务企业参展了第十二届中国(南京)国际软件产品和信息服务交易博览会,采用特装形式重点展示了常州市移动互联网、电子商务、信息应用服务、智慧生活和无人机系统等多个领域的互联网技术及应用创新成果。

(二)工作成绩亮点突出

2016 年,常州市经信委帮助科教城、西太湖电子商务产业园完成省互联网产业园共建阶段成果考核工作,科教城考核优秀获得省后续扶持资金;铭赛机器人的面向 3C 电子制造业的工业机器人研发等 7 个项目获得省级财政资金支持;国光信息继续蝉联"全国软件百强企业";冲电气软件、世轩科技两家企业入围 2016—2017 年江苏省规划布局内重点软件企业;江苏振邦通过省软件企业技术中心认定;富深协旗下产品获得第十四届江苏省优秀软件产品奖(金慧奖);世轩科技通过工信部 ITSS 二级资质认证;永安行 CEO 陶安平获评 2016 年度江苏省互联网十大人物。

三、2017 年发展目标和主要举措

对比南京、苏州和无锡,常州市软件和信息服务业规模差距较大,为加快软件产业发展,常州市软件和信息服务业将按照"优化南北、拓展东西"的思路,坚持创新发展、特色发展、联动发展。围绕"中国制造 2025"常州行动、"互联网+"行动,重点发展以嵌入式软件为主的工业软件,加快发展物联网、云计算、移动互联网等新型信息服务,主要做好以下几方面工作:

(一)抓载体,推动企业集聚

一是进一步强化两家国家级软件园(常州创意产业基地、武进软件园)的集聚效应,依托园区政策加快推动相关企业入驻园区。二是加快省级软件园(常州信息产业园)发展,理顺园区管理关系,健全组织架构,加大招商力度,完善各项扶持政策。继续推进西太湖电子商务产业园、科教城互联网产业园,常信院互联网众创园省市共建工作,促进互联网企业集聚,在招商、企业、项目、人才、平台、基金等领域进一步加强省市合作。三是加快发展常州科技街、恒生科技产业园、江苏软件园天目湖基地等产业集聚区,实现常州软件和信息服务业全面发展。

(二)抓人才,加强队伍建设

软件产业发展,就是人才的发展,需要不断优化产业人才生态环境。一是依托市"龙城英才计

划"等人才政策,不断引进信息产业高端技术人才和管理团队。二是积极发挥创意产业基地、信息产业园等园区的集聚效应,加快培养和引进软件架构师、项目经理等中高端紧缺人才。三是鼓励重点软件企业联合大专院校有针对性地培养复合型、应用型和技能型软件人才。

（三）抓项目,加快产业升级

一是重点培育互联网、移动通信、云计算、大数据等产业化项目,积极推动江苏移动和云泰互联共建云计算华东基地项目和钟楼百度大数据产业园建设。二是鼓励嵌入式软件企业和整机制造企业加强合作,在轨道交通、智能电网、智能矿山、电子仪器仪表、工程机械等优势领域研发具有自主知识产权的嵌入式软件,提高对终端设备的配套能力。三是鼓励软件企业加快抢占信用、金融、物流、安全、大数据分析等产业互联网入口,搭建细分行业应用服务平台,加快推动互联网与工业、农业、服务业等传统产业的融合创新。

（四）抓基础,夯实发展后劲

一是做好全市软件产业统计监测工作,分解考核目标,加大各辖市、区条线统计工作力度,定期上报重点行业、重点企业发展情况。二是做好产业调研工作,对全市软件企业按细分行业进行走访,完成产业调研报告,对承担省级项目的重点园区、重点企业开展项目跟踪。三是组织企业参展南京国际软件博览会等活动。四是组织企业参加"i 创杯"省互联网创新创业大赛等活动。

第六章 南通市软件产业发展报告

一、2016 年主要工作及成效

2016 年,南通市软件和信息技术服务业完成业务收入 189.3 亿元(工信部年报数据),同比增长 555.0％。从软件开发、信息技术服务、嵌入式系统软件三大业务类型业务收入同比增速来看,软件产品和信息技术服务收入增速均有所下降,而嵌入式系统软件收入增速则高于去年同期,表明产业结构处于持续调整期。

(一) 抓好政策落实

深入贯彻落实国家、省关于促进软件产业发展的一系列政策措施,研究出台了《关于促进市区工业发展的若干政策意见》,首次明确提出对软件和信息服务业企业自主软件著作权产品和工业企业自主研发嵌入式软件按应税销售额 8％给予奖励,加大了对软件产业的扶持和推进力度。完成《南通市区电子信息产业发展及空间布局规划》,正在编制《南通市电子信息产业发展规划》,进一步明确全市软件产业发展重点及区域布局。

(二) 加强载体建设

继 2015 年南通市开发区软件园、崇川开发区科技园分别被认定为省互联网产业园、众创园后,2016 年,南通大学科技园获得省互联网众创园认定,并获得省专项资金扶持;打造国际数据中心产业园,目前已集聚了中兴网信、中国移动、美国尼尔森等顶尖项目,9 月集中开工了 4 个项目,总投资达 200 亿元。

(三) 做好重点企业培育

一是企业质量不断提高。2016 年,全市受理软件企业评估材料 46 件,新通过软件评估企业 5家,123 个产品通过软件产品评估。二是企业培育取得实效。中威软件入选 2016—2017 年省规划布局内重点软件企业,累计入选企业已达 6 家。三是知名企业纷纷落户。截至目前,已有中兴通讯、中国网库电商谷、香港脉络科技、大钱科技、软通动力、神州数码等国内外知名软件企业落户南通,有力地带动了全市软件和信息服务产业提档升级。

(四) 举办活动助推产业发展

承办了苏中地区第二届"i 创杯"互联网创新创业大赛苏中地区推广宣贯会活动。7 月 22 日,举办了第二届"i 创杯"互联网创新创业大赛巡回路演南通站活动,组织了 20 个互联网创新企业及团队参加了路演活动。积极发动企业参加省产业人才"育鹰计划 2.0"以及其他软件、互联网创新创业培训班。10 月,举办了如皋第五届软件与信息服务业年度推进会,以"'互联网＋'促进产业转型发展"为主题,探讨新形势下提高软件与信息服务业技术、应用和服务水平,促进软件信息产业快速发展。12 月,举行中国 ITSS 实训基地南通中心挂牌仪式,并开展了首场宣贯活动。

二、2017 年发展目标和工作举措

(一)发展目标

2017 年全市软件和信息服务业完成业务收入突破 250 亿元,同比增长 25％以上;力争新增省认定软件企业技术中心 1 家、创建省级互联网产业园和互联网众创园 1 个、符合省互联网产业人才培训基地规范 1 个、新增列入省规划布局重点软件企业 1 家。

(二)工作举措

1.加大扶持力度

认真贯彻落实国家、省出台的促进软件产业发展的一系列政策措施。按照《市政府关于促进市区工业发展的若干政策意见》,尽快兑现销售达到一定规模的软件企业销售自主软件著作权产品和工业企业自主研发嵌入式软件企业的奖励;同时,继续对纳入省重点规划布局内软件企业给予奖励。举办"双软评估"政策解读暨软件企业所得税优惠备案专题培训活动。

2.加强产业运行分析

围绕新形势下产业发展的趋势和需求,加强与重点企业的沟通联系,深化行业发展形势分析。进一步完善全市软件产业统计监测系统,完善数据信息报送体系。认真做好软件产业月度、年报统计工作。

3.推动软件企业创新能力提升

推动企业作为技术创新主体的作用,支持和帮助企业与科研院所建立联合开发、优势互补、成果共享、风险共担的产学研用合作新机制。以政府引导资金为导向,支持鼓励软件企业开发新产品,推动重点项目实施,做好跟踪服务,建立项目库。推动软件企业创建企业技术中心,鼓励企业建立研究生工作站。

4.着力推动载体建设

继续做好南通软件园、如皋软件园等 4 个省级软件园的发展服务工作。积极营造"双创氛围",做好省互联网产业园和互联网众创园申报、复核工作,提升软件产业载体建设水平。推进软件公共服务平台体系建设,以政府专项资金引导公共服务资源的整合,降低中小软件企业研发成本。

5.加大骨干企业培育力度

建立重点软件企业联系制度,及时协调解决企业发展过程中遇到的困难。密切跟踪新落户企业发展情况并及时做好相关服务,鼓励和推动大型企业和有实力制造企业剥离成立软件企业。聚焦政策,帮助企业享受相关优惠政策,推动企业加速规模发展。加强对本地区规划布局内重点软件企业的动态跟踪和服务指导。

6.积极开展人才支撑工作

加强产学对接,实施领军人才培育工程和专业技术人才知识更新工程。积极组织参与江苏软件产业"育鹰计划 2.0"等各类培训班。做好省互联网产业人才培训基地规范符合性评估工作,依托基地培养更多软件企业亟须的高技术人才。指导市软件行业协会组织做好全国计算机技术与软件专业技术资格(水平)考试南通考区工作。

7.促进两化深度融合

推动工业软件研发及应用,开展安全可靠工业软件和行业系统解决方案推广。鼓励软件企业参与工业设计数字化、装备智能化、生产自动化、商务电子化、服务定制化等智能车间建设。帮助有

条件的本地软件企业参加智慧南通项目建设,组织软件企业开展的工业软件企业与行业用户对接交流活动。

8. 扩大对外合作交流

组织软件企业参加中国国际软件博览会、南京软博会等展览会,帮助软件企业对外展示、推介产品以及拓展合作交流渠道。组织做好省第三届"i创杯"互联网创新创业大赛巡回路演南通站活动,承办好省第三届"i创杯"互联网创新创业大赛复赛活动。

第七章　扬州市软件产业发展报告

一、2016年发展概况

2016年,在江苏省经信委的关心指导下,在扬州市委、市政府的正确领导下,扬州市围绕打造新兴软件和互联网名城的工作目标,着力优化发展环境,扎实推进软件产业发展,取得了阶段性成效。

2016年,扬州市实现软件业务收入86.1亿元(工信部年报数据),同比增长8%。万方电子获批省规划布局内重点软件企业;鼎集智能、易图地信成功上市;华云大数据中心、北大创业训练营江苏基地、上海(扬州)视听产业园先后落户;中国创谷获评省级互联网众创园;全年新登记软件产品238件、新通过评估软件企业43家,创历史新高。

二、2016年开展的主要工作

(一)超前谋划推动产业有序发展

一是科学规划软件产业未来五年发展方向。按照市政府统一部署,采取集中座谈和问卷调查相结合的方式,全面启动了软件园区、企业的调研。在此基础上,认真总结"十二五"期间软件产业发展成果、存在问题和主要经验,编制了《扬州市软件和信息服务业"十三五"发展规划》和《扬州市软件和互联网产业发展三年行动计划》。二是着力理清2017年软件产业发展重点。在前期赴各县(市、区)、专业园区及重点企业调研的基础上,市经信委结合扬州市软件和信息服务业"十三五"发展规划和三年行动计划,起草了《2017年扬州市软件产业工作要点》,明确了阶段性目标任务和工作重点。

(二)制定政策推动产业加快发展

一是在前期赴厦门、成都调研学习的基础上,借鉴参考国内重点地区推进软件园区建设和产业发展的先进做法,制定出台了《关于支持扬州软件园建设发展的专项政策》。二是对照市政府与上海网络视听行业协会签订的《战略合作框架协议》,市经信委拟制了《关于扶持上海(扬州)网络视听产业园发展的专项政策》以及《共建扬州网络视听产业园合作协议》。三是修订完善软件和互联网产业发展专项政策。结合软件和互联网产业特点、发展趋势、行业动态,拟制了《扬州市软件和互联网产业发展专项政策》。

(三)扎实推进产业招商与项目合作

一是积极推进软件和互联网产业招商。在全面摸排、了解各地(园区)在软件和互联网产业相关领域的发展定位、主攻方向、重点客商、在手项目和年度招商计划的基础上,制定了《全市软件和互联网产业合作恳谈活动"四地行"建议方案》。3月底,扬州市委常委、常务副市长丁纯率团赴印度、以色列拜访推介,并在班加罗尔成功举办中国·扬州IT产业合作推介会。二是持续推进项目合作与建设。跟踪推进扬州软件园、装备试验场、视听产业园等一批重点项目,详细了解项目建设过程中存在的问题和困难,以最短的时间帮助企业协调解决,全力推动项目建设。

(四)成功组织系列行业活动

一是主办 2016 江苏企业家"育鹰峰会"暨江苏企业大学启动仪式。在省经信委的大力支持下,采用"主题推介、互动交流、专家演讲"相结合的方式,成功举办了 2016 江苏企业家"育鹰峰会"暨江苏企业大学启动仪式,促成省内 300 多家企业高层相聚扬州,感受扬州的创新创业氛围。二是借助软博会平台组团参展。采用"整体打包、特装布展"的方式,组织市内重点园区、行业协会和 20 多家软件企业赴南京集中展示了扬州软件服务业整体概况和"一基地三板块"专业园区发展环境,以及本地软件企业在行业应用、市民生活、新型服务业态等领域的创新成果。三是开展了扬州市第二届软件和互联网产业"双十佳"评选活动。按照《扬州市第二届软件和互联网产业"双十佳"评选活动方案》要求,拟制完成《评价标准》《评选细则》《评选专家组成及管理办法》等一套评比工作制度。经宣传发动、自主报名、资格审查、专家评审、部门意见征询等规定程序,产生了 10 家"十佳软件和互联网企业"、10 名"十佳软件工程师"。

(五)悉心服务产业发展

把企业认定认证、项目服务作为服务企业、服务园区的重要抓手,全年共帮助 56 家企业、268件产品整理提交了"双软评估"材料;组织企业申报省级转型升级引导资金、江苏省优秀软件产品奖(金慧奖)、省规划布局重点软件企业等专项,共帮助中国创谷、海润软件 2 家企业争取到 160 万元省专项支持,万方电子创成省级软件企业技术中心、中国创谷获评省级互联网众创园;联合市财政局,积极稳妥地开展了市级软件产业专项引导资金项目申报工作,按时兑现了市级软件产业专项扶持资金。此外,针对企业需求,陆续开展了"双软评估"县市行、ITSS 贯标培训企业行、iOS App 项目开发培训和软件测试技术报告等服务活动。

三、2017 年发展目标和重点举措

(一)工作目标

2017 年,全市计划实现软件业务收入 100 亿元,增幅 16%;新评估软件企业 20 家,新登记软件产品 30 件。

(二)工作举措

1. 加强企业扶持力度,着力提升产业规模

一是大力培育行业龙头企业。结合"云上扬州"建设需求,引导本土软件企业开展"两化融合"和行业应用服务,形成一批可复制、可推广的示范应用案例。二是全力服务初创企业。与北大创业训练营、微软创新中心等创业机构深化合作,健全"创业苗圃—孵化器—加速器"孵化链条,鼓励市内外大学生等青年人才在扬创业。三是修订完善市级专项政策。以扬州入选"小微企业创业创新基地城市示范"为契机,结合技术发展新趋势、行业应用新模式、跨界融合新业态,对市级软件产业专项扶持政策进行修订完善,以更好地推动产业发展。

2. 加大项目招引力度,着力推动产业集聚

一是建立软件产业招商项目信息库。发挥扬州区位和成本优势,重点瞄准行业龙头企业,积极

引进地区总部、研发基地、技术支持中心等落户，支持企业在扬建立新的工作团队。二是推动互联网产业招商。进一步发挥中国·扬州云计算中心、北大创业训练营等平台项目的纽带作用，围绕软件和互联网产业细分领域，常态化开展招商活动。同时，进一步深化与行业机构、知名企业的合作，适时启动专题招商活动，推动产业集聚发展。

3. 加强人才引培力度，着力推进产业创新

在引进方面，定期收集企业人才需求，结合省"爱英之旅"江苏省重点软件企业全国校园行活动，组织企业赴市外高校举办扬州软件和互联网企业专场招聘会，吸引高校毕业生来扬工作；以市"绿扬金凤"引才计划为契机，积极搭建引才平台，帮助企业引进一批创新创业领军人才（团队）和专业人才。在培养方面，加强与省内外高校、培训机构的合作，通过课程植入、订单式人才培养、项目合作研发、支持师生到园区创业等方式开展合作；依托职业学校和培训机构，加快行业一般适用人才的培养。

4. 优化企业发展环境，着力提升服务能力

一是进一步推进企业资质认定认证工作，定期举办双软评估、ITSS宣贯等资质提升培训工作，有序引导和鼓励企业提升资质等级，提高市场竞争力，聚力培育一批在行业内有一定影响力的示范园区和标杆企业。二是搭建软件企业与制造业企业供需对接平台，引导制造业企业购买本地产品和服务；编制政府采购产品目录，通过政府采购本土软件企业产品和信息服务，推动有条件的部门和企业采购第三方服务，扩大内需市场，对部分具有自主知识产权的创新产品和服务倡导政府首购。三是建立软件和信息服务业风险补偿专项资金，大力支持初创期、成长期的软件服务业企业发展。

第八章 徐州市软件产业发展报告

软件是新一代信息技术产业的灵魂,"软件定义"是信息革命的新标志和新特征。软件和信息技术服务业是引领科技创新、驱动经济社会转型发展的核心力量,是建设制造强国和网络强国的核心支撑。

一、2016 年发展概况

(一)软件产业运行情况

1. 软件产业快速增长

大力发展软件和信息技术服务业、开展大规模的信息产业招商活动,取得明显成效。全市现有软件和信息技术服务企业 300 余家,其中通过软件认定企业 110 家,登记软件产品 460 余个,形成了以徐州软件园(泉山区)为中心,徐州经济技术开发区、徐州高新区为辅的发展格局。2016 年,全市实现软件业务收入 81.0 亿元(工信部年报数据),同比增长 55.8%。

2. 创新能力开创新局面

经过多年的发展,软件产业创新能力有了较大提升,三维医疗、江苏鼎驰获批省级软件企业技术中心,省级软件企业技术中心增加到 6 家。华为云计算大数据云中心、软通动力创新综合体、中科曙光淮海大数据中心项目等项目相继落地建设,微软徐州云暨移动应用孵化平台、徐工阿里工业云大数据实验室等一大批新兴业态企业正在加快建设。

3. 园区建设取得新成效

大力推进软件园区建设,不断提升软件园区集聚发展、服务企业的能力。淮海智慧产业园、徐州智慧信息产业园、中国航天空间信息产业园、高新区信息安全谷、云龙双智双创产业园等一批产业集聚区相继开工建设。徐州软件园获批省级互联网产业园,徐州大学生创业园、矿大科技园、2.5产业园获批省互联网众创园,服务企业集聚发展的能力进一步增强。

4. 企业培育迈上新台阶

以产业集聚区建设为基础,以孵化企业发展为重点,坚持培育与引进并举,加快企业培育力度,取得明显成效。华为云计算大数据中心、软通动力、甲骨文、中科曙光等一批企业落户徐州,九次方大数据、徐工工业大数据实验室等一大批上下游的配套企业正在向徐州加速聚集。

(二)2016 年主要工作

1. 着力推进园区建设

发挥软件园区集聚软件产业发展的作用,全面推动软件园区向特色化、品牌化方向发展,不断提升软件园区专业功能和服务能力。在服务既有园区的基础上,帮助有关县区重点推进新兴产业园区,淮海智慧产业园、徐州智慧信息产业园、启迪科技园、淮海大数据中心等一批软件专业园区蓬勃兴起,园区建设形成新局面。

2. 加大产业招商力度

坚持"互联网＋"与"＋互联网"并举,加快推进软件产品的研发,加快项目落地,软件产业保持快速增长。一方面,以智慧徐州建设为引领,按照"以建促整、以整促用,以应用培育产业、以产业巩固建设"的循环发展思路,促使项目承建公司落户徐州发展;另一方面,以信息服务产业基地建设为核心,加快发展物联网、云计算、大数据等新兴产业;进一步深化了信息技术在企业研发设计、生产经营和管理、销售以及生产性服务业的主要领域、主要环节的应用。

3. 举办互联网创新创业大赛

为增进互联网创新创业文化,宣传徐州互联网企业与互联网创新产品,营造有利于互联网经济发展的良好氛围,举办了 2016 徐州互联网创新创业大赛。本次大赛共吸引 112 个项目报名,42 个项目进入复赛,12 支代表徐州互联网创新创业新高度的"超强团队"进入决赛,在贝壳创投、凯风创投等 7 位来自国内创投圈的重磅评审严格考核下,决出了一、二、三等奖。此次大赛获得了凤凰网、光明网、网易新闻等近 20 家媒体机构的争相报道。

4. 做好信息产业投资推介会

为宣传徐州信息产业,吸引国内外知名信息产业企业落户徐州创业发展,推动产业协作和转移,促进经济转型升级,加快建设徐州"一中心、一基地、一高地"的步伐,成功举办 2016 徐州信息产业投资推介会暨重点项目签约仪式,取得了丰硕成果。本次投资推介会共签约项目 19 个,总投资达 50 亿元。凤凰网、光明网、网易新闻等 20 余家媒体争相刊登信息产业推介会的盛况。

5. 成功举办信息技术服务标准(ITSS)宣贯大会

成功举办信息技术服务标准(ITSS)宣贯大会,各县区经信委主管部门负责人、产业园区负责人、政府和企业 CIO 以及信息化负责人等参加了此次宣贯大会。会上同时举行了中国 ITSS 实训基地徐州中心揭牌,徐州中心的成立将积极致力于 IT 服务人才的培养和输送,推动 ITSS 在徐州的应用,促进徐州市信息技术服务业的发展,带动江苏省北部地区的信息技术服务业的发展壮大。

6. 认真做好产业统计和分析

按照要求,做好 2016 年电子信息产业、软件产业年报以及 2017 年信息产业月报、物联网季报工作,全市 154 家电子信息企业、94 家软件企业参与报送,并做好月度、季度的产业运行分析。

二、存在的问题

一是缺少核心技术。 创新能力不足是制约徐州市信息产业发展的主要瓶颈之一。企业竞争力不强,产业关联度不高。创新意识的缺乏和能力的薄弱使得企业对外来关键技术和元器件依赖的局面不能从根本上得到改变,具有自有品牌和自主知识产权的产品较少,科研成果转化率低,以企业为主体,产、学、研、用一体化的技术创新体系在大多数企业内尚未真正建立。特别是由于缺少自主知识产权的核心技术专利,企业在市场竞争中受专利壁垒、标准壁垒制约严重。

二是平台建设不足。 产业基地(园区)建设速度和发展水平与南京、苏南地区相比差距较大,承接产业转移和聚集产业发展的能力较弱。难以充分发挥园区自身的综合优势和独特优势,合理选择和布局园区所要发展的产业,确定主导产业、相关产业和配套产业,形成有效协同的产业链。园区建设分布不均衡,导致难以形成既有相互竞争,又有资源共享和专业分工的产业集群。

三是高素质人才短缺。 信息产业是一个知识和人才密集的产业,具有高人力资本含量、高技术含量和高附加值的特点,其发展离不开大批高素质人才的支撑。但总体来看,徐州市在高层次创新创业人才聚集方面与其他先进城市相比还存在较大差距,高端人才稀缺,在全市普通 IT 人才数量、质量方面与南京、苏州等地相比仍存在较大差距,还未形成规模效应。

三、下一步工作思路

指标设置：2017 年软件和信息技术服务业务收入达 150 亿元，同比增长超 50％。

（一）加快载体建设、争创产业基地

加强徐州智慧信息产业园、淮海智慧产业园、徐州空间信息产业园等特色产业园区建设，充分发挥规模效应和集聚效应，构筑布局合理的特色产业基地，形成分工合理、特色明显、优势互补、互动共赢的产业发展格局。重点打造软件园区。推进徐州软件园、中国矿业大学国家大学科技园等载体建设，推动国家安全科技产业园和特色化物联网示范工程的建设，加快形成集聚效应。支持鼓楼区文化创意产业园建设，推动文化产业与信息产业的结合，实现共同发展。

（二）培育龙头企业、发挥示范效应

积极培育骨干企业。建立重点企业联系制度，优选今年入住徐州的重大项目重点培植，通过财税优惠、项目带动培育龙头骨干企业，充分发挥龙头企业在人才、技术和产品等方面的优势，带动整个产业发展。鼓励企业申报国家规划布局重点企业，参评全国软件百强企业，对于入选企业给予税费优惠。鼓励企业上市融资，按照上市融资的要求组织评选上市重点培育对象，对进入上市重点培育对象的企业给予补助，对成功上市的企业，市级财政给予奖励。借助公共服务平台建设等项目带动企业发展壮大。鼓励企业通过强强联合、兼并重组发展壮大。

（三）实施大数据战略，推进新兴业态发展

深入推进"互联网＋工业"行动，积极推进移动互联网、云计算、大数据、物联网等新一代信息技术与工业、医疗、交通物流等行业结合，推进互联网与制造业融合创新，构建信息化背景下的核心竞争力。一是实施大数据战略，建设大数据产业园，培育一批以大数据采集、分析、应用、交易为主业的骨干企业。探索设立数据交易中心，推动金融、卫生、物流等领域大数据创新应用，促进传统企业以模式和业务创新带动转型发展。二是加快现代信息技术与产业深度融合，形成以信息化为创新要素的产业发展新形态；推广应用物联网、云计算等技术，发展分享经济，实现生产经营流程重构再造，促进生产智能化、经营网络化、服务远程化。三是加快工业云、工业软件在工程机械、钢铁、装备等重点产业的普及应用。把工业云中心建设成为先进制造能力的供需平台、传统企业的能力重构平台、创新企业的定制平台。

（四）广泛宣传发动，做好双创大赛工作

根据创新创业大赛要求，组织号召全市创新创业企业团队积极报名参与，以大赛为纽带，整合互联网创新创业资源，增进互联网创新创业文化，发现基于互联网的新技术、新产品、新业态和新模式，探寻"互联网＋"促进传统产业转型升级的创新方案。将双创大赛作为一个科技企业发现、提升和实现价值的过程，把大赛打造成一个可持续、市场化、特色鲜明的品牌，为大赛走得更远、走得更好奠定基础。

（五）加强人才培养、发展培训产业

据调查，目前全市软件专业技术人员缺口很大，培训市场前景广阔。一是支持甲骨文、软通动力、英才教育等培训机构顺势而为，加大工作力度，将徐州建成富有特色、辐射面广的软件人才培训基地。二是根据徐州市县区产业发展不平衡的现状,开展县区行活动,提高县区对软件产业的认识和培育软件产业的动力。三是针对目前高等院校培养的学生岗位操作能力与企业实际需求之间存在的断层现象,筹划在全市大专院校建立中高级软件人才培训基地,根据软件行业具体的岗位需求设置有针对性的教学内容,培育一批市场开拓、软件维护、软件销售等方面的复合人才。

（六）完善统计体系,加强运行分析

建立与信息产业发展目标一致的统计指标体系,并在此基础上制定考核办法。一是认真贯彻落实省信息产业统计报表制度,完善统计体系,做到应统尽统。二是加强培训,建立信息服务与软件业统计网络体系,利用信息化手段改进服务,提高信息服务与软件业统计质量。

（七）做好信息产业投资推介会

2016年首届信息产业投资推介会取得良好的效果,一大批国内外知名企业认识了徐州。2017年将继续巩固去年招商引资的成果,进一步加大宣传力度,做好客商邀请工作,争取做好今年的信息产业投资推介会工作,让更多客商了解徐州、投资徐州,促进全市信息产业持续健康发展。

第九章 泰州市软件产业发展报告

2016年,在泰州市委、市政府的正确领导和省经信委的关心指导下,泰州市坚持将软件业作为全市优先鼓励发展的战略性新兴产业,抓住产业发展重点,建立服务载体,强化政策驱动,保障高效运行,全市软件产业集聚度不断增强,服务领域不断拓展,影响力日益扩大。

一、2016年发展概况

(一)主要情况

2016年,泰州市共计实现软件业务收入68.8亿元(工信部年报数据),同比增长15.4%。信息技术服务收入18.13亿元,其中,电子商务平台服务收入超过5亿元,发展迅速。泰州软件产业正以结构调整推动全面转型升级,提升软件产业层次。

江苏东华测试技术股份有限公司等4家企业列入2016—2017年江苏省规划布局内重点软件企业;2个产品入选2016年度江苏省优秀软件产品奖;泰州市创业中心成为泰州首家获批的"省级互联网众创园";"省级服务外包人才培训基地"落户泰州学院;江苏扬子江计算机科技有限公司的YZJ药品生命周期数据管理软件V3.0获江苏省优秀版权作品奖。

1. 产业结构进一步优化

5月,泰州市政府与浪潮集团签订战略合作协议,投资落户本地化公司,将在云计算、大数据、智慧城市等产业领域开展战略合作,推动泰州经济加快转型升级;与工信部合作共建社会信用大数据服务平台泰州分平台,建立征信服务体系,力争将泰州打造成全国首批社会信用体系建设示范城市。

7月,泰州市凭借良好的信息基础设施和宽带发展条件,成功入选"宽带中国"示范城市,将为全市经济社会发展,尤其是为培育现代产业体系、推进科技创新转型升级、发展电子商务、提升城市综合竞争力、打造优质营商环境等提供更加有力的基础支撑。2016年,全市电子商务交易额690亿元,网络零售额超过120亿元,同比增长均在50%以上;跨境电商出口额6 000多万美元,同比增长3倍多。8月,召开的全市电子商务暨跨境电商工作会议部署了加快实施电子商务三年行动计划;泰州签发了全省首份跨境电商通关单;泰州综保区亮相上海国际电商博览会。江苏省商务厅批复的"省级服务外包人才培训基地"落户泰州学院,是泰州首个省级服务外包人才培训基地,为泰州服务外包产业发展注入新的活力。

2. 骨干软件企业影响力扩大

9月、10月,江苏东华测试技术股份有限公司分别承担了"天宫二号"空间实验室和中国神舟十一号载人飞船整体结构强度测试任务,采用自主研发核心技术和卓越的品质助力中国航天事业的发展;12月,独家承办了2016年江苏省首届力学创新创意竞赛,得到了组委会的高度评价和社会的一致好评;开幕式上,东华测试股份公司向常州大学怀德学院捐赠近300万元教研实验设备。

得益于国家新能源汽车的利好政策,江苏春兰清洁能源研究院有限公司订单大幅提升,营业收入和软件业务收入翻番,产品遍布全国90多个城市,12月底与一汽客车有限公司签订战略合作协议,全力配合一汽新能源汽车打造核心竞争力。

3. 园区建设双翼并进

(1)电子商务成为泰州数据产业园新的增长点

2016年,泰州数据产业园完成业务收入25亿元,同比增长20%;完成固定资产投资4.5亿元,同比增长12%。

重点项目建设进展顺利。数据园正在进行五期工程施工。泰州浪潮云计算项目云计算中心机房在深化设计,并正在积极向市政府争取泰州政务云服务项目。

(2)泰州创业中心着力推进互联网创业发展

截至2016年年底,共引进互联网企业75家,多途径融资助推互联网创业,完成了6个项目和5个企业的投资。孵化场地实际可用面积增至1 500平方米。建成了泰州市中小企业综合性科技服务平台、中小企业创业孵化服务平台、江苏省中小企业星级公共服务平台、泰州市中小企业科技公共服务平台、泰州市中小企业科技创业创新服务平台、泰州市中小企业科技成果转化服务中心等多个专业技术平台,为园区企业提供专业服务,减少企业创业成本,提高创业成效。

(二)重点工作

1. 拓展产业领域,提升服务能力。围绕"互联网+"发展,加大宣传力度,提升全社会对"互联网+"的认知度,鼓励软件企业积极拓展业务和市场,探索职能部门在政策落实、项目扶持等方面的有效举措。

2. 营造良好的政策环境。在税收优惠、金融支持、人才引培、环境营造的基础上,通过财政投入的方式,建立奖励办法和激励措施。继续对通过"双软评估"的软件企业、软件产品、省规划布局内重点软件企业和优秀软件产品、服务外包等均给予奖励;对成长型软件企业重点软件项目给予资金扶持,充分调动软件企业的积极性。

3. 推进"两园一中心"错位发展。指导泰州数据产业园、智谷软件园2个软件园和泰州创业中心高起点规划、高层次构建,加快建设产业载体建设,启动公共技术服务平台建设。

4. 着力抓好目标考核。市及各市(区)对软件产业发展高度重视,把软件产业作为优先鼓励发展的产业,建立目标考核体系、形成软件业月报、季报和年报统计工作制度,定期分析,及时协调解决关键性的问题。

5. 引导产业逐步向"互联网+"转型升级,力促骨干软件企业主动转型升级,推动大数据应用,培育大数据产业。

二、2017年发展目标与举措

(一)工作目标

结合全市软件和信息服务业实际,促进向"互联网+产业"转型发展,显著增强推动经济社会发展和促进两化深度融合的服务支撑能力。全市软件业务收入过80亿元,新增亿元软件企业1家,新增通过"双软评估"的软件企业20家、产品130个。

(二)重要举措

1. 抓好国家软件政策的贯彻落实。针对目前软件产业国家出台的相关政策,积极跟踪并了解企业情况,及时掌握政策措施落实过程中遇到的矛盾和问题,与税务部门做好合作,使推动产业发展的政策措施得到切实落实,促进全市软件产业快速健康发展。

2. 帮助有条件的工业企业剥离软件企业。软件企业仍是国家鼓励发展的新兴产业,对软件应用较多的大型企业,借鉴过去成功的案例和经验,鼓励和指导软件开发及信息服务部门独立出来,逐步向专门的行业应用软件供应商发展。

3. 建立本地高校和软件企业战略性合作机制,搭建软件人才信息平台,形成人才培养机构与软件企业的供需对话机制,培养适用人才。

4. 促进本地软件企业与工业企业深度合作。随着工业企业两化融合的深度推进及智能化水平的不断提高,对软件的需求也日渐突出。通过对工业企业全面调研,整合企业需求,促进软件企业积极参与本地"互联网+"应用和建设。

第十章　宿迁市软件产业发展报告

2016 年，宿迁市委、市政府高度重视软件和信息服务产业发展，并将软件产业确定为今后发展的一个先导产业与战略产业。以建设优质载体、引进优势企业、培育优秀人才、营造优良环境为抓手，在市委、市政府的全力推动、全面促进下，宿迁市软件产业呈现蓬勃发展的良好态势。

一、2016 年发展概况

（一）产业规模增长迅速

2016 年，宿迁市共计实现软件业务收入 18 亿元（工信部年报数据），同比增长 343.9%。全年新通过评估软件企业 19 家，累计达 131 家；新通过评估软件产品 14 个，累计达 88 个。全市软件从业人员约为 3 000 人。

（二）产业特色不断彰显

宿迁市电商产业发展迅速，成为本地软件和信息服务业的明显特色，目前已聚集京东、当当、网易、中苏商品交易中心、易工场等一批知名企业。着力打造"一村"培育"一品"、"一品"做响"一店"、"一店"致富"一片"的"一村一品一店"新模式，与阿里巴巴、京东、苏宁等知名电商进行深度合作，拥有全国"淘宝镇"4 个、全国"淘宝村"26 个。

（三）园区建设不断加强

目前，全市已有宿迁市软件与服务外包产业园、宿迁电子商务产业园、沭阳软件产业园、泗阳电子商务产业园等 7 个软件企业集聚区，初步形成产业集聚效应。其中，省级软件园 3 个，省市共建互联网产业园 1 个，省市共建互联网众创园 1 个。

（四）载体建设日益完善

全市各软件园载体面积达 150 万平方米。市软件与服务外包产业园建筑面积达 50 万平方米，沭阳软件园建筑面积 6.7 万平方米，宿迁电子商务产业园建筑面积达 61 万平方米。各产业园孵化场地网络、通讯、强弱电接口齐全，配套设施日趋完善。

二、2016 年开展的主要工作

（一）加强行业管理，努力推进软件产业发展

一是扎实开展全市软件产业及企业发展调研工作。通过采取书面和现场调研方式，基本了解了市内相关软件产业重点县区、园区及企业的情况，为进一步摸清全市行业发展状况、存在问题提供了有效依据，撰写有关调研报告，并将对未来发展提出合适可行的意见和建议，作为下一步工作的重点。二是积极组织参加各级各类博览活动。通过广泛发动，组织宿迁市部分县区、园区、企业

参加第十四届大连软交会、第十二届南京软博会等活动,并积极与相关地区及重点企业开展交流。三是及时加强对软件产业运行情况监测分析。做好每个月报表数据上报工作,分析相关数据,及时发现产业运行中出现的问题。

（二）加快项目帮扶,突出推进宿迁电子商务产业园政策落实

一是认真落实省市共建互联网产业园合作协议。帮助宿迁电子商务产业园与省经信委对接沟通,加快推进宿迁电子商务产业园发展。督促做好对市电子商务产业园区的考核工作,针对上年度共建工作要求,对资金使用及工作情况进行总结,策应做好共建园区考核,目前市电商产业园再次获得省经信委专项资金 300 万元。二是开展省市共建互联网众创园申报。根据省互联网产业园和众创园区建设申报要求,积极组织县区申报省市共建互联网产业园和互联网众创园,泗阳县电子商务产业园已经获得省级互联网众创园称号,获得省经信委专项资金 80 万元。

（三）强化服务导向,开展软件企业与工业企业、银行的对接活动

一是有效开展"软企对接"。宿迁市软件企业与工业企业之间互相了解的程度还不够,彼此之间缺少沟通桥梁,宿迁市软件企业在本地市场占有率有待提高。针对上述问题,宿迁市经信委进一步摸清软件企业和工业企业的供需情况,积极搭建交流合作平台,以市场应用促进全市软件和信息技术服务业发展,提升工业信息化水平,全年开展对接活动 6 次。二是积极促进"软银对接"。部分软件企业普遍反映贷款难问题比较严重,据了解,银行在向企业贷款时,将软件企业与工业企业同等对待,需要有效抵押物才能给予贷款,而目前宿迁市大多数软件企业都是轻资产公司,可供抵押物不多,所以软件企业贷款难、融资门槛高等问题尤为突出。针对该问题,宿迁市经信委积极整理筛选软件企业融资需求情况,并与有关银行建立业务联系,将有关融资需求情况提供给银行,组织开展沟通协调。

（四）突出人才战略,实行信息化高端人才培育计划

一是积极推荐企业参加"育鹰计划 2.0"软件人才培育,利用名校资源为企业人才充电。二是积极组织企业参加"i 创杯"互联网创新创业大赛,提升企业影响力,为企业发展助力。三是积极发动企业申报 2016 年度软件互联网类江苏省"双创人才"团队。

三、2017 年发展目标和重要举措

2017 年,宿迁市将以"一个目标、两个抓手、四项工程"为工作导向,加快推进全市软件产业发展速度和质量,力争实现软件产业主营业务收入增长 20％以上,以加快推进行业发展和提升行业管理与服务为主要抓手,重点推进"行业规模发展工程、企业服务精准工程、策应扶持升级工程、行业管理提升工程"等四项工程加速发展。

（一）加速行业发展,提升规模质量

一是实施"全市软件产业重点企业提升工程"。在全市范围内选取 20 家软件企业,集中要素,帮助解决发展难题,实现较快发展、良性发展。二是加快推进物联网产业发展和示范应用。抢抓时机推进全市物联网产业发展,加快"京东（宿迁）物联网智能制造产业园"建设进度,大力促进物联网示范应用,建设物联网小镇。扎实做好有关服务工作,借助该项目影响力和带动力,进一步做大做强宿迁软件业。

（二）强化行业管理，实现有序发展

一是强化基础工作，掌握发展动态。加强软件产业基础数据采集，建立软件产业企业基础台账，按时报送有关报表。二是积极组织参加各级各类展会。积极组织全市企业、园区、县区参加各级各类软件产业发展方面的展览，参加"i 创杯"、金慧奖等活动，帮助企业走出去，促进园区、县区了解和掌握行业发展动态。三是积极组织参加业务培训。组织企业、园区、县区有关软件产业方面的业务培训，进一步提高工作水平，积极参加"育鹰之星"、软件行业标准（ITSS）等培训活动。

（三）突出策应扶持，帮助争取资金

一是扎实做好国家、省资金争取工作。强化项目储备工作，积极推荐企业申报国家、省有关政策资金项目，力争获得更多资金扶持。二是强化电商产业园策应扶持工作。继续做好宿迁电子商务产业园和泗阳电子商务产业园的服务工作，及时帮助解决发展中存在的问题，进一步为其争取扶持资金，积极发动园区参加省经信委各项活动，组织园区企业参加博览会，扩大企业影响力，助力企业发展壮大。三是进一步积极申报省市共建互联网产业园（众创园）。省经信委将宿迁电子商务产业作为省重点支持的全省 17 个重点特色产业之一，加大对宿迁电子商务产业的扶持力度。将抓住机遇，对于那些发展潜力大、企业发展良好的电商产业园继续申报省市共建互联网产业园（众创园），扶持其做大做强。

（四）实现精准服务，政企良性互动

一是扎实开展行业调研。开展软件产业发展情况调研工作每季度 1 次以上，全面了解、总结全市产业发展情况，找出发展问题，提出发展思路和措施。二是积极推进问题会办。根据掌握的情况，有针对性地找出发展中存在的问题，积极组织协调解决，必要时组织进行专题会办。三是努力做好对接工作。根据企业关联情况的实际需要状况，采取有针对性的措施，推进软件企业与工业企业、软件企业与银行之间进行对接不少于 2 次，帮助企业开拓本地市场、缓解融资难题，加强软件类企业间合作，促进共同发展。

第十一章 盐城市软件产业发展报告

一、2016 年发展情况

2016 年,盐城市软件和信息服务业实现主营业务收入 15.2 亿元(工信部年报数据)。至 2016 年年底,全市软件产业从业人员已近 10 000 人,建筑面积超 100 万平方米,同比分别增长 50%、73.9%。

(一) 行业发展的特点

1. 产业规模快速增长

盐城市软件和信息服务业主营业务收入已连续三年增幅超过 20%。大数据、嵌入式软件、应用软件和系统集成等行业快速发展,行业类别明显丰富。大数据产业体系初步形成,已引进产业项目 100 多个,总投资超百亿元。

2. 载体建设成效明显

2016 年,盐都电商快递产业园获批省市共建互联网产业园。目前全市拥有 2 个省市共建互联网产业园和 2 个省级软件园,园区建设面积超过 100 万平方米。园区载体的不断完善加速了全市软件和信息服务业发展与城市现代化进程。

3. 骨干企业初具规模

全市拥有双软认定企业 45 家,其中年主营收入超亿元企业 1 家、超 5 000 万元企业 3 家,超 1 000 万元企业 17 家,形成了以思科、软通动力、华生恒业、东方赛普物联网研究院、睿泰科技等为代表的一批行业内骨干优势企业,在计算机软件开发、信息化应用、服务外包、医疗软件、物联网应用、数字出版等领域,在省内乃至国内形成较强的竞争优势。IBM、中兴、华为等一批国内外知名大企业、大集团纷纷来盐开展战略合作。

4. 示范试点取得突破

2016 年 4 月,以"网联万物,数知天下"为主题的 2016 中国大数据企业大会在盐城隆重举行。8 月,工信部、省经信委、盐城市政府合作共建国家级大数据产业基地签约仪式在北京圆满完成。市政府信息资源中心、农村综合信息平台、Wi-Fi 无线城市等一批重点项目正在稳步推进。

(二) 重点园区发展情况

1. 城南大数据产业园

作为全省唯一的部省市合作共建大数据产业园区,成功获批创建国家级大数据产业基地,累计建成和在建各类载体面积达 100 万平方米,落户华为、东方国信、软通动力等大数据项目 219 个,微软大数据创新中心、甲骨文(盐城)技术人才创新中心、中关村大数据产业联盟等研发机构 15 个,成立了华东地区首家大数据交易中心,集聚人才 5 000 多人,其中倪光南、顾国彪、何积丰等"两院"院士、国家"千人计划"专家 25 人。2016 年,大数据产业园累计实现主营业务收入 32 亿元,税收 9 450 万元,初步形成了"数据存储、云计算、数据应用、数据交易和端产品制造"的大数据全产业链条。

2. 盐都电商快递产业园

盐城电商快递产业园是江苏唯一一家将电子商务交易与快递等服务业融合发展的产业园，是"省级现代服务业集聚区"、"省级电子商务示范基地"、省首批"示范物流园区"。2016年，全园就业人员达11 000人，实现电子商务交易额约140亿元，实现电子商务服务收入14亿元；快递日处理量达50余万件，占盐城市60%以上。现已入驻京东、苏宁云商、阿里巴巴、中恒宠物跨境电商、松鑫电商、悦达纺织、兴泰跨境电商、第六通道、驴妈妈旅游网、惠普大数据、北京恩源科技、顺丰、中国邮政EMS、四通一达等电子商务交易类和电子商务服务类企业125家，并与南京大学共建了"南京大学盐城电子商务研究院"这一全省唯一的电子商务政产学研平台，作为电子商务人才和技术支撑。盐城电商快递产业园建成了盐渎商城、摩度空间等一批省市级众创空间，在南京大学盐城电子商务研究院建设了电子商务孵化中心，恩源学院与本土6所高（职）院校合作成立的实习基地、创业基地、团中央青年就业创业见习基地、江苏大学MBA实践基地、南京大学创新创业基地、盐城市党员干部电子商务培训基地在盐城电商快递产业园成功挂牌。

3. 盐城国际软件园

2016年，园区全口径服务业营业收入完成45.3亿元，一般公共预算收入已完成8 036万元；签约注册服务业项目27个，开业服务业项目28个，新增符合服务业定报申报条件企业7个；完成工业竣工项目1个，协议利用外资预计达50万美元，实际利用外资126万美元。项目招引不断突破。在手跟踪四维图新车联网、斯当特VR/AR产业化项目、今飞集团汽车轮毂项目、太行汽车、富春江汽车线束、北京易华录和上海电气智能装备制造等工业项目7个，阿里车码头、京东汽车互联网平台、卖货郎电子商务、小清信息技术和猪八戒网双创平台、达安基因、诚壹科技等服务业项目16个。企业服务不断加强。目前园区内有3家企业在新三板完成上市，2017年将继续推动华恒动漫、科易达环保和灵狐软件企业上市工作。同时，园区与江苏银行、赛伯乐集团商谈合作成立软件产业基金，为企业融资提供新的通道。载体建设成效显著。星月众创空间启动建设，成为全国知名的地理信息系统创新平台之一。太湖学堂众创空间形成网络营销的特色，入驻网络营销企业40家。

4. 大丰国际软件园

2016年，园区累计实现主营业务收入18.5亿元，同比增长17.6%。2016年，园区重点打造了云计算数据中心，由中兴软创和大丰高新区共同投资建设，旨在为大丰区电子政务云提供基础设施与平台，目前已迁入远程党建系统、大丰门户系统、农村信息综合服务平台、公共信用信息服务平台、工业云平台、国土局"四全"模式服务平台、天地图系统、不动产登记系统、国土局"一张图"系统、慧眼守土、行政审批系统、数字化城管系统、文物安全综合管理信息平台、智慧旅游平台以及各类门户网站等多个系统。园区不断加快企业孵化，成立互联网营销平台，为入驻互联网营销平台的企业打造个性化的网络营销方案。不断加快"智慧大丰"建设，智慧港口、互联网＋健康项目有序推进。重点打造"希望小镇"，小镇规划面积约3平方公里，分为互联网村、天使村、创业集市和生活配套区等四大板块。目前，小镇已与杭州梦想小镇运营团队——浙江菜根科技公司全面合作，整合各方资源，构建服务创业企业、创业人才、创投机构、服务机构、运营机构的创新创业生态圈，确保3年内集聚创业者6 000名，入驻创业项目600个，集聚基金（管理）及相关机构30家以上，实际资产管理规模达到150亿元以上。

（三）大数据产业发展情况

1. 成功签订部省市合作协议

2016 年 8 月 27 日，工信部信软司、江苏省经信委、市政府在南京共同签署《部省市共同打造国家级大数据产业基地三方战略合作备忘录》，三方商定以盐城大数据产业园为载体，共同推动盐城国家级大数据产业基地建设，并将盐城作为国家级长三角大数据综合试验区的核心区，适时授予盐城国家级大数据产业基地的牌子。

2. 成功布局云计算特色小镇

根据省委主要领导的指示精神，进一步加大与阿里巴巴的对接洽谈，在全省率先探索复制"云栖小镇"发展模式，争取省在盐城布点建设云计算特色小镇，目前，该项工作已经列入省与阿里巴巴开展深化合作具体实施计划，正在对接签署与阿里的合作协议。

3. 成功举办首届中国大数据企业大会

2016 年 4 月 16 日至 17 日，在工信部和省政府指导下，盐城市人民市政府联合中国赛迪、省经信委在盐城成功举办首届中国大数据企业大会，以国际化的视野，从政策法规、技术实践和产业应用等角度深入探讨大数据产业发展面临的机遇与挑战，成为国内最重要的大数据合作交流平台之一，大会吸引了近千名行业领袖、知名企业代表到场。通过系列平台的搭建，初步形成了"西有贵阳、东有盐城"的战略格局，得到省委、省政府的高度肯定，省委李强书记作出了"盐城发展大数据产业决心大、措施实，应该给予更多支持"的重要批示。

（四）存在的问题

未来三到五年，软件和信息服务业面临着网络化、服务化、体系化、融合化的转型，软件和信息服务业转型发展、创新发展同样面临着巨大挑战。一是产业发展氛围不浓，全社会的信息化水平不高，信息化应用意识不强；二是优势骨干企业较少，盐城软件和信息服务业企业规模偏小，超亿元企业仅 1 家，支撑和带动作用明显不足；三是创新融合能力不强，产品比较单一，拥有自主知识产权的品牌太少，与国内外著名厂商和高校合作不足，科技成果转化率低；四是高端专业人才严重匮乏，存在高端技术人才奇缺，引不来、留不住的问题；五是风险投资机制尚未形成，资金投入不足，尚未形成多元化投融资机制，企业融资难、风险大。

二、2017 年发展目标与举措

（一）发展目标

1. 总体目标

2017 年，全市软件和信息服务业主营业务收入力争突破 100 亿元；行业经济总量实现翻番，将盐城建设成为中国软件和信息服务业特色基地，江苏重要的电子商务中心和互联网经济强市。

2. 创新服务

在工业软件、应用软件、信息服务等行业应用领域，掌握一批关键技术；在移动互联网、云计算、三网融合、大数据、物联网、电子商务、新媒体等领域，形成一批自主知识产权的创新产品和服务业态；信息服务能力苏中、苏北领先，形成软件和信息服务业知名品牌 20 个以上。

3. 企业培育

培育年主营收入超亿元企业 30 家，培育年主营收入超 5 亿元企业 3 家，年主营收入超 10 亿元企业1家。上市公司、全国软件百强、规划布局内重点软件企业数居苏北前列。

(二) 主要举措

1. 主攻重点项目,培植龙头企业。

一是突破重大招商项目。进一步加大对国内外软件和信息服务业优势骨干企业的招引力度,全力推进与领胜科技、软通、中兴、阿里巴巴、宝信等公司的合资合作,通过移动互联产业城、大数据产业园等一批重大招商项目的落地,实现市内外优势企业快速发展。**二是强化示范引领带动**。每年在全市范围内组织实施物联网、云计算、智慧应用、两化融合、电子商务和三网融合等六大类示范项目,通过示范项目实施培植龙头企业,带动全市软件和信息服务业全面发展。**三是推动公用平台建设**。以项目招引建设和引进消化创新为切入点,进一步加快关键共性技术研发、产业链整合、协同攻关、重大技改、重大公共平台五大领域的重点项目建设,通过关键技术突破、创新资源整合、重大项目带动、服务平台支撑,全力提升企业自主创新能力和产业国际竞争力。

2. 突出骨干园区,发展优势产业

一是推进园区错位发展。立足全市重点培植的十大软件和信息服务业特色园区实际,推动各园区错位发展,打造独具特色的产业集群。**二是提升创业孵化能力**。进一步加大城南智慧科技城、盐城国际软件园和大丰软件园等十大园区功能建设,加强对其已建或正在规划建设的软件载体的跟踪服务指导,提升公共服务水平,提高园区孵化能力,促进园区做精做大做强,实现优势产业集聚发展。**三是促进园区联合发展**。围绕软件和信息服务业产业特点、发展规律,借鉴省和其他兄弟市成功做法,探索成立软件和信息产业发展技术创新战略联盟、产业发展联盟等新型社会组织构建,合力进行市场营销、技术攻关等单个企业难以完成的任务,资源共享,提升优势产业整体发展能力。

3. 实施应用牵引,推进融合发展

一是加快智慧盐城建设。通过"智慧盐城"建设带动智慧产业发展,通过智慧产业发展促进"智慧盐城"建设。以各类智慧应用为平台,引进和培育一批大数据、物联网、智慧制造等智慧产业企业与项目。**二是推动政府信息资源应用**。在整合政府信息项目需求的基础上,推动政府信息资源对外开放,加快政府信息资源的商业化应用,通过市场商业模式的创新,以市场换项目,以市场换产业,拉动全市软件和信息服务业发挥发展。**三是深化国家信息消费试点**。以国家信息消费试点城市建设为契机,加快信息基础设施建设,大力培育信息产品和服务的消费市场,引导企业、个人、社会的消费和投资,拓展市场空间;推动政府采购国产软件产品和信息服务;进一步加强新技术、新业态及增值服务创新,加速推广应用新一代信息技术应用,培育新兴业态;丰富信息消费内容,拓展电子商务发展空间,促进数字出版产业壮大,加快工业设计产业集聚发展。

4. 加大政策扶持,营造发展环境

一是强化政策聚焦。按照"应用项目优先支持产业培育、财政扶持优先安排落地项目、政策导向优先考虑融合发展"思路,推动政府各类资源向软件和信息服务业重点产业、重点园区、重点项目和重点企业倾斜,整合各方力量加快软件和信息服务业,尤其是智慧产业和新兴业态发展。**二是创新扶持模式**。会同市财政等有关部门,在全面贯彻落实国家、省、市现有政策的基础上,进一步创新扶持模式,对全市重点培植的软件和信息服务业产业、园区、企业、项目,根据发展需求,采取"一事一议论"的支持方式,为产业、企业做强做大提供特色服务。对政府采购、市政府参与投资的重大工程、重点应用系统和机关事业单位的建设项目,鼓励采购单位在同等条件下优先采购有利于本地产业发展的重点企业。**三是营造产业商务环境**。鼓励和引导各类金融机构加大对软件和信息服务企业的支持力度,加大开展软件服务企业股权质押、知识产权质押、合同质押、信用保险等业务的力度;支持软件与信息服务类企业资产重组、股份制改造,通过上市和发行债券等形式融资;完善中小企业信用担保体系,探索建立财政资金对融资担保机构的风险准备金补助机制,支持担保机构为软件和信息服务业企业提供担保服务。支持企业积极应对知识产权纠纷、技术性贸易壁垒、反倾销等贸易摩擦,维护自身合法权益。实施"人才金港"工程,加大人才培养集聚工作力度。

第十二章　连云港市软件产业发展报告

2016年,连云港市积极推动"互联网十"行动计划,多项举措加大软件和信息服务产业发展力度,加快推进互联网与制造业各环节的深度融合,推动产业转型升级。

一、2016年发展概况

(一) 2016年产业发展情况

2016年,连云港市软件和信息服务产业实现主营业务收入2.9亿元(工信部年报数据),同比下降60.8%。连云港市新增通过评估软件企业1家,通过评估的软件产品17件,目前连云港市共有软件企业26家,软件产品159件,形成了以医疗卫生行业信息化应用软件、基于国产CPU的嵌入式信息终端软硬件产品、智能网络安全监测工具软件、口岸电子数据交换系统软件和港口综合业务管理软件为代表的特色软件产品集群。3家企业获评省级"规划布局内重点软件企业",正融科技的"正融基于居民健康档案的区域卫生信息平台软件V1.0"获评江苏省第十四届优秀软件产品奖(金慧奖),淮海工学院大学科技园获评省级互联网众创园。

(二) 开展重点工作情况

1. 政策引导,推动产业创新发展

(1) 规划引领产业发展。3月,连云港市启动《连云港市"十三五"互联网经济发展规划》编写工作,通过深入走访调研市重点园区、部分重点企业,召集市相关单位召开座谈会、向各有关单位征求意见等举措,5月中旬形成规划初稿,9月下旬规划通过了专家评审。该规划对连云港市抢抓"互联网十"行动计划和"一带一路"战略机遇,加快发展连云港市互联网经济具有重要指导意义。

(2) 政策助力企业壮大。积极向上争取资金,全年共有4个软件项目获省级"软件产业关键核心技术突破和产业化"项目,获得扶持资金合计335万元。继续完善连云港市"双软评估"奖励政策,对2015年通过评估的3家软件企业和17件软件产品进行了资金奖励,组织连云港市电子商务产业联盟申报市级产业联盟资金奖励。推动企业走出去,积极协调第二届"i创杯"互联网创新创业大赛苏北地区宣贯推广会在连召开,组织有需要的企业参加"软件之星"贷款申报,组织企业申报北京大学创业训练营全国班及省"育鹰计划"培训,从资金和人才方面帮助企业解决问题。

(3) 展会推动企业合作。4月,组织部分重点互联网企业参加第四届深圳电子博览会,并走访了华为大数据中心等地开展学习调研;9月,积极组织企业参加第十二届南京博览会;12月,组织部分重点软件企业参加世界智能制造大会,通过一系列展示、洽谈和参加组委会各项活动,推介连云港市软件和互联网企业、服务政策,促进项目合作。

(4) 工作促进产业集聚。指导淮工大学科技园成功获评"江苏省互联网众创园",指导市高新区、杰瑞创意产业园等申报"江苏省共建互联网产业园",指导连云港市软协开展"连云港市软件企业项目合作交流会"、银行优惠政策对接会等活动,加强连云港市互联网产业发展的载体建设,推动各类要素资源集聚、开放和共享,逐步形成特色产业集聚。

（5）搭建平台推动产业融合。10月，连云港市成功举办连云港市互联网＋制造业融合发展大会，前期分别做好软件企业产品信息收集和工业企业信息化需求，在活动期间有针对性地组织开展企业对接活动，推进连云港市软件企业、互联网企业与工业企业深度合作。会上邀请中船重工第七一六所和阿里巴巴有关专家为参会企业开展"互联网＋制造业"专题授课。

（6）创新举措壮大人才队伍。7月，承办了江苏产业人才"育鹰计划"第二期清华大学智慧产业专题研修班，共有70余名来自全省的优秀软件和互联网企业负责人参加了本次研修班。本次研修班的召开，为连云港市软件、互联网企业与省内其他优秀企业搭建了良好的交流平台。积极引导淮海工学院等高校同本地企业的交流与合作，组织市软件行业协会和淮海工学院签订"信息产业人才培养合作协议"，充分发挥双方的优势共同发展，促进连云港市信息产业人才壮大。

2. 深入调研，及时把握产业发展动态

（1）做好全面推行"营改增"对软件产业影响的调研。走访市国税局、财政局相关处室，全面了解连云港市软件企业推行"营改增"的具体情况。调研重点软件企业，召开软件企业营改增工作座谈会，探讨全面推行"营改增"后将给软件企业在税负、技术合同签订等方面带来的新变化。加强了对接与沟通，协调税务部门做好税收政策宣传、讲解、培训等工作。在此基础上形成《"营改增"对连云港市软件产业的影响调研》。

（2）走访调研周边城市软件园区。2016年下半年，连云港市对宿迁、淮安、扬州等地的互联网园区及产业进行调研研究，全面了解苏北互联网产业园区发展现状，深刻总结各园区促进产业发展的经验做法，并编写《苏北部分互联网产业发展情况对比分析》。

（3）积极开展大数据产业研究。全面分析连云港市大数据产业发展现状，深入研究大数据服务经济社会发展的意义和作用，结合连云港市产业发展特色，形成《连云港市大数据产业发展现状调研报告》，深度挖掘大数据的应用价值，有针对性地梳理产业链招商项目，以大数据引领连云港市产业发展转型升级。

二、2017年发展目标与举措

（一）工作目标

连云港市将围绕《中国制造2025连云港行动纲要》《连云港市"十三五"互联网经济发展规划》《连云港市企业互联网化提升实施计划》，重点发展港口物流、医疗卫生、金融、教育、旅游、消防、政务等行业应用软件，并积极向信息安全、信息监测、智能安防、动漫制作、网络及移动游戏等领域的应用软件拓展。加快发展物联网、大数据、云计算、移动互联网等新型信息服务。2017年，全市软件与信息服务业目标为主营业务收入12.5亿元，新增"双软评估"企业3家。

（二）2017年主要工作措施

1. 规划引领、实现产业"错位发展"

以互联网经济"十三五"规划为引领，以互联网应用和创新为两大动力引擎，加强互联网基础设施建设，优化互联网发展环境，集聚互联网高端人才，推动互联网产业和应用快速发展，促进互联网创新创业。分步实施规划中的"1341"工程，使互联网经济成为连云港市转变经济发展方式和提升竞争优势的重要动力。通过重点突破、跨界融合、补足短板、开放共享，着力培育互联网领军企业，推进互联网产业和传统产业渗透融合，积极鼓励推动各县区互联网经济发展规划的制定，实现产业的"错位发展"。

2.配套环境,提升载体承载水平

以示范性软件产业园区、互联网产业园区为标杆,以规划一流、环境优美、服务优质为目标,全面推动软件产业园区、互联网产业园向特色化、品牌化方向发展,加强连云港市互联网产业发展的载体建设,不断提升各特色园区专业功能和服务能力。指导淮工大学科技园复评"共建江苏省互联网创业园",指导市高新区、杰瑞创意产业园等申报"共建江苏省互联网产业园",指导杰瑞深软申报省级软件企业技术中心,推进大数据产业园、智慧物流园、中国水晶电商城、智能装备产业园及电子商务产业园等创新载体建设,推动各类要素资源集聚、开放和共享,逐步形成特色产业集聚。

3.产业对接,扩大实体经济增量

未来几年,包含云计算、物联网、空间地理信息在内的新一代信息技术等产业将成为连云港市产业发展的重点方向,力助连云港市实体经济的增量进一步扩大。在新一代信息技术的产业对接上,连云港市将瞄准珠三角、上海等信息产业发展前沿地区,将以华为、浪潮为重点目标,围绕服务器、存储设备、系统集成、信息服务、数据中心运营、公共服务平台等领域的生产制造、设计研发开展产业对接。在硬件方面,连云港市封装材料已有数家能支撑起整个产业链或在产业链中具有重要地位的龙头企业,这些产业链的某些环节已拥有较强优势,但尚未形成完整的产业链条。连云港市将以紫光、中兴通讯股份有限公司为对接重点,围绕从传感器、RFID芯片设计到芯片制造、封装,并涵盖相关嵌入式软件、中间件、应用软件及解决方案的研究、开发、实施等环节开展产业对接。通过系列活动的开展,强化产业培育职能,完善产业培育体系,夯实产业培育举措,推动产业发展实现新的突破。

4.培育企业,实现量与质的突变

建立重点企业联系制度,为培育对象提供专业化的指导服务,通过多方面政策措施的支持,培养形成一批影响力大、创新能力强、具有较强竞争力的龙头骨干企业。针对有实力的大型企业,鼓励其剥离成立软件企业。配合开展重点园区招商,新增3家软件企业。摸底各软件企业所需人才,并与淮海工学院对接,分批次组织准毕业生去各软件企业实习和岗位对接会,在行业内、地域内完善人才培养培养机制,抢抓互联网＋、云计算、物联网等新型业态快速发展的机遇,鼓励企业加大研发投入,加强产品创新、应用创新、管理创新和商务模式创新,培育一批有竞争力的中小互联网企业。

5.融合发展,推动互联网＋制造业

围绕制造业与互联网融合发展目标,以激发制造企业创新活力、发展潜力和转型动力为主线,在全市范围打造平台,选择重点企业培育互联网＋模式。一是打造创新平台,注入制造业与互联网融合发展新动力。整合产业链上下游骨干企业、科研院所、高等学校等各类产业资源,构建智能制造协同创新服务平台,为企业提供创新知识信息发布、工程数据的开放共享等服务,拓展制造业与互联网融合发展新空间。二是培育新兴模式,拓展制造业与互联网融合发展新空间。举办软件企业与工业企业对接会,创新工作模式,搜集供需双方迫切需求,通过对接会,加强沟通,深入交流,促成双方合作,实现共赢。三是重点推动制造向"制造＋服务"转型升级。选择部分行业重点企业进行智能车间项目技术改造,形成引领示范作用,带动企业转型发展。

6.搭建平台,促进产业良性互动

一是积极鼓励企业"走出去",组织重点软件企业参加深圳电子博览会、南京软博会等,通过一系列展示、洽谈等活动,推介连云港市政策环境、合作项目、重点企业,擦亮本土品牌。二是借助经信委"四个对接"平台,组织参加"银企对接会""项目推介会"等活动,指导企业申报省"软件之星"贷款业务、市中小企业服务中心应急转贷资金,解决融资难、融资贵问题。三是充分发挥市软协、电子商务产业联盟、计算机学会、软通动力服务外包等服务机构的桥梁作用,一方面,引导市软协与淮海工学院进一步加大信息产业人才培养合作,充分发挥双方优势共同发展;另一方面,做到平台之间、企业之间破除信息壁垒,加强交流合作,拓宽企业业务范围。强化平台沟通作用,扩大产业影响力。

第十三章　淮安市软件产业发展报告

近年来,淮安市紧跟智慧城市建设、移动互联等新一代信息技术发展热点,重抓载体建设,狠抓企业培育,积极推进产业转型升级,软件和信息服务业实现平稳较快发展。

一、2016 年产业发展情况

(一) 产业平稳发展

2016 年,淮安市软件和信息服务业实现销售收入 2.6 亿元(工信部年报数据),同比下降58.7%。现有通过 ITSS 认证二级软件企业 1 家,三级企业 2 家;信息系统集成及服务资质三级认证企业 2 家、四级 4 家。7 家企业通过 CMMI3 认证,1 家企业通过 CMMI4 认证;83 家企业、230 个产品通过"双软"认定或评估。淮安软件园获批省市共建互联网产业园,信息技术服务标准(ITSS)实训基地淮安中心授牌成立。

(二) 企业加速集聚

软件企业加速向园区集聚发展,现有软件企业集中分布在淮安软件园和淮阴软件科技产业园两大园区,主要涉及流媒体类、门户网站类、搜索引擎类以及移动互联这 4 类业务,园区内企业占全市软件企业 81%,园区企业销售收入占全市软件业销售收入 90%以上。

(三) 共建效果初显

淮安软件园借助获批省市共建互联网产业园的战略机遇,加速推进产业园区建设。2016 年,园区企业开票销售首次超过 30 亿元,达到 33.7 亿元;企业纳税首次突破 2 亿元,达 2.2 亿元;完成公共财政预算税收收入 1.25 亿元;分别同比增长 30.8%、63%和 24.1%。全年培育销售超千万元企业 40 家,其中超 5 000 万元企业 13 家,超亿元企业 8 家。

二、2016 年主要工作

(一) 重抓载体建设,提升承载能力

2016 年,全市把发展产业载体建设作为重点工作来推进。**一是加快现有园区基础设施建设。**全面提升淮安软件园承载能力,积极推进中国移动淮安呼叫中心建设,一期 6 000 座席客服楼主体全部完成,正进行内部装修;互联网创新创业园桩基工程正在施工,建成后总建筑面积约 8 万平方米,"三园一心"格局加速形成。持续推进淮阴软件科技产业园二期项目建设,32 栋办公写字楼主体封顶,新增建筑面积约 6 万平方米。**二是拓展新的发展空间。**智慧城市和智慧产业园区建设"双管齐下",总投资 45 亿元的中兴(淮安)智慧产业园项目五幢研发楼和大数据中心已部分建成,建筑面积达 15 万平方米。**三是有序实施"腾笼换鸟"战略。**对不符合园区发展规划、长期没有投入产出的企业实施有序退出,2016 年共清退企业 8 户,腾出发展空间引进优秀企业入驻。

（二）强化招商引资，壮大产业规模

把产业招商作为推动产业转型升级的首要抓手。**一是全面开展中兴（淮安）智慧产业园招商**。园区发展定位于 4G 技术、云计算和应用软件的研发、应用，目前已达成入驻意向的企业单位 27 家，完成入园合作企业注册 10 家，总注册资本 6.2 亿元。**二是提升淮安软件园招商水平**。全年新增纳税互联网科技型企业 35 家，成功引进甲骨文大学培训、奥帆科技（互联网再生资源回收）、中国云谷电商（电商产业园运营商）等科技龙头项目。**三是加大淮阴软件科技产业园招商力度**。从决定建设二期中业慧谷·淮安软件创意科技园伊始，园区将项目建设和产业招商并重，围绕软件研发、服务外包和文化创意产业开展项目招商，全年累计签约心里程科技、金思维科技等 82 家企业。

（三）加强政策引导，提升企业实力

从财政、税收等方面加大对企业的支持力度，推进企业加快发展的步伐。**一是充分发挥财政专项资金的引导作用**。在市级专项资金中设立软件产业发展专项，支持面向行业应用的软件研发和系统集成、嵌入式软件和各类中间件开发、物联网示范等服务平台与系统，提升企业创新创业能力。2016 年度安排专项资金 600 万元，支持江苏楚淮软件科技开发有限公司食品安全＋互联网透明共治体系等 12 个项目。**二是扩大税收优惠政策的示范效应**。对获得"双软"认定或评估的企业积极帮助协调税收政策优惠的同时，加大"双软"税收优惠政策的宣传力度，帮助企业申请"双软"评估，推动软件产业良性发展。**三是实施个性化激励措施**。相关园区对龙头企业、纳税增幅较大、有发展潜力的互联网优秀企业进行奖励，对创新型孵化器及互联网创业项目进行扶持，对园区内新入孵企业及互联网项目房租实行"三免两减半"政策，有效增强了软件企业初创期的发展活力。

（四）做优企业服务，营造良好环境

把服务作为推动产业发展的软实力，为企业发展提供良好的外部环境。**一是完善企业服务平台建设**。淮安软件园依托公共技术服务平台，为企业提供基础服务、政策咨询、市场开拓、法律援助、技术支持等一条龙服务。淮阴软件科技产业园一方面完善标准的服务体系和定制服务；另一方面嫁接人力资源、法律咨询等第三方服务平台，解决企业在运营过程中的不同需求。**二是推进企业家培训工程**。全年组织 100 多名优秀企业家参加"育鹰计划 2.0"、北京大学创业训练营、淮安互联网转型总裁峰会及第二届青年创翼大赛等培训等多种培训，努力提升企业家的管理水平和能力。此外，还积极搭建企业家交流平台，不定期召开企业家恳谈会、政策解读培训等，就园区规划、企业发展、产业趋势等方面展开交流研讨。**三是全方位开展服务企业活动**。推动企业上市工作，协助三九养生堂养生网站运营商——淮安民福康科技股份有限公司在新三板挂牌上市，成为互联网健康平台第一股。组织推介宣传活动，组织园区及企业参加第十二届南京软博会和第八届南京文化交易博览会的参展活动，免费为园区 30 余家重点企业进行推广。辅导企业提升资质，全年登记软著授权 92 件，推荐申报省级优秀软件著作权 6 项；还帮助北大青鸟瀚唐学院等企业成功申报省级外包人才培训基地。全年组织百余场招聘会，帮助企业发布岗位需求，服务企业人才招引。

三、2017 年发展目标及举措

2017 年，淮安市软件业发展将继续围绕"加快园区建设进度、加大项目招引力度、加强服务企业能力"等方面，以智慧城市建设为契机，寻求在云计算、大数据产业等领域取得突破。

（一）全力加快园区建设

年底前确保中国移动淮安呼叫中心相关景观配套施工完成，项目一期整体竣工运营达效，以移动呼叫中心启动运营为契机，积极围绕呼叫业务和移动数据开展产业链招商，着力打造呼叫和数据服务核心功能区。加速推进创新创业园建设，争取实现多层主体验收，高层封顶，重点发展互联网产业。全面推进中兴（淮安）智慧产业园建设，确保大数据中心交付运营，承载淮安市智慧城市相关数据，对数据进行挖掘分析，实现数据运营，为园区内企业提供云计算服务，并力争打造成为苏北最大规模的大数据中心。

（二）全力推进招商引资

积极策应市委市政府功能规划，以软件园为中心，打造淮安互联网小镇。推进落实与北京国商金融集团合作共建淮安云谷电商产业园，打造1.1万平方米的众创空间。落实江苏TOP1，中国10强啡咖啡·众创空间项目，打造区域性"创客中心"，为本市提供综合创业服务。实现龙头项目突破，继续做好华为、腾讯、易观亚太、敦煌网等重点龙头项目的跟踪洽谈，争取项目早日运营。

（三）全力拓宽发展领域

针对淮安市软件企业大多为基础性软件研发企业和关键核心技术研发能力较薄弱的现状，2017年，将以智慧城市建设为契机，采取多元化措施推进软件产业转型升级。大力增强软件企业产品、技术与工业企业配套能力，促进制造业企业、软件与信息服务企业、信息服务企业等各类主体协同合作，推动传统软件企业向互联网服务转型，满足客户不断增长的个性化、多样化需求，增强市场适应能力。

（四）全力提升服务企业水平

按照"包办企业围墙外的事，帮办围墙里的事"的服务要求，在服务内涵和外延上优化提升。实施园区网格化管理，根据园区企业产业特点、楼栋分布，将企业划分成若干格，明确专人服务，不定期走访各自的网点责任田，了解企业需求，帮助企业解决实际困难。加速打造人才高地，设立企业人才对接专员，建立人才储备库，定期组织人力资源公司开展专项招聘。同时加快推动甲骨文、北大青鸟、淮微等培训机构产业化运作，加速创建培训基地品牌。着力培育龙头企业，选择10家左右发展起点高、团队实力强、市场运作灵活的企业作为重点培育对象，在服务、项目、资金、上市等方面予以倾斜，助推其实现快速发展。

第 三 部 分

园区产业篇

第一章　中国(南京)软件谷发展报告

一、软件谷自然情况

2011年,为提升南京软件产业集聚发展水平,南京市委市政府制定出台了《关于以打造"一谷两园"软件产业集聚区为重点高标准建设中国软件名城的意见》(宁委发〔2011〕39号)文件,在南京市雨花台区设立中国(南京)软件谷,规划面积73平方公里。"十二五"期间,中国(南京)软件谷软件和信息服务业收入、地区生产总值、一般公共预算收入年均增幅分别达到33.3%、28.2%和29.5%,综合实力跻身全国同类软件园区前三强,成为全国首批、江苏唯一的国家新型工业化(软件和信息服务业)示范基地。

软件谷共分为北园、南园、西园三大园区。北园重点建设具有全球竞争力的中国通信软件及移动智能终端产业第一基地;南园聚焦发展云计算、大数据、人工智能、虚拟现实等新兴业态,建设国内一流的软件新兴领域产业高地;西园重点发展数字新媒体、互联网技术、电子商务和文化创意产业,打造全国一流的数字服务产业基地和产业孵化基地。2016年,实现软件和信息服务业收入1900亿元,占全市比重达到40%。截至目前,已集聚各类软件企业超1800家,其中:世界500强及世界软件百强企业9家,中国软件百强及中国电子信息百强企业26家。集聚涉软从业人员超20万人。现已形成了"五大产业集群",包括以华为、中兴、酷派等为龙头的通信及智能终端产业集群;以SAP、亚信等为引领的云计算、大数据及移动互联网产业集群;以欧飞、润和等为支柱的电子商务及互联网金融产业集群;以美满、天溯等为核心的物联网及芯片设计产业集群;以中电十四所、宏图三胞、舜天等为平台的旗舰经济。

二、2016年发展概况

(一)产业发展提质增效

软件产业规模不断壮大,全年实现软件和信息服务业收入1900亿元;新增涉软从业人员2.6万人,总数达到20.4万人;新增软件产业建筑面积60.8万平方米;新增涉软企业132家,各类涉软企业总数超1800家。主要经济指标稳中有进,实现地区生产总值251.67亿元;一般公共预算收入29.04亿元。招商引资成效明显,全年引进各类项目百余个,其中重大项目25个,占全年目标任务的125%;签约项目计划总投资130.5亿元,注册外资实际到账1.61亿美元。在2016年9月第十二届中国(南京)软博会上,软件谷签约项目数和计划总投资数均位列全市第一位。

(二)园区建设深入推进

2016年,软件谷共承担区重点项目35个,所有项目全部完成。规划编制科学推进,顺利完成铁心桥—西善桥片区控详修编工作。土地整理稳步进行,完成拆迁总量约24万平方米;共计办理征地总面积1695亩,完成土地挂牌出让4幅。道路建设加快实施,2016年,软件谷建设道路19条,总计19.59公里,总投资约9.89亿元。园区2条微循环线路(338路、340路)正式开通运营。

产业项目建设全部达序,华为二期、步步高、丰盛商汇C区3个项目加快装修;金证股份、万博科技2个项目主体建设;亚信科技完成基础开挖。

（三）创新能力显著增强

人才引进和培育有序推进,组织申报"创业南京"人才116人,入选区级人才32人,其中入选市级人才17人。科技资源加速汇聚,实现高新技术产业销售收入1 778亿元;新增培育高新技术企业64家,占全市比重13.3％,高新技术企业总数达到157家。平台及众创载体建设成效显著,集聚各类众创空间21家,其中3家获得国家级认定,8家获得省级认定,18家获得市级认定;建成加速器、孵化器近20家。创新创业环境不断优化,进一步深化软件谷特色创新创业服务品牌影响力,举办创新创业系列主题活动近百场。全年新增科技创业投资项目超60项,到账资金超12.6亿元。紫金(雨花)科创特区全年新增孵化器孵化面积7万平方米,新增孵化器企业180家,累计在孵企业达550家,在全市考核中名列前茅。

（四）园区运作更加成熟

载体建设及运营成效明显,信息安全产业园完成主体结构封顶;人才公寓A区、B区正式竣工交付,入驻软件人才超3 000人;全年竣工交付项目4个,总面积94.74万平方米;新开工项目7个,建设面积约109.9万平方米。楚翘城、科创城、创业创新城、大数据产业基地等一批特色园中园运作成效显著;谷发展公司已累计形成有效资产突破70亿元。管理网络进一步健全,推进公司集团化发展,理顺母子公司关系,下属34家子公司实行分类管理,进一步做大做强宁南房地产公司和资产管理公司。投融资工作不断创新,以国有资本为引导、股权多元的混合所有制为基础,坚持银企合作,通过外向引进、横向联合等途径,累计新增授信额度43.3亿元,实际已放款到账35.3亿元。

（五）干部队伍更加硬朗

扎实开展好"两学一做"学习教育,切实提高党员干部践行"两学一做"的自觉性,为作风建设注入强劲动力。结合"两学一做"学习教育,认真做好基层党组织换届、"七一"优秀党组织和党员表彰、区第十一届党代表选举等工作。制定出台《关于进一步加强软件谷机关作风建设的意见》,通过"企业评议谷机关,区关联街道、部门评议谷机关,谷内机关互评"的"三评"活动,持续深化作风建设,全面提振干事创业的激情和成效,全面提高攻坚克难、解决复杂问题的能力和水平,全面提升完成各项目标任务的意志品质,努力打造一支与国际软件名城建设相适应的"精神振、作风实、节奏快、胸襟宽"的干部队伍。

三、2017年发展目标及举措

（一）进一步壮大软件特色产业集群

做优做强通信服务、服务外包、电子商务、信息安全等传统优势产业,大力推动基础软件、云计算、大数据、物联网、集成电路设计等关键领域实现突破,积极培育虚拟现实、互联网金融、移动互联网、人工智能、智慧制造等新兴产业,积极打造高端、完整的软件产业发展体系。2017年,力争软件和信息服务业收入突破2 200亿元,新增软件产业建筑面积100万平方米,新增涉软企业超过270家,涉软企业总数超2 000家;新增软件从业人员超过1.5万人,涉软从业人员总数达22万人。力争实现地区生产总值219亿元,一般公共预算收入24.1亿元,进一步夯实软件谷在南京国际软件名城建设中的引领和支撑作用。

（二）切实加大项目引进和推进工作力度

着力提升招商引资水平。提高招商精准度,加快推进华讯方舟、毕马威共享中心、创维集团等在谈项目的跟踪洽谈,力争尽早落户。同时,积极接触新项目,做好项目储备工作。全年力争引进重大项目 13 个,新增总部企业 4 家,注册项目计划总投资超过 100 亿元;实现注册外资实际到账超过 1 亿美元,外贸出口总额超过 103 亿元。切实加强平台运营管理。确保北园自持楼宇出租率保持在 95% 以上;楚翘城出租率达 100%;科创城 Q3Q4 楼宇招商率达到 95% 以上。着力增强产业项目推进质量和速度。力争实现华为二期、丰盛商汇、步步高 3 个项目建成入驻;金证股份、万博科技、圣迪奥 3 个项目内外装修;中兴三区一期、亚信科技、宇龙酷派 3 个项目主体建设;加快亿嘉和项目前期手续办理,争取年内开工。

（三）努力完善城市功能打造精品园区

加快推进项目拆迁。加快安德门城中村改造、机场二通道北段、荷塘城中村改造等 7 个项目的土地征收工作,确保完成 15 万平方米以上的拆迁任务。加大基础设施建设力度,2017 年,软件谷预排城市建设项目 28 个,其中道路建设 22 条,总里程超过 26 公里,计划总投资 16 亿元。其中:年内计划续建道路 5 条,10 公里;计划新建开工道路 8 条,9.56 公里;开工前期 9 条,6.75 公里。另外,年内将实现 11 条道路竣工通车,总里程达到 15 公里左右;进一步促成产城一体化发展。加快土地整理及出让工作,完成华严寺藏家巷、新冯韦、南河南加油站等地块挂牌出让工作;加快软件谷附属小学土地划拨进度,力争年内开工建设;完成星际园、绕城北辅道等土地置换工作。

（四）不断优化园区创新创业环境

加速汇聚人才、科技要素。重点加大高端人才,特别是硅谷等海外高级人才团队的引进力度,真正把技术牛、懂市场、有经验的高端人才引进来;确保发明专利申请量超 1 200 件,高新技术产业销售收入超过 2 000 亿元,全面完成人才各项指标任务。全面优化专业平台,充分发挥 IBM 联合创新技术中心、南京超云中心、北大创新研究院、东大光传感中心、南大软件学院软件谷分院、省软件产品检测中心等平台作用,筹建南京大数据交易服务中心、南京 VR 开放服务平台等创新平台,积极构建优质、高效的公共服务体系。做好创新创业服务工作,着力打造众创动力载体,集聚培育一批特色众创空间;积极集聚社会投资机构,优化谷内资本环境。全力营造创业氛围,着力打造一批特色创业服务品牌,助力创业者顺利实现创业梦想。

（五）持续提升"公司化"运作水平

坚持"市场化、专业化、企业化"的运作理念。深化体制机制改革,建立健全现代企业管理制度,进一步规范发展公司治理架构,进一步理顺母子公司关系,对 34 家子公司实施分类管理。加大载体建设力度,积极推进信息安全产业园,紫金(雨花)科技创业特别社区东片区三、四期,智慧城市软件基地,云计算产业园等一批特色"园中园"建设;全力推进南外雨花国际学校、文化大厦、软件实训培训基地、共有产权保障房、中兴人才公寓二期等配套项目开工建设,为软件谷未来发展打下坚实基础。拓宽投资融资渠道,进一步加强与证券、保险、基金等机构合作,提高直接融资比例,增加自身造血功能,逐步形成直接融资与间接融资功能互补、结构合理的融资结构。

（六）大力锻造一流干事创业干部队伍

积极贯彻落实区第十一次党代会精神，坚持不懈抓作风，心无旁骛干事业。按照习总书记提出的构建"亲""清"型政商关系要求，扎实贯彻落实党风廉政建设责任制各项要求，清正廉洁、干事创业，扎实做好企业服务工作，全力营造风清气正的发展环境，为"想干事、能干事、干成事"的同志提供提升能力、彰显价值的舞台。进一步增强"四个意识"，保持过硬的政治定力、思想定力、道德定力，知行合一，表里如一，言行一致，通过实施"硬任务、硬考核"，旗帜鲜明地表扬和批评，用过硬的工作作风推动软件谷建设发展不断迈上新台阶，全力争当南京国际软件名城建设的排头兵、主阵地、核心区。

第二章　江苏软件园发展报告

一、园区自然情况

江苏软件园以打造"理念先进、功能完善、服务一流、环境优美"的一流软件园区为目标,在省内形成了徐庄孵化研发基地、吉山产业化及出口基地、天目湖现代服务业基地以及江苏虚拟软件园"一园三基地"的发展格局。

徐庄基地:位于风景秀丽、空气清新的紫金山东侧,占地面积266亩,总建筑面积约17.2万平方米,定位为国内一流的中小软件企业孵化基地和科技成果转化实验基地、国内外知名企业研发中心及总部基地。该基地已封园运营,引入企业78家,招商入驻率保持在98%以上。

吉山基地:位于江宁开发区吉山以南,南京规划布局的"一谷两园"软件产业集聚区的南翼,总规划面积6.24平方公里,建筑面积540万平方米。作为南京打造中国软件名城"一谷两园"的重要组成部分,功能定位为大中型软件企业聚集的产业基地和软件外包服务出口基地。该基地现已基本完成启动区2.63平方公里范围内的拆迁、基础设施及配套工程的建设;产业项目已经建成:5.3万平方米的创造中心、6.8万平方米商务公园、3.8万平方米的创新广场。

天目湖基地:位于溧阳市天目湖工业园区,距天目湖核心景区5公里。项目占地面积198亩,地块容积率约1.75,计划总建筑面积约29万平方米。该基地是江苏软件园首次跨出省城,扩张投资建设的第一个跨地域产业基地,将打造成以研发为主、商务配套的生态型、花园式的精品园区。该基地于2013年8月正式动工,建设周期为3—5年。目前一期8.5万平方米研发楼项目已建成可投入使用。

虚拟软件园:是江苏软件园从建设物理园区向提供技术虚拟园区的重要突破,承担着江苏软件产业服务中心的职能。目前已建成涵盖3个综合服务平台、9个专业服务子平台,服务辐射江苏的11个地市、21个软件园区的江苏软件产业公共服务体系。平台已累计服务企业2000多家,用户超过8万个。

二、2016年发展情况

(一) 基本情况

2016年江苏软件园入园企业总销售收入293.5亿元,软件销售收入175亿元,利润18.8亿元,上缴税金18.6亿元。截至2016年年底,江苏软件园入园企业420家,61家企业通过软件企业认定,软件收入大于1亿元的企业有10家。截至2016年年底,江苏软件园入园企业共有软件从业人员2.66万人。

(二) 重点工作

1. 编制"十三五"规划纲要,谋划园区转型发展

遵照国家供给侧改革、国信集团国企改革试点、行业总体规划总体要求,结合当前实际与远景

目标,围绕深化改革创新、探索转型发展,编制完成了"十三五"规划纲要。

2. 盘活资产去化库存,全力落实各基地招商任务

徐庄基地:年度招商重心放在楼宇租赁上。全年与17家企业新签或续签了租赁合同,新租续租面积23 880平方米,租赁面积达51 658.6平方米。吉山基地:以盘活存量资产、抢抓重大项目为年度招商目标。4月,转让"慧谷水轩"项目,7家开发商经过162轮竞价,景瑞地产以25 679万元摘牌,溢价率达110.69%;紧抓三江学院等大项目落户,全力推进商务公园、创新广场租售;抢抓南京住宅销售火爆行情,"慧谷山居"项目通过新媒体营销、加大激励力度等措施,年中项目成功清盘。天目湖基地:加强与地方政府及溧阳中关村、苏高新区等园区的沟通对接,积极走访企业了解招商需求信息。

3. 按照年度进度要求,稳妥安排基地项目运营。

徐庄基地:以设施维护、配套完善为着力点,梳理并组织实施相关工作,完成配电和消防设备设施整修、排水管道疏通清理、自来水管网检漏抢修、绿化带修复、原电信机房改造、02餐厅空调和厨具招标、物业服务及01餐厅合同续签等工作。吉山基地:积极推进87亩住宅地块拆迁,组织开展了与拆迁户谈判准备、协调国土部门争取上市指标、多方宣传吸引机构竞买等工作;积极处置18亩商住地块闲置问题,全力协调地块收储、二次挂牌补偿协商。天目湖基地:按节点计划推进一期工程各项工作,顺利完成一期项目建设。积极寻找合作伙伴,制定二期项目合作方案;保持与地方政府沟通,为尽早实现项目三期运作创造条件。

4. 谋划业务创新转型,挖掘提升品牌服务软实力

虚拟软件园:围绕经营转型升级,启动了"ITSS三级"资质认证;推进落实了经信委创新服务平台和双创园区评审平台建设、做好"i创杯"大赛服务支持;完成中国企业园区国际合作联盟平台的需求调研、设计开发、部署实施、上线运营;积极对接国信集团信息化建设工作。徐庄基地:尝试服务转型拓展,试点"品牌+服务"的输出模式,努力拓展可复制的盈利模式。3月,正式受托运营约6.7万平方米的"江苏软件园东海双创基地"。围绕平台服务提供商开展招商活动,成功引入"啡咖啡"孵化器,完成园区科技企业孵化平台的落地;与贝客青年社区达成入园意向,引入江苏股权交易中心设立东海分中心;成功举办了东海第一届双创大赛,完成东海股权基金合作协议签署。

三、2017年发展目标及举措

(一)发展思路

2017年是国家实施创新驱动战略、加快培育战略性新兴产业的重要时期,也是江苏软件园转型发展的关键时期,园区将以抢抓政策机遇、拓宽发展思路、创新运营模式为着力点,推进一体化管控,力推模式转变,做好机制、文化、品牌、团队等四个方面保障工作,实现园区良性、可持续发展。

(二)主要举措

1. 创新工作思路和工作举措,着力推动转型发展。提升园区服务功能,推进品牌服务模式提档升级,使软件园实现转型升级,向为科技企业提供专业化服务经营模式转变。

2. 吉山基地寻找战略投资者,继续与地方政府沟通,为吉山基地资产重组创造条件。

3. 加大招商租售力度。徐庄基地应租尽租;吉山基地尝试整体租赁"商务公园"、"创新广场"项目;天目湖基地全面推进一期项目租售。

4. 推进吉山基地重大招商项目。推进三江学院项目落地;力争87亩地块完成拆迁,尽早实现该地块的挂牌出让。

5. 研究制定天目湖基地二期、三期项目合作方案；积极寻求合作伙伴，继续与地方政府沟通，为项目运作创造条件，实现存量资产的有效盘活。

6. 推进虚拟软件园做好政府产业和集团信息化的服务工作，积极寻求市场业务新突破，做好分中心设备管理、服务工作。

7. 做好东海双创基地项目受托运营，积极尝试业务创新。

第三章　南京软件园发展报告

一、软件园自然概况

南京软件园 1999 年经南京市政府批准成立,是全国首批国家级软件园之一。总规划面积为 19.3 平方公里,其中东区位于江北新区核心区——国家级高新区内,规划面积 6 平方公里;西区位于江北新区核心滨江区域,毗邻青奥体育公园,规划面积 13.6 平方公里。园区面朝长江,背靠老山,拥有丰富的自然旅游资源,生态环境舒适宜居。作为南京市发展软件产业"一谷两园"战略布局的重要组成部分,园区坚持高端化、特色化、品牌化发展战略,已成为软件名企和人才集聚高地。

园区周边拥有南京大学、东南大学等 11 所高等院校,各层次人力资源丰富。商业配套一应俱全,商业综合体众多,已建成和在建的有 11 条高速路跨江通道、7 条城市轨道和 5 条城际轨道、国际机场、南京北站交通枢纽,交通十分便捷。

二、2016 年发展情况

2016 年,南京软件园实现软件和信息服务业收入 750 亿元,同比增长 15%,全年新增高新技术企业 9 家,新增新三板上市公司 8 家。园区聚焦集成电路设计、行业应用软件和"互联网+"三大主导产业,聚集了南自、焦点科技、爱信诺、省产业技术研究院等多家大型软件骨干企业在园发展,目前拥有 CMMI 认证企业 32 家,超亿元企业 21 家,超千万元企业 28 家,高新技术企业 50 余家,新三板上市公司 21 家,国家规划布局内重点软件企业 2 家,国家动漫企业 4 家,承担国家核心电子器件、高端通用芯片及基础软件产品专项(核高基)3 家,企业院士工作站 5 家。拥有南自美卓、磐能电力等省级软件企业技术中心 11 家。园区拥有现代化载体 30 余个,投入使用面积 130 万平方米,另有近 250 万平方米的载体正加速建设。

(一) 创业投资环境逐步优化

一是加快了重点项目建设,园区完成了长峰航天、创智大厦、东大集成、星火智谷一期、星火 E 方、扬子科创中心及南汽研发及试验中心等 7 个项目的竣工,新增载体面积超 60 万平方米;腾飞大厦已完成主体封顶,人才公寓在进行内装及空调设备安装施工,已启动台积电入驻前期准备工作。二是加快产业承载空间的拓展工作。对辖区内的项目用地进行了摸底并形成了《园区产业地产集约经营分析研究报告》;C1 地块、A3—A6 地块先后挂牌出让。三是加速了重点道路的改造工程,将星火路由之前的双向 4 车道变成双向机动车道 6 车道及 2 股非机动车道。

另外根据江北新区整体控详修编成果,园区积极配合南京市规划设计研究院调整控详,目前部分编制单元已经通过市政府审批。已着手开发西区三期和四期。规划建设华讯路、水月街、华智路、华慧路、虎桥路、园特路、紫创路、网游街共 8 条道路,道路总长约 12.3 公里,搭建"四纵四横"路网框架。

(二) 产业创新特色更加显著

园区 2016 年重新布局和构建产业技术支撑体系,积极打造了江北新区集成电路产业创新中心和江北新区金融创新广场。2016 年 7 月 3 日与东南大学签订关于共建"南京江北新区集成电路产业技术创新中心"的合作协议,为芯片设计及系统应用提供专业技术资源服务,包括建立 EDA 计算中心、IC 研发仪器设备共享实验室、IC 人才工程实训中心、物联网芯片场景测试中心、先进工艺设计方法学服务中心;同时打造了多层次、全方位支撑产业发展的金融服务平台,加快新型金融服务业集聚,推进总建筑面积约 5 000 平方米的金融创新广场建设,积极引进国内外领先的银行、证券、保险、基金、创投、融资担保、互联网金融等各类泛金融特色服务机构。

今年 5 月,园区正式入选国家级首批双创示范基地,通过在园区建设基础光网络、基地 Wi-Fi 全覆盖、桌面云办公、一卡通系统等基础设施,建设云平台,借助大数据分析技术,帮助创业者实现精准开发。

(三)招商引资工作颇具成效

一是企业引进方面成绩斐然,2016 年软件园注册涉软企业 400 余家,引进了包括华大九天、华大半导体、展讯、瑞银等重大项目在内的 7 个十亿元项目,24 个亿元项目;新引进省产研院智能制造研究所、猪八戒网、阿里云创客＋、德国弗劳恩霍夫(IPK)应用研究中心、国家健康医疗大数据中心等多个"重量级"项目。二是人才工作方面,组织和辅导 45 名人才申报"创业南京",3 名入选南京市高层次创业人才。三是新载体招商方面,启动金融创新广场项目、长峰大厦、创智大厦、腾飞大厦等载体的招商前期工作。

(四)企业服务体系逐步深化

园区 2016 年举办项目路演、行业沙龙、科技项目申报培训等形式各样的政策宣讲和工作辅导等活动 30 余场,通过"南京高新区精英人才招聘会——南京软件园专场"等活动,帮助园区企业解决实际运营发展中遇到的各类问题;园区搭建了服务平台,提升了创业环境。园区合作搭建了"国家软件产品质检中心(江苏)南京软件园实验室"、引进了"创业邦(南京)"、"阿里云创客＋"、"北京银行'小巨人'创客中心"等众创空间。园区还加大了企业上市梯队的培育,大力搭建多渠道中小企业融资平台,不断完善企业上市融资通道;园区全年共培育南京市创新型企业家 6 名。另外,D7、D10、603、685 路公交车总站搬迁至园区,公交场站于 7 月底正式投入使用。同步开设了地铁站接驳班车,工作时间内每 15 分钟一班,解决入园企业员工"最后一公里"出行问题。

三、2017 年发展目标和举措

2017 年,南京软件园将继续紧抓江北新区、苏南自主示范区的历史发展机遇,围绕转型升级、空间提升、跨越发展战略,以建设高科技软件名城为目标,从转型升级拓展空间、提供政策导向、加大招商引资力度、探索企业服务深度等四个方面加速建设创新驱动、科技人文、宜居宜业的可持续发展现代化园区。

(一)加快转型升级,拓展承载空间

园区将继续创新开拓,实现转型发展。一是加快推进载体建设。加快南京软件园创源研发基地、创发中心、焦点科技大厦一期、中国移动 IDC 数据中心、伯泰科技研发总部等 5 个在建工程项目的形象进度;全面推进星火路商办中心、南京帝展电科研发基地、南京软件园科技创新基地、软件园研发总部基地、金衡大厦、儒商科技大厦等 22 个项目的开工。二是保障低效用地拆迁安置。加快东区 26 个老地块整体拆迁安置和土地运作工作以及西区二期剩余地块的征地拆迁工作四期开

发建设启动工作，以实现土地项目突破。三是优化布局完善配套。启动东区核心区城市功能配套开发，主要包括文化设施、康体娱乐、公园绿地等。拟开工建设星火路公交换乘枢纽商业体、商业街、园区环境综合整治工程、人才公寓等配套服务项目。

（二）建立特色政策，引导产业发展

园区将进一步强化政策引导，计划出台园区软件类企业扶持相关政策，对省 40 条、市 36 条、江北新区 10 条以及高新区 20 条等现有政策形成补充。通过政策支持和引导，鼓励培育行业骨干企业、初创企业、公共服务平台等投资主体，整合产业资源、空间资源、创业服务机构资源。

（三）多措并举，加强招商力度

一是全力加大招商引资的推介和宣传力度，按照"吸引大项目、承接大产业、延伸产业链"的思路，集中精力、重点攻坚，继续在"招大、招强、招品牌"上下功夫，重点瞄准世界五百强和中国一百强企业、各类上市上板企业、知名的投资机构进行投资的企业、成长性较好的瞪羚企业、"321 人才"创业优质企业。着力培育优势、特色、主导产业集群。二是发展开放型经济"引进来"与"走出去"的平台，同时加快高层次人才的引进，发挥人才集聚效应。三是利用顶尖项目自身深度融合的创新孵化体系，引进高端创业人才和重大科技产业项目。四是通过行业协会、中介和咨询机构、园区现有合作单位、重点产业链、已落户企业等渠道深挖梳理，网罗一批有潜力的高成长性企业。

（四）细化管理，探索服务深度

园区将继续积极倡导"细管理、强服务"的理念，一方面是做好服务体系建设。通过整合资源、协同工作，强化公共服务平台作用，实现与企业无缝隙、无盲点的互动，构建"横向到边、纵向到底"的企业网格化服务管理体系，力争实现"精准、便捷、高效"的常态化企业服务。另一方面是要探索企业服务深度。对企业在相关信息和风险投资上提供特色服务与帮助，针对高科技企业，加大涉软企业培育力度，不断完善企业上市融资通道，促进企业做大做强；同时以"互联网思维"，加强园区与企业、企业与企业间之间的联动，推动产业稳步发展。

（五）积极探索，健全投融资保障机制

一是进一步拓展创新功能，吸引风险投资机构、科技担保、小额贷款、资产评估、法律咨询、专利代理公司等优质科技中介机构入驻，构建园区科技金融服务网络。二是与多家金融机构进行对接，采取举办各种银企对话会、融资交流会等形式，为有需求的企业搭建舞台。三是在知识产权质押贷款等方面进一步开拓创新，以不同发展阶段企业为服务主体，以多种金融工具创新为服务手段，构建符合中小企业发展需求的金融服务链。

第四章 无锡软件园发展报告

一、2016 年发展概况

2016 年,无锡软件园在高新区党工委、管委会的正确领导下,在省市区经信部门的指导下,紧紧围绕新吴区着力打造"科技创新新高地、现代产业新高地、对外开放新高地"发展目标工作要求,紧抓互联网＋及创客空间发展机遇,加强互联网产业与自身优势的充分融合,成功入围省三网融合示范园区,综合排名位列全国火炬中心软件产业基地前五。对应各项任务指标,园区有序开展各类工作,取得了卓有成效的进展。

(一) 招商引资取得新成绩

一年来,招商部门积极适应新常态,保持信心和定力,创新招商思路、拓展招商渠道充分发挥二线城市的比较优势园区的先发优势,聚焦品牌、产值、人才三大要点,重点瞄准已获得风险投资青睐的创业团队和处于高速成长期的"小巨人"企业,打造"互联网＋N"的招商新格局。全年引进注册科技企业 68 家,其中,超亿元项目 2 个(今日头条、拉卡拉)。

招商团队有分有合、积极开拓,先后赴北上广深等地洽谈积累一批具有行业影响力的品牌项目源,包括奇虎 360、蓝色光标、百度营销、乐视营销等;在众创空间引进方面,推进与创业邦、阿里云等国内知名机构的合作;积极参与组织第七届金鼠标数字营销大赛颁奖盛典、2016 百度"聚锡融商"KA 渠道精英大会,通过在无锡当地举办业界大会的契机,与众多潜在客户深入交流,洽商合作机会;依托百度与园区企业紧密合作的重要基础,协助推进百度公司与市政府签署"互联网＋智慧城市"战略合作框架协议。

(二) 产业服务提升新高度

1. 科技产出规模稳定增长

2016 年软件园区企业全年产值规模突破 200 亿元,园区企业总体业务收入实现增长 20% 以上;全年税收上缴逾 8 亿元,比 2015 年同比增长 30% 以上,增幅较大。其中产值超亿元企业 32 家,与 2015 年同期相比基本持平。园区总体产出规模稳定增长。

2. 新兴产业集群健康发展

园区构建全方位、多层次完善产业服务体系,创新服务措施,提升服务高度。共组织企业申报国家、省市各类项目近百个,申请扶持资金逾亿元。其中朗新入围省工业转型升级项目,易视腾、央视等企业入围市物联网项目。信用行、坦程、观为、钜芯等项目在新三板挂牌,三板挂牌项目累计超 10 家,上市后备企业 10 余家。申报市级以上研发机构 3 家(市科技企业研发中心 1 家:朗新;省企业技术中心 2 家:朗新、央视)。

3. 着力加强企业培育力度

园区重点关注上市、拟上市企业及规模企业,为重点企业提供一对一跟踪服务。全年共组织园区产业发展相关培训 8 次。联合 3W 举办系列创业公开课。组织 8 家银行对接园区企业融资需求,重点推进坦程物联网、艾德无线等骨干企业的信用贷款工作,贷款金额达 3 亿元。农行、平安银行、中信银行等 6 家科技银行入驻园区科技金融服务中心升级版——新区汇融广场。

4. 汇聚各方各层次英才

园区 2016 年招引各类从业人员约 4 000 名,年培训各类人才约万名。集聚中智、江苏外服、中华英才网、新智微等 4 家专业人才招聘与培训机构,依托 NIIT 建立高校—企业—培训机构对接机制;组织 100 余家次企业参加春秋季巡回校招、市"百企千才"专场、太科园大型现场招聘等校招、社招活动逾 20 场次;举办 5 次企业 HR 主题沙龙,对接人才需求,提升企业 HR 能力;园区人力资源大平台建成运营,并与猎聘网达成平台合作。为招引无锡籍大学毕业生回锡就业创业,助推我区经济发展,2 月 19 日,与市委组织部、市人才办、市教育局、市人社局等部门联合举办"百企千才燕还巢"活动。

5. 产学研平台要素集聚

以"无锡高新区产业众创空间平台"为有力抓手,通过建立"互联网＋产学研和互联网＋产业众创"模式,继 10 月 20 日一举推进无锡高新区与国内 12 家著名高等院校签署"共建无锡高新区产学研众创空间线上平台合作协议"仪式以来,又相继完成与武汉大学、华中科技大学、四川大学等 28 家高校合作协议签订工作,其中全国排名 100 名以内的高校占 50％。

(三)园区软环境建设进一步优化

1. 园区服务持续提升

督察员队伍管理日常化、精细化,进行 2 次满意度调查,每月组织网络会议,目前园区督察员队伍达 25 人;持续进行各项工作的督察督办工作,定期发布督察通报。幸福园区建设再现亮点,先后组织举办元宵节及三八节活动、单身联谊,微马、趣味运动会等园区活动 10 次。

2. 智慧园区建设方面

全年共推送百余期 300 多条微信,信息累计阅读量 20 万次,微信粉丝总数近 2 万人;智慧 iPark 方案修改定稿并最终通过专家评审;GIS 展示平台功能基本开发完成(除太科园 GIS 已有功能外,增加了 iPark 远程监控、企业信息展示、园区业绩图表),系统通过建筑仿真三维模型展示园区整体风貌。

3. 创业广场,逐步推进

3W 咖啡、阿里巴巴创新中心、中航联创创新中心、DDU 国际众创空间等多家众创运营机构签约落户,打造产业众创空间线下平台。创业环境与创新氛围积累丰富。

4. 信息高速公路建设全国领先

在已投运的无锡城市云计算中心、电信国际数据华东区中心(一、二期)、中国移动 IDC 一期基础上,中国移动 IDC 二期、中国联通 IDC 一期投用,总投资达 9 亿元的电信 IDC 三期开工,2017 年中国移动三期还将动工,形成全国最密集的 IDC 区域,为互联网广告企业提供云存储与大数据服务。

5. 构建产业软环境

成功组织承办第七届金鼠标·数字营销大赛终审会,70 余位业界顶尖营销大佬聚首无锡,探讨交流数字营销发展新趋势。

二、2017 年工作计划

2017 年园区将围绕高新区"三个高地"的总目标,以"科技创新"为工作主线,顺应新兴经济与产业发展趋势,借力资本,整合资源,充分利用"云海计划"、"金巢工程"、"长风计划"、网上产学研共享平台等,在创新体系建设、产业集聚、人才引进、品牌维护等方面做出新的成效,以投资环境不断改善为关键,为高新区未来的产业升级创造新引擎,全面提升区域竞争力。

(一) 招商引资

在互联网＋热潮下,强化新媒体、互联网广告等优势产业领域的龙头企业招引,大力推进重点项目加快注册落地;继续巩固软件及服务外包企业的招引,加大力度集聚各类人才,加快推进出类信息;结合物联网和智能硬件产业,大力推进智慧体育产业园企业引进工作,早日落实该方面项目的选址定案。

(二) 产业服务

重点推进无锡市物联网专项、无锡市文化产业专项以及人才专项申报。推进企业上市挂牌工作。结合上市年度工作指标,重点推进新三板项目的挂牌。园区重点融资需求企业银行信用贷款解决方案对接会。组织参加"i 创杯"创业大赛、服创大赛等活动。

(三) 智慧园区建设

智慧园区建设方面,做好物业系统全园区试用,重点解决数据及时性、有效性问题;做好各业务系统的数据和应用备份;做好园区系统与智慧新吴系统数据对接工作。

第五章　苏州软件园发展报告

一、园区自然情况

苏州软件园采用一园多区式的发展模式,目前主要包括苏州工业园区软件园、苏高新软件园、昆山软件园、太仓软件园四个国家级软件园,以及昆山软件园、苏州吴中经济开发区、常熟国家大学科技园三个省级软件园。

苏州工业园区软件园于 2000 年 4 月启动,总规划建筑面积 155 万平方米,总投资 70 亿元。园区分七期建设,其中一至四期位于金鸡湖大道,建筑面积 31 万平方米,主要承担科技企业孵化基地、服务外包基地和软件产业基地的功能;五期"创意产业园"位于独墅湖科教创新区,建筑面积 80 万平方米,六期"创意泵站"位于中新大道西,建筑面积 2 万平方米,正力争成为长三角地区重要的软件工厂、创意设计车间、动漫制作加工基地;七期"苏州人工智能产业园"位于苏州工业园区桑田岛北部,建筑面积 26 万平方米,致力于打造成为国内知名的人工智能产业高地。

苏高新软件园目前已建成使用的主要载体建筑面积共计 13.8 万平方米,主要包括 11.9 万平方米的苏高新软件园、1.9 万平方米的微系统园。软件园现使用率达 75%,微系统园使用率达 80%。

昆山软件园于 2001 年 4 月成立(2004 年 5 月正式开园),当时规划面积 6 平方公里,现已完成建设 1.35 平方公里,先后荣获国家火炬计划软件产业基地、博士后科研工作站、国家影视网络动漫实验园、国家级科技企业孵化器、省现代服务业集聚区和省互联网产业园等诸多称号。

太仓软件园位于太仓经济开发区,总投资约 5 亿元人民币。园区占地 148 亩,规划面积 20 万平方米,已建成 7.5 万平方米。九层中央办公楼及九层科技公寓楼,总建筑面积近 4 万平方米。

吴中经济开发区规划面积 150 平方公里,是 1993 年 11 月经江苏省人民政府批准的首批省级经济开发区之一。2002 年 8 月,经中国质量认证中心认证,通过 ISO14001 环境管理体系标准认证,2003 年 6 月通过 ISO9001 质量管理体系标准认证。

常熟国家大学科技园于 2008 年启动建设,由常熟市人民政府与国内多所重点高校合作共建,是全国首家设立在发达县域经济中的国家级大学科技园,面积超 50 万平方米。

二、2016 年发展情况

(一)产业总体规模快速增长

2016 年末,工业园区软件园软件产业产值超 73 亿元,其中:软件产品收入 314 040.01 万元,信息系统集成服务收入 85 059.05 万元,嵌入式系统软件收入 5 317.82 万元,软件技术与信息服务收入 327 874.68 万元。2016 年末,园区的软件产业净利润为 38 169.64 万元,上缴税收达 43 637.75 万元。苏高新软件园 2016 年全年软件和信息服务业总产值近 30 亿元。昆山软件园 1 至 12 月全园销售生产超 10 亿元,较去年同期增长 25% 左右,主要企业阳光普世、优生活、中创、禾信、头领等产出效应明显;全园税收为 3 000 万元左右,较去年同期持平。2016 年,太仓软件园全年产值近 3

亿元,从业人员突破 800 人。吴中经济开发区全年实现软件业务收入 169 217.7 万元,其中软件产品收入 81 755.4 万元,信息技术服务收入 70 886.6 万元,嵌入式系统软件收入 16 575.7 万元,利润 46 066.1 万元,税金 22 330.1 万元,从业人员 2 926 人。常熟国家大学科技园软件和信息服务产业实现收入 11.5 亿元,利税 2.7 亿元。

(二) 产业集聚效应明显

全市 4 个国家级软件园、2 个省级软件园累计拥有研发及产业用面积达 465 万平方米,全市 80% 以上的评估软件企业在区内集聚发展,区内纯软软件业务收入占全市比重继续保持在 90% 以上。各产业园区注重培育创新型企业,持续引进国内知名企业落户,不断加快产业化特色发展步伐。工业园区软件园形成了以软件开发、集成电路设计、数码娱乐和行业应用高新科技等为主的四大特色产业群,新一代融合通讯、云计算、物联网、节能环保等一批新型产业项目也在加速集聚。先后吸引包括百度、华为、腾讯等国内知名互联网及大数据企业在园区设立研发中心、创新基地,为本地区软件产业的健康发展奠定了基础。高新区软件园重点引进、培育和发展云计算、大数据、移动互联网、地理信息、金融及安全软件、电子商务、集成电路设计、智能交通应用软件、软件人才培训等方向的新一代信息技术产业。依托现有产业领域的比较优势,不断提升优势领先产业对产业链上、下游资源的整合与配套能力,明晰产业的核心竞争优势,重点培育智慧医疗和地理信息大数据产业链条。同时与阿里巴巴集团开展战略合作,借助阿里云计算(苏州)有限公司的技术实力,推动工业云建设,助力制造业企业产业升级。吴中经济开发区内机器人、智能制造、大数据等一些新兴产业加快进驻。常熟国家大学科技园重点发展高端基础器件、新兴行业电子、新型节能环保、现代科技服务、文化创意设计等五大核心产业集群,启用科技核心研发基地、信息产业孵化基地、装备制造加速基地、国际企业加速基地等科技创新载体。

(三) 企业规模稳步增长

截至 2016 年年底,工业园区软件园内累计注册各类企业超过 2 000 家,实际入驻办公 598 家,其中 214 家企业通过国家高新技术企业认定,344 家企业通过省软件企业评估,53 家企业通过 CMMI 认定,主板上市企业 3 家,新三板挂牌企业 20 家。截至 2016 年年底,苏高新软件园新一代信息技术产业入驻企业 180 余家,从业人员约 5 000 人。引进了阿里云计算、中移、中晟宏芯、国信优易、富士通、软通动力、安硕软件、山石网科、易程科技、天泽信息、NIIT 等一批国内外知名企业,以及中科院苏州地理信息产业基地、浙大苏州研究院、中传媒苏州研究院和华理工苏州工研院等重要创新平台。其中世界 500 强及行业领军企业近 15 家。昆山软件园 2016 年共引进中氢能源、超优清洁能源、伊娃机器人、檬客网络等各类服务业项目 44 个,注册民资 3.21 亿元,其中 1 000 万元以上项目 12 个,项目产业主要涉及软件研发、新能源、智能制造研发、电子商务和互联网等领域,在谈恩纳瑞杰健康科技跨境电商项目、海创力机器人、光机电所等项目 5 个。截至 2016 年年底,太仓软件园共有 80 多家企业落户。其中培育高新技术企业 3 家,创业领军人才 20 多人。2015 年吴中经济开发区共有汇川技术等 4 家重点软件企业,2016 年新增一家为苏州赛腾精密有限公司,共 5家重点企业。

(四) 持续加大人才引进和培育

2015 年 8 月,北京大学创业训练营苏州创业中心、苏州独墅湖创业大学在独墅湖科教创新区揭牌成立,一定程度上吸引了国内外大数据相关的人才来苏创业,大数据高端人才不断集聚。截至目前,工业园区软件园区内集聚各类高科技人才逾 3.8 万名;入选国家千人计划 20 人,各级科技领军人才 253 人。此外,园内也集聚了苏州大学、南京大学、东南大学、中国科技大学等 10 多所高校院所,每年培养近 2 000 名大数据及相关产业方面的人才。苏高新软件园吸引和集聚了一批高层次人才,截至 2016 年年底共获批各级领军人才 112 人次,其中获批和引入千人计划 11 人,省双创人才 19 人,姑苏领军人才 27 人,区领军人才 55 人,一定程度上助推了区内软件企业的发展。

(五)公共服务平台日益完善

工业园区软件园先后建设了软件评测、技术培训、数据服务、集成电路设计、中小企业信息化(云计算)、知识产权保护、动漫游戏服务等较为完善的公共技术平台体系。"金鸡湖创业长廊"品牌初步打响,每周举办沙龙、论坛、讲座等各类活动近 20 场。昆山软件园充分发挥园区人力资源市场 IT 分市场等功能性公共服务平台作用,通过开展校园招聘会、专场招聘会等多种方式,帮助企业搭建人才招聘桥梁;加强企业服务力度,举办政策宣讲会、银企对接会、电商人才培训等活动。太仓软件园依托本地院校的资源优势和基地公共技术平台的技术支撑,园区企业分别与健雄职业技术学院、苏州大学等高校建立了校企联盟,企业自主创新能力不断增强。吴中经济开发区将企业服务中心打造成一个整合各级政策资源、政府公共服务、社会化第三方服务为一体的线上线下创新服务平台,重点完善三张工作清单:一张分类明确的企业服务对象清单、一张细致完整的企业服务内容清单、一张重点突出的项目问题汇总清单;筹建四个服务平台:一个便捷高效的微信公共服务平台、一个职能清晰的对企服务窗口平台、一个全面准确的厂房载体信息平台、一个内容综合的企业基础数据平台,创建"开发区微服务"品牌。常熟国家大学科技园先后与 20 多家知名高校、科研机构建立合作关系,已建成同济大学常熟科技园、上海交通大学常熟科技园、南京师范大学常熟发展研究院等 8 个高校平台,引进了中以国际企业加速器、中德柏林亚太加速器和多维(常熟)国际科创中心等 4 个国际加速器,在建智能车测试中心、智能液晶技术研究所和北大分子工程苏南研究院等 4 个重大科技创新平台,以及人力资源产业园、知识产权服务广场、一站式服务中心等 3 个公共服务平台。

三、2017 年发展目标和工作举措

(一)引进龙头项目推动集聚产业

根据国内外产业发展新趋势,着眼于大数据、云计算、物联网、智慧城市等智慧产业项目,重点瞄准国内软件知名大企业、大集团、上市公司,把集聚资源用于发展一批科技含量高、投资强度大、产出效益好的软件项目,大力引进一批代表国家水平的重大软件技术和产品,引进更多龙头企业,从对国家战略发展发挥重要促进和支撑作用上实行突破,提升园区软件产业的地位和影响力。

(二)完善强化企业服务功能

进一步做优做精企业服务工作,建立一支专业化的服务团队,将企业服务中心打造成一个整合各级政策资源、政府公共服务、社会化第三方服务为一体的线上线下创新服务平台。研究并制订品牌推广计划,通过差异化经营和服务,打造品牌竞争力。加强与部门合作,以企业共性需求为导向,进一步提升完善研发及公共技术服务平台体系。以集团化、专业化和市场化为核心,通过整合优化各方资源,提升各平台运营效益,提高专业化水平和核心竞争力。

（三）重视软件人才引进与培养

以千人计划和各级科技领军人才的项目申报工作为抓手,加大创新型人才的引进工作。建立完善的软件人才引进培育机制,引进实施各层次、各类型软件人才工程计划,拓宽优秀人才引进渠道。加强管理型、服务型、创意型人才培育与储备,建立完善的人才培育和培训体系,引导和鼓励企业采用灵活多样的方式留住人才。

第六章　常州软件园发展报告

2016年,在科技部、江苏省科技厅等有关部门的指导和支持下,在常州市、常州国家高新区政府的高度重视和精心培育下,国家火炬计划软件产业基地常州软件园不断完善园区设施和配套环境,聚集、整合软件企业和人才资源,软件和信息服务业取得进一步发展。

一、园区自然情况

常州软件园成立于1999年,是江苏省科技厅认定的首批省级软件园。2004年9月,经科技部批准,成为国家火炬计划软件产业基地。2007年,又先后被省发改委、外经贸厅列入江苏省现代服务业集聚区和国际服务外包示范区。以常州创意产业基地为依托,拥有以常州创意园为核心的"一核六园"产业空间布局形态,产业载体面积72.5万平方米。拥有国家级文化和科技融合示范基地、国家电子商务示范基地、国家现代服务业文化创意产业化基地等9个国家级品牌资源。

基地现已初步形成了软件与信息服务、电子商务、移动互联网、广告、动漫游戏、创意旅游等产业集群,人工智能、AR、VR等数字创意产业逐步成长,集聚各类企业800多家,从业人员近30 000人,拥有各类创新创业人才140多名,高级专业人才3 000多名。基地搭建升级了"中国常州国际动漫艺术周"、"国家二维无纸动漫技术服务平台"、"中科院常州科学与艺术融合技术研究中心"、"中国(常州)智能制造装备工业设计中心"、"产学研联合创新服务平台"、"CNITO国际服务外包承接中心"、江苏省创意云中心等一批国家级、省级重点平台。此外,成立创意产业创业投资基金,吸纳社会资本,盘活财政资金,助力企业融资发展。

二、2016年发展概况

2016年,常州软件园按照全市"重大项目推进年"和高新区"攻坚'一三五'、开局'十三五'"的总体部署,积极培育产业特色,推进项目集聚,深化品牌创建。2016年,基地实现营收310亿元,税收15.5亿元。其中软件与信息服务业营收248亿元,同比增长约3.38%。

(一)抓招商引智,促结构转型

巩固基地电子商务、软件与信息服务、广告、互联网等特色产业发展,聚焦人工智能、AR、VR、创意设计等数字创意产业,聚产业、促转型、优结构。全年共引进企业(项目)121个,总注册资本17亿元,全区新增2家上市企业东北电气、永天信息均由基地引进,新引进落户"龙城英才计划"A、B、D类项目各2个,C类项目2个。

(二)抓特色培育,促品牌创建

充分利用园区现有资源,抓特色培育,加快创新发展,打造知名品牌。2016年基地荣膺"全国优秀电子商务园区"20强,入选2016年度省级重点文化产业示范园区,获得"省级版权示范园区(基地)"称号;中国常州国际动漫艺术周被文化部列为全国15个重点品牌动漫展会之一。新增经认定的高新技术企业7家,经认定的民营科技企业12家,省级研发机构2家,省高新技术产品17

个,专利申请 190 件,发明申请 75 件,发明授权 32 件;新增市知名商标 2 件、省著名商标 3 件。园区企业申报各类文化科技项目 151 项。涌现出一批优秀的企业家、创业者,入选国家"万人计划"1名,入选江苏省"双创计划"——"双创人才"、"双创博士"共 6 名,入选省"333 工程"2 名。

(三)抓金融服务,促企业做优

充分发挥"常州创意产业创投基金"等政策资金的扶持和杠杆作用,积极推动企业的多渠道融资,构建以股权投资为主,增值服务为支撑的多层次投融资服务体系,加快产业与资本的有机结合。2016 年,基地新增春水堂、金刚、乐众、鑫亿 4 家企业在新三板挂牌,累计 13 家企业完成新三板挂牌;新增 1 家,累计 20 家企业完成股份制改造;累计 1 家企业完成与创业板上市公司资产重组,40余家企业完成上股交 Q 板、江苏股交成长版挂牌,基地企业累计获得融资达 14.99 亿元。

(四)抓平台建设,促创新发展

举办第十三届中国常州国际动漫艺术周,紧扣数字创意和二次元经济两大主题,举行四大版块30 多项活动,聚焦数字创意产业新技术、新产品,推动与常州本土实体经济和传统优势产业的融合。举办 2016 中国(常州)跨境电商全球峰会,为加快培育本土中小跨境电商企业,推动传统外贸企业转型升级搭建平台。推进数字创意产业融合创新一体化双创服务平台建设,着力打造数字创意产业战略研究中心、数字创意产业金融服务中心"两中心",数字创意双创孵化、智慧园区综合服务、数字创意技术公共服务、数字创意产业市场拓展"四平台"。

(五)抓资源整合,促众创集群

依托基地产业链生态,以及国家级、省级科研重点公共服务平台,围绕基地龙头骨干企业主营业务方向,共同打造众创集聚区,对初创企业和项目进行孵育和投资。已建设省级众创空间龙城创意天乾创客空间、四海商舟跨境电商众创空间、化龙网络纷智众创空间、意工厂创意创业联盟、阳光部落众创空间等一批众创空间,为基地软件与信息服务、广告、创意设计、互联网、动漫游戏、电子商务等产业的稳步发展提供了新动力。

三、2017 年发展目标和举措

2017 年,基地将深入贯彻落实市第十二次党代会、区第四次党代会精神,围绕高新区全年工作目标和工作重点,全面践行"1+5"发展战略,"1"个理念,即以发展国家"十三五"战略性新兴产业为目标引领,服务实体经济、带动传统产业升级为核心,释放创新转型新活力;通过"5"项举措,即以创新促发展、以金融促发展、以服务促发展、以品牌促发展、以效益促发展,开拓产城融合、开放共享新格局。

(一)以创新促发展

产业方向方面,聚焦常州实体经济和传统优势产业基础,以"互联网+"融合发展为路径,通过招引培育数字创意、人工智能、VR、物联网等新兴业态,打造创新驱动、交互渗透发展的创新创智生态圈,为扩增量、稳增长打造"核心增长极";同时,借助互联网、云计算、新媒体、大数据等新技术手段,增强对成果产业化的支撑作用,着力提升知识产权、自主品牌、业态创新等企业"软实力"。招商模式方面,实现从资源招商、政策招商至资本招商的转变。通过专业招商团队及入驻项目评审机制的建设,提升优质项目落户精准度;以产业投资基金为牵引,灵活运用并购重组、大企业引带产业链上下游、龙头企业牵头打造众创孵化器、联合投资机构及金融机构多方位合作等举措,打好招引"组合拳";拓展产业载体,争取更多优势资源覆盖。

(二)以金融促发展

发挥"常州创意产业创投基金"、"基地企业信贷风险补偿资金"等政策资金的扶持和杠杆作用,完善组建天使、种子、风险投资多元化基金产业链,搭建产品产权交易平台,通过构建多层次投融资服务体系,以资引商、以资育企,加快产业与资本市场的有机结合;鼓励形成多元化的投资机制,支持优质企业通过收购、兼并和重组,整合行业资源,做优做强,鼓励企业境内外上市,通过股权交易实现有效融资,支持有条件的中小企业上"新三板"、"创业板"、IPO,实现跨越发展。

(三)以服务促发展

联合基地龙头企业,聚合高校、科研院所、创客等资源,共建一批有影响、资源多、模式新的众创空间,为创业者搭建线上线下结合、投资孵化结合的创新创业平台;契合企业核心需求、发展实际和痛点,增强企业服务十大功能板块的专业性、针对性和有效性,提升企业满意度和依存度;全面优化政策环境、载体环境和生态链互动环境,推动产业向特色化、集群化、高端化方向发展。

(四)以品牌促发展

充分发挥创意产业基地"九块国家级品牌"的辐射力和资源聚合力,吸附新技术、新产业、新业态项目,推动产业链向微笑曲线两端延伸,形成供给侧合力;大力培植本土品牌,推出一批具有时代特征、常州特点、江苏影响力和中国特色的优秀产品,打造名人、名企、名品,从而形成名园联动发展链,提升品牌含金量和影响力;同时,政策扶持的重点向扶精品生产、扶龙头企业、扶产业品牌转变,拓展现有产业链的外延,实现增链、补链、强链,争创更多国家级品牌,形成多级、多条线覆盖的政策洼地。

(五)以效益促发展

秉持"市场化引导产业集聚、企业化运作园区发展"理念,最大化、最优化发挥扶持政策的杠杆作用,加大对政策资金投入和企业产出贡献匹配度的多维度考评,激活企业自身造血机制,提升政府扶持资金的规范高效运作;进一步探索发展以股权投资为主,增值服务为支撑的"政策支持+服务入股+服务增益"综合模式,打造"园企共赢"的创业共同体;通过定期举办企业家沙龙、政策辅导、融资对接等活动,促成企业间业务和股权合作;实施品牌和服务管理输出,对外助建拓展一批文化科技园区项目,力争成为立足常州,辐射长三角区域乃至全国的文创园区运营管理整体解决方案提供商。

第七章　常州科教城(武进)软件园发展报告

2016年,常州科教城全面践行创新、协调、绿色、开放、共享发展理念,紧紧抓住新一轮科技革命和产业变革的时代浪潮,牢牢把握建设苏南国家自主创新示范区的重大机遇,弘扬科技长征精神,聚焦智能、设计、信息三大方向,加快建设"一中心一基地"创新源和增长极,大力推进以科技创新为核心的改革创新、开放创新、协同创新和供给创新,进一步健全创新创业生态服务体系,在更高层次上建设研发创新、人才集聚、成果转化和新兴产业四大高地。

一、园区基本情况

常州科教城(武进)软件园成立于2012年,2015年初被科技部认定为国家火炬计划软件产业基地,同年7月被江苏省经信委认定为江苏省互联网产业园。以常州科教城为核心的武进软件园坐落于武进国家高新区,占地5平方公里,包涵科研、教育、孵化三大板块,是常州"一核两区三园多基地"创新布局中的创新之核。

园区现有常州大学1所本科院校、5所高职院校,其中常州信息职业技术学院是国家软件示范高职院校。高校在校生9万余名,每年毕业大学生2万余名,其中软件和信息技术专业毕业生超过1万名,就业率连续8年达98%以上。

全年在建项目33万平方米,其中:智能数字产业园二期、美淼科技大厦竣工交付使用;中德产业创新与合作中心规划建设面积为19.87万平方米,一期项目建设面积为1.54万平方米,已于5月18日启动开工仪式,现已完成桩基验收;常州数字设计产业创新中心开工;高等教育和职业教育基础设施建设按时序进度加快推进。积极推进玉带环丘景观带以及绿色建筑为一体的多维空间建设,完成兴隆河环境提升工程,启动玉带环丘景观建设。按照"城在园林中、花园在城中"的总体要求,实施"美丽科教城"绿化提升计划,全面加强60万平方米绿化的管养工作,确保园区整洁美观。园区还与中国移动、中国电信等达成良好合作协议,为园区内企业接入互联网提供较为低廉的千兆光纤接入资费。

二、2016年发展情况

2016年,常州科教城(武进)软件园实现销售收入82.88亿元,增长27.51%;新增发明专利660件,增长23.83%;入驻机构和孵化企业总计520家,增长18.45%;新增产学研合作项目372项,合同金额2.57亿元;申报各类纵向项目508项,争取经费2.51亿元。科技人才累计达到4.5万人,主要指标均超额完成任务。

(一)调整产业结构,培育新兴经济业态

智能数字产业园一期已入驻项目成长性良好,2016年实现产值13亿元。其中纳恩博(常州)科技有限公司预计年内完成营业收入10亿元,成为园区首个10亿元规模的机器人企业;智能数字产业园二期9.3万平方米竣工投运,雅谱、罗盘星等项目入驻。江苏美淼科技大厦主体竣工,年内实现营业收入1亿元。省互联网产业园目前共集聚企业105家,青之峰、盛鹏电子、鑫软图等企业

快速发展,天峋无人机等项目入驻。3D打印协同创新基地建设稳步推进,金属3D打印实验室已建成并投入使用,投入资金800万元。常州铭赛机器人科技股份有限公司年初成功挂牌新三板,2016全年销售6 980万元。火炬计划骨干企业发展良好,常州市科能电器有限公司、江苏振邦智慧城市信息系统有限公司、常州欧开通信技术有限公司全年分别实现销售6 808万元、6 190万元、1 127万元。

(二)加快建设基地公共技术平台

江苏中科院智能院在自主控制、AR/VR、传感器、3D打印、机器人应用领域吸纳5支国际化团队,分别成立了研发中心和焦点研发中心;公共平台完成4个自建实验室及3个与企业共建实验室的建设,成为支持研发、产业合作、企业育成的核心载体,入驻孵化项目近40个。省智能装备产业技术创新中心聚焦智能工厂和无人机两个方向,组织实施了遨博、天峋等10个联合科技研发项目,引进国家千人计划专家万虹博士的磁传感器、饶鹏研究员的机器视觉和中科视图的VR项目3个,推动了矽睿智能传感科技有限公司、机器视觉有限公司、机器视觉研发中心和江苏省智能院传感器应用研发中心——常州矽睿传感实验室建设工作的落地。产学研协同创新基地加快建设,常州先进所与光芒集团、万向集团等合作开发的智能生产线及数字化工厂即将完工,低成本焊接机器人、康复机器人等产品已在相应企业产业化。常州光电所获批省产学研重大创新载体。

(三)知识产权保护工作卓有成效

加强"一中心六平台"的功能建设和完善,全年引进科技服务机构22家。获批建设首个国家级的面向机器人及智能硬件保护中心。佰腾科技"专利巴巴"电商平台,按照"互联网+知识产权"的模式,采用"O2O"的服务模式,对传统专利服务进行互联网化的改造,实现从专利申请到授权到运用的全流程、全透明服务,线上专利申请量累计达到18 000件,交易总额超过2 883万元。"大学仕"技术众包平台,探索"互联网+产学研"新模式,旨在实现企业技术需求与科研人员技术的零距离对接,能使企业在最短的时间内获得技术解决方案,也使科研人员的技术变成财富,发布的众包金额超亿元,注册专家20 000多名,并与多所高校签订了战略合作协议。

(四)强化科技金融生态区建设

加快推进企业挂牌上市,做好与工商、环保、安监、人社等相关部门政策协调对接,帮办相关合规文件,确保挂牌上市工作有序推进,年内新增铭赛、易肌雪等新三板挂牌企业3家。深入开展股权融资对接活动,采用1对N、N对N的模式,全年开展天使下午茶活动8场,服务园区企业60余家,企业引入股权融资突破3亿元。优化"苏科贷"信贷评审操作流程,重点支持园区高科技、高成长、挂牌新三板的优质科技企业,截至目前累计为园区天正工业、中科朗恩斯、新墅机床等13家企业发放18笔、3 850万元科技贷款,尚无一例逾期、坏账。

(五)推动"众创空间"建设

与武进区共建国家首批双创区域示范基地,与市人社局、科技局、新华都商学院、博尔捷人力资源平台、深圳常州商会等开展合作,组织各类双创服务活动60多场;目前园区共有各类众创空间12家,其中省级5家,N维度众创空间通过整合提升,正在积极申报国家级众创空间;依托园区6所高校建设大学生创新创业园,现已引入叁朗网络科技、元谷软件、博默机械、常州梅花记、科锐尼家居等80多个创业团队。

三、2017 年发展目标及举措

2017 年,常州科教城(武进)软件园将突出发展创新型企业集群和高科技企业集群,力争全年完成营业收入 100 亿元;新增授权专利 1 200 件,其中发明专利 650 件;新增入驻机构和孵化企业 80 家;科技人才累计达到 5 万人;新增国家级高企 15 家,新三板挂牌企业达到 12 家,园区规上企业达到 35 家。全年新增重点产学研合作项目 360 项。

(一)推进园区功能载体建设,拓展创新创业承载空间

规划建设"科创走廊"。在武进国家"双创"示范基地框架下,东扩 5 平方公里建设创新创业园,包括夏城路以东、滆湖东路以南、青洋路以西、沿江高速以北,项目总投资 50 亿元,规划建设建筑面积 200 万平方米。加大高端研发总部引入步伐,重点围绕新技术、新业态、新模式,聚焦协同创新,建设高科技企业研发总部,高新技术企业加速器,引育代表省、市水平的智能化、科技化示范企业。

(二)加快发展高端研发平台,提升园区科技创新能力

加强省智能装备产业技术创新中心建设,组织实施产业技术研发联合资金项目,着力推进产业技术研发的组织机制创新;加强省产研院专业所建设,大力推进一所两制、项目经理、合同科研、股权激励等市场化改革,不断提质增效,积极融入省产业技术研究院体系。通过省创新中心、联盟、协会等载体,加强产学研协同创新和国际合作,提升成果转化和企业育成效能;采用"全职＋双聘"方式,引育研发团队,进一步提升平台运营和管理能力。推进电子科技大学常州 5G 移动通信互联创新中心建设,补齐补强"333"高端公共研发平台,推进面向 5G 无线宽带专网及宽带通信技术在常州的应用研发、人才培养、成果转化与产业化,并适时建设电子科技大学常州研究院。

(三)着力培育创业重要载体,提升园区突变发展能力

建设国家级两化深度融合试验区。面向智能时代,加快建设智能数字产业园,实行股权投资、创业服务、载体入股的资产运营模式,重点培育机器人与智能控制、工业设计、数字设计等产业。聚焦产业互联网,依托资本杠杆推动优质产业互联网项目加速向园区集聚,高水平建设苏南产业互联网创新中心。大力推进省互联网产业园发展,瞄准 4G 专网通信、智能硬件、移动互联网应用三个方向,招引国内电子百强企业和软件百强企业入驻。

提升双创空间承载能力。积极创建江苏省双创示范区,Demo space、大理工博士吧、惠研楼南四楼争取成为省级众创空间。进一步对 N 维度众创空间进行改扩建,逐步提高软硬件和服务水平,稳步培育特色,打造国家级众创空间。加强与园区高校对接,推进 6 所大学的众创空间布局建设工作,积极争取成立科教城省级众创空间集聚区。探索建立科教城园区众创联盟,形成众创空间集聚区,力争建设一批低成本、全要素、开放式的众创空间。继续对科教会堂南楼进行环境提升,科教城大学生创新创业园面积达到 8 000 平方米。

优化构建科技金融工作体系。会同上海财优数据公司研究制定园区投融资体制机制,整体规划园区科技金融工作体系,加快构建多元化、多层次的科技金融创新政策体系和服务体系。修订完善科教城版"苏科贷"操作办法,扩大风险补偿资金规模,精准扶持园区优质科技项目,加快推动科技成果转化。研究制定园区科技项目获得股权投资的税收优惠政策,深入开展各类股权融资对接活动,推动股权投资与园区科创企业融合发展。加快推动企业挂牌上市,帮办环保、工商、人社等合规文件,年内力争累计挂牌新三板企业达 12 家,园区企业获得股权融资突破 1 亿元。

优化创业生态体系。构建"雨林式"的创新创业生态服务体系,全年举办"天使下午茶""安琪下午茶""半月下午茶"活动20场,激发园区创新创业内在活力和内生动力。采用"服务＋股权""孵化＋创投"的苗圃模式,形成"海归人才＋本土资本""传统产业＋科技研发"的孵化网络,努力实现一年育成,二年成长,三年加速的孵化态势。强化引新引优,全年引进科技服务机构20家,争取在引进知名服务机构上实现突破;大力扶优扶强,加快培育佰腾、大学仕、博尔捷、智雅在线等园区骨干机构,创建中国(常州)机器人与智能硬件知识产权快速维权中心。推动"天天5·18"科技服务平台升级跨越,优化线上系统提供项目整套可行性分析,引进战略合作实现优质资源的累积和嫁接,完善服务菜单建立贴身的科技管家式服务体系。协助佰腾"专利巴巴"电商平台功能完善,向第三方开放用户资源和服务资源,将专利巴巴平台打造成一个国内领先、开放、一体化知识产权服务、实现专利电子商务的综合性服务平台。促进"大学仕"制造技术众包平台快速发展,加快与江苏省13个城市科技部门的合作对接,立足江苏,辐射华东,开始拓展全国市场。在完成省级科技服务示范区建设任务的基础上,力争列入国家级科技服务业集聚区。

第四部分

产业要素篇

第一章 企业篇

第一节 江苏省软件企业类别及规模

一、按工商登记类型分类

2016 年,按工业和信息化部、国家统计局规定,江苏省软件产业企业纳入统计的共有 4 844 家。按工商登记类型分类,其中 4 185 家为内资企业,占企业总数的 86.4%,其余 470 家为外商投资企业(含中外合资合作企业),189 家为港澳台投资企业,分别占企业总数的 9.7% 和 3.9%,见图 4 - 1。软件业务收入方面,内资企业 2016 年共计实现软件业务收入 5 515.7 亿元,其次为外商投资企业 2 176.2 亿元、港澳台投资企业 473.7 亿元,分别占全省软件业务收入的 67.5%、26.7% 和 5.8%。2016 年江苏省软件企业各工商登记类型占比及软件收入占比情况见图 4 - 2。

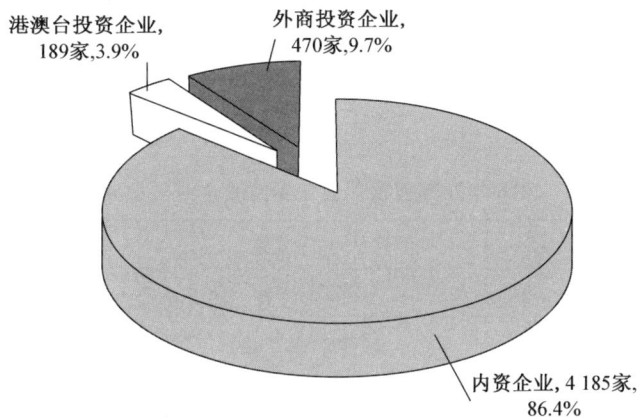

图 4 - 1 2016 年江苏省软件业企业工商登记分类情况

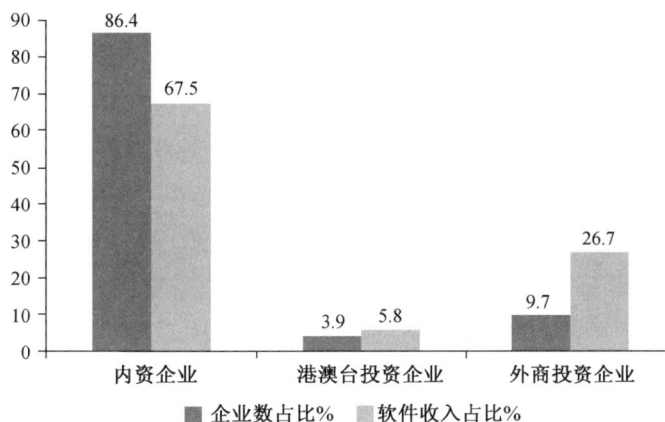

图 4 - 2 2016 年江苏省软件企业工商登记类型及软件收入占比情况

二、按实际控股类型分类

企业控股情况按统计规定分为 6 类(注:2016 年工信部控股统计分类标准较 2015 年增加一项"其他类型"),2016 年江苏省软件业各类控股企业分布情况见表 4-1。由表可见,私人控股企业占企业总数的绝大部分,外商控股企业列第 2 位,其余依次为其他类别、集体控股、国有控股、港澳台商控股。

表 4-1 2016 年江苏省软件业各类控股企业分布表

企业控股类别	企业数	占全部企业比例(%)
私人控股	3 410	70.4
外商控股	407	8.4
其他	386	8.0
集体控股	247	5.1
国有控股	243	5.0
港澳台商控股	151	3.1

2016 年,江苏省软件产业从业人员年末数为 1 169 891 人,按企业控股类型分组的从业人员年末数见表 4-2。由表可见,江苏省软件业从业人员主要分布在私人控股、集体控股、外商控股、国有控股 4 类企业中。与上年比,除港澳台商控股企业以外,其余 4 类控股企业从业人员均有所减少(注:"其他"为 2016 年新增企业控股类别统计项,该项不作比较,下同);集体控股企业从业人员比重有所上升,其余各类控股企业从业人员比重均有所下降,其中私人控股企业占比从上年的 53.5%降至 40.8%,降幅较大。

表 4-2 2016 年江苏省软件业各类控股企业从业人员分布表

企业控股类别	企业从业人员数	占全部从业人员比例(%)
私人控股	477 254	40.8
集体控股	205 395	17.6
外商控股	147 820	12.6
国有控股	140 347	12.0
其他	130 013	11.1
港澳台商控股	69 062	5.9

根据工信部年报统计数据,2016 年江苏省软件业务收入为 8 165.6 亿元,各类控股企业软件收入规模及占比见表 4-3。江苏省软件收入 2009 年形成的内资控股企业(含国有、集体、私人控股)与外资控股企业(含外商、港澳台商控股)各占半壁江山的局面从 2010 年起被打破,至 2014 年,内、外资控股企业软件收入占比约为 2:1,具体是 67.84:32.16,再到 2015 年,内外资控股企业软件收入比重差继续扩大,达到 69.9:30.1,2016 年,该比重差进一步扩大,达到 59.7:26.8。从控股类型看,由于 2016 年新增一项分类标准"其他类型",其余 5 项控股类别的软件业务收入除集体控股、外商控股企业外,均有所降低。但由于增幅不同,影响到各类别在全省的占比,除集体控股企业软件收入占比小幅上升外,其余各类均有所下降。值得一提的是,2016 年江苏私人控股企业软件业务收入及占比继续保持第一,占全省软件收入比重达到 36.7%。

表 4‐3　2016 年江苏省软件业各类控股企业软件收入及占比表

企业控股类别	软件收入（亿元）	占全省软件收入比重（%）
私人控股	2 996.6	36.7
外商控股	1 838.3	22.5
国有控股	1 145.0	14.0
其他	1 102.3	13.5
集体控股	735.8	9.0
港澳台商控股	347.6	4.3

各类控股企业数量及软件收入占比对照情况见图 4‐3。对照近几年各类控股企业数、软件收入数分别在全省软件业企业数、收入总数的占比，可以看出，2016 年江苏软件业私人控股类企业数量及占比、实现软件收入及占比均保持最高。

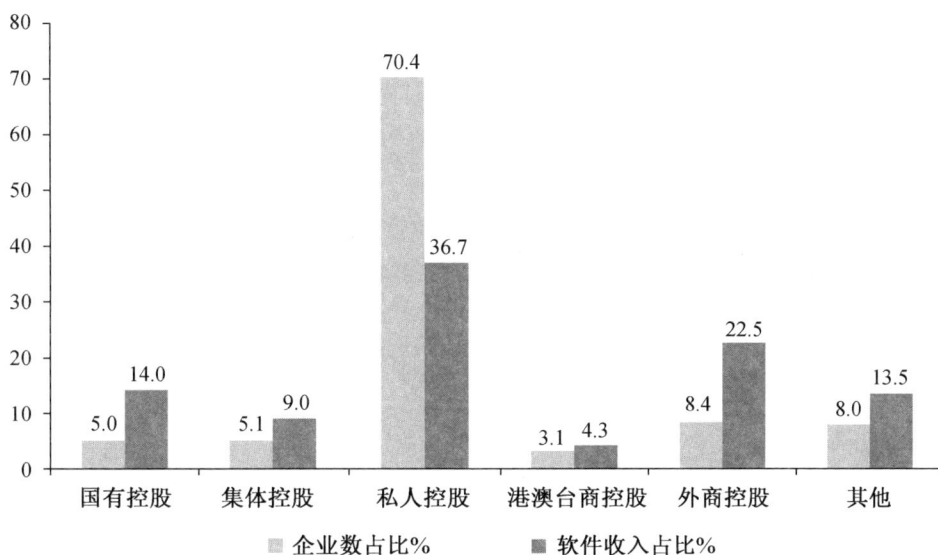

图 4‐3　2016 年江苏省软件业各类控股企业数及软件收入占比情况

三、按行业类型分类

按工业和信息化部年报统计规定，软件企业以三类软件业务收入，即软件产品收入、信息技术服务收入、嵌入式系统软件收入中最高的一项作为归入行业的依据。江苏省 2016 年纳入统计的 4 844 家软件产业企业对应的行业分类及软件业务收入情况见表 4‐4。由表可见，三类企业中，软件产品行业的企业数量最多，信息技术服务行业其次，排位情况与上年度保持一致。软件业务收入方面，信息技术服务行业占全省软件收入的比重由上年的 34.9% 升至 45.9%，位列三大行业之首，位次较上年上升一位；嵌入式系统软件行业占全省软件收入的比重由上年的 40.9% 降至 31.4%，位次较上年下降一位；软件产品行业占全省软件收入较上年基本持平，位次不变。

表4-4　2016年江苏省软件业三大行业企业数及软件收入一览表

行业类别	企业数	占全部企业比重（%）	企业数量位次	软件业务收入（亿元）	占全省软件收入比重（%）	业务收入位次
软件产品行业	1 858	38.4	1	1 851.4	22.7	3
信息技术服务行业	1 841	38.0	2	3 745.6	45.9	1
嵌入式系统软件行业	1 145	23.6	3	2 568.7	31.4	2

四、按从业人员规模分类

从企业规模看，江苏省软件产业仍以中小企业为主，规模较大的企业不多。在省内2016年纳入工信部软件和信息技术服务业年报统计的4 844家企业中，软件从业人员达百人以上的企业共有1 470家，占30.3%，其余近7成企业从业人员不足百人，其中又以50人以下企业居多，共有2 479家，占企业总数的51.2%。近两年江苏省软件企业从业人员规模分布情况见表4-5。由表可见，2016年50人以下的企业较上年减少660家，占企业总数比重较上年减少8.1%，这主要是由于2016年工信部提高了纳入统计的企业规模标准，因而该项数据降幅较大。其余规模类别中，1 000人及以上、500—999人、300—499人的企业数量均与上年基本持平；200—299人、100—199人、50—99人的软件企业数量均有所增长，其中200—299人的企业较上年增加57家，同比增长28.9%，100—199人的企业较上年增加111家，同比增长20.1%，50—99人的企业较上年增加66家，同比增长8.0%。以上数据表明，2016年江苏省中小软件企业的人员规模整体呈增长态势，企业发展取得了一定成绩。

表4-5　近两年江苏省软件业企业从业人员规模分布

从业人员规模	2015年		2016年	
	企业数	占企业总数比重（%）	企业数	占企业总数比重（%）
1 000人及以上	205	3.9	198	4.1
500—999人	160	3.0	151	3.1
300—499人	208	3.9	203	4.2
200—299人	197	3.7	254	5.2
100—199人	553	10.5	664	13.7
50—99人	829	15.7	895	18.5
50人以下	3 139	59.3	2 479	51.2

五、按软件收入规模分类

江苏省软件产业近两年按企业软件收入规模类型分布情况见表4-6（相邻组上下限重叠时，与上限相等的值计入下一组，下同）。由表可见，有1 232家企业软件收入低于1 000万元，占企业总数的25.4%，其软件收入占全部企业软件收入的0.8%，不足1%；与此相反，占企业总数约2.8%的企业软件收入超10亿元，这138家企业的软件收入合计超过全部软件收入的一半，达54.5%。2016年不同收入规模类型的企业数及软件收入见图4-4。

表 4－6　江苏省近两年企业软件收入规模分布情况

企业软件收入规模	2015			2016		
	企业数	占企业总数的比重(%)	占全部统计企业软件收入比重(%)	企业数	占企业总数的比重(%)	占全部统计企业软件收入比重(%)
10 亿元以上	126	2.4	51.3	138	2.8	54.5
1 亿—10 亿元	814	15.4	36.8	921	19.0	32.6
5 000 万—1 亿元	499	9.4	5.1	764	15.8	6.7
1 000 万—5 000 万元	1 629	30.8	5.6	1 789	36.9	5.3
500 万—1 000 万元	705	13.3	0.7	834	17.2	0.7
100 万—500 万元	1 399	26.4	0.5	354	7.3	0.1
100 万元以下	119	2.3	0.01	44	0.9	0.003

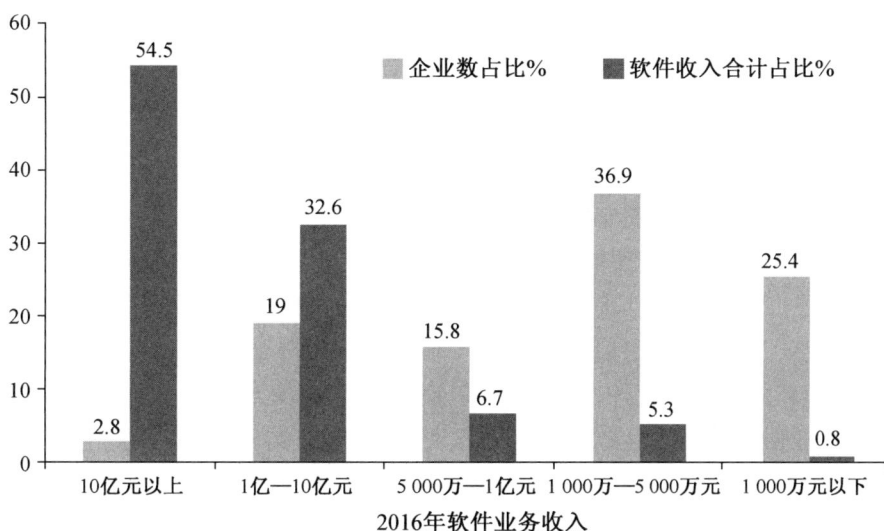

图 4－4　2016 年江苏省不同收入规模的软件企业数量分布与软件收入占比情况

以上数据表明,江苏省软件产业企业在规模上的两极分化特征较为明显。一方面,江苏省是软件业创业的热土,每年有众多小微企业创业,产业发展的根基较为稳定;另一方面,江苏是软件业发展的沃土,省内已有一部分大型软件企业凭借多年的行业积淀和技术积累在业内脱颖而出,发展势头良好,产业龙头带动作用凸显。"十二五"至"十三五"期间,江苏省始终把做大做强软件业企业作为重点任务,全力扶持软件产业发展。工信部历年年报统计数据显示,江苏软件收入超 10 亿元的企业数量已从 2010 年的 49 家发展为 2011 年的 62 家、2012 年的 79 家、2013 年的 94 家、2014 年的 113 家,到"十二五"末的 2015 年,达到 126 家;而"十三五"开局之年的 2016 年,更达到 138 家,呈现逐年增长态势(见图 4－5)。可见,江苏软件企业做大做强已取得一定成效。

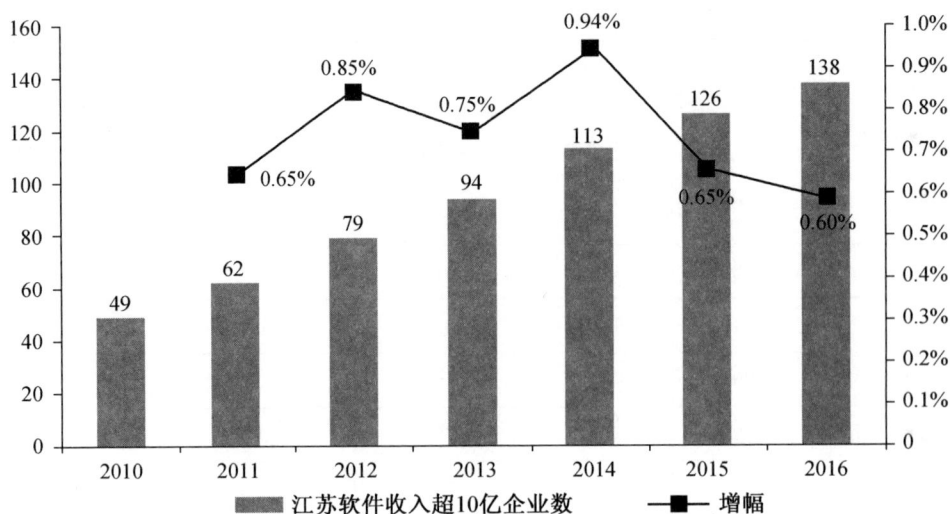

图4-5　2016年江苏省不同收入规模的软件企业数量分布与软件收入占比情况

第二节　江苏省软件企业资质

一、软件企业评估

软件企业认定是落实国务院关于《鼓励软件产业和集成电路产业发展的若干政策》的具体举措,凡是被认定的软件企业可享受税收优惠政策。根据《国务院关于取消和调整一批行政审批项目等事项的决定》(国发〔2015〕11号)、《工业和信息化部　国家税务总局关于2014年度软件企业所得税优惠政策有关事项的通知》(工信部联软函〔2015〕273号)等文件规定,"双软认定"事项已取消行政审批,产业主管部门不再对软件产品、软件企业发证,但国家对软件产业的支持政策并未取消。

江苏省软件行业协会根据国家政策落实的需要,积极响应国家以及省行业主管部门提出的协会要充分发挥行业自律和为企业服务的要求,联合全省骨干软件企业共同起草制定了《江苏省软件企业/产品评估规范》,该规范自2015年11月26日起正式实施。江苏省历年软件企业认定数和评估企业数见表4-7。

2016年,全省共有2 340家企业通过江苏省软件企业评估。通过评估的软件企业在全省13个设区市均有分布,主要集聚于苏南地区,多数为中小企业,主营业务多为软件开发及服务。其中,苏南5市通过评估的企业合计占全省总数的82.1%;苏中3市合计占11.4%;苏北5市合计占6.5%。分城市看,南京共有960家通过评估,占全省总数的41.0%,苏州共有488家,占全省总数的20.9%,无锡共有270家,占全省总数的11.5%,三市合计占比达73.4%,这与近年来南京、苏州和无锡积极创建软件名城,加大对软件产业的支持力度密不可分;苏中地区的扬州市共有161家软件企业通过评估,占全省总数的6.9%,仅次于无锡市,位居全省第四。其余各市数据见表4-8。2016年全省通过软件企业评估的企业名单见附录A。

表4-7 近年来江苏省软件企业认定和评估数一览表

年 份	"十五"合计	"十一五"合计	2011	2012	2013	2014	2015	2016	总计
通过数	696	1 565	542	699	658	797	347	2 340	7 644

表4-8 江苏省软件企业认定和评估企业地区分布表

序号	城市	2016年新增企业数	新增企业数占全省比重(%)	2016年止累计企业数	累计数占全省比重(%)
1	南京	960	41.0	2 839	37.1
2	苏州	488	20.9	1 717	22.5
3	无锡	270	11.5	1 035	13.5
4	扬州	161	6.9	503	6.6
5	常州	135	5.8	459	6.0
6	徐州	68	2.9	265	3.5
7	镇江	68	2.9	155	2.0
8	泰州	67	2.9	181	2.4
9	南通	40	1.7	174	2.3
10	盐城	32	1.4	113	1.5
11	淮安	23	1.0	79	1.0
12	宿迁	15	0.6	83	1.1
13	连云港	13	0.6	41	0.5
	合计	2 340	100	7 644	100

二、计算机信息系统集成资质

江苏省软件企业中有相当一批从事计算机信息系统集成工作,是我省信息化建设的主力军。开展系统集成资质认证工作,旨在为用户选择建设单位提供决策参考,有利于系统集成企业展示自身实力和参与竞争,可有效规范市场,保证信息系统工程质量。江苏省于2001年成立该项资质认证的办公室和认证机构,在全行业推广和开展相关认证工作。2012年,工信部颁布了《计算机信息系统集成企业资质等级评定条件(2012年修订版)》和《计算机信息系统集成企业资质等级评定条件实施细则》,并开展换证工作。2014年,工信部根据十八届三中全会精神,处理好政府与市场和社会的关系,停止了该项评定行政审批,决定由中国电子信息行业联合会负责实施。

截至2016年年底,江苏省已有计算机信息系统集成资质企业564家,比上年增加195家。上述企业中,一级资质共计17家、二级资质55家、三级资质259家、四级资质233家。从地区分布看,信息系统集成资质企业在全省13个市均有分布,其中近一半在南京市,占比达45.4%,其次是苏州市,占18.8%,其余各市情况见表4-9。江苏省计算机信息系统集成资质企业名单见附录B。

表4-9 江苏省计算机信息系统集成资质企业地区分布情况(截至2016年年底)

级别 \ 企业数 \ 地域	南京市	苏州市	南通市	无锡市	常州市	镇江市	扬州市	徐州市	淮安市	盐城市	泰州市	连云港市	宿迁市	合计
一级	15			2										17
二级	35	7	1	6	4			1				1		55
三级	132	41	21	20	13	6	9	8	6		2	1		259
四级	73	60	30	20	14	8	9	1	5	7	4		2	233
合计	255	108	52	48	31	14	18	10	11	7	6	2	2	564

第三节 江苏省软件产业重点企业

一、国家规划布局内重点软件企业

为贯彻落实国务院颁布的《进一步鼓励软件产业和集成电路产业发展的若干政策》(国发〔2011〕4号),鼓励并推动重点软件企业和集成电路设计企业加快发展,国家发展改革委、工业和信息化部、财政部、商务部、国家税务总局于2012年8月联合修订印发了《国家规划布局内重点软件企业和集成电路设计企业认定管理试行办法》。在2013年开展2013—2014年度认定工作的基础上,于2015年继续开展2015—2016年度国家规划布局内重点软件企业和集成电路设计企业认定工作。按规定,入选的企业2015年度和2016年度可享受减按10%的税率缴纳企业所得税的优惠政策。据我省多年列入此重点软件企业名单的企业反映,入选软件行业"国家队",不仅得到税收优惠,而且扩大了企业的知名度,进一步鞭策企业加快改革、加强管理,促进企业做大做强。江苏省软件行业协会受江苏省发改委、江苏省经信委等相关部门委托,负责企业申报辅导和受理工作。省内相关部门经研究推荐了一批企业上报国家相关部委。

2016年5月,财政部、国家税务总局、发展改革委、工业和信息化部等4部委发布《关于软件和集成电路产业企业所得税优惠政策有关问题的通知》(财税〔2016〕49号),其中明确了国家规划布局内重点软件企业享受税收优惠政策采用先备案后核查的方式,并规定了国家规划布局内重点软件企业的条件,在符合软件企业基本条件的基础上,将国家规划布局内重点软件企业分为第一类、第二类、第三类3种类型。各类型企业要求详见第五部分产业政策篇《财政部 国家税务总局 发展改革委 工业和信息化部关于软件和集成电路产业企业所得税优惠政策有关问题的通知》(财税〔2016〕49号)和《关于印发国家规划布局内重点软件和集成电路设计领域的通知》(发改高技〔2016〕1056号)。

2016年,全省核定14家企业为国家规划布局内重点软件企业,比上届减少6家,其中第一类12家、第二类1家、第三类1家。从地区分布来看,入选企业全部位于苏南,南京市10家居首;苏州3家、镇江1家企业入选,具体名单见表4-10。

表4-10 2016年度国家规划布局内重点软件企业名单(江苏)

公司名称	类型	所在地
亚信科技(南京)有限公司	第一类	南京
南京擎天科技有限公司	第一类	南京
南京国电南自软件工程有限公司	第一类	南京
诚迈科技(南京)股份有限公司	第一类	南京
南京中兴软件有限责任公司	第一类	南京
南京中兴新软件有限责任公司	第一类	南京
中兴软创科技股份有限公司	第一类	南京
国电南瑞南京控制系统有限公司	第一类	南京
南京南瑞继保电气有限公司	第一类	南京
焦点科技股份有限公司	第一类	南京
江苏国泰新点软件有限公司	第一类	苏州
恒宝股份有限公司	第一类	镇江
苏州麦迪斯顿医疗科技股份有限公司	第二类	苏州
苏州工业园区凌志软件股份有限公司	第三类	苏州

二、中国软件业务收入前百家企业

根据国家统计局批准、工业和信息化部统计的2015年全国软件和信息技术服务业年报数据,经各地工业和信息化主管部门初步审核、工业和信息化部最终核定,2016年(第十五届)中国软件业务收入前百家企业名单于2016年7月正式揭晓。作为对国内百强软件企业生产经营情况的权威监测分析成果,该榜单在社会和行业中受到广泛关注,已成为促进我国软件服务业做大做强、提升我国软件企业知名度及品牌效应的一项重要措施。本届第一名华为技术有限公司以1 786.1亿元的软件业务年收入连续15年蝉联软件前百家企业之首,软件百家企业入围门槛为软件业务年收入13.3亿元,比上届提高2.8亿元,增长26.7%。

入围企业数量方面,江苏省共有10家企业入围,比上届增加2家,排在北京(32家)、广东(18家)之后,位列第3,排名较上届上升1位。江苏省10家上榜企业2015年的软件总收入为393.3亿元,占百强企业软件总收入的6.6%,排在广东(43.8%)、北京(17.1%)、山东(12.3%)之后,位列全国第4,见表4-11。江苏企业入围历届中国软件业务收入百强榜情况见表4-12。

表4-11 全国省(直辖市)软件企业入围2016年中国软件业务收入百强榜情况

位次(按软件业务收入计)	省(直辖市)	入围企业数	入围企业软件业务总收入(亿元)	软件业务收入占百强总收入比例(%)
1	广东	18	2 628.9	43.8
	其中:深圳	12	2 484.4	41.4
2	北京	32	1 028.7	17.1
3	山东	6	740.8	12.3
4	江苏	10	393.3	6.6

（续表）

位次（按软件业务收入计）	省（直辖市）	入围企业数	入围企业软件业务总收入（亿元）	软件业务收入占百强总收入比例（％）
5	**上海**	**8**	**347.6**	**5.8**
6	**浙江**	**8**	**340.3**	**5.7**
7	福建	4	118.2	2.0
8	湖南	1	92.1	1.5
9	四川	3	83.5	1.4
10	武汉	2	64.9	1.1
11	辽宁	2	62.1	1.0
12	安徽	1	23.9	0.4
13	重庆	1	19.4	0.3
14	江西	1	17.1	0.3
15	天津	1	15.2	0.3
16	云南	1	15.2	0.3
17	吉林	1	13.8	0.2
总计		**100**	**6 005.1**	**100**

表 4-12　江苏企业入围历届中国软件业务收入百强榜情况

项目名称 ／ 届次	百强企业软件总收入（亿元）	江苏上榜企业数	江苏上榜企业软件总收入（亿元）	江苏上榜企业软件总收入占百强总收入比重（％）
第六届	1 436	9	107.4	7.48
第七届	1 643	9	122.8	7.52
第八届	2 039	8	139.0	6.82
第九届	2 449	9	164.8	6.73
第十届	3 136	8	188.9	6.02
第十一届	3 401	8	202.7	5.96
第十二届	3 667	9	300.3	8.18
第十三届	4 751	10	377.7	7.96
第十四届	5 311	8	310.5	5.85
第十五届	6 005	10	393.3	6.55

　　江苏企业在本届榜单的排名及软件业务收入情况见表 4-13。从地区分布看，江苏上榜的 10 家企业有 8 家位于南京市；南京南瑞集团以 105.1 亿元的软件业务收入位列总榜第 6，继续保持前 10 名之列；常州、镇江也各有 1 家入围。与上届相比，省内 7 家企业（南瑞、熊猫、集群、省通服、金智、恒宝、国光）为连续入围，3 家（国电南自、润和、联创）新晋入榜，1 家（南大苏富特）跌出榜单。软件收入增幅方面，金智、集群、恒宝、省通服四家上榜企业的软件业务收入增幅都达到 18％以上，发展较快。需说明的是，江苏有一些企业软件业务收入较高，但按规定，或因属于外资企业不参与申报，或因参与外省市的集团总部统一申报，而与该榜单无缘。

表 4 - 13 2016 年(第十五届)中国软件业务收入前百家企业名单(江苏企业)

榜单位次	企业名称	软件业务收入(万元)	软件业务收入增幅(%)
6(↑0)	南京南瑞集团公司	1 051 215	0.9
13(↑0)	熊猫电子集团有限公司	689 509	0.1
17(↑9)	江苏集群信息产业股份有限公司	521 143	22.6
27(↑2)	江苏省通信服务有限公司	457 181	18.9
28(新上榜)	国电南京自动化股份有限公司	427 741	新上榜
73(↑6)	江苏金智集团有限公司	185 310	37.8
81(新上榜)	南京联创科技集团股份有限公司	160 607	新上榜
83(↑5)	恒宝股份有限公司	158 924	20.1
91(新上榜)	江苏润和科技投资集团有限公司	146 215	新上榜
95(↓19)	江苏国光信息产业股份有限公司	135 597	-8.9

三、江苏省规划布局内重点软件企业

为更好地布局江苏软件产业,突出重点予以支持,引导软件企业做大做强,不断提高省内软件企业市场竞争能力和效益,促进全省软件产业更好、更快发展,江苏省经信委于 2016 年继续开展"2016—2017 年江苏省规划布局内重点软件企业"申报工作。根据相关要求,本次申报的企业必须通过 2015 年度软件企业年度评估、2015 年度不亏损且符合下列条件:申报规模型的企业年度软件业务收入需超过 1 亿元;申报出口型的企业年度软件外包收入或软件出口额需超过 400 万美元,且软件出口额需占本企业营业收入 50%以上;申报潜力型的企业需运营 2 年以上且连续 2 年软件业务收入超过 1 000 万元,同时应符合产业发展规划,在从事的领域内具有一定的知名度、较高的市场占有率和较好的发展前景。

按照企业自愿申报原则,经各市推荐,由江苏省软件行业协会作为受理单位,按申报规定进行初步审查和组织专家评审,最后报省经信委确定 2016—2017 年度江苏省规划布局内重点软件企业名单(见表 4 - 14)。此次上榜的 116 家省规划布局内重点软件企业大部分集聚于苏南地区,其中南京市 60 家、苏州市 25 家、无锡市 16 家,分列全省前三位;泰州市有 4 家企业入围,位列第 4。上榜重点软件企业按类型分为三类,其中规模型 56 家,出口型 7 家,潜力型 53 家。与上届相比,本届入围的重点软件企业数增加了 18 家,其中规模型增加了 20 家,出口型增加了 3 家,潜力型减少了5 家。截至 2016 年年底的省规划布局内重点软件企业地区分布情况见第一部分产业综述篇表1 - 7。

表 4 - 14 2016—2017 年度江苏省规划布局内重点软件企业名单

	序号	企业名称
规模型	1	诚迈科技(南京)股份有限公司
	2	赛特斯信息科技股份有限公司
	3	远景能源(南京)软件技术有限公司
	4	焦点科技股份有限公司
	5	江苏东大集成电路系统工程技术有限公司

(续表)

	序号	企业名称
规模型	6	南京科远自动化集团股份有限公司
	7	江苏润和软件股份有限公司
	8	国电南瑞南京控制系统有限公司
	9	南京长峰航天电子科技有限公司
	10	南京中兴新软件有限责任公司
	11	南京擎天科技有限公司
	12	南京南瑞继保电气有限公司
	13	中博信息技术研究院有限公司
	14	南京欣网通信科技股份有限公司
	15	江苏金智教育信息股份有限公司
	16	江苏金智科技股份有限公司
	17	亚信科技(南京)有限公司
	18	南京中兴软件有限责任公司
	19	南京华苏科技股份有限公司
	20	南京三宝科技股份有限公司
	21	南京莱斯信息技术股份有限公司
	22	南京康尼电子科技有限公司
	23	炫彩互动网络科技有限公司
	24	南京南瑞信息通信科技有限公司
	25	南京嘉环科技有限公司
	26	南京游族信息技术有限公司
	27	南京中新赛克科技有限责任公司
	28	南京途牛科技有限公司
	29	江苏安防科技有限公司
	30	江苏万圣伟业网络科技有限公司
	31	朗坤智慧科技股份有限公司
	32	南京国图信息产业股份有限公司
	33	江苏达科信息科技有限公司
	34	江苏爱信诺航天信息科技有限公司
	35	南京国睿信维软件有限公司
	36	南京欣网互联网络科技有限公司
	37	南京酷派软件技术有限公司
	38	南京磐能电力科技股份有限公司
	39	江苏国泰新点软件有限公司
	40	苏州蜗牛数字科技股份有限公司

	序号	企业名称
规模型	41	江苏仕德伟网络科技股份有限公司
	42	苏州市科远软件技术开发有限公司
	43	江苏广和慧云科技股份有限公司
	44	苏州华启智能科技有限公司
	45	苏州麦迪斯顿医疗科技股份有限公司
	46	昆山柯索信息咨询有限公司
	47	江苏三棱智慧物联发展股份有限公司
	48	江苏天瑞仪器股份有限公司
	49	朗新科技股份有限公司
	50	无锡宇信易诚科技有限公司
	51	博耳（无锡）软件科技有限公司
	52	无锡文思海辉信息技术有限公司
	53	恒宝股份有限公司
	54	江苏华骋科技有限公司
	55	江苏晨光数控机床有限公司
	56	连云港杰瑞深软科技有限公司
出口型	57	南京富士通南大软件技术有限公司
	58	联迪恒星（南京）信息系统有限公司
	59	苏州工业园区凌志软件股份有限公司
	60	恩梯梯数据（中国）信息技术有限公司
	61	横新软件工程（无锡）有限公司
	62	无锡凌志软件有限公司
	63	冲电气软件技术（江苏）有限公司
潜力型	64	江苏华高软件技术有限公司
	65	钛能科技股份有限公司
	66	南京中网卫星通信股份有限公司
	67	江苏金恒信息科技有限公司
	68	南京优玛软件有限公司
	69	南京奥派信息产业股份公司
	70	南京银石支付系统科技有限公司
	71	江苏博智软件科技有限公司
	72	南京贝伦思网络科技股份有限公司
	73	江苏保旺达软件技术有限公司
	74	南京中科创达软件科技有限公司
	75	南京安元科技有限公司

(续表)

	序号	企业名称
潜力型	76	南京云创大数据科技股份有限公司
	77	南京龙渊微电子科技有限公司
	78	江苏飞搏软件股份有限公司
	79	南京南大智慧城市规划设计有限公司
	80	南京易司拓电力科技股份有限公司
	81	南京百敖软件有限公司
	82	金证财富南京科技有限公司
	83	江苏金盾检测技术有限公司
	84	苏州浩辰软件股份有限公司
	85	苏州市普实软件有限公司
	86	江苏梦兰神彩科技股份有限公司
	87	苏州清睿教育科技股份有限公司
	88	苏州太谷电力股份有限公司
	89	盟拓软件(苏州)有限公司
	90	江苏瀚远科技股份有限公司
	91	江苏天创科技有限公司
	92	苏州市伏泰信息科技股份有限公司
	93	吴江绿控电控科技有限公司
	94	苏州金螳螂怡和科技有限公司
	95	凯美瑞德(苏州)信息科技股份有限公司
	96	苏州市软件评测中心有限公司
	97	昆山颠峰云智网络科技股份有限公司
	98	江苏蓝创智能科技股份有限公司
	99	无锡睿思凯科技股份有限公司
	100	无锡德思普科技有限公司
	101	央视国际网络无锡有限公司
	102	江苏曼荼罗软件股份有限公司
	103	无锡华云数据技术服务有限公司
	104	无锡知谷网络科技有限公司
	105	江苏卓易信息科技股份有限公司
	106	无锡奥特维科技股份有限公司
	107	江苏世轩科技股份有限公司
	108	扬州万方电子技术有限责任公司
	109	江苏中威科技软件系统有限公司
	110	江苏东华测试技术股份有限公司

（续表）

	序号	企业名称
潜力型	111	江苏春兰清洁能源研究院有限公司
	112	江苏省精创电气股份有限公司
	113	江苏联旺信息科技有限公司
	114	江苏星月测绘科技股份有限公司
	115	连云港港口集团通信信息工程公司
	116	江苏锐天信息科技有限公司

四、江苏省上市软件企业

（一）主板上市企业

截至 2017 年 1 月，江苏省共有 15 家主板上市的软件企业（见表 4－15）。从地区分布来看，我省上市软件企业多数位于苏南，共有 14 家，占总数的 93.3％，其中又以南京市最多，达 12 家，其余 3 家分别位于苏州、镇江、泰州。从业务领域看，上述企业大多以软件开发和信息技术服务为主营业务，达 7 家，占总数的 46.6％；另有 4 家以电气设备研发与制造、电网自动化产品研发及销售为主营业务，占总数的 26.7％；其余 4 家则以通信设备、仪器仪表研发及销售为主营业务，占总数的 26.7％。

表 4－15　江苏省上市软件企业一览表（截至 2017 年 1 月）

股票代码	公司简称	所在证券交易所	上市日期
600268	国电南自	上海证券交易所	1999.11
600406	国电南瑞	上海证券交易所	2003.10
002090	金智科技	深圳证券交易所	2006.12
002104	恒宝股份	深圳证券交易所	2007.01
002315	焦点科技	深圳证券交易所	2009.12
002380	科远股份	深圳证券交易所	2010.03
300165	天瑞仪器	深圳证券交易所	2011.01
300209	天泽信息	深圳证券交易所	2001.04
300339	润和软件	深圳证券交易所	2012.07
300354	东华测试	深圳证券交易所	2012.09
300356	光一科技	深圳证券交易所	2012.10
300598	诚迈科技	深圳证券交易所	2017.01
08045.HK	南大苏富特	中国香港联交所	2001.04
01708.HK	三宝科技	中国香港联交所	2004.06
01297.HK	中国擎天软件	中国香港联交所	2013.07

(二) 新三板上市企业

截至 2016 年年底,全省共有 110 家软件和信息服务业企业挂牌新三板(见表 4-16)。2016年,全省新增 65 家新三板挂牌软件和信息服务业企业,同比增长 80.6%。从业务领域看,新增挂牌企业多以软件开发和信息技术服务为主营业务,达 60 家,占总数的 92.3%;其余则以通信设备、半导体及元件研发及销售为主营业务,共 5 家,占总数的 7.7%。从业务领域来看,2016 年新增的 65 家新三板挂牌企业主要是运用新一代信息技术在细分行业不断拓展,主要分布在在线教育、电力、医疗信息化、移动游戏、智慧工厂、物流管理、智能建筑、信息安全等行业领域。

表 4-16 江苏省软件和信息服务业新三板挂牌企业一览表(截至 2016 年年底)

序号	股票代码	公司简称	序号	股票代码	公司简称
1	430500	亚奥科技	28	833050	欣威视通
2	430512	芯朋微	29	833190	华生基因
3	430575	迈科网络	30	833244	骏环昇旺
4	430583	国贸酝领	31	833247	军一物联
5	430585	中矿微星	32	833296	三希科技
6	430610	瀚远科技	33	833299	久康云
7	830794	奥派股份	34	833348	亿阳值通
8	830866	凌志软件	35	833631	汇通金融
9	830868	建策科技	36	834122	云端网络
10	830942	北方数据	37	834342	慧云股份
11	831095	中网科技	38	834437	梦兰神彩
12	831534	艾倍科	39	834671	开眼数据
13	831575	光辉互动	40	834741	三棱股份
14	831648	盛景科技	41	834787	飞搏软件
15	831660	富深协通	42	834939	盈放科技
16	831897	远大信息	43	834970	挪瑞科技
17	832046	天安智联	44	834987	清睿教育
18	832097	浩辰软件	45	835005	曼荼罗
19	832144	软智科技	46	835049	瀚易特
20	832400	微缔软件	47	835111	万联网络
21	832623	铱迅信息	48	835144	金马扬名
22	832624	金智教育	49	835256	数图科技
23	832633	伏泰科技	50	835305	云创数据
24	832636	大运科技	51	835307	龙的股份
25	832776	雨来科技	52	835339	壹进制
26	832787	银科金典	53	835399	中感微
27	832800	赛特斯	54	835531	蓝创股份

序号	股票代码	公司简称	序号	股票代码	公司简称
55	835616	无锡优拓	83	837966	西屋股份
56	835650	蓝深远望	84	838201	凯美瑞德
57	835831	智铸科技	85	838395	科融数据
58	836049	橙红科技	86	838429	未至科技
59	836306	黄金屋	87	838473	慧眼数据
60	836373	耐维思通	88	838797	德讯科技
61	836396	寅源科技	89	838814	博远容天
62	836572	万佳科技	90	838824	中兴软创
63	836682	掌柜软件	91	838840	鑫亿软件
64	836687	亿友慧云	92	838955	迈特望
65	836746	优通科技	93	838967	运时数据
66	836778	朝阳股份	94	838981	钜芯集成
67	836874	翔晟信息	95	838999	易图地信
68	836891	盈迪信康	96	839016	久源软件
69	836954	鼎集智能	97	839049	华叶跨域
70	837186	贝伦思	98	839054	欣网科技
71	837274	中盈高科	99	839192	智能交通
72	837288	美房云客	100	839369	创新安全
73	837499	奇智奇才	101	839497	绛门科技
74	837519	宙斯物联	102	839568	卓信科技
75	837595	坦程物联	103	839790	联迪信息
76	837743	乐众信息	104	839918	钛能科技
77	837788	海加网络	105	839950	智通股份
78	837796	黑马高科	106	870022	速度信息
79	837827	智浦芯联	107	870062	新视云
80	837859	因为科技	108	870071	东富智能
81	837898	联著实业	109	870085	锐驰鼎欣
82	837914	东领智能	110	870224	新立讯

五、省级软件企业技术中心

认定省级软件企业技术中心工作，是省经信委为加强全省软件与信息服务企业技术中心建设，促进相关企业加快技术创新，提升行业发展水平和竞争力，加快完善以企业为主体、市场为导向、产学研相结合的技术创新体系的一项重要举措。认定工作根据《江苏省认定企业技术中心管理办法（2010 年版）》，经过了企业自愿申报、各地择优推荐、综合审核打分、行业专家评价、组织现场考察等程序，2016 年认定第四批省级软件企业技术中心 29 家，2017 年 4 月认定第五批省级软件企业技术中心24家,全省分5批累计认定省级软件企业技术中心129家,名单见表4-17。

表4-17　江苏省级软件企业技术中心名单(截至2017年4月)

序号	企业名称	地区	技术中心种类
	第一批		
1	南京多伦科技有限公司技术中心	南京	智能交通
2	南京莱斯信息技术股份有限公司技术中心	南京	智能交通
3	江苏省洪芯智能技术有限公司技术中心	淮安	智能交通
4	江苏大为科技股份有限公司技术中心	无锡	智能交通
5	南京科远自动化集团股份有限公司技术中心	南京	智能电网
6	南京磐能电力科技股份有限公司技术中心	南京	智能电网
7	江苏兆伏新能源有限公司技术中心	镇江	智能电网
8	江苏国瑞信安科技有限公司技术中心	南京	信息安全
9	南京南自信息技术有限公司技术中心	南京	信息安全
10	南京新模式软件集成有限公司技术中心	南京	信息安全
11	焦点科技股份有限公司技术中心	南京	网络信息服务
12	江苏爱信诺航天信息科技有限公司技术中心	南京	网络信息服务
13	苏州同程旅游网络科技有限公司技术中心	苏州	网络信息服务
14	昆山中创软件工程有限责任公司技术中心	苏州	网络信息服务
15	江苏集群信息产业股份有限公司技术中心	徐州	网络信息服务
16	方正国际软件有限公司技术中心	苏州	数字内容服务
17	苏州市蜗牛电子有限公司技术中心	苏州	数字内容服务
18	江苏东大集成电路系统工程技术有限公司技术中心	南京	集成电路设计
19	美新半导体(无锡)有限公司技术中心	无锡	集成电路设计
20	江苏南大苏富特科技股份有限公司技术中心	南京	基础软件
21	徐州中矿大华洋通信设备有限公司技术中心	徐州	工业软件
22	江苏华骋科技有限公司技术中心	泰州	工业软件
23	江苏春兰清洁能源研究院有限公司技术中心	泰州	工业软件
24	泰兴市晨光高新技术开发有限公司技术中心	泰州	工业软件
25	南京中兴新软件有限责任公司技术中心	南京	电信软件
26	中博信息技术研究院有限公司技术中心	南京	电信软件
27	江苏远望神州软件有限公司技术中心	无锡	船舶软件
28	中国船舶重工集团公司第716研究所技术中心	连云港	船舶软件
29	江苏润和软件股份有限公司技术中心	南京	其他软件
30	南京擎天科技有限公司技术中心	南京	其他软件
31	昆山华东信息科技有限公司技术中心	苏州	其他软件
32	江苏国泰新点软件有限公司技术中心	苏州	其他软件

(续表)

序号	企业名称	地区	技术中心种类
33	江苏省森创软件科技有限公司技术中心	盐城	其他软件
34	江苏东华测试技术股份有限公司技术中心	泰州	其他软件
	第二批		
1	无锡众志和达存储技术有限公司技术中心	无锡	基础软件
2	江苏卓易信息科技有限公司技术中心	无锡	工业软件
3	江苏电力信息技术有限公司技术中心	南京	智能电网
4	南京朗坤软件有限公司技术中心	南京	智能电网
5	金海新源电气江苏有限公司技术中心	镇江	智能电网
6	江苏长天智远交通科技有限公司技术中心	南京	智能交通
7	江苏三棱科技发展有限公司技术中心	苏州	智能交通
8	南京欣网视讯通信科技有限公司技术中心	南京	电信软件
9	江苏怡丰通信设备有限公司技术中心	扬州	电信软件
10	江苏华丽网络工程有限公司技术中心	无锡	信息安全
11	南京南大金利得电子科技有限公司技术中心	南京	网络信息服务
12	江苏仕德伟网络科技股份有限公司技术中心	苏州	网络信息服务
13	南京天溯自动化控制系统有限公司技术中心	南京	其他软件
14	诚迈科技(南京)有限公司技术中心	南京	其他软件
15	苏州工业园区凌志软件股份有限公司技术中心	苏州	其他软件
16	江苏世轩科技股份有限公司技术中心	常州	其他软件
17	连云港港口集团通信信息工程有限公司技术中心	连云港	其他软件
18	江苏正融科技有限公司技术中心	连云港	其他软件
	第三批		
1	江苏瑞中数据股份有限公司技术中心	南京	基础软件
2	江苏省金思维信息技术有限公司技术中心	南京	工业软件
3	南京弘毅电气自动化有限公司技术中心	南京	工业软件
4	南京康尼电子科技有限公司技术中心	南京	工业软件
5	南京长峰航天电子科技有限公司技术中心	南京	工业软件
6	江苏扬子江计算机科技有限公司技术中心	泰州	工业软件
7	南京国电南自美卓控制系统有限公司技术中心	南京	智能电网
8	天泽信息产业股份有限公司技术中心	南京	智能交通
9	苏州市金螳螂怡和科技股份有限公司技术中心	苏州	智能交通
10	南京泰通科技有限公司技术中心	南京	通信软件
11	赛特斯信息科技股份有限公司技术中心	南京	通信软件

（续表）

序号	企业名称	地区	技术中心种类
12	中兴软创科技股份有限公司技术中心	南京	通信软件
13	苏州市科远软件技术开发有限公司技术中心	苏州	通信软件
14	南京中新赛克科技有限责任公司技术中心	南京	信息安全
15	恒宝股份有限公司技术中心	镇江	信息安全
16	江苏金智教育信息技术有限公司技术中心	南京	网络信息服务
17	江苏摩尔信息技术有限公司技术中心	南京	网络信息服务
18	苏州赛富科技有限公司技术中心	苏州	网络信息服务
19	江苏运时数据软件有限公司技术中心	南京	云计算及大数据服务
20	联迪恒星（南京）信息系统有限公司技术中心	南京	其他软件
21	南京博鼎资讯科技有限公司技术中心	南京	其他软件
22	苏州艾隆科技股份有限公司技术中心	苏州	其他软件
23	江苏蓝深远望系统集成有限公司技术中心	无锡	其他软件
24	江苏新智源医学科技有限公司技术中心	泰州	其他软件
第四批			
1	江苏丙辰电子有限公司技术中心	徐州	基础软件
2	国电南瑞南京控制系统有限公司技术中心	南京	工业软件
3	南京国电南自软件工程有限公司技术中心	南京	工业软件
4	南京富士通南大软件技术有限公司技术中心	南京	工业软件
5	南京钛能科技股份有限公司技术中心	南京	工业软件
6	苏州华启智能科技有限公司技术中心	苏州	工业软件
7	南京东大智能化系统有限公司技术中心	南京	互联网信息服务
8	南京嘉环科技有限公司技术中心	南京	互联网信息服务
9	南京途牛科技有限公司技术中心	南京	互联网信息服务
10	朗新科技股份有限公司技术中心	无锡	互联网信息服务
11	苏州市软件评测中心有限公司技术中心	苏州	互联网信息服务
12	江苏黄金屋教育发展股份有限公司技术中心	苏州	互联网信息服务
13	江苏瑞泰数字产业园有限公司技术中心	镇江	互联网信息服务
14	扬州万方电子技术有限责任公司技术中心	扬州	信息安全软件
15	江苏安防科技有限公司技术中心	南京	云计算及大数据服务
16	南京华苏科技股份有限公司技术中心	南京	云计算及大数据服务
17	江苏达科信息科技有限公司技术中心	南京	云计算及大数据服务
18	南京易思拓电力科技股份有限公司技术中心	南京	云计算及大数据服务
19	徐州雷奥医疗设备有限公司技术中心	徐州	云计算及大数据服务
20	苏州麦迪斯顿医疗科技股份有限公司技术中心	苏州	云计算及大数据服务

（续表）

序号	企业名称	地区	技术中心种类
21	江苏广和慧云科技股份有限公司技术中心	苏州	云计算及大数据服务
22	江苏实达迪美数据处理有限公司技术中心	苏州	云计算及大数据服务
23	无锡友达电子有限公司技术中心	无锡	集成电路设计服务
24	无锡德思普科技有限公司技术中心	无锡	集成电路设计服务
25	无锡硅动力微电子股份有限公司技术中心	无锡	集成电路设计服务
26	无锡中微爱芯电子有限公司技术中心	无锡	集成电路设计服务
27	远景能源(南京)软件技术有限公司技术中心	南京	其他软件
28	江苏东大金智信息系统有限公司技术中心	南京	其他软件
29	央视国际网络无锡有限公司技术中心	无锡	其他软件
第五批			
1	南京中科创达软件科技有限公司技术中心	南京	基础软件
2	江苏振邦智慧城市信息系统有限公司技术中心	常州	工业软件
3	南京南瑞信息通信科技有限公司技术中心	南京	信息安全
4	苏州航天系统工程有限公司技术中心	苏州	其他
5	南京创维信息技术研究院有限公司技术中心	南京	互联网信息服务
6	无锡芯朋微电子股份有限公司技术中心	无锡	集成电路设计服务
7	南京欣网互联网络科技有限公司技术中心	南京	互联网信息服务
8	无锡华云数据技术服务有限公司技术中心	无锡	云计算及大数据服务
9	山石网科通信技术有限公司技术中心	苏州	信息安全
10	江苏智途科技股份有限公司技术中心	扬州	互联网信息服务
11	江苏飞搏软件股份有限公司技术中心	南京	云计算及大数据服务
12	江苏蓝创智能科技股份有限公司技术中心	无锡	云计算及大数据服务
13	无锡力芯微电子股份有限公司技术中心	无锡	集成电路设计服务
14	江苏瀚远科技股份有限公司技术中心	苏州	云计算及大数据服务
15	连云港杰瑞深软科技有限公司技术中心	连云港	工业软件
16	江苏曼荼罗软件股份有限公司技术中心	无锡	其他
17	三维医疗科技江苏股份有限公司技术中心	徐州	工业软件
18	江苏金恒信息科技有限公司技术中心	南京	工业软件
19	南京科融数据系统股份有限公司技术中心	南京	其他
20	南京腾楷网络股份有限公司技术中心	南京	互联网信息服务
21	南京贝龙通信科技有限公司技术中心	南京	工业软件
22	江苏鼎驰电子科技有限公司技术中心	徐州	基础软件
23	江苏欧飞电子商务有限公司技术中心	南京	互联网信息服务
24	中兴智能交通股份有限公司技术中心	无锡	云计算及大数据服务

省经信委要求被认定为省级软件技术中心的企业要从组织机构、运行机制、经费投入、人才培养、产学研合作等方面,采取更加有力的措施,进一步加强企业技术中心建设,不断提高企业的研发水平和创新能力,充分发挥省级企业技术中心对企业技术进步、产业优化升级、自主知识产权和自主品牌软件产品创建的促进作用。各地有关部门要加强对省级软件企业技术中心建设的指导和服务,在项目扶持、科技计划、税收优惠等方面进一步加大对省级软件企业技术中心创新能力建设的支持力度,认真做好省级软件企业技术中心运行情况跟踪分析,鼓励和引导企业不断加大研发创新投入,努力提升地区整体创新能力和技术水平。省经信委将会同有关部门定期进行评价考核,实行优胜劣汰、滚动调整制度,不断提高省级软件企业技术中心的建设水平。

5 批认定的省级软件企业技术中心涉及工业软件、网络信息服务、互联网信息服务、智能交通、通信软件、智能电网、信息安全、基础软件、数字内容服务、集成电路设计、船舶软件、云计算及大数据服务等类别。这 129 家省级软件企业技术中心分布在 11 个市,其中超过 5 家的市有南京市 61 家、苏州市 22 家、无锡市 19 家、泰州市 6 家、徐州市 6 家,其余 5 市省级软件企业技术中心总数分别为镇江市 4 家、连云港市 4 家、扬州市 3 家、常州市 2 家、盐城市 1 家、淮安市 1 家。

六、软件业务出口骨干企业

随着江苏软件产业国际化的不断深入,软件出口业务蓬勃发展,出口企业越来越多,规模也越来越大。但受到全球金融危机影响,前几年较快的发展趋势受到抑制。2016 年,江苏省软件出口额达 300 万美元以上的企业共有 135 家,较上年减少 10 家。这 135 家企业的软件总出口额为 661 614 万美元,同比下降 12.5%,占全省软件出口总额的 98.79%,较上年上升 0.67 个百分点。按出口业务分类,135 家企业中有 57 家主要从事嵌入式系统软件出口,39 家主要从事软件外包服务出口,另有 39 家企业从事其他软件业务出口。按地区分布看,江苏省内的软件出口骨干企业几乎全部集中于苏南地区。2016 年全省软件出口额超过 1 000 万美元的 87 家企业中,多数集中于苏州市,共计 52 家,占总数的 59.8%,接近六成;其余依次为南京市 19 家、无锡市 13 家、常州市 2 家、镇江市 1 家。2016 年全省软件出口额超过 1 000 万美元企业名单见表4－18。

表 4－18　2016 年江苏省软件出口 1 000 万美元以上企业名单

序号	企业名称	地区	序号	企业名称	地区
1	仁宝信息技术(昆山)有限公司	苏州	10	纬智资通(昆山)有限公司	苏州
2	仁宝电子科技(昆山)有限公司	苏州	11	彩晶光电科技(昆山)有限公司	苏州
3	海太半导体(无锡)有限公司	无锡	12	苏州蜗牛数字科技股份有限公司	苏州
4	纬创资通(昆山)有限公司	苏州	13	中电科技南京电子信息发展有限公司	南京
5	瑞仪光电(苏州)有限公司	苏州	14	微盟电子(昆山)有限公司	苏州
6	仁宝资讯工业(昆山)有限公司	苏州	15	仁宝光电科技(昆山)有限公司	苏州
7	纬新资通(昆山)有限公司	苏州	16	乐金电子(昆山)电脑有限公司	苏州
8	亚信科技南京有限公司	南京	17	昆山扬皓光电有限公司	苏州
9	健鼎(无锡)电子有限公司	无锡	18	江阴信邦电子有限公司	无锡

（续表）

序号	企业名称	地区	序号	企业名称	地区
19	科沃斯机器人股份有限公司	苏州	54	苏州工业园区凌志软件股份有限公司	苏州
20	明泰电子科技（常熟）有限公司	苏州	55	联迪恒星南京信息系统有限公司	南京
21	四海电子（昆山）有限公司	苏州	56	苏州通富超威半导体有限公司	苏州
22	日月光半导体（昆山）有限公司	苏州	57	正鹏电子（昆山）有限公司	苏州
23	南京南瑞集团公司	南京	58	昆山扬明光学有限公司	苏州
24	仁宝网络资讯（昆山）有限公司	苏州	59	万通（苏州）定量阀系统有限公司	苏州
25	凯博电脑（昆山）有限公司	苏州	60	无锡文思海辉信息技术有限公司	无锡
26	富港电子（昆山）有限公司	苏州	61	昆山琉明光电有限公司	苏州
27	恩梯梯数据（中国）信息技术有限公司	无锡	62	南亚电路板（昆山）有限公司	苏州
28	世硕电子（昆山）有限公司	苏州	63	三爱司电子技术（昆山）有限公司	苏州
29	启新通讯（昆山）有限公司	苏州	64	纬立资讯配件（昆山）有限公司	苏州
30	西门子数控南京有限公司	南京	65	大全集团有限公司	镇江
31	中船澄西船舶修造有限公司	无锡	66	英华达（南京）科技有限公司	南京
32	三星电子中国研发中心	南京	67	新电信息科技（苏州）有限公司	苏州
33	诚迈科技南京股份有限公司	南京	68	凯易讯网络技术开发南京有限公司	南京
34	瀚宇博德科技（江阴）有限公司	无锡	69	天奇自动化工程股份有限公司	无锡
35	南京烽火藤仓光通信有限公司	南京	70	软通动力信息系统服务有限公司	无锡
36	无锡华润上华半导体有限公司	无锡	71	富甲电子（昆山）有限公司	苏州
37	国电南瑞科技股份有限公司	南京	72	昆山沪铼光电科技有限公司	苏州
38	趋势科技中国有限公司南京分公司	南京	73	一诠精密电子工业（中国）有限公司	苏州
39	中国电子科技集团公司第二十八研究所	南京	74	昆山三星电机有限公司	苏州
40	江阴信捷正电子有限公司	无锡	75	中兴软创科技股份有限公司	南京
41	昆山沪利微电有限公司	苏州	76	江苏贝孚德通讯科技股份有限公司	无锡
42	苏州聚和网络科技有限公司	苏州	77	昆山先创电子有限公司	苏州
43	南京富士通南大软件技术有限公司	南京	78	昆山元崧电子科技有限公司	苏州
44	艾尼克斯电子（苏州）有限公司	苏州	79	无锡华润华晶微电子有限公司	无锡
45	圣美精密工业（昆山）有限公司	苏州	80	夏普电子研发南京有限公司	南京
46	竞陆电子（昆山）有限公司	苏州	81	富士康南京通讯有限公司	南京
47	常州市翔云测控软件有限公司	常州	82	太仓阿尔派电子有限公司	苏州
48	江苏润和科技投资集团有限公司	南京	83	江苏富士通通信技术有限公司	苏州
49	昆山联滔电子有限公司	苏州	84	华迅工业（苏州）有限公司	苏州
50	启佳通讯（昆山）有限公司	苏州	85	昆山厚声电子工业有限公司	苏州
51	昆达电脑科技（昆山）有限公司	苏州	86	昆山巨仲电子有限公司	苏州
52	南京软通动力信息系统服务有限公司	南京	87	仁宝电脑工业（中国）有限公司	苏州
53	常州英博科技有限公司	常州			

注：按软件业务出口额从高到低排序。

第二章　人才篇

第一节　江苏省软件产业人力资源状况

一、江苏省软件产业从业人员简况

工信部年报统计数据显示,2016 年全国软件产业从业人员总数为 5 858 212 人,其中江苏省软件产业从业人员共计 1 169 891 人,比上年增加 48 211 人,同比增长 4.3%;占全国总数比重达 20.0%,为全国第一,见表 4 - 19。

表 4 - 19　2016 年全国软件产业从业人员分布情况(前十位地区)

地区	从业人员数	全国占比	全国位次
江苏省	1 169 891	20.0%	1
广东省	917 564	15.7%	2
北京市	704 488	12.0%	3
山东省	489 004	8.3%	4
上海市	370 372	6.3%	5
辽宁省	296 004	5.1%	6
浙江省	295 120	5.0%	7
湖北省	289 129	4.9%	8
四川省	284 510	4.9%	9
福建省	278 872	4.8%	10

(一) 地区分布情况

江苏省软件产业从业人员主要分布在南京、苏州、无锡、镇江等城市,与江苏省各市软件产业规模整体趋于一致,见图 4 - 6。各市详细数据见第一部分产业综述篇表 1 - 6。

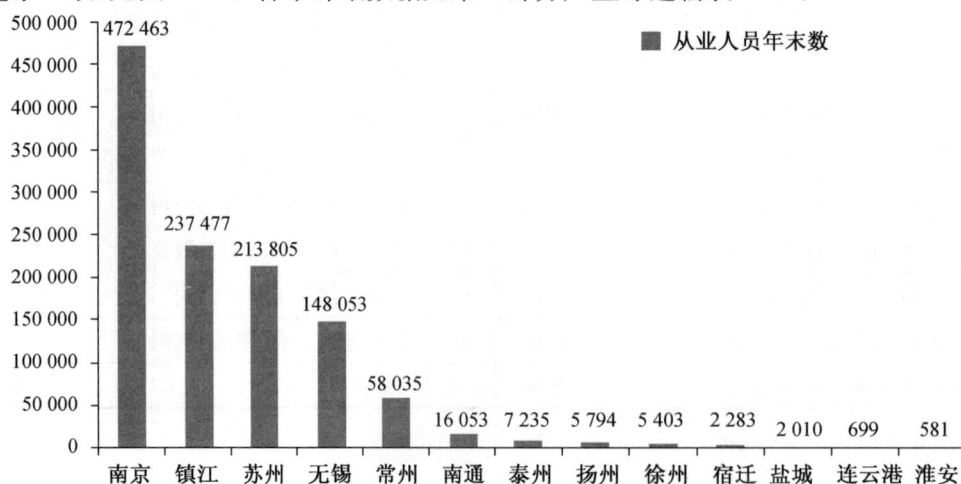

图 4 - 6　2016 年江苏省软件业从业人员地区分布情况

（二）行业分布情况

按软件产业的三大行业分类看，2016 年软件产品行业从业人员年末数为 280 692 人，信息技术服务行业为 546 369 人，嵌入式系统软件行业为 342 830 人。各行业从业人员年末数占总数比例如图 4 - 7 所示。可以看出，占全行业从业人员数比重大小的顺序为信息技术服务行业、嵌入式系统软件行业和软件产品行业。

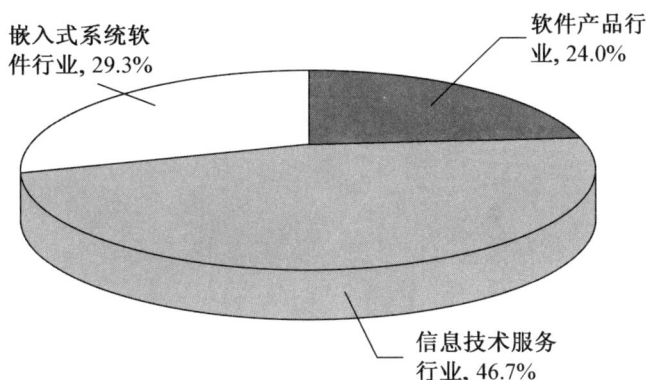

图 4 - 7　2016 年江苏省软件业从业人员行业分布情况

（三）学历构成情况

2016 年江苏省软件产业从业人员学历分布情况见表 4 - 20。

表 4 - 20　2016 年江苏省软件和信息服务业从业人员学历分布情况

	硕士以上（含）	大专以下（含）	大本
软件产品行业	38 363	94 337	148 002
信息技术服务行业	43 421	240 976	262 002
嵌入式系统软件行业	9 038	275 743	58 009
合计	90 822	611 056	468 013

由表可见，全省软件产业从业人员主要以大本和大专以下为主，合计占比超过九成。2016 年江苏省软件产业从业人员学历占比如图 4 - 8 所示。

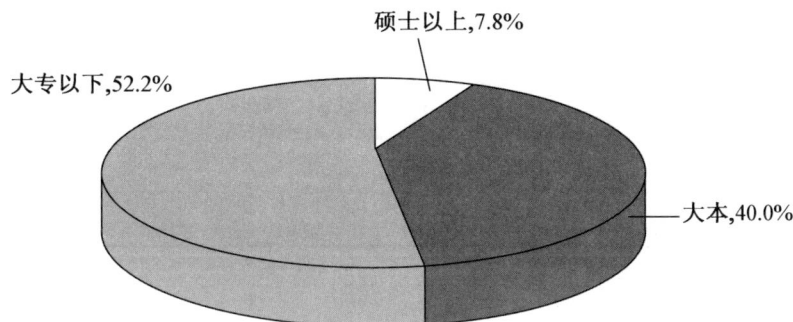

图 4 - 8　2016 年江苏省软件业从业人员学历构成情况

从全省软件产业从业人员在三大行业类型的分布情况看,信息技术服务行业和软件产品行业对人才技能要求较高。九成硕士以上学历人员分布在信息技术服务行业和软件产品行业,占比分别达到47.8％和42.2％;八成以上大本学历人员分布在信息技术服务行业和软件产品行业,占比分别达到56.0％和31.6％。2016年江苏省三大软件行业类型的从业人员学历分布情况见图4－9。

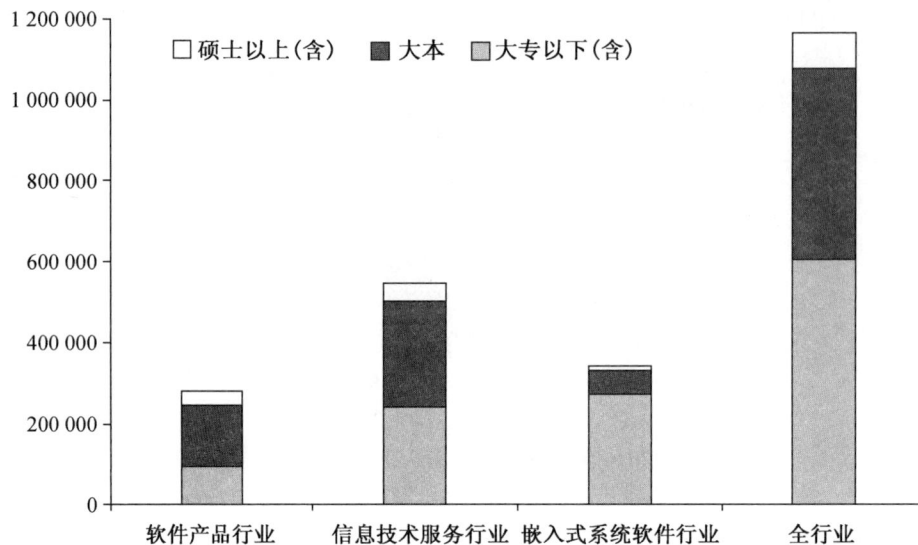

图4－9　2016年江苏省软件业各行业从业人员学历分布情况

(四) 各经济类型企业人员构成情况

按企业控股类型分类,2016年江苏省软件产业从业人员主要分布在私人控股企业、集体控股企业、国有控股企业,占比分别为分别为40.8％、17.6％、12.6％。各经济类型企业年末人员总数见表4－21、图4－10。

表4－21　2016年全省软件和信息服务业各经济类型企业年末人员总数

控股经济	从业人员年末数	占比(％)
私人控股	477 254	40.8
集体控股	205 395	17.6
外商控股	147 820	12.6
国有控股	140 347	12.0
其他	130 013	11.1
港澳台商控股	69 062	5.9
总计	1 169 891	100

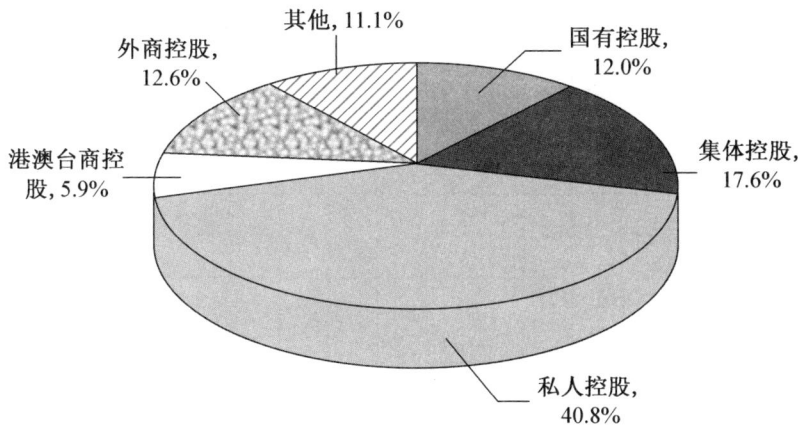

图 4 - 10　2016 年江苏省软件业各经济类型企业人员构成情况

二、江苏省通过全国计算机软件专业资格考试情况

江苏省经济和信息化委员会每年上半年、下半年分两次组织参加全国计算机与软件专业技术资格考试(简称软考),促进在职在校软件人才的学习与培训。据省相关部门统计,江苏省 2016 年通过全国软考人数 2 782 人,比上年减少 15 人,基本持平。江苏近五年通过该考试人数见表4 - 22。

表 4 - 22　江苏省近五年通过全国软考人数一览表

年份	2012	2013	2014	2015	2016
通过软考人数	3 953	3 444	2 790	2 797	2 782

全国计算机与软件专业技术资格考试,由人力资源和社会保障部与工业和信息化部联合举办,通过以考代评选拔软件专业人才,考试通过情况也从一个侧面反映了当地软件人才培养及结构分布情况。

全省 2016 年共分初、中、高三个级别 18 个类别,较上年新增一类信息安全工程师(中级级别)。2016 年江苏省通过全国计算机软件专业资格考试人数及分布见表 4 - 23。

全省 2016 年参加考试合格人员分布情况为:初级 3 个类别共通过 809 人,占全部合格人数的29.1%;中级 11 个类别共通过 1 491 人,占全部合格人数的53.6%;高级 4 个类别共通过 482 人,占全部合格人数的17.3%。江苏省近五年通过全国软考各级别人数见图 4 - 11。就单个考试类别而言,合格人数较多且超过 300 人以上的类别有:信息处理技术员 542 人、信息系统项目管理师449 人、网络工程师 435 人、系统集成项目管理工程师 408 人、软件设计师 330 人;合格人数较少且低于 20 人(含 20 人)的类别有:嵌入式系统设计师 19 人、多媒体应用设计师 16 人、电子商务设计师15 人、信息安全工程师 14 人、系统架构设计师 12 人、网络规划设计师 12 人、系统分析设计师 9 人。

全省 2016 年合计参考合格率 35.4%,比上年提高了 6.9 个百分点。就各个级别而言,合格率均有增长,其中初级级别参考合格率 54.7%,参考合格率相对较高;中级级别参考合格率 32.9%;高级级别参考合格率 26.1%,参考合格率相对较低。

由于各地软件人才培养基础和考试宣传组织力度不同,各市之间合格人数差距较大。2016 年通过软考合格人数位列全省前 5 的城市为:南京市 1 056 人,占全省合格人数近四成,达 38.0%;常州市 329 人,占 11.8%;苏州市 277 人,占 10.0%;淮安市 240 人,占 8.6%;南通市 167 人,占6.0%,其余各市数据见表 4 - 23。

表4-23 2016年江苏省通过全国计算机软件专业资格考试人员统计表

单位:人

级别	类别	南京	苏州	无锡	常州	镇江	南通	扬州	连云港	徐州	盐城	淮安	泰州	宿迁	总计	参加考试合格率
初级	程序员	51	26	5	22	9	32	14	16	4	4	37			220	35.7%
	网络管理员	7	6	2	8	2	1	6		4	3	4	3	1	47	22.4%
	信息处理技术员	150	12		163			20	34			163			542	83.3%
	软件设计师	174	31	15	31	13	12	7	10	14	8	2	5	8	330	29.7%
	多媒体应用设计师	1		1			1	1			11	1			16	57.1%
	网络工程师	117	51	32	26	16	41	17	27	27	47	14	13	7	435	39.9%
	信息系统监理师	38	9		3	5	9		4	6	3	3	2		82	19.7%
	数据库系统工程师	35	11	3	5	6	5	1	3	3	4	4	3	1	84	32.3%
中级	软件评测师	17	13	1	3		1		2		1				38	40.9%
	系统集成项目管理工程师	206	45	35	34	4	27	4	13	11	12	4	12	1	408	32.4%
	信息系统管理工程师	13	7	6	1	4	4	3	3	3	2	2	2		50	56.8%
	嵌入式系统设计师	13	2		2		2								19	63.3%
	电子商务设计师	4	2	3	1	1				3			1		15	57.7%
	信息安全工程师	9	3	1		1									14	13.6%
高级	信息系统项目管理师	203	53	21	28	12	31	7	11	22	33	6	14	8	449	30.3%
	系统架构设计师	7	3			1		1							12	8.9%
	系统分析设计师	5	2		2										9	9.2%
	网络规划设计师	6	1	1		1	1		1				1		12	14.8%
合计		1 056	277	126	329	75	167	81	124	97	128	240	56	26	2 782	35.4%

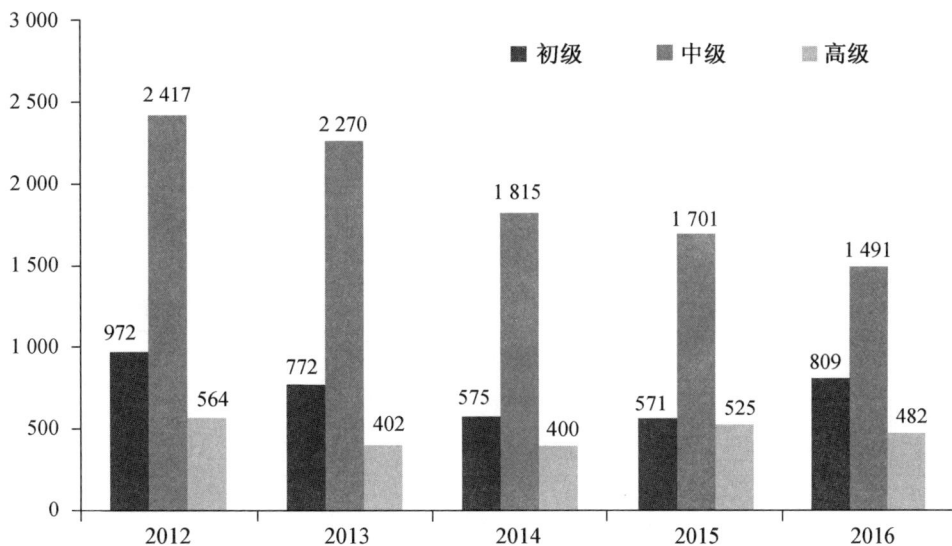

图 4-11　江苏省近五年通过全国软考各级别人数

第二节　江苏省软件人才培养典型项目

江苏软件产业人才发展基金会（以下简称基金会）于 2008 年 9 月 12 日由省民政厅正式批准成立（苏民管〔2008〕145 号）。基金会由省经济和信息化委（原省信息产业厅）举办，是由省经济和信息化委及省人才工作有关部门、省骨干软件企业、有关高等院校共同参与设立的非公募基金会。基金会以大力宣传江苏软件产业发展环境和重点软件企业，吸引优秀软件人才来江苏创业或就业，培养江苏软件企业需要的实用型人才，协助政府有关部门开展软件人才工作，为江苏软件产业发展提供有力的人才支持和保障为宗旨，致力于促进江苏软件产业人才发展的各项公益活动。2016 年江苏软件产业人才发展基金会开展了五项公益活动。

一、江苏软件奖学金系列

为奖励高等院校品学兼优的软件专业学生，增进全国高校软件专业学生对江苏软件产业发展环境和重点软件企业的了解，吸引全国优秀软件专业毕业生到江苏创业或就业，推动江苏软件企业与国家示范性软件学院的深度合作，基金会出资，面向全国示范性软件学院及省内重点高校相关专业设立并颁发"江苏软件奖学金"。希望通过奖学金的评选，搭建起全国优秀软件人才与江苏软件企业沟通交流的桥梁，为推动江苏软件产业快速崛起，为全国软件产业又好又快发展贡献力量。

江苏软件奖学金的资助对象是教育部确定的国家示范性软件学院所在高校和江苏省有关高校中软件工程专业（或相近专业）的优秀高年级研究生和本科生。资助标准为：研究生 8 000 元人民币/人，本科生 4 000 元人民币/人。

江苏软件奖学金的申请条件有：道德品质优良，自觉遵守宪法和法律，执行大学生守则和学校规章制度；在校期间学习成绩优异，在大学学习期间曾获得过奖学金或优秀学生干部称号；身体健康；毕业后到江苏软件企业就业。

2016 年度江苏软件奖学金的申报文件于 2016 年 9 月中旬前发到全国各高校相关院系。该奖学金的申报审核通过江苏软件产业发展基金会官方网站进行。截至 2016 年年底，共收到 99 名满足基本条件的学生申报。2017年6月,经省经信委组织专家评审,来自外省12所高校的20名同学和本省13所高校的25名同学共计45人获得该奖学金,其中本科生19名,硕士研究生25名,博士研究生1名。2016年江苏软件奖学金获奖者名单见表4-24。

表4-24　2016年度江苏软件奖学金获奖者名单

序号	姓名	学校	专业	签约单位	学位
1	丁春辉	上海交通大学	电子科学与技术	微软中国苏州分公司	硕士
2	赵攀	北京工业大学	软件工程	苏宁云商	本科
3	周俊龙	华东师范大学	计算机应用技术	南京理工大学	博士
4	杨月	华东师范大学	软件工程	江苏银行总行信科部	硕士
5	马宇	西安电子科技大学	软件工程	苏州京东方"光科技"股份有限公司	本科
6	朱鹏程	西北工业大学	软件工程	苏州市思必驰科技有限公司	硕士
7	杭涛	西北工业大学	软件工程	中航工业雷华电子技术研究所	硕士
8	闫義涵	哈尔滨工业大学	计算机科学与技术	南京信息技术研究院	硕士
9	胡阳	哈尔滨工业大学	计算机科学与技术	南京信息技术研究院	硕士
10	沈美玲	山东大学	软件工程	华为技术有限公司南京研究所	本科
11	董景磊	山东大学	软件工程	华为技术有限公司	本科
12	胡帅	中国科学技术大学	软件工程	南京信息技术研究院	硕士
13	孙嘉堃	中国科学技术大学	软件工程	华为数字技术(苏州)有限公司	硕士
14	张帆	南京大学	软件工程	南京擎盾信息科技有限公司	本科
15	卢志超	南京大学	计算机应用	华为技术有限公司南京研究所	本科
16	邢超	东南大学	计算机科学与技术	南京华为研究所	硕士
17	孙云晓	东南大学	计算机技术	国家电网江苏省电力公司电力科学研究院	硕士
18	陈肖嵋	东南大学	计算机科学与技术	国电南瑞科技股份有限公司	硕士
19	李丽丽	湖南大学	计算机科学与技术	帆软软件有限公司	本科
20	康凯歌	中南大学	软件工程	南京中兴新软件有限责任公司	硕士
21	冯琪	四川大学	软件工程	南京南瑞集团公司	本科
22	袁铭	四川大学	软件工程	南瑞信通公司	本科
23	王宝华	四川大学	软件工程	南瑞集团	本科
24	刘彦辰	南京航空航天大学	计算机技术	中国电子科技集团第28研究所(南京)	硕士
25	张潮	南京航空航天大学	计算机科学与技术	华为技术有限公司南京研究所	硕士
26	许梦蝶	江南大学	计算机科学与技术	软通动力技术服务有限公司苏州分公司	本科
27	张帆	江苏大学	软件工程	南京南瑞集团公司	硕士
28	王杨	江苏大学	网络工程	苏宁云商技术股份有限公司	本科
29	欧阳守鑫	江苏大学	计算机科学与技术	江苏国泰新点软件有限公司	本科
30	王隆	中国矿业大学	计算机科学与技术	江苏瑞中数据股份有限公司	本科

（续表）

序号	姓名	学校	专业	签约单位	学位
31	任金芳	中国矿业大学	电子信息科学与技术	中兴软创	本科
32	渠莉莉	扬州大学	软件工程	正新橡胶(中国)有限公司	本科
33	俞　浩	南京师范大学	计算机应用	中国电信股份有限公司江苏天翼互联网学院(江苏电信省直属)	硕士
34	俞珍秒	南京师范大学	计算机应用技术	南京南瑞集团公司	硕士
35	张永伟	南京师范大学	计算机应用技术	国家电网南瑞集团	硕士
36	白　聪	苏州大学	计算机技术	苏州工业园区记忆科技有限公司	硕士
37	龚慧敏	苏州大学	软件工程	同程网络	硕士
38	许梦钊	河海大学	计算机技术	南瑞集团瑞中数据股份有限公司	硕士
39	侯　澄	南京邮电大学	软件工程(嵌入式人才培养方向)	焦点科技股份有限公司	本科
40	司增秀	武汉理工大学	软件工程	无锡华通智能交通技术开发有限公司	硕士
41	杨梓诚	武汉理工大学	软件工程	南京帆软软件有限公司	本科
42	张　云	南京工业大学	计算机应用技术	焦点科技股份有限公司	硕士
43	徐雨申	南京工业大学	计算机软件	江苏瑞中数据股份有限公司	本科
44	贺博文	南京理工大学	电子与通信工程	南京擎天科技有限公司	硕士
45	吴　苛	南京理工大学	统计学	焦点科技股份有限公司	硕士

二、"中国软件杯"大学生软件设计大赛

为积极响应《国家中长期教育改革和发展规划纲要(2010—2020 年)》及《软件和信息技术服务业"十二五发展规划"》，科学引导高校青年学子积极参加科研活动，切实增强自主创新能力和实际动手能力，实现应用型人才培养和产业需求的有效衔接，推动我国软件和信息服务业又好又快发展，由工业和信息化部、教育部和江苏省人民政府在"江苏软件杯"的基础上，创办了面向中国高校在校学生(含高职)纯公益性的软件设计大赛——"中国软件杯"大学生软件设计大赛(以下简称为大赛)。2016 年 8 月 22 日至 27 日，第五届大赛在南京成功举办，圆满落幕。

作为面向高校高职的新型竞赛，"中国软件杯"大学生软件设计大赛秉承"政府指导、企业出题、高校参与、专家评审、育才选才"的方针，紧密贴合软件产业发展新趋势，有效搭建产学合作创新平台，开创了软件人才培养和选拔的崭新模式。大赛至今成功举办了五届，不断有新鲜的元素注入，水平越来越高，已成为软件行业最具影响力的赛事，成效越来越显著，社会影响越来越广泛，已经形成明显的品牌效应。

（一）软件人才快速涌现，作品商用价值突出

与其他同类赛事不同，"中国软件杯"大学生软件设计大赛的最大特色是赛题原型全部来源于全国软件骨干企业的实际技术需求，企业元素的加入使得赛事更具实用性、权威性。通过考查学生的实际操作能力和创新能力，大赛有效弥补了高校软件专业教育理论无法与实践紧密结合的不足。同时，参赛学生交出的优秀作品也直接给企业的研发提供了参考和思路，促进了软件产业的发展。

第五届"中国软件杯"大学生软件设计大赛赛题见表 4－25。

表 4-25　第五届"中国软件杯"大学生软件设计大赛赛题

序号	组别	赛题名称
1	A组: 本科及以上	"车联网"移动应用软件
2		猜猜我是谁(用户特征识别)APP
3		互联网＋智能家居系统
4		基于 web 的 3D 模型浏览与交互系统
5		基于人脸识别的商业大数据分析技术
6	B组: 高职组	航班延误预测
7		基于 HTML5 的电子报纸制作和展示系统
8		移动办公微应用

据评审专家介绍,每届大赛均能涌现出一批高品质的作品,有些团队给出的解决方案直接可以在生产生活中应用。第一届大赛中的一等奖获得者团队,其作品"聚焦搜索引擎"达到了工业级软件的水平,赛后与 Google 签订了版权转让协议。第二届大赛更是涌现出数十件极具商业价值的作品。其中,特等奖获得者南京航空航天大学计算机学院"DoMen"代表队的参赛作品 DoNote,自2013 年 4 月初在安卓市场、豌豆荚等上架,至第二届大赛结束时,未经任何商业推广已获得 10 万多次的应用下载量,后该团队与深圳宇龙通讯有限公司洽谈合作;苏州高等职业技术学校 SQ 团队基于其作品"文件透明加解密"与江苏国瑞信安也展开了联合深入开发洽谈。第三届大赛中,中国民航信息股份有限公司就跟特等奖获奖团队取得联系,表示要将他们的作品运用于企业下一阶段的研发项目中;江苏国瑞信安则希望能尽快从"数据挖掘可视化"赛题中选择一些具有商用价值的作品进行深度开发。第四届、第五届大赛成功举办后,也有多家机构与优胜队伍达成合作意向。

(二)配套活动种类丰富,教产互动效果显著

第五届大赛决赛期间,共举办历届大赛成果展、中国软件产教互动座谈会、企业现场招聘会、优胜团队创业投融资对接会等多项配套活动,在深化教产互动、产学融合、鼓励创新创业等方面均取得新的突破。

在面向所有晋级决赛队伍成员的招聘会上,35 家知名软件企业到场,包括中国民航信息网络股份有限公司、石化盈科信息技术有限责任公司、江苏国瑞信安科技有限公司、东软睿道教育信息技术有限公司、广州中望龙腾软件股份有限公司、同方股份有限公司等,吸引了近千人参与。2016年 8 月 25 日,多家骨干软件企业现场与参赛选手达成签约。

8 月 26 日,多位来自著名投资机构和企业的投资人现身第五届"中国软件杯"大学生软件设计大赛创业投融资对接会,他们争相担任赛队创业导师,为选手赛果的产业化指明方向、对接资源。会上,南京林业大学"Watch Pi Team"团队、天津科技大学"Killer Group"团队、长春工业大学"蚁群组"团队、北京理工大学"你猜我猜你猜我猜不猜"团队、河北北方学院"TryMan"团队、河海大学(常州校区)"北纬 31"团队、宁夏大学"smart＋＋"团队、武汉大学"CARD"团队、南京航空航天大学"我爱我家"团队、武汉船舶学院"power"团队、山西农业大学"Blue Dream"团队以及广东海洋大学"yctime"团等 12 支优胜创业团队积极展现了各自的项目亮点,他们不仅在大赛中取得了优异的成绩,还勇于突破创新,将源于参赛所做的核心技术进行了大胆的推广,基本都能够做出比较专业和完善的盈利模式介绍、市场分析以及投融资计划,甚至构建出长远的发展战略规划。参加此次投融资对接会的投资机构和企业有赛伯乐绿科集团、启迪控股公司、腾飞资本、上海和亨资本、江苏国瑞信安科技有限公司、上海盛宇投资、江苏瑞明创业投资管理有限公司、江苏苏豪投资集团有限公司、毅达股权投资基金管理有限公司。此次投融资对接会还特邀北京大学软件与微电子学院院长陈钟担任主持,清华大学软件学院副教授王朝坤、微软开源技术中心资深项目经理梁莉担任特约专家及顾问。通过此次投融资对接会,与会者感受到了当前青年一代创新创业的火热局面。会后,多家投资机构与优胜团队达成创业结对意向。

(三) 赛事环节持续优化,参赛人数再创新高

自首届以来,"中国软件杯"大学生软件设计大赛已成为折射软件产业发展新动态、反映软件产业发展新趋势的风向标。大赛的举办对保持软件产业持续健康快速发展、促进软件产业转型升级起到了有力的推动作用,同时及时将产业前沿技术、行业最新标准带到比赛中,从而有效加深教育者对新业态的深层理解,引导办学模式、培养模式、教学模式、评价模式的不断改革,使业界培养的软件人才更加符合产业发展的需求,产教互动效果进一步提升。

为搭建创业者与投资机构快速、有效的资源衔接平台,为怀揣梦想的在校大学生提供权威的创业全程指导,主办方不断优化赛事环节,特聘投资专家作为大赛创业导师,帮助参赛选手优化产品模型、创新商业模式,挖掘更多新应用、新项目,进一步推动产业发展和人才培养互动并进。颁奖典礼现场,赛迪研究院院长卢山向6位投资机构代表颁发了创业导师证书。导师的加盟,将进一步激发参赛选手创新潜力,为比赛成果实现产业化指明方向。

赛事规模方面,本届大赛共吸引15 000余人报名参赛,参与院校共计584所,来自31个省市及地区及海外的4 093支队伍积极参与,参赛队伍总数再创新高。晋级决赛的219支队伍历时3天,历经激烈的三轮角逐,最终决出特等奖队伍1支,一等奖16支,二等奖60支,三等奖141支。另设表现奖6支、创新奖6支、最佳学校组织奖10名、最佳地方组织奖10名,企业突出贡献奖11名。来自四川大学的"Shadow Team"团队在众多优秀作品中脱颖而出,荣获本届大赛特等奖,赢得8万元的大赛最高奖金。

(四) 组织服务水平提升,国际影响初步凸显

本届大赛在赛事组织能力和服务水平上都有显著提高,开发了智能报名系统和作品提交系统、数据分析系统、智能评分系统等;同时,本届大赛首次立足国内,面向世界,特别邀请了来自德国、英国和韩国的5支海外赛队参赛,其中韩国Morogos赛队参与互联网+智能家居系统赛项并入围决赛,"中国软件杯"大学生软件设计大赛由此提升为国际性赛事,国际影响力初步凸显。

五年象征着一个阶段的结束,也预示着另一个阶段的到来。在这承上启下的第五年,"中国软件杯"大学生软件设计大赛在权威度、专业度、关注度和规模性等方面都取得了长足进步,获得了高度认可。现在,从国内到国际,一个全新的"中国软件杯"大学生软件设计大赛正在起航。

三、江苏软件产业"育鹰计划"高研班

人才是软件产业发展的决定性资源,其中软件企业高层管理人员是核心。为深入贯彻全国、全省人才工作会议和我省中长期人才发展规划纲要精神,大力实施科教与人才强省战略、创新驱动战略,加快提升软件企业家素质,推进软件企业核心团队人才队伍建设,省经信委联合省人才办自2011年起实施江苏软件产业"育鹰计划"。江苏软件产业人才发展基金会自2012年起对"育鹰计划"进行资助,并于2016年升级为"育鹰计划2.0"。根据计划总体安排,2016年江苏软件产业人才发展基金会联合清华大学、北京大学等高校,面向全省重点软件企业,举办了分领域的公益培训班,

对重点软件企业高管进行了专业化、精细化的公益培训,内容涵盖电子信息、智慧产业、大数据、互联网金融等,打造了全省骨干软件企业具有较强竞争力的专业化高管团队,促进软件企业快速发展、做大做强。同时对宣贯国家和省级软件产业发展政策,推动软件企业间合作共赢起到了很好的促进作用。

(一) 总体情况

2016年,在省经信委领导关心和指导下,在省人才办、全省各市经信委以及各工业企业、软件企业的大力支持下,基金会做了认真细致、卓有成效的组织工作,先后于4月14—17日在清华大学举办江苏产业人才"育鹰计划2.0"第一期高研班(创新战略专题),7月26—29日在连云港举办江苏产业人才"育鹰计划2.0"第二期高研班(智慧产业专题),11月1—4日在清华大学举办江苏产业人才"育鹰计划2.0"第三期高研班(战略管理专题),12月20—23日在南京举办江苏产业人才"育鹰计划2.0"第四期高研班(领导力与产业变革专题)。全年共计培训全省各类企业家学员200余人,培训得到了企业家学员的高度评价。

(二) 生源组织

在省经信委软件处的支持下,基金会建立了"江苏软件人才发展"微信公众平台,同时,重新开发了"江苏软件人才网",使用网站和微信双平台同时推送通知并开展报名工作,不仅提高了工作效率,而且有利于信息归集。在学员资格审核中,对学员的推荐申请进行了明确规定及严格审核,提出报名学员必须是江苏省重点软件企业主要负责人和分管负责人,部分重点工业企业的主要负责人和CIO。

同时,针对江苏产业人才"育鹰计划"高研班的规划安排,要求各市有关部门要高度重视、精心组织,严格按照通知要求认真推荐参加培训的人选,"育鹰计划2.0"高研班推荐人选经省经信委审核同意后方可参加学习。

(三) 培训目的

全面实施我省产业人才"育鹰计划2.0"是大力提升我省企业现代经营管理能力和水平,加快推进产业结构调整和转型升级,促进企业尽快做大做强,实现企业抱团发展的一项重要举措;同时,也是加快提升企业家素质,推进企业核心团队人才队伍建设,推动两化深度融合,抢抓当前移动互联网产业发展新机遇,强力推动企业转型升级和快速发展,实现新突破的重要手段,对进一步提升我省软件与信息服务业核心竞争力,全面推进我省人才大省、人才强省的战略目标实现具有重要意义。

(四) 组织和后勤保障

为保证高研班按计划实施并达到最佳培训效果,每期高研班都由省经信委软件与信息服务业处领导亲自参与课程安排及授课专家选派,每次课前、课中都亲自与相关承办单位提前对现场进行审查和确定,包括落实开学典礼场地选址、布置,以及培训教室、学员互动交流场地、结业联欢地点的选址等,每个环节均从细处着眼,有效保证了培训效果。

每期高研班在报名汇总阶段,省经信委软件处的领导和承办单位一起逐一审核推荐学员的资格信息,商定班委及组长人选,并按照区域、专业分类、学员年龄范围等诸多因素对人员进行分组,以保证学习过程中交流互动的全面性和有效性。学员人选确定后,安排专人对每位学员的基本信息进行逐一电话确认,确定企业家的行程安排,对可能发生的不能如期参训情况进行记录,并进行实时跟踪。开班前2至3天,通过短信平台、邮件等多种途径分发开班通知,并要求企业家学员及时回复确认。这些都是保证高研班持续报到率都达到99%以上的重要组织措施。

现场报名阶段,清华大学和基金会共同组织现场报名,分派宿舍,安排好企业家学员的吃住行等事项,保证每位企业家都能有一个安心、舒心的生活、学习环境,能够静下心来参加学习。

每期高研班在开班之初均会成立班委会,每届班委会均被委以相应的任务,包括组织开展小组间的交流互动、趣味竞赛、文娱活动等。各小组间的"切磋"和"比拼",不仅有组与组的竞争,更有学员与学员的合作共赢。这使得参加培训的企业家在学习之余,能够充分展现个人风采,拉近彼此之间的距离。此外,每期高研班结束前,均会举办结业联欢,通过企业家自发、自创、自编、自演节目等方式,使企业家学员的学习成果得到展示和升华,同时增强企业家学员间的友谊。

在今后的"育鹰计划2.0"培训工作中,基金会将在2016年培训成果的基础上,围绕两化融合,加快推进产业结构调整和转型升级要求,更好地为全省工业企业高层管理者和软件企业高层管理者搭建共同培训平台,促进省内企业家之间,企业家与国内外学术界、企业界之间的沟通互动,为江苏软件产业营造一个团结创新的产业文化氛围,以加快推进企业经营管理人才的职业化、市场化、现代化和国际化,全面提升企业人才的国际化素质,增强企业人才综合竞争力。

四、江苏省软件和信息服务"公益学堂"系列

为促进我省软件产业高层次人才的培养和储备,尤其是目前我省软件产业发展过程中较为紧缺的软件人才培养和储备,解决制约我省软件产业实现跨越式发展的人才瓶颈问题,基金会从2009年开始举办专题培训班,2015年打造出软件和信息服务"公益学堂",在扩大培训范围的基础上,采用线上线下相结合的模式培训学员,为省内骨干软件企业培养和储备了一大批精技术、善管理、思路开阔、目光远大的高素质人才。

(一) 总体情况

1. 江苏省架构师和项目经理公益培训班

为提高我省软件企业软件设计师及软件企业的项目管理能力和软件设计的水平,为整合产品技术、促进产业链形成以及企业以大带小联合经营提供更好的技术支撑,2016年10月27日至12月5日,江苏省第十二期软件架构师培训班以及第十期项目经理培训班顺利开班并培训。在省经信委领导关心和指导下,在各企业的大力支持下,基金会做了认真细致、卓有成效的组织工作,培训得到学员的高度评价,达到预期的效果,并为进一步开展高端人才培训积累了经验。

(1)培训安排

2016年的软件架构师和项目经理培训的培训形式依旧采用专业视频授课软件进行线上线下结合的授课形式,除开班和结业现场分享之外,其余课程均通过视频进行远程培训。学员们均是所在企业的骨干,承担着技术和管理方面繁重的工作。架构师和项目经理培训均安排在周五、周六、周日进行,分上、下午两讲。参训学员通过视频软件即可参与培训,并与老师进行交流,解决了学员听课的时间、地域等限制,以充分的教学互动和便捷性达到了更好的培训效果。参加培训的学员在考勤合格的基础上,培训结束前还需提交一篇和培训相关的论文。考勤和论文都合格的学员颁发结业证书。

(2)培训内容

为使培训卓有成效,基金会认真筹备,于2016年8月向理事企业发出针对往期培训班的课程

及组织安排调研表,并根据调研意见调整了部分课程安排,对往期学员打分较低的导师做了相应调整。培训班邀请业界著名企业的资深软件架构专家以及省内高校具有产业和学术双重背景的教师从多方面讲授了与软件架构及项目管理有关的基本理论和实践方法,包括大数据及其应用、云计算架构和解决方案、IBM公司的SOA软件系统集成方案等,并邀请具有产业与学术双重背景的南京大学软件学院老师主讲软件架构与商业模式之间的关系等课程。丰富的内容使学员得以了解当前主流软件架构和项目管理的思想与方法,并通过一定的互动,为学员提供了分析比较提高的机会。

(3)生源组织

在省经信委软件处的支持下,基金会针对软件架构师培训班,向基金会理事企业下发通知,对学员的申请资格进行明确规定及严格审核,提出参训学员应是目前从事软件产品开发的专业人员,具有计算机或相关专业本科以上学历,至少有3年以上软件产品开发经验,有软件或模块设计经验;针对项目经理培训班,向基金会理事企业和省软件行业协会会员单位下发通知,要求参训学员应是目前从事软件产品开发的专业人员,具有计算机或相关专业本科以上学历,至少有2—3年的软件产品开发经验,并且本人对软件架构有浓厚兴趣和一定认识,希望通过学习提高自身的能力,并能坚持参加学习与考核。

通知下发后,第十二期架构师培训班共收录64名学员,第十期项目经理培训班共收录55名学员。学员大多毕业于国内著名高校的计算机及应用、自动化、通讯工程、电气自动化等专业,拥有本科及研究生以上学历并有3年以上工作经验。培训班于12月18日举行结业典礼,为成绩合格的学员颁发了结业证书。

2.江苏省软件和信息服务企业人力资本公益培训班

人才是软件产业发展的决定性资源,其中软件企业高层管理人员是核心。人力资源是存在于人的体能、知识、技能、能力、个性行为特征与倾向等载体中的经济资源。如何为团队找到合适的人才,HR在团队建设中显得尤为重要。为了更好地选择和培养软件人才,基金会在2015年成功举办江苏省首期人力资本培训班的基础上,于2016年分模块举办人力资本公益讲座,邀请业内专家进行主题分享。具体培训方案如下:

(1)培训安排

2016年共安排4次公益全天讲座,培训方式包括集中授课、研讨交流和案例实践等,以理论和实践相结合的方式给学员们进行分享,具体安排如下:

① 讲座主题:互联网+时代的人力资源管理转型

讲座时间:2016年4月23日

讲座内容:总结梳理互联网+时代企业人力资源管理的变化和新理念,并结合具体的人力资源管理模块,分析互联网+时代人力资源管理的转型趋势和特点。

讲座导师:张正堂,管理学博士,南京大学人力资源管理学教授、博士生导师。主要研究方向为战略人力资源管理、薪酬理论。

② 讲座主题:调岗调薪、违纪处罚、劳动关系解除与终止流程化管理与风险防范

讲座时间:2016年7月8日

讲座内容:通过对劳动关系管理进行流程疏理,也通过大量劳动争议案例对流程中存在的风险进行解析,帮助企业熟练掌握协调员工关系的技巧以及防范企业用工风险,有效完善管理流程,降低用工法律风险。

讲座导师:郑建和,知名公司法及劳动关系管理专家/法学硕士,曾担任多家律师事务所合

伙人。

③ 讲座主题：卓有成效的管理者

讲座时间：2016 年 8 月 24 日

讲座内容：绩效管理、工作管理、团队执行力打造、激励

讲座导师：蒋春燕，香港中文大学管理学博士，南京大学商学院人力资源管理系教授、博士生导师。主要研究方向为战略人力资源管理与创业管理。现为美国管理学学会会员，中国管理研究国际学会会员，亚洲管理学会会员。曾在《管理世界》《管理科学学报》《中国工业经济》、*Management and Organization Review* 等期刊上发表多篇论文，多次参加美国管理学年会、亚洲管理学年会、和中国管理学年会等，并在会议上宣读论文，为上述会议的匿名评审人。

④ 讲座主题：人力资源领先战略

讲座时间：2016 年 11 月 17 日

讲座内容：通过对人力资源领先战略的理念树立、案例剖析和实操工具讲解，向企业传递领先的人力资源管理思想，帮助企业搭建领先的人力资源体系，优先配置和发展人力资源，帮助企业实现变革。

讲座导师：李祖滨先生，理学学士，南京大学 MBA，南京大学兼职研究生导师，中欧国际工商管理学院 EMBA，目前是南京丰盛集团薪酬委员会委员，荣获第九届"中国 MBA 成就奖"。曾担任南京丰盛产业控股集团执行总裁、副总裁、产业副董事长，沃尔玛薪酬福利经理、罗兰贝格战略管理咨询中国区高级人力资源咨询顾问。

（2）生源组织

培训主要针对理事企业和部分软件和信息服务企业。参训学员应达到以下要求：目前从事企业人力资源方面的专业人员，具有至少有两年以上的工作经验；本人对人力资源及企业管理有浓厚兴趣和一定认识，希望通过学习提高自身的能力，并能坚持参加学习。2016 年举办的四期公益讲座共培训软件和信息服务业企业 HR 175 名。

3. 江苏省互联网产品经理培训班

2016 年 6 月 4—5 日，基金会举办省第二期互联网产品经理公益培训班，邀请来自腾讯和阿里的师资，从多方面针对互联网产品的产品定位、产品目标、用户画像，以及在对业务深入理解和思考的基础上用去业务化的逻辑思考平台化产品的设计方案等进行剖析。

（1）培训安排

培训时间：2016 年 6 月 4—5 日。老师的现场分享和交流分上午和下午两场，共安排 2 天 2 个模块的分享。根据课程设置的不同，学时也有差别。培训方式包括集中授课、研讨交流和案例实践等，以理论和实践相结合的方式给学员们进行分享。参加培训的学员在考勤合格的基础上，培训结束前还需提交一份培训的心得体会，合格的学员才能发放结业证书。结业典礼于 6 月 5 日举行，并给考核合格的学员发放了结业证书。

（2）培训内容

根据之前对理事企业的调研情况，在基金会的培训师资库中选取了两位导师。培训导师分别来自腾讯和阿里巴巴，均为具有丰富经验的产品经理和专家。培训内容如下：

产品的策略之道：以产品经理能力模型为基础，强化产品经理策略规划和分析能力。本课程以用户研究为方法论，采用业务视角，从具体业务难题出发，以数据为工具，从商业、市场、产品、设计、服务等多个角度透视产品设计策略之道。重点内容包括市场分析（如何探索和评估产品的市场机会）、产品分析（如何解构对标竞品以及竞合关系）、用户分析（如何发现用户痛点以及痛点如何转化

成业务设计策略)、服务分析(如何建立 VOC 体系监控用户反馈和优化产品功能优化),课程内容将方法论和实战案例进行结合。培训导师:阿礼,7 年专业心理学训练,8 年用户研究从业经验,曾在联想、搜狐、百度等公司担任用户研究负责人,涉及商业、市场、用户、设计、运营等多个领域,有着丰富的项目经验和独到的策略方法论。

我心中的腾讯产品经理:围绕"什么是产品经理""产品经理的自我修养""需求推导""互联网项目的敏捷迭代"等多个维度,对互联网产品经理进行全方位立体化的解析。也希望能带着大家了解"我心中的产品经理",了解传统大型互联网公司的人都在干什么。培训导师:Erik,2013 年加入腾讯,做过营收,搞过数据,兼职过 PM,主攻产品策划。2015 年开始担任腾讯产品 leader,负责 QQ 神秘独立子项目。

(3)生源组织

培训班主要针对理事企业和重点软件企业,参训学员应达到以下要求:目前从事产品经理或产品管理相关工作,具有至少两年以上的工作经验;本人希望通过学习提高自身的能力,并能坚持参加学习与考核。

通知下发后,共收到 65 名学员报名材料,经过审核,共收录 62 名学员。学员大多毕业于国内著名高校的计算机及应用、自动化、通讯工程等专业,具有本科及研究生以上学历,平均从事产品经理工作年限 5 年以上,大部分从事产品经理、软件产品规划、互联网产品设计和网站运营等,其中不乏 18 年工作经验的学员前来参训。

(二)培训目的

江苏省是信息产业大省,但相对于硬件制造业,软件产业的规模与层次还需要进一步提高。无论是软件架构师、项目经理,或是产品经理和人力资源都是软件企业的关键人才,除具有良好的技术能力外,在企业发展战略、产品与市场规划以及领导能力等方面也必须具有良好的素质和能力。因此其培训不同于一般的技术培训,希望通过培训班能搭建一个平台,帮助软件企业部分优秀的开发及管理人员达到专业人员水准的同时加强各企业技术人员之间的交流,并以此实现以下目标:提升江苏软件设计的总体水平;强化江苏重点软件企业的竞争能力;推动软件产品与技术整合,为形成软件产业链创造技术支持,为推进企业联合进而形成产业联盟提供基础。

(三)组织和后勤保障

为保证培训班按计划实施并达到更好效果,基金会制定了科学严谨的教学管理制度,每堂培训课均实行签到制。如有学员因故缺课,需提前 3 天向本单位人事部门请假,由本单位人事部门向基金会告假,否则视为无故缺课。学员的日常到课率也作为最后的学员评分因素之一。通过认真严格的管理,保证了"公益学堂"的每堂培训课平均到课率达 90%。

为保证良好的教学反馈和互动,每堂培训课都请所有学员对课程设计、教学材料、教师授课、培训安排、课程收益、课程建议以及后续课程中想学的内容等情况提出反馈意见。其中对课程设计的意见包括对课程的实用性、课程内容的详细程度、课程体系的系统性、实践练习时间是否充足、实验对教学内容的促进作用等指标的评价;对教学材料的意见包括课件对学习的辅助作用、课件的版式是否规范易读、讲义逻辑结构是否清晰、重点突出、实验课步骤描述是否清楚可操作等指标的评价;关于教师授课的意见包括对教师表达能力、教学互动能力、个人仪表台风、时间掌控能力以及总结归纳能力等指标的评价;关于培训安排的意见包括培训时间地点安排、培训准备是否充分、现场服务是否及时周到以及对学员要求的反馈速度等指标的评价。通过及时收集整理学员意见建议并及时反馈到教学工作中,保证了每堂培训课参训学员的平均满意率达 92％以上。

为保证培训班任课教师和所有学员能够专心培训,基金会提供了良好的后勤保障,每周均提前通知学员本周讲座的内容、地点、导师等信息;每堂培训课都安排了咖啡、茶水等,并在中午提供免费午餐;每堂培训课安排专人跟班听课,同时负责课堂布置以及空调、话筒、电脑、投影仪等设备的随班保障。此外,基金会还在网络上建立了培训班讨论群,并将每周导师的课件共享至群组。学员在遇到疑问时可以及时互相讨论并下载到最新的课件。

五、"爱英之旅"2016—2017 年江苏省重点软件企业全国校园行招聘活动系列

为进一步在全国范围内宣传展示江苏软件产业发展环境及企业形象,为江苏的软件企业招募有志于投身软件开发领域的高素质软件人才,江苏软件产业人才发展基金会自 2008 年起组织开展了江苏省重点软件企业全国校园招聘活动。2012 年对活动进行了品牌提升,打造出"爱英之旅"品牌。8 年来,累计举办 70 场大型校园招聘活动,服务我省软件企业 300 家次,参与招聘活动的大学生累计 5 万余人。通过该项活动的举办,为省内重点软件企业在更大范围内即时招募到了更多、更优秀的软件人才,获得了参与企业的一致好评。

(一) 活动情况

2016—2017 年"爱英之旅"校园行活动自 2016 年 9 月 2 日开始,历时近 2 个月,行程 2 600 多公里,吸引了省内 70 多家大型软件企业加盟,来自全国各大高校的 5 000 多名应届毕业生踊跃参与,活动参与企业、招聘人员以及签约人数均创历年新高。据统计,本次校园招聘共计收到求职简历 5 136 份,意向签约 531 人(多数企业尚未最终确定或学校尚未发放三方协议)。本次招聘整体满意度达 95％。

作为江苏省互联网产业人才建设的重大工程之一,"爱英之旅"校园招聘活动旨在向全国重点高校相关专业学生介绍江苏省软件产业发展环境和企业发展前景,吸引优秀应届毕业生投身江苏信息产业,为江苏软件产业发展提供有力的人才保障,推进江苏信息产业的持续健康发展和高效有序的转型升级。

为确保活动全面实现预定目标,"爱英之旅"招聘活动主办方江苏省经济和信息化委员会于 2016 年 8 月开始筹备,基金会根据产业发展形势和企业用人需求,确定了活动开展的总体方案和行动计划。根据省经信委的要求,制定了活动开展的全程进度安排,抽调经验丰富、能力突出的人员,组建了精干高效的活动运作团队。参加本年度招聘活动的省内重点软件企业有南京擎天科技有限公司、苏州盈天地资讯科技有限公司、焦点科技股份有限公司、江苏金智科技股份有限公司、江苏瑞中数据股份有限公司、江苏国瑞信安科技有限公司、亚信科技(南京)有限公司、江苏摩尔信息技术有限公司、江苏星网软件有限公司、南京奥派信息产业股份公司、江苏远望神州软件有限公司、江苏寅源科技股份有限公司等 70 多家企业,总招聘需求超过 3 500 人。

2016—2017 年"爱英之旅"活动分为省外、省内两条路线,历时 2 个月,在全国共 8 个城市举办了校园招聘会,吸引了相关专业的近 5 000 名学生踊跃参与,其中大部分来自 25 所全国重点高校。9 月 11 日开始至 10 月 20 日,省外 4 场校园招聘活动分别在西北工业大学、合肥工业大学、武汉大学和同济大学举行。

省内的 5 个专场招聘会分别在南京、徐州、镇江、扬州 4 个城市举行,其中南京市共举办 2 场专场招聘会。时间安排方面,南京专场于 9 月 2 日伴随第十二届中国(南京)国际软件产品和信息服务交易博览会拉开帷幕;10 月 10 日至 10 月 22 日,省内其他 3 站专场招聘会分别在中国矿业大

学、江苏大学和扬州大学举行,全部按照"企业摆展位现场收取简历—筛选简历并发放准考证—企业笔试—面试"的流程进行。5站省内招聘会每站都有15—30家不等的骨干软件企业参与。尽管各家企业间人才竞争激烈,但都恪守着团结协作、公平竞争的原则,保证了招聘活动的圆满完成。

(二) 准备工作

1. 积极组织省内重点软件企业参与

活动自7月底启动,向各企业发出了招聘需求调研表,比往年提前了将近一个月。为了扩大参加招聘会企业的数量,除邀请基金会的理事企业参加以外,还邀请了我省各软件园区企业及江苏省信息产业协同创新联盟成员单位积极参与,并获得了相关单位的大力支持。为最大限度地给外地企业 HR 提供便利,9月9日以视频会议的形式组织参加活动的重点软件企业召开了"全国校园行招聘活动"协调会,进一步商讨活动细节,在充分听取企业意见的基础上,共同制定了整个活动的大方案以及活动实施细则,相比往年更为周详,也更全面。在费用安排和使用上,也更加节俭、更具人性化。

2. 进一步扩大宣传路径

此次招聘活动和2016年度江苏软件奖学金活动结合进行。活动大方案确定后,基金会通过江苏省经济和信息化委员会官方网站、基金会官方网站、各大目标高校招生就业信息网及学校 BBS 对外发布了招聘信息和活动行程,并点对点地联系目标高校分管就业及相关院系的老师帮助宣传发动;同时,在各目标高校张贴宣传海报和悬挂横幅,通过上述点面结合的宣传方式,优化宣传效率,扩大宣传覆盖面。此外,基金会还与专业人才服务机构合作,通过其网站上的广告宣传为此次系列招聘活动的顺利完成提供了重要保障。

3. 充分运用基金会网站招聘系统

为更好地适应当前的招聘形势,使应聘人员能更快更精准地获取信息,基金会网站于2013年针对"爱英之旅"活动开通了在线招聘系统。企业报名后,基金会将在网站后台为企业开通专用的招聘账号,企业登录后即可填写公司的招聘需求,相关招聘信息将常年有效,并在网站的"人才招聘"板块进行展示,以便应聘人员在线投递简历。此外,网站的"爱英之旅"专栏也会及时公布每站校园招聘活动的时间、地点以及各家企业的具体招聘需求,以便有意应聘的学生能够及时、准确地获取相关招聘信息。

4. 制定完善活动规则

2016年的校园行活动依旧按照公平公正的原则制定活动规则:

(1) 根据各企业抽签结果决定企业宣讲及展位摆放顺序;

(2) 根据以往经验,先由各企业自主安排笔试。在笔试前安排收取简历环节,由企业现场对简历进行初筛并发放准考证,确保入围学生的总体质量。

5. 全力实施后勤保障

此次活动中,基金会承担了与各高校的联络协调、场地的落实、省内外线路时间安排及食宿等在内的全部后勤保障工作。通过事先充分准备、与学校保持联系协调、印制准考证等多种方法很好地应对了参会人数突变的情况,在尽力满足企业要求的基础上,使每场活动都能忙而不乱、紧张有序地顺利进行。

第三章 产品篇

第一节 江苏省软件产品评估情况

软件产品,是指向用户提供的计算机软件、信息系统或设备中嵌入的软件,或在提供计算机信息系统集成、应用服务等技术服务时提供的计算机软件。软件产品登记是落实国发〔2011〕4 号文件,鼓励软件产业发展的具体举措。根据《国务院关于取消和调整一批行政审批项目等事项的决定》(国发〔2015〕11 号)规定,"双软认定"事项已取消行政审批,产业主管部门不再对软件产品、软件企业发证,但国家对软件产业的支持政策并未取消。

江苏省软件行业协会根据国家政策落实的需要,积极响应国家以及省行业主管部门提出的协会要充分发挥行业自律和为企业服务的要求,联合全省骨干软件企业共同起草制定了《江苏省软件企业/产品评估规范》。该规范自 2015 年 11 月 26 日起正式实施,同时开展软件企业、软件产品评估工作。

2016 年,江苏省软件行业协会根据《江苏省软件企业/产品评估规范》,全年共评估通过 4 890 个软件产品。通过对上述软件产品进行统计分析,得到以下几方面结论。

一、软件产品评估数量稳定

2016 年,江苏省共评估通过 4 890 个软件产品。全省历年累计登记和评估软件产品数达到 35 236 个。近五年江苏省登记和评估软件产品情况见图 4 - 12(注:因软件产品评估工作为 2015 年 11 月 26 日正式启动,2015 年仅最后一个月才开始开展软件产品评估工作,故 2015 年数据具有一定的局限性,不能代表当年度整体情况)。

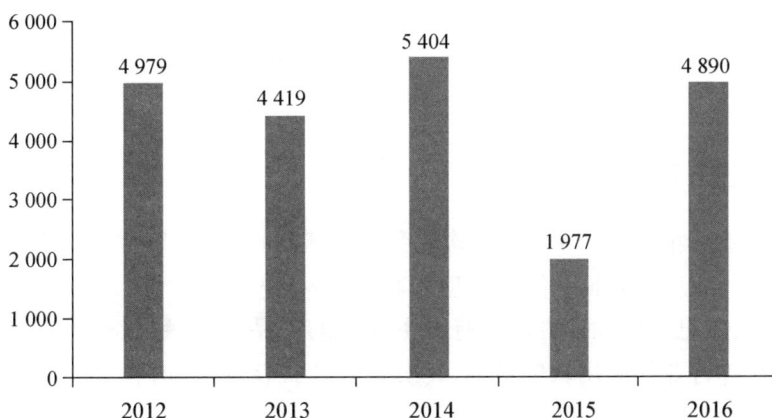

图 4 - 12 近五年江苏省登记和评估软件产品数量

二、产品数地区呈梯队分布

2016年全年新评估的软件产品共4 890个,这些软件产品涉及全省1 975家企业。从地区分布来看,江苏省13个省辖市均有软件产品评估,但由于各地软件产业基础不同,加上各地对软件产品评估扶持政策和宣传力度不一,地区产品数梯队分布比较明显。南京、苏州、无锡为第一梯队,各地产品数均占全省10%以上,三地登记总数占全省80.7%。其中,南京新增产品数为2 307个,占全省比例为47.2%;苏州新增产品数为1 029个,占全省比例为21.0%;无锡新增产品数为611个,占全省比例为12.5%。扬州、常州、泰州、南通、徐州、镇江、淮安为第二梯队,产品数皆超过50个,合计占全省比例为18.1%。盐城、宿迁、连云港为第三梯队,合计占全省比例为1.2%。从参与的企业数来看,与产品分布基本一致,基本分布在南京、苏州、无锡、扬州和常州地区。具体分布见表4-26。

表4-26　2016年江苏省登记和评估软件产品地区分布表

序号	城市	产品数	占全省比例(%)	参与企业数
1	南京	2 307	47.2	860
2	苏州	1 029	21.0	442
3	无锡	611	12.5	234
5	扬州	237	4.8	107
4	常州	196	4.0	104
6	泰州	134	2.7	53
8	南通	120	2.5	56
9	徐州	91	1.9	33
7	镇江	53	1.1	27
10	淮安	52	1.1	30
11	盐城	23	0.5	14
12	宿迁	19	0.4	10
13	连云港	18	0.3	5
合计		4 890	100	1 975

注:按当年登记和评估数大小排序。

三、应用软件占主导且覆盖广

通过对江苏省2016年评估的4 890个软件产品按基础软件、支撑软件、信息安全软件、应用软件(包含通用软件和行业应用软件)、嵌入式应用软件、嵌入式系统软件六类分类统计,结果表明,在基础软件、支撑软件、信息安全软件方面具有自主开发的产品,但是数量较少。从新增的软件产品整体情况看,应用在各行业的应用软件最多,其次是嵌入式软件,同时在云计算、大数据、移动互联网、互联网金融、电子商务等高技术行业出现了相当数量的产品。应用软件产品数居主导地位,共4 106个,占全年新增产品数的84%;嵌入式应用软件,即软件企业为制造业企业开发的嵌入产品、设备中的软件排第二位,共501个,占全年新增产品数的10.2%;制造业企业自主开发的嵌入式系统软件数为194个,占全年新增产品数的4%。六类评估产品数及占比见表4-27。

表 4‑27　2016 年江苏省登记和评估软件产品类别分布情况

序号	类别	数量	占比(%)	位次
1	基础软件	31	0.6	5
2	支撑软件	15	0.3	6
3	信息安全软件	43	0.9	4
4	应用软件	4 106	84.0	1
5	嵌入式应用软件	501	10.2	2
6	嵌入式系统软件	194	4.0	3
合计		4 890	100	

　　2016 年通过评估的应用软件共 4 106 个,包括通用软件和行业应用软件两大类。其中通用软件共 1 030 个,占 25.1%;行业应用软件共 3 076 个,占 74.9%,地位仍十分突出。即使在当年新增的全部软件产品中,行业应用软件产品数比例仍然很高,达到 62.9%。2016 年江苏省评估软件产品分类及参与企业统计情况见表 4‑28。

表 4‑28　2016 年江苏省评估软件产品分类及参与企业统计表

产品类型			产品数	参与企业数
基础软件	操作系统		3	2
	数据库系统		6	5
	中间件		22	17
	合计		31	22
支撑软件	合计		15	14
信息安全软件	合计		43	33
应用软件	通用软件	中文信息处理与输出	12	11
		智能分析软件	56	49
		企业管理软件	405	287
		游戏软件	98	48
		办公软件	80	71
		CAD/CAM 软件	42	18
		地理信息软件	20	15
		多媒体应用软件	71	58
		云计算平台	22	18
		网络软件	181	131
		其他通用软件	43	34
		小计	1 030	631
		政务软件	409	202
		智慧城市软件	33	29
		农林牧渔业	48	34

(续表)

产品类型		产品数	参与企业数
行业应用软件	能源行业	34	26
	电力行业	201	96
	水泥建材行业	13	7
	钢铁冶金行业	37	20
	化工化纤行业	13	10
	工程机械行业	156	89
	船舶制造(机)行业	39	24
	汽车制造(机)行业	67	43
	仪器仪表行业	59	38
	纺织服装行业	39	23
	造纸印刷包装行业	27	17
	食品行业	30	19
	家电行业	28	21
	航空航天行业	31	15
	通信行业	219	118
	交通行业	128	77
	建筑工程	66	37
	房地产行业	41	32
	财务会计业	49	41
	金融行业	133	62
	医疗卫生行业	227	127
	商业软件行业(含电子商务)	166	109
	教育业	235	118
	环保行业	61	35
	广电行业	66	37
	文化、传媒、体育和娱乐行业	138	96
	旅游服务行业(住宿、餐饮)	62	38
	物流、仓储行业	145	102
	租赁行业	11	6
	其他行业应用软件	65	50
	小计	3 076	1 343
合计		4 106	1 647
嵌入式软件	装备自动控制	172	102
	电力电子产品	62	30
	电子测量仪器	41	29

(续表)

产品类型		产品数	参与企业数
嵌入式应用软件	通信设备	37	22
	医疗电子设备	41	25
	汽车电子	32	23
	金融	24	11
	智能交通	26	12
	广播电视设备	15	9
	智能识别装置	27	21
	信息系统安全产品	7	4
	数字家用视听产品	13	9
	其他	4	2
	小计	501	285
嵌入式系统软件	装备自动控制	91	45
	电力电子产品	54	30
	电子测量仪器	30	18
	通信设备	6	3
	医疗电子设备	6	4
	汽车电子	7	6
	小计	194	83
合计		695	339
总计		4 890	1 975

注:产品分类行的企业参与数互相会有重复,而小计和总计数不重复。

由表可见,应用软件产品登记覆盖的行业很广,产品数超过 200 个的行业有政务软件 409 个、企业管理软件 405 个、教育业 235 个、医疗卫生行业 227 个、通信行业 219 个、电力行业 201 个。前六位应用行业产品分布及企业参与数见图 4 - 13。从企业参与度来看,参与应用软件开发的企业

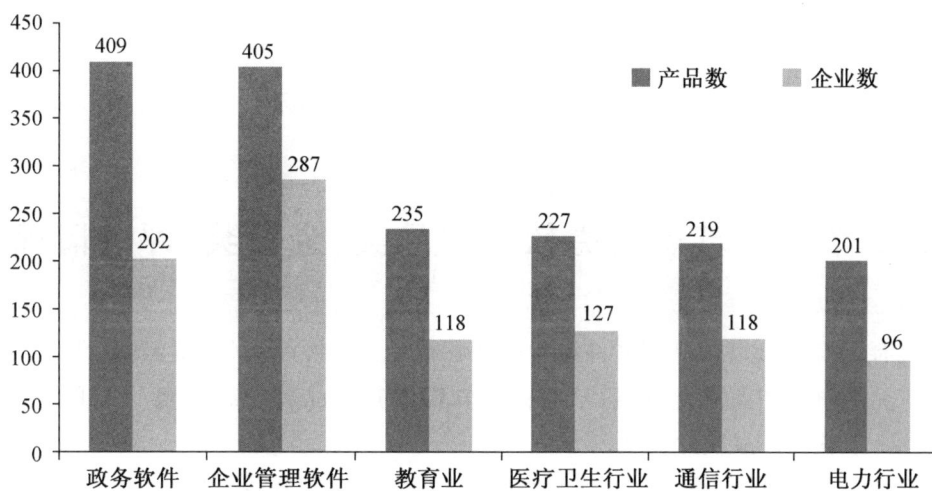

图 4 - 13 前六位应用行业产品分布及对应企业参与数

共计 1 647 家,占全部企业的 8 成以上,该类别下参与企业数量居前的产品类型有企业管理软件、政务软件、网络软件、医疗卫生行业应用软件、教育业应用软件、通信行业应用软件、商业软件行业(含电子商务)应用软件,参与企业数分别达到 287 家、202 家、131 家、127 家、118 家、118 家、109 家。

四、嵌入式软件平稳发展

无论是软件企业接受制造业企业委托开发嵌入式应用软件,还是制造业企业自主开发用于本单位硬件产品中的嵌入式系统软件,都是运用软件技术改造传统产品,从而提升产品的智能化程度和档次。如上文所述,2016 年新增的这两类嵌入式软件共计 695 个,占当年登记产品的 14.2%。其中,参与开发嵌入式应用软件的企业有 285 家,自身开发嵌入式系统软件的企业有 83 家。对表 4 - 28 进一步分析可以看出,嵌入式软件大多分布在装备自动控制、电力电子产品、电子测量仪器领域,分别达 263 个、116 个、71 个。此外,通信设备、金融设备、智能交通、广电设备、智能识别装置、信息系统安全产品、数字家用视听产品也有一定数量嵌入式软件产品。

五、移动端软件发展迅速

从软件运行的环境来看,整体上基本上分为三类,即运行于 PC 端、移动端和集成硬件上。2016 年全省通过评估的软件产品运行环境分布情况见图 4 - 14。可以看出,4 890 个软件产品中,有近 30% 的软件是运行于安卓或 ISO 系统的应用软件,14% 的软件是集成于硬件平台上运行的嵌入式软件。可以看到,随着移动端系统和移动互联网技术的发展,基于移动端操作系统运行的软件应用数量明显增多,发展迅速。

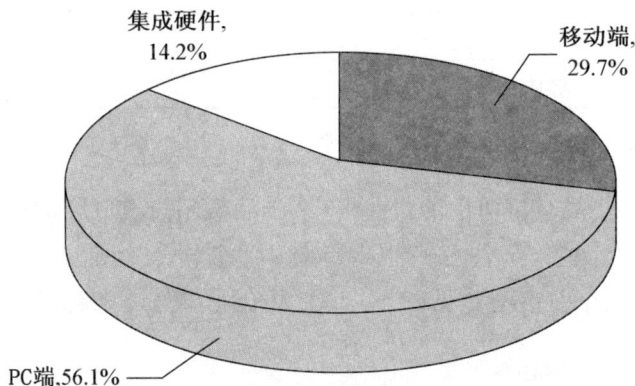

图 4 - 14　软件产品运行环境占比情况

第二节　江苏省优秀软件产品奖(金慧奖)评选情况

根据省政府苏政发〔2001〕59 号文件设立的江苏省优秀软件产品(金慧奖)评选活动,目的是提高江苏软件产品的质量和商品化程度,培育江苏软件的知名品牌。2016 年进行的评选是第十四届,全省共有 27 项软件产品获此奖项。

从产品类型来看,本届获奖的 27 个软件产品近八成为应用软件,共计 21 个,占比达 77.8%,

其中又以行业应用软件数量最多,达15个,分布在9个细分行业,分别为电力行业4个、交通行业2个、环保行业2个、工程机械行业2个、政务1个、医疗卫生行业1个、通信行业1个、教育行业1个、建筑工程行业1个,其余6个为通用软件,分别为企业管理软件5个、地理信息软件1个;此外,还有嵌入式软件3个、信息安全软件1个、支撑软件1个、基础软件1个。

从地区分布看,本届获奖的27个软件产品分布在省内8个城市,其中南京市12个,苏州市5个,无锡市4个,泰州市2个,常州、南通、镇江、连云港各有1个产品入选。

截至2016年,江苏共举办14次"金慧奖"评选活动,共有347个产品获奖。近五届获奖名单见表4-29,各市累计获奖情况见图4-15。获奖的347个产品大多为应用软件,分布领域以电力、能源软件和政务软件最多,电信、企业管理、嵌入式、交通、信息安全、医疗排名靠前,同时涵盖智慧城市系统、云存储和运维服务等领域。前14届获奖产品业务领域分布情况见图4-16。

表4-29 近5届江苏省优秀软件产品奖(金慧奖)获奖产品名单

序号	软件名称	获奖单位
	第十届	
1	国电南瑞SG-OSS智能电网调度技术支持系统软件V3.01	国电南瑞科技股份有限公司
2	中兴软创电信网络资源管理系统软件V2.0	南京中兴软创科技股份有限公司
3	康尼CITADIS车型乘客室门控软件V1.4	南京康尼电子科技有限公司
4	华为infoX WISG无线综合业务网关软件V3.0	华为软件技术有限公司
5	吉隆KL-300光纤熔接机控制软件V1.0	南京吉隆光纤通信股份有限公司
6	南瑞IMS3000电力信息运维综合监管系统软件V3.0	南京南瑞集团公司
7	百敖UEFI兼容BIOS软件V1.0	南京百敖软件股份有限公司
8	HC基于矢量控制的交流电机控制系统软件V3.0	江苏华骋科技有限公司
9	恒信IC卡智能水表售水管理系统软件V3.1	扬州恒信仪表有限公司
10	爱信诺网上认证企业端软件V2.0	江苏爱信诺航天信息科技有限公司
11	国脉智能交通信息管理系统软件V1.0	扬州国脉通信发展有限责任公司
12	极域电子教室软件V4.0	南京多维信联科技有限公司
13	华生GeneMarker/AFLP分析软件V1.0	江苏华生恒业科技有限公司
14	同程机票六合一SAAS管理平台软件V2.0	苏州同程旅游网络科技有限公司
15	国电南自节能提效型电除尘器控制系统软件V1.0	南京国电南自新能源科技有限公司
16	CG基于物联技术炭素加工综合自动化控制软件V2.0	泰兴市晨光高新技术开发有限公司
17	赛特斯IPTV服务质量保障系统软件V1.0	赛特斯网络科技(南京)有限责任公司
18	联创城市一卡通业务运营支撑系统软件V2.0	南京联创科技集团股份有限公司
19	中科软协同办公统一集群平台软件V1.0	无锡中科软信息技术有限公司
20	鱼跃信息低氧浓度报警型制氧机系统软件V1.0	江苏鱼跃信息系统有限公司
21	赞奇DocClear文档照片清晰化处理软件V1.0	赞奇科技发展有限公司
22	标准电子印章平台软件V1.0	昆山百润科技有限公司
23	中太无线接入系统软件V1.0	无锡中太数据通信有限公司

（续表）

序号	软件名称	获奖单位
24	奥鼎工程机械找平系统软件 V1.0	扬州奥鼎软件有限公司
25	海盟社会管理平台软件 V1.0	南通海盟金网信息技术有限公司
26	天溯 NTS－900E 电能量管理系统软件 V1.0	南京天溯自动化控制系统有限公司
27	星网权力阳光运行电子政务综合管理平台软件 V2.0	江苏星网软件有限公司
28	金鸽互联网信息搜索与监测系统软件 V1.0	江苏金鸽网络科技有限公司
29	华网区域网络电子备课系统软件 V4.0	徐州市华网信息科技有限公司
30	博智安全御内网安全平台系统软件 V1.0	江苏博智软件科技有限公司
31	南大腾龙门诊二次分诊系统 V1.0	江苏南大腾龙信息科技有限公司
32	云博 IBASE 动环管理软件 V1.0	苏州云博信息技术有限公司
33	鸿信智能农业温室监控平台软件 V1.0	江苏鸿信系统集成有限公司
34	中科惠软感知监察平台软件 V1.0	江苏中科惠软信息技术有限公司
35	苏航开票集成管理系统软件 V8.0	江苏航天信息有限公司
36	未来星物联网平台软件 V1.0	南京未来星传感技术有限公司
37	Datcent ICS 网络运维安全网关软件 V2.0	德讯科技股份有限公司
38	敏捷安全卫士软件 V8.0	江苏敏捷科技股份有限公司
39	亿友智慧纺织管理软件 V1.0	江苏亿友慧云软件有限公司
第十一届		
1	国电南瑞 NS3000S 智能变电站系统软件 V3.01	国电南瑞科技股份有限公司
2	春兰混合动力客车电源管理系统软件 V3.0	江苏春兰清洁能源研究院有限公司
3	国电南自变频系统控制软件 V1.0	南京国电南自新能源科技有限公司
4	华御新一代防信息泄密系统软件 V7.0	无锡华御信息技术有限公司
5	东华测试网络通讯控制软件 V5.0	江苏东华测试技术股份有限公司
6	亚信联创新一代计费系统软件 V1.0	联创亚信科技（南京）有限公司
7	博智安全御文档防扩散系统软件 V1.0	江苏博智软件科技有限公司
8	直觉嵌入式软件图形化通用开发工具软件 V1.0	直觉系统科技（昆山）有限公司
9	银石 SoftPos 银行卡支付受理软件 V2.0	南京银石计算机系统有限公司
10	RDS－5000 道路驾驶技能计算机考试系统软件 V1.0	南京多伦科技股份有限公司
11	正融医院信息管理系统软件 V3.0	江苏正融科技有限公司
12	恒宝移动支付智能卡借记/贷记操作系统软件 V1.0	恒宝股份有限公司
13	鸿信司法 E 通软件 V2.0	江苏鸿信系统集成有限公司
14	泰晟轮胎工况智能监测系统软件 V2.0	南京泰晟科技实业有限公司
15	运时多维数据分析平台软件 V5.1	江苏运时数据软件有限公司
16	巨龙基于云计算的企业管理平台软件 V1.0	无锡市陶都巨龙软件有限责任公司
17	中矿微星煤矿精益管理软件 V6.0	徐州中矿微星软件有限公司

（续表）

序号	软件名称	获奖单位
18	擎天城市碳排放监管系统软件 V1.0	南京擎天科技有限公司
19	万方数字流媒体通信软件 V1.1	扬州万方电子技术有限责任公司
20	大为车辆行踪监控系统软件 V1.0	江苏大为科技股份有限公司
21	卓然客户关系管理系统软件 V1.0	苏州卓然软件科技有限公司
22	瀚远科技公租房管理系统软件 V1.0	江苏瀚远科技股份有限公司
23	国瑞信安互联网舆情监测管理系统软件 V2.0	江苏国瑞信安科技有限公司
24	风云网络客户关系管理系统软件 V1.0	江苏风云网络服务有限公司
25	永中 Office 办公软件 V2012	无锡永中软件有限公司
26	Datcent 数据中心能耗管理软件 V2.0	德讯科技股份有限公司
27	三源教育信息化公共服务平台软件 V1.0	江苏三源教育实业有限公司
28	大创公交营运管理软件 V1.0	苏州市大创信息运用有限公司
第十二届		
1	南瑞继保 PCS-9700 厂站监控系统软件 V1.0	南京南瑞继保电气有限公司
2	博智安全御信息安全检查取证系统软件 V1.0	江苏博智软件科技有限公司
3	禾信质谱仪海量数据处理软件 V1.0	昆山禾信质谱技术有限公司
4	盛科 Humber 芯片系统工具开发包软件 V1.0	盛科网络（苏州）有限公司
5	友田 Finware 国际业务系统软件 V3.0.0	南京友田信息技术有限公司
6	创导煤矿隐患排查管理系统软件 V1.0	江苏创导信息科技有限公司
7	恒宝移动支付异型卡操作系统软件 V1.0	恒宝股份有限公司
8	电子口岸船舶动态管理系统软件 V1.0	张家港电子口岸有限公司
9	国瑞信安涉密计算机及移动存储介质保密管理系统软件 V1.0	江苏国瑞信安科技有限公司
10	国电南瑞 IEB2000 信息交换总线软件 V3.01	国电南瑞科技股份有限公司
11	实达迪美 DigiPolicy 单证信息管理系统软件 V1.0	江苏实达迪美数据处理有限公司
12	易司拓 E6000 电压监测与无功管理系统软件 V1.0	南京易司拓电力科技股份有限公司
13	Datcent 数据中心运行管理系统软件 V2.0	德讯科技股份有限公司
14	亚信 OSS 数据仓库软件 V1.0	亚信科技（南京）有限公司
15	宏泰 SHS-6000 自助银行防护系统软件 V1.0	江苏宏泰智能电子科技有限公司
16	YZJ 药品生命周期数据管理软件 V3.0	江苏扬子江计算机科技有限公司
17	云创存储 cStor 云存储系统软件 V2.0	南京云创存储科技有限公司
18	瑞智能耗监测、管理、决策系统软件 V1.0	江苏省邮电规划设计院有限责任公司
19	磐能 DMP5000 煤矿井下全站故障录波软件 V2.0	南京磐能电力科技股份有限公司
20	神州城市危机应急管理决策支援兵棋推演系统软件 V1.0	江苏远望神州软件有限公司
21	海宝生产型企业管理系统软件 V6.0	江苏海宝软件股份有限公司
22	HC 车辆仪表液晶屏动态显示驱动软件 V3.0	江苏华骋科技有限公司

（续表）

序号	软件名称	获奖单位
23	明润疏浚集成系统软件 V1.0	镇江明润信息科技有限公司
24	蓝恩灵长类实验动物资源管理系统软件 V2.0	苏州蓝恩信息科技有限公司
25	同元产品综合设计与仿真验证平台软件 V3.2	苏州同元软控信息技术有限公司
26	精创记录仪数据管理软件 V1.0	江苏省精创电气股份有限公司
27	爱信诺公共场所治安管理信息系统软件 V1.0	江苏爱信诺航天信息科技有限公司
28	富岛信关数据终端系统软件 V3.0	南京富岛信息工程有限公司
29	雷奥生殖健康孕前优生系统软件 V7.0	徐州雷奥医疗设备有限公司
30	睿泰在线学习管理系统软件 V1.0	江苏睿泰教育科技有限公司
31	启航基于物联网的资产管理系统软件 V1.0	江苏启航开创软件有限公司
32	睿思凯 FrBOX 用户图形界面软件 V1.0.2	无锡睿思凯科技有限公司
33	图格 AMAS 观众测量与分析系统软件 V1.0	江苏图格信息技术有限公司
34	苏航财税管理软件 V2.0	江苏航天信息有限公司
第十三届		
1	博智安全御数据库审计系统软件 V2.7	江苏博智软件科技有限公司
2	Datcent DEV Manager 数字延长管理系统软件 V1.0	德讯科技股份有限公司
3	雷奥生殖健康技术服务信息化系统软件 V9.0	江苏雷奥生物科技有限公司
4	国电南瑞 NPCS-8000 配网生产抢修指挥平台系统软件 V2.0	国电南瑞科技股份有限公司
5	安杰瑞涉密信息安全扫描客户端软件 V1.0	苏州安杰瑞电子科技发展有限公司
6	国电南瑞 NRXT-GPS 软件 V1.0	国电南瑞南京控制系统有限公司
7	掌控网络外勤 365 软件 V2.0	南京掌控网络科技有限公司
8	海迅数据交换平台软件 V1.0	江苏瑞中数据股份有限公司
9	亚信棒网管系统软件 V1.0	亚信科技(南京)有限公司
10	东华测试 DHDAS 动态信号采集分析系统软件 V6.0	江苏东华测试技术股份有限公司
11	万润工程建设企业综合集成管理信息系统软件 V8.0	江苏万润软件科技有限公司
12	朗坤智能企业管理信息系统软件 V5.0	南京朗坤软件有限公司
13	YeYoo 智慧管理平台软件 V1.0	江苏亿友慧云软件有限公司
14	锐天综合试验流程管理系统软件 V1.0	江苏锐天信息科技有限公司
15	知贸通预录入系统软件 V1.0.4.1	江苏知贸网络有限公司
16	灵狐卡罗拉发动机虚拟互动拆装实训软件 V1.0	江苏灵狐软件有限公司
17	锐泰节能监管平台软件 V1.0	无锡锐泰节能系统科学有限公司
18	莱斯人防指挥信息系统软件 V2.0	南京莱斯信息技术股份有限公司
19	唐恩新型起重机械远程管理服务平台软件 V1.0	江苏唐恩科技有限公司
20	翔云基于以太网智能的多疏经编机横移控制嵌入式软件 V1.0	常州市翔云测控软件有限公司
21	知谷 i3Q 空港智能服务信息平台软件 V1.0	无锡知谷网络科技有限公司

（续表）

序号	软件名称	获奖单位
22	微缔模具制造执行管理系统软件 V1.0	苏州微缔软件股份有限公司
23	鸿信智能公交调度运营管理系统软件 V1.0	江苏鸿信系统集成有限公司
24	恒赛特汽车衡称重系统软件 V1.0	苏州恒赛特自动化科技有限公司
25	鸿鹄轻量级业务流程管理开发平台软件 V1.0	昆山鸿鹄信息技术服务有限公司
26	PY 地震捕捉演示软件 V3.0	江苏普源机电实业有限公司
27	麦迪斯顿数字化手术室系统软件 V2.0	苏州麦迪斯顿医疗科技股份有限公司
第十四届		
1	国电南瑞 NS5000 基于统一平台的广域协同式变电站系统软件 V3.01	国电南瑞科技股份有限公司
2	CG 数控电极双螺纹梳加工控制软件 V2.0	江苏晨光数控机床有限公司
3	瀚远科技世界文化遗产监测预警管理信息平台软件 V4.0	江苏瀚远科技股份有限公司
4	超擎超级信息引擎平台软件 V1.0	苏州超擎图形软件科技发展有限公司
5	多伦交通信号智能控制系统软件 V1.0	南京多伦科技股份有限公司
6	南自美卓分散控制系统 DCS 软件 V1.0	南京国电南自美卓控制系统有限公司
7	山石网络 StoneOS 安全操作系统软件 V4.0	山石网科通信技术有限公司
8	南自轨道交通 DSC－9000＋综合监控系统软件 V1.0	南京国电南自轨道交通工程有限公司
9	华苏可视化多网融合综合呈现系统软件 V1.0	南京华苏科技股份有限公司
10	PY 飞行模拟软件 V3.0	泰州市普源视景仿真科技有限公司
11	实达迪美 DigiForm_Platform 新一代电子表单软件 V1.0	江苏实达迪美数据处理有限公司
12	中博增值税发票管理系统软件 V1.0	中博信息技术研究院有限公司
13	明润耙吸疏浚监控平台软件 V3.0	镇江明润信息科技有限公司
14	卓易环保在线公共服务平台软件 V1.0	江苏卓易信息股份有限公司
15	富深协通村级公益事业一事一议财政奖补信息监管系统软件 V1.0	江苏富深协通科技股份有限公司
16	华通道路交通信号控制机控制软件 V1.0	无锡华通智能交通技术开发有限公司
17	亿友慧云国有企业集团管理监督平台软件 V1.0	江苏亿友慧云软件股份有限公司
18	龙渊物联网网关系统软件 V1.0	南京龙渊微电子科技有限公司
19	国电南瑞 NRXT－D5200 配电网运行控制与管理平台软件 V1.0	国电南瑞南京控制系统有限公司
20	博辕 BY－HRIM 人资智能管理软件 V1.0	上海博辕信息技术服务如皋有限公司
21	正融基于居民健康档案的区域卫生信息平台软件 V1.0	江苏正融科技有限公司
22	达科教育中央认证与身份管理套装软件 V4.0	江苏达科信息科技有限公司
23	易司拓 E6400 电压质量综合治理平台软件 V2.0	南京易司拓电力科技股份有限公司
24	博智安全御 APT 深度检测系统软件 V1.0	江苏博智软件科技有限公司
25	巨龙统一登陆平台软件 V1.0	无锡市陶都巨龙软件有限责任公司

（续表）

序号	软件名称	获奖单位
26	信捷 XC 系列 PLC 嵌入控制软件 V3.1	无锡信捷电气股份有限公司
27	磐能 SE－7000 建筑能耗监测管理系统软件 V1.0	南京磐能电力科技股份有限公司

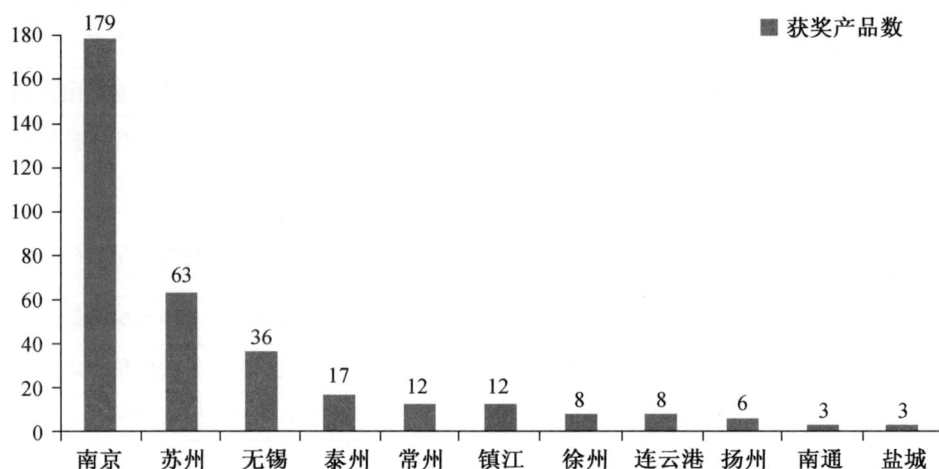

图 4－15　前 14 届金慧奖获奖产品地区分布情况

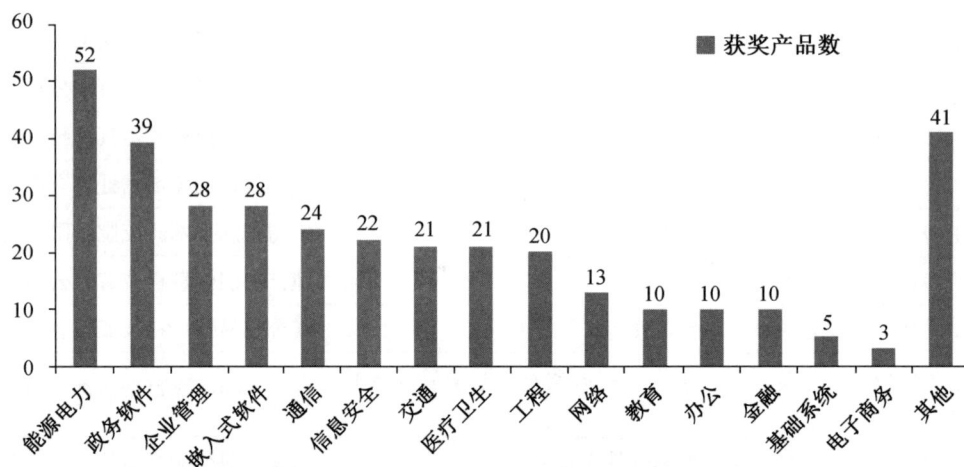

图 4－16　前 14 届金慧奖获奖产品业务领域分布情况

第三节　江苏省软件产业发展专项引导资金支持情况

继 2015 年给予全省 129 个项目 2015 年度江苏省工业和信息产业转型升级专项引导资金(软件产业发展专项)支持后,江苏省经济和信息化委员会、江苏省财政厅于 2016 年 3 月发布《关于 2016 年度省级工业和信息产业转型升级专项资金项目申报具体要求的通知》,正式启动 2016 年度专项资金申报工作。

2016 年度江苏省工业和信息产业转型升级专项引导资金中的软件产业发展专项属于企业互

联网化提升大类,相关的支持重点是软件产业关键核心技术突破和产业化项目和互联网创新创业载体与服务保障项目,包括基础软件及工业软件研发、云计算与大数据应用示范、工业互联网标准及核心技术,为制造装备升级和互联网化提升提供嵌入式软件等信息技术支撑及系统解决方案,以及省市共建互联网产业园和互联网众创园、云计算大数据产业园、互联网骨干企业及创新大赛落户企业、工业大数据服务中心、人才团队等服务支撑。

经申报单位申报、专家评审等程序,全省共 113 个项目获得资金支持,见表 4‐30。

表 4‐30　2016 年省级工业和信息产业转型升级专项资金资助项目表
(软件产业关键核心技术突破和产业化类)

项目类别	单　位	项目名称/内容
软件产业关键核心技术突破和产业化(类别1)	苏交科集团股份有限公司	重大交通设施(长大桥梁)安全与健康大数据监测系统公共服务平台
	南京讯优智超软件科技有限公司	移动互联网软件漏洞自动化检测与诊断云平台 CodeScan
	江苏东大金智信息系统有限公司	智慧园区安防大数据管理平台研发及产业化
	南京多禾信息技术有限公司	基于惯性传感器和体感设备数据融合的运动捕捉的 VR 系统
	南京中科创达软件科技有限公司	面向智能家居领域的软硬件一体化平台的开发及产业化
	南京磐能电力科技股份有限公司	面向大数据的智慧能源管控系统研发及产业化
	德讯科技股份有限公司	面向智能工厂 IT 基础设施安全运营管理系统研发及产业化
	南京未来网络产业创新有限公司	基于新一代网络的智能车辆集成控制云服务系统应用
	江苏中兴华易科技发展有限公司	基于大数据分析的中兴华易手机应用商店
	南京壹进制信息技术股份有限公司	基于 Power 架构的多维链表 CDP 政务数据保障系统
	江苏利得智能监测科技有限公司	基于互联网大数据处理的嵌入式电气环境监测系统
	无锡康宇水处理设备有限公司	管网叠压给水设备智能控制系统的研发和产业化
	无锡锐泰节能系统科学有限公司	基于统一数据中心的分布式智慧能源管控系统研发及产业化
	无锡信捷电气股份有限公司	基于机器视觉的智能装备控制系统
	江苏睿泰教育科技有限公司	"互联网＋教育"模式下的小学生智慧阅读评价系统研发
	江苏华御信息技术有限公司	基于云计算架构的信息安全管理平台
	中船重工奥蓝托无锡软件技术有限公司	设计仿真集成平台软件

(续表)

项目类别	单 位	项目名称/内容
软件产业关键核心技术突破和产业化（类别1）	江苏尚博信息科技有限公司	票据影像智能处理核心技术的研发和产业化
	常州铭赛机器人科技股份有限公司	面向3C电子制造业的工业机器人的研发
	江苏世轩科技股份有限公司	医疗大数据平台建设项目
	江苏瀚远科技股份有限公司	节能减排能效管理系统研发及产业化
	时空色彩（苏州）信息科技股份有限公司	TSC数字博物馆导览系统的研发及产业化
	苏州清睿教育科技股份有限公司	新一代基于感知心理声学模型的智能英语听说训练教育云
	江苏通付盾信息安全技术有限公司	移动安全态势感知及预警大数据云平台的研发及产业化
	苏州海加网络科技股份有限公司	基于国产自主可控的电子信息集中管控平台的研发及产业化
	凯美瑞德（苏州）信息科技有限公司	基于Lambda架构的金融投资管理软件K-VIVA产业化升级
	昆山华东信息科技有限公司	面向外向型制造企业的供应链协同平台研发及产业化
	苏州芯禾电子科技有限公司	基于高阻硅的芯片级集成无源器件设计软件
	南通明兴科技开发有限公司	工业云智造平台及其在家纺服装行业的应用
	江苏中天科技软件技术有限公司	光伏电站智能运维管理平台
	连云港杰瑞深软科技有限公司	基于大数据的3D可视化能源管控系统
	中国船舶重工集团公司第七一六研究所	工业控制系统故障诊断与预测系统开发
	连云港港口集团通信信息工程公司	港口码头生产经营综合管控平台的研发与应用
	江苏锐天信息科技有限公司	基于大数据驱动的装备故障诊断/预测与健康管理系统
	江苏东华测试技术股份有限公司	装备在线监测和故障诊断软件
	江苏晨光数控机床有限公司	基于机器人的叶片双刀智能加工系统
	江苏华骋科技有限公司	基于CAN总线的车辆动力故障智能诊断系统及其应用软件研发与产业化
软件产业关键核心技术突破和产业化（类别2）	南京云创大数据科技股份有限公司	低功耗云存储与高性能大数据处理应用示范
	江苏金智教育信息股份有限公司	基于岗位技能的校企合作专业人才培养与就业服务云平台研发及产业化
	联迪恒星（南京）信息系统有限公司	能耗状态智能监测及节能管理系统解决方案
	江苏润和软件股份有限公司	润和智能终端嵌入式软件系统解决方案
	南京大汉网络有限公司	基于云计算与大数据挖掘的集约化政务服务平台
	南京擎天科技有限公司	工业企业能源管控与节能诊断平台

（续表）

项目类别	单　位	项目名称/内容
软件产业关键核心技术突破和产业化（类别2）	南京智行信息科技有限公司	智慧交通安全大数据分析云平台
	江苏长天智远交通科技有限公司	基于大数据的交通运行监测预警与决策系统关键技术及产业化
	南京信通科技有限责任公司	基于云计算与大数据处理的在线教育服务平台
	易视腾科技有限公司	基于云计算和大数据的互联网电视用户精细化运营平台研发及产业化
	江苏蓝创智能科技股份有限公司	基于分布式异构的装备制造业大数据应用解决方案
	央视国际网络无锡有限公司	面向新媒体行业的海量媒体数据云平台应用示范工程
	因为科技无锡股份有限公司	机动车辆信息化建设系统
	江苏太湖云计算信息技术股份有限公司	基于云计算技术的车联网研制与产业化
	徐州金蝶软件有限公司	基于云平台的企业管理系统研发及产业化
	苏州数字地图信息科技股份有限公司	面向城市公共安全领域的应急指挥调度智能化软件
	苏州市普实软件有限公司	面向制造业信息一体化（Pushsoft AIO）管理平台的推广
	扬州海润软件科技有限公司	智能电动执机构控制系统
互联网创新创业载体与服务保障	i 创杯项目	省市共建互联网产业园滚动支持项目
	江苏软件产业人才发展基金会	江苏软件和互联网产业人才发展公益项目
	江苏省苏商发展促进会	创客公社——媒体型创投全链条综合服务平台
	南京班斧软件科技有限公司	2016 年度软件互联网奖励
	南京航空航天大学	省市共建互联网产业园滚动支持项目
	南京邮电大学物联网国家大学科技园	省市共建互联网产业园滚动支持项目
	中国（南京）软件谷管委会	互联网产业园
	南京紫金（建邺）科技创业特区创业服务中心有限公司	互联网众创园
	苏宁云商集团股份有限公司	2016 年度软件互联网奖励
	南京工业大学	省市共建互联网产业园滚动支持项目
	南京微文信息技术有限公司	Weavi 在线协同写作出版平台
	熊猫电子集团有限公司	2016 年度软件互联网奖励
	企运网（江苏零米信息科技有限公司）	互联网众创园
	江苏三六五网络股份有限公司	2016 年度软件互联网奖励
	江苏金智集团有限公司	2016 年度软件互联网奖励

（续表）

项目类别	单　位	项目名称/内容
互联网创新创业载体与服务保障	南京啡咖啡创客空间有限公司	啡咖啡创客空间
	南京南瑞集团公司	2016年度软件互联网奖励
	炫彩互动网络科技有限公司	2016年度软件互联网奖励
	南京理工大学	互联网众创园
	江苏省通信服务有限公司	2016年度软件互联网奖励
	焦点科技股份有限公司	2016年度软件互联网奖励
	江苏南大苏富特科技股份有限公司	2016年度软件互联网奖励
	无锡惠山软件园	互联网产业园
	无锡恒生科技园有限公司	互联网众创园
	宜兴众创空间科技发展有限公司	互联网众创园
	江苏智联天地科技有限公司	电商物流移动信息化管理平台（双创团队项目滚动支持）
	无锡虎甲虫计算技术有限公司	以FPGA产品与技术为人工智能产品提供一站式硬件服务
	江苏微锐超算科技有限公司	基于FPGA的可重构计算系统
	朗新科技股份有限公司	智能电网与新能源的研发及产业化
	无锡路大在线科技有限公司	Eput.com（中国最大的高品质图片售卖与分享平台）
	江苏合身穿服装科技有限公司	合身穿男装定制PLUS
	无锡江南大学国家大学科技园有限公司	省市共建互联网产业园滚动支持项目
	无锡知谷网络科技有限公司	智慧机场i3Q公共信息服务平台（一期）
	徐州软件园发展有限公司	互联网产业园
	中国矿业大学	互联网众创园
	徐州工程学院大学科技园有限公司	互联网众创园
	常州市科教城	省市共建互联网产业园滚动支持项目
	常州天正工业发展有限公司	覆盖式O2O激光装备服务平台
	江苏国光信息产业股份有限公司	2016年度软件互联网奖励
	江苏鑫软图无线技术有限公司	2016年度软件互联网奖励
	苏州洞察云信息技术有限公司	ThreadingTest企业数字化云测试平台
	苏州蜗牛数字科技股份有限公司	2016年度软件互联网奖励
	苏州工业园区科技发展有限公司	省市共建互联网产业园滚动支持项目
	昆山软件园发展有限公司	互联网产业园
	昆山启迪科技园发展有限公司	互联网众创园
	南通大学	互联网众创园
	淮海工学院大学科技园有限公司	互联网众创园

(续表)

项目类别	单 位	项目名称/内容
互联网创新创业载体与服务保障	淮安软件园管理发展有限公司	互联网产业园
	淮安纷云软件有限公司	数字化审图管理云平台
	盐城市电商快递产业园区管理委员会	互联网产业园
	扬州创客空间投资发展有限公司	互联网众创园
	镇江创业园有限公司	互联网众创园
	镇江市京口区大禹山创意新社区管理委员会	省市共建互联网产业园滚动支持项目
	恒宝股份有限公司	2016 年度软件互联网奖励
	江苏富达高新技术创业服务有限公司	互联网众创园
	泰州市高新技术创业服务中心	互联网众创园
	宿迁电子商务产业园	省市共建互联网产业园滚动支持项目
	泗阳县电子商务产业园	互联网众创园

第四节 江苏省软件产业细分行业收入状况

2016 年江苏软件产业分三大类的软件收入已在第一部分产业综述篇表 1－3 中列出，2016 年江苏省软件产品及服务细分行业收入情况见表 4－31。

一、软件产品

软件产品收入合计 1 851.4 亿元，占全部软件业务收入的 22.7％。软件产品分为基础软件、支撑软件、应用软件、工业软件、嵌入式应用软件、信息安全产品、移动应用软件（APP）、软件定制服务、平台软件九类。其中应用软件收入为 1 056.6 亿元，占 57.1％，居第 1 位，应用软件又分为通用应用软件和行业应用软件，其中行业应用软件收入为 918.4 亿元，占应用软件总收入的 86.9％；基础软件收入为 295.3 亿元，居第 2 位，占 16.0％；嵌入式应用软件收入为 190.8 亿元，居第 3 位，占 10.3％；其他依次为工业软件 124.2 亿元、软件定制服务 52.6 亿元、信息安全产品 51.5 亿元、平台软件 35.3 亿元、支撑软件 34.5 亿元、移动应用软件（APP）10.5 亿元。

二、信息技术服务

信息技术服务收入合计 3 745.6 亿元，占全部软件业务收入的 45.9％。信息技术服务可分为七类，按收入大小顺序依次为：信息系统集成实施服务 1 106.2 亿元，占 29.5％；电子商务平台服务 776.0 亿元，占 20.7％；集成电路设计服务 698.1 亿元，占 18.6％；信息技术咨询设计服务 440.6 亿元，占 11.8％；运行维护服务 365.1 亿元，占 9.8％；运营服务 187.2 亿元，占 5.0％；数据服务 172.3 亿元，占 4.6％。

三、嵌入式系统软件

嵌入式系统软件收入合计 2 568.7 亿元，占全部软件业务收入的 31.4％。在五类嵌入式系统软件中,装备自动控制产品软件收入最高,为1 076.2亿元,占41.8%;第二位是通信设备软件,收入达583.4亿元,占22.7%;其他依次为计算机应用产品软件492.7亿元(19.2%)、数字家用视听产品软件286.7亿元(11.2%)、信息系统安全产品129.7亿元(5.1%)。其中装备自动控制产品中的集散控制系统软件(780.5亿元)、通信设备中的网络设备软件(381.0亿元)、计算机应用产品中的汽车电子软件(231.6亿元)和智能识别装置软件(127.3亿元)收入较高,比较突出。

综上所述,在软件产业所有三大类产品和服务的收入中,表4-31所列第二层次为较细分的软件或服务行业,共21项,收入排在前10位的分别是:信息技术服务中的信息系统集成实施服务(占三大类产品和服务总收入的13.5%)、嵌入式系统软件中的装备自动控制产品(13.2%)、软件产品中的应用软件(12.9%)、信息技术服务中的电子商务平台服务(9.5%)、信息技术服务中的集成电路设计服务(8.5%)、嵌入式系统软件中的通信设备(7.1%)、嵌入式系统软件中的计算机应用产品(6.0%)、信息技术服务中的信息技术咨询设计服务(5.4%)、信息技术服务中的运行维护服务(4.5%)、软件产品中的基础软件(3.6%)。

嵌入式软件是实现各种硬件产品自动化、智能化等完整功能的软件产品,分为两种:一种是软件企业承担其他硬件厂商委托开发研制,并以软件形式销售的嵌入式应用软件;另一种是指制造业企业自主研发并使用的嵌入式系统软件。在2016年软件业务收入中,嵌入式软件共计为2 568.7亿元,其中嵌入式应用软件收入为190.8亿元,占7.4%。上述数据一方面说明,江苏制造业厂商软件需求量巨大,自主开发软件的实力也较强;另一方面也表明,江苏软件企业的嵌入式软件市场占有份额较小,市场潜力巨大。要通过加深江苏软件企业与各工业企业的合作,使省内软件企业在两化融合和推进工业强省建设中释放出更大能量,发挥更多作用。

表4-31　2016年江苏省软件产品及服务细分行业收入情况

软件分类名称	年度收入(万元)
一、软件产品合计	**18 513 795**
(一)基础软件	2 953 499
1.操作系统	1 887 952
2.数据库管理系统	365 167
3.中间件	89 072
4.办公软件	239 899
5.其他	371 410
(二)支撑软件	345 181
1.开发工具	102 140
2.测试工具软件	119 952
3.其他支撑软件	123 089
(三)应用软件	10 566 348
1.通用应用软件	1 382 579
2.行业应用软件	9 183 769
(1)通信行业软件	4 349 899

（续表）

软件分类名称	年度收入（万元）
（2）金融财税软件	223 973
（3）教育软件	124 218
（4）交通运输行业软件	378 051
（5）能源控制软件	1 201 098
（6）动漫游戏软件	548 654
（7）物流管理软件	34 653
（8）医疗卫生领域软件	251 436
（9）其他行业应用软件	2 071 787
（四）工业软件	1 241 591
1. 产品研发类软件	274 421
2. 生产控制类软件	967 170
（五）嵌入式应用软件	1 908 198
（六）信息安全产品	515 031
1. 基础类安全产品	135 405
2. 终端与数字内容安全产品	43 410
3. 网络与边界安全产品	67 928
4. 专用安全产品	91 187
5. 安全测试评估与服务产品	18 318
6. 安全管理产品	28 630
7. 其他信息安全产品及相关服务	130 154
（七）移动应用软件（APP）	104 857
（八）软件定制服务	526 149
（九）平台软件	352 941
二、信息技术服务行业合计	**37 455 567**
（一）信息技术咨询设计服务	4 406 465
1. 信息化规划	420 255
2. 信息系统设计	1 885 278
3. 信息技术管理咨询	1 732 874
4. 信息系统工程监理	162 273
5. 测试评估	73 785
6. 信息技术培训	132 002

（续表）

软件分类名称	年度收入(万元)
（二）信息系统集成实施服务	11 062 033
1. 基础环境集成实施服务	879 109
2. 硬件集成实施服务	4 419 623
3. 软件集成实施服务	1 673 353
4. 安全集成实施服务	29 553
5. 系统集成实施管理服务	4 060 396
（三）运行维护服务	3 651 495
1. 基础环境运维服务	78 447
2. 硬件运维服务	492 080
3. 软件运维服务	1 793 399
4. 安全运维服务	193 758
5. 运维管理服务	1 093 811
（四）数据服务	1 723 474
1. 数据加工处理服务	1 040 581
(1) 地理遥感信息服务	3 316
(2) 动漫、游戏数字内容服务	383 086
(3) 其他数字内容处理服务	296 490
（五）运营服务	1 871 514
1. 软件运营服务	274 458
2. 平台运营服务	1 234 097
(1) 物流管理服务平台	509 947
(2) 在线信息平台	376 543
(3) 在线娱乐平台	72 010
(4) 在线教育平台	83 828
(5) 其他在线服务平台	191 769
3. 基础设施运营服务	362 960
（六）电子商务平台服务	7 759 713
1. 在线交易平台服务	6 142 783
2. 在线交易支撑服务	1 616 930
（七）集成电路设计	6 980 873

（续表）

软件分类名称	年度收入（万元）
三、嵌入式系统软件合计	**25 686 652**
（一）通信设备	5 833 226
1. 通信传输设备	1 956 216
（1）光通信设备	1 192 959
（2）卫星通信设备	76 790
（3）无线通信设备	686 467
2. 通信交换设备	64 399
（1）数字程控交换机	48 311
（2）软交换机	4 657
（3）光交换机	11 431
3. 移动通信设备	2 311
4. 网络设备	3 810 301
（1）网络控制设备	2 299 528
（2）网络接口和适配器	474 400
（3）网络连接设备	976 061
（4）网络优化设备	60 311
（二）数字家用视听产品	2 866 649
1. 电视接收机顶盒	521 781
2. 家庭网关中心	2 344 868
（三）计算机应用产品	4 927 184
1. 金融、商业、税务电子应用产品	90 711
（1）银行自助服务终端	7 199
（2）POS 机	35 796
（3）税控机	47 716
2. 汽车电子	2 315 661
（1）传动系控制系统	333 264
（2）行驶系控制系统	84 177
（3）车身控制系统	872 860
（4）安全控制系统	1 025 361
3. 智能交通	24 055
（1）交通信号控制机	24 055

（续表）

软件分类名称	年度收入（万元）
4. 医疗电子	426 997
（1）医用电子仪器设备	355 647
（2）医学影像设备	71 350
5. 智能识别装置	1 272 693
6. 自动检售票设备	16 196
7. 超大屏幕控制器	780 871
（四）信息系统安全产品	1 297 399
1. 边界防护类设备和系统	14 829
2. 密钥管理类设备和系统	1 282 570
（五）装备自动控制产品	10 762 194
1. 集散控制系统	7 805 495
2. 电气传动及控制系统	1 078 862
3. 装备制造工控系统	1 877 837

第四章　技术篇

第一节　智慧云制造

　　智慧云制造作为我国工业界在全球率先提出并研究的一种"互联网＋人工智能＋"时代的智能制造模式、手段与业态,是云计算在制造领域的落地和拓展,并已经成为实施"中国制造2025"和"互联网＋制造"行动计划,推动制造业与互联网融合发展的一种重要模式和手段。2013年工信部在北京、贵州等16个省市开展基于云制造模式的工业云创新服务试点,2015年《中国制造2025》行动计划中明确提出"发展基于互联网的个性化定制、众包设计、云制造等新型制造模式",工信部2016年12月发布的《智能制造"十三五"发展规划》中第七条主要任务是"促进中小企业智能化改造,引导中小企业推进自动化改造,建设云制造平台和服务平台"。

　　据不完全统计,2013—2016年,各类云制造/工业云平台的注册企业分别超过了4万、10万、25万和60万,年均增长超过了146％。根据中国两化融合服务联盟对全国七万多家企业两化融合评估数据,截至2017年1月,我国云制造/工业云平台应用率已达到35.9％,其中原材料、装备、消费品、电子信息等行业的云平台应用率分别达到了28.9％、35.7％、33.6％和38.3％。以航天云网为代表的智慧云制造平台正快速渗透到工业的研发、生产、管理、营销、物流、服务等流程,推动制造业的研发创新体系、生产的组织方式和经营管理模式的持续变革,并形成具有中国特色的制造业与互联网融合发展之路。

一、智慧云制造概述

（一）时代背景

　　以"泛在互联、数据驱动、共享服务、跨界融合、自主智慧、万众创新"为特征的"互联网＋人工智能＋"时代正在到来,驱动着人类社会的一场新技术革命和新产业变革。新互联网技术、新一代信息技术、新人工智能技术、新能源技术、新材料技术、新生物技术以及新应用领域专业技术等7类"互联网＋人工智能＋"核心技术正在飞速发展,并引领着应用领域(国民经济、国计民生和国家安全等领域)新模式、新手段和新生态系统的重大变革。

　　制造业作为国民经济、国计民生和国家安全的重要基石,正面临全球新技术革命和产业变革的挑战。特别是新一代信息通信技术、智能科学技术与制造技术的深度融合,正引发制造业制造模式、制造手段、生态系统等重大变革。美国、德国等制造业发达国家积极推动"工业4.0"、工业互联网等国家制造战略计划,以应对挑战。

　　我国正面临从价值链的低端向中高端,从制造大国向制造强国、从中国制造向中国创造转变的关键历史时期,同样提出贯彻"创新、协调、绿色、开放、共享"的发展理念,坚持走中国特色新型工业化道路,以创新发展为主题,以促进制造业提高质量增加效益为中心,以加快新一代信息技术与制造业深度融合为主线,以推进智能制造为主攻方向的国家制造业战略。

经过数十年的制造业信息化研究与实践,围绕新一代信息技术与制造业深度融合的发展主线,我国工业界于 2009 年在国际上率先提出了"云制造"的理念,并开始了以网络化、服务化为主要特征的云制造 1.0 的研究与实践。经过近几年的实践,随着有关技术的发展,特别是新兴信息技术智慧化和新兴制造技术智慧化的快速发展,以及人工智能技术的新发展,我国于 2012 年提出并开始了以互联化、服务化、协同化、个性化(定制化)、柔性化、社会化为主要特征的"智慧云制造"(云制造 2.0)的研究与探索,并逐步发展成具有中国特色的智慧云制造技术平台及产业生态。

(二) 概念及特征

智慧云制造基于泛在网络,借助于新兴(大)制造技术、信息通信技术、智能科学技术及制造应用领域技术等 4 类技术深度融合的数字化、网络化、智能化技术手段,构成以用户为中心的统一经营的智慧制造资源与能力的服务云(人/机/物/环境/信息互联服务网),使用户通过智慧终端及智慧云制造服务平台便能随时随地按需获取智慧制造资源与能力,对制造全系统、全生命周期活动(产业链)中的人、机、物、环境、信息进行自主智慧地感知、互联、协同、学习、分析、认知、决策、控制与执行,促使制造全系统及全生命周期活动中的人/组织、经营管理、技术/设备(三要素)及信息流、物流、资金流、知识流、服务流(五流)集成优化;形成一种基于泛在网络,用户为中心,人/机/物/信息融合,互联化、服务化、协同化、个性化(定制化)、柔性化、社会化的智慧制造新模式和"泛在互联、数据驱动、共享服务、跨界融合、自主智慧、万众创新"的新业态;进而高效、优质、节省、绿色、柔性地制造产品和服务用户,提高企业(或集团)的市场竞争能力。

"智慧云制造"的概念给出了下列内容,包括:

(1) 智慧云制造模式:用户为中心、人/机/物/信息融合,互联化、服务化、协同化、个性化(定制化)、柔性化、社会化的智慧制造新模式。

(2) 智慧云制造技术手段:基于泛在网,借助新兴制造科学技术、新兴信息科学技术、智能科学技术及制造应用领域的技术等深度融合的数字化、网络化(互联化)、智能化技术手段,构成以用户为中心,统一经营的智慧制造资源与能力的服务云(人/机/物/环境/信息互联服务网),使用户通过智慧终端及智慧云制造服务平台便能随时随地按需获取智慧制造资源与能力,进而优质地完成制造全生命周期的活动。

(3) 智慧云制造业态:泛在互联、数据驱动、共享服务、跨界融合、自主智慧、万众创新。

(4) 智慧云制造特征:对制造全系统及全生命周期活动中人、机、物、环境、信息自主智慧地感知、互联、协同、学习、分析、认知、决策、控制与执行。

(5) 智慧云制造的实施内容:借助上述技术手段,促使制造全系统及全生命周期活动中的人/组织、经营管理、技术/设备(三要素)及信息流、物流、资金流、知识流、服务流(五流)集成优化。

(6) 智慧云制造目标:高效、优质、节省、绿色、柔性地制造产品和服务用户,提高企业(或集团)的市场竞争能力。

特别是,"智慧云制造"的"智慧"强调了创新驱动,强调了 3 种深度融合[以用户为中心的人/机/物/信息深度融合;数字化、网络化(互联化)、智能化的深度融合;工业化与信息化的深度融合],更强调了对制造全系统和制造全生命周期活动中的人、机、物、环境与信息的智慧运营。

(三) 体系架构与关键技术

智慧云制造系统实质是一种基于泛在网络及其组合的、人/机/物/环境/信息深度融合的、提供智慧制造资源与智慧能力随时随地按需服务的智慧制造服务互联系统。它就是一种"互联网（云）＋制造资源与能力"的人/机/物智慧互联制造系统。智慧云制造系统体系架构如图 4‑17 所示，包括智慧资源/智慧能力层、智慧制造云服务平台层（智慧感知/接入/通讯层、虚拟智慧资源/能力层、智慧核心支撑功能层、智慧用户界面层）、智慧云服务应用层以及人/组织等用户层。

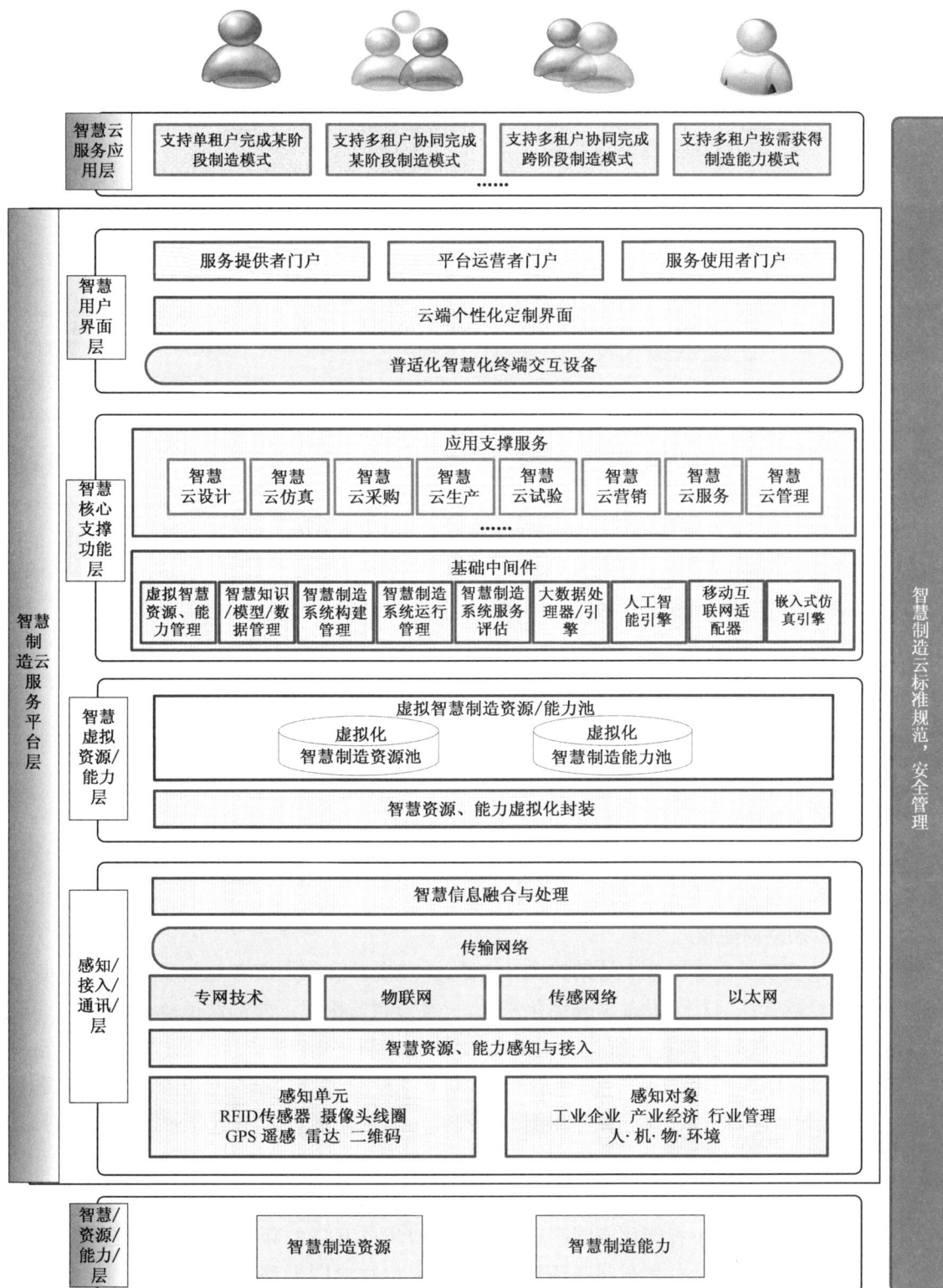

图 4‑17　智慧云制造系统体系架构

随着多年的发展,智慧云制造系统业已逐步形成完善的技术体系架构,包括智慧制造系统总体技术、智慧云产品专业技术、智慧云制造系统支撑平台技术、智慧云产品设计技术、智慧云产品装备技术、智慧云经营管理技术、智慧云仿真与试验技术以及智慧云服务技术等关键技术,如图4-18所示。

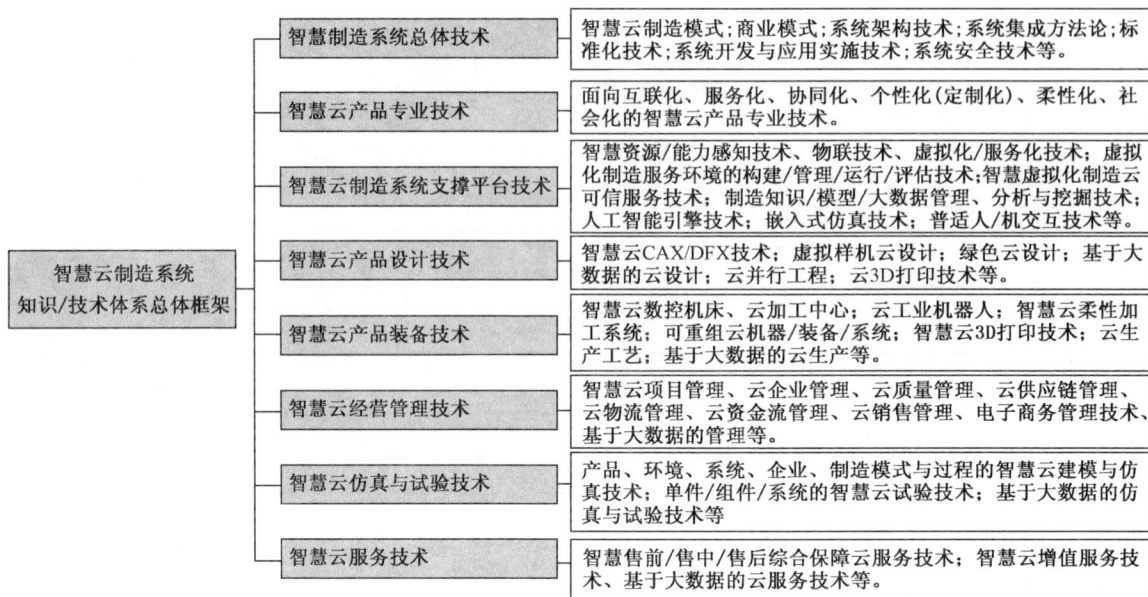

智慧制造系统总体技术	智慧云制造模式;商业模式;系统架构技术;系统集成方法论;标准化技术;系统开发与应用实施技术;系统安全技术等。
智慧云产品专业技术	面向互联化、服务化、协同化、个性化(定制化)、柔性化、社会化的智慧云产品专业技术。
智慧云制造系统支撑平台技术	智慧资源/能力感知技术、物联技术、虚拟化/服务化技术;虚拟化制造服务环境的构建/管理/运行/评估技术;智慧虚拟化制造云可信服务技术;制造知识/模型/大数据管理、分析与挖掘技术;人工智能引擎技术;嵌入式仿真技术;普适人/机交互技术等。
智慧云产品设计技术	智慧云CAX/DFX技术;虚拟样机云设计;绿色云设计;基于大数据的云设计;云并行工程;云3D打印技术等。
智慧云产品装备技术	智慧云数控机床、云加工中心、云工业机器人;智慧云柔性加工系统;可重组云机器/装备/系统;智慧云3D打印技术;云生产工艺;基于大数据的云生产等。
智慧云经营管理技术	智慧云项目管理、云企业管理、云质量管理、云供应链管理、云物流管理、云资金流管理、云销售管理、电子商务管理技术、基于大数据的管理等。
智慧云仿真与试验技术	产品、环境、系统、企业、制造模式与过程的智慧云建模与仿真技术;单件/组件/系统的智慧云试验技术;基于大数据的仿真与试验技术等
智慧云服务技术	智慧售前/售中/售后综合保障云服务技术;智慧云增值服务技术、基于大数据的云服务技术等。

(左侧:智慧云制造系统知识/技术体系总体框架)

图4-18 智慧云制造系统知识/技术体系总体框架

二、智慧云制造重要技术进展

(一)智慧云制造总体技术

涉及智慧云制造应用系统体系架构、智慧云制造商业模式、智能管控集成互联技术、智慧云制造标准体系和智慧云制造评估体系。

(1)智慧云制造应用系统体系架构

智慧云制造应用系统体系架构包括资源能力层、泛在网络层、平台服务层、智慧云服务应用层以及安全管理和标准规范体系,如图4-19所示。

(2)智慧云制造商业模式

智慧云制造变革了企业制造交易结构设计方法、企业资源和能力服务化调度方式和盈利模式。围绕人/组织、经营管理、技术/设备集成优化需求,智慧云制造构建了外部营销链、服务链扁平化一体化应用模式、复杂产品群体智能研制应用模式、个性化定制化生产模式等先进的商业模式,逐步建立智能化、互联化、服务化、协同化、个性化(定制化)、柔性化、社会化、绿色化的产品制造和用户服务模式,实现新的客户价值、企业资源和能力、盈利方式,从而促进云制造商业模式创新,推动大众创业、万众创新。

(3)智能管控集成互联技术

围绕工业互联网环境下智能化协同制造业务发展对集成互连的新需求,建立制造物联环境下的设备自主互联、互操作方法,复杂制造场景下多维度人机物协同模型与集成接口方法,实现人与设备之间、设备与设备、设备与环境之间的实时感知、语义理解和知识协同。引入以 SDN/NFV 等

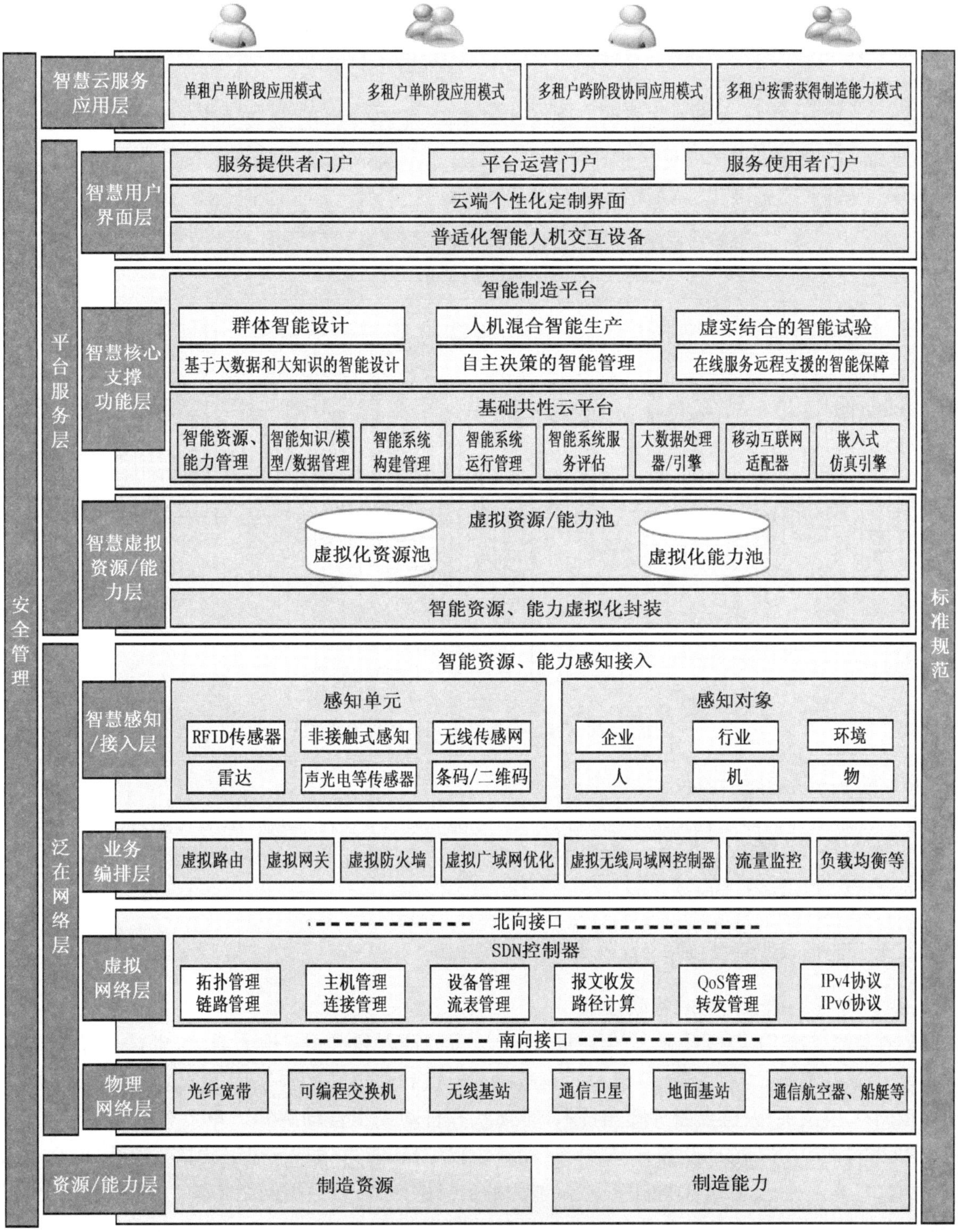
智慧云服务应用层
单租户单阶段应用模式
多租户单阶段应用模式
多租户跨阶段协同应用模式
多租户按需获得制造能力模式
平台服务层
智慧用户界面层
服务提供者门户
平台运营门户
服务使用者门户
云端个性化定制界面
普适化智能人机交互设备
智慧核心支撑功能层
智能制造平台
群体智能设计
人机混合智能生产
虚实结合的智能试验
基于大数据和大知识的智能设计
自主决策的智能管理
在线服务远程支援的智能保障
基础共性云平台
智能资源、能力管理
智能知识/模型/数据管理
智能系统构建管理
智能系统运行管理
智能系统服务评估
大数据处理器/引擎
移动互联网适配器
嵌入式仿真引擎
智慧虚拟资源/能力层
虚拟资源/能力池
虚拟化资源池
虚拟化能力池
智能资源、能力虚拟化封装
安全管理
标准规范
泛在网络层
智慧感知/接入层
智能资源、能力感知接入
感知单元
RFID传感器
非接触式感知
无线传感网
雷达
声光电等传感器
条码/二维码
感知对象
企业
行业
环境
人
机
物
业务编排层
虚拟路由
虚拟网关
虚拟防火墙
虚拟广域网优化
虚拟无线局域网控制器
流量监控
负载均衡等
虚拟网络层
北向接口
SDN控制器
拓扑管理 链路管理
主机管理 连接管理
设备管理 流表管理
报文收发 路径计算
QoS管理 转发管理
IPv4协议 IPv6协议
南向接口
物理网络层
光纤宽带
可编程交换机
无线基站
通信卫星
地面基站
通信航空器、船艇等
资源/能力层
制造资源
制造能力

图 4－19　智慧云制造应用系统体系架构

新兴技术为代表的网络虚拟化方法,实现云制造网络基础设施资源的深度抽象隔离与动态管控。建立基于大数据的制造物联三元协同决策与优化理论,实现人、机、物的虚实融合与动态调度,确保人、机、物三元间开放安全互联,及业务互操作,为云制造的协同管理与服务提供支撑,形成人、机、物共融的资源、能力集成环境。

(4)智慧云制造标准体系

智慧云制造标准体系考虑云制造系统设备智能化、流程智能化、资源/能力协同三个层次的集成与协同需求,同时考虑产业链全生命周期活动制造服务集成和业务协同的智能服务需求以及整体安全要求,并使之标准化、规范化,如图4-20所示。

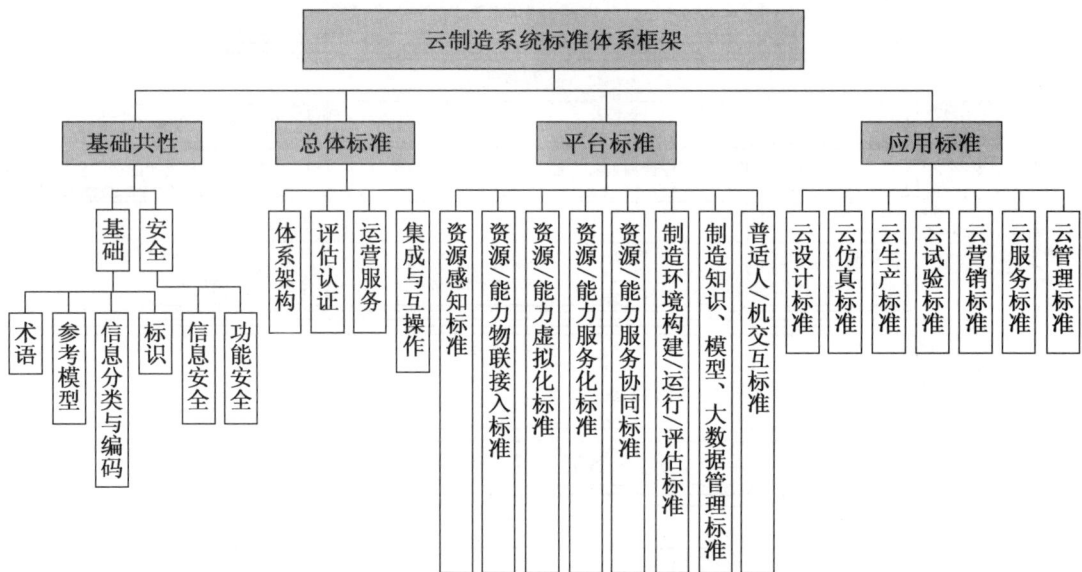

图4-20 智慧云制造应用系统体系架构

(5)智慧云制造评估体系

智慧云制造评估体系包括水平与能力评估、效能和效益评估两部分,水平与能力评估包括基础建设、单项应用、综合集成、协同创新等四个主要评估方面;效能与效益评估包括竞争力、经济和社会效益等两个主要评估方面。

(二)云制造系统平台技术

(1)智能资源/能力感知、物联技术

立足智能资源/能力全系统、全生命周期、全方位的接入和感知互连的需求,建立通用多维智能资源/能力描述模型,为智能资源/能力的表达提供模板和数据结构。采用工业适配器、传感器、条形码、RFID、摄像头、人机界面等感知技术,实现状态自动或半自动感知。重点解决各类硬制造资源(如机床、加工中心、仿真设备、试验设备、物流货物等)和能力(如人/知识、组织、业绩、信誉、资源等)的感知、接入难题,实现各类制造资源/能力的信息感知、海量数据网络传输、大数据高效分析与处理综合应用,为云制造的业务执行过程提供基础服务。

(2)智能资源/能力虚拟化、服务化技术

围绕智能资源/能力在线按需使用的目标,构建智能资源/能力虚拟化封装与规范化描述模型,建立"虚拟器件"模板或镜像,实现其创建、发布、存储和迁移,以及虚拟器件的匹配、组合、部署和激活。对各类虚拟制造资源和能力的状态和流程进行监控、管理、调度、迁移及备份。采用规范化的基于语义的服务描述与发布技术、可变粒度虚拟化描述模型智能搜索按需聚合/按需分解技术，实现分散资源/能力的集中使用，为用户提供优质廉价、按需使用的云制造服务。

（3）智能服务环境的构建/管理/运行/评估技术

围绕异构、开放式智能资源/能力按需组合、优化配置以及高效协同互操作的目标，构建智能服务的领域本体，建立制造服务的语义本体描述方法和搜索匹配算法，实现智能化需求解析与任务分解、匹配及优化组合。采用基于多主体的虚拟智能服务的协同运行、异构资源集成与语义互操作、分布式协同环境的时空一致性、高可靠容错等技术，实现智能服务环境的敏捷重构。构建智能制造服务评估体系，形成智能服务的统一评价模型、虚拟服务环境综合评估方法以及多服务协同执行时整体评估与局部评价的映射方法，为云制造服务资源、能力的共享、租售和配置提供支撑，实现用户利益最大化，实现企业制造能力的综合优化。

（4）智能知识/模型/大数据管理、分析与挖掘技术

通过对智能制造设备/装备数据的采集和监控、工业传感器实时在线数据的采集、产品生命周期知识的管理，以及信息化平台（CRM、PDM、ERP、MES 等）数据的集成，构建跨媒体表达结构模型与语义体系，应用知识/模型/大数据融合分析推理工具和挖掘与可视化系统，对云制造应用系统产生的知识/模型/大数据进行分布式缓存、整合、特征抽取和高效分析处理，实现云制造应用系统万物互联、规模庞大的知识、模型和工业数据的管理分析与价值发掘，提高企业决策和业务优化水平，推动制造业向基于知识、数据的制造服务模式转变。

（5）人机共融智能交互技术

围绕云制造过程中用户与产品、设备进行指令传达、信息展示等输入、输出智能交互的需求，采用基于上下文信息的用户意图感知与融合、基于相似性计算的信息检索、面向海量服务的信息可视化、基于草图的云服务表征，以及基于语音、生物电、生物磁信号的感知识别等技术，建立经验知识大数据平台和学习、挖掘内隐知识体系，基于 AR/VR 的信息展示等设备，实现云制造过程中人与机器、设备、装备高效的共融与智能双向交互。

（三）制造全生命周期活动的智能化技术

充分利用工业互联网对工业数据的全面深度感知、实时传输交换、快速计算处理和高级建模分析，提供制造全生命周期活动的智能化水平，实现智能控制、运营优化和生产组织方式变革。

（1）智能设计技术

采用智能 CAX/DFX 技术、虚拟样机智能设计技术、基于数据驱动与知识指导的设计预测、分析和优化技术、绿色设计技术和智能 3D 打印技术等，打破设计数据孤岛之间的藩篱，建立多领域设计知识中心，形成基于数据驱动与知识指导的智能设计模式。构建参数化、模块化、智能化设计流程，培养从数据到知识、从知识到智慧的设计能力。构建众包智能设计平台，培育在线众包、个性化设计、智能化预测的设计新业态，提升设计的效率和知识附加值。

（2）智能生产技术

充分应用云计算、大数据和人工智能等先进技术，建立基于跨媒体知识推理和仿真分析的工艺设计模式、基于智能自主设备/装备的柔性化生产模式和人机协同的混合智能生产模式，形成自主决策、少人干预的生产流程，打造服务化制造、社会化制造、个性化定制、柔性化制造新模式，培育人机协同、自主决策、个性定制的智能生产业态，提高生产过程的自动化、智能化水平和能源利用效率。

（3）智能管理技术

针对传统企业管理在自身拥有的人、财、物等各种要素资源的约束下组织开展制造活动，难以最优化利用人、财、物各种要素的问题，采用自主决策的要素资源配置技术和基于云平台的制造资源/能力优化配置技术，形成动态、高效、智能的企业管理新模式。在制造资源的虚拟化、服务化的基础上，实现云项目管理、云企业管理、云质量管理、云营销、云供应链、云物流等新的资源计划、组织、控制、调度新手段，培育高效、动态、协作的智能管理新业态，提升整个产业链的管理水平，促进能源、资金和人才的优化配置。

（4）智能试验技术

采用云建模与仿真技术、单件/组件/系统云试验技术、基于大数据的仿真与试验技术，构建按需动态的仿真与试验环境和平台，提供在线按需使用的仿真环境和设备，形成基于大数据自动分析处理结果的智能试验新流程和工业互联网环境下的智能联合仿真与试验新模式，应用于产品单件、组件、系统不同级别的全数字、半实物等仿真与试验，培育以虚验实、虚实结合的智能试验新业态，降低试验成本和缩短产品研制周期。

（5）智能保障技术

为解决传统保障技术用户服务体验差、支援不及时等问题，应用基于数据驱动与知识指导的人工智能技术，构建智能保障云服务平台，实现智能售前/售中/售后综合保障云服务、装备智能故障诊断、预测和健康评估、远程支援等，形成售后服务的全网络支持、智能化预测维护和智能化服务的保障新模式。基于虚拟现实/增强现实技术创新装备使用维保新手段，提升产品使用维护水平，提高保障服务的质量和效率，并降低保障服务的成本。

三、智慧云制造产业进展

（一）国外产业进展

自 2015 年底开始，基于云制造平台的智慧制造产业生态已经成为全球工业竞争的制高点。云制造产业的竞争越来越演变成云制造产业生态链的竞争，基于"智能机器＋平台软件＋工业 APP"展开的产业生态竞争愈演愈烈。面对当前全球制造业竞争格局演变的新趋势，跨国公司加快产业链整合的步伐，围绕构筑云端智慧制造操作系统，打造产业联盟，制定参考框架，开展测试验证，深化技术合作，试图抢占智慧云制造产业生态竞争的制高点和主导权。2014 年，GE 联合 Intel、IBM、思科、AT&T 等组建了工业互联网联盟，在美西、美东、欧洲、日本等地建立了四个制造云计算中心，2016 年面向全球开放基于工业云制造的 Predix 平台，Predix 机器、Predix 连接、Pass 平台、工业 APP 等生态组件已开始部署到石油化工、能源风电、航空等领域，已有近 60 个微服务在平台上运行，100 多个客户使用了 Predix 的产业和服务，基于 Predix 的产业生态培育取得了新的进展。2016 年，西门子发布了基于工业云制造的物联网操作系统 MindSphere，在深化与 SAP 的 HANA、IBM 的 Watson 深度合作的基础上，推动数据采集器、Mind 连接配置软件、MindSphere 平台、工业 APP 等组件，在北美、欧洲等 100 多家企业进行了部署，基于 MindSphere 的产业生态建设步伐不断加快。

除了大型工业集团纷纷抢滩智慧云制造产业生态，传统 Iaas 企业围绕工业云制造的战略布局不断加快。面对全球工业云制造市场快速发展的新趋势，各大工业软件、通信设备、互联网、芯片和运营商等 Iaas 企业纷纷布局智慧云制造。一方面，全球工业软件巨头核心产品云化战略已取得阶段性成果，基于云架构的 PDM、MES、ERP 等产品体系初步形成；另一方面，全球的 Iaas 企业进一步加快智慧云制造领域的战略布局,IBM、微软、思科、亚马逊等全球领军企业围绕工业领域的云计算业务提出了一整套落地解决方案。

(二)国内产业进展

2016 年,《国务院关于深化制造业和互联网融合发展的指导意见》提出,加快构筑自动感知和控制、工业云制造与智能服务平台、工业互联网等制造业新基础,并明确提出到 2018 年年底要比 2016 年云制造企业用户翻一番的目标。2017 年,工信部发布了《云计算发展三年行动计划(2017—2019 年)》,将积极发展工业云制造服务作为一项重点任务,支持建设工业云平台和云制造服务试点。各省市也将工业云制造作为落实"互联网+"行动,深化制造业与互联网融合发展、促进制造业转型升级的重要抓手。全国 21 个省市的制造业与互联网融合发展实施方案以及 24 个省市的两化融合"十三五"规划中都部署了工业云制造平台建设和应用推广的相关工作,鼓励和支持工业云制造平台发展的政策体系逐步形成。

随着国家和各省市工业云制造试点工作推进,工业云制造公共服务平台呈现出三种发展模式:第一种是以数码大方等为代表的资源和服务汇集平台,通过平台汇集工业软件、工业模型、数字化模具、产品和装备维护知识库、管理软件、技术人才等资源,降低企业信息化应用门槛和成本;第二种是以智能云科、优制网为代表的制造资源和制造能力交易平台,实现研发设计、生产制造、检测认证、物流配送等资源和服务的高效对接,优化制造资源的配置效果;第三种是以海尔、红领为代表的产业链协同云平台,基于平台开展协同设计、协同制造、工业链协同等产业链协作,促进全价值链的创新,加速培育网络化协同制造等新模式。航天云网、数码大方等工业云制造平台助力企业降低研发成本 50%,提高生产效率 40% 以上。

此外,与国际形势类似,传统 Iaas 企业正在积极推动技术和业务的战略转型,加强在工业云制造领域市场的战略布局。一些 Iaas 企业通过强化数据采集、工业连接、工业大数据、云平台、开放 API 等领域的研发和产业化,推动制造业底层设备、工控系统、制造执行系统、管理软件等核心数据的互联互通,提出面向智能制造的工业云整体解决方案。华为建立了集成行业应用的 IOT 连接管理云平台,向下通过工业云联网、敏捷网关,连接设备和传感器采集数据,向上提供数据管理开放 API 接口,并开展基于云计算的行业应用解决方案。阿里、腾讯等互联网企业面向制造业提供基础云服务,分别与国内的工程机械等企业开展深度合作,拓展面向工业云制造的新业务。用友等工业软件也纷纷加速云转型,通过搭建第三方云平台,推动软件包和解决方案、产品云化等方式,打造全新的平台化服务模式。

总体而言,国内主要智慧云制造服务厂商纷纷开始布局自身的智慧云制造产业生态。其中云制造平台是产业生态构建的基础,正处于快速发展的窗口期,国内企业结合云业务转型的趋势,加快产业生态的布局。第一是建平台,国内制造企业纷纷推出了一系列工业云平台,如航天云网的 INDICS、海尔的 COSMOPlat、树根互联的根云平台等;第二是哑改造,国内企业把传统设备的数字化、网络化作为云平台建设的基础,提供端到端的系统解决方案,如航天云网开展了"三哑改造"即哑设备、哑岗位、哑企业,树根互联提供了集数据采集、汇聚、集成、分析、运用为一体的解决方案;第三是推应用,国内企业结合自己的行业优势和企业基础,基于云平台开发面向特定行业的应用服务,航天云网不断推动集团内的云制造模式向全社会开放,到 2017 年 4 月,入驻企业超过 60 万户,树根互联在开展基于工程机械产品全生命周期服务的基础上,不断拓展装备、电子、风电等新领域,海尔的 COSMOPlat 平台以上亿的供货资源为纽带,面向终端用户提供产品定制服务,面向电子、船舶、化工等行业提供智能制造解决方案。

四、航天云网——智慧制造云的雏形

(一) 航天云网概况

航天云网(工业互联网云系统 INDICS)是中国航天科工集团公司自主研发的智慧制造云平台,也是目前国内领先的智慧云制造平台。航天云网以云制造为核心,提供门户网站运维服务,智能制造、协同制造、云制造底层软件开发,云端企业智能化、智慧化改造,产品、制造资源共享与协作配套,工业大数据及其应用,云制造质量星级认证,云端企业信用认证,云端第三方支付与金融服务,云制造应用软件(CMAPP)开放式"双创",工业互联网数据与平台安全,工业互联网标准架构及相关标准拟制和第三方工业互联网平台应用环境等 12 大业务服务,形成"互联网+智能制造"系统解决方案。

(二) 航天云网 INDICS 平台

工业互联网云系统 INDICS 总体架构(如图 4-21 所示)包括工业应用 APP 层、云平台层、平台接入层、工业物联网层和工业设备层等。

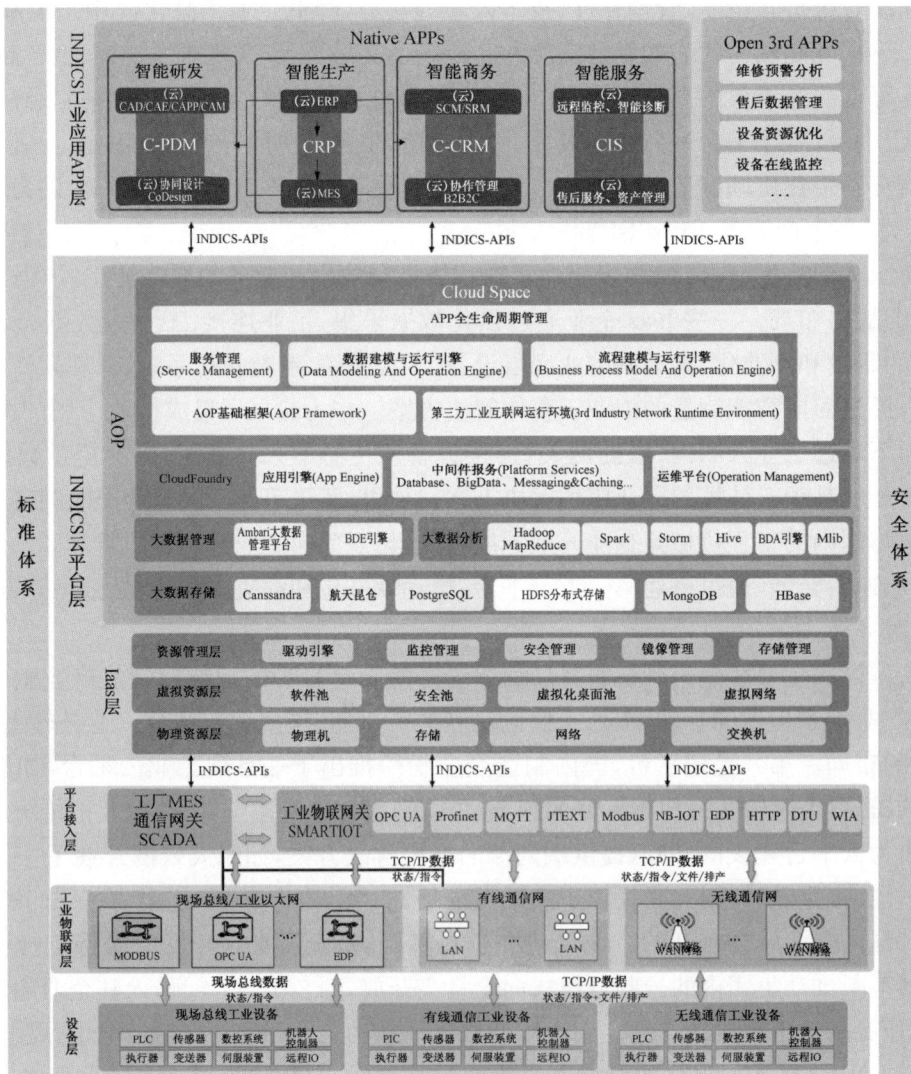

图 4-21　工业互联网云系统 INDICS 总体架构

（1）设备层。支持各类工业设备的接入，具有机械加工、环境试验、电器互联、计量器具、仿真试验等21类工业设备的接入能力。

（2）工业物联网层。实现各类工业设备的通信互联，支持 OPC－UA、MQTT、Modbus、Profinet 等主流工业现场通信协议的通信互联，支持工业现场总线、有线网络、无线网络的通信互联。

（3）平台接入层。实现工厂/车间的云端接入，提供自主知识产权的 SmartIOT 系列智能网关接入产品（标准系列、传感器系列、高性能系列）和 AOP－OpenAPI 软件接入接口，支持"云计算＋边缘计算"的混合数据计算模式。

（4）INDICS 云平台层。提供云资源基础设施管理、大数据管理和应用支撑公共服务等云服务功能。以业界主流开源 PaaS 云平台 Cloud Foundry 基础架构作为底层支撑架构，有效支持工业云的能力扩展；同时自建数据中心，直接提供基础设施层（IaaS 层）和通用平台层（PaaS 层）的基础云服务。

（5）INDICS 工业应用 APP 层。提供工业应用服务。与 GE 的 Predix 和西门子的 MindSphere 仅提供部分智能服务功能相比，工业互联网云系统 INDICS 提供了以云协作/云 CRM/云 SCM/云 SeCM 为核心的智能商务、以云 CAD/云 CAE/云 CAPP/云 CAM/云 PDM/协同设计 CoDesign 为核心的智能研发，以云 ERP/云排产 CRP/云 MES/虚拟云工厂为核心的智能管控，以远程监控、智能诊断、售后服务、资产管理为核心的智能服务等制造全产业链的工业应用服务功能。

（6）安全体系和标准体系。基于自主可控的安全防护体系，为智能制造系统的用户身份、资源访问和数据等提供安全保障；通过标准规范体系，规范智能制造系统技术应用和平台的准入、监管和评估等过程。

与国内外主流的工业云制造平台的服务能力进行对比分析，如表 4－32 所示，在网关接入、OT 层接入和云平台架构等能力方面，三类平台基本具有同等的服务能力；但由于构建的视角的不同，三类平台提供的软件接入能力和云应用服务能力有所不同。

表 4－32　国内外主流工业云制造平台服务能力

	INDICS	MindSphere	Predix
软件接入能力	提供 CAD/CAE、ERP/CRM、CMES/CPDM/CRP 等 100 余款工业软件，并已实现部分软件的云化接入	提供 TeamCenter、MOM 等多种 PLM、MES 软件，暂未支持云化软件接入	提供等多种 PLM、ERP 软件，暂未支持云化软件接入
网关接入能力	提供 SMartIOT 标准系列、传感器系列、高性能系列等三类工业网关，以及 AOP-API 定制化软件接入方式	提供 Nano、IOT2000 等标准系列和高性能系列工业网关，提供定制化的软件接入方式	提供 M2M、M2DC 标准系列工业网关接入
OT 层接入能力	支持 OPC-UA，MQTT，Modbus，Profinet 等主流工业现场通信接口协议	支持 OPC-UA，Modbus，MQTT，Profinet 等工业现场通信接口协议	支持 OPC-UA、ModBus、MQTT 等工业现场通信接口协议
云平台架构能力	拥有独立自主 PaaS 平台；提供 RabbitMQ、PostgreSQL、Redis、MongoDB、Cassandra、Swift 等中间件服务，提供自主可控的昆仑数据库服务，提供 hadoop、spark 等大数据建模分析服务	基于第三方的 PaaS 平台；提供 RabbitMQ、PostgreSQL、Redis、MongoDB、Cassandra、Swift 等中间件服务，以及 hadoop、spark 等大数据建模分析服务	拥有独立自主 PaaS 平台；提供 RabbitMQ、PostgreSQL、Redis、MongoDB、Cassandra、Swift 等中间件服务，以及基于算法库的数据分析框架
云应用服务能力	提供智能生产、智能设计、智能管控、智能服务全产业链应用服务	提供维修预警、在线监控等生产设备维护与运营服务	提供性能管理、运营优化等产品维护与运营服务

(三) 航天云网应用情况

工业互联网云系统 INDICS 于 2015 年 6 月 15 日正式上线并持续优化完善,目前已成功应用于高端装备、模具、家具、电子、汽车、新材料等制造行业和领域,构建了贵州工业云、京津冀工业云、横沥模具云和南康家具云等区域/行业云平台,入驻企业突破 60 万家,形成了由 126 款软件、1.37 万项专利、3.58 万份标准、上百位专家构成的云资源池,为近千家行业用户提供了线上定制化服务。航天云网已在设计、生产、供应、营销、售后等环节形成众多成功的典型案例,包括大型工程软件云端租用(节约成本 70%)、复杂模具云端 3D 打印(节约成本 2/3)、复杂新产品样件云端 3D 打印(缩短周期 50%、节省成本 60%)、云端协同采购/供应(节省成本 30%、减少人员 16%)、云端协同售后服务(众修,节省成本 30%)、云端新产品设计招标(节省时间数月、经费 30%)。

五、智慧云制造发展建议

智慧云制造是"互联网+人工智能+"时代的一种智能制造模式、手段与业态,是云计算在制造领域的落地和拓展,是实施"中国制造 2025"和"互联网+制造"行动计划的一种智能制造模式和手段,是制造业与互联网融合发展的一种智能制造模式和手段。

智慧云制造发展需要"技术、应用、产业"的协调发展。

1. 在技术方面

(1) 要重视新制造科学技术、新信息科学技术、新智能科学技术(人工智能 2.0)及制造应用领域技术的深度融合发展,例如:要加强系统总体技术中的异构集成技术(拓展 RTI);平台技术中进一步融合大数据技术、高性能嵌入仿真/边缘计算技术、5G 技术、新人工智能技术(人工智能 2.0)及 VR/AR 技术等的研究。(2) 要重视加强智慧云环境中的设计、生产、管理、试验、保障服务等智能制造技术的新模式、新流程、新手段(硬/软)、新业态的研究,它是智能制造系统的基础。(3) 要重视符合"共享经济"的商业模式技术研究。(4) 要重视安全技术(如融入区块链技术)及相关标准和评估指标体系技术研究。(5) 要重视持续建设企业为中心的"政、产、学、研、金、用"结合的技术创新体系。

2. 在产业方面

(1) 加强云制造工具集和平台的研发产业;(2) 加强云制造系统(行业、企业、车间制造云及制造产业链上各阶段云制造服务系统)的构建与运行产业;(3) 加强云制造运营中心的运营服务产业。

3. 在应用方面

大力开展应用示范工程和推广应用,其中,(1) 要突出行业、企业特点;(2) 突出以问题为导向,突出模式、手段和业态的变革;(3) 突出系统的三要素、五流的综合集成化、优化和智慧化;(4) 突出系统工程的实施原则,即"一把手挂帅","效益驱动,总体规划,突出重点,分步实施"的指导思想,制定好发展规划与阶段性实施方案等。

(来源:《2017 中国软件和信息服务业发展报告》,作者:李伯虎)

第二节　互联网信息安全

当前,世界各国信息化快速发展,信息技术的应用促进了全球资源的优化配置和发展模式的创新,引发了越来越多的信息安全问题。互联网对政治、经济、社会和文化的影响更加深刻,信息化渗透到国民生活的各个领域,围绕信息获取、利用和控制的国际竞争日趋激烈,保障信息安全成为各国重要议题。

近年来,面对日益严峻的网络空间安全威胁,美国、德国、英国、法国等世界主要发达国家纷纷出台了国家网络安全战略,明确网络空间战略地位,并提出将采取包括外交、军事、经济等在内的多种手段保障网络空间安全。国内外不论是大型 IT 巨头还是中小企业通过融资、并购以及战略合作的方式,积极开展信息安全生态体系建设,信息安全相关领域的市场、技术、产品服务等稳步向前发展。

一、信息安全市场与环境

(一) 2016 年主要信息安全相关政策

1. 国内信息安全相关政策

2016 年 3 月,"十三五"规划发布,网络安全和信息化方案工作在"十三五"规划中得到全面加强。

5 月,中央网信办、教育部、工信部、公安部、新闻出版广电总局、共青团中央等六部门联合印发了《国家网络安全宣传周活动方案》。方案明确从 2016 年开始,网络安全宣传周于每年 9 月第三周在全国各省区市统一举行。

6 月,中国网络安全和信息化领导小组办公室等六部门下发《关于加强网络安全学科建设和人才培养的意见》,推进网络空间安全高效基础教育。

6 月,中俄联合发布《中华人民共和国主席和俄罗斯联邦总统关于协作推进信息网络空间发展的联合声明》,就共同关心的问题进行磋商,确定信息网络空间互利合作的新方向。

7 月,中共中央办公厅、国务院办公厅印发《国家信息化发展战略纲要》,强调要保护信息化有序健康安全发展,明确了信息化法治建设、网络生态治理和维护网络空间安全的主要任务。

8 月,经中央网络安全和信息化领导小组同意,中央网信办、国家质检总局、国家标准委联合印发《关于加强国家网络安全标准化工作的若干意见》,对加强网络安全标准化工作作出部署。

9 月,最高人民法院、最高人民检察院、公安部、工业和信息化部、中国人民银行、中国银行业监督管理委员会等六部门联合发布《关于防范和打击电信网络诈骗犯罪的通告》,分别对公安机关、检察院、法院、电信企业、各商业银行等打击治理电信网络诈骗提出具体要求。

11 月,十二届全国人大常委会第二十四次会议经表决,通过了《中华人民共和国网络安全法》,将于 2017 年 6 月 1 日正式施行,明确了网络空间主权的原则和网络产品及服务提供者的安全义务。

12 月,经中央网络安全和信息化领导小组批准,国家互联网信息办公室发布《国家网络空间安全战略》,阐明了中国关于网络空间发展和安全的重大立场和主张,明确了战略方针和主要任务,切实维护国家在网络空间的主权、安全、发展利益。

2. 国际信息安全相关政策

2016 年 1 月,俄罗斯《互联网隐私法案》生效。该法案引入"被遗忘权",赋予俄罗斯公民请求搜索引擎删除含有不准确、不相关、对个人后续事件和行为无意义和违反俄罗斯法律相关信息的链接。

2 月,奥巴马政府成立"国家网络空间安全强化委员会"促进未来十年内美国的网络安全。

今年 4 月起,欧盟 30 个国家的超 700 名安全专家,长达 7 个月的演练,涉及针对无人机、云技术、移动恶意软件和物联网等多种不同威胁。

6月,北大西洋公约组织宣布,"网络"将正式成为各北约成员国的战场,意味着对北约成员国中任何一国的攻击将被视为对整个联盟的攻击,所有成员国应援助受攻击国家。

7月,欧洲议会通过《网络和信息系统安全指令》。该指令是第一部欧盟范围内的网络安全规则,旨在实现网络和信息系统安全的更有力、更普遍的保障。

8月,欧美隐私盾协议全面实施。隐私盾替代了在去年10月陷入僵局的安全港协议,它对美国公司施加了更严厉的责任以保护欧洲公民的个人数据,强化了欧盟的数据主权。

11月,美国国防部公布"漏洞披露政策",允许自由安全研究人员通过合法途径披露国防部公众系统存在的任何漏洞。这项政策旨在允许黑客在不触犯法律的前提下访问并探测政府信息系统。

11月,英国议会通过《2016调查权法》,该法律要求网络公司和电信公司收集客户通信数据,并存储12个月的网络浏览历史记录,给警察、安全部门和政府提供了空前的数据访问权力。

3. 习近平总书记关于网络安全的重要讲话

(1)习近平总书记4月19日上午在京主持召开网络安全和信息化工作座谈会并发表重要讲话,强调按照创新、协调、绿色、开放、共享的发展理念推动我国经济社会发展,是当前和今后一个时期我国发展的总要求、大趋势,我国网信事业发展要适应这个大趋势,在践行新发展理念上先行一步,推进网络强国建设,推动我国网信事业发展,让互联网更好地造福国家和人民。

习近平强调,网络空间是亿万民众共同的精神家园。网络空间天朗气清、生态良好,符合人民利益;网络空间乌烟瘴气、生态恶化,不符合人民利益。我们要本着对社会负责、对人民负责的态度,依法加强网络空间治理,加强网络内容建设,做强网上正面宣传,培育积极健康、向上向善的网络文化,用社会主义核心价值观和人类优秀文明成果滋养人心、滋养社会,尽快在基础技术/通用技术、非对称技术/杀手锏技术、前沿技术/颠覆性技术等核心技术上取得突破,做到正能量充沛、主旋律高昂,为广大网民特别是青少年营造一个风清气正的网络空间。

中共中央政治局10月9日下午就实施网络强国战略进行第三十六次集体学习。中共中央总书记习近平在主持学习时强调,加快推进网络信息技术自主创新,加快数字经济对经济发展的推动,加快提高网络管理水平,加快增强网络空间安全防御能力,加快用网络信息技术推进社会治理,加快提升我国对网络空间的国际话语权和规则制定权,朝着建设网络强国目标不懈努力。

习近平强调,网络信息技术是全球研发投入最集中、创新最活跃、应用最广泛、辐射带动作用最大的技术创新领域,是全球技术创新的竞争高地。我们要顺应这一趋势,大力发展核心技术,加强关键信息基础设施安全保障,完善网络治理体系。要紧紧牵住核心技术自主创新这个"牛鼻子",抓紧突破网络发展的前沿技术和具有国际竞争力的关键核心技术,加快推进国产自主可控替代计划,构建安全可控的信息技术体系。要改革科技研发投入产出机制和科研成果转化机制,实施网络信息领域核心技术设备攻坚战略,推动高性能计算、移动通信、量子通信、核心芯片、操作系统等研发和应用取得重大突破。

(二)2016年度信息安全市场稳步增长

1. 市场规模

2016年,安全泄漏事件频频发生,DDoS攻击、勒索软件等网络攻击规模不断上升,信息安全市场关注度也不断提升,政府部门、重点行业在信息安全产品和服务上的投入持续增加,信息安全市场依然保持较高的发展势头,赛迪顾问预测2016年信息安全产品市场整体规模预计达到338.39亿元,比2015年增长22.3%。

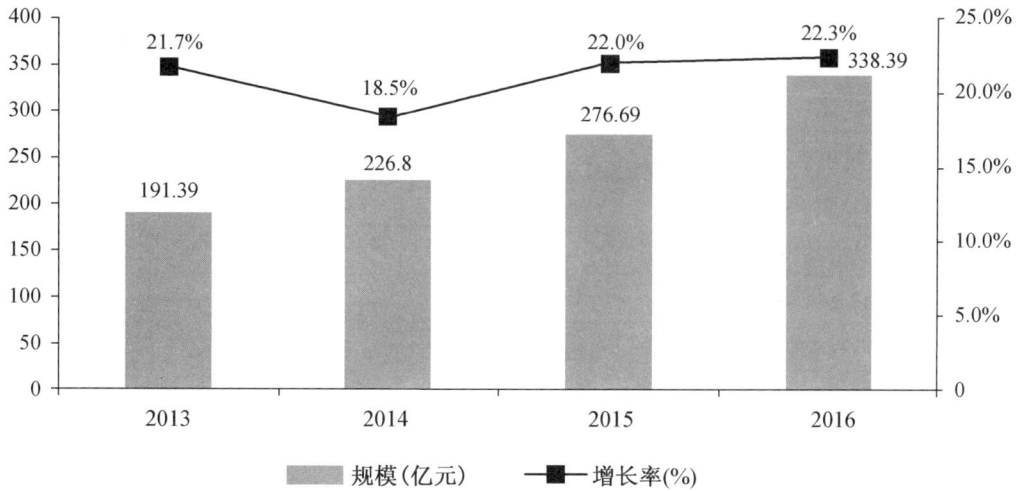

图 4-22 2013—2016 年中国信息安全产品市场规模

（数据来源：赛迪顾问，2016 年 12 月）

2. 未来三年发展趋势

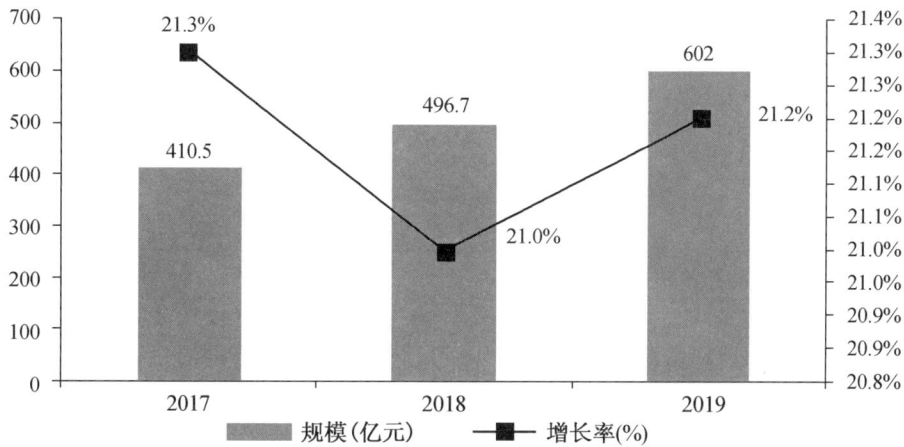

图 4-23 2017—2019 年中国信息安全产品市场规模预测

（数据来源：赛迪顾问，2016 年 12 月）

未来 3 年，随着国际信息安全局势的复杂变化，政府依然高度重视信息化和网络安全投入，电信、金融、能源等行业不断加强其信息安全建设，关键行业和领域信息安全产品国产化替代不断推进，信息安全产品将更具自主创新性且更加多元化。预计 2019 年中国信息安全产品市场规模将达到 602.0 亿元，未来三年的复合增长率为 21.2%。

（三）2016 年信息安全领域企业并购等资本层动作加速

1. 国际

2016 年国际安全行业巨头动作频频，纷纷通过投资、并购或者其他资本运作手段，补强自身的信息安全业务板块。与 2015 年相比，2016 年的并购金额有着明显的提升。

表 4-33　2016 年国外信息安全行业收并购情况一览表

收/并购事件	收/并购金额
火眼收购 iSIGHT Partners	2.75 亿美元
IBM 收购 Resilient Systems	1 亿美元
思科收购 CloudLock	2.9 亿美元
趋势科技收购 TippingPoint	3 亿美元
赛门铁克收购 BlueCoat	46.5 亿美元
赛门铁克收购 LifeLock	23 亿美元
Thoma Bravo 收购 Imprivata	5.4 亿美元
Avast 收购 AVG	13 亿美元
甲骨文收购 Dyn	未公布
英特尔出让迈克菲 51％股份	31 亿美元

数据来源:安全牛

2. 国内

2016 年,中国网络安全初创企业数量明显增多,不断传出融资消息,资本市场活跃。已具一定规模的安全企业开始寻求新三板上市,上市企业开始寻求投资标的或者其他形式的资本合作。国外大型 IT 公司和知名安全厂商纷纷寻求在中国落地的途径、方法。

（1）融资情况

表 4-34　2016 年国内信息安全企业融资一览表

企业名称	融资阶段与金额	企业名称	融资阶段与金额
国民认证	天使轮 3 000 万元	椒图科技	A＋轮 3 800 万元
看雪科技	天使轮 500 万元	安全狗	B 轮 3 500 万元
默安科技	天使轮 600 万元	威努特	B 轮 5 000 万元
安洵信息	天使轮千万元级	安华金和	B 轮 5 500 万元
上海观安	Pre-A 2 000 万元	杭州邦盛	B 轮 1.35 亿元
卫达科技	Pre-A 6 000 万元	同盾科技	B＋轮 3 200 万美元
HanSight 瀚思	A 轮 3 000 万元	梆梆安全	D 轮 5 亿元
微步在线	A 轮 3 500 万元	中新网安	Pre-IPO 3.17 亿元
青藤云安全	A 轮 6 000 万元		

数据来源:安全牛

（2）新三板上市情况

表 4-35　2016 年国内新三板上市安全企业一览表

创谐信息	1 月 7 日	思智泰克	1 月 15 日
壹进制	1 月 8 日	海天炜业	3 月 10 日
七洲科技	1 月 13 日	高正信息	3 月 11 日

（续表）

信元网安	3月18日	永信至诚	5月23日
安信华	3月23日	海加网络	6月14日
瑞星信息	4月5日	帝恩斯	6月15日
盛邦安全	4月14日	联软科技	7月7日
峰盛科技	5月10日	安博通	12月7日
以太网科	5月17日		

数据来源：安全牛

（3）并购以及合作联盟情况

3月，中国网络空间安全协会（Cyber Security Association of China，CSAC）于2016年3月25日在北京成立。中国网络空间安全协会是中国首个网络安全领域的全国性社会团体。中国网络空间安全协会首任理事长为中国工程院院士、北京邮电大学教授方滨兴。

4月，Check Point与曙光签订战略合作谅解备忘录，旨在建立一个有关网络安全的合作框架，通过产品研发、技术服务及安全方案组合等三方面的合作，携手在中国推进网络安全生态系统的全面发展。

6月，北京网络信息安全技术创新产业联盟正式成立，中科院信息工程研究所副所长荆继武教授当选为联盟首任理事长。

6月，启明星辰发行股份及支付现金相结合的方式购买赛博兴安100%的股权，交易作价6.37亿元。其中，以20.05元/股发行1 925.69万股的方式支付3.86亿元；以现金方式支付2.51亿元。

7月，启明星辰与北信源联合成立合资公司辰信领创，合资公司在安全技术和产品层面，将完善并提升在传统终端和智能终端防护技术及产品的核心竞争力，并将整合合作各方的资源，打造国内一流的病毒及恶意代码防范技术研发团队，将各方优秀的专业安全能力融入产品和服务，实现从终端到云端的安全防护体系。

9月，浪潮集团与美国思科公司合资设立的浪潮思科网络科技有限公司获批，合资公司投资总额2.8亿美元，注册资本1亿美元，主要从事信息技术和通讯领域的技术开发、咨询服务及计算机软硬件的开发、销售。

11月，华为与Intel Security（英特尔安全事业部）签署合作协议，正式加入Intel Security安全创新联盟，成为其在中国市场的第一家合作伙伴。双方宣布，在全球范围内提供APT防御联合解决方案，帮助用户发现和清除高级恶意威胁，为广大用户正常业务保驾护航。

二、2016部分优秀信息安全产品

2月，阿里巴巴正式推出企业安全产品——阿里聚安全，面向企业和开发者提供互联网业务安全解决方案，覆盖移动安全、数据风控、内容安全、实人认证等多个维度。

4月，立思辰推出安全设备"小密"，这是第一款以智能手环形态出现的加密设备，用于解决移动设备的加密问题。

4月，指掌易正式上线企业级移动管理系统，以移动安全沙箱技术为基础，提供企业移动管理、移动办公安全套件等服务。据统计，其防护成功率达99.99%。

7月，北信源、启明星辰、腾讯、正铺技术、霁云汇等企业合作，推出"景云杀毒"企业级防病毒产品。

8月,椒图科技推出"云锁V3机器人安全助手",实现安全自动化策略。

8月,山石网科发布山石云·影产品,将具有专利技术的智能行为分析算法与云沙箱技术相结合,对最新的恶意软件和未知威胁提供更全面深入的分析、检测。

9月,天空卫士推出基于UCS技术万兆DLP网关,填补了国内空白。

9月,360企业安全发布了新一代态势感知及安全运营平台,NGSOC。

12月,赛门铁克推出首款整合Blue Coat技术的Symantec Endpoint Protection 14(SEP 14)端点安全解决方案。

360企业安全推出国内首款针对高级威胁进行快速检测和响应的新一代终端安全产品360终端安全响应系统。

三、2016重大信息安全事件

(一) 全球重大信息安全事件

1. 信息泄漏事件

据不完全统计,仅在2016年前10个月,全球已约有3 000起公开的数据泄露事件,22亿条记录被披露,远超过2015年全年。以下是部分较大规模的信息泄漏事件:

事件一:4月,研究人员发现有人在互联网上泄露了整个墨西哥选民的资料,该数据库包含了墨西哥选民的名字、地址、出生日期、投票ID号,父母名字和职业等敏感个人信息,且没有任何密码保护,这意味着9 340万墨西哥选民的选举记录及个人信息可以在Amazon Web服务器上不受任何限制地进行访问。

事件二:5月,领英证实网站LinkedIn. com在2012年遭遇黑客攻击时,有超过1亿条用户登录信息(包括电子邮件和散列密码)被盗,而之前的说法为650万条。

事件三:5月,全球最好的成人交友网站Fling. com遭遇黑客入侵,约4 000万个Fling注册用户信息被打包放到暗网黑市售卖。

事件四:8月,俄罗斯搜索引擎Rambler. ru被曝早在2012年就被黑客入侵,约1亿用户的数据被盗,包括用户名、口令、ICQ号码和其他一些重要的个人数据。

事件五:9月,雅虎5亿个人信息泄漏,同年12月,雅虎再次确认一起早在2013年的数据泄漏事件,涉及用户数量达10亿,被认为是史上最大规模的信息泄漏事件。

事件六:10月,知名数据库及数据存储服务提供商MBS遭到黑客攻击,其MongoDB数据库由于缺乏有效的安全保护措施,5 800万商业用户的重要信息被泄露,包括名称、IP地址、邮件账号、职业、车辆数据、出生日期等信息。

2. 网络攻击事件

2016年,网络攻击愈演愈烈,已经逐渐延伸到生活中的各个领域,其中DDoS攻击、勒索软件以及商业诈骗成为2016年最受关注的三种网络攻击形式,给社会各界造成了巨大的经济损失。以下是2016年影响较大的网络攻击事件:

事件一:1月,航空航天零部件制造商FACC称其财务会计部门遭到了黑客的攻击,黑客从他们的资金中设法盗取了约5 000万欧元(约等于5 450万美元)。

事件二:4月,德国Gundremmingen核电站的计算机系统,在常规安全检测中发现了恶意程序,核电站的操作员RWE为防不测,关闭了发电厂,虽然对外表示并没有发生什么严重的问题。

事件三：8月，黑客组织"影子经济人"盗取了 NSA 大量黑客工具和漏洞利用包，并在网上售卖。

事件四：9月，全球知名网站托管服务提供商 OVH 声称遭受到规模达 ITbps 的 DDoS 攻击，攻击者入侵摄像头等物联网设备形成僵尸网络发动攻击。

事件五：11月，黑客组织利用 Mirai 入侵大量物联网设备并针对 DNS 服务商 DYN 发动大规模 DDoS 攻击，致使美国大面积断网，据说攻击峰值达 1.2T。

（二）中国重大信息安全事件

事件一：2月，名为"Locky"的勒索软件变种在中国肆虐，爆发后短短几天内就有数十家国内大型机构陆续受到侵害。该勒索软件导致某央企在一周内连续三次中招，所安装安全软件无法防御，最终导致该企业部分终端用户瘫痪。

事件二：3月，开源加密工具 OpenSSL 继"HeartBleed"漏洞事件后，又被爆出新的安全漏洞"水牢漏洞"。这一漏洞允许"黑客"攻击网站，并读取密码、信用卡账号、商业机密和金融数据等加密信息，其中我国有十万余家网站受到影响。

事件三：5月，支付宝被曝出实名认证存在漏洞，用户的实名认证信息下会多出 5 个未知账户，而且用户没有收到任何形式的确认或是告知信息，不论是短信、邮件，或者是登录后的站内信息都没有。

事件四：8月，徐玉玉遭遇电信诈骗，近万元学费被诈骗分子卷走，导致其伤心过度，郁郁离世。徐玉玉事件将电信诈骗推上舆论的风口，为了遏制盗号、诈骗等不法行为，国家及时发布了《关于办理电信网络诈骗等刑事案件适用法律若干问题的意见》，对电信诈骗的处罚量刑做出规定。

事件五：10月，乌云漏洞报告平台发布的新漏洞显示，网易用户数据库疑似泄露，事件影响到网易 163、126 邮箱过亿数据，泄露信息包括用户名、密码、密码密保信息、登录 IP 以及用户生日等。

事件六：11月，借贷宝上千条不雅照片、视频资源泄露，作为女大学生的"借条"，这些资源一经流出便在网上疯传，一些不法分子借着出售视频、照片资源的幌子，大肆传播木马病毒。

四、挑战与建议

（一）发展趋势

1. 硬件安全走向 SaaS 化。相比本地部署的硬件设备，SaaS 可以提供灵活的部署环境、更强的资源储备以及更低的安全成本。

2. 安全企业之间的点对点合作将逐渐演变为生态链上的合作。网络安全的定义早已不局限于防御，而是一个覆盖基础软硬件、云计算、大数据、物联网等多个领域的生态系统，生态链上的合作才能有效对抗网络威胁。

3. 基于物联网设备的 DDoS 攻击更为普遍。物联网设备已经成为黑客主要攻击的目标，并成为黑客手中的肉鸡用于发动 DDoS 攻击。

4. 攻击自动化，防御情报化。自动化攻击工具、病毒、木马的售卖已经形成了一个巨大的利益链条，任何人都可以利用工具发动自动化攻击。此外，威胁情报在安全防御的作用越来越突出，安全企业都开始引入情报来支撑自身的产品。

5. 勒索软件的数量将会持续攀升，形式也会更加多样化。勒索软件家族的增长率将会在 2017 年达到 25%，并且勒索的模式会逐渐从现金或者比特币勒索演变出更多的勒索形式，比如向同伴传播勒索软件，等等。

(二) 面临的挑战

1. 我国基础软硬件领域取得了一定进展,但与国产自主可控替代要求相比仍有很大差距

从芯片来看,IC 产业已经形成了较为完善的体系,并取得一定规模化的应用。以"飞腾"、"申威"、"龙芯"为代表的通用 CPU 研发与生产取得重大进展,形成了从超算、高端服务器、桌面计算机到嵌入式的支持能力。在基础软件方面,以麒麟操作系统、昆仑安全固件,达梦、金仓、南大通用等国产数据库为代表的软件体系日益完善。

但是,我国自主可控生态链与自主可控替代要求相比仍有差距:芯片制造能力不足是当前产业发展最主要的短板,关键材料基本依赖进口,全行业每年研发投入尚不足英特尔一家公司的六分之一;国产操作系统开发大多基于开源的 Linux、Android 系统,对操作系统内核等关键技术掌握不足;数据库在高并发环境下的事务处理优化水平较差,在海量数据挖掘分析和非结构化数据管理等新兴技术方面仍处于跟随状态;基础软件功能、成熟度、可靠性、软硬件兼容性等方面与国际主流产品尚有较大差距。

2. 我国网络安全概念创新能力提升,但是产品技术落地能力较差

当前,网络安全技术的发展相对较为平稳,但是网络安全新概念却层出不穷。从近两年的 RSA 大会上来看,威胁情报、行为识别、CASB、网络测绘、AI 等全新的网络安全概念层出不穷,国内同样不甘落后,几乎第一时间引入了这些全新的概念。

然而从技术落地的角度来看,国内外有着明显的差距。以威胁情报技术举例,国内外几乎在同一时间提出了威胁情报的概念。但是从 2016 年来看,国外已经有了较为完整的威胁情报应用体系,从情报的生产到共享与传输再到情报的消费,每一个环节上都有非常优秀的网络安全企业。反观国内,独立的威胁情报供应商仍然非常匮乏,尚未建立起威胁情报共享体系,能够充分消费威胁情报的企业和产品也十分有限,几乎仍然处于概念炒作阶段。

3. 缺乏相关政策法规的支持

2016 年,信息安全的受重视程度空前,习近平总书记数次在重要会议上强调了信息安全的重要性与发展对策。然而,截至 2016 年年底,我国信息安全行业的发展仍然缺乏强有力的法律法规与政策支持,对于信息安全相关违法犯罪缺乏强有力的打击手段。

网络安全违法犯罪的日益猖獗,给社会的发展带来了巨大的经济损失,甚至威胁到个人的生命安全。徐玉玉事件就是一个典型的悲剧。尽管在 2016 年 11 月,《中华人民共和国网络安全法》正式通过,但是实施时间是 2017 年 6 月 1 日。

(三) 发展建议

1. 借力全球力量,推动我国网络空间安全技术的发展

网络空间安全技术具有一定的通用性,我们应该尽可能地运用全球的力量来快速推动我国的技术发展。在网络安全法律制定和执行、网络安全发展战略规划、政府财政支持、国家重大网络安全专项工程等方面充分借鉴欧美国家的成功经验,制定我国在网络空间安全技术发展的相应规划、法律和专项工程;充分利用和融入开源技术,做到自主与开放、安全与可控的平衡;通过投资并购安全企业和与成立合资公司等形式,吸收国外先进的安全技术,尤其是我国急需的安全技术。

2. 发动国内优秀安全人才和团队,加快关键网络空间安全技术突破

分阶段分领域,制定详细的技术演进时间表,把更多的人力物力财力投向核心基础技术、通用技术、非对称技术、杀手锏技术、前沿技术、颠覆性技术领域。一方面,组织国家级研究机构、高等院校、中央企业,联合攻关;另一方面,采取重点核心项目招标制,将关键核心技术项目张榜出来,向全社会技术团队广泛招标,整合国内专家力量,一起突破关键技术瓶颈。

3. 扶持安全企业,增强我国在网络空间安全领域的市场力量

培育壮大龙头安全企业。支持龙头企业发挥引领带动作用,联合高校和科研机构打造研发中心、技术产业联盟,打造技术产业化的高效转化通道。支持网络空间安全龙头企业在国内上市,促进本土安全企业积极"走出去",提升其国际化发展水平。支持中小微安全企业创新。加大对科技创新型网络安全企业研发支持力度,落实企业研发费用加计扣除政策,适当扩大政策适用范围。完善技术交易和企业孵化机制,完善公共服务平台,构建普惠性创新支持政策体系。

4. 加大对网络空间安全技术领域的资本支持

借鉴我国在"核基高"上的成功经验,设立网络空间安全领域的专项财政资金。同时,财政专项要与市场力量结合起来,以国家财政拉动社会资本向网络空间安全领域的投入。拓宽网络安全企业融资渠道,降低安全企业的融资成本。积极推动设立国家网络安全产业发展基金,引导风险投资、私募股权投资等支持网络安全企业创新发展。

5. 加强网络空间安全领域的军民融合

将军队网络安全融入国家网络安全之中,实现军民一体、良性互动、协调发展。建立较为完善的网络安全联防联控机制;推进网络安全基础设施合建共用,深化网络安全技术共享利用,拓展联通渠道,规范互通标准,实现军民网络安全技术资源充分互补共用;以重大工程、重点项目为牵引,开展系列军民技术协同创新实践,推动军民技术相互转化;发展军民一体网络安全产业,进一步有序扩大军品市场开放。

(来源:《2017 中国软件和信息服务业发展报告》,作者:魏开元)

第三节　人工智能

人工智能是具有巨大社会和经济效益的创新性技术。随着近年来新技术新模式的不断出现,人工智能领域持续涌现突破性成果,正逐渐趋近由量变到质变的奇点,正成为新一代科技革命的排头兵。2016 年是人工智能技术飞速发展的一年,所诞生的诸多成果,为未来人工智能技术、产品和服务走进各行业领域和千家万户铺平了道路。

一、外国政府高度重视人工智能发展

美国政府认为,人工智能在未来经济社会各方面将扮演越发重要角色。近年来,美国领导人多次为人工智能站台,参与会议讨论并接受媒体采访,阐述对人工智能的认识并展望其未来对经济社会发展的影响。2016 年,美国白宫推动成立了机器学习与人工智能分委会(MLAI),并连续发布《为人工智能的未来做好准备》《国家人工智能研究与发展战略计划》《人工智能、自动化与经济报告》等 3 份报告,凸显出人工智能在美国国家发展中的战略地位正不断提升。

2016 年 5 月,美国白宫推动成立了机器学习与人工智能分委会(MLAI),专门负责跨部门协调人工智能的研究与发展工作,并就人工智能相关问题提出技术和政策建议,同时监督各行业、研究机构以及政府的人工智能技术研发。《为人工智能的未来做好准备》由 MLAI 组织编写;《国家人工智能研究与发展战略计划》则是在 MLAI 的指导下由与其同一级别的网络与信息技术研究发展分委会(NITRD)组织编写;《人工智能、自动化与经济报告》则是在总统行政办公室(EOP)和

MLAI 的推动下,对《为人工智能的未来做好准备》中涉及经济与就业影响的内容进行了详细的剖析。

1.《为人工智能的未来做好准备》

2016 年 10 月 13 日,美国国家科技委员会的机器学习与人工智能分委员会撰写发布题为《为人工智能的未来做好准备》的报告,从六个方面重点探讨了人工智能的发展现状、应用领域和潜在的公共政策问题。一是回顾了人工智能的发展历史和发展现状。二是总结了人工智能的现有及潜在应用状况。人工智能在医疗卫生、交通、环境、司法和经济融合等领域和在政府部门有广阔应用空间,能够提高各领域的工作效率,提高政府服务水平,改善人们的生活质量。三是分析了人工智能发展对监管的要求。对于自动驾驶汽车、无人飞行器等人工智能产品及应用,需要加强或调整政府监管措施,以确保公共安全和公平的经济竞争,同时减少创新成本和可能遇到的阻碍。四是研究了人工智能发展对研发与人才的需求。需要加强对人工智能进展的跟踪和支持,及时调整和完善政策,提高人工智能领域的专业研究能力、教育培训水平和公众认知能力。五是剖析了人工智能发展在公平、安全、社会伦理等方面带来的挑战。六是为美国联邦政府和其他相关者推动人工智能发展提出了 23 条具体的建议措施。

2.《国家人工智能研究与发展战略计划》

《国家人工智能研究与发展战略计划》是与《为人工智能的未来做好准备》同步发布的政策文件,重点描绘了美国政府资助人工智能研发和发展的战略计划,主要内容可概括为"一个目标、三大愿景、七大战略、两项建议"。一个目标,即美国政府资助人工智能研究的最终目标,是产生新的人工智能知识和技术,为社会提供一系列积极效益,同时尽量减少负面影响。三大愿景,即美国政府希望利用人工智能促进经济发展,改善教育机会和生活质量,增强国家和国土安全。七大战略方向,即美国政府将从 7 个方面资助人工智能研究:一是对人工智能研究进行长期投资;二是开发人与人工智能协作的有效方法;三是理解并应对人工智能的伦理、法律和社会影响;四是确保人工智能系统的安全;五是开发用于人工智能培训及测试的公共数据集和测试环境;六是制定评估人工智能技术的标准和基准;七是更好地了解人工智能对研发人才的需求。两项建议:一是开发一个人工智能研发实施框架,以抓住科技基础,并支持人工智能研发投资的有效协调;二是研究创建和维持一个健全的人工智能研发队伍的国家愿景。

3.《人工智能、自动化与经济报告》

12 月,白宫发布《人工智能、自动化与经济报告》,深入考察了人工智能将会给经济带来的影响,以及对劳动力市场带来的机遇和挑战。报告认为,人工智能驱动的自动化对生产率具有潜在的积极影响,同时对就业将产生多样化影响,一方面,人工智能驱动下的自动化将会使会对失业、劳动力参与率和工资产生长期、巨大的负面影响;另一方面将有望推动新的就业产生。为此,建议明确政府在推动人工智能发展中的角色、加强对人工智能人才的培养、充分利用人工智能推动国家优先事项、减少人工智能对就业市场带来的冲击

概括来看,三份报告的中心思想主要亮点为:一是要保证美国的人工智能技术居于全球第一;二是要如何更好地应对人工智能带来的挑战,以最大化技术红利。

二、国外跨国企业继续加强人工智能领域布局

1. 重点企业的主要进展

国外的谷歌、Facebook、IBM、微软等跨国企业继续在人工智能领域加强研发,并推出了一批有显著创新性的技术产品成果。

谷歌在围棋、图像识别、翻译等领域取得了令世人瞩目的成绩。2016 年 3 月,谷歌旗下的子公司 DeepMind 公司开发出的围棋人工智能程序 Alphago 与围棋世界冠军、职业九段选手李世石进行人机大战,并以 4∶1 的总比分获胜。9 月 22 日,谷歌宣布开源图说生成系统 Show and Tell 最新版在 TensorFlow 上的模型。该系统采用编码器—解码器神经网络架构,分类准确率达 93.9％,在遇到全新的场景时能够生成准确的新图说,说明该系统能够真正理解图像。这次发布的版本对系统计算机视觉组件做了重大技术提升,训练速度更快,生成的图说也更加准确、丰富。11 月 22 日,谷歌发布了人工智能翻译工具,可以直接将日文翻译成韩文,不再借助英文的"桥接",标志着人工智能翻译工具获得新突破。

Facebook 重点推出 AI 和机器学习战略。作为社交网络的 Facebook 连接了世界四分之一人口,需要不断增强大数据分析、人工智能等方面的发展能力来满足公司业务需求。在 2016 年 11 月举办的 Web 峰会上,Facebook 首席技术官迈克·斯科洛普夫阐述了人工智能和机器学习将在公司今后改善全球连通性、技术可及性、人机交互能力方面发挥的重要作用,未来十年 Facebook 的发展愿景是"连接全世界",而具体创新点则落实到"连接"、人工智能(AI)和虚拟现实(VR)三个领域上。

IBM 沃森在医疗领域取得重大进步,在日本诊断了一位之前被漏诊的白血病女患者。

微软宣布实现了语音识别的重大突破——机器语音识别错误率降至 5.9％,与职业转录员媲美。这是在语音识别领域,人工智能首次超越人类。

专注于智核芯片组设计的英伟达(NVIDIA)于 2016 年 4 月宣布开发出专门用于满足人工智能研究人员需求的超级计算机 DGX-1。此前,公司已推出一些专为深度学习应用而设的 GPU。

各大企业还主动加强在人工智能领域的合作。9 月 28 日,谷歌、亚马逊、Facebook、IBM、微软五大科技巨头宣布成立名为"为大众和社会谋福祉的 AI 合作组织"的人工智能联盟,旨在促进公众对人工智能的理解,以及制定行业标准。未来,联盟将正式建立一种体制,实现公司间的沟通。针对公司间的竞争,联盟不会推翻每家公司的已有成果,而是将提供分享宝贵意见的论坛。

2. OpenAI 的开源创新持续推进

OpenAI 是一家非营利性的人工智能创新企业,也是一个非营利性人工智能项目,在特斯拉汽车 CEO 埃隆·马斯克和多名来自高技术企业、投资领域重要高管的支持下,于 2015 年 12 月 12 日宣布成立。其肩负着双重使命:一方面,确保人工智能技术不会伤害人类;另一方面,尽可能确保人工智能技术获得的利益分配更加广泛和均衡。正因如此,OpenAI 在促进人工智能技术创新方面开展了一系列工作。OpenAI 以探索强化学习为起点,通过不断重复任务来记录找到让机器产生最佳结果的学习方式。在此基础上,研究"无监督学习"技术,以创建能离开人类指导进行自我学习的机器,以及无须精心标注的数据就能进行学习的神经网络。成立一年来,OpenAI 在人工智能领域发布了一系列成果,均引起各方的高度关注。

2016 年 4 月,OpenAI 发布用于研究和比较强化学习算法的工具包 OpenAI Gym。其所包含的"强化学习"技术,就是驱动 AlphaGO 战胜围棋选手李世石的核心技术之一。开发人员可以使用 Gym 开发用于棋类、游戏等其他用途的人工智能系统。

6 月,OpenAI 发布了其与谷歌、伯克利和斯坦福的学者共同形成的研究成果,即避免负面影响、避免对奖励条件的非法解读、可扩展的监督、环境探索的安全性、分配转变的鲁棒性等五条人工智能定律,旨在为 AI 提供有效的行为约束,从设计层面着手,使 AI 不会在有意或无意中做出危害人类的事情。

11 月，OpenAI 与微软就在公用云服务 Azure 上运行大规模计算方面签署协议，OpenAI 将利用微软 Azure 运行深度学习和人工智能的测试，并与微软合作推进研究和创新技术。

12 月，OpenAI 发布 OpenAI Universe，一个能在所有游戏、网站及其他应用环境中衡量和训练 AI 通用智能水平的开源平台，其目标是让人工智能像人一样使用计算机、浏览网页、玩游戏。目前，Universe 中已包括约 2 600 种雅达利（Atari）游戏、1 000 种 flash 游戏和 80 种浏览器环境。

总体来看，OpenAI 在本质上是一个人工智能研究与创新实验室，其所实施的是以数十亿美元为基础，推动人工智能发展的大工程。作为致力于推动人工智能创新并免费分享创新成果的机构，OpenAI 不仅能够加速人工智能的发展进程，而且会作为榜样改变人类打造先进技术的方式。

3. 亚马逊智能语音助理 Alexa 实现快速发展

智能语音系统在人工智能时代扮演着"终端微操作系统"的核心角色，有望成为最重要的人机交互载体。目前，众多国内外科技巨头都已开发和推出了智能语音助理产品，其中尤以亚马逊的智能语音助理 Alexa 取得的成绩最受全球瞩目。

Alexa 是亚马逊开发的一款完全基于语音指令驱动，无须屏幕为载体的人工智能语音助理软件，具有云端互联、语法轻松解析、远程语音识别、精准捕获用户指令、丰富后台资源、开放硬件载体和快速响应等优点。最初，Alexa 一直充当亚马逊明星产品"智能语音音箱 Echo"的幕后功臣，助其创造了上市两年累计销量超过 550 万台的不凡业绩。2015 年 8 月，Alexa 正式向第三方开放。经过一年多的快速推广应用，运用 Alexa 的设备和场景越来越多，从智能家居领域向汽车、智能硬件、机器人等领域迅速拓展。消费者运用语音，可以唤醒设备上的 Alexa，进而实现不同功能，既包括设定闹钟、点播电视、播放音乐、遥控灯具等基本功能，也包括亚马逊商城在线下单、预约汽车等扩展功能。目前，Alexa 的应用领域覆盖了电子电器、智能家居、智能手机、机器人、汽车信息娱乐和控制系统等方面，合作伙伴包括 LG、华为、联想、三星、飞利浦、惠而浦、GE、福特、通用、大众、优必选等全球知名 IT、汽车、机器人企业。

2017 年 CES 展会期间，亚马逊智能语音助理 Alexa 独占鳌头，几乎所有参展厂商都发布了基于 Alexa 的新产品。由于 Alexa 功能丰富、性能优越，其开放应用不到两年，就已成为科技企业的优选合作伙伴。全球众多科技企业纷纷推出内置 Alexa 的软硬件产品或服务模块，覆盖领域广泛，发展势头迅猛。根据统计，Alexa 的应用推进速度堪比燎原之势。2016 年 2 月，支持 Alexa 的产品种类仅约 250 项，9 月超过 3 000 项，12 月已超过 5 000 项。截至目前，第三方开发者已在 Alexa 上开发出 7 000 多种产品类型。据皇家资本市场分析预计，2016 年圣诞节期间，亚马逊共计销售了约 1 000 万台 Alexa 设备。

Alexa 取得成功的主要原因有三点。一是投入大量资源，提供坚实后盾：战略上高度重视，亚马逊针对 Alexa 制定了"无处不在"的发展战略；资金上大额投入，亚马逊专门成立了 Alexa 基金，2016 年在 Alexa 开发与推广方面合计投入约 3.3 亿美元；人员上充足保障，亚马逊不断扩大 Alexa 团队，目前 Alexa 和 Echo 生态团队的研发人员已超过 1 000 人。二是选择开放模式，扩大生态范围：Alexa 对第三方设备和集成应用持开放合作态度，于 2015 年 6 月将 Alexa 的开发工具包 Alexa Skills Kit 和 Alexa Voice Service 向外界开放，开发者可以轻松容易、快捷高效地开发基于 Alexa 的应用服务功能。三是依托庞大平台，形成超强黏性：Alexa 之所以能够取得惊人成长，也与亚马逊的云服务和电子商务业务紧密相关。亚马逊是全球最大的云服务厂商，拥有全球最大的线上销售平台，业务覆盖全球绝大多数国家和地区。这使得亚马逊统筹利用旗下的云服务和电商平台，为 Alexa 发展提供超强黏性。

三、我国大力推进人工智能发展

我国高度关注人工智能领域的发展，已经开始进行战略布局。国家领导人习近平于9月3日出席了G20工商峰会开幕式并发表主旨演讲，指出："以互联网为核心的新一轮科技和产业革命蓄势待发，人工智能、虚拟现实等新技术日新月异，虚拟经济与实体经济的结合，将给人们的生产方式和生活方式带来革命性变化。"

1.《关于积极推进"互联网＋"行动的指导意见》发布

2016年5月，为落实《关于积极推进"互联网＋"行动的指导意见》，加快人工智能产业发展，国家发展改革委、科技部、工业和信息化部、中央网信办联合制定发布《"互联网＋"人工智能三年行动实施方案》，提出到2018年，打造人工智能基础资源与创新平台，人工智能产业体系、创新服务体系、标准化体系基本建立，基础核心技术有所突破，总体技术和产业发展与国际同步，应用及系统级技术局部领先。在重点领域培育若干全球领先的人工智能骨干企业，初步建成基础坚实、创新活跃、开放协作、绿色安全的人工智能产业生态，形成千亿级的人工智能市场应用规模。

2."人工智能2.0"理念提出

此前的2016年2月，中国工程院院刊信息与电子工程学部分刊《信息与电子工程前沿（英文）》出版了"Artificial Intelligence 2.0"专题，潘云鹤、李未、高文、郑南宁、吴澄、李伯虎、陈纯等多位院士以及专家学者参与撰文，对人工智能2.0中所涉及的大数据智能、群体智能、跨媒体智能、混合增强智能和自主智能等进行了深度阐述。中国工程院院士、中国工程院原常务副院长潘云鹤院士2016年12月在中国工程院院刊 Engineering（主刊）还发表了题为"Heading toward artificial intelligence 2.0"的论文，提出了人工智能2.0的核心理念。

3. 中国已处于全球人工智能发展的第一阵营

根据乌镇智库报告，美国的人工智能企业总数达到2 905家，遥遥领先；中国在人工智能企业数量上虽然不及美国，但北京、上海、深圳三地也占到全球总数的7.4%，分别为242家、112家和93家，在东亚地区位列前三，在全球范围内也分列第三、第六和第八位。

在人工智能领域的投融资方面，美国和英国领先，分别达到3 450笔和274笔，中国以146笔位列第三。以人工智能企业融资规模计算，中国以26亿美元领先于英国，但距离美国的179亿美元还有很大的差距。

在专利数量上，美国人工智能专利申请数累积达到26 891项，位列全球第一；中国共计15 745项，位列第二。自2012年开始，中国的专利申请数及专利授权数超越美国。根据高盛的报告，机器学习的论文数量，中国无论是数量，还是被引用数，都在2014年超越美国。

四、人工智能未来发展展望

1. 国内外机构的主要观点

国内外多个研究咨询机构都预测，人工智能技术将继续快速发展。人工智能设备将很快遍布家居、汽车、火车站以及医院等众多的公共和私人的场所。

斯坦福大学发布专题报告，从交通、医疗、教育、低资源社区、公共安全、就业和工作场所、家庭服务机器人和娱乐八个方面进行了分析，认为未来15年内，人工智能基本上在沿着改善人类健康、安全和生产力等方向上发展。其中，交通、机器人与医疗领域，最为典型。自动化交通将很快无处不在。同样出现飞跃性的还有医疗保健方面。

高盛则列举了2025年前的人工智能的使用案例和潜在机会，并提出，人工智能在各行业的应用将带来巨大价值,分别是农业目标市场 200 亿美元,金融业节约及新增收入 340—430 亿美元,医疗每年减少 540 亿美元支出,零售业每年节省 540 亿美元的成本及新增 410 亿美元,能源业累计节省 140 亿美元。

2. 推动我国人工智能发展的建议

加快制定我国人工智能发展战略。充分认识发展人工智能的重要性和紧迫性,把其上升到事关国家未来发展的战略高度,学习借鉴美国、欧洲等国家和地区经验,梳理分析人工智能当前发展重点和未来发展方向,制定总体战略规划和中、长期发展路线图,加强统筹布局,集中调动科技、产业、市场、人才等资源进行重点攻关。同时,委托有关部门和专业研究机构,持续分析国外政府、科研机构、重点企业在人工智能领域的工作情况和实施成果,对具有里程碑意义的进展进行重点研究,并向政府和公众及时反馈人工智能领域最新发展动态,提出可能的发展方向和重大突破苗头。

大力推进关键核心技术产品研发。研发内容上,重点研发通用人工智能技术、类人人工智能技术、数据可视化和人机界面技术、更高效自然语音处理技术、增强人工智能系统感知能力的新型算法等关键技术,弹性化人工智能系统、高效安全机器人、适用于先进硬件的人工智能系统等重要产品,人工智能的检验和验证能力、有效的防攻击策略等安全保障技术,以及用于人工智能测试的功能标准和技术基准。研发方式上,组织实施"人工智能开放推进"计划,支持人工智能的开源化发展,鼓励开发和共享用于人工智能训练的工具集、数据集,打造能推动全社会人工智能研发资源整合的协作式研发平台和研发合作机制。结合我国经济社会发展迫切需求,以实际应用为导向,推动医疗、交通、教育、军事等行业领域用户单位与人工智能企业、研究机构联合开展人工智能技术攻关,加快研发成果产业化进程。

组织开展人工智能系列配套工作。一是研究制定支持人工智能发展的政策措施,激发全社会创新力量和创新资源,投身人工智能技术产品研发工作。二是组织开展对人工智能相关伦理、道德和社会影响的研究,分析潜在的负面冲击,有针对性地制定应对方案,适时形成法律法规。三是推进人工智能人才培养培训工作。深入分析人工智能发展对专业人才和公众能力的新要求新需求,组织开展学科教育和科普宣传。四是加强国际合作,深化与国外政府、国际组织、产业界、学术界等在人工智能领域的交流,并在技术研发、政策制定等方面开展合作。

(来源:《2017 中国软件和信息服务业发展报告》,作者:安晖)

第四节　虚拟现实与增强现实

一、虚拟现实产业发展状况

(一) 总体规模

1. 出货量快速增长,市场进入发展窗口期

2016 年,随着 Oculus Rift、HTC Vive 和 PlayStation VR 等消费级虚拟现实产品的发布,全球虚拟现实消费级产品市场走向成熟。根据 Trend Force 数据,2016 年全球 VR 市场收入为 19 亿美元,收入主要来自硬件和软件(不包括移动 VR),预计到 2018 年全球 VR 市场将增长至 224 亿美元。据市场研究机构 SuperData 分析,三星 Gear VR、HTC Vive、索尼 PSVR、Daydream View 以及 Oculus Rift 五大科技巨头在 2016 年的 VR 头显销量分别是 451 万台、75 万台、42 万台、26 万台

和 24 万台。

根据 GFK 数据,2016 年中国 VR 硬件整体销售额达 6.5 亿元,较 2015 年的 1.5 亿元增长 3 倍多,月平均销售设备量达 38.2 万台,品牌数量达 480 个。市场中的主要产品为定价在 0—200 元的手机端 VR,长期占据市场份额的 90% 以上。

虚拟现实产业市场具有良好前景。国外多家研究机构对 2020 年全球 VR 产业的市场规模的预计都在 150 亿到 300 亿美元之间;Gartner 预计 VR 产业在 2020 年达到 400 亿美元规模。预计 2020 年我国虚拟现实市场规模将超过 550 亿元。

表 4－36 2016—2020 年中国 VR 市场规模及预测

项目	2016 年	2017 年	2018 年	2019 年	2020 年
市场规模(亿元)	56.6	133.8	261.6	398.4	556.3
增长率(%)	268.3	136.4	95.6	52.3	39.6

数据来源:赛迪智库,2017 年 3 月

表 4－37 2016—2020 年中国 VR 设备出货量及预测

出货量(万台)	2016 年	2017 年	2018 年	2019 年	2020 年
移动 VR	1.5	6	26	79	170
PCVR 及一体机	120	240	400	580	750

数据来源:赛迪智库,2017 年 3 月

表 4－38 2016—2020 年中国 VR 用户规模及预测

用户规模(万人)	2016 年	2017 年	2018 年	2019 年	2020 年
移动 VR	7.5	25.5	103.5	340.5	850.5
PCVR 及一体机	135	315	630	1 098	1 683

数据来源:赛迪智库,2017 年 3 月

表 4－39 2020 年全球 VR 市场规模预测

研究机构	规模(亿美元)	研究机构	规模(亿美元)
Gartner	400	Tractica	218
Digi-Captial	300	Market Watch	158.9
Manatt	300	Deutsche Bank	70

数据来源:赛迪智库,2017 年 3 月

表 4－40 2020 年全球 VR 设备出货量预测

研究机构	出货量(万台)	研究机构	出货量(万台)
ABI Research	5 000	Trend Force	218
Goldman Sachs	4 300	BI Inteligence	158.9
KZER WORLDSWIDE	3 880		

数据来源:赛迪智库,2017 年 3 月

2. 硬件市场占据主导,软件市场后期发力

目前,全球虚拟现实市场的应用领域主要包括视频游戏、事件直播、视频娱乐、医疗保健、房地产、零售、教育、工程和军事,其中视频游戏和事件直播是近年的主要发展领域。预计到 2025 年,全球视频游戏、事件直播和视频娱乐将完全由消费者推动并占整体营收的 60%,其余部分由企业和公共部门推动。

高盛发布的《下一个通用计算平台》报告称,基于标准预期,2025 年全球军事领域 VR/AR 市场规模将达 15 亿美元;医疗、教育、零售领域 VR/AR 市场规模将分别达到 51 亿美元、7 亿美元和 16 亿美元;游戏、视频娱乐、直播领域 VR/AR 市场规模分别将达到 116 亿美元、32 亿美元和 41 亿美元。据游戏行业分析公司 Superdata 预测,到 2017 年年底将会卖出 7 000 万台虚拟现实头显,带来 88 亿美元的虚拟现实硬件盈利和 61 亿美元的虚拟现实软件盈利;2019 年全球 VR 软件市场规模将首次超过 VR 硬件的市场规模,达到 117 亿美元,2020 年甚至超过 200 亿美元。根据 Greenlight Insights 预测,美国 VR 市场将在 2017 年逐渐增长,然后开始加速,到 2026 年时规模将达到 380 亿美元,硬件将占据美国 VR 总收入的大约 61%,360 度全景球形摄像机或 VR 相机市场收入将接近 46 亿美元。根据艾瑞咨询预测,2020 年中国 VR 设备出货量为 920 万台,用户量超过 2 500 万人,VR 软件市场规模为 278 亿元,VR 总市场规模为 556.3 亿元。

(二) 产业链分解

1. 产业链组成

VR 产业链包含硬件、软件、内容制作与分发和应用和服务等环节。

硬件环节是虚拟现实技术中使用的硬件,包括芯片(CPU、GPU),显示器件(LCD、OLED、AMOLED、微显示器等显示屏及其驱动模组)、光学器件、通信模块,终端[一体机,分体机(主机+输出式头显),移动端,行业端],配套组件[摄像头,输入设备(手柄、指环、触控板等)]。

软件环节是虚拟现实技术使用的软件,包括系统软件、软件工具开发包、应用软件等,有 UI,引擎,开发工具 SDK 等。

内容制作与分发是各种虚拟现实场景(游戏、视频、直播、社交)的数字表达、内容分发平台、内容生成与制作(内容编码、实时交互、内容存储、内容分发和高清显示),内容录制(全景相机)和生产设备等。

应用和服务环节是使用虚拟现实技术来提供应用和服务,包括场景生成和整体解决方案,应用在教育、医疗、军事、科研、制造、旅游等领域。

2. 国外产业链各环节重点企业

按产业链各环节划分,国外虚拟现实重点企业可以归纳为表 4-41 所示。

表 4-41　国外虚拟现实产业链各环节重点企业

生产链环节		企业名称
硬件	芯片	Qualcomm、Intel、Movidius
	头戴显示器	谷歌、苹果、三星、微软、Magic Leap、Nvidia、Archos、Zsapce、Daqri、Avegent、Castar、Skully、Vuzix、One plus、Usens、Dodocase、Immy、Lumus、Atheer、Fove、Merge、Cmoar、Evomade、Immersion vrelia、Seebright、Sulon、Homido、Vrtx、Visusvr、Cmoar、Trulifeoptics、Altergaze、HTC Vive
	VR 控制器	Intel、Leap motion、Nod、Noitom、Control VR、Trinity VR、Sixense、3D rudder、WorldViz、Occipital

(续表)

生产链环节		企业名称
	外设及触控设备	谷歌、微软、Nvidia、Zeiss、Bubl、YEI technology、Shoogee、Moogles、Virtuix、Pinc、Tactical、Cyberith
	内容制作硬件	谷歌、三星、Intel、Gopro、Lytro、Matterport、Lucid
软件	游戏平台	谷歌、微软
	3D引擎及VR开发平台	苹果、Amason、Qualcomm、Razor、Unity、Meta、Otoy、Matterport、Total immersion、Wevr、The foundry、Cubic Motion、Worldviz、Framestore、Infinity、Vrclay、Middle VR、Wikitude、Paracosm、Doubleme、Thrive、Surcical theater、Crytek
内容	内容开发	谷歌、苹果、Facebook、Twitter、三星、Amason、Sony、Gopro、TimeWarner、Jaunt、20thcentury fox、Occipital、Next VR、Viderostitch、Imax、Vrideo、Freed、Vrse、Unello
	游戏开发	谷歌、索尼、EPIC Games、Valve、Jaunt、Harmonix、Eyetouch、Resolution、Survios、Niantic lab、Reload、CCP Games、Templegates、Two bit circus、VR-Bits
	主题乐园	Landmark、Vrcade、Thevoid
应用	购物平台	Facebook、Blippar、Valve、PTC、Wearvr、Little star、Sketchfab、Prizmiq
	社交应用	微软、Facebook、AltspaceVR、Improbable
	教育医疗	Zsapce、Ngrain、Surgevry、Fearless、Echopixel、Hyve、DeepStream VR、Psious
	建筑	Irisvr

注:有收购关系的只标注母公司

数据来源:赛迪智库,2017年3月

3. 国内产业链各环节重点企业

按产业链各环节划分,我国虚拟现实重点企业可以归纳为表4-42所示。

表4-42　国内虚拟现实产业链各环节重点企业

产业链环节		企业名称
硬件	头戴显示器	暴风科技、蚁视科技、乐相科技、虚拟现实科技、焰火工坊科技、极睿软件、极维客科技、理想境界科技、乐蜗信息科技、小鸟看看科技、亮风台信息科技、映墨科技、塔普仪器、多新哆技术、眼界科技、大相科技、维阿时代、幻触信息科技、掌网科技
	显示屏	维信诺、加你科技、爱客科技、焰火工坊科技
	外设及触控设备	利达光电、诺亦腾科技、歌尔声学、蚁视科技、凌感科技、广东虚拟现实科技、七鑫易维、睿悦信息技术、锋时互动科技、虚现科技、柔石科技
	内容制作硬件	海康威视、橙夏科技、完美幻境、岚锋创视、极图科技、疯景科技、得图网络、圆周率软件科技、时代拓灵科技
软件	虚拟现实软件	大恒科技、华力创通、迈吉客科技
	三维引擎	无限时空、起源天泽科技、曼恒数字技术
内容	游戏	TVR、暴风科技、焰火工坊科技、极维客科技、广东虚拟现实科技、叮当猫科技、时光机虚拟现实、魔视互动科技、超凡视幻网络科技
	影视	兰亭数字、暴风科技、焰火工坊科技、极维客科技、乐蜗信息科技、追光动画、互动视界文化传媒、清显科技、热播科技、米粒影视、兰亭数字科技
	内容分发平台	暴风科技、乐相科技、焰火工坊科技、追光动画、得图网络、乐客灵境科技、赛欧必弗科技、创幻数码科技、巨果文化传媒、斗鱼网络科技

（续表）

产业链环节		企业名称
应用	应用平台	暴风科技、深圳虚拟现实科技、焰火工坊科技、极睿软件、映墨科技、视辰信息科技
	教育	新东方、央数文化、信恩科技
	军事航空	航宇荣康
	工业设计	锐扬科技
	旅游	赞那度网络科技
	房地产	指挥家智能科技、无忧我房、思能创智科技、美屋三六五科技
	主题公园	举佳爽网络科技
	医疗	幸福互动、虚拟内窥云

数据来源：赛迪智库，2017年3月

（三）国内外虚拟现实产业发展特点

1. 巨额投资刺激产业链各环节快速发展

Facebook、谷歌、微软和苹果等巨头科技公司纷纷通过投资、并购、孵化等方式介入虚拟现实产业链布局，GoPro、HTC、Nvidia、高通和三星等知名企业也开始发展虚拟现实技术。2014—2016年，VR/AR领域共进行了350笔风险投资，投资额达到50亿美元，极大地促进了虚拟现实产业在硬件、软件、内容、应用和服务等诸多环节上的快速发展。

2. 产业生态构建成龙头企业发展重点

由于虚拟现实盈利模式将和智能手机盈利模式存在相似之处，构建硬件商、消费者、开发者三方共赢的"平台＋应用"闭环生态圈已成为虚拟现实行业发展主流。Facebook、谷歌、微软和苹果等科技巨头纷纷投资、收购、开发包括硬件、软件、内容、应用和服务的产业链环节，积极建立从开发、制造到消费的生态系统。

3. 发展重点从消费端向行业应用转移

由于虚拟现实普及至少还需要2至3年时间，且虚拟现实产品还需要从沉浸感和体验感方面进行优化，现阶段生产厂商很难从消费端用户获得硬件销售收益，因此多家虚拟现实创业公司开始转向行业应用端用户，以为行业用户提供解决方案和培训业务为生存方向。

4. 虚拟现实线下体验馆扩张增长迅速

由于国内VR市场主流设备仍以移动端VR眼镜为主，国内VR视频内容的开发数量要远多于VR游戏内容。国内VR平台上已有约2700款视频和800款游戏。与此同时，国内VR线下体验馆数量增长迅速，已超过5000家。国内VR体验店以小型体验店为绝对主力，有体系化运营的中大型体验品牌店有望突围，二三四线城市的体验店更容易盈利。

5. 国内虚拟现实创业公司呈多点开花

国内VR/AR创业公司已超过1500家，主要分布在游戏、硬件、教育、地产、影视、工业等方向，创业公司聚集地以北深沪杭为主，福州、南昌、成都、武汉、西安、南京也有不少新创企业。

（1）北京

北京聚集了百余家虚拟现实领域重点特色企业。其中，虚拟现实基础元器件环节拥有京东方、诺亦腾、维信诺等重点企业；显示设备以及输入/交互设备环节拥有蚁视科技、利亚德光电、小鸟看看、暴风魔镜、爱客科技、七鑫易维等重点企业；软件开发工具环节拥有无限时空、焰火工坊等重点企业;内容制造环节拥有兰亭数字、竞技时代、芭乐等重点企业。同时,聚集了腾讯、爱奇艺、乐视、京东等互联网巨头企业,其纷纷布局虚拟现实领域。

（2）南昌

南昌在全国率先提出建设 VR 产业基地,举办了第十届国际 iCAN 创新创业大赛 VR/AR 行业赛暨首届红谷滩杯 VR/AR 创新创业大赛和面向全球征集 VR 产业基地标识。南昌出台《关于加快 VR/AR 产业发展若干政策》,投资力度大,政策保障多。对基地及入驻企业宽带网络、云服务租费实行 40% 价格补助。设立规模 10 亿元 VR/AR 产业母基金、10 亿元的 VR/AR 产业天使投资基金和 30 亿元的 VR/AR 产业投资基金,专项用于 VR/AR 产业孵化和投资发展。

（3）福州

福建在 2016 年初开始布局 VR 产业,提出建设"中国福建 VR 产业基地",发布了 VR 开放平台。产业基地规划建设 VR 体验中心、VR 人才培训中心、VR 硬件产品制造中心等。4 月,福州市政府出台了 VR 产业的专项支持政策。6 月,VR 主题小镇"东湖 VR 小镇"在福州长乐市开放。东湖 VR 小镇现已建成 7 万平方米的 VR 企业社区,首批签约的企业和项目金额累计约 2.5 亿元。

（4）武汉

武汉的 VR 产业链已经形成,包括硬件生产和内容制作。很多企业是从三维成像、虚拟仿真、动漫游戏等传统领域转向 VR 领域,例如山骁科技在三星 Gear VR 平台发布了第一款中国制作的软件作品。华中地区最大虚拟现实线下平台 Vagary 平台落户武汉,Vagary 平台团队来自 Intel、腾讯、久游、盛大等多领域,涵盖创客平台、VR 沙龙、创意展台、主题公园、多媒体学术交流中心等五大功能区。光谷 VR/AR 产业联盟在武汉成立,成员包括 37 家 VR 产业链上下游企业、5 家高校和 4 家投资机构。

二、虚拟现实产业创新发展情况

（一）技术创新

1. 光场显示研究热度提升

光场显示是目前世界上最新的虚拟现实制作概念和技术,对提高 VR 沉浸感体验具有极大的作用。

光场 VR 的关键技术包括光场的记录和复现。光场记录主要通过相机阵列和微透镜阵列加以实现。光场的复现包括渲染和显示两个技术环节。光场包含了重要的方向信息,在任意指定的对焦平面和视角方向,通过简单的积分方法就可以渲染出所需要的场景。由于光场数据具有很高的维度,记录到的光场往往因为采样不足造成混叠现象,在渲染的图像上出现"鬼像"。光场渲染中的"鬼像"问题可以通过辅助几何信息进行校正。通过综合利用重对焦、焦扫描和遮挡检测等技术,光场相机可得到较好的渲染光场图像,并通过头盔显示器显示给人眼观看,且人眼不会产生传统 VR 设备带来的不适感。

光场显示目前还处在研发验证阶段,现有显示设备及光学组件、计算设备尚不能满足光场技术的要求,市场上也无成型的光场产品。光场显示的商业化需要克服三大难题。一是海量数据存储和传输。现有的网络带宽无法实现流畅的光场内容分享。随着未来压缩光场技术被提出,以及 5G 网络和 LiFi 技术的发展,这个问题有望得到解决。二是海量计算。实现逼真的光场显示,其计算量是传统 2D 图像的多倍,现有的移动端通用处理器难以负担如此大的计算量,现阶段的光场处理仍然依赖电脑。三是光场系统设备的小型化。便携式的高性能光场显示样机被认为在十年内难以实现,产业界必须在设备体积和光场显示效果之间寻找平衡点。

表4-43 光场显示技术研究进展

序号	机构	关键技术或产品	进展情况
1	麻省理工学院	光场采集系统	采用多相机阵列的方式搭建了光场采集系统,对每个相机拍摄到的图片进行重构,计算出四维光场。
2	斯坦福大学	光场采集系统	采用把微透镜阵列置于探测器附近的方式,设计出单镜头的光场相机,通过重构算法得到完整光场。
3	Lytro 公司	光场相机	正在研发影视级的光场视频拍摄系统 Immerge。
4	Raytrix 公司	光场相机	支持 2D 和 3D 测绘光场相机。
5	Magic Leap 公司	光场显示设备	1. 硅光电技术(Silicon Photonics),轻薄化镜片,能为单眼提供多幅不同聚焦的图片。 2. 多投影阵列,采用光纤投影能像普通投影仪一样稳定输出彩色图像。
		光场芯片(Light-Field Chip)	实现实时的交互式光场处理。
6	微软(HoloLens)	全息处理单元(HPU)	克服了通用移动处理器性能不足的问题。
7	Lumus 公司	光场显示设备	光波导技术(Light Waveguides),轻薄化镜片,能为单眼投射单幅图像。
8	NextVR 公司	光场内容制作	将光场技术应用到全景 3D 体育赛事直播中。
9	叠境数字(PlexVR)公司	光场内容制作	环视相机阵列光场采集、线阵光场成像、全景 3D 成像。

数据来源:赛迪智库,2017 年 3 月

2. 无线传输方案成为显示设备重要发展方向

现有虚拟现实技术中使用的各种线缆使使用者的行动受到限制,使得虚拟现实体验达不到完美。随着近场蓝牙和 Wi-Fi 功能的不断涌现,大量的无线头盔品牌公司和制造商都竞相引入无线技术,PC 端相连的线缆将逐步取消。

表4-44 2016 年无线 VR 传输技术创新进展

序号	机构	关键技术或产品	进展情况
1	麻省理工学院	无线通信系统(MoVR)	使用高频毫米波信号传输,峰值速率可达 Gbps 级别,即每秒数十亿比特,兼容市场上所有 VR 设备。
2	Netgear 公司	智能无线路由器(Nighthawk X10 AD7200)	采用 Quad-Stream Wave 2 无线架构和 MU-MIMO 技术,支持 4K 分辨率视频转码和虚拟现实游戏无线传输。
3	TPCast 公司	无线 VR 适配器	适配 Vive 虚拟现实头盔。
4	KwikVR 公司	无线 VR 适配器	适用于 Oculus/Vive 头盔的无线适配器。
5	深圳天网公司(ONAIR VR)	无线传输解决方案	采用无线 wifi 传输,解决 VR 应用内容过大造成的传输延时问题。

数据来源:赛迪智库,2017 年 3 月

3. 空间定位和多人交互技术发展迅速

VR 交互技术被认为是整个 VR 发展技术体系中最薄弱的环节。目前虚拟现实体验产品多为 PVE(Player VS Environment)型设备,采用固定式、单人交互的体验模式,缺乏用户间的协作互动。基于空间定位基础上的多人 VR 互动可满足多用户间的协作和交流,有效地改善单人 VR 体验的不足。随着空间定位和多人交互技术的发展,多人交互 VR 游戏、多人虚拟社交活动平台必将成为虚拟现实技术未来发展的趋势。

VR 交互技术仍在不断探索和研究中。通过研发大范围内精确定位的传感设备,可实现对多用户在较大空间内的位置信息的精确定位和采集,并与虚拟现实头盔、便携式主机等进行集成应用,可支持多用户 VR 同步互动体验,进一步增强了 VR 体验的沉浸感和交互性。目前,多人互动的 VR 体验有美国的 The Void 主题乐园、澳大利亚的 Zero Latency 主题公园,结合位置追踪技术和与虚拟场景对应的场地设计,可支持 1 个或多个用户在较大空间内自由行走。

(二) 产品服务创新

1. 体验式服务购买和交易将成为虚拟现实重要创收模式

线下体验馆网络的构建成为虚拟现实产品渠道拓展的重要先导。2016 年,全球首个 VR 主题公园"THE VOID"在美国开业。我国全年开设 VR 线下体验馆数量超过 2 000 家。随着虚拟现实内容的丰富和虚拟社区交互体验感的不断增强,主要依托购买硬件设备的营收模式将得以转变。用户不仅可以直接付费购买、订阅喜欢的虚拟体验和内容,还能够通过虚拟化的体验进行传统商贸活动,并可参与产品的个性化定制和设计开发。体验式服务购买和交易将成为虚拟现实未来收益的主要来源。

表 4－45　2016 年体验式 VR 服务创新进展

序号	机构	关键技术或产品	进展情况
1	阿里巴巴公司	淘宝"Buy＋"	利用计算机图形系统和辅助传感器,生成可交互的三维购物环境,已于 9 月测试上线。
2	亚马逊公司	VR 商店	基于 PSVR、HTC Vive 和 Oculus Rift 等头显,加上任天堂的 NX 控制模式,提供免费虚拟现实网购体验。
3	乐客 VR 公司	线下体验店	通过自有的 VRLe 内容分发平台,把内容制作者的内容分发到 VR 体验馆,并与内容制作者、体验店合作分成,分发内容达数十款,服务全国近 1 000 家 VR 体验店。

数据来源:赛迪智库,2017 年 3 月

2. VR/AR 和 LBS 等技术的融合应用,成为移动互联网应用新的卖点

任天堂、Pokemon 公司和谷歌联合制作开发的增强现实(AR)游戏 Polemon Go 在上市后风靡全球,成为 2016 年最火的手机游戏之一。其成功的关键是将 AR 技术和 LBS(基于位置服务)技术植入手机游戏中。游戏可以将地图使用场景和服务场景进行融合,实现从平面到立体、从现实到虚拟的统一,给用户带来新鲜的浸入式的体验效果。

三、虚拟现实产业发展的应用推进现状

全球虚拟现实在 B 端行业应用市场已渐成燎原之势,应用领域主要包括军事、制造、教育、医疗、文化艺术、旅游等。行业应用的快速渗透和效益拉动,为虚拟现实产业的爆发提供了不竭动力。

(一) 重点领域

1. 军事领域:有效提高战场生还率

虚拟现实在武器系统的设计和性能评价、操作训练、大规模军事演习及战役指挥等方面发挥了重要作用并产生了巨大的经济效益,同时有效地降低了意外伤亡事故。据统计,未参加过实战的飞行员在首次执行任务时生还率只有 60%,而经模拟对抗训练后,生还率可提高到 90% 以上。美军利用"虚拟舰艇作战指挥中心"仅需 5 个月就能培训出合格军官。未来,军事领域仍将围绕提高这三类虚拟系统能力展开,进一步开发包括战场环境数据融合与输出建模(包括地形绘制、天气描述、运动和传感、武器系统与效应、自主兵力部署等)、分布式多维武器系统交互等应用场景。

表 4 - 46　虚拟现实技术在军事领域的应用案例

应用方面	应用名称	国别	应用内容
虚拟战场	联合建模与仿真系统(JMASS)	美国	多军种通用的工程及交战级作战仿真体系结构和相关的工具集,为建模提供了公共的作战仿真支撑环境。
	虚拟战场系统(SIMNET)	美国	构建坦克、直升机、战斗机等战斗载具的虚拟环境。
军事训练	战士仿真系统(WARSIM2000)	美国	提供陆军指挥所演习、作战指挥训练计划等科目仿真环境,训练维和、反恐、缉毒等军事任务。
	固定分辨率视觉系统(CRVS)	美国	速喷气飞机、旋翼飞机和地面基础军事训练,以及可视化、虚拟原型和分析的演示。
	联合作战仿真系统(JWARS)	美国	联合作战仿真,包括联合作战计划与实施、兵力评估研究、系统采办分析及概念与条令开发。
	扩展型防空仿真系统(EADSIM)	美国	用于导弹战、空战、空间战以及电子战等作战样式的方案研究、军事训练与战法研究。
	联合战区级仿真系统(JTLS)	美国	陆、海、空联合作战,以及后勤、特种兵力、情报支援等领域仿真。
	预演探索者(DiMuNDS)	北约	提供计算机辅助的演练、任务预演,用于支持北约联军联合特遣部队的战役计划。
武器系统设计和评估	协同真人临境实验室(CHIL)	美国	开发下一代全球定位系统 GPSIII 和 NASA 的猎户座乘员探索飞行器。
	扩展型防空仿真系统(EADSIM)	美国	武器装备论证与评估。

数据来源:赛迪智库整理,2017 年 3 月

2. 制造领域:打破二维平面思维桎梏

虚拟现实技术在制造业的设计研发、装配、检修、培训等环节已经实现初步应用。

在设计研发环节,虚拟现实技术可以展现产品的立体面貌,使研发人员能够全方位设计产品的外形、结构、模具及零部件配置使用方案,特别是在飞机、汽车等大型、精密装备原型样品的研制过程中,有效提升设计效率。福特公司自 2000 年以来就开始将虚拟现实应用于汽车设计过程,目前已将虚拟现实置于汽车开发的核心位置;法国达索公司开发了虚拟现实通用设计平台,波音公司采用该平台设计了波音 777 和 787 型飞机的三百多万个零部件,使得设计错误修改量减少了 90%、

研发周期缩短了50%、成本降低了60%。

在装配环节,虚拟现实技术主要应用于精密加工和大型设备的装配,通过高精度设备、精密测量、精密伺服系统与虚拟现实技术的协同,实现工件、加工环境、加工系统之间的精准配合,将系统误差和随机误差降到极低的水平。操作人员在产品原型实际加工之前就可以全方位地检查零部件之间的装配间隙和干涉,也可通过程序自动检查装配状态,可以大大提高实际装配成功率并降低零件制作返工率。中国一拖集团采用我国本土企业曼恒数字研发的"数字化虚拟现实显示系统"打造出虚拟装配车间,可实现360度内部全景漫游,既能多角度观察每个装配工位,又能精准跟踪装配工件的生产工艺流程,为我国大型农业装备制造行业发展注入了技术创新的活力。

在设备维护检修环节,虚拟现实技术应用于复杂系统的检修工作中,能够实现从出厂前到销售后的全流程检测,提高服务效率、拓展服务内容、提升服务质量,将制造业服务化推向新的阶段。美国福特公司联合克莱斯勒公司与IBM合作开发了应用于汽车制造的虚拟现实环境,在汽车出厂前可以检验出其存在的设计缺陷并辅助修正,在汽车出厂后,还可以通过远程数据传输构建虚拟可视化检修环境,实现远程的预判性和实时性的检测维修服务。

在培训环节,通过利用虚拟现实技术建立虚拟培训基地,能够立体展现制造场景,帮助学员通过全方位的感知体验,获取高仿真的、可重复的、低风险的学习体验,有利于制造业从业人员提前熟悉制造场景、提升应用技能。当前,已经有许多国内外企业运用虚拟现实技术开展培训工作。英国皇家装甲公司采用虚拟现实技术,对14.5吨的新型车辆进行车辆训练模拟,实现了对专用车型驾驶员的操作培训。

表 4-47 国内外制造领域虚拟现实技术应用案例

应用环节	应用企业	国别	应用内容
研发环节	罗尔斯-罗伊斯	德国	利用虚拟现实投射和动作捕捉系统,查看发动机细节。
	英国航空	英国	运用自主研发的虚拟环境可配置训练设备设计高级战斗机座舱。
	波音	美国	运用三维模型仿真技术进行波音777外形和结构设计。
	卡特彼勒	美国	通过头盔对新型车辆在运行、操作、挖掘时的情况进行观察。
	福特	美国	将虚拟现实技术连接至设计系统,查看整体外观和内饰的设计。
	奔驰	德国	通过仿真空气动力学实验优化汽车性能。
	加拿大航空电子设备	加拿大	在汽车性能的虚拟开发系统中进行仿真驾驶。
装配环节	东软	中国	虚拟制造模式下,不建厂房不进设备,只负责整机组装调试。
	日产	日本	用虚拟现实软件试线,从仪表板上拆除气囊组件。
	奥迪	德国	在三维虚拟空间内完成对实际产品装配工作的预估和校准。
	克莱斯勒	美国	以虚拟现实技术展示元件在工厂中的精确位置并提示优化安装的方法。
	福特	美国	建立各部件的虚拟模型,从整个产品的装配性角度完成部件组装。

（续表）

应用环节	应用企业	国别	应用内容
检修环节	曼恒数字	中国	飞机发动机虚拟装配系统能让研发人员发现设计中的缺陷以便及时调整。
	罗克韦尔柯林斯	美国	在虚拟环境中将有质量性能问题的电子设备替换。
	国家仪器	美国	在交互式开发环境下完成虚拟仪器的测试过程。
	雷诺	法国	在虚拟环境中进行动态虚拟碰撞测试汽车的安全性能。
培训环节	英国皇家装甲	英国	对新型车辆的驾驶员进行虚拟车辆训练模拟。
	丰田	日本	运用汽车虚拟现实培训中心,通过动作捕捉高端交互和3D显示,对从业人员进行培训。

数据来源:赛迪智库整理,2017年3月

未来,虚拟现实尤其是其中增强现实技术应用的逐渐成熟,实现大型物理系统与信息交互系统的实时感知和动态控制,打通从设计到制造再到服务的链条,为智能制造的发展提供强有力的支撑。

3. 教育领域:革新知识获取的渠道和交互方式

虚拟现实技术在教育领域的应用主要包括科学研究、虚拟学习环境、人体模型仿真等。虚拟现实通过提供生动逼真、沉浸性和交互性的体验,有助于营造"自主学习"的环境,实现由传统的"以教促学"的学习方式向学习者自主感知并与环境信息交互汲取知识、技能的新型学习方式转变。未来,虚拟教育、虚拟课堂等应用将更加普及,虚拟现实技术将会更广泛地应用于学习情景的创设,大幅提升学习内容的形象性和趣味性。

表 4-48　虚拟现实技术在教育领域的应用

细分领域	国别	应用案例
虚拟教育环境	美国	IBM开发了AWEDU(Active Worlds Educational Universe)系统,可以让教师甚至初学者在3D环境中快速构造和定制一个虚拟世界,专门用于开发教育虚拟环境。
虚拟课堂	美国	谷歌与美国多所K-12学校合作推出虚拟现实教育计划Expeditions,大力发展虚拟课堂。学生们只需要纸板、立体透镜和智能手机,就可以获得360度虚拟现实影像,让课堂变得更加生动有趣。
虚拟课堂	美国	谷歌推出Google Expeditions项目,可以通过360度媒体内容,为儿童提供更具沉浸感的课堂内容。学生们还可以融入课堂环境,获得比2D教科书更加清晰的图像。
虚拟教学	中国	中国科技大学开发了大学物理仿真教学软件,该教学软件开创了物理实验教学的新模式,它利用计算机将实验设备、教学内容(包括理论教学)、教师指导和学习者的思考、操作有机融合为一体,克服了实验教学长期受到课堂、课时限制,在内容上进行了扩展。
虚拟实验室	中国	北京亚泰盛世科技发展有限公司推出nobook虚拟实验室,利用计算机技术来实现各种虚拟实验环境。实验者以交互的方式进行实验操作,如在真实的环境中一样完成各种预定的实验项目,能获得与实际实验的操作方法相类似的实践体验。
虚拟实验室	中国	中视典数字科技有限公司推出中视典虚拟仿真实验室,依托虚拟现实与多媒体技术,融合多种互动硬件设置,对实验教学的各个环节进行真实的模拟仿真,节约现实教学资源,共享教学设施,提高学生学习兴趣和实践操作能力。

（续表）

细分领域	国别	应用案例
虚拟校园	中国	天津大学早在 1996 年,在 SGI 硬件平台上,基于 VRML 国际标准,最早开发了虚拟校园,让没有去过天津大学的人,可以通过互联网手段领略校园风采。
虚拟校园	中国	中央广播电视大学远程教育学院采用基于 Internet 的类游戏图形引擎,将网络学院具体的实际功能整合在图形引擎中,突破了目前大多虚拟现实技术的应用仅仅停留在校园一般性浏览的应用上,并作为基础平台进行大规模应用。

数据来源:赛迪智库整理,2017 年 3 月

4. 医疗健康领域:术前规划精准施治

虚拟现实技术在医疗健康领域的应用主要包括学习培训、手术模拟、精神康复质量等方面。通过提供具有真实感的环境和实时的触觉反馈,虚拟现实技术可以帮助医生提高手术的熟练度和成功率,虚拟出有效的康复训练计划帮助病人实现术后康复,帮助培训者快速地掌握医学要领。未来,虚拟现实在人体病理模型建模、药物研制开发等方面还将大有可为。

表 4 - 49　虚拟现实技术在医疗健康领域的应用

细分领域	国别	应用案例
解剖模拟	中国	曼恒数字研制出虚拟人体在生物医学的模拟应用系统,支持虚拟人体解剖教学,提供多样性的主动学习环境。
解剖模拟及手术模拟	德国	汉堡大学开发了 VOXEL-MAN 虚拟平台,建立了融合医学影像学领域优秀成果及完备的医学知识库系统的三维可视化人体模型。用户可以选择任意角度观察虚拟人体,可以模拟解剖、外科手术,可以模拟进行放射成像、测量距离等,可以方便地进行手术前模拟训练,提高手术成功率。
解剖模拟	日本	Jikei 大学高维医学成像研究所研制了虚拟 3D 人体解剖图系统,采用真实 3D 人体数据(包括 4D 心脏动态图像数据)建立虚拟 3D 人体环境。从这个完整的 3D 人体结构中可以交互式提取器官的解剖信息,如器官位置、3D 形状、体积等。
解剖模拟	法国	ENST-Bretagne 大学研制了虚拟人类步态模拟器,以 3D 医学图像为基础,研究人的下身解剖结构,实现了人的下半身骨骼运动步态的模拟。
手术模拟	日本	Jikei 大学医学院高维医学成像研究所开发了一种手术规划系统,它能在虚拟空间中模拟用手术刀切割皮肤和器官(对应于虚拟空间中的弹性目标),并且采用力反馈设备反馈操作者手部压力,提供一种力感受功能。
手术模拟	日本	Waseda 大学开发出了一种新型的手套式虚拟接口,用来处理手术过程中出现的许多数据,它不会妨碍医生的正常操作,能让医生自由地控制手术过程的虚拟环境,把人的实时手部运动复制到虚拟控制中。
远程手术干预	美国	NASA 外科医生在一个虚拟人体模型上进行手术操作,传感器感受各种手术动作并将动作信号经高速通讯网络传递给一个手术机器人,由机器人对病人进行手术。这种远距离的医疗干预方法将应用于让医生在一个地球基站中对太空中的某个宇航员进行手术等场景。
康复训练	美国	Rutgers 大学设计成了一种敏感手套,可记录手指的运动和力,并利用记录数据和力反馈信息虚拟出相应的康复疗法,已经在为有听力障碍者提高听力方面实现了应用。
康复训练	日本	Nagasaki 应用科学技术研究所建立了一种基于"动作接口"的增强环境,用于病人的生理功能和定位能力测试,虚拟出有效的康复训练计划。

(续表)

细分领域	国别	应用案例
疼痛缓解	美国	AppliedVR 公司推出一款 VR"疼痛缓解"程序(游戏),通过和一些医院合作,让病患通过三星 Gear VR 头显来使用这项技术,减轻人们在医疗过程中的疼痛和焦虑
药物开发	加拿大	多伦多大学药品系分子结构设计和信息技术中心(MDIT)虚拟现实中心推出高性能计算与具有高度沉浸感的可视化技术相结合的 SGI Onyx 3800 系统,使得研究人员能够更有效地研究分子之间的相互作用,运用应用软件来完成计算化学所需的烦琐数字计算,进行新药品的开发。

数据来源:赛迪智库整理,2017 年 3 月

5. 文化艺术领域:提升文艺鉴赏、创作的想象空间

虚拟现实在文化艺术领域的应用主要包括通过数字手段进行文物古迹复原、文物和艺术品展示,提供虚拟场景进行雕塑、立体绘画等艺术创作,以及作为一种新型工具来进行建筑设计、汽车设计和室内设计。作为传输显示信息的媒体和新型设计工具,虚拟现实可以将艺术动态化,将设计者的构思变成看得见的虚拟物体和环境,将不复存在的文物进行复原展示,并大幅提高表现能力,为文化艺术发展带来无限想象空间。

表 4-50 虚拟现实在文化艺术领域的应用

细分领域	国别	应用案例
古迹复原	中国	圆明园与清华大学、北京航空航天大学等合作,利用虚拟现实技术,建立数字模型,通过光学显示将模型叠加到现存的废墟上,真实地再现圆明园原来的场景。
文物复原	英国	《经济学人》媒体实验室用虚拟现实技术重构了被毁坏的伊拉克摩苏尔博物馆,还原了部分文物,包括石狮子、神像和图腾。体验者通过佩戴 VR 眼镜就可游览"摩苏尔博物馆"。
文物展示	中国	故宫博物院与 IBM 公司合作开发了 3D 紫禁城虚拟世界,用高分辨率、精细的 3D 建模技术虚拟出宫殿建筑、文物和人物,并设计了 6 条观众游览路线,使用户获得沉浸式体验。
文物展示	英国	大英博物馆与三星合作,使游客通过配套三星虚拟现实头盔,以虚拟现实形式,探索博物馆藏品,体验青铜器时代,参与古人祭祀仪式等,获得身临其境的体验。
文物展示	中国	贵阳市文化新闻出版广电局与贵州省可佳艺术品投资股份有限公司共同打造贵阳数字博物馆,利用三维扫描、虚拟现实、全景技术,完整地展示贵阳市的历史文物、非物质文化遗产以及民间珍藏的古代艺术品。
艺术设计	美国	Oculus 推出艺术设计应用 Oculus Medium,适配 Oculus Rift 头显和 Oculus Touch 控制器,体验者可在虚拟空间中自由雕塑、建模和立体作画,方便创作艺术作品。
立体绘画	美国	谷歌开发了"Tilt Brush"绘图软件,内置了油墨、油漆、胶带、太妃糖、雪、火等不同的笔触效果,可以使创作者沉浸在虚拟空间中立体作画。
立体绘画	美国	Oculus 开发了 Quill 应用,类似于谷歌虚拟现实绘画工具 Tilt Brush,通过使用 Oculus 的手柄 Touch 以及动作跟踪系统,Quill 用户能选择不同的画刷、颜色等自然地在空中挥手绘画,并将效果作品实时地通过 3D 画布渲染出来。
汽车设计	美国	福特公司将虚拟现实技术用于汽车设计,在福特汽车 Immersion 实验室中,工程师通过佩戴虚拟现实头显,即可观察到汽车设计中的一席细节,例如灯光的位置、尺寸、亮度以及其他设计元素的位置和形状。

（续表）

细分领域	国别	应用案例
室内设计	美国	DIRTT Environmental Solutions 公司研发了 ICE 3D 设计和规格软件，让用户可以通过使用该公司的建筑产品互动式探索室内设计方案，同时，设计了高科技全息甲板，用户通过佩戴虚拟现实头显，就可以在此触摸和体验自己设计的新内饰。
室内设计	中国	美屋365公司从设计方案到家具摆设采用虚拟现实技术，在装修开始之前就使用户真实体验不同方案和装修入住后的实际效果，帮助用户实现硬装、软装、家电、家政的超前体验和方案选择。

数据来源：赛迪智库整理，2017年3月

6. 旅游：基于虚拟现实游戏架构下的国际化产业

虚拟旅游是在现实旅游景观基础上充分利用虚拟现实技术，通过模拟或还原现实中的旅游景区构建虚拟旅游环境，向旅游者提供虚拟体验的旅游形式。虚拟旅游可细致逼真、生动地再现旅游景点的风光风貌，带来虚拟导游、地图导航、酒店预订、社区、虚拟古迹等方面切实可观的效益。爱尔兰、菲律宾等一些国家的旅游部门和众多著名的旅游公司，如 STA Travel、Starwood、Hyatt 等均在 Second Life、OpenSim、Project Wonderland 等虚拟现实游戏中开发了虚拟旅游市场，吸引游客将其作为旅游目的地。

表 4-51　国内外虚拟旅游应用案例

应用企业/部门	国别	应用内容
爱尔兰旅游局	爱尔兰	赞助包括音乐节在内的一系列活动，提高都柏林在度假旅游方面的知名度。
菲律宾旅游局	菲律宾	虚拟旅游包括 Donsol 河、长滩岛、Mayon 火山在内的菲律宾著名景点。
赞那度 VR 旅行体验空间	中国	360°虚拟现实旅行展示全球精选顶级酒店、目的地和体验活动，高端旅行的定制和选购、数字销售终端、手机应用、电商平台和社交媒体无缝整合。
首都博物馆 VR 观展模式	中国	佩戴 VR 头盔可以近距离走进商代妇好墓，切身感受考古、挖掘、整理的全过程。

数据来源：赛迪智库整理，2017年3月

（二）共性结合点

虚拟现实在行业端应用的共性结合点可归纳为三个方面：规划决策、设计评价和训练体验。虚拟现实的行业应用一定从高端装备制造、原型产品设计、流程仿真、高端虚拟平台服务等高附加值行业或价值链的高端环节兴起，新技术系统应用增加的成本须与所获得的效率之间达成权衡。

同时，虚拟现实产业应用发展的重点在于构建跨领域融合开放的产业生态体系，促进资源共享和协同创新。作为典型的跨界融合领域，虚拟现实基础层面与物联网、工业互联网、云计算、大数据等紧密联系，产品层面与智能手机、可穿戴设备、智能家居、智能汽车等智能设备息息相关，应用层面与智能制造、智慧医疗、智慧教育、智慧交通等领域关联密切，任何单一的企业均无法涵盖虚拟现实从技术、产品到应用的全产业链。上述分行业应用的成功案例中，开放生态体系的搭建包括三个层次：一是底层基础资源共享，包括高校、科研院所、企业核心技术和核心软硬件资源的合作；二是产业链的深度合作，包括行业事实标准体系的建立，产业链环节的互动和开放式协同创新等；三是建设经济上可持续、可维持的应用系统，通过智能终端融合应用、传统产业融合应用、互联网平台的融合应用来控制成本、提高盈利。

四、虚拟现实产业发展的政策环境

（一）国家产业政策

虚拟现实产业作为新兴战略性产业，得到国家的高度重视，相关的政策措施和规划方案处于高密度发布时期。国家和各有关部委对产业发展出台了大量专项政策，鼓励、支持、促进虚拟现实产业的发展。

表4-52   2016年中国虚拟现实产业相关政策

发布时间	政策名称	发布机构	政策内容
2016.5.18	《"互联网＋"人工智能三年行动实施方案》	国家发改委、科技部、工业和信息化部、中央网信办	《方案》提到的主要任务包括：加快智能终端核心技术研发及产业化，丰富移动智能终端、虚拟现实等产品的服务及形态。重点工程中提到：突破轻量级操作系统、低功耗高性能芯片、虚拟现实和增强现实等关键技术，加快技术成果在智能可穿戴设备中的应用。
2016.7.28	《"十三五"国家科技创新规划》	国务院	《规划》提出发展新一代信息技术中包括虚拟现实与增强现实。突破虚实融合渲染、真三维呈现、实时定位注册、适人性虚拟现实技术等一批关键技术，形成高性能真三维显示器、智能眼镜、动作捕捉和分析系统、个性化虚拟现实整套装置等具有自主知识产权的核心设备。基本形成虚拟现实与增强现实技术在显示、交互、内容、接口等方面的规范标准。在工业、医疗、文化、娱乐等行业实现专业化和大众化的示范应用，培育虚拟现实与增强现实产业。
2016.8.23	《2016—2020年建筑业信息化发展纲要》	住房和城乡建设部	《纲要》提到：要鼓励建筑行业使用BIM技术、虚拟现实技术和3D打印等先进技术，力图增强建筑业信息化发展能力，优化建筑业信息化发展环境，加快推动信息技术与建筑业发展深度融合，充分发挥信息化的引领和支撑作用，塑造建筑业新业态。
2016.8.26	关于组织申报"互联网＋"领域创新能力建设专项的通知	国家发展改革委	《通知》指出，为促进"互联网＋"产业快速发展，发改委决定组织实施"互联网＋"领域创新能力建设专项，并将AR/VR技术纳入专项建设内容。搭建虚拟现实/增强现实技术及应用国家工程实验室，对我国虚拟现实/增强现实用户体验不佳等问题，建设虚拟现实/增强现实技术及应用创新平台，实现行业公共服务水平的提升。
2016.8.26	2016年第47号《鼓励进口服务目录》	商务部、国家发改委、财政部	《目录》中的研发设计服务提到了虚拟现实技术（VR）服务。服务描述为：综合计算机图形技术、计算机仿真技术、传感器技术、显示技术等多种科学技术，在多维信息空间上创建虚拟信息环境的技术，可应用于医学、娱乐、培训和设计等各个方面。
2016.9.12	《消费品标准和质量提升规划（2016—2020年）》	国务院办公厅	《规划》指出：针对消费类电子产品网络化、创新化的发展特点，结合云计算、大数据、物联网等新一代信息技术，推动虚拟现实、人工智能、智能硬件、智慧家庭、物联网等创新技术产品化、专利化、标准化。加快高质量产品生产线及智能工厂建设，引导生产企业不断开发新技术、新产品、新应用。

(续表)

发布时间	政策名称	发布机构	政策内容
2016.9.19	《智能硬件产业创新发展专项行动（2016—2018年)》	工业和信息化部、国家发改委	《行动》目标是：到2018年,我国智能硬件全球市场占有率超过30%,产业规模超过5 000亿元;在低功耗轻量级系统设计、低功耗广域智能物联、虚拟现实等关键技术环节取得明显突破,培育一批行业领军上市企业;在国际主流生态中的参与度、贡献度和影响力明显提升,海外专利占比超过10%。
2016.9.21	《文化部关于推动文化娱乐行业转型升级的意见》	文化部	《意见》的主要内容中提到:鼓励生产企业开发新产品。鼓励游戏游艺设备生产企业积极引入体感、多维特效、虚拟现实、增强现实等先进技术,加快研发适应不同年龄层、益智化、健身化、技能化和具有联网竞技功能的游戏游艺设备。鼓励高科技企业利用自身科研实力和技术优势,进入文化娱乐行业。合作开展产品研发生产和娱乐场所改造升级。
2016.12.15	《"十三五"国家信息化规划》	国务院	《规划》指出"十三五"时期是信息通信技术变革实现新突破的发轫阶段。在第四部分重大任务和重点工程中,规划指出要强化战略性前沿技术超前布局,包括加强量子通信、未来网络、类脑计算、人工智能、全息显示、虚拟现实、大数据认知分析等新技术基础研发和前沿布局,构筑新的先发主导优势。

数据来源：赛迪智库,2017年3月

（二）地方产业政策

我国多地政府纷纷启动规划或建设虚拟现实产业基地,包括南昌、福州、贵阳、青岛、成都、郑州、嘉兴、武汉、宁波、重庆、长沙等十几个地方已经或者正在进行VR产业的发展规划。各地方的VR小镇、VR产业基地、VR孵化器纷纷开始兴建,其中多半位于中西部地区。

表4-53 2016年中国地方VR产业发展状况及政策

序号	地方	VR产业发展及政策出台情况
1	江西南昌	中国(南昌)虚拟现实(VR)产业基地《关于加快VR/AR产业发展的若干政策(试行)》
2	山东青岛	青岛(中国)VR/AR产业创新创业孵化基地
3	福建福州	东湖VR小镇《关于促进VR产业加快发展的十条措施》
4	贵州贵安	北斗湾VR/AR小镇《支持虚拟现实(VR/AR)产业发展的十条政策》
5	四川成都	中国西部虚拟现实产业园
6	湖北武汉	VR产业基地
7	河南郑州	中国郑州VR/AR孵化器
8	浙江嘉兴	嘉兴国际游戏和VR产业园
9	浙江宁波	VR产业园
10	浙江金华	VR产业基地
11	重庆	《关于加快推进虚拟现实产业发展的工作意见》
12	湖南长沙	《长沙虚拟现实产业发展规划》(征求意见稿)
13	北京	《关于促进中关村虚拟现实产业创新发展的若干指导意见》

数据来源：赛迪智库,2017年3月

五、虚拟现实产业的重点企业

(一) 国外产业链重点企业发展状况

1. 芯片

美国高通公司(QUALCOMM),简称"高通",成立于 1985 年 7 月,财富 500 强企业之一、全球第一大无线芯片厂商。2016 年高通已加入虚拟现实应用的硬件研发中。

英特尔公司是美国一家以研制 CPU 处理器为主的公司,是全球最大的个人计算机零件和 CPU 制造商。随着个人电脑处理器市场日渐萎缩,英特尔希望利用增强现实项目开发与视觉相关的技术,以打造芯片之外的新业务。

美国 AMD 半导体公司专门为计算机、通信和消费电子行业设计和制造各种创新的微处理器(CPU、GPU、APU、主板芯片组、电视卡芯片等),以及提供闪存和低功率处理器解决方案。AMD 宣称,根据市调机构 JPR 的统计数据,目前市场上约 83% 的 VR 娱乐系统都基于 AMD 平台,其中就包括几百万可以跑 VR 的游戏主机。

表 4－54 国外芯片公司 VR 领域大事件

公司	时间	事件内容
高通	2016.3	推出 VR 软件开发包(SDK),适用于搭载高通骁龙移动芯片的智能手机和 VR 头戴设备。
	2016.9	与歌尔联合发布 VR 一体机 Snapdragon VR820,采用高通骁龙 820 移动处理器和软件开发包。针对智能眼镜等类型的可穿戴式智能设备,发布名为 Vuforia SDK 开发平台。
	2017.1	推出骁龙 835 处理器,同谷歌与微软两家公司的 VR/AR 平台兼容(Google Daydream 与 Window 10)。发布两款基于骁龙 835 的 VR 头显与一款一体机原型。其中一款为手机＋盒子的分离式。
英特尔	2016.8	推出一体化虚拟现实解决方案 Project Alloy 项目,进军虚拟现实领域。
	2016.9	收购计算机视觉公司 Movidius,这家公司此前专门为谷歌虚拟现实团队 Project Tango AR 提供芯片技术。
	2016.12	推出首款支持 Android 和 Windows10 双系统切换的搭载 Nibiru VR ROM 与 Intel "芯"的 VR 一体机。
AMD	2016.3	公布了与 Sulon Virtual Reality 共同研发的用于 PC 平台的全新 VR 头戴设备"Sulon Q"。
	2016.8	宣布将推出一款名为 TrueAudio Next 的虚拟现实音频,它基于物理音频渲染引擎生成,再由 GPU 加速来生成。
	2016.11	发布三款 VR 专业显卡,助力虚拟现实技术发展,售价分别是 400 美元、500 美元和 800 美元。

数据来源:赛迪智库,2017 年 3 月

2. 头戴显示器

Oculus 成立于 2012 年,当年 Oculus 登陆美国众筹网站 kickstarter,总共筹资近 250 万美元;2013 年 6 月,Oculus 宣布完成 A 轮 1 600 万美元融资,由经纬创投领投。2014 年 7 月,Facebook 以 20 亿美元的价格收购 Oculus。

索尼是一家大型娱乐和消费电子巨头。娱乐相关业务包括游戏业务(PlayStation 平台和游戏工作室)和电影及音乐业务。在消费电子方面,索尼拥有智能手机、家庭娱乐和摄像机业务。

Meta 是美国增强现实科技公司,成立于 2012 年。2015 年 1 月的 A 轮融资 2 300 万美元,2016 年 6 月获得由腾讯、联想参投的 5 000 万美元 B 轮融资。从今年 CES、TED 和 MWC 大会相继披露的信息分析,全球 AR 平台已经初步形成美国公司三分天下格局:Magic Leap、HoloLens 以及 Meta。

表 4－55　国外头显公司 VR 领域大事件

公司	时间	事件内容
Oculus	2016.1	第一代消费版产品 Oculus Rift CV1 开放预售,并于 3 月正式发售,售价 599 美元。产品采用 OLED 屏幕,1 200×1 080 像素,90 Hz 刷新频率,支持六轴运动系统。
	2016.10	在 OC3 大会上,宣布 Oculus Touch 开放预售,并于 12 月正式发售,售价 199 美元。配合 Touch 及额外的一个体感摄像头(售价 79 美元),Oculus Rift 可以实现 360 度追踪。同时宣布针对开发者和用户分别推出基于 Web VR 体验的开发工具 React 和世界首款 VR 浏览器。
	2016.11	推出了异步空间扭曲技术(Asynchronous Spacewarp,ASW)。使用这项技术,电脑可以只渲染 45 Hz 的画面刷新率,而玩家可以体验和本地 90Hz 画面相近的感受。
HTC	2016.2	宣布其与 Valve 合作开发的 VR 设备 Vive VR 开放预购,售价 799 美元,HTC Vive 消费者版整套设备包括两个无线 VR 控制手柄、整套空间定位传感装置、一个内置前置摄像头及 Vive 电话服务的 VR 头戴设备。
	2016.6	HTC 联合红杉、经纬等 28 家风投成立 VR 风投联盟,未来将投入上百亿美元。该联盟是继今年 4 月,HTC 发起成立亚太虚拟现实产业联盟之后的第二个联盟类组织。
	2016.8	上线 HTC 应用商店 VivePort Store,联合 Steam 打造完整 VR 生态圈;与阿里云成为战略合作伙伴
SONY	2016.7	正式宣布 PS VR 虚拟现实售价 399 美元,2016 年 10 月 13 日全球同步发售。
	2016.9	索尼影业与 Madison Wells Media 的 Reality One 合作,打造 VR 影视内容。
	2016.11	索尼影业将与诺基亚合作打造 VR 内容,其中包括 360 度视频直播。
Meta	2016.2	展示新一代 AR 眼镜 Meta 2。
	2016.6	完成 5 000 万美元 B 轮融资,投资方主要为联想、腾讯、Horizons Ventures Limited、高榕资本、Comcast Ventures 和 GQY。

数据来源:赛迪智库,2017 年 3 月

3. 3D 引擎及 VR 开发平台

Unity 是一个游戏开发生态系统,拥有强大的渲染引擎,完全集成一整套直观工具和快速工作流程,可以创建互动式 3D 和 2D 内容。Unity 全球开发者超过 330 万,通过使用 Unity 引擎制作的游戏吸引了遍布世界各地的 6 亿游戏玩家,用 Unity 创造的应用和游戏目前的累计下载量达到了 87 亿次。

虚幻引擎(UNREAL ENGINE)是目前世界上最知名授权最广的顶尖游戏引擎,占有全球商用游戏引擎 80% 的市场份额,是 Epic 游戏公司旗下的流行游戏引擎。

表 4 - 56　国外 3D 引擎及 VR 开发平台 VR 领域大事件

公司	时间	事件内容
Unity	2016.12	发布开源的 VR 编辑器 EditorVR,是 Unity 游戏引擎中的一个组件,可让开发者在虚拟现实环境中开发游戏。EditorVR 为 Unity 提供了一个强大的虚拟现实界面,可支持 HTC Vive 和 Oculus Rift。
Epic	2016.2	在新版本的 UE4 中加入 VR 编辑器,游戏制作者戴上 Oculus Rift 或 HTC Vive,手中的 Oculus Touch 或 Vive 手柄就会变成编辑器。
	2016.9	发布了最新的 4.13 版虚幻引擎,增加了许多渲染功能和新特性:模型贴花(Mesh Decals)、渲染目标蓝图绘制、GPU 变形目标处理、折射改进、高质量优化的材质噪点处理、阴影映射缓存等。

数据来源:赛迪智库,2017 年 3 月

4. 内容开发

Jaunt VR 应用是虚拟现实领域中跨所有主流虚拟现实平台的应用,主要包括 Gear VR、Google Daydream、Oculus Rift、HTC vive 和 iOS/Android 平台。

NextVR 成立于 2009 年,拥有拍摄、压缩、传输和内容显示等 26 项 VR 专利技术。NextVR 提供涵盖体育赛事、美国总统辩论、摇滚演唱会等方面的直播内容。

维尔福软件公司(Valve Software)是位于华盛顿州西雅图市专门开发电子游戏的公司。它的第一个产品"半条命"在 1998 年 11 月发布。Valve 继续开发了它的后续版本和游戏模式,其中包括"半条命 2",获得了巨大成功。

表 4 - 57　国外内容开发公司 VR 领域大事件

公司	时间	事件内容
Jaunt	2016.6	公开发售 Jaunt One 虚拟现实相机,开放 Jaunt Cloud Services(云服务),让用户进行渲染和缝合内容。Jaunt One 相机拥有 24 个快门传感器,并装备了 360 度环境声录音器,可配合杜比全景声(Dolby ATMOS)。 和 SMG(上海广播电视台、上海文化广播影视集团有限公司)、CMC(华人文化产业投资基金)在中国上海设立了合资公司。
	2016.12	Jaunt 中国与小米签署了合作备忘录。 向 PlayStation VR 的用户推出了定制的 Jaunt VR 应用。在此之前,Jaunt VR 兼容的平台已经包括 iOS、安卓、Gear VR、谷歌 Daydream、Oculus Rift、HTC Vive 以及主要的 PC 浏览器。
NextVR	2016.8	完成 8 000 万美元的 B 轮融资,其中两个最大投资者分别是来自中国的网易与中信国安。NextVR A 轮的投资者全部跟投 B 轮融资,包括 Formation 集团,时代华纳投资部门等。
	2016.10	宣布将在 Gear VR 平台上每周直播一场 NBA 新赛季比赛。NextVR 目前只支持 Gear VR 平台,而且由于直播技术限制,现在的 VR 篮球赛视角只有 180 度。
	2017.1	支持 Daydream 的手机和头显用户也可以免费观看 NextVR 直播的体育赛事及娱乐内容。
Value	2016.3	开发 VR 影院模式,Steam 上的游戏都能运行在 VR 设备上面。
	2016.4	在 Steam 平台免费推出以《传送门》为背景、支持 HTC Vive 的 VR 新作《实验室》。
	2016.10	发布了新型腕戴式手部 VR 操控器,能够为 HTC VIVE VR 提供增强的身体追踪传感和不同的操控体验。

数据来源:赛迪智库,2017 年 3 月

5. 应用

谷歌的业务包括互联网搜索、云计算、广告技术等,同时开发并提供大量基于互联网的产品与服务,其主要利润来自 AdWords 等广告服务。谷歌以创新闻名,是三家 AR 硬件初创厂商之一。

微软是一家领先的企业软件开发商,在全球拥有 12 亿 Office 用户。微软是 AR 硬件初创厂商之一,并且在 AR 应用市场拥有广泛的用户群,拥有较大的发展潜力。

Facebook 是全球最大社交网站,拥有 15 亿活跃用户。2014 年 3 月,Facebook 以 20 亿美元收购 VR 技术厂商 Oculus,进军 VR 领域。

表 4 - 58　国外应用公司 VR 领域大事件

公司	时间	事件内容
谷歌	2016.5	推出移动 VR 开发平台 Daydream,合作伙伴包括三星、HTC、华为、小米等设备厂商,Netflix、Hulu、YouTube 等视频内容厂商,以及 EA、NetEase 等游戏开发商。
	2016.7	安卓版 Chrome 浏览器将支持 VR 模式。
	2016.12	发布 VR 眼镜-Daydream View,采用分离式,配备了一个遥控器,当适配 Daydream 平台的手机插入该 VR 眼镜中会自动切换至 VR 模式,并且可以配合遥控器进行使用。
微软	2016.6	宣布向第三方开放增强现实软件 Windows Holographic,内容开发商与硬件制造商可通过微软的开发工序包(SDK)开发增强现实产品。HTC、英特尔、高通、宏碁、戴尔、惠普以及联想将整合 Windows Holographic 平台开发各自产品。
	2016.12	HoloLens MR 将于 2017 年登陆中国市场,采用"虚实结合"的方法,将虚拟和现实相融合,能够实现全息影像和真实环境的融合开发者版本售价 3 000 美元。
Facebook	2016.2	正式宣布成立"社交虚拟现实团队",专门为 VR 设备开发下一代社交应用。
	2016.4	发布了一套 3D 摄像软硬件产品 Surrond 360,成为 Oculus 的生态配套产品,也是丰富 VR 内容生态的重要工具。
	2016.5	收购 VR 音频公司 Two Big Ears。收购之后,将免费提供 VR 影视音频工具 "3Dception Spatial Workstation"的开放下载,同时提供了其 360 度编码应用程序和独立视频播放器下载。
The Void	2016.6	美国首家 VR 主题公园 The Void 建立,从内容开发、公园建设,到用户的眼镜、背心、手套,完全自主开发。
IrisVR	2016.10	IrisVR 是一家专门为建筑和设计行业开发虚拟现实工具的公司,总部位于纽约。公司 A 轮融资 800 万美元,由 Emergence Capital 领投,Indicator Ventures、Pritzker Group Venture Capital 等投资机构跟投。
	2016.11	推出基于 PC-VR 的头显而设计的 Iris Prospect,可以将用户创建的 3D 文件快速转换成 VR 环境;推出基于移动端 VR 设计的 Iris Scope,可以在 iOS 和 Android 上免费使用。

数据来源:赛迪智库,2017 年 3 月

(二)国内产业链重点企业发展状况

我国虚拟现实企业主要分为两大类别:一是成熟行业依据传统软硬件或内容优势向虚拟现实领域渗透,其中智能手机及其他硬件厂商大多从硬件布局;二是新型虚拟现实产业公司,包括生态型平台型公司和初创型公司,以互联网厂商为领头羊,在硬件、平台、内容、生态等领域进行一系列布局。

表 4-59 国内硬件公司 VR 领域大事件

公司	时间	事件内容
暴风科技	2016.3 月	暴风科技复牌,投 10 亿元做 VR。2016 年暴风将联合海洋音乐集团、天象互动、稻草熊影业等合作伙伴,构建一个日活用户超过 1.5 亿的大娱乐生态联盟。
	2016.5 月	发布暴风魔镜 5/5Plus,以及国内首款 VR 机器人。支持高精度九轴陀螺仪、智能休眠技术、3D 手势识别。
	2017.1 月	参与设立的新文化公司正式成立,尝试利用 VR 技术涉足文化旅游行业。
蚁视科技	2016.7 月	正式发布蚁视二代 VR 头盔,是国内首发 PC VR 头显,配备了自主研发的 VR 控制器,同时发布了 inside out VR 定位技术。
	2016.10 月	发布了 VR 运动相机和 VR 眼镜两款新品,并宣布与多家传媒机构的合作关系,涉及影视、综艺、广告、直播等领域。联创互联宣布注资 3 000 万元入股蚁视,专项用于开展 VR 传媒业务,打造 VR 媒体平台。
乐相科技	2016.1 月	获得恺英网络及迅雷共计 1.35 亿元融资。
	2016.3 月	发布首款量产大朋 VR 一体机,配备了三星 AMOLED 2K 屏幕和与 Samsung Galaxy S6 相同的三星 Exynos7420 处理器,以及 ARM 的移动处理器解决方案。
	2017.1 月	获恺英网络 2 000 万元增资。
焰火工坊	2016.9 月	发布极幕 VR 眼镜,售价 199 元,并随机配送焰火影院和 Gear VR 级游戏,同时这款眼镜盒也能兼容 Cardboard 游戏及应用。
极维客	2016.7 月	推出三款新品:GevekWorld(极维世界)是一款全新的移动 VR 平台,智能手机"Gevek X1"内置了极维世界的全部功能,"Gevek touch"是一款全触屏 VR 手柄。
小鸟看看	2016.4 月	发布一体机 VR Pico Neo。配置方面,搭载骁龙 820 芯片,2K 90 Hz 的 AMOLED 屏幕,兼容 PC VR 应用。使用 Dive 全沉浸系统,采用分体设计,由头盔和手柄两部分组成。
亮风台	2016.8 月	发布 AR 云产品,为开发者提供图片识别的云端 API 开发平台。
	2016.11 月	发布增强现实眼镜 HiAR Glasses,推出了置入 Mative 3D 引擎的 SDK 2.0 架构并向开发者开放。
映墨科技	2016.3 月	获得数千万元的 A 轮融资,由华睿和银江资本领投,云椿资本以及如山创投跟投。
	2016.8 月	发布"龙星人"儿童 VR 一体化设备。这是一款针对 5—8 岁的儿童研发的 VR 一体化设备。
维阿时代	2016.10 月	发布虚拟现实眼镜——灵镜小白,适用于安卓或苹果手机,在使用时搭配灵镜影院 app,不论是普通电影还是 3D 电影,可以在手机上实现 IMAX 电影院级别的观影效果。
掌网科技	2016.1 月	发布星轮 ViuLux 发烧级 VR 虚拟现实一体机,能够长时间稳定地运行各种游戏和视频,可以作为超级游戏机单独使用,接入电视就能够畅玩各类安卓游戏。
歌尔声学	2016.9 月	推出基于高通 820 芯片的 VR 一体机解决方案。
凌感科技	2016.6 月	A 轮融资 2 000 万美元,投资方包括麦星投资、名盛资本、达晨创投、东方富海投资、艾瑞资本、九弦资本等多家 VC 机构。
	2016.9 月	开放 SDK(软件开发应用包)测试版,同时启动全新 Fingo 系列硬件设备的预订工作。

(续表)

公司	时间	事件内容
七鑫易维	2016.11月	发布VR眼球追踪模组,可以使得在同等硬件性能条件下,渲染效率提高7倍以上,节省87%的像素数据量。
睿悦	2016.11月	发布了Nibiru VR开发板套件,里面包括VR开发应用的整套开发原件,可以为高校实验室的开发者提供全面的编码等一系列软硬件开发功能。
锋时互动	2016.6月	完成A轮千万元融资,主打移动VR手势交互技术。
极图科技	2016.7月	发布了新款广播级VR摄像机Upano XONE,能够实时进行画面拼接,不需要另外使用拼接服务站,摄像机出来的画面直接就是全景影像,能够直接用于实时直播。
	2016.8月	正式完成千万级Pre-A轮融资,投资方为星河互联。
时代拓灵	2016.5月	推出针对"VR全景声"内容制作者的免费开发者工具包"TwirlingVR Audio SDK"。
	2016.11月	发布全景声软硬件方案,2款全景声录制设备、1款全景声创作软件和TwirlingAmbis全景声素材库,打造从全景声采集、制作到播放为闭环的拓灵全景声体系。
完美幻境	2017.1月	在CES2017上发布了一款手掌大小的消费级VR全景相机PTUWink,手掌大小,无须充电,拍摄内容可分享朋友圈。

数据来源:赛迪智库,2017年3月

表4-60 国内软件、内容公司VR领域大事件

公司	时间	事件内容
华力创通	2016.5月	发布VR/AR(虚拟现实/增强现实)属于公司的仿真测试板块。
时光机TVR	2016.2月	虚拟现实游戏制作公司TVR获奥飞动漫领投A轮融资。
叮当猫	2016.6月	VR内容商叮当猫科技(BELLCAT)完成近千万元人民币天使轮融资,由丰厚资本领投,新浪微创投、暴风魔镜跟投。
魔视互动	2016.7月	发布了航海虚拟现实游戏——骷髅海(Heroes of the Seven Seas),这款游戏可以支持多款虚拟现实设备,包括Oculus Rift、HTC Vive以及三星Gear VR。获得了一笔150万美元的种子轮融资。
	2016.10月	获得上千万元的Pre A轮融资,目前该公司价值超过2亿元。
兰亭数字	2016.3月	获得华策影视、康得新、百合网三家上市公司3 150万人民币的Pre-A投资,总共出让15%股份。
	2016.11月	入驻国内首个VR收费平台"榴莲VR平台",发展VR直播。
追光动画	2016.1月	VR体验《再见,表情》登陆Gear VR的Milk VR应用。
互动视界文化传媒	2016.10月	启动的重量级VR系列交互剧《心跳接触》,将由国内领先的VR娱乐内容发行商牛卡VR独家线下发行。
	2017.1月	完成千万级A+轮融资,领投方为沃肯资本,融资后互动视界估值达到1.5亿元人民币。
映墨科技	2016.3月	获得数千万元的A轮融资,由华睿和银江资本领投,云椿资本以及如山创投跟投。
	2016.8月	发布"龙星人"儿童VR一体化设备。这是一款针对5—8岁的儿童研发的VR一体化设备。

(续表)

公司	时间	事件内容
维阿时代	2016.10 月	发布虚拟现实眼镜——灵镜小白,适用于安卓或苹果手机,在使用时搭配灵镜影院 app,不论是普通电影还是 3D 电影,可以在手机上实现 IMAX 电影院级别的观影效果。
掌网科技	2016.1 月	发布星轮 ViuLux 发烧级 VR 虚拟现实一体机,能够长时间稳定地运行各种游戏和视频,可以作为超级游戏机单独使用,接入电视就能够畅玩各类安卓游戏。
歌尔声学	2016.9 月	推出基于高通 820 芯片的 VR 一体机解决方案。
凌感科技	2016.6 月	A 轮融资 2 000 万美元,投资方包括麦星投资、名盛资本、达晨创投、东方富海投资、艾瑞资本、九弦资本等多家 VC 机构。
	2016.9 月	开放 SDK(软件开发应用包)测试版,同时启动全新 Fingo 系列硬件设备的预订工作。
七鑫易维	2016.11 月	发布 VR 眼球追踪模组,可以使得在同等硬件性能条件下,渲染效率提高 7 倍以上,节省 87% 的像素数据量。
睿悦	2016.11 月	发布了 Nibiru VR 开发板套件,里面包括 VR 开发应用的整套开发原件,可以为高校实验室的开发者提供全面的编码等一系列软硬件开发功能。
锋时互动	2016.6 月	完成 A 轮千万元融资,主打移动 VR 手势交互技术。
极图科技	2016.7 月	发布了新款广播级 VR 摄像机 Upano XONE,能够实时进行画面拼接,不需要另外使用拼接服务站,摄像机出来的画面直接就是全景影像,能够直接用于实时直播。
	2016.8 月	正式完成千万级 Pre-A 轮融资,投资方为星河互联。
时代拓灵	2016.5 月	推出针对"VR 全景声"内容制作者的免费开发者工具包"TwirlingVR Audio SDK"。
	2016.11 月	发布全景声软硬件方案,2 款全景声录制设备、1 款全景声创作软件和 TwirlingAmbis 全景声素材库,打造从全景声采集、制作到播放为闭环的拓灵全景声体系。
完美幻境	2017.1 月	在 CES2017 上发布了一款手掌大小的消费级 VR 全景相机 PTUWink,手掌大小,无须充电,拍摄内容可分享朋友圈。

数据来源:赛迪智库,2017 年 3 月

表 4-61 国内应用公司 VR 领域大事件

公司	时间	事件内容
赛欧比弗	2016.7 月	完成 A 轮 4 000 万元融资,投资方包括鼎锋资本、同创伟业、首誉光控,天使轮投资方中搜创投跟投。
	2017.1 月	公司成功挂牌全国中小企业股份转让系统,成为新三板上重量级的 VR 概念股。
视辰信息	2016.7 月	在 MWC 上,携自主研发的增强现实引擎 EasyAR 与 AR 浏览器"视+"入驻以智慧城市为主体的 N 3.1 展馆。
央数文化	2016.3 月	完成 2.5 亿元 B 轮融资,由新天域资本领投,GGV、高通、华西集团等跟投。发布了新的硬件产品,一款专门为 3—16 岁的学龄期少儿开发的 AR 握持式圆屏移动电脑——MAGNEO 尼奥放大镜。
航宇荣康	2017.1 月	在世界仿真技术应用展览会上,展示了虚拟现实飞行训练平台。

(续表)

公司	时间	事件内容
锐扬科技	2017.1 月	开启"VR＋教育"模式,自主开发引擎,为高校提供的 VR 创客教室将是以 VR 教学互动台硬件为载体,以 VR 空间设计软件为支撑,VR 头盔、VR 体感设备、VR 教学课程为依托的一站式教育创客服务平台。
赞那度	2016.8 月	首家虚拟现实旅行体验空间在上海开幕,将 360 度虚拟现实旅行体验和数字销售(POS)终端,以及手机应用、电商平台和社交媒体无缝整合在一起。
指挥家	2016.1 月	获得百万美元级别 Pre-A 轮融资,由九合资本领投,和君资本及上一轮投资的蔡文胜跟投。
	2016.9 月	VR 地产项目星沙公寓(Changsha Loft),登陆 Oculus Rift 官方应用平台 Oculus VR Share。
美屋 365	2016.3 月	和装修网一起发布的 VR 家装产品,利用虚拟现实还原房子装修之后的场景,可以让客户更直观地提前看到装修效果。

数据来源:赛迪智库,2017 年 3 月

六、虚拟现实产业的投融资情况

(一)国内外投融资情况及特点

2016 年,全球 VR/AR 领域的投资总额达 18 亿美元,比 2015 年的 7 亿美元同比增长 140％;投资交易数量 171 宗,同比增长 14％。投资经历了由快速暴涨到迅速退潮的"短平快"周期。数据显示,2016 年第一季度全球 VR/AR 领域的投资金额为 11 亿美元,但第二和第三季度全球 VR/AR 投资额分别锐减为 2 亿美元和 5 亿美元。2016 年,虚拟现实投资经历了从井喷式增长到理性回归的阶段,资本投资的重点从面到点,聚焦到有创新、知识产权、市场潜力的技术产品创业团队。

2016 年中国 VR/AR 领域总投资接近 10 亿美元,其中超过一半投向了国外的公司和团队。中国资本全球出海,虚拟现实产业集聚全球资本,其中阿里巴巴 7 亿美元投资 MagicLeap,盛大集团 3.5 亿美元投资 VR 主题公园 THE VOID,联想等企业参与硅谷创业公司 Meta 的 5 000 万美元的 B 轮融资,三七互娱投资的加拿大 VR 提供商 Archiact,游久游戏投资的 VR 虚拟角色提供商 PLFX。

(二)典型案例

1. 阿里巴巴 7 亿美元领投 Magic Leap

事件描述:2016 年 2 月,Magic Leap 获得由中国阿里巴巴公司领投的 7 亿美元的 C 轮融资。此轮融资后,包括此前谷歌等投资者投入的 5 亿美元,Magic Leap 三轮融资金额累计达到 14 亿美元,公司估值约 45 亿美元。后续影响:Magic Leap 已成为增强现实领域的独角兽公司,但其目前仍没有公布正式发布消费级产品的时间表。Magic Leap 的研究领域由最初虚拟现转向增强现实,并申请了包括 3D 虚拟与增强显示系统、头戴显示器、触觉手套等相关专利。2016 年 12 月下旬,Magic Leap 成功完成了第一个目标产品形态的 PEQ(产品原型),并表示将会在 2017 年进行一轮更大的 PEQ 测试。

2. 盛大 3.5 亿美元投资 The Void,筹建中国首个 VR 主题公园

事件描述:2016 年 2 月,盛大集团给美国公司 The VOID 投资 3.5 亿美元。至此,盛大集团在 AR/VR 领域供投资 12 个项目,投资额累计达 4.116 亿美元,包括全球最大的 AR 专用镜片供应

商、VR内容开发商、VR平台开发商、VR设备制造商和VR专业媒体,完成了对VR整个产业链的布局。

后续影响:盛大除了投资The Void公司外,还将在国内选择合作伙伴建设中国的VR主题公园。盛大的合作方将是一个有实力的文化娱乐公司,具体合作方式和建设时间暂未公布。

3. 瑞士创业公司MindMaze获得1亿美元融资

事件描述:2016年2月,瑞士创业公司MindMaze宣布获得1亿美元融资,投资方为Hinduja Group。这笔资金主要用于研发中风病人临床治疗的虚拟现实软硬件。MindMaze在此轮融资后成为第五家融资过亿VR/AR企业,公司估值约11亿美元。

后续影响:MindMaze的主打产品是为中风康复患者提供康复训练的VR设备,其他产品还有家庭康复VR设备以及游戏设备。这些VR/AR设备,配合动作捕捉传感器,为用户提供逼真的可交互数字康复训练环境。获得融资后,MindMaze将进一步开发适用于其他类型疾病的VR设备,比如截肢患者。

4. NextVR B轮8 000万美元融资,中信、网易为最大投资方

事件描述:2016年8月,NextVR获得8 000万美元的B轮融资,其中最大两笔投资来自中国的网易和中信国安。NextVR的B轮投资者包含全部的A轮投资者,包括Formation集团、时代华纳投资、康卡斯特、RSE Ventures公司、曼德勒娱乐公司、麦迪逊广场花园公司和迪克·克拉克。

后续影响:NextVR能得到投资公司的持续投资,是因为它是VR直播领域的引领者。NextVR成立于2009年,业务包括VR直播、录制VR电影和VR纪录片,拥有从拍摄、压缩、传输到内容显示等26项VR专利技术。NextVR承接的知名体育赛事和娱乐项目的VR直播包括了美国高尔夫球公开赛、NBA、国际冠军杯(International Champions Cup)、FOX美国公开赛、摇滚演唱会等。

5. AR智能眼镜制造商ODG获5 800万美元A轮融资

事件描述:2016年12月,旧金山公司Osterhout Design Group(ODG)获得5 800万美元的A轮融资,用以加速器智能眼镜产品的研发进程。本轮投资由二十一世纪福克斯领投,中国的深圳欧菲光科技股份有限公司和北京万方发展投资公司参投。

后续影响:此轮融资将主要用于提高现有产品的性能和进行新品研发。ODG将会利用这轮融资去提高其产品的产能,也用于完成新的产品(该产品预计于2017年亮相),增加其专利组合,以及在全世界范围内扩大自己的队伍。ODG是美国旧金山的初创公司,此前一直专注于企业定制解决方案,但随着技术的成熟和成本的降低,该公司也正把目光放在消费者市场上,ODG将推出面向消费者的便携式AR智能眼镜。

6. VR游戏制造商Survios获得5 000万美元投资

事件描述:2016年12月,VR游戏制造商Survios获得5 000万美元投资,其中大部分资金来自美国好莱坞八大电影公司之一的米高梅电影公司(MGM)。5 000万美元是两轮融资的金额,分别由Lux Capital和MGM领投,Shasta Ventures、丹华资本、盛大控股以及Felicis Ventures和Dentsu Ventures参投。

后续影响:该公司并未透露太多交易具体内容,但表示新资金的注入有利于Survios"实现发展目标,成为虚拟现实行业领先的发布商和内容创造者"。此外,米高梅电影公司CEO Gary Barber将加入Survios董事会。同时,Survios还可能从MGM拥有的知识产权方面得到便利。

7. 360fly完成4 000万美元C轮融资

事件描述:2016年5月,360fly宣布获得由L Catterton和高通领投,Hydra Ventures跟投的

C 轮 4 000 万美元融资。

后续影响：360fly 是一家成立于卡耐基梅隆大学的创业公司,已经在研发一款便携式"运动相机"。这次融资将会帮助 360fly 推广其 4K 360 度相机并扩展全球市场。360 度相机市场有两个级别,分别是消费者级和专业级。售价为 6 万美元的诺基亚 OZO 很明显是专业级,而 360fly 则针对消费者级推出了售价为 399 美元的 360 度相机。

8. 捷成股份投资 Auro Technologies 公司

事件描述：中国企业捷成投资参股比利时 3D 音频公司 Auro Technologies,捷成股份公司使用自有资金最高不超过 2 800 万美元收购 Auro 持有的 20% 的股权。

后续影响：AURO TECHNOLOGIES 公司成立于 2010 年,以三维沉浸声 AURO-3D 技术在业内独树一帜,已被全球多家影院和影视制作公司采用。捷成股份是中国广电行业的领军企业。捷成股份参股 Auro Technologies 公司,是视音频领域的强强联手,此项战略投资受到比利时政府的高度重视。

9. 虚拟现实初创企业 Wevr 融资 2 500 万美元

事件描述：2016 年 2 月,总部位于加州威尼斯(Venice)的虚拟现实初创企业 Wevr 宣布融资 2 500 万美元,其投资者包括 HTC、Samsung Ventures 以及 Orange。

后续影响：Wevr 计划利用募集的资金发布 Transport 虚拟现实内容平台,该平台的目标在于向众多手机以及网络提供类似电影院的虚拟现实体验。对于 Wevr 而言,宣布获得融资以及推出 Tansport 平台是其涉猎的新领域。该公司以生产自主的虚拟现实体验内容而闻名天下,其虚拟现实短片《蓝色邂逅》(*The Blue：Encounter*)备受好评。观众仿佛置身于水下船只甲板之上,可近距离地观看鲸鱼。此外,Wevr 还与三星和 Skybound Entertainment 共同打造了虚拟现实剧集 *Gone*。

10. Baobab Studios 完成 2 500 万美元 B 轮融资

事件描述：2016 年 10 月,Baobab 工作室完成 2 500 万美元的 B 轮融资,两轮融资累计达到 3 100 万美元。Baobab 工作室的 A 轮投资者包括康卡斯特风险投资、HTC 和三星,B 轮投资者包括 Horizons Ventures、20 世纪福克斯公司、Evolution Media Partners、中国的上海文广集团(Shanghai Media Group)、Youku Global Media Fund 和 LDV Partners。

后续影响：Baobab Studios 是一家美国初创公司,拥有一支顶级 VR 动画团队,拍摄的 VR 作品曾获多个业界国际大奖,是 VR 视觉艺术的领军者。此轮融资将主要用于 VR 动画电影的制作和国际推广。

11. Virtual Reality Company(VRC)获得 2 300 万美元融资

事件描述：2016 年 6 月,由两届奥斯卡最佳导演奖获得者罗伯特·斯托姆伯格(Robert Stromberg)领导的虚拟现实公司 Virtual Reality Company(VRC)宣布获得 2 300 万美元的风投,将用于虚拟现实内容的创作。

后续影响：这笔资金来自中国北京的恒信移动商务有限公司,是一家移动业务和技术提供商。该投资确立了双方的战略伙伴关系,也让 VRC 进军中国,打造大中华区内容分销平台。

12. VR 社交平台 High Fidelity 获得 2 200 万美元融资

事件描述：2016 年 12 月,开源 VR 内容开发平台 High Fidelity 在第五轮融资中筹得 2 200 万美元,由 IDG Capital 和新投资方 Breyer Capital 领投。根据此前的报道,该公司在前四轮风险投资中共融资 1 750 万美元。

后续影响：High Fidelity 是一个开源 VR 内容开发平台,允许用户构建和加入互联的虚拟世界。专职的开发团队、自由职业者,以及来自全世界的开源代码贡献者可以协作开发 VR 内容。目前该应用正在公测中,支持 Oculus Rift、HTC Vive 和普通显示器(包括 PC 和 Mac)和跨平台用户交互。

13. uSens 凌感科技完成 2 000 万美元 A 轮融资

事件描述:2016 年 6 月,手势交互及头部位置追踪企业 uSens 凌感宣布获得了由复星昆仲资本领投的 2 000 万美元 A 轮融资,一同参与的还有麦星投资、名盛资本、达晨创投、东方富海投资、艾瑞资本、九弦资本等多家 VC 机构。此外,ARM 加速器则以资源及技术支持参与了融资项目。

后续影响:uSens 凌感成立于 2013 年美国硅谷,其核心技术是为 VR/AR 设备提供 26 自由度全自然手势交互以及 6 自由度头部位置追踪,帮助体验者摆脱手柄及其他周边设备,更方便地在移动端 AR/VR 设备中创造实现自然交互的体验。

14. 挪威 The Future Group 完成 C 轮润资 2 000 万美元

事件描述:2016 年 11 月,交互式混合现实(Interactive Mixed Reality,IMR)技术供应商 The Future Group 宣布完成 2 000 万美元 C 轮融资,主要投资方包括挪威投资基金 Ferd®ASA 和控股公司 Aker®ASA,共有超过 25 家投资方参与了本轮融资。

后续影响:The Future Group 创办于 2016 年 9 月,总部位于挪威奥斯陆,目前已累计融资 4 200 万美元。公司计划利用本轮融资推出两项创新举措,于 2017 年初发布 Frontier 交互式混合现实(IMR)平台,并在电视台黄金时段引入全新 IMR 游戏节目。

七、虚拟现实产业的趋势展望

(一) 虚拟现实头戴式产品不断推陈出新,显示设备将成为竞争红海

头戴式显示系统是应用最为广泛、最为典型的虚拟现实显示系统。最早发售的成熟消费级 VR 设备 Oculus Rift 就是头戴式系统。Oculus 公司公布了一系列 VR 产品和计划,包括即将上市的动作控制器 Oculus Touch、无线 VR 头盔原型。HTC 计划 2017 年底发布升级版 HTC Vive。2017 年初,在 CES2017 展会上,联想、戴尔、惠普、宏碁等传统硬件厂商都进入虚拟现实领域,推出了各自的 VR 头盔产品。在国内,虚拟现实企业 3Glasses 和大朋 VR 生产的虚拟现实眼镜在国内市场也占有一定的市场份额。虚拟现实头戴式技术在商业上逐步成熟,虚拟现实硬件市场将从 Oculus Rift、HTC Vive 和 PSVR 的三足鼎立阶段进入百花齐放的竞争红海。

(二) VR 技术标准不断走向成熟,空间定位、无线技术等将走向成熟

VR 的技术不断成熟,行业标准将逐步推出,对产品的视场角、透光率、屏幕分辨率、佩戴舒适度等进行规范。与应用贴合紧密的技术,如社交领域需要的多人交互技术、制造领域的空间定位技术、无线技术的研发将取得突破。随着空间定位和多人交互技术的发展,多人交互 VR 游戏、社交活动平台将出现,多人 VR 互动可满足多用户间的协作和交流,有效地解决单人 VR 体验的不足,提升体验效果,用户在不同类型的虚拟环境中社交互动更加自然。各大虚拟现实头显公司都在积极研发无线头显,随着一体机方案、近场蓝牙、Wi-Fi 功能和 5G 技术的不断成熟,PC 端相连的线缆将被逐步取消,无线 VR 设备将成为主流。国内的行业组织也积极参与制定 VR 行业标准,组织产学研合作,VR 共性技术研发有望得到突破。

(三) AR 产业化将取得重大突破,AR 明星级应用有望登上舞台

在 AR 的大规模投资刺激下,各大企业纷纷在 AR 方面开展布局,标杆级 AR 产品将推出。

2016 年 VR/AR 领域的投资中,关于增强现实 AR 的布局成为重头,如 AR 公司 MagicLeap 获得阿里巴巴领投的 7 亿美元融资,AR 智能眼镜制造商 ODG 获 5 800 万美元 A 轮融资。在 CES2017 展会上,Osterhout Design Group(ODG)、联想、Lumus 等企业都推出了 AR 眼镜。明星级 AR 产品有望在 2017 年推出,给市场提供新的增长动力。伴随着 AR 消费级产品的出现,基于 AR 的行业应用将得以普及。增强现实消费级产品和应用的快速发展使得 AR 技术在 2017 年实现商业化,增强现实眼镜的出货量将迅速增长,AR 明星级应用有望登上舞台。

(四)"VR+"虚拟现实应用普及,将在教育实训领域率先爆发

虚拟现实在不同行业领域应用会普及,比如 VR 娱乐方面,第一部院线长片 VR 电影上映;VR 游戏方面,20% 的游戏爱好者将使用 VR 设备。虚拟现实和健康医疗、养老关怀、文化教育等领域进一步融合,将创新社会服务方式,有效缓解医疗、养老、教育等社会公共资源不均衡问题,促进社会和谐发展。"VR+教育实训"将率先爆发,例如在煤矿、安防等高风险领域,利用 VR 技术构建培训和控制系统,可以降低操作误差和生产风险,保护高危环境下的工作人员;在医疗领域,通过虚拟手术仿真培训系统,可以为医学生提供模拟手术培训,节省培训时间;虚拟课堂、虚拟教学等教育实训虚拟模式的出现将提升教学效果,节约培训成本,缩短实操时间。

(五)体验式服务购买和交易将成为虚拟现实重要创收模式

服务经济的下一步是走向体验经济,人们会创造越来越多的跟体验有关的经济活动,商家将靠提供体验服务取胜。2016 年,虚拟现实体验馆的构建成为虚拟现实产业渠道拓展的重要先导,国内的 VR 线下体验馆的数量增长迅速,全国总计有超过 2 000 家 VR 线下体验馆。当前虚拟现实的内容比较短缺,现阶段硬件设备是虚拟现实主要收入来源。随着虚拟现实内容的丰富和虚拟社区交互体验感的不断增强,主要依托购买硬件设备的应收模式将得以转变,用户不仅可以直接付费购买、订阅喜欢的虚拟体验和虚拟内容,还能够通过虚拟化的体验进行传统商贸活动,并可参与产品的个性化定制和设计开发。体验式服务购买和交易将成为虚拟现实未来收益的主要来源。

八、我国虚拟现实产业发展建议

(一)加强共性技术攻关,优化产业发展环境

在国内已有的技术储备基础上,组织产、学、研、用各机构多方面力量解决关键共性技术问题,鼓励开发具有更好使用体验的创新型产品,强化在虚拟现实核心芯片、显示器件、光学器件、传感器等核心器件和动态环境建模、人机交互、光学显示、内容生成等关键技术环节的联合攻关,支持关键软硬件开发、产品和系统集成设计,加快构建虚拟现实相关应用开发环境和测试系统环境,构建从基础研究、技术开发、产品设计、内容制作、渠道建设、质量检验到售后服务一条龙的产业体系和生态圈。从财税、投融资、知识产权、品牌、人才、创新创业等方面制定优惠扶持政策,重点支持关键软硬件开发、产品和系统集成设计,提升我国虚拟现实产业竞争力,引导规范虚拟现实产品研发应用,推动虚拟现实产业健康有序快速发展。

(二)制定标准规范,开展行业应用联合测试验证

鼓励、支持、组织虚拟现实企业、科研机构、行业联盟成立标准化工作机构,推动建立虚拟现实技术、产品和系统评价指标体系,开发相应的评价工具,保障虚拟现实产品性能和质量。加快制定

虚拟现实音视频、硬件接口、人机交互、场景建模、信息安全、人体健康适用性等方面的标准。重点构建基于虚拟现实技术的信息物理系统参考模型和综合技术标准体系,推动工业级虚拟现实软硬件标准以及工业互联网设备、产品之间标识解析、数据交换、安全通信等标准的制定。建设虚拟现实应用测试验证平台和综合验证试验床,开展兼容适配、互联互通和互操作等测试验证。

(三)强化顶层设计,面向行业需求规划应用路径

将虚拟现实应用于协同制造、远程协作等方面,建立生产过程数据采集和分析系统,实现生产进度、现场操作、质量检验、设备状态、物料传送等生产现场数据的可视化管理,提高制造执行、过程控制的精确化程度。推进虚拟现实在产品全生命周期各环节和企业管理各方面的应用,实现设计、工艺、制造、管理、物流等环节的集成优化,推进企业数字化设计、装备智能化升级、工艺流程优化、精益生产、可视化管理、质量控制与追溯、智能物流等方面的快速提升。

(四)推进试点示范,以点带面扩大行业应用范围

在视频、游戏等行业发展较成熟的优势领域开展重点虚拟现实应用示范,支持开发者结合社交场景应用,发展一批"撒手锏"级的内容及应用。面向汽车、钢铁、高端装备制造等重点行业,设立若干基于虚拟现实的智能制造应用示范区,打造智能制造单元、智能生产线、智能车间、智能工厂,通过应用验证反馈完善系统功能。推动虚拟现实在健康医疗、养老关怀、文化教育等领域的应用,探索将虚拟现实技术运用于临床试验、医疗辅助、便民服务、旅游体验、文化创意等领域,开拓新兴应用领域,创新社会服务方式。

(五)加强多方协同合作,打造产业良性生态

健全组织实施机制,切实发挥虚拟现实行业产业联盟、研究机构等行业组织在标准制定、人才对接、应用推广、投资促进和国际合作等方面的协调作用。不断完善虚拟现实产业合作平台,推动产业界的技术和人才交流,为产业链上下游协作和配合提供服务,形成硬件、软件和内容协同发展的局面。推动地方产业发展与国家总体规划的协同,避免产业的盲目扩张发展,推动地方实现差异化发展。推广部省市合作共建产业基地等模式,在发展基础较好的地区,推进应用示范。引导和支持虚拟现实软硬件企业、内容厂商以及新媒体之间的合作,加快软硬件技术的协同攻关,鼓励优势企业构建跨境产业链体系,加强应用推广。

(六)加强人才培育引进,夯实产业发展基础

加强虚拟现实产业人才发展统筹规划,完善从研发、转化、生产到管理的人才生态结构设计。以高层次创新人才为重点,依托知名虚拟现实企业,实施国外优秀人才引进计划。联合各行业应用相关部门,制订实施紧缺型技术人才和行业应用人才培养计划。以基础研究型人才为重点,鼓励高校院所设立虚拟现实相关学科和专业课程,实施虚拟现实专业人才培养计划。支持各地职业技术院校与虚拟现实企业对接合作,有针对性地培养操作技能型人才。联合教育部门,建立虚拟现实行业继续教育制度,实现从业人员技能的更新换代,以紧跟时代发展的步伐。

(来源:《2017中国软件和信息服务业发展报告》,作者:温晓君)

第五节　分享经济

分享经济是以分散的社会闲置和富余资源为基础,通过互联网等新一代信息技术实现资源整合和优化配置,进而产生所有社会活动和经济活动的交易价值总和。近几年来,我国形成了宽松包容的新经济发展环境,分享平台企业规模快速壮大,对激发新兴市场活力起到重要作用。然而,随着分享经济规模壮大,安全事件和社会事件屡屡发生,引发了各界对平台企业监管和担责的讨论。本文通过研究我国分享经济发展状况、创新进展和面临问题,提出促进分享经济健康发展的政策建议,期望推动构建有利于分享经济壮大及与传统经济融合互促的政策环境。

一、我国分享经济发展总体概况

(一) 市场规模

我国分享经济发展起步相对较晚,但近年来发展迅速,已成为全球最为活跃、最具潜力的分享经济市场之一。2016 夏季达沃斯论坛报告显示,通过利用闲置资产,中国的共享经济规模已有3 000 亿美元,预计未来五年每年增长 40％。从企业数量看,截至 2017 年 2 月 17 日,全球独角兽企业共有 186 家,其中中国公司达到 42 家,具有典型分享经济属性的公司有 15 家,占我国独角兽企业总数的 35.7％。从投资情况来看,2016 年分享经济企业的融资规模约为 1 710 亿元,比上年增长 130％。从参与情况来看,2016 年分享经济参与者总人数达到 6 亿人,提供服务者人数约为6 000 万人,平台就业人数约 585 万人。

(二) 行业分布

近两年,分享经济成为我国创新创业最为活跃的领域之一,交通出行、金融借贷、内容分享、生活服务等存量细分领域市场规模不断扩大,生产能力、能源资源、劳动技能、经验知识、医疗教育等增量细分市场正向所有领域渗透。从存量市场来看,2016 年我国分享出行市场交易规模达到2 038 亿元,融资规模达到 700 亿元;2016 年在线旅游分享住宿市场交易规模可达到 89.4 亿元,相比 2015 年交易额增长 80.6％;2016 年我国 P2P 网贷市场成交量当年值 28 049.38 亿元,同比增长137.59％。从增量市场来看,自媒体、教育、医疗、专业服务等细分行业后来居上,领先企业市场估值分别达到 46.2 亿美元、31.6 亿美元、29.9 亿美元和 19.8 亿美元,仅次于金融和出行分享领域。

(三) 主要特点

1. 部分领先细分行业进入规范化发展阶段

随着分享经济规模的不断壮大,部分行业暴露出诸多问题,相关监管部门出台了一系列措施,以促进分享经济细分行业健康发展。P2P 网贷方面,截至 2016 年年底,正常运营平台数量为 2 388家,减少 60 家,2017 年 1 月份共有 64 家 P2P 网贷平台停业或出现问题;出行分享方面,《网络预约出租汽车经营服务管理暂行办法》开始施行,各地监管宽严各异,针对平台、驾驶员、车辆明确相关准入条件,促进了行业规范化发展,分享出行市场发展开始趋于稳定。

2. 高度专业化分享经济领域本土创新踊跃

在经历了对国外模仿、跟随后,我国分享经济开始凸显本土化创新,特别是在高度专业化分享经济领域,创新十分踊跃。例如,医疗分享领域,"名医主刀"聚集国内外顶级名医和医疗床位,实现基于互联网平台的医患精准匹配,帮助广大患者在第一时间预约到名医专家进行主刀治疗,平台上线几个月内开展数千台手术,业务量月均增速40%以上;"在行"运用知识经验领域的分享理念,极大地提升了知识服务效率,打造了社会化的个人智库。

3. 我国分享经济领域海外拓展步伐加快

虽然我国分享经济发展起步较晚,但部分领域发展较快,在迅速占领国内市场的同时,积极拓展和布局海外市场,助力我国分享经济"走出去"。如滴滴已经多次在海外市场"攻城略地",重点布局东南亚、北美市场,与美国汽车租赁服务商安飞士巴吉集团(Avis Budget Group)达成战略合作协议,共同为近175个国家和地区的滴滴中国用户提供境外租车服务;联合寇图资本、中国投资有限责任公司对东南亚打车应用GrabTaxi投资3.5亿美元;对美国出行平台Lyft进行1亿美元的战略投资;参与了对印度打车服务商Ola的最近一轮融资。

二、应用推进情况

(一)生产能力分享

生产能力分享领域企业大多通过搭建资源聚合平台,实现闲置设备和仪器共享,以降低生产成本、提高生产便利性。该模式应用主要集中在机械、农业、建筑等生产设备、3D设备、科研仪器、医疗设备等的分享。

表4-62　生产能力分享领域典型企业应用情况一览表

企业名称	业务介绍	规模
沈阳机床厂	打造i5云制造平台,实现机床闲置时间的共享。	i5智能系列机床每年为沈阳机床带来营业收入达到10—15亿元;一年实现销量约4 000台,创造了机床新产品上市销量的最高纪录。
阿里巴巴淘工厂	淘工厂通过聚合海量工厂,针对电商卖家找工厂难、小单试单难、翻单备料难、新品开发难等问题,构建满足电商柔性生产供应链。	入驻淘工厂平台的企业已经超过15 000家;业务覆盖全国16个省份,广东、浙江、福建等传统加工制造业强省占比较高。
易科学	易科学通过搭建科研仪器共享和科学实验服务平台,对接科学实验供需两方,供试验需求者找到理想试验资源,供试验服务提供者找到客户。	平台上分享的科研仪器超过5 000台(套),业务覆盖全国大部分高校。

数据来源:赛迪智库,2017年1月

(二)交通出行分享

交通出行分享是用户渗透使用率最为广泛的领域之一,用户黏性相对较高,用户习惯逐渐养成。当前,交通出行分享领域主要涵盖网约私家车、新能源汽车分时租赁、P2P租车、单车共享等模式。

表 4-63 交通出行分享领域典型企业应用情况一览表

企业名称	业务介绍	市场规模
滴滴出行	出行分享平台,涵盖专车、快车、顺风车、大巴等多项服务,其中顺风车是典型的出行分享模式。	2016 年 4 季度,滴滴出行月活跃用户量为 3 723 万,市场份额达到 87% 以上;全年为全社会创造了 1 750.9 万个灵活就业和收入机会,每天直接为 207.2 万司机提供日均超过 160 元收入。
一度用车	提供电动汽车"分时租赁"用车服务,全程采用无人值守的取/还车模式,低成本解决城市出行需求。	覆盖北京 300 个网点,日订单量突破 1 000 单,发展 20 万用户。
摩拜单车	互联网短途出行解决方案,是无桩借还车模式的智能共享单车平台。	摩拜单车月活跃用户量已达 313.5 万人,占据逾 70% 市场份额;2017 年 1 月 4 日,摩拜单车完成 D 轮 2.15 亿美元股权融资。
ofo	采用无桩共享单车的出行模式,为用户提供出行服务。	现已覆盖 26 个城市,已连接的单车总量达 80 万辆,总用户人数超 1 000 万,日订单量超 180 万。

数据来源:赛迪智库,2017 年 1 月

(三)金融借贷分享

金融领域 P2P 借贷起步较早,陆金所、人人贷、Lending Club 等企业经过数年发展,应用模式相对成熟。慈善类 P2P 借贷和创意类股权众筹为近两年兴起的金融分享应用,通过服务弱势群体和中小企业弥补需求空缺,市场规模逐渐扩大。

表 4-64 金融借贷分享领域典型企业应用情况表

企业名称	业务介绍	市场规模
陆金所	通过互联网平台快速高效搜寻和撮合资金的供需双方,加快资金的周转速度,最大限度发挥了资金的使用价值。	2016 年上半年总交易量 32 019 亿元,累计注册用户数 2 342 万,较年初增长 27.9%,活跃投资用户数 587 万,较年初增长 61.7%。
人人贷	平台采用线上线下结合的模式,为个人对个人搭建可信赖的理财投资和信用借贷平台。	注册用户 300 万,获 1.3 亿美元融资,交易量破 220 亿元。
红岭创投	通过搭建互联网金融服务平台,提供 P2P 网贷服务。	截至 2016 年 9 月 18 日,注册人数超过 115 万,交易总量超过 1 789 亿元。

数据来源:赛迪智库,2017 年 1 月

(四)房屋空间分享

房屋空间分享通过平台连接房屋供给者和需求者,令闲置空间产生价值。当前,房屋空间分享应用主要集中在面向游客的短期房屋出租、公共办公空间分享、停车位分享等领域。

表 4-65 房屋空间分享领域典型企业应用情况一览表

企业名称	业务介绍	市场规模
小猪短租	C2C 平台运营模式,定位于特色民宿住宿短租预订服务。	覆盖全国 301 个城市,房源总计超过 10 万套;2016 年 11 月,C+及 D 轮,融资 6 500 万美元。

（续表）

企业名称	业务介绍	市场规模
优客工场	致力于打造全要素、社区化的联合办公空间。	平台目前已覆盖 12 个城市、服务 15 000 多个工友、入驻 515 个服务商；已完成 B 轮 4 亿融资,成为中国联合办公领域首个独角兽。
木鸟短租	主打特色旅游住宿,以 C2C 分享住宿平台模式切入市场。	截至目前,短租房源覆盖全国 396 个城市,国内房源总量超过 30 万套,国外超过 12 万套,2016 年营收同比达到近 5 倍增长速度。
住百家	开展面向国内旅客的境外旅行服务,将出境自由行群体特色住宿需求与国外优质民宿对接,实现特色化、个性化住宿。	2016 年 4 月挂牌新三板,目前房源数量 25 万套,区域覆盖已达 70 个国家,729 个热门旅游城市。
蚂蚁短租	短租民宿在线预订平台,以家庭型用户为核心目标客群,聚焦休闲旅游人群。	截至目前,蚂蚁短租在中国 300 多个城市及旅游目的地拥有 30 多万套房源。2013 年获得千万 A 轮融资,与途家合并后获 1 亿美元资金支持。

数据来源:赛迪智库,2017 年 1 月

（五）能源资源分享

能源资源分享是指通过搭建分享平台,帮助用户实现电力能源、水资源、网络资源等分享和优化配置。当前,网络分享在我国实现领先发展,如 Wi-Fi 万能钥匙已在巴西、俄罗斯、墨西哥、印尼、越南、马来西亚、泰国、埃及等近 50 个地区的 Google Play 工具榜上排名第一,用户遍及 223 个地区。

表 4-66　能源资源分享领域典型企业应用情况表

企业名称	业务介绍	市场规模
Wi-Fi 万能钥匙	用户通过网络平台与附近的平台用户分享自己的 Wi-Fi 网络资源,让周边的用户免费接入。	截至 2016 年 2 月,平台用户已覆盖全球 223 个地区,并在巴西、俄罗斯、墨西哥等近 50 个地区实现 Google Play 工具榜上排名第一。

数据来源:赛迪智库,2017 年 1 月

（六）二手闲置分享

二手闲置物品交易是相对传统的分享经济应用模式,从早些年的同城交易和生活服务信息平台,发展成为当前基于社区和社群的个人物品分享,服务品类更加多元,商业模式更加复杂。

表 4-67　二手物品分享领域典型企业应用情况表

企业名称	业务介绍	市场规模
闲鱼	个人闲置物品交易平台	用户量达到亿级,成交闲置物品 1.7 亿件,资本市场估值已超过 30 亿美元。

数据来源:赛迪智库,2017 年 1 月

（七）物流运输分享

物流运输分享通过共享物流信息资源、物流技术与设备资源、仓储设施资源、终端配送资源等实现物流资源的优化配置。当前,我国基于车货匹配的共享货物运输模式的公司至少在 500 家以

上,其中 100 多家企业已经获得各类投资融资。

表 4-68 物流运输分享领域典型企业应用情况表

企业名称	业务介绍	市场规模
货车帮	提供全国公路物流信息及交易服务、货车金融及车辆后服务,提升司机找货效率,减少空驶,保证货主能够及时调配车辆。	截至 2016 年 8 月,货车帮诚信注册车辆会员超过 230 万,诚信认证货主会员超 35 万,信息共享平台每天发布货源信息超 500 万条,在全国设有线下网点达 1 000 家。
蜂鸟众包	提倡众包物流,通过人人派送打造即时配送物流形态。	平台上配送员高达 130 万,覆盖数百个城市。

数据来源:赛迪智库,2017 年 1 月

(八)劳动技能分享

劳动技能分享属于覆盖范围较广的分享经济领域,既包括生活服务类个人服务,也包括医疗、工程、设计等高度专业化服务,是分享经济创新最为活跃的领域之一。

表 4-69 劳动技能分享领域典型企业应用情况表

企业名称	业务介绍	市场规模
猪八戒网	通过搭建平台提供平面设计、包装设计、品牌整合、广宣设计、生活服务等对接服务,将个人创意、智慧、技能转化为商业价值和社会价值。	2016 年营收达到 10 亿级别,用户数量超过 1 600 万,在全国 23 个省落地实体孵化器园区。
春雨医生	采用"自查+问诊"模式,提供公立医院医生的在线医疗健康咨询服务。	平台积累了 30 多万医生、8 600 万用户,平均每天解答 27 万个问题。
回家吃饭	家庭厨房共享平台,家厨以配送、上门自取、提供堂食等多种方式与上班族共享厨艺和饭菜。	目前已拓展至北京、上海、广州、深圳、杭州五大城市,注册用户已超过百万。

数据来源:赛迪智库,2017 年 1 月

(九)知识内容分享

知识内容变现成为 2016 年分享经济发展新热点,以果壳、知乎等科普类公司为突破口的"知识分享"进入集中爆发期,有望重塑未来个体生活和工作方式、企业组织运行方式等。

表 4-70 知识内容分享领域典型企业应用情况一览表

企业名称	业务介绍	市场规模
在行	知识技能共享平台,通过平台可以约见不同领域的行家,进行一对一见面约谈。	已覆盖十大城市,拥有超过 8 000 名各领域行家。
分答	付费语音问答平台,通过知识传播与分享的分享,实现快速答疑解惑。	上线 42 天时,用户数 1 000 万,答主 33 万,100 万用户为内容买单,产生 50 万条问答,交易金额超过 1 800 万元。

（续表）

企业名称	业务介绍	市场规模
VIPKID	基于共享经济模式,将北美大量优质的师资力量引入国内,连接国内有需求的小朋友,从而打破了时空与信息之间的分隔,让中国的小朋友有机会享有全球最优质的英语教学资源。	累计注册用户13万余人,拥有过万名学生和超千名北美优质外教,业务覆盖全国一二线城市,并于2016年10月融资近2 000万美元。

数据来源:赛迪智库,2017年1月

三、重要技术与商业模式创新

(一)商业模式创新

分享经济各细分行业商业模式创新应用显著,各领域充分结合行业自身特点,通过搭建分享平台,将闲置或富余资源与需求方相连接,撬动经济价值的同时,也解决了一些行业痛点。2016年,交通出行、医疗教育、经验知识等领域的分享经济商业模式创新较为活跃,涌现和发展了一批创新型分享经济创业企业,有力地促进了分享经济纵向延伸。

表4-71　2016年分享经济典型商业模式创新企业一览表

企业名称	商业模式创新
摩拜单车	利用手机APP进行手机绑定和实名制注册,可以查看并预约附近可用单车,扫码开锁后即可完成租借。使用后,可将单车停至合理的规定停车区域,锁上车锁即可完成还车,并实现自动计费。
在行	知识技能分享平台,达到一定资质要求的专业人士可以申请注册为"行家",而需要专业化、个性化、高品质解答的用户,通过付费获得线上或面对面传授经验的机会。共享过程中,平台强调内容非标准化、服务标准化。
口袋老师	平台采用"拍照搜题＋真老师在线答疑"双管齐下的模式,学生通过拍照搜题,平台对接真人老师提供答疑服务,解决教师资源分配不均衡的问题,帮助学生课堂之外随时随地与专业老师互动答疑。
ZocDoc	通过搭建在线医生预约平台,患者或患者家属通过搜索对症医生,核对医生资质信息和出诊时间、确定就诊时间段、查找医生地理位置、填写医疗保险项目等步骤完成预约。
易科学	科研仪器共享和科学实验服务平台,对接科研仪器供需双方,可搜索、预约平台合作机构的科研仪器,也可以发布实验需求。
名医主刀	移动医疗手术平台,平台汇聚了国内外名医资源和闲置床位资源,通过平台实现医患匹配,优化医疗资源配置,帮助患者解决"好看病,看好病"的切实需求。

资料来源:赛迪智库,2017年1月

(二)技术融合创新

当前,大数据、人工智能等新技术快速发展,开始成为各行业领先企业的创新应用方向。分享经济技术融合创新应用就是为了提升闲置资源匹配效率和精准水平,强化分享平台信用和安全保障机制,也为行业或城市发展提供决策参考。2016年,交通出行和物流运输等领域分享经济技术融合创新活跃,企业纷纷加强新技术研究应用,以期实现由简单匹配向智能匹配升级。

表 4-72 2016 年分享经济典型技术融合创新应用企业一览表

企业名称	技术融合创新
滴滴出行	滴滴出行将机器学习成功应用到 ETA(预估任意起终点所需的行驶时间)技术,以解决"订单高效匹配"和"司机运力调度"问题;构建交通云计算平台,实现区域热力图、城市运力分析、城市交通出行预测等,帮助城市交通建设及公众出行作决策;成立滴滴研究院,深入机器学习、计算机视觉、人工智能、数据挖掘、最优化理论、分布式计算等领域研究,拥有几百人的 AI 项研发团队,希望通过 AI 发展能够缓解拥堵和能源消耗的智能交通,并以此来大幅度提高平台收入。
摩拜单车	摩拜单车车锁内装入嵌入式芯片、GPS 模块和 SIM 卡,通过平台监控单车具体位置,方便车身维护和规范骑行行为。
货车帮	充分利用大数据平台和技术,监测货车每天运量、交易额等信息,并在数据积累基础上计算出"全国公路物流指数",反应各省市区之间的物流活跃状况。
网心科技(星域 CDN)	将分享经济理念引入云计算领域,通过在个人家庭内安装智能硬件"赚钱宝",打破带宽资源限制,以海量质优价廉的带宽资源实现个人家庭闲置带宽资源分享。
Uber	Uber 中国上线的司机的人脸识别登录功能,通过人脸识别程序,用前置摄像头确认是否注册时的本人;成立优步人工智能实验室(Uber AI Labs),主要研究利用人工智能提高食品运输速度,改善自动驾驶汽车的导航性能。

资料来源:赛迪智库,2017 年 1 月

四、分享经济需要强化平台的规范性建设

(一) 分享平台规范性建设应同时保障供需两端用户权益

分享经济企业不仅搭建了连接和匹配供需两端的基础平台载体,还是平台规则的制定方和主导方,应当按规则正当行使"裁判员"职能,维护以平台为中心形成的线上线下市场秩序。从服务供给端来看,平台应对准入条件、服务规范、定价机制、奖罚规则、福利保障等做出规定,提供公平开放的交易环境和合理的利益分配机制,形成"良币驱逐劣币"的分享经济市场。从服务需求端来看,平台应加强对用户身份审核、安全保障、信用评价、反作弊等标准或机制建设,防止平台和服务提供者侵蚀用户权益,满足用户服务需求,不断提升服务体验。以滴滴出行为例,滴滴制定了面向汽车租赁公司、劳务派遣公司、车辆、司机和乘客在内的全套标准,并通过分享行程、紧急求助、人像认证、"车型一致"等辅助功能保障乘客安全,通过平均每天 5 万多人次分享行程,验证封禁了 2 万余量违规车辆,大幅提升了平台自我治理水平。

(二) 分享平台规范性建设应保障平台企业自身持续发展

分享经济不是"共产经济",分享经济企业需要在分享行为中实现盈利,以促进平台自身的发展壮大。然而,由于分享经济供需两端用户在平台上产生交易,分享经济公司仅进行平台运营,平台使用权和所有权分离,分享经济公司难以在直接交易中获取价值,真正将账面虚值转换成货真价实市值的公司越来越少。从上市情况来看,2012—2014 年,每年平均有 36 家风投投资的高科技公司实现 IPO 上市,2015 年降至 23 家,今年以来仅有 Twilio 和 LINE 两家,且众多平台公司上市时估值至少要降低原有的三分之一,平台实际盈利能力已经成为投资者的重要考量。因此,平台公司需要建立合理的收益机制,从供需交易中探索中有效盈利模式,才能既保证平台获得合理收益,又激发出供需双方参与分享的积极性,促进平台企业自身的持续发展。

(三)分享平台规范性建设应兼顾政府市场治理需要

以平台为中心的分享经济呈现了新的运行特点,由于参与者规模庞大且呈现碎片化,仅仅依靠政府单一监管难以维护市场持续健康发展,平台与政府的合作共治才是破解互联网市场治理难题的有效途径。因此,平台规范性建设应兼顾政府市场治理的需要,通过与政府进行平台规则、先进技术和交易信息等的对接,以数据驱动建立新的市场监管架构和模式,实现分享经济市场的协同治理和优化。如以谷歌、脸书、推特为首的 30 多家新闻和科技类平台型公司建立了统一的合作规则,依靠自身市场影响力优势和技术打击、抵制社交网络的虚假内容分享,提升内容质量的同时,重新挽回用户信任,也降低了平台因传播非法有害内容而承担法律责任的风险。

(四)分享平台规范性建设应清晰界定利益相关方权责归属

当前,分享经济发展过程中产生的问题逐渐暴露,分享经济企业积极担负平台治理责任,有助于优化整个分享经济发展生态。然而,企业承担的责任与需要付出的治理成本、平台损失和平台盈利水平都有直接关系,过多的责任捆绑成为平台发展的累赘,过重的责任处罚可能导致其不堪重负,最终走向衰败。截至目前,由于网盘行业涉及非法内容传播、侵权且自身盈利模式不清晰,个人网盘企业遭遇清查和关停,规模前十的网盘企业中,7 家不再提供个人资源储存、备份和分享服务,受影响用户高达 2 亿多人,技术是否可以无条件服务于用户需求再次引发争议,国内整个网盘行业也面临消失的窘境。因此,分享经济企业需要充分认识到平台的责任边界,清晰界定分享平台利益相关方的权责归属,采取最优的平台治理策略,才能有效降低分享平台发展的不确定性,助力分享经济的健康快速发展。

五、相关建议

(一)引导建立开放共赢的分享平台规则

加强平台规则的可开放性和适用性研究,明确应该开放和接受监管的平台规则,对涉及商业机密的平台规则接受分级分类监管,保证涉及平台相关方利益规则的公开透明。加强分享经济平台规则的审核,明确平台规则审核部门和职能,探索建立分享经济平台规则审核办法,明确审核对象、审核内容、审核方法和备案申诉机制,促进分享平台生态良性发展。依托第三方机构加强已备案平台规则的研究,开展分享经济行业共性基础服务标准制定,充分吸纳分享经济企业意见,优化整个行业发展环境。

(二)探索基于平台规则的分享经济市场治理模式

加强分享经济平台规则与互联网市场监管治理的相关关系研究,明确宏微观环境下平台规则对政府市场监管、行业竞争秩序、用户权益保护等方面的影响程度,为相关部门权衡分享经济监管尺度提供决策参考。以平台规则为纽带,辅以明确的底限规则,构建政府部门监管、平台自我管制、平台交叉监管和平台用户监管相结合的协同治理机制,保障平台相关方权益。建立常态化的平台规则执行检查机制,创新执法检查模式,搭建相关部门和企业信息对接平台,明确定期上报事项,以大力执法保证规则的严格执行。

（三）构建适度合理的分享平台责任承担机制

加强分享平台的权责一致性研究,明确"避风港规则"和"红旗规则"的适用边界、条件,引导平台企业制定合理的免责条款,平衡兼顾平台创新发展和惩治担责。探索研究平台责任分摊模式,构建基于平台经营者、平台交易方、政府和社会团体等平台相关受益者的责任共担机制,明确相关方应承担责任,不为平台企业增加过重负担。

（来源:《2017 中国软件和信息服务业发展报告》,作者:谭霞）

第 五 部 分

产 业 政 策 篇

第一章　国家政策

国务院关于深化制造业与互联网融合发展的指导意见

国发〔2016〕28 号

各省、自治区、直辖市人民政府，国务院各部委、各直属机构：

制造业是国民经济的主体，是实施"互联网＋"行动的主战场。我国是制造业大国，也是互联网大国，推动制造业与互联网融合，有利于形成叠加效应、聚合效应、倍增效应，加快新旧发展动能和生产体系转换，前景广阔、潜力巨大。当前，我国制造业与互联网融合步伐不断加快，在激发"双创"活力、培育新模式新业态、推进供给侧结构性改革等方面已初显成效，但仍存在平台支撑不足、核心技术薄弱、应用水平不高、安全保障有待加强、体制机制亟须完善等问题。为进一步深化制造业与互联网融合发展，协同推进"中国制造 2025"和"互联网＋"行动，加快制造强国建设，现提出以下意见。

一、总体要求

（一）指导思想

全面贯彻党的十八大和十八届三中、四中、五中全会精神，按照国务院决策部署，牢固树立和贯彻落实创新、协调、绿色、开放、共享的发展理念，以激发制造企业创新活力、发展潜力和转型动力为主线，以建设制造业与互联网融合"双创"平台为抓手，围绕制造业与互联网融合关键环节，积极培育新模式新业态，强化信息技术产业支撑，完善信息安全保障，夯实融合发展基础，营造融合发展新生态，充分释放"互联网＋"的力量，改造提升传统动能，培育新的经济增长点，发展新经济，加快推动"中国制造"提质增效升级，实现从工业大国向工业强国迈进。

（二）基本原则

坚持创新驱动，激发转型新动能。积极搭建支撑制造业转型升级的各类互联网平台，充分汇聚整合制造企业、互联网企业等"双创"力量和资源，带动技术产品、组织管理、经营机制、销售理念和模式等创新，提高供给质量和效率，激发制造业转型升级新动能。

坚持融合发展，催生制造新模式。促进技术融合与理念融合相统一，推动制造企业与互联网企业在发展理念、产业体系、生产模式、业务模式等方面全面融合，发挥互联网聚集优化各类要素资源的优势，构建开放式生产组织体系，大力发展个性化定制、服务型制造等新模式。

坚持分业施策，培育竞争新优势。深刻把握互联网技术在不同行业、环节的扩散规律和融合方式，针对不同行业、企业融合发展的基础和水平差异，完善融合推进机制和政策体系，培育制造业竞争新优势。

坚持企业主体，构筑发展新环境。充分发挥市场机制作用，更好发挥政府引导作用，突出企业主体地位，优化政府服务，妥善处理鼓励创新与加强监管、全面推进与错位发展、加快发展与保障安全的关系，形成公平有序的融合发展新环境。

（三）主要目标

到 2018 年底，制造业重点行业骨干企业互联网"双创"平台普及率达到 80％，相比 2015 年底，工业云企业用户翻一番，新产品研发周期缩短 12％，库存周转率提高 25％，能源利用率提高 5％。制造业互联网"双创"平台成为促进制造业转型升级的新动能来源，形成一批示范引领效应较强的制造新模式，初步形成跨界融合的制造业新生态，制造业数字化、网络化、智能化取得明显进展，成为巩固我国制造业大国地位、加快向制造强国迈进的核心驱动力。

到 2025 年，制造业与互联网融合发展迈上新台阶，融合"双创"体系基本完备，融合发展新模式广泛普及，新型制造体系基本形成，制造业综合竞争实力大幅提升。

二、主要任务

（一）打造制造企业互联网"双创"平台

组织实施制造企业互联网"双创"平台建设工程，支持制造企业建设基于互联网的"双创"平台，深化工业云、大数据等技术的集成应用，汇聚众智，加快构建新型研发、生产、管理和服务模式，促进技术产品创新和经营管理优化，提升企业整体创新能力和水平。鼓励大型制造企业开放"双创"平台聚集的各类资源，加强与各类创业创新基地、众创空间合作，为全社会提供专业化服务，建立资源富集、创新活跃、高效协同的"双创"新生态。深化国有企业改革和科技体制改革，推动产学研"双创"资源的深度整合和开放共享，支持制造企业联合科研院所、高等院校以及各类创新平台，加快构建支持协同研发和技术扩散的"双创"体系。

（二）推动互联网企业构建制造业"双创"服务体系

组织实施"双创"服务平台支撑能力提升工程，支持大型互联网企业、基础电信企业建设面向制造企业特别是中小企业的"双创"服务平台，鼓励基础电信企业加大对"双创"基地宽带网络基础设施建设的支持力度，进一步提速降费，完善制造业"双创"服务体系，营造大中小企业合作共赢的"双创"新环境，开创大中小企业联合创新创业的新局面。鼓励地方依托国家新型工业化产业示范基地、国家级经济技术开发区、国家高新技术产业开发区等产业集聚区，加快完善人才、资本等政策环境，充分运用互联网，积极发展创客空间、创新工场、开源社区等新型众创空间，结合"双创"示范基地建设，培育一批支持制造业发展的"双创"示范基地。组织实施企业管理能力提升工程，加快信息化和工业化融合管理体系标准制定和应用推广，推动业务流程再造和组织方式变革，建立组织管理新模式。

（三）支持制造企业与互联网企业跨界融合

鼓励制造企业与互联网企业合资合作培育新的经营主体，建立适应融合发展的技术体系、标准规范、商业模式和竞争规则，形成优势互补、合作共赢的融合发展格局。推动中小企业制造资源与互联网平台全面对接，实现制造能力的在线发布、协同和交易，积极发展面向制造环节的分享经济，打破企业界限，共享技术、设备和服务，提升中小企业快速响应和柔性高效的供给能力。支持制造企业与电子商务企业开展战略投资、品牌培育、网上销售、物流配送等领域合作，整合线上线下交易资源，拓展销售渠道，打造制造、营销、物流等高效协同的生产流通一体化新生态。

（四）培育制造业与互联网融合新模式

面向生产制造全过程、全产业链、产品全生命周期，实施智能制造等重大工程，支持企业深化质量管理与互联网的融合，推动在线计量、在线检测等全产业链质量控制，大力发展网络化协同制造等新生产模式。支持企业利用互联网采集并对接用户个性化需求，开展基于个性化产品的研发、生产、服务和商业模式创新，促进供给与需求精准匹配。推动企业运用互联网开展在线增值服务，鼓励发展面向智能产品和智能装备的产品全生命周期管理和服务，拓展产品价值空间，实现从制造向"制造＋服务"转型升级。积极培育工业电子商务等新业态，支持重点行业骨干企业建立行业在线采购、销售、服务平台，推动建设一批第三方电子商务服务平台。

（五）强化融合发展基础支撑

推动实施国家重点研发计划，强化制造业自动化、数字化、智能化基础技术和产业支撑能力，加快构筑自动控制与感知、工业云与智能服务平台、工业互联网等制造新基础。组织实施"芯火"计划和传感器产业提升工程，加快传感器、过程控制芯片、可编程逻辑控制器等产业化。加快计算机辅助设计仿真、制造执行系统、产品全生命周期管理等工业软件产业化，强化软件支撑和定义制造业的基础性作用。构建信息物理系统参考模型和综合技术标准体系，建设测试验证平台和综合验证试验床，支持开展兼容适配、互联互通和互操作测试验证。

（六）提升融合发展系统解决方案能力

实施融合发展系统解决方案能力提升工程，推动工业产品互联互通的标识解析、数据交换、通信协议等技术攻关和标准研制，面向重点行业智能制造单元、智能生产线、智能车间、智能工厂建设，培育一批系统解决方案供应商，组织开展行业系统解决方案应用试点示范，为中小企业提供标准化、专业化的系统解决方案。支持有条件的企业开展系统解决方案业务剥离重组，推动系统解决方案服务专业化、规模化和市场化，充分发挥系统解决方案促进制造业与互联网融合发展的"黏合剂"作用。

（七）提高工业信息系统安全水平

实施工业控制系统安全保障能力提升工程，制定完善工业信息安全管理等政策法规，健全工业信息安全标准体系，建立工业控制系统安全风险信息采集汇总和分析通报机制，组织开展重点行业工业控制系统信息安全检查和风险评估。组织开展工业企业信息安全保障试点示范，支持系统仿真测试、评估验证等关键共性技术平台建设，推动访问控制、追踪溯源、商业信息及隐私保护等核心技术产品产业化。以提升工业信息安全监测、评估、验证和应急处置等能力为重点，依托现有科研机构，建设国家工业信息安全保障中心，为制造业与互联网融合发展提供安全支撑。

三、保障措施

（一）完善融合发展体制机制

深入推进简政放权、放管结合、优化服务改革，放宽新产品、新业态的市场准入限制，加强事中事后监管，提升为企业服务的能力和水平，营造有利于制造业与互联网融合发展的环境。适应制造业与互联网跨界融合发展趋势，积极发挥行业协会和中介组织的桥梁纽带作用，鼓励建立跨行业、跨领域的新型产学研用联盟，开展关键共性技术攻关、融合标准制定和公共服务平台建设。围绕新商业模式知识产权保护需求，完善相关政策法规，建设结构合理、层次分明、可持续发展的知识产权运营服务网络。

（二）培育国有企业融合发展机制

鼓励中央企业设立创新投资基金，引导地方产业投资基金和社会资本，支持大企业互联网"双创"平台建设、创新创意孵化、科技成果转化和新兴产业培育。建立有利于国有企业与互联网深度融合、激发企业活力、积极开展"双创"的机制，完善国有企业内部创新组织体系和运行机制，探索引入有限合伙制，完善鼓励创新、宽容失败的经营业绩考核机制，研究建立中央企业创新能力评价制度，建立促进创新成果转让的收益分配、工资奖励等制度，对企业重要技术人员和经营管理人员实施股权和分红激励政策。

（三）加大财政支持融合发展力度

利用中央财政现有资金渠道，鼓励地方设立融合发展专项资金，加大对制造业与互联网融合发展关键环节和重点领域的投入力度，为符合条件的企业实施设备智能化改造、"双创"平台建设运营和应用试点示范项目提供支持。充分发挥现有相关专项资金、基金的引导带动作用，支持系统解决方案能力提升和制造业"双创"公共服务平台建设。制造业与互联网融合发展相关工作或工程中涉及技术研发、确需中央财政支持的，通过优化整合后的科技计划（专项、基金等）统筹予以支持。创新财政资金支持方式，鼓励政府采购云计算等专业化第三方服务，支持中小微企业提升信息化能力。

（四）完善支持融合发展的税收和金融政策

结合全面推开营改增试点，进一步扩大制造企业增值税抵扣范围，落实增值税优惠政策，支持制造企业基于互联网独立开展或与互联网企业合资合作开展新业务。落实研发费用加计扣除、高新技术企业等所得税优惠政策，积极研究完善科技企业孵化器税收政策。选择一批重点城市和重点企业开展产融合作试点，支持开展信用贷款、融资租赁、质押担保等金融产品和服务创新。鼓励金融机构利用"双创"平台提供结算、融资、理财、咨询等一站式系统化金融服务，进一步推广知识产权质押，创新担保方式，积极探索多样化的信贷风险分担机制。

（五）强化融合发展用地用房等服务

支持制造企业在不改变用地主体和规划条件的前提下，利用存量房产、土地资源发展制造业与互联网融合的新业务、新业态，实行 5 年过渡期内保持土地原用途和权利类型不变的政策。鼓励有条件的地方因地制宜出台支持政策，积极盘活闲置的工业厂房、企业库房和物流设施等资源，并对办公用房、水电、网络等费用给予补助，为致力于制造业与互联网融合发展的创业者提供低成本、高效便捷的专业服务。

（六）健全融合发展人才培养体系

深化人才体制机制改革，完善激励创新的股权、期权等风险共担和收益分享机制，吸引具备创新能力的跨界人才,营造有利于融合发展优秀人才脱颖而出的良好环境。支持高校设置"互联网＋"等相关专业,推进高等院校专业学位建设,加强高层次应用型专门人才培养。在重点院校、大型企业和产业园区建设一批产学研用相结合的专业人才培训基地,积极开展企业新型学徒制试点。结合国家专业技术人才知识更新工程、企业经营管理人才素质提升工程、高技能人才振兴计划等,加强融合发展职业人才和高端人才培养。在大中型企业推广首席信息官制度,壮大互联网应用人才队伍。

(七) 推动融合发展国际合作交流

积极发起或参与互联网领域多双边或区域性规则谈判,提升影响力和话语权。推动建立中外政府和民间对话交流机制,围绕大型制造企业互联网"双创"平台建设、融合发展标准制定以及应用示范等,开展技术交流与合作。结合实施"一带一路"等国家重大战略,运用丝路基金、中非发展基金、中非产能合作基金等金融资源,支持行业协会、产业联盟与企业共同推广中国制造业与互联网融合发展的产品、技术、标准和服务,推动制造业与互联网融合全链条"走出去",拓展海外市场;提升"引进来"的能力和水平,利用全球人才、技术、知识产权等创新资源,学习国际先进经营管理模式,支持和促进我国制造业与互联网融合发展。

各地区、各部门要高度重视深化制造业与互联网融合发展工作,统一思想,提高认识,加大工作力度,切实抓好本意见实施。国家制造强国建设领导小组要统筹研究完善制造业与互联网融合发展推进机制,加强对重大问题、重大政策和重大工程的综合协调,部署开展督导检查,推动各项任务落实。各有关部门要按照职责分工,加强协同配合,做好指导协调,抓紧出台配套政策,完善相关规章制度,强化跟踪督查,及时帮助有关方面解决遇到的困难和问题。国家制造强国建设战略咨询委员会要充分发挥作用,组织开展基础性、前瞻性、战略性研究,为重大决策及相关工程实施提供咨询。各地区要结合实际建立健全工作机制,制定具体实施方案,加强考核评估,确保融合发展各项任务落到实处。

国务院

2016 年 5 月 13 日

国务院关于加快推进"互联网＋政务服务"工作的指导意见

国发〔2016〕55号

各省、自治区、直辖市人民政府，国务院各部委、各直属机构：

推进"互联网＋政务服务"，是贯彻落实党中央、国务院决策部署，把简政放权、放管结合、优化服务改革推向纵深的关键环节，对加快转变政府职能，提高政府服务效率和透明度，便利群众办事创业，进一步激发市场活力和社会创造力具有重要意义。近年来，一些地方和部门初步构建互联网政务服务平台，积极开展网上办事，取得一定成效。但也存在网上服务事项不全、信息共享程度低、可办理率不高、企业和群众办事仍然不便等问题，同时还有不少地方和部门尚未开展此项工作。为加快推进"互联网＋政务服务"工作，切实提高政务服务质量与实效，现提出以下意见。

一、总体要求

（一）指导思想

认真落实党的十八大和十八届三中、四中、五中全会精神，深入贯彻习近平总书记系列重要讲话精神，牢固树立创新、协调、绿色、开放、共享的发展理念，按照建设法治政府、创新政府、廉洁政府和服务型政府的要求，优化服务流程，创新服务方式，推进数据共享，打通信息孤岛，推行公开透明服务，降低制度性交易成本，持续改善营商环境，深入推进大众创业、万众创新，最大程度利企便民，让企业和群众少跑腿、好办事、不添堵，共享"互联网＋政务服务"发展成果。

（二）基本原则

坚持统筹规划。充分利用已有资源设施，加强集约化建设，推动政务服务平台整合，促进条块联通，实现政务信息资源互认共享、多方利用。

坚持问题导向。从解决人民群众反映强烈的办事难、办事慢、办事繁等问题出发，简化优化办事流程，推进线上线下融合，及时回应社会关切，提供渠道多样、简便易用的政务服务。

坚持协同发展。加强协作配合和工作联动，明确责任分工，实现跨地区、跨层级、跨部门整体推进，做好制度衔接，为"互联网＋政务服务"提供制度和机制保障。

坚持开放创新。鼓励先行先试，运用互联网思维，创新服务模式，拓展服务渠道，开放服务资源，分级分类推进新型智慧城市建设，构建政府、公众、企业共同参与、优势互补的政务服务新格局。

（三）工作目标

2017年底前，各省（区、市）人民政府、国务院有关部门建成一体化网上政务服务平台，全面公开政务服务事项，政务服务标准化、网络化水平显著提升。2020年底前，实现互联网与政务服务深度融合，建成覆盖全国的整体联动、部门协同、省级统筹、一网办理的"互联网＋政务服务"体系，大幅提升政务服务智慧化水平，让政府服务更聪明，让企业和群众办事更方便、更快捷、更有效率。

二、优化再造政务服务

（一）规范网上服务事项

各省（区、市）人民政府、国务院各部门要依据法定职能全面梳理行政机关、公共企事业单位直接面向社会公众提供的具体办事服务事项，编制政务服务事项目录，2017年底前通过本级政府门户网站集中公开发布，并实时更新、动态管理。实行政务服务事项编码管理，规范事项名称、条件、材料、流程、时限等，逐步做到"同一事项、同一标准、同一编码"，为实现信息共享和业务协同，提供无差异、均等化政务服务奠定基础。

（二）优化网上服务流程

优化简化服务事项网上申请、受理、审查、决定、送达等流程，缩短办理时限，降低企业和群众办事成本。凡是能通过网络共享复用的材料，不得要求企业和群众重复提交；凡是能通过网络核验的信息，不得要求其他单位重复提供；凡是能实现网上办理的事项，不得要求必须到现场办理。推进办事材料目录化、标准化、电子化，开展在线填报、在线提交和在线审查。建立网上预审机制，及时推送预审结果，对需要补正的材料一次性告知；积极推动电子证照、电子公文、电子签章等在政务服务中的应用，开展网上验证核对，避免重复提交材料和循环证明。涉及多个部门的事项实行一口受理、网上运转、并行办理、限时办结。建立公众参与机制，鼓励引导群众分享办事经验，开展满意度评价，不断研究改进工作。各级政府及其部门都要畅通互联网沟通渠道，充分了解社情民意，针对涉及公共利益等热点问题，积极有效应对，深入解读政策，及时回应关切，提升政府公信力和治理能力。

（三）推进服务事项网上办理

凡与企业注册登记、年度报告、变更注销、项目投资、生产经营、商标专利、资质认定、税费办理、安全生产等密切相关的服务事项，以及与居民教育医疗、户籍户政、社会保障、劳动就业、住房保障等密切相关的服务事项，都要推行网上受理、网上办理、网上反馈，做到政务服务事项"应上尽上、全程在线"。

（四）创新网上服务模式

加快政务信息资源互认共享，推动服务事项跨地区远程办理、跨层级联动办理、跨部门协同办理，逐步形成全国一体化服务体系。开展政务服务大数据分析，把握和预判公众办事需求，提供智能化、个性化服务，变被动服务为主动服务。引入社会力量，积极利用第三方平台，开展预约查询、证照寄送，以及在线支付等服务；依法有序开放网上政务服务资源和数据，鼓励公众、企业和社会机构开发利用，提供多样化、创新性的便民服务。

（五）全面公开服务信息

各地区各部门要在政府门户网站和实体政务大厅，集中全面公开与政务服务事项相关的法律法规、政策文件、通知公告、办事指南、审查细则、常见问题、监督举报方式和网上可办理程度，以及行政审批涉及的中介服务事项清单、机构名录等信息，并实行动态调整，确保线上线下信息内容准确一致。规范和完善办事指南，列明依据条件、流程时限、收费标准、注意事项等；明确需提交材料的名称、依据、格式、份数、签名签章等要求,并提供规范表格、填写说明和示范文本。除办事指南明确的条件外,不得自行增加办事要求。

三、融合升级平台渠道

(一)规范网上政务服务平台建设

各省(区、市)人民政府、国务院有关部门要依托政府门户网站,整合本地区本部门政务服务资源与数据,加快构建权威、便捷的一体化互联网政务服务平台,提供一站式服务,避免重复分散建设;已经单独建设的,应尽快与政府门户网站前端整合。中央政府门户网站是全国政务服务的总门户,各地区各部门网上政务服务平台要主动做好对接,形成统一的服务入口。推进政府部门各业务系统与政务服务平台的互联互通,加强平台间对接联动,统一身份认证,按需共享数据,做到"单点登录、全网通办"。建立健全政务服务平台电子监察系统,实现全部事项全流程动态监督。利用统一的政务服务资源,积极推进平台服务向移动端、自助终端、热线电话等延伸,为企业和群众提供多样便捷的办事渠道。

(二)推进实体政务大厅与网上服务平台融合发展

适应"互联网+政务服务"发展需要,进一步提升实体政务大厅服务能力,加快与网上服务平台融合,形成线上线下功能互补、相辅相成的政务服务新模式。推进实体政务大厅向网上延伸,整合业务系统,统筹服务资源,统一服务标准,做到无缝衔接、合一通办。完善配套设施,推动政务服务事项和审批办理职权全部进驻实体政务大厅,实行集中办理、一站式办结,切实解决企业和群众办事在政务大厅与部门之间来回跑腿的问题。实体政务大厅管理机构要加强对单位进驻、事项办理、流程优化、网上运行的监督管理,推进政务服务阳光规范运行。

(三)推动基层服务网点与网上服务平台无缝对接

乡镇(街道)政务服务中心和村(社区)便民服务点直接服务基层群众,要充分利用共享的网上政务服务资源,贴近需求做好政策咨询和办事服务,重点围绕劳动就业、社会保险、社会救助、扶贫脱贫等领域,开展上门办理、免费代办等,为群众提供便捷的综合服务。加快将网上政务服务向老少边穷岛等边远贫困地区延伸,实现"互联网+政务服务"基层全覆盖。

四、夯实支撑基础

(一)推进政务信息共享

国家发展改革委牵头整合构建统一的数据共享交换平台体系,贯彻执行《政务信息资源共享管理暂行办法》,打通数据壁垒,实现各部门、各层级数据信息互联互通、充分共享,尤其要加快推进人口、法人、空间地理、社会信用等基础信息库互联互通,建设电子证照库和统一身份认证体系。国务院各部门要加快整合面向公众服务的业务系统,梳理编制网上政务服务信息共享目录,尽快向各省(区、市)网上政务服务平台按需开放业务系统实时数据接口,支撑政务信息资源跨地区、跨层级、跨部门互认共享。切实抓好信息惠民试点工作,2017年底前,在80个信息惠民国家试点城市间初步实现政务服务"一号申请、一窗受理、一网通办",形成可复制可推广的经验,逐步向全国推行。

（二）加快新型智慧城市建设

创新应用互联网、物联网、云计算和大数据等技术，加强统筹，注重实效，分级分类推进新型智慧城市建设，打造透明高效的服务型政府。汇聚城市人口、建筑、街道、管网、环境、交通等数据信息，建立大数据辅助决策的城市治理新方式。构建多元普惠的民生信息服务体系，在教育文化、医疗卫生、社会保障等领域，积极发展民生服务智慧应用，向城市居民、农民工及其随迁家属提供更加方便、及时、高效的公共服务。提升电力、燃气、交通、水务、物流等公用基础设施智能化水平，实行精细化运行管理。做好分级分类新型智慧城市试点示范工作，及时评估工作成效，发挥创新引领作用。

（三）建立健全制度标准规范

加快清理修订不适应"互联网＋政务服务"的法律法规和有关规定，制定完善相关管理制度和服务规范，明确电子证照、电子公文、电子签章等的法律效力，着力解决"服务流程合法依规、群众办事困难重重"等问题。国务院办公厅组织编制国家"互联网＋政务服务"技术体系建设指南，明确平台架构，以及电子证照、统一身份认证、政务云、大数据应用等标准规范。

（四）完善网络基础设施

建设高速畅通、覆盖城乡、质优价廉、服务便捷的网络基础设施。将通信基础设施建设纳入地方城乡规划，实现所有设区城市光纤网络全覆盖，推进农村地区行政村光纤通达和升级改造。提升骨干网络容量和网间互通能力，大幅降低上网资费水平。尽快建成一批光网城市，第四代移动通信（4G）网络全面覆盖城市和乡村，80％以上的行政村实现光纤到村。充分依托现有网络资源，推动政务云集约化建设，为网上政务服务提供支撑和保障。

（五）加强网络和信息安全保护

按照国家信息安全等级保护制度要求，加强各级政府网站信息安全建设，健全"互联网＋政务服务"安全保障体系。明确政务服务各平台、各系统的安全责任，开展等级保护定级备案、等级测评等工作，建立各方协同配合的信息安全防范、监测、通报、响应和处置机制。加强对电子证照、统一身份认证、网上支付等重要系统和关键环节的安全监控。提高各平台、各系统的安全防护能力，查补安全漏洞，做好容灾备份。建立健全保密审查制度，加大对涉及国家秘密、商业秘密、个人隐私等重要数据的保护力度，提升信息安全支撑保障水平和风险防范能力。

五、加强组织保障

（一）强化组织领导

各地区各部门要高度重视，充分认识"互联网＋政务服务"工作对建设廉洁高效、人民满意的服务型政府的重要意义，切实加强组织领导。主要负责同志要亲自部署，狠抓落实，并明确一位负责同志具体分管，协调督促，常抓不懈。各省（区、市）人民政府办公厅、国务院各部门办公厅（室）要牵头负责统筹推进、监督协调本地区本部门"互联网＋政务服务"工作，明确工作机构、人员和职责，建立政务服务部门、信息化部门和有关业务单位分工明确、协调有力的工作机制。国务院办公厅要加强对各地区各部门"互联网＋政务服务"工作的督促指导，开展督查评估，推动工作取得实效。

（二）强化考核监督

建立"互联网＋政务服务"工作绩效考核制度，纳入政府绩效考核体系，加大考核权重，列入重点督查事项，定期通报并公开工作进展和成效。发挥媒体监督、专家评议、第三方评估等作用，畅通群众投诉举报渠道，通过模拟办事、随机抽查等方式，深入了解服务情况，汇聚众智改进服务。在政府门户网站设立曝光纠错栏目，公开群众反映的办事过程中遇到的困难和问题，及时反馈处理结果。完善正向激励机制，对综合评价高、实际效果好的按照有关规定予以表彰奖励；建立健全问责机制，对工作开展不力的予以通报，对不作为、乱作为、慢作为，损害群众合法权益的依法依规进行问责。

（三）加大培训推广力度

将"互联网＋政务服务"工作纳入干部教育培训体系，定期组织开展培训。把面向公众办事服务作为公职人员培训的重要内容，提高服务意识、业务能力和办事效率。加强专业人才培养，建设一支既具备互联网思维与技能又精通政务服务的专业化队伍。积极开展试点示范工作，建立交流平台，加强业务研讨，分享经验做法，共同提高政务服务水平。做好宣传推广和引导，方便更多群众通过网络获取政务服务，提高"互联网＋政务服务"的社会认知度和群众认同感。

各省（区、市）人民政府、国务院有关部门要根据本意见，抓紧制定工作方案，明确责任单位和进度安排，加强衔接配合，加大财政支持，认真抓好落实。工作方案报国务院办公厅备案。

国务院

2016 年 9 月 25 日

财政部　国家税务总局　发展改革委　工业和信息化部关于软件和集成电路产业企业所得税优惠政策有关问题的通知

财税〔2016〕49 号

各省、自治区、直辖市、计划单列市财政厅（局）、国家税务局、地方税务局、发展改革委、工业和信息化主管部门：

按照《国务院关于取消和调整一批行政审批项目等事项的决定》（国发〔2015〕11 号）和《国务院关于取消非行政许可审批事项的决定》（国发〔2015〕27 号）规定，集成电路生产企业、集成电路设计企业、软件企业、国家规划布局内的重点软件企业和集成电路设计企业（以下统称软件、集成电路企业）的税收优惠资格认定等非行政许可审批已经取消。为做好《财政部　国家税务总局关于进一步鼓励软件产业和集成电路产业发展企业所得税政策的通知》（财税〔2012〕27 号）规定的企业所得税优惠政策落实工作，现将有关问题通知如下：

一、享受财税〔2012〕27 号文件规定的税收优惠政策的软件、集成电路企业，每年汇算清缴时应按照《国家税务总局关于发布〈企业所得税优惠政策事项办理办法〉的公告》（国家税务总局公告 2015 年第 76 号）规定向税务机关备案，同时提交《享受企业所得税优惠政策的软件和集成电路企业备案资料明细表》（见附件）规定的备案资料。

为切实加强优惠资格认定取消后的管理工作，在软件、集成电路企业享受优惠政策后，税务部门转请发展改革、工业和信息化部门进行核查。对经核查不符合软件、集成电路企业条件的，由税务部门追缴其已经享受的企业所得税优惠，并按照税收征管法的规定进行处理。

二、财税〔2012〕27 号文件所称集成电路生产企业，是指以单片集成电路、多芯片集成电路、混合集成电路制造为主营业务并同时符合下列条件的企业：

（一）在中国境内（不包括港、澳、台地区）依法注册并在发展改革、工业和信息化部门备案的居民企业；

（二）汇算清缴年度具有劳动合同关系且具有大学专科以上学历职工人数占企业月平均职工总人数的比例不低于 40%，其中研究开发人员占企业月平均职工总数的比例不低于 20%；

（三）拥有核心关键技术，并以此为基础开展经营活动，且汇算清缴年度研究开发费用总额占企业销售（营业）收入（主营业务收入与其他业务收入之和，下同）总额的比例不低于 5%；其中，企业在中国境内发生的研究开发费用金额占研究开发费用总额的比例不低于 60%；

（四）汇算清缴年度集成电路制造销售（营业）收入占企业收入总额的比例不低于 60%；

（五）具有保证产品生产的手段和能力，并获得有关资质认证（包括 ISO 质量体系认证）；

（六）汇算清缴年度未发生重大安全、重大质量事故或严重环境违法行为。

三、财税〔2012〕27 号文件所称集成电路设计企业是指以集成电路设计为主营业务并同时符合下列条件的企业：

（一）在中国境内（不包括港、澳、台地区）依法注册的居民企业；

（二）汇算清缴年度具有劳动合同关系且具有大学专科以上学历的职工人数占企业月平均职工总人数的比例不低 40%，其中研究开发人员占企业月平均职工总数的比例不低于 20%；

（三）拥有核心关键技术，并以此为基础开展经营活动，且汇算清缴年度研究开发费用总额占企业销售（营业）收入总额的比例不低于 6%；其中，企业在中国境内发生的研究开发费用金额占研究开发费用总额的比例不低于60％。

（四）汇算清缴年度集成电路设计销售（营业）收入占企业收入总额的比例不低于60％，其中集成电路自主设计销售（营业）收入占企业收入总额的比例不低于50％；

（五）主营业务拥有自主知识产权；

（六）具有与集成电路设计相适应的软硬件设施等开发环境（如EDA工具、服务器或工作站等）；

（七）汇算清缴年度未发生重大安全、重大质量事故或严重环境违法行为。

四、财税〔2012〕27号文件所称软件企业是指以软件产品开发销售（营业）为主营业务并同时符合下列条件的企业：

（一）在中国境内（不包括港、澳、台地区）依法注册的居民企业；

（二）汇算清缴年度具有劳动合同关系且具有大学专科以上学历的职工人数占企业月平均职工总人数的比例不低于40％，其中研究开发人员占企业月平均职工总数的比例不低于20％；

（三）拥有核心关键技术，并以此为基础开展经营活动，且汇算清缴年度研究开发费用总额占企业销售（营业）收入总额的比例不低于6％；其中，企业在中国境内发生的研究开发费用金额占研究开发费用总额的比例不低于60％；

（四）汇算清缴年度软件产品开发销售（营业）收入占企业收入总额的比例不低于50％〔嵌入式软件产品和信息系统集成产品开发销售（营业）收入占企业收入总额的比例不低于40％〕，其中：软件产品自主开发销售（营业）收入占企业收入总额的比例不低于40％〔嵌入式软件产品和信息系统集成产品开发销售（营业）收入占企业收入总额的比例不低于30％〕；

（五）主营业务拥有自主知识产权；

（六）具有与软件开发相适应软硬件设施等开发环境（如合法的开发工具等）；

（七）汇算清缴年度未发生重大安全、重大质量事故或严重环境违法行为。

五、财税〔2012〕27号文件所称国家规划布局内重点集成电路设计企业除符合本通知第三条规定，还应至少符合下列条件中的一项：

（一）汇算清缴年度集成电路设计销售（营业）收入不低于2亿元，年应纳税所得额不低于1000万元，研究开发人员占月平均职工总数的比例不低于25％；

（二）在国家规定的重点集成电路设计领域内，汇算清缴年度集成电路设计销售（营业）收入不低于2000万元，应纳税所得额不低于250万元，研究开发人员占月平均职工总数的比例不低于35％，企业在中国境内发生的研究开发费用金额占研究开发费用总额的比例不低于70％。

六、财税〔2012〕27号文件所称国家规划布局内重点软件企业是除符合本通知第四条规定，还应至少符合下列条件中的一项：

（一）汇算清缴年度软件产品开发销售（营业）收入不低于2亿元，应纳税所得额不低于1000万元，研究开发人员占企业月平均职工总数的比例不低于25％；

（二）在国家规定的重点软件领域内，汇算清缴年度软件产品开发销售（营业）收入不低于5000万元，应纳税所得额不低于250万元，研究开发人员占企业月平均职工总数的比例不低于25％，企业在中国境内发生的研究开发费用金额占研究开发费用总额的比例不低于70％；

（三）汇算清缴年度软件出口收入总额不低于800万美元，软件出口收入总额占本企业年度收入总额比例不低于50％，研究开发人员占企业月平均职工总数的比例不低于25％。

七、国家规定的重点软件领域及重点集成电路设计领域，由国家发展改革委、工业和信息化部会同财政部、税务总局根据国家产业规划和布局确定，并实行动态调整。

八、软件、集成电路企业规定条件中所称研究开发费用政策口径，2015年度仍按《国家税务总局关于印发〈企业研究开发费用税前扣除管理办法（试行）〉的通知》（国税发〔2008〕116 号）和《财政部　国家税务总局关于研究开发费用税前加计扣除有关政策的通知》（财税〔2013〕70 号）的规定执行，2016 年及以后年度按照《财政部　国家税务总局科技部关于完善研究开发费用税前加计扣除政策的通知》（财税〔2015〕119 号）的规定执行。

九、软件、集成电路企业应从企业的获利年度起计算定期减免税优惠期。如获利年度不符合优惠条件的，应自首次符合软件、集成电路企业条件的年度起，在其优惠期的剩余年限内享受相应的减免税优惠。

十、省级（自治区、直辖市、计划单列市，下同）财政、税务、发展改革和工业和信息化部门应密切配合，通过建立核查机制并有效运用核查结果，切实加强对软件、集成电路企业的后续管理工作。

（一）省级税务部门应在每年 3 月 20 日前和 6 月 20 日前分两批将汇算清缴年度已申报享受软件、集成电路企业税收优惠政策的企业名单及其备案资料提交省级发展改革、工业和信息化部门。其中，享受软件企业、集成电路设计企业税收优惠政策的名单及备案资料提交给省级工业和信息化部门，省级工业和信息化部门组织专家或者委托第三方机构对名单内企业是否符合条件进行核查；享受其他优惠政策的名单及备案资料提交给省级发展改革部门，省级发展改革部门会同工业和信息化部门共同组织专家或者委托第三方机构对名单内企业是否符合条件进行核查。

2015 年度享受优惠政策的企业名单和备案资料，省级税务部门可在 2016 年 6 月 20 日前一次性提交给省级发展改革、工业和信息化部门。

（二）省级发展改革、工业和信息化部门应在收到享受优惠政策的企业名单和备案资料两个月内将复核结果反馈省级税务部门（第一批名单复核结果应在汇算清缴期结束前反馈）。

（三）每年 10 月底前，省级财政、税务、发展改革、工业和信息化部门应将核查结果及税收优惠落实情况联合汇总上报财政部、税务总局、国家发展改革委、工业和信息化部。

如遇特殊情况汇算清缴延期的，上述期限可相应顺延。

（四）省级财政、税务、发展改革、工业和信息化部门可以根据本通知规定，结合当地实际，制定具体操作管理办法，并报财政部、税务总局、发展改革委、工业和信息化部备案。

十一、国家税务总局公告 2015 年第 76 号所附《企业所得税优惠事项备案管理目录（2015 年版）》第 38、41、42、43、46 项软件、集成电路企业优惠政策不再作为"定期减免税优惠备案管理事项"管理，本通知执行前已经履行备案等相关手续的，在享受税收优惠的年度仍应按照本通知的规定办理备案手续。

十二、本通知自 2015 年 1 月 1 日起执行。《财政部　国家税务总局关于进一步鼓励软件产业和集成电路产业发展企业所得税政策的通知》（财税〔2012〕27 号）第九条、第十条、第十一条、第十三条、第十七条、第十八条、第十九条和第二十条停止执行。国家税务总局公告 2015 年第 76 号所附《企业所得税优惠事项备案管理目录（2015 年版）》第 38 项至 43 项及第 46 至 48 项软件、集成电路企业优惠政策的"备案资料"、"主要留存备查资料"规定停止执行。

附件:享受企业所得税优惠政策的软件和集成电路企业备案资料明细表

财政部　国家税务总局　发展改革委　工业和信息化部

2016年5月4日

享受企业所得税优惠政策的软件和集成电路企业备案资料明细表

企业类型	备案资料(复印件须加盖企业公章)
集成电路生产企业	1. 在发展改革或工业和信息化部门立项的备案文件(应注明总投资额、工艺线宽标准)复印件以及企业取得的其他相关资质证书复印件等; 2. 企业职工人数、学历结构、研究开发人员情况及其占企业职工总数的比例说明,以及汇算清缴年度最后一个月社会保险缴纳证明等相关证明材料; 3. 加工集成电路产品主要列表及国家知识产权局(或国外知识产权相关主管机构)出具的企业自主开发或拥有的一至两份代表性知识产权(如专利、布图设计登记、软件著作权等)的证明材料; 4. 经具有资质的中介机构鉴证的企业财务会计报告(包括会计报表、会计报表附注和财务情况说明书)以及集成电路制造销售(营业)收入、研究开发费用、境内研究开发费用等情况说明; 5. 与主要客户签订的一至两份代表性销售合同复印件; 6. 保证产品质量的相关证明材料(如质量管理认证证书复印件等); 7. 税务机关要求出具的其他材料。
集成电路设计企业	1. 企业职工人数、学历结构、研究开发人员情况及其占企业职工总数的比例说明,以及汇算清缴年度最后一个月社会保险缴纳证明等相关证明材料; 2. 企业开发销售的主要集成电路产品列表,以及国家知识产权局(或国外知识产权相关主管机构)出具的企业自主开发或拥有的一至两份代表性知识产权(如专利、布图设计登记、软件著作权等)的证明材料; 3. 经具有资质的中介机构鉴证的企业财务会计报告(包括会计报表、会计报表附注和财务情况说明书)以及集成电路设计销售(营业)收入、集成电路自主设计销售(营业)收入、研究开发费用、境内研究开发费用等情况表; 4. 第三方检测机构提供的集成电路产品测试报告或用户报告,以及与主要客户签订的一至两份代表性销售合同复印件; 5. 企业开发环境等相关证明材料; 6. 税务机关要求出具的其他材料。
软件企业	1. 企业开发销售的主要软件产品列表或技术服务列表; 2. 主营业务为软件产品开发的企业,提供至少1个主要产品的软件著作权或专利权等自主知识产权的有效证明文件,以及第三方检测机构提供的软件产品测试报告;主营业务仅为技术服务的企业提供核心技术说明; 3. 企业职工人数、学历结构、研究开发人员及其占企业职工总数的比例说明,以及汇算清缴年度最后一个月社会保险缴纳证明等相关证明材料; 4. 经具有资质的中介机构鉴证的企业财务会计报告(包括会计报表、会计报表附注和财务情况说明书)以及软件产品开发销售(营业)收入、软件产品自主开发销售(营业)收入、研究开发费用、境内研究开发费用等情况说明; 5. 与主要客户签订的一至两份代表性的软件产品销售合同或技术服务合同复印件; 6. 企业开发环境相关证明材料; 7. 税务机关要求出具的其他材料。
国家规划布局内重点软件企业	1. 企业享受软件企业所得税优惠政策需要报送的备案资料; 2. 符合第二类条件的,应提供在国家规定的重点软件领域内销售(营业)情况说明; 3. 符合第三类条件的,应提供商务主管部门核发的软件出口合同登记证书,以及有效出口合同和结汇证明等材料; 4. 税务机关要求提供的其他材料。
国家规划布局内重点集成电路设计企业	1. 企业享受集成电路设计企业所得税优惠政策需要报送的备案资料; 2. 符合第二类条件的,应提供在国家规定的重点集成电路设计领域内销售(营业)情况说明; 3. 税务机关要求提供的其他材料。

关于印发国家规划布局内重点软件和集成电路设计领域的通知

发改高技〔2016〕1056 号

各省、自治区、直辖市及计划单列市发展改革委、工业和信息化主管部门、财政厅(局)、国家税务局、地方税务局:

为贯彻落实《国务院关于印发进一步鼓励软件产业和集成电路产业发展若干政策的通知》(国发〔2011〕4 号),按照财政部、国家税务总局、发展改革委、工业和信息化部《关于软件和集成电路产业企业所得税优惠政策有关问题的通知》(财税〔2016〕49 号)要求,现就国家规划布局内重点软件和集成电路设计领域有关事项通知如下:

一、重点软件领域

(一)基础软件:操作系统、数据库、中间件。

(二)工业软件和服务:研发设计类、经营管理类和生产控制类产品和服务。

(三)信息安全软件产品研发应用及工业控制系统咨询设计、集成实施和运行维护等服务。

(四)数据分析处理软件和数据获取、分析、处理、存储服务。

(五)移动互联网:移动支付、地图导航、浏览器、数字创意、移动应用开发工具及环境类软件。

(六)嵌入式软件(软件收入比例不低于50%)。

(七)高技术服务软件:研发设计、知识产权、检验检测和生物技术服务软件。

(八)语言文字信息处理软件:汉语和少数民族语言相关文字编辑处理、语音识别/合成、机器翻译软件。

(九)云计算:大型公有云 IaaS、PaaS 服务。

二、重点集成电路设计领域

(一)高性能处理器和 FPGA 芯片。

(二)存储器芯片。

(三)物联网和信息安全芯片。

(四)EDA、IP 及设计服务。

(五)工业芯片。

三、符合财税[2016]49 号文件第五条第(二)项、第六条第(二)项条件的企业,如业务范围涉及多个领域,仅选择其中一个领域向税务机关备案。选择领域的销售(营业)收入占本企业软件产品开发销售(营业)收入或集成电路设计销售(营业)收入的比例不低于 20%。

四、国家发展改革委、工业和信息化部会同财政部、税务总局,根据国家产业政策规划和布局,对上述领域实行动态调整。

五、本通知自 2015 年 1 月 1 日起执行。

特此通知。

国家发展改革委

工业和信息化部

财 政 部

税务总局

2016 年 5 月 16 日

工业和信息化部关于印发软件和信息技术服务业发展规划（2016—2020 年）的通知

工信部规〔2016〕425 号

各省、自治区、直辖市及计划单列市、新疆生产建设兵团工业和信息化主管部门，各省、自治区、直辖市通信管理局，有关中央企业，部直属单位：

为贯彻落实《中华人民共和国国民经济和社会发展第十三个五年规划纲要》和《中国制造2025》，加快建设制造强国和网络强国，推动软件和信息技术服务业由大变强，我部编制了《软件和信息技术服务业发展规划（2016—2020 年）》。现印发你们，请结合实际贯彻实施。

工业和信息化部

2016 年 12 月 18 日

软件和信息技术服务业发展规划（2016—2020 年）

软件是新一代信息技术产业的灵魂，"软件定义"是信息革命的新标志和新特征。软件和信息技术服务业是引领科技创新、驱动经济社会转型发展的核心力量，是建设制造强国和网络强国的核心支撑。建设强大的软件和信息技术服务业，是我国构建全球竞争新优势、抢占新工业革命制高点的必然选择。"十二五"以来，我国软件和信息技术服务业持续快速发展，产业规模迅速扩大，技术创新和应用水平大幅提升，对经济社会发展的支撑和引领作用显著增强。"十三五"时期是我国全面建成小康社会决胜阶段，全球新一轮科技革命和产业变革持续深入，国内经济发展方式加快转变，软件和信息技术服务业迎来更大发展机遇。为深入贯彻《中国制造2025》《国务院关于积极推进"互联网＋"行动的指导意见》《国务院关于深化制造业与互联网融合发展的指导意见》《促进大数据发展行动纲要》《国家信息化发展战略纲要》等国家战略，按照《中华人民共和国国民经济和社会发展第十三个五年规划纲要》总体部署，落实《信息产业发展指南》总体要求，编制本规划。

一、发展回顾

"十二五"期间，我国软件和信息技术服务业规模、质量、效益全面跃升，综合实力进一步增强，在由大变强道路上迈出了坚实步伐。

产业规模快速壮大，产业结构不断优化。 业务收入从 2010 年的 1.3 万亿元增长至 2015 年的4.3 万亿元，年均增速高达 27％，占信息产业收入比重从 2010 年的 16％提高到 2015 年的 25％。其中，信息技术服务收入 2015 年达到 2.2 万亿元，占软件和信息技术服务业收入的 51％；云计算、大数据、移动互联网等新兴业态快速兴起和发展。软件企业数达到 3.8 万家，从业人数达到 574 万人。产业集聚效应进一步突显，中国软件名城示范带动作用显著增强，业务收入合计占全国比重超过 50％。

创新能力大幅增强，部分领域实现突破。 2015 年，软件业务收入前百家企业研发强度（研发经费占主营业务收入比例）达 9.6％。软件著作权登记数量达 29.24 万件，是 2010 年的 3.8 倍。基础软件创新发展取得新成效，产品质量和解决方案成熟度显著提升，已较好应用于党政机关，并在部分重要行业领域取得突破。智能电网调度控制系统、大型枢纽机场行李分拣系统、千万吨级炼油控制系统等重大应用跨入世界先进行列。新兴领域创新活跃,一批骨干企业转型发展取得实质性进展,平台化、网络化、服务化的商业模式创新成效显著,涌现出社交网络、搜索引擎、位置服务等一批创新性产品和服务。

企业实力不断提升,国际竞争力明显增强。培育出一批特色鲜明、创新能力强、品牌形象优、国际化水平高的骨干企业,成为产业发展的核心力量。2015 年,软件业务收入前百家企业合计收入占全行业的 14%,入围门槛从 2010 年的 3.96 亿元提高到 13.3 亿元,企业研发创新和应用服务能力大幅增强,已有 2 家进入全球最佳品牌百强行列,国际影响力显著提升。一批创新型互联网企业加速发展,进入国际第一阵营,全球互联网企业市值前 10 强中,中国企业占 4 家。

应用推广持续深入,支撑作用显著增强。软件技术加速向关系国计民生的重点行业领域渗透融合,有力支撑了电力、金融、税务等信息化水平的提升和安全保障。持续推进信息化和工业化深度融合,数字化研发设计工具普及率达 61.1%,关键工序数控化率达 45.4%,有效提高了制造企业精益管理、风险管控、供应链协同、市场快速响应等方面的能力和水平。加速催生融合性新兴产业,促进了信息消费迅速扩大,移动出行、互联网金融等新兴开放平台不断涌现,网上政务、远程医疗、在线教育等新型服务模式加速发展,2015 年全国电子商务交易额达 21.8 万亿元。

公共服务体系加速完善,服务能力进一步提升。软件名城、园区基地等建设取得新的进展,创建了 8 个中国软件名城,建设了 17 个国家新型工业化产业示范基地(软件和信息服务),以及一批产业创新平台、应用体验展示平台、国家重点实验室、国家工程实验室、国家工程中心和企业技术中心等,基本形成了覆盖全国的产业公共服务体系,软件测试评估、质量保障、知识产权、投融资、人才服务、企业孵化和品牌推广等专业化服务能力显著提升。产业标准体系进一步完善。行业协会、产业联盟等在服务行业管理、促进产业创新发展方面的作用日益突出。

同时,必须清醒认识到,我国软件和信息技术服务业发展依然面临一些迫切需要解决的突出问题:**一是**基础领域创新能力和动力明显不足,原始创新和协同创新亟待加强,基础软件、核心工业软件对外依存度大,安全可靠产品和系统应用推广难。**二是**与各行业领域融合应用的广度和深度不够,特别是行业业务知识和数据积累不足,与工业实际业务和特定应用结合不紧密。**三是**资源整合、技术迭代和优化能力弱,缺乏创新引领能力强的大企业,生态构建能力亟待提升。**四是**网络安全形势更加严峻,信息安全保障能力亟须进一步加强。**五是**产业国际影响力与整体规模不匹配,国际市场拓展能力弱,国际化发展步伐需要持续加快。**六是**行业管理和服务亟待创新,软件市场定价与软件价值不匹配问题有待解决,知识产权保护需要进一步加强。**七是**人才结构性矛盾突出,领军型人才、复合型人才和高技能人才紧缺,人才培养不能满足产业发展实际需求。

二、发展形势

(一) 以"技术+模式+生态"为核心的协同创新持续深化产业变革

软件和信息技术服务业步入加速创新、快速迭代、群体突破的爆发期,加快向网络化、平台化、服务化、智能化、生态化演进。云计算、大数据、移动互联网、物联网等快速发展和融合创新,先进计算、高端存储、人工智能、虚拟现实、神经科学等新技术加速突破和应用,进一步重塑软件的技术架构、计算模式、开发模式、产品形态和商业模式,新技术、新产品、新模式、新业态日益成熟,加速步入质变期。开源、众包等群智化研发模式成为技术创新的主流方向,产业竞争由单一技术、单一产品、单一模式加快向多技术、集成化、融合化、平台系统、生态系统的竞争转变,生态体系竞争成为产业发展制高点。软件企业依托云计算、大数据等技术平台,强化技术、产品、内容和服务等核心要素的整合创新,加速业务重构、流程优化和服务提升,实现转型发展。

(二)以"软件定义"为特征的融合应用开启信息经济新图景

以数据驱动的"软件定义"正在成为融合应用的显著特征。一方面,数据驱动信息技术产业变革,加速新一代信息技术的跨界融合和创新发展,通过软件定义硬件、软件定义存储、软件定义网络、软件定义系统等,带来更多的新产品、服务和模式创新,催生新的业态和经济增长点,推动数据成为战略资产。另一方面,"软件定义"加速各行业领域的融合创新和转型升级。软件定义制造激发了研发设计、仿真验证、生产制造、经营管理等环节的创新活力,加快了个性化定制、网络化协同、服务型制造、云制造等新模式的发展,推动生产型制造向生产服务型制造转变;软件定义服务深刻影响了金融、物流、交通、文化、旅游等服务业的发展,催生了一批新的产业主体、业务平台、融合性业态和新型消费,引发了居民消费、民生服务、社会治理等领域多维度、深层次的变革,涌现出分享经济、平台经济、算法经济等众多新型网络经济模式,培育壮大了发展新动能。

(三)全球产业竞争和国家战略实施对产业发展提出新任务新要求

世界产业格局正在发生深刻变化,围绕技术路线主导权、价值链分工、产业生态的竞争日益激烈,发达国家在工业互联网、智能制造、人工智能、大数据等领域加速战略布局,抢占未来发展主导权,给我国软件和信息技术服务业跨越发展带来深刻影响。中国制造 2025、"一带一路"、"互联网＋"行动计划、大数据、军民融合发展等国家战略的推进实施,以及国家网络安全保障的战略需求,赋予软件和信息技术服务业新的使命和任务;强化科技创新引领作用,着力推进供给侧结构性改革,深入推进大众创业万众创新,加快推动服务业优质高效发展等,对进一步激活软件和信息技术服务业市场主体、提升产业层级提出新的更高要求。

三、指导思想和发展目标

(一)指导思想

深入贯彻党的十八大、十八届三中、四中、五中、六中全会精神和习近平总书记系列重要讲话精神,坚持创新、协调、绿色、开放、共享的发展理念,顺应新一轮科技革命和产业变革趋势,充分发挥市场配置资源的决定性作用和更好发挥政府作用,以产业由大变强和支撑国家战略为出发点,以创新发展和融合发展为主线,着力突破核心技术,积极培育新兴业态,持续深化融合应用,加快构建具有国际竞争优势的产业生态体系,加速催生和释放创新红利、数据红利和模式红利,实现产业发展新跨越,全力支撑制造强国和网络强国建设。

(二)发展原则

创新驱动。坚持把创新摆在产业发展全局的核心位置,进一步突出企业创新主体地位,健全技术创新市场导向机制,完善创新服务体系,营造创新创业良好环境和氛围,推动实现产业技术创新、模式创新和应用创新。

协同推进。强化跨部门协作和区域协同,完善政产学研用金合作机制,最大程度汇聚和优化配置各类要素资源。以大企业为主力军、中小企业为生力军,强化产业协同,加速形成技术、产业、标准、应用和安全协同发展的良好格局。

融合发展。以全面实施中国制造 2025、"互联网＋"行动计划、军民融合发展等战略为契机,促进软件和信息技术服务业与经济社会各行业领域的深度融合,推动传统产业转型发展,催生新型信息消费,变革社会管理方式。

安全可控。强化核心技术研发和重大应用能力建设,着力解决产业发展受制于人的问题。进一步完善相关政策法规和标准体系,加快关键产品和系统的推广应用。发展信息安全技术及产业,提升网络安全保障支撑能力。

开放共赢。统筹利用国内外创新要素和市场资源,加强技术、产业、人才、标准化等领域的国际交流与合作,提升国际化发展水平。顺应开源开放的发展趋势,深度融入全球产业生态圈,提高国际规则制定话语权,增强国际竞争能力。

(三) 发展目标

到 2020 年,产业规模进一步扩大,技术创新体系更加完备,产业有效供给能力大幅提升,融合支撑效益进一步突显,培育壮大一批国际影响力大、竞争力强的龙头企业,基本形成具有国际竞争力的产业生态体系。

——**产业规模**。到 2020 年,业务收入突破 8 万亿元,年均增长 13％以上,占信息产业比重超过 30％,其中信息技术服务收入占业务收入比重达到 55％。信息安全产品收入达到 2 000 亿元,年均增长 20％以上。软件出口超过 680 亿美元。软件从业人员达到 900 万人。

——**技术创新**。以企业为主体的产业创新体系进一步完善,软件业务收入前百家企业研发投入持续加大,在重点领域形成创新引领能力和明显竞争优势。基础软件协同创新取得突破,形成若干具有竞争力的平台解决方案并实现规模应用。人工智能、虚拟现实、区块链等领域创新达到国际先进水平。云计算、大数据、移动互联网、物联网、信息安全等领域的创新发展向更高层次跃升。重点领域标准化取得显著进展,国际标准话语权进一步提升。

——**融合支撑**。与经济社会发展融合水平大幅提升。工业软件和系统解决方案的成熟度、可靠性、安全性全面提高,基本满足智能制造关键环节的系统集成应用、协同运行和综合服务需求。工业信息安全保障体系不断完善,安全保障能力明显提升。关键应用软件和行业解决方案在产业转型、民生服务、社会治理等方面的支撑服务能力全面提升。

——**企业培育**。培育一批国际影响力大、竞争力强的龙头企业,软件和信息技术服务收入百亿级企业达 20 家以上,产生 5 到 8 家收入千亿级企业。扶持一批创新活跃、发展潜力大的中小企业,打造一批名品名牌。

——**产业集聚**。中国软件名城、国家新型工业化产业示范基地(软件和信息服务)建设迈向更高水平,产业集聚和示范带动效应进一步扩大,产业收入超千亿元的城市达 20 个以上。

四、重点任务和重大工程

(一) 全面提高创新发展能力

围绕产业链关键环节,加强基础技术攻关,超前布局前沿技术研究和发展,构建核心技术体系,加快信息技术服务创新,完善以企业为主体、应用为导向、政产学研用金相结合的产业创新体系。

加快共性基础技术突破。面向重大行业领域应用和信息安全保障需求,瞄准技术产业发展制高点,加大力度支持操作系统、数据库、中间件、办公软件等基础软件技术和产品研发和应用,大力发展面向新型智能终端、智能装备等的基础软件平台,以及面向各行业应用的重大集成应用平台。加快发展适应平台化、网络化和智能化趋势的软件工程方法、工具和环境,提升共性基础技术支撑能力。

布局前沿技术研究和发展。围绕大数据理论与方法、计算系统与分析、关键应用技术及模型等方面开展研究,布局云计算和大数据前沿技术发展。支持开展人工智能基础理论、共性技术、应用技术研究,重点突破自然语言理解、计算机视听觉、新型人机交互、智能控制与决策等人工智能技术。加快无人驾驶、虚拟现实、3D打印、区块链、人机物融合计算等领域技术研究和创新。

加强信息技术服务创新。面向重点行业领域应用需求,进一步增强信息技术服务基础能力,提升"互联网+"综合集成应用水平。形成面向新型系统架构及应用场景的工程化、平台化、网络化信息技术服务能力,发展微服务、智能服务、开发运营一体化等新型服务模式,提升信息技术服务层级。加快发展面向移动智能终端、智能网联汽车、机器人等平台的移动支付、位置服务、社交网络服务、数字内容服务以及智能应用、虚拟现实等新型在线运营服务。加快培育面向数字化营销、互联网金融、电子商务、游戏动漫、人工智能等领域的技术服务平台和解决方案。大力发展基于新一代信息技术的高端外包服务。

加强产业创新机制和载体建设。面向基础软件、高端工业软件、云计算、大数据、信息安全、人工智能等重点领域和重大需求,加强产学研用对接,布局国家级创新中心建设,建立以快速应用为导向的创新成果持续改进提高机制,加快核心技术成果的转化。突出企业技术创新主体地位,推进建设企业技术创新中心,不断提升企业创新能力。引导互联网大企业进一步通过市场化方式向社会开放提供优势平台资源和服务。加强产业联盟建设,探索完善共同参与、成果共享、风险共担机制,强化协同创新攻关。发挥开源社区对创新的支撑促进作用,强化开源技术成果在创新中的应用,构建有利于创新的开放式、协作化、国际化开源生态。

专栏 1:软件"铸魂"工程

加快突破基础通用软件。围绕基础通用软件由跟跑到并跑发展战略目标,以安全可靠应用试点为抓手,实现操作系统、数据库等领域核心基础技术突破,建立安全可靠基础软件产品体系。建设安全可靠软硬件联合攻关平台,支持企业和科研机构搭建通用技术创新和应用平台。发展需求分析与设计、编程语言与编译、软件测试验证、过程改进和成熟度评价度量、集成开发等软件工程方法、工具和环境,完善基础通用软件开发和应用生态。

强化网络化软件竞争优势。围绕网络化软件由并跑到领跑发展战略目标,突破虚拟资源调度、大规模并行分析、分布式内存计算等核心技术,引导骨干企业加快研发面向云计算、移动互联网、物联网的操作系统、数据库系统、新型中间件和办公套件。

抢先布局发展智能化软件。围绕抢占智能化软件领跑地位战略目标,突破虚拟资源调度、数据存储处理、大规模并行分析、分布式内存计算、轻量级容器管理、可视化等云计算和大数据技术,以及虚拟现实、增强现实、区块链等技术。支持机器学习、深度学习、知识图谱、计算机视听觉、生物特征识别、复杂环境识别、新型人机交互、自然语言理解、智能控制与决策、类脑智能等关键技术研发和产业化,推动人工智能深入应用和发展。

构筑开源开放的技术产品创新和应用生态。支持企业、高校、科研院所等参与和主导国际开源项目,发挥开源社团、产业联盟、论坛会议等平台作用,汇集国内外优秀开源资源,提升对开源资源的整合利用能力。通过联合建立开源基金等方式,支持基于开源模式的公益性生态环境建设,加强开源技术、产品创新和人才培养,增强开源社区对产业发展的支撑能力。

专栏2：信息技术服务能力跃升工程

强化基础服务能力建设。创新基础通用的信息技术服务方法论，鼓励企业建立网络化、智能化、多行业的知识库。支持企业研发网络化开发和集成平台、异构云环境资源调度管理、微服务管理等关键支撑工具。支持提升信息技术咨询、信息系统方案设计、集成实施、远程运维等服务能力，鼓励相关企业建立信息技术服务管理体系。建设完善一批公共技术服务平台，提升测试验证、集成适配等服务保障能力。

发展服务新模式新业态。创新软件定义服务新理念，鼓励发展新一代信息技术驱动的信息技术服务新业态。整合资源，支持重点企业面向人工智能、虚拟现实和增强现实等领域，提升容器、区块链、开发运营一体化等方面的关键技术服务能力，加快培育各类新型服务模式和业态，促进信息服务资源的共享和利用。依托国家新型工业化产业示范基地（软件和信息服务）及产业园区，组织开展面向"互联网＋"的智能服务试点示范。

促进企业服务化转型发展。支持重点行业企业发挥基础优势，加速提升信息技术的应用水平，发展基于云计算、大数据分析的新型服务业务。支持软件企业加快向网络化、服务化、平台化转型，研发综合性应用解决方案，并推动其与重点行业企业的跨界联合，实现共赢。

（二）积极培育壮大新兴业态

顺应新一代信息技术创新发展和变革趋势，着力研发云计算、大数据、移动互联网、物联网等新兴领域关键软件产品和解决方案，鼓励平台型企业、平台型产业发展，加快培育新业态和新模式，形成"平台、数据、应用、服务、安全"协同发展的格局。

1. 创新云计算应用和服务

支持发展云计算产品、服务和解决方案，推动各行业领域信息系统向云平台迁移，促进基于云计算的业务模式和商业模式创新。支持云计算与大数据、物联网、移动互联网等融合发展与创新应用，积极培育新产品新业态。支持大企业开放云平台资源，推动中小企业采用云服务，打造协同共赢的云平台服务环境。发展安全可信云计算外包服务，推动政府业务外包。引导建立面向个人信息存储、在线开发工具、学习娱乐的云服务平台，培育信息消费新热点。完善推广云计算综合标准体系，加强云计算测评工具研发和测评体系建设，提高云计算标准化水平和服务能力。

专栏3：云计算能力提升工程

发展面向智能制造的安全可信云计算。鼓励骨干企业开展智能制造资源和服务的可信云计算资源池建设，支撑智能制造全生命周期的各类活动。支持软件和信息技术服务企业跨界联合，发展个性化定制服务、全生命周期管理、网络精准营销、在线支持服务等新业态新模式。

开展云计算应用示范。组织开展工业云服务创新试点，推进研发设计、生产制造、营销服务、测试验证等资源的开放共享，打造工业云生态系统。支持发展第三方专有云解决方案，在政务、金融、医疗健康等领域开展行业应用试点示范，推动核心业务系统向专有云迁移。

提高公共云服务能力。开展公共云服务企业能力评价体系建设，研究完善云服务评价及计量计费标准，支持公共云服务骨干企业建设高水平公共云计算服务平台。鼓励政府部门、公共服务机构、行业骨干企业利用公共云服务构建信息化解决方案。

2. 加快大数据发展和应用

构建大数据产业体系。加强大数据关键技术研发和应用,培育大数据产品体系。发展大数据采集和资源建设、大数据资源流通交易、大数据成熟度评估等专业化数据服务新业态,推进大数据资源流通共享。培育大数据龙头企业和创新型中小企业,打造多层次、梯队化的产业创新主体。优化大数据产业布局,建设大数据产业集聚区和综合试验区。支持大数据公共服务平台建设,发展大数据标准验证、测评认证等服务,完善大数据产业公共服务体系。

发展工业大数据。支持研发面向研发设计、生产制造、经营管理、市场营销、运维服务等关键环节的大数据分析技术和平台,推动建立完善面向全产业链的大数据资源整合和分析平台,开展大数据在工业领域的应用创新和试点示范。依托高端装备、电子信息等数据密集型产业集聚区,支持建设一批工业大数据创新中心、行业平台和服务示范基地,丰富工业大数据服务内容、创新服务模式。

深化大数据应用服务。面向金融、能源、农业、物流、交通等重点行业领域,开发推广大数据产品和解决方案,促进大数据跨行业融合应用,助力重点行业转型发展。以服务民生需求为导向,加快大数据在医疗、教育、交通、旅游、就业、社保、环保、应急管理等领域的应用。支持建立面向政务、社会治理和网络安全领域的大数据平台,强化顶层设计、整合资源,推动大数据技术深入应用,提升政府治理能力和服务水平。

专栏 4:大数据技术研发和应用示范工程

加强大数据关键技术产品研发和产业化。开展新一代关系型数据库、分布式数据库、新型大数据处理引擎、一体化数据管理平台、数据安全等关键技术及工具攻关,充分利用开源技术成果,推动构建大数据技术体系。发展大数据可扩展高质量的计算平台及相关软件系统,提升数据分析处理能力、知识发现能力和辅助决策能力,形成较为健全的大数据产品体系。大力发展与重点行业领域业务流程及数据应用需求深度融合的大数据解决方案。

布局推进大数据应用示范。开展大数据产业集聚区创建,支持有条件的地区开展大数据应用创新试点。推动大数据与云计算、工业互联网、信息物理系统等的融合发展,支持建立面向不同工业行业、不同业务环节的大数据分析应用平台,选取重点工业行业、典型企业和重点地区开展工业大数据应用示范,提升工业领域大数据应用服务水平。

---

3. 深化移动互联网、物联网等领域软件创新应用

加快发展移动互联网应用软件和服务,面向新兴媒体、医疗健康、文化教育、交通出行、金融服务、商贸流通等领域创新发展需求,鼓励建立分享经济平台,支持发展基于软件和移动互联网的移动化、社交化、个性化信息服务,积极培育新型网络经济模式。加强物联网运行支撑软件平台、应用开发环境等研发应用,进一步深化物联网软件技术在智能制造、智慧农业、交通运输等领域的融合应用。加快发展车联网、北斗导航等新型应用,支持智能网联汽车、北斗导航软件技术及应用平台发展。

(三)深入推进应用创新和融合发展

充分发挥软件的深度融合性、渗透性和耦合性作用,加速软件与各行业领域的融合应用,发展关键应用软件、行业解决方案和集成应用平台,强化应用创新和商业模式创新,提升服务型制造水平,培育扩大信息消费,强化对中国制造2025、"互联网+"行动计划等的支撑服务。

1. 支撑制造业与互联网融合发展

围绕制造业关键环节,重点支持高端工业软件、新型工业 APP 等研发和应用,发展工业操作系统及工业大数据管理系统,提高工业软件产品的供给能力,强化软件支撑和定义制造的基础性作

用。培育一批系统解决方案提供商,研发面向重点行业智能制造单元、智能生产线、智能车间、智能工厂建设的系统解决方案,开展试点示范,提升智能制造系统解决方案能力。推进信息物理系统(CPS)关键技术研发及产业化,开展行业应用测试和试点示范。推动软件和信息技术服务企业与制造企业融合互动发展,打造新型研发设计模式、生产制造方式和服务管理模式。

专栏 5:工业技术软件化推进工程

　　工业软件及解决方案研发应用。面向智能制造关键环节应用需求,支持研发计算机辅助设计与仿真、制造执行系统、企业管理系统、产品全生命周期管理等一批应用效果好、技术创新强、市场认可度高的工业软件产品及应用解决方案,进一步突破高端分布式控制系统、数据采集与监控系统、可编程逻辑控制器等工业控制系统核心技术和产品,强化安全可靠程度和综合集成应用能力,推动在重点行业的深入应用。

　　工业信息物理系统验证测试平台和行业应用示范。支持工业信息物理系统关键技术及系统解决方案研发和产业化。支持建立工业信息物理系统验证测试平台和安全测试评估平台。面向航空、汽车、电子、石化、冶金等重点行业,开展信息物理系统应用示范。

　　工业软件平台及 APP 研发和应用试点示范。支持软件企业联合工业企业,面向重点行业建设基础共性软件平台和新型工业 APP 库,构建工业技术软件体系,开展应用试点示范。支持有条件的地方或行业建设工业 APP 共享交易平台,丰富工业技术软件生态。

专栏 6:面向服务型制造的信息技术服务发展工程

　　支撑制造业向生产服务型加速转型。引导制造企业建立开放创新交互平台、在线设计中心,充分对接用户需求,发展基于互联网的按需、众包、众创等研发设计服务模式。鼓励大型制造企业发展基于互联网平台、面向产业链上下游的云制造、供应链管理的服务。支持重点工业行业利用物联网、云计算、大数据等技术发展产品监测追溯、远程诊断维护、产品全生命周期管理等在线服务新模式,推动产品向价值链高端跃升。鼓励企业基于产品智能化、供应链在线化的大数据分析挖掘开展供应链金融、融资租赁等新业务。

　　发展面向制造业的信息技术服务。推动信息技术服务企业面向制造业研发集成解决方案,提供信息技术咨询、设计和运维服务,开展示范应用和推广。面向工程机械、轨道交通、航空船舶等制造业重点领域,鼓励和支持信息技术服务在智能工厂、数字化车间、绿色制造中的应用,促进个性化定制、网络化协同制造、服务型制造等智能制造新模式的应用推广。大力发展电子商务,鼓励行业电子商务平台创新发展,支撑面向制造业的供应链管理和市场销售。

　　强化以供需对接为核心的服务支撑。探索建立面向制造业的信息技术服务公共服务平台,提供共性的研发测试、仿真模拟、人才培训、设备租赁等各项服务。强化供给端和需求端双驱动,搭建信息技术服务企业与制造企业供需对接平台,建立良性对接机制,推广先进经验,促进跨领域合作。加快研制和推广应用面向制造业的信息技术服务标准(ITSS),构建完善的标准体系。

---

　　2. 支撑重点行业转型发展

　　面向"互联网＋"现代农业发展需求,围绕农业生产管理、经营管理、市场流通等环节,支持相关应用软件、智能控制系统、产品质量安全追溯系统,以及农业大数据应用、涉农电子商务等发展。面向"互联网＋"能源发展需求,支持发展能源行业关键应用软件及解决方案,推进能源生产和消费协调匹配。坚持鼓励创新和规范引导相结合,发展互联网金融相关软件产品、服务和解决方案,强化对"互联网＋"金融的支撑服务。支持物流信息服务平台、智能仓储体系建设,以及物流装备嵌入式软件等研发应用,提升物流智能化发展水平。支持面向交通的软件产品和系统研发,支撑智能交通建设,提高交通运输资源利用效率和管理精细化水平。

3．支撑政府管理和民生服务

围绕现代政府社会治理应用需求,鼓励和支持发展一批政府管理应用软件,利用云计算、大数据等新一代信息技术建立面向政府服务和社会治理的产品和服务体系。开展医疗、养老、教育、扶贫等领域民生服务类应用软件和信息技术服务的研发及示范应用,推动基于软件平台的民生服务应用创新。

专栏 7：软件和信息技术服务驱动信息消费工程

发展关键应用软件和行业解决方案。支持软件企业与其他行业企业深入合作,搭建关键应用软件和行业解决方案的协同创新平台,研发大型管理软件、嵌入式软件等软件产品,提升融合发展能力。面向重点行业领域,布局发展面向云计算、大数据、移动互联网、物联网等新型计算环境的关键应用软件和行业解决方案,构建行业重大集成应用平台。

发展面向重点行业领域的信息技术服务。面向农业、金融、交通、能源、物流、电信等重点行业,大力发展行业智能化解决方案和数据分析等新型服务。面向医疗、卫生、教育、养老、社保等公共服务领域,创新服务模式,构建新型信息技术服务支撑体系。围绕餐饮、娱乐、出行、文化、旅游等居民生活服务领域消费需求,培育线上线下结合的服务新模式,发展基于软件与互联网的分享经济服务新业态,以及各类创新型的产品和服务。围绕智慧城市建设,重点发展智慧交通、智慧社区、智慧政务等领域的智能化解决方案和服务。支持有条件的地方和企业开展信息消费创新应用示范,推广扩大信息消费的典型经验和模式。

（四）进一步提升信息安全保障能力

围绕信息安全发展新形势和安全保障需求,支持关键技术产品研发及产业化,发展安全测评与认证、咨询、预警响应等专业化服务,增强信息安全保障支撑能力。

发展信息安全产业。支持面向"云管端"环境下的基础类、网络与边界安全类、终端与数字内容安全类、安全管理类等信息安全产品研发和产业化;支持安全咨询及集成、安全运维管理、安全测评和认证、安全风险评估、安全培训及新型信息安全服务发展。加快培育龙头企业,发展若干专业能力强、特色鲜明的优势企业。推动电子认证与云计算、大数据、移动互联网、生物识别等新技术的融合,加快可靠电子签名应用推广,创新电子认证服务模式。加强个人数据保护、可信身份标识保护、身份管理和验证系统等领域核心技术研发和应用推广。

完善工业信息安全保障体系。构建统筹设计、集智攻关、信息共享和协同防护的工业信息安全保障体系。以"小核心、大协作"为原则,建设国家级工业信息系统安全保障研究机构,开展国家级工业信息安全仿真测试、计算分析和大数据应用等技术平台建设,形成国家工业信息安全态势感知、安全防护、应急保障、风险预警、产业推进等保障能力。完善政策、标准、管理、技术、产业和服务体系,开展工业控制系统信息安全防护管理等政策及标准制定,加强工控安全检查评估,支持工业控制系统及其安全技术产品的研发,鼓励企业开展安全评估、风险验证、安全加固等服务。

专栏 8:信息安全保障能力提升工程

发展关键信息安全技术和产品。面向云计算、大数据、移动互联网等新兴领域,突破密码、可信计算、数据安全、系统安全、网络安全等信息安全核心技术,支持基础类安全产品、采用内容感知、智能沙箱、异常检测、虚拟化等新技术的网络与边界类安全产品、基于海量数据和智能分析的安全管理类产品,以及安全测评、WEB 漏洞扫描、内网渗透扫描、网络安全防护、源代码安全检查等安全支撑工具的研发和应用。

加强工业信息安全保障能力建设。选取典型工业控制系统及其设备,开展工业防火墙、身份认证等重点网络安全防护产品研发和测试验证。面向石化、冶金、装备制造等行业,遴选一批重点企业,开展网络安全防护产品示范应用。支持工业控制系统网络安全实时监测工具研发及其在重点企业的部署应用。建设一批工业信息系统安全实验室,优先支持工业控制产品与系统信息安全标准验证、仿真测试、通信协议安全测评、监测预警等公共服务平台建设,培育一批第三方服务机构。

(五) 大力加强产业体系建设

加快构建产业生态,着力培育创新型企业,促进形成以创新为引领的发展模式,强化标准体系建设和公共服务能力提升,加强中央与地方协同,打造一批特色优势产业集群。

构建产业生态。面向重大应用需求,以构建基础软件平台为核心,逐步形成软件、硬件、应用和服务一体的安全可靠关键软硬件产业生态。以高端工业软件及系统为核心,建立覆盖研发设计、生产制造、经营管理等智能制造关键环节的工业云、工业大数据平台,形成软件驱动制造业智能化发展的生态体系。围绕新型消费和应用,以智能终端操作系统、云操作系统等为核心,面向移动智能终端、智能家居、智能网联汽车等新兴领域,构建相应的产业生态体系。

培育创新型企业。支持行业领军企业牵头组织实施重大产品研发和创新成果转化,不断提高新型产品和服务的市场占有率和品牌影响力。支持企业面向云计算、大数据、移动互联等新技术新环境,重塑业务流程、组织架构,创新研发模式、管理模式和商业模式,发展新技术、新产品和新服务。加强政策扶持、项目带动和示范引领,培育一批专业化程度、创新能力突出、发展潜力大的细分领域优势企业。支持建设创客空间、开源社区等新型众创空间,发展创业孵化、专业咨询、人才培训、检验检测、投融资等专业化服务,优化改善中小企业创新创业环境。

加强标准体系建设。面向工业软件、云计算、大数据、信息安全等重点领域,加快产业发展和行业管理急需标准的研制和实施。实施《信息技术服务标准化工作五年行动计划(2016—2020)》,完善和推广信息技术服务标准(ITSS)体系。开展标准验证和应用试点示范,建立标准符合性测试评估和认证体系。支持组建标准推进联盟,推动建立产品研发和标准制定协同推进机制。鼓励支持企业、科研院所、行业组织等参与或主导国际标准制定,提升国际话语权。

打造特色优势产业集群。支持中国软件名城、国家新型工业化产业示范基地(软件和信息服务)、中国服务外包示范城市、软件出口(创新)基地城市等加大建设力度,做强优势领域和主导产业,提升产业集聚发展水平。支持京津冀、长江经济带、珠江—西江经济带等区域加强软件技术、产品和服务创新,突出特色优势,加快融入全球产业链布局。发挥东北地区装备制造集群优势,发展面向制造业的软件和信息技术服务,助力东北老工业基地振兴。支持中西部地区结合国家相关战略实施,发展特色软件和信息技术服务业。

专栏 9：公共服务体系建设工程

　　强化服务载体建设。支持各地结合产业基础和市场需求，进一步推动产业基地和专业园区建设，完善优化一批产业创新平台、应用体验展示平台等公共服务载体，打造线上线下相结合的创新创业载体，推动建设众扶、众筹等综合服务平台。支持中国软件名城及试点城市创新公共服务机制，开展公共服务创新试点。建设一批面向中小企业的公共服务平台。鼓励软件和信息技术服务大企业、各类电子商务平台向小微企业和创客群体开放创业创新资源，形成一批低成本、便利化、全要素、开放式的创新创业平台。

　　提升公共服务能力。支持各类公共服务平台利用云计算、大数据等新技术汇集数据信息，丰富平台资源，创新服务模式，推动平台互联互通、服务共享。培育一批知识产权、投融资、产权交易、能力认证、产品测评、人才服务、企业孵化和品牌推广等专业服务机构。推动行业协会、产业联盟等第三方中介组织加强自身建设，提升对行业发展和管理的服务支撑水平。以新兴领域软件产品标准和信息技术服务标准为重点，加强软件和信息技术服务标准体系建设，强化标准对产业发展的引领作用。

（六）加快提高国际化发展水平

　　坚持开放创新，把握"一带一路"等国家战略实施机遇，统筹利用国内外创新要素和市场资源，加强技术、产业、人才、标准化等领域的国际交流与合作，以龙头企业为引领深度融入全球产业生态圈，提升国际化发展水平和层次。

　　提升产业国际化发展能力。支持龙头企业等建立完善海外运营机构、研发中心和服务体系，建设境外合作园区，鼓励发展跨境电子商务、服务外包等外向型业务，加快软件和信息技术服务出口，打造国际品牌。依托双边、多边合作机制和平台，加强政企联动，以龙头企业为主体开展重大合作示范项目建设，支持企业联合，发挥产业链协同竞争优势，集群化"走出去"。加强原创技术引进渠道和机制建设，深化与技术原创能力强的国家和地区的产业合作，加快引进人才、技术、知识产权等优势创新资源，提高产业"引进来"的合作层次和利用水平。

　　强化国际化服务支撑。鼓励地方从政策、资金、项目等方面加大对产业国际化发展的支持和推进力度。支持企业、科研机构等积极参与软件和信息技术服务领域国际规则制定和标准化工作，提升国际话语权。发挥行业协会、商会、产业联盟、开源联盟等中介组织的作用，为企业国际化发展提供市场化、社会化服务。充分发挥知识更新工程、海外人才培训等手段的作用，支持软件企业培养国际化人才和引进海外优秀人才。

五、保障措施

（一）完善政策法规体系

　　深入落实《进一步鼓励软件产业和集成电路产业发展的若干政策》(国发〔2011〕4 号)，研究制定新形势下适应产业发展新特点的政策措施。完善激励创新的政策措施和机制，强化对软件创新产品和服务的首购、订购支持，鼓励软件企业加大研发投入。引导和鼓励在信息化建设中加大对软件和信息安全的投入。支持制定推动软件技术与其他行业融合发展的政策措施。进一步完善鼓励政府购买服务的相关机制和措施手段。支持有条件的地区开展产业政策创新试点。鼓励地方研究制定加快企业"走出去"的政策措施。加强产业政策执行、评估和监管。推动完善产业相关法规体系。

（二）健全行业管理制度

鼓励利用大数据、云计算等新技术，探索加强行业运行监测分析、预警预判以及事中事后监管的新模式新方法，提升行业管理和服务水平。进一步完善行业标准体系建设，强化标准对行业发展的促进作用。开展行业知识产权分析评议，加强行业态势分析和预警预判，深入推进软件正版化，鼓励企业联合建设软件专利池、知识产权联盟，提升知识产权创造、运用、保护、管理和服务能力。加强软件资产管理和使用，开展软件价值评估和定价机制研究，探索建立科学合理的软件价值评估体系。鼓励研究建立云服务、数据服务等新兴领域交易机制和定价机制。顺应产业发展新趋势新特点，加强产业收入计量标准的研究，完善产业统计制度。强化行业自律，完善行业信用评价体系，进一步规范市场秩序。加强行业智库建设，提升发展决策支撑能力。

（三）加大财政金融支持

创新财政资金支持政策，统筹利用现有资金资源，加大对软件和信息技术服务业发展的支持。采用政府引导、市场化运作方式，探索建立国家软件和信息技术服务业产业投资基金。支持有条件的地方、大企业和投资机构设立产业专项资金或产业基金、创新创业基金、天使创投、股权和并购等各类基金。鼓励运用政府和社会资本合作（PPP）模式，引导社会资本参与重大项目建设。完善企业境外并购、跨境结算等相关金融服务政策。深化产融合作，在风险可控的前提下，推动商业银行创新信贷产品和金融服务，支持软件和信息技术服务企业创新发展，推动政策性银行在国家规定的业务范围内，根据自身职能定位为符合条件的企业提供信贷支持。健全融资担保体系，完善风险补偿机制，鼓励金融机构开展股权抵押、知识产权质押业务，试点信用保险、科技保险，研究合同质押、资质抵押的法律地位和可行性。鼓励企业扩大直接融资，支持具备条件的企业开展应收账款融资、公司信用债等新型融资方式。

（四）创新人才培养

实施人才优先发展战略，加快建设满足产业发展需求的人才队伍。强化人才培养链与产业链、创新链有机衔接，依托重大人才工程，加强"高精尖缺"软件人才的引进和培养。鼓励有条件的地区设立软件和信息技术服务业人才培养基金，重点培养技术领军人才、企业家人才、高技能人才及复合型人才。以学校教育为基础、在职培训为重点，建立健全产教融合、校企合作的人才培养机制，探索建立人才培养的市场化机制，利用信息化手段创新教育教学方式。鼓励高校面向产业发展需求，优化专业设置和人才培养方案。推广首席信息官制度，鼓励企业加强复合型人才的培养和引进。深入实施人才引进政策，重点发挥企业在人才引进中的作用，吸引和集聚海外优秀人才特别是高端人才回国就业创业。建立完善以能力为核心、以业绩和贡献为导向的人才评价标准，大力弘扬新时期工匠精神。

（五）强化统筹协调

建立健全部门、行业、区域之间的协调推进机制，在协同创新、标准制定、行业管理、市场监管、资金保障等方面加强联动合作。引导和推动各地区、各部门因地制宜发展产业，合理布局重大应用示范和产业化项目，分工协作、有序推进。引导和鼓励企业与其他行业企业建立多层次合作创新机制，在技术研发、应用推广、安全保障、资源分配利用等方面实现协同发展。加强规划实施情况动态监测和评估，确保规划实施质量。

工业和信息化部关于印发大数据产业发展规划
（2016—2020年）的通知

工信部规〔2016〕412号

各省、自治区、直辖市及计划单列市、新疆生产建设兵团工业和信息化主管部门，各省、自治区、直辖市通信管理局，有关中央企业，部直属单位：

为贯彻落实《中华人民共和国国民经济和社会发展第十三个五年规划纲要》和《促进大数据发展行动纲要》，加快实施国家大数据战略，推动大数据产业健康快速发展，我部编制了《大数据产业发展规划（2016—2020年）》。现印发你们，请结合实际贯彻落实。

工业和信息化部

2016年12月18日

大数据产业发展规划（2016—2020年）

数据是国家基础性战略资源，是21世纪的"钻石矿"。党中央、国务院高度重视大数据在经济社会发展中的作用，党的十八届五中全会提出"实施国家大数据战略"，国务院印发《促进大数据发展行动纲要》，全面推进大数据发展，加快建设数据强国。"十三五"时期是我国全面建成小康社会的决胜阶段，是新旧动能接续转换的关键时期，全球新一代信息产业处于加速变革期，大数据技术和应用处于创新突破期，国内市场需求处于爆发期，我国大数据产业面临重要的发展机遇。抢抓机遇，推动大数据产业发展，对提升政府治理能力、优化民生公共服务、促进经济转型和创新发展有重大意义。为推动我国大数据产业持续健康发展，深入贯彻十八届五中全会精神，实施国家大数据战略，落实国务院《促进大数据发展行动纲要》，按照《国民经济和社会发展第十三个五年规划纲要》的总体部署，编制本规划。

一、我国发展大数据产业的基础

大数据产业指以数据生产、采集、存储、加工、分析、服务为主的相关经济活动，包括数据资源建设、大数据软硬件产品的开发、销售和租赁活动，以及相关信息技术服务。

"十二五"期间，我国信息产业迅速壮大，信息技术快速发展，互联网经济日益繁荣，积累了丰富的数据资源，技术创新取得了明显突破，应用势头良好，为"十三五"时期我国大数据产业加快发展奠定了坚实基础。

信息化积累了丰富的数据资源。我国信息化发展水平日益提高，对数据资源的采集、挖掘和应用水平不断深化。政务信息化水平不断提升，全国面向公众的政府网站达8.4万个。智慧城市建设全面展开，"十二五"期间近300个城市进行了智慧城市试点。两化融合发展进程不断深入，正进入向纵深发展的新阶段。信息消费蓬勃发展，网民数量超过7亿，移动电话用户规模已经突破13亿，均居世界第一。月度户均移动互联网接入流量达835 M。政府部门、互联网企业、大型集团企业积累沉淀了大量的数据资源。我国已成为产生和积累数据量最大、数据类型最丰富的国家之一。

大数据技术创新取得明显突破。在软硬件方面，国内骨干软硬件企业陆续推出自主研发的大数据基础平台产品，一批信息服务企业面向特定领域研发数据分析工具，提供创新型数据服务。在平台建设方面,互联网龙头企业服务器单集群规模达到上万台,具备建设和运维超大规模大数据平台的技术实力。在智能分析方面,部分企业积极布局深度学习等人工智能前沿技术,在语音识别、图像理解、文本挖掘等方面抢占技术制高点。在开源技术方面,我国对国际大数据开源软件社区的贡献不断增大。

大数据应用推进势头良好。大数据在互联网服务中得到广泛应用,大幅度提升网络社交、电商、广告、搜索等服务的个性化和智能化水平,催生共享经济等数据驱动的新兴业态。大数据加速向传统产业渗透,驱动生产方式和管理模式变革,推动制造业向网络化、数字化和智能化方向发展。电信、金融、交通等行业利用已积累的丰富数据资源,积极探索客户细分、风险防控、信用评价等应用,加快服务优化、业务创新和产业升级步伐。

大数据产业体系初具雏形。2015 年,我国信息产业收入达到 17.1 万亿元,比 2010 年进入"十二五"前翻了一番。其中软件和信息技术服务业实现软件业务收入 4.3 万亿元,同比增长 15.7％。大型数据中心向绿色化、集约化发展,跨地区经营互联网数据中心(IDC)业务的企业达到 295 家。云计算服务逐渐成熟,主要云计算平台的数据处理规模已跻身世界前列,为大数据提供强大的计算存储能力并促进数据集聚。在大数据资源建设、大数据技术、大数据应用领域涌现出一批新模式和新业态。龙头企业引领,上下游企业互动的产业格局初步形成。基于大数据的创新创业日趋活跃,大数据技术、产业与服务成为社会资本投入的热点。

大数据产业支撑能力日益增强。形成了大数据标准化工作机制,大数据标准体系初步形成,开展了大数据技术、交易、开放共享、工业大数据等国家标准的研制工作,部分标准在北京、上海、贵阳开展了试点示范。一批大数据技术研发实验室、工程中心、企业技术中心、产业创新平台、产业联盟、投资基金等形式的产业支撑平台相继建成。大数据安全保障体系和法律法规不断完善。

二、"十三五"时期面临的形势

大数据成为塑造国家竞争力的战略制高点之一,国家竞争日趋激烈。一个国家掌握和运用大数据的能力成为国家竞争力的重要体现,各国纷纷将大数据作为国家发展战略,将产业发展作为大数据发展的核心。美国高度重视大数据研发和应用,2012 年 3 月推出"大数据研究与发展倡议",将大数据作为国家重要的战略资源进行管理和应用,2016 年 5 月进一步发布"联邦大数据研究与开发计划",不断加强在大数据研发和应用方面的布局。欧盟 2014 年推出了"数据驱动的经济"战略,倡导欧洲各国抢抓大数据发展机遇。此外,英国、日本、澳大利亚等国也出台了类似政策,推动大数据应用,拉动产业发展。

大数据驱动信息产业格局加速变革,创新发展面临难得机遇。当今世界,新一轮科技革命和产业变革正在孕育兴起,信息产业格局面临巨大变革。大数据推动下,信息技术正处于新旧轨道切换的过程中,分布式系统架构、多元异构数据管理技术等新技术、新模式快速发展,产业格局正处在创新变革的关键时期,我国面临加快发展重大机遇。

我国经济社会发展对信息化提出了更高要求,发展大数据具有强大的内生动力。推动大数据应用,加快传统产业数字化、智能化,做大做强数字经济,能够为我国经济转型发展提供新动力,为重塑国家竞争优势创造新机遇,为提升政府治理能力开辟新途径,是支撑国家战略的重要抓手。当前我国正在推进供给侧结构性改革和服务型政府建设,加快实施"互联网＋"行动计划和中国制造2025 战略,建设公平普惠、便捷高效的民生服务体系,为大数据产业创造了广阔的市场空间,是我国大数据产业发展的强大内生动力。

我国大数据产业具备了良好基础,面临难得的发展机遇,但仍然存在一些困难和问题。**一是数**

据资源开放共享程度低。数据质量不高，数据资源流通不畅，管理能力弱，数据价值难以被有效挖掘利用。**二是**技术创新与支撑能力不强。我国在新型计算平台、分布式计算架构、大数据处理、分析和呈现方面与国外仍存在较大差距，对开源技术和相关生态系统影响力弱。**三是**大数据应用水平不高。我国发展大数据具有强劲的应用市场优势，但是目前还存在应用领域不广泛、应用程度不深、认识不到位等问题。**四是**大数据产业支撑体系尚不完善。数据所有权、隐私权等相关法律法规和信息安全、开放共享等标准规范不健全，尚未建立起兼顾安全与发展的数据开放、管理和信息安全保障体系。**五是**人才队伍建设亟须加强。大数据基础研究、产品研发和业务应用等各类人才短缺，难以满足发展需要。

"十三五"时期是我国全面建成小康社会决胜阶段，是实施国家大数据战略的起步期，是大数据产业崛起的重要窗口期，必须抓住机遇加快发展，实现从数据大国向数据强国转变。

三、指导思想和发展目标

（一）指导思想

全面贯彻党的十八大和十八届三中、四中、五中、六中全会精神，坚持创新、协调、绿色、开放、共享的发展理念，围绕实施国家大数据战略，以强化大数据产业创新发展能力为核心，以推动数据开放与共享、加强技术产品研发、深化应用创新为重点，以完善发展环境和提升安全保障能力为支撑，打造数据、技术、应用与安全协同发展的自主产业生态体系，全面提升我国大数据的资源掌控能力、技术支撑能力和价值挖掘能力，加快建设数据强国，有力支撑制造强国和网络强国建设。

（二）发展原则

创新驱动。瞄准大数据技术发展前沿领域，强化创新能力，提高创新层次，以企业为主体集中攻克大数据关键技术，加快产品研发，发展壮大新兴大数据服务业态，加强大数据技术、应用和商业模式的协同创新，培育市场化、网络化的创新生态。

应用引领。发挥我国市场规模大、应用需求旺的优势，以国家战略、人民需要、市场需求为牵引，加快大数据技术产品研发和在各行业、各领域的应用，促进跨行业、跨领域、跨地域大数据应用，形成良性互动的产业发展格局。

开放共享。汇聚全球大数据技术、人才和资金等要素资源，坚持自主创新和开放合作相结合，走开放式的大数据产业发展道路。树立数据开放共享理念，完善相关制度，推动数据资源开放共享与信息流通。

统筹协调。发挥企业在大数据产业创新中的主体作用，加大政府政策支持和引导力度，营造良好的政策法规环境，形成政产学研用统筹推进的机制。加强中央、部门、地方大数据发展政策衔接，优化产业布局，形成协同发展合力。

安全规范。安全是发展的前提，发展是安全的保障，坚持发展与安全并重，增强信息安全技术保障能力，建立健全安全防护体系，保障信息安全和个人隐私。加强行业自律，完善行业监管，促进数据资源有序流动与规范利用。

（三）发展目标

到 2020 年，技术先进、应用繁荣、保障有力的大数据产业体系基本形成。大数据相关产品和服务业务收入突破 1 万亿元①,年均复合增长率保持 30％左右,加快建设数据强国,为实现制造强国和网络强国提供强大的产业支撑。

——**技术产品先进可控**。在大数据基础软硬件方面形成安全可控技术产品,在大数据获取、存储管理和处理平台技术领域达到国际先进水平,在数据挖掘、分析与应用等算法和工具方面处于领先地位,形成一批自主创新、技术先进,满足重大应用需求的产品、解决方案和服务。

——**应用能力显著增强**。工业大数据应用全面支撑智能制造和工业转型升级,大数据在创新创业、政府管理和民生服务等方面广泛深入应用,技术融合、业务融合和数据融合能力显著提升,实现跨层级、跨地域、跨系统、跨部门、跨业务的协同管理和服务,形成数据驱动创新发展的新模式。

——**生态体系繁荣发展**。形成若干创新能力突出的大数据骨干企业,培育一批专业化数据服务创新型中小企业,培育 10 家国际领先的大数据核心龙头企业和 500 家大数据应用及服务企业。形成比较完善的大数据产业链,大数据产业体系初步形成。建设 10—15 个大数据综合试验区,创建一批大数据产业集聚区,形成若干大数据新型工业化产业示范基地。

——**支撑能力不断增强**。建立健全覆盖技术、产品和管理等方面的大数据标准体系。建立一批区域性、行业性大数据产业和应用联盟及行业组织。培育一批大数据咨询研究、测试评估、技术和知识产权、投融资等专业化服务机构。建设 1—2 个运营规范、具有一定国际影响力的开源社区。

——**数据安全保障有力**。数据安全技术达到国际先进水平。国家数据安全保护体系基本建成。数据安全技术保障能力和保障体系基本满足国家战略和市场应用需求。数据安全和个人隐私保护的法规制度较为完善。

四、重点任务和重大工程

(一) 强化大数据技术产品研发

以应用为导向,突破大数据关键技术,推动产品和解决方案研发及产业化,创新技术服务模式,形成技术先进、生态完备的技术产品体系。

加快大数据关键技术研发。围绕数据科学理论体系、大数据计算系统与分析、大数据应用模型等领域进行前瞻布局,加强大数据基础研究。发挥企业创新主体作用,整合产学研用资源优势联合攻关,研发大数据采集、传输、存储、管理、处理、分析、应用、可视化和安全等关键技术。突破大规模异构数据融合、集群资源调度、分布式文件系统等大数据基础技术,面向多任务的通用计算框架技术,以及流计算、图计算等计算引擎技术。支持深度学习、类脑计算、认知计算、区块链、虚拟现实等前沿技术创新,提升数据分析处理和知识发现能力。结合行业应用,研发大数据分析、理解、预测及决策支持与知识服务等智能数据应用技术。突破面向大数据的新型计算、存储、传感、通信等芯片及融合架构、内存计算、亿级并发、EB 级存储、绿色计算等技术,推动软硬件协同发展。

培育安全可控的大数据产品体系。以应用为牵引,自主研发和引进吸收并重,加快形成安全可控的大数据产品体系。重点突破面向大数据应用基础设施的核心信息技术设备、信息安全产品以及面向事务的新型关系数据库、列式数据库、NoSQL 数据库、大规模图数据库和新一代分布式计算平台等基础产品。加快研发新一代商业智能、数据挖掘、数据可视化、语义搜索等软件产品。结合数据生命周期管理需求,培育大数据采集与集成、大数据分析与挖掘、大数据交互感知、基于语义理解的数据资源管理等平台产品。面向重点行业应用需求,研发具有行业特征的大数据检索、分析、

---

① 基于现有电子信息产业统计数据及行业抽样估计,2015 年我国大数据产业业务收入为 2 800 亿元左右。

展示等技术产品,形成垂直领域成熟的大数据解决方案及服务。

创新大数据技术服务模式。加快大数据服务模式创新,培育数据即服务新模式和新业态,提升大数据服务能力,降低大数据应用门槛和成本。围绕数据全生命周期各阶段需求,发展数据采集、清洗、分析、交易、安全防护等技术服务。推进大数据与云计算服务模式融合,促进海量数据、大规模分布式计算和智能数据分析等公共云计算服务发展,提升第三方大数据技术服务能力。推动大数据技术服务与行业深度结合,培育面向垂直领域的大数据服务模式。

专栏 1:大数据关键技术及产品研发与产业化工程

突破技术。支持大数据共性关键技术研究,实施云计算和大数据重点专项等重大项目。着力突破服务器新型架构和绿色节能技术、海量多源异构数据的存储和管理技术、可信数据分析技术、面向大数据处理的多种计算模型及其编程框架等关键技术。

打造产品。以应用为导向,支持大数据产品研发,建立完善的大数据工具型、平台型和系统型产品体系,形成面向各行业的成熟大数据解决方案,推动大数据产品和解决方案研发及产业化。

树立品牌。支持我国大数据企业建设自主品牌,提升市场竞争力。引导企业加强产品质量管控,提高创新能力,鼓励企业加强战略合作。加强知识产权保护,推动自主知识产权标准产业化和国际化应用。培育一批国际知名的大数据产品和服务公司。

专栏 2:大数据服务能力提升工程

培育数据即服务模式。发展数据资源服务、在线数据服务、大数据平台服务等模式,支持企业充分整合、挖掘、利用自有数据或公共数据资源,面向具体需求和行业领域,开展数据分析、数据咨询等服务,形成按需提供数据服务的新模式。

支持第三方大数据服务。鼓励企业探索数据采集、数据清洗、数据交换等新商业模式,培育一批开展数据服务的新业态。支持弹性分布式计算、数据存储等基础数据处理云服务发展。加快发展面向大数据分析的在线机器学习、自然语言处理、图像理解、语音识别、空间分析、基因分析和大数据可视化等数据分析服务。开展第三方数据交易平台建设试点示范。

(二)深化工业大数据创新应用

加强工业大数据基础设施建设规划与布局,推动大数据在产品全生命周期和全产业链的应用,推进工业大数据与自动控制和感知硬件、工业核心软件、工业互联网、工业云和智能服务平台融合发展,形成数据驱动的工业发展新模式,支撑中国制造 2025 战略,探索建立工业大数据中心。

加快工业大数据基础设施建设。加快建设面向智能制造单元、智能工厂及物联网应用的低延时、高可靠、广覆盖的工业互联网,提升工业网络基础设施服务能力。加快工业传感器、射频识别(RFID)、光通信器件等数据采集设备的部署和应用,促进工业物联网标准体系建设,推动工业控制系统的升级改造,汇聚传感、控制、管理、运营等多源数据,提升产品、装备、企业的网络化、数字化和智能化水平。

推进工业大数据全流程应用。支持建设工业大数据平台,推动大数据在重点工业领域各环节应用,提升信息化和工业化深度融合发展水平,助推工业转型升级。加强研发设计大数据应用能力,利用大数据精准感知用户需求,促进基于数据和知识的创新设计,提升研发效率。加快生产制造大数据应用,通过大数据监控优化流水线作业,强化故障预测与健康管理,优化产品质量,降低能源消耗。提升经营管理大数据应用水平,提高人力、财务、生产制造、采购等关键经营环节业务集成水平,提升管理效率和决策水平,实现经营活动的智能化。推动客户服务大数据深度应用,促进大数据在售前、售中、售后服务中的创新应用。促进数据资源整合,打通各个环节数据链条,形成全流程的数据闭环。

培育数据驱动的制造业新模式。深化制造业与互联网融合发展,坚持创新驱动,加快工业大数据与物联网、云计算、信息物理系统等新兴技术在制造业领域的深度集成与应用,构建制造业企业大数据"双创"平台,培育新技术、新业态和新模式。利用大数据,推动"专精特新"中小企业参与产业链,与中国制造2025、军民融合项目对接,促进协同设计和协同制造。大力发展基于大数据的个性化定制,推动发展顾客对工厂(C2M)等制造模式,提升制造过程智能化和柔性化程度。利用大数据加快发展制造即服务模式,促进生产型制造向服务型制造转变。

专栏3:工业大数据创新发展工程

加强工业大数据关键技术研发及应用。加快大数据获取、存储、分析、挖掘、应用等关键技术在工业领域的应用,重点研究可编程逻辑控制器、高通量计算引擎、数据采集与监控等工控系统,开发新型工业大数据分析建模工具,开展工业大数据优秀产品、服务及应用案例的征集与宣传推广。

建设工业大数据公共服务平台,提升中小企业大数据运用能力。支持面向典型行业中小企业的工业大数据服务平台建设,实现行业数据资源的共享交换以及对产品、市场和经济运行的动态监控、预测预警,提升对中小企业的服务能力。

重点领域大数据平台建设及应用示范。支持面向航空航天装备、海洋工程装备及高技术船舶、先进轨道交通装备、节能与新能源汽车等离散制造企业,以及石油、化工、电力等流程制造企业集团的工业大数据平台开发和应用示范,整合集团数据资源,提升集团企业协同研发能力和集中管控水平。

探索工业大数据创新模式。支持建设一批工业大数据创新中心,推进企业、高校和科研院所共同探索工业大数据创新的新模式和新机制,推进工业大数据核心技术突破、产业标准建立、应用示范推广和专业人才培养引进,促进研究成果转化。

(三)促进行业大数据应用发展

加强大数据在重点行业领域的深入应用,促进跨行业大数据融合创新,在政府治理和民生服务中提升大数据运用能力,推动大数据与各行业领域的融合发展。

推动重点行业大数据应用。推动电信、能源、金融、商贸、农业、食品、文化创意、公共安全等行业领域大数据应用,推进行业数据资源的采集、整合、共享和利用,充分释放大数据在产业发展中的变革作用,加速传统行业经营管理方式变革、服务模式和商业模式创新及产业价值链体系重构。

促进跨行业大数据融合创新。打破体制机制障碍,打通数据孤岛,创新合作模式,培育交叉融合的大数据应用新业态。支持电信、互联网、工业、金融、健康、交通等信息化基础好的领域率先开展跨领域、跨行业的大数据应用,培育大数据应用新模式。支持大数据相关企业与传统行业加强技术和资源对接,共同探索多元化合作运营模式,推动大数据融合应用。

强化社会治理和公共服务大数据应用。以民生需求为导向,以电子政务和智慧城市建设为抓手,以数据集中和共享为途径,推动全国一体化的国家大数据中心建设,推进技术融合、业务融合、数据融合,实现跨层级、跨地域、跨系统、跨部门、跨业务的协同管理和服务。促进大数据在政务、交通、教育、健康、社保、就业等民生领域的应用,探索大众参与的数据治理模式,提升社会治理和城市管理能力,为群众提供智能、精准、高效、便捷的公共服务。促进大数据在市场主体监管与服务领域应用,建设基于大数据的重点行业运行分析服务平台,加强重点行业、骨干企业经济运行情况监测,提高行业运行监管和服务的时效性、精准性和前瞻性。促进政府数据和企业数据融合,为企业创新发展和社会治理提供有力支撑。

> **专栏4：跨行业大数据应用推进工程**
>
> 　　开展跨行业大数据试点示范。选择电信、互联网、工业、金融、交通、健康等数据资源丰富、信息化基础较好、应用需求迫切的重点行业领域,建设跨行业跨领域大数据平台。基于平台探索跨行业数据整合共享机制、数据共享范围、数据整合对接标准,研发数据及信息系统互操作技术,推动跨行业的数据资源整合集聚,开展跨行业大数据应用,选择应用范围广、应用效果良好的领域开展试点示范。
>
> 　　成立跨行业大数据推进组织。支持成立跨部门、跨行业、跨地域的大数据应用推进组织,联合开展政策、法律法规、技术和标准研究,加强跨行业大数据合作交流。
>
> 　　建设大数据融合应用试验床。建设跨行业大数据融合应用试验床,汇聚测试数据、分析软件和建模工具,为研发机构、大数据企业开展跨界联合研发提供环境。

（四）加快大数据产业主体培育

引导区域大数据发展布局,促进基于大数据的创新创业,培育一批大数据龙头企业和创新型中小企业,形成多层次、梯队化的创新主体和合理的产业布局,繁荣大数据生态。

利用大数据助推创新创业。 鼓励资源丰富、技术先进的大数据领先企业建设大数据平台,开放平台数据、计算能力、开发环境等基础资源,降低创新创业成本。鼓励大型企业依托互联网"双创"平台,提供基于大数据的创新创业服务。组织开展算法大赛、应用创新大赛、众包众筹等活动,激发创新创业活力。支持大数据企业与科研机构深度合作,打通科技创新和产业化之间的通道,形成数据驱动的科研创新模式。

构建企业协同发展格局。 支持龙头企业整合利用国内外技术、人才和专利等资源,加快大数据技术研发和产品创新,提高产品和服务的国际市场占有率和品牌影响力,形成一批具有国际竞争力的综合型和专业型龙头企业。支持中小企业深耕细分市场,加快服务模式创新和商业模式创新,提高中小企业的创新能力。鼓励生态链各环节企业加强合作,构建多方协作、互利共赢的产业生态,形成大中小企业协同发展的良好局面。

优化大数据产业区域布局。 引导地方结合自身条件,突出区域特色优势,明确重点发展方向,深化大数据应用,合理定位,科学谋划,形成科学有序的产业分工和区域布局。在全国建设若干国家大数据综合试验区,在大数据制度创新、公共数据开放共享、大数据创新应用、大数据产业集聚、数据要素流通、数据中心整合、大数据国际交流合作等方面开展系统性探索试验,为全国大数据发展和应用积累经验。在大数据产业特色优势明显的地区建设一批大数据产业集聚区,创建大数据新型工业化产业示范基地,发挥产业集聚和协同作用,以点带面,引领全国大数据发展。统筹规划大数据跨区域布局,利用大数据推动信息共享、信息消费、资源对接、优势互补,促进区域经济社会协调发展。

专栏 5：大数据产业集聚区创建工程

建设一批大数据产业集聚区。支持地方根据自身特点和产业基础，突出优势，合理定位，创建一批大数据产业集聚区，形成若干大数据新型工业化产业示范基地。加强基础设施统筹整合，助推大数据创新创业，培育大数据骨干企业和中小企业，强化服务与应用，完善配套措施，构建良好产业生态。在大数据技术研发、行业应用、教育培训、政策保障等方面积极创新，培育壮大大数据产业，带动区域经济社会转型发展，形成科学有序的产业分工和区域布局。建立集聚区评价指标体系，开展定期评估。

（五）推进大数据标准体系建设

加强大数据标准化顶层设计，逐步完善标准体系，发挥标准化对产业发展的重要支撑作用。

加快大数据重点标准研制与推广。结合大数据产业发展需求，建立并不断完善涵盖基础、数据、技术、平台/工具、管理、安全和应用的大数据标准体系。加快基础通用国家标准和重点应用领域行业标准的研制。选择重点行业、领域、地区开展标准试验验证和试点示范，加强宣贯和实施。建立标准符合性评估体系，强化标准对市场培育、服务能力提升和行业管理的支撑作用。加强国家标准、行业标准和团体标准等各类标准之间的衔接配套。

积极参与大数据国际标准化工作。加强我国大数据标准化组织与相关国际组织的交流合作。组织我国产学研用资源，加快国际标准提案的推进工作。支持相关单位参与国际标准化工作并承担相关职务，承办国际标准化活动，扩大国际影响。

专栏 6：大数据重点标准研制及应用示范工程

加快研制重点国家标准。围绕大数据标准化的重大需求，开展数据资源分类、开放共享、交易、标识、统计、产品评价、数据能力、数据安全等基础通用标准以及工业大数据等重点应用领域相关国家标准的研制。

建立验证检测平台。建立标准试验验证和符合性检测平台，重点开展数据开放共享、产品评价、数据能力成熟度、数据质量、数据安全等关键标准的试验验证和符合性检测。

开展标准应用示范。优先支持大数据综合试验区和大数据产业集聚区建立标准示范基地，开展重点标准的应用示范工作。

（六）完善大数据产业支撑体系

统筹布局大数据基础设施，建设大数据产业发展创新服务平台，建立大数据统计及发展评估体系，创造良好的产业发展环境。

合理布局大数据基础设施建设。引导地方政府和有关企业统筹布局数据中心建设，充分利用政府和社会现有数据中心资源，整合改造规模小、效率低、能耗高的分散数据中心，避免资源和空间的浪费。鼓励在大数据基础设施建设中广泛推广可再生能源、废弃设备回收等低碳环保方式，引导大数据基础设施体系向绿色集约、布局合理、规模适度、高速互联方向发展。加快网络基础设施建设升级，优化网络结构，提升互联互通质量。

构建大数据产业发展公共服务平台。充分利用和整合现有创新资源，形成一批大数据测试认证及公共服务平台。支持建立大数据相关开源社区等公共技术创新平台，鼓励开发者、企业、研究机构积极参与大数据开源项目,增强在开源社区的影响力,提升创新能力。

建立大数据发展评估体系。研究建立大数据产业发展评估体系,对我国及各地大数据资源建设状况、开放共享程度、产业发展能力、应用水平等进行监测、分析和评估,编制发布大数据产业发展指数,引导和评估全国大数据发展。

专栏 7：大数据公共服务体系建设工程

建立大数据产业公共服务平台。提供政策咨询、共性技术支持、知识产权、投融资对接、品牌推广、人才培训、创业孵化等服务,推动大数据企业快速成长。

支持第三方机构建立测试认证平台。开展大数据可用性、可靠性、安全性和规模质量等方面的测试测评、认证评估等服务。

建立大数据开源社区。以自主创新技术为核心,孵化培育本土大数据开源社区和开源项目,构建大数据产业生态。

(七) 提升大数据安全保障能力

针对网络信息安全新形势,加强大数据安全技术产品研发,利用大数据完善安全管理机制,构建强有力的大数据安全保障体系。

加强大数据安全技术产品研发。重点研究大数据环境下的统一账号、认证、授权和审计体系及大数据加密和密级管理体系,突破差分隐私技术、多方安全计算、数据流动监控与追溯等关键技术。推广防泄露、防窃取、匿名化等大数据保护技术,研发大数据安全保护产品和解决方案。加强云平台虚拟机安全技术、虚拟化网络安全技术、云安全审计技术、云平台安全统一管理技术等大数据安全支撑技术研发及产业化,加强云计算、大数据基础软件系统漏洞挖掘和加固。

提升大数据对网络信息安全的支撑能力。综合运用多源数据,加强大数据挖掘分析,增强网络信息安全风险感知、预警和处置能力。加强基于大数据的新型信息安全产品研发,推动大数据技术在关键信息基础设施安全防护中的应用,保障金融、能源、电力、通信、交通等重要信息系统安全。建设网络信息安全态势感知大数据平台和国家工业控制系统安全监测与预警平台,促进网络信息安全威胁数据采集与共享,建立统一高效、协同联动的网络安全风险报告、情报共享和研判处置体系。

专栏 8：大数据安全保障工程

开展大数据安全产品研发与应用示范。支持相关企业、科研院所开展大数据全生命周期安全研究,研发数据来源可信、多源融合安全数据分析等新型安全技术,推动数据安全态势感知、安全事件预警预测等新型安全产品研发和应用。

支持建设一批大数据安全攻防仿真实验室。研究建立软硬一体化的模拟环境,支持工业、能源、金融、电信、互联网等重点行业开展数据入侵、反入侵和网络攻防演练,提升数据安全防护水平和应急处置能力。

五、保障措施

（一）推进体制机制创新

在促进大数据发展部际联席会议制度下，建立完善中央和地方联动的大数据发展协调机制，形成以应用带动产业、以产业支撑应用的良性格局，协同推进大数据产业和应用的发展。加强资源共享和沟通协作，协调制定政策措施和行动计划，解决大数据产业发展过程中的重大问题。建立大数据发展部省协调机制，加强地方与中央大数据产业相关政策、措施、规划等政策的衔接，通过联合开展产业规划等措施促进区域间大数据政策协调。组织开展大数据发展评估检查工作，确保重点工作有序推进。充分发挥地方政府大数据发展统筹机构或协调机制的作用，将大数据产业发展纳入本地区经济社会发展规划，加强大数据产业发展的组织保障。

（二）健全相关政策法规制度

推动制定公共信息资源保护和开放的制度性文件，以及政府信息资源管理办法，逐步扩大开放数据的范围，提高开放数据质量。加强数据统筹管理及行业自律，强化大数据知识产权保护，鼓励企业设立专门的数据保护职位。研究制定数据流通交易规则，推进流通环节的风险评估，探索建立信息披露制度，支持第三方机构进行数据合规应用的监督和审计，保障相关主体合法权益。推动完善个人信息保护立法，建立个人信息泄露报告制度，健全网络数据和用户信息的防泄露、防篡改和数据备份等安全防护措施及相关的管理机制，加强对数据滥用、侵犯个人隐私等行为的管理和惩戒力度。强化关键信息基础设施安全保护，推动建立数据跨境流动的法律体系和管理机制，加强重要敏感数据跨境流动的管理。推动大数据相关立法进程，支持地方先行先试，研究制定地方性大数据相关法规。

（三）加大政策扶持力度

结合《促进大数据发展行动纲要》、中国制造 2025、"互联网＋"行动计划、培育发展战略性新兴产业的决定等战略文件，制定面向大数据产业发展的金融、政府采购等政策措施，落实相关税收政策。充分发挥国家科技计划（专项、基金等）资金扶持政策的作用，鼓励有条件的地方设立大数据发展专项基金，支持大数据基础技术、重点产品、服务和应用的发展。鼓励产业投资机构和担保机构加大对大数据企业的支持力度，引导金融机构对技术先进、带动力强、惠及面广的大数据项目优先予以信贷支持，鼓励大数据企业进入资本市场融资，为企业重组并购创造更加宽松的市场环境。支持符合条件的大数据企业享受相应优惠政策。

（四）建设多层次人才队伍

建立适应大数据发展需求的人才培养和评价机制。加强大数据人才培养，整合高校、企业、社会资源，推动建立创新人才培养模式，建立健全多层次、多类型的大数据人才培养体系。鼓励高校探索建立培养大数据领域专业型人才和跨界复合型人才机制。支持高校与企业联合建立实习培训机制，加强大数据人才职业实践技能培养。鼓励企业开展在职人员大数据技能培训，积极培育大数据技术和应用创新型人才。依托社会化教育资源，开展大数据知识普及和教育培训，提高社会整体认知和应用水平。鼓励行业组织探索建立大数据人才能力评价体系。完善配套措施，培养大数据领域创新型领军人才，吸引海外大数据高层次人才来华就业、创业。

（五）推动国际化发展

按照网络强国建设的总体要求，结合"一带一路"等国家重大战略，加快开拓国际市场，输出优势技术和服务，形成一批具有国际竞争力的大数据企业和产品。充分利用国际合作交流机制和平台，加强在大数据关键技术研究、产品研发、数据开放共享、标准规范、人才培养等方面的交流与合作。坚持网络主权原则，积极参与数据安全、数据跨境流动等国际规则体系建设，促进开放合作，构建良好秩序。

第二章　省级政策

省政府关于加快推进"互联网＋"行动的实施意见

苏政发〔2016〕46 号

各市、县（市、区）人民政府，省各委办厅局，省各直属单位：

为贯彻落实《国务院关于积极推进"互联网＋"行动的指导意见》（国发〔2015〕40 号）精神，促进互联网与经济社会各领域深度融合，积极培育经济发展新动能，现结合我省实际，就加快推进"互联网＋"行动提出以下意见。

一、总体要求

（一）总体思路

全面贯彻党的十八大和十八届三中、四中、五中全会精神，深入落实习近平总书记系列重要讲话特别是视察江苏重要讲话精神，牢固树立和贯彻落实创新、协调、绿色、开放、共享发展理念，主动适应经济发展新常态，积极顺应国际"互联网＋"发展趋势，抢抓新一轮科技革命和产业变革历史机遇，充分发挥互联网在资源要素配置中的优化集成作用，推动互联网与经济社会各领域深度融合，释放发展潜力和活力，促进产业转型升级，创新政府服务模式，提升政务服务效能，完善社会治理方式，提高民生保障水平。坚持改革创新和市场需求导向，突出企业主体地位，打造"互联网＋"产业融合新模式，营造大众创业、万众创新浓厚氛围，积极培育基于互联网的新技术、新产品、新服务和新业态，增强各行业创新能力和竞争力，加快构建经济社会发展新优势，为"迈上新台阶、建设新江苏"提供有力支撑。

（二）基本原则

融合创新，开放共享。转型升级，引领跨越。突出重点，示范带动。强化基础，确保安全。

（三）发展目标

到 2020 年，网络化、智能化、服务化、协同化的"互联网＋"产业生态体系和社会治理模式基本形成，互联网经济发展水平显著提升，政府服务能力明显增强，"互联网＋"成为全省经济社会创新发展的重要驱动力量。

二、重点行动

（一）"互联网＋"创业创新

充分发挥互联网的平台作用，促进各类创新要素和创业资源聚集、开放和共享，打造新型众创空间,完善创业创新服务体系,探索创业创新新模式,引导和推动全省形成大众创业、万众创新的社会氛围和良好环境,形成经济发展新引擎。到 2020 年,建设国内一流、特色鲜明的众创空间和新型创业创新服务平台 100 家以上,国家和省级小企业创业基地、大学生创业园、留学人员创业园等重点创业载体 150 家以上,省级以上高新区、经济开发区实现众创空间等创业创新载体全覆盖,为将我省打造成为具有全球影响力的产业科技创新中心和创业高地提供有效支撑。(省科技厅、发展改革委、经济和信息化委、商务厅、人力资源社会保障厅、金融办、工商局、质监局、知识产权局、版权局、通信管理局等负责)

1. 发展互联网众创空间

有效发挥互联网开放创新优势,大力推广创客空间、创新工场、创客咖啡等新型孵化模式,促进形成创新创业热潮。支持高新园区、经济开发区以及高校、科研机构、大企业等不断完善互联网技术服务平台,建设一批特色鲜明的创新与创业、线上与线下、孵化与投资相结合的专业孵化器和综合孵化器,构建集工作、网络、社交和资源共享于一体的互联网众创空间,为创新创业者提供场地和试验、检测、融资、市场推广等服务。依托苏南国家自主创新示范区,加快实施"创业中国"苏南创新创业示范工程和"双创"三年行动计划,支持各类市场主体建设低成本、便利化、全要素、开放式的新型创新创业服务平台,打造一批示范带动作用强的创新创业示范基地,实现国家和省级高新区众创空间全覆盖。

2. 完善创业创新服务体系

完善我省面向创业创新的科技服务、知识产权服务、人才服务、社会保障服务、金融服务等基于互联网的各类公共服务平台,建立健全协同机制,切实提升服务效能。支持众创空间为创业创新团队提供"一站式"集约服务,加快发展众创、众包、众扶、众筹等新模式,引导和鼓励风险投资、创业投资、天使投资等社会资本、金融资本支持创新创业活动。支持各类创业创新服务平台聘请创业成功者、天使投资人、知名专家担任创业导师,为创业创新者提供指导和培训。打造省互联网知识产权运营平台,建设江苏(国际)知识产权交易中心,创建国家级版权贸易基地,为创业创新提供知识产权服务。加快构建电信运营商、互联网内容提供商与各类用户间的信用支撑平台,为创业创新者提供信用服务。

3. 培育创新创业新生态

以企业为主体,在互联网、物联网、云计算、大数据等领域布局建设若干国家级和省级企业技术中心、工程(技术)研究中心、工程实验室等创新载体,支持建设跨界交叉领域的创新平台,构建产学研用相结合的"互联网+"创新体系,加快形成协同创新创业新业态。优先支持我省十大战略性新兴产业重点领域开展基于互联网的研发设计与集成、个性化定制、生产管理、品牌经营、供应链管理等创新创业活动,促进形成产业高端发展新模式。依托长三角区域合作和苏南苏北联动发展机制,聚焦产业转移、投资融资、科技合作、人才流动等关键环节,推动跨区域、跨领域的技术成果转移和协同创新,培育共享共赢、开放合作新机制。吸引集聚国际互联网创新资源,通过灵活多样合作方式在我省建设国际化创新创业服务机构,带动本土创新创业,形成国际合作新亮点。

(二)"互联网+"先进制造

加快互联网与制造业深度融合,以智能制造为主攻方向,引导企业在研发设计、智能生产、供应链协作、营销服务等全生产流程的互联网化转型,全面促进制造业管理信息化、生产自动化、产品智能化、商务电子化,打造具有国际竞争力的先进制造业基地。到 2020 年,新一代信息技术在制造业重点领域应用取得明显进展,两化融合发展水平总指数达到 98。规模以上企业运用互联网开展研发设计、生产管理、营销服务等的比例达到 60％以上，建成 1 000 个智能车间（工厂），大中型企业主要生产工序基本实现智能生产。（省经济和信息化委、发展改革委、科技厅、质监局、通信管理局等负责）

1. 推动协同研发设计网络化

实施"互联网＋"研发设计发展计划，支持企业建设互联网型研发设计机构，发展研发设计资源网上共享、网络协同设计、虚拟仿真、三维（3D）在线打印等互联网研发设计新技术，建设产业技术协同研发平台，推动企业研发设计互联网化。鼓励装备制造、电子信息、纺织服装、生物医药、轻工建材等制造业企业建设开放交互平台、在线设计中心，提升重点行业研发设计水平。大力发展基于互联网的众创设计、众包设计、众筹设计、云设计、用户参与设计等新型研发设计模式，引导制造企业与电商企业开展新产品预售体验、消费行为分析，推动建立基于互联网实现产学研合作、异地同步、个性化定制服务、及时响应、持续改进、全流程创新的研发设计体系，促进研发设计水平与制造水平同步提升。

2. 推动生产制造智能化

加强大数据、云计算、物联网、人工智能等新技术在生产过程中的应用，推进生产装备智能化升级、工艺流程智慧化改造和基础数据网络化共享，建设智能车间（工厂），提高生产制造数字化、网络化、智能化水平。以敏捷制造为方向，加快突破新型智能控制系统、新型传感器等核心技术，大力发展数控机床、工业机器人、无人飞行器、无人汽车、增材制造等智能装备，提升智能制造装备水平。实施智能制造示范工程，重点围绕机械、船舶、电子、汽车、轻工、食品等行业开展机器人应用和工业互联网开发，实现互联互通和综合集成，提高精准制造、敏捷制造、柔性制造能力。实施企业管控智能化提升计划，推广应用产品全生命周期管理、客户关系管理、供应链管理等信息系统，实现智能管控。

3. 推动制造业服务化

引导和支持制造业企业建立与客户对接的网络化服务平台，鼓励企业基于互联网开展在线检测、故障预警、质量诊断、远程维护、状态维保等在线增值服务，延伸产业链，实现从制造向"制造＋服务"的转型升级。实施企业云平台建设计划，完善"工业云""企业云"、中小企业"e 企云"等公共服务平台，建设工业大数据中心，重点在机械、汽车、石化、电子信息等行业开展大数据应用，形成面向生产组织全过程的决策信息，为产品优化升级提供数据支撑。支持家电、医疗、服装、食品、家居等企业广泛运用互联网技术，推广基于用户需求的线上线下客户服务个性化定制新模式，提高产品智能化水平，提升产品附加值。引导大中型企业协同各类供应商将成熟的智能生产体系及系统解决方案标准化，实现从提供产品向提供总集成、总承包服务转型。

（三）"互联网＋"现代农业

围绕江苏现代农业发展需要，按照生产技术先进、经营规模适度、市场竞争力强、生态环境可持续的要求，加强互联网技术在农业生产、经营、管理和服务等环节广泛应用，加快完善农业生产经营互联网新体系，推进现代智慧农业发展，促进农业现代化水平明显提升。到 2020 年，建成一批智能农业示范基地，实现全省规模设施智能农业面积占比达 20％以上；加大信息进村入户试点力度，实现 100％县（市、涉农区）全覆盖；加快农业信息服务网络化平台建设，实现对农业市场主体信息服务 100％全覆盖。加快农业行政管理业务系统建设，基本实现行政管理 100％网络化。（省农委、发展改革委、经济和信息化委、科技厅、商务厅、质监局、食品药品监管局、通信管理局等负责）

1. 提升农村信息化水平

进一步加强农村信息基础设施建设,实现农村信息网络全覆盖。整合全省农业、林业、水利、土壤、气象等涉农信息资源,促进信息资源在农业应急指挥调度、灾害预警、执法监管、远程视频诊断等方面的应用。完善省、市、县、镇、村五级农业信息化服务体系,加快推进镇村信息服务站点建设,解决农业信息化服务"最后一公里"问题。创新信息资源共享机制,利用网站、微博、微信、12316 惠农短信及热线等方式为农民提供政策、科技、市场等信息,提升涉农信息的服务水平。加强"互联网+"现代农业的创业培训和辅导,引进和培育具备农业和信息技术复合基础的"新农人"。

2. 大力发展智慧农业

推进物联网、云计算、大数据、移动互联等新一代信息技术在畜禽养殖、水产养殖、温室大棚和露地农作物栽培等领域的示范应用,实现动植物生长环境远程监控可视化、管理决策智能化、生产控制自动化、农产品质量监督管理全程化。在大田种植领域,重点研发推广应用水稻、小麦等主要农作物及花木、桑茶果的宏观尺度精准监测、精量施肥、灌溉、病虫测报和自动防霜等信息技术系统。在园艺生产领域,重点研发推广应用温室大棚肥水一体化自动喷滴灌、生产环境监控和病虫害预警系统及食用菌工厂化生产智能监控系统。在畜禽养殖领域,重点研发推广应用畜禽养殖环境调控、定量饲喂、疫情监测、防疫标识、废弃物处理等环节个性化、智能化、精准化控制系统。在水产养殖领域,重点研发推广应用高附加值水产品养殖水体溶解氧智能控制、鱼类病害监测预警、养殖尾水监测和饲料自动精准投喂系统。在农产品加工领域,重点推进智能车间建设,实现生产加工环境控制、产品搬运自动化、管理数字化。在农产品流通领域,重点研发推广应用产品标识化和监控技术,健全农产品质量安全追溯体系,保障农产品质量安全。在农机作业、林木管护等领域,积极利用 3S 及传感技术,推进农机耕作及调度、森林防火及病虫害监测精准化和智能化。

3. 推动管理服务网络化

利用互联网特别是移动互联网加快构建新型工作信息平台,提高农业管理服务网络化水平。重点建设农产品质量安全监管、农业执法、生猪屠宰、粮食生产监测、农业资金管理、土地承包经营权确权登记、农业生产环境监测、高标准农田建设和江苏农业风险补偿基金管理等行政业务信息管理平台,完善省、市、县协同办公系统,推进视频系统延伸至农业生产监控点和农产品检验检测点,构建省、市、县一体的实时化、网络化、智能化农业综合管理平台。完善江苏农业网、江苏为农服务网、江苏农村经济信息网、江苏农村科技服务超市网等各类为农服务平台,提升为农服务能力。结合农业部推进农业农村大数据发展的实施意见,加快开发应用各类农业大数据资源,建立国家涉农大数据江苏分中心,为农业宏观决策、市场引导、行政管理及农业生产经营主体等提供服务。

(四)"互联网+"普惠金融

立足长三角区域金融协调发展战略布局,推动互联网与金融快速融合,加快金融改革创新步伐,促进金融运营创新,培育互联网金融平台,加快互联网金融配套产业发展,形成互联网金融领域竞相创新发展的格局。到 2020 年,实现互联网金融持续健康发展,服务实体经济作用明显增强,形成在全国有影响力的互联网金融集聚区,打造一批在全国有影响力的互联网金融品牌,培育一批知名互联网金融企业、互联网金融设备供应和软件研发骨干企业。(省金融办、省网信办、人民银行南京分行、江苏银监局、江苏证监局、江苏保监局等负责)

1. 推动金融业务互联网化

鼓励银行、证券、保险、信托、基金等金融机构与互联网企业的融合创新,创新金融产品和服务,全面提升"互联网+"金融服务能力和普惠水平。稳健推进江苏股权交易中心、小额贷款公司、融资性担保(再担保)公司、各类交易场所与优质网络借贷平台、电子商务平台、行业门户网站合作,创新金融服务模式。支持江苏地方法人金融机构设立主要从事互联网金融相关业务的子公司或功能性总部,打造在全国有影响力的互联网金融品牌。加强金融风险防控,健全互联网金融风险的评估和监测机制,加大对互联网金融风险的处置力度。

2. 建设互联网金融平台

鼓励金融企业、互联网企业、云计算技术提供商等建设具有网上支付、保险、融资和创投等多种功能的金融服务云平台。支持金融机构和互联网企业依法合规开展网络借贷、网络证券、网络保险、网络基金销售等业务。鼓励非金融机构在符合法律法规规定的条件下自建和完善线上金融服务体系,扩大供应链金融业务,拓展普惠金融的广度和深度。引导网络借贷平台和众筹平台规范健康发展,鼓励符合条件的企业开展股权众筹试点,服务实体经济。鼓励符合条件的企业,发起或参与发起设立互联网科技小额贷款公司等新型金融组织,支持"开鑫贷"等网络借贷平台加快发展,成为全国行业领军企业。支持互联网企业依法合规设立互联网支付机构,开展互联网支付、移动支付业务。

3. 发展互联网金融配套产业

鼓励发展与互联网金融配套服务的技术装备业和服务外包产业。支持会计、审计、法律、咨询等专业中介机构增强服务互联网金融水平。提高互联网金融产业软硬件自主创新能力,支持大数据存储、网络与信息安全维护等技术领域基础设施建设。加快构建金融信用体系,鼓励从业机构依法建立信用信息共享平台,允许有条件的从业机构依法申请征信业务许可,支持具备资质的信用中介组织开展互联网企业信用评级,增强市场信息透明度。

(五)"互联网十"电子商务

大力发展电子商务平台经济,积极开展商业模式与业态创新,加快应用领域拓展,支持新型电子商务企业跨越式发展,构建具有鲜明特色的电子商务发展新格局。到2020年,基本实现电子商务对相关产业的深度渗透,构建宽松有序、充满活力、良性循环的电子商务生态环境。全省电子商务交易额超过4.5万亿元,其中,网络零售额超过1.4万亿元,大中型企业电子商务应用实现全覆盖,规模以上企业应用电子商务比例达80%,形成一批在全国具有较高知名度和影响力的电子商务综合性平台和龙头企业。(省商务厅、发展改革委、经济和信息化委、农委、交通运输厅、质监局、食品药品监管局、国税局、地税局,南京海关等负责)

1. 加快发展农村电子商务

支持新型农业经营主体和农产品、农资企业应用电子商务,推动农产品流通及产销模式创新,培育一批扎根农村的电子商务企业。支持电子商务企业渠道下沉,开展面向农村的电子商务综合服务平台、网络、渠道建设,畅通"工业品下乡、农产品进城"的双向流通渠道。开展农民用网推广活动,鼓励相关培训机构以大学生村官、农村创业青年、返乡大学生和农民工为重点,开展电子商务应用培训、实操培训,培育一批农村电子商务创业致富带头人。实施农村电子商务发展行动计划,打造一批农村电子商务示范县、示范镇和示范村,完善农业电子商务线上线下公共服务体系,加快农产品冷链基础设施建设,强化农产品电子商务质量安全监管,促进网销农产品的品牌建设。

2. 加快发展行业电子商务

实施企业电商拓市提升计划,鼓励制造企业探索电子商务营销模式,通过自建或借助第三方电商平台,拓宽营销渠道,扩大销售规模。支持全省重点商圈、专业市场等传统零售和服务业,依托现有门店资源、品牌影响及客户优势等,运用线上线下、微营销等模式,加快线上线下融合发展。鼓励工业B2B平台发展,依托我省产业集群和特色园区,打造一批集网上信息发布、交易支付、商品体验展示、物流售后服务、价格发现、品牌推广及行情监测等功能为一体的跨区域商品现货交易平台。推动第三方平台汇聚国际国内资源,提升信息整合分析能力,拓展信息发布渠道,向社会提供精准专业的信息化服务。

3. 加快发展跨境电子商务

以促进产业发展为重点,以跨境电商B2B为主要方向,进出兼顾,以出为主,积极推进(苏州)跨境电子商务综合试验区建设,鼓励南京、无锡争创试点,建设一批集保税展示、物流、交易、服务于一体的跨境电子商务产业园区,完善跨境电子商务配套产业链,引导传统贸易企业应用跨境电子商务开展进出口业务,加快转型升级。创新跨境贸易电子商务试点省内联动通关模式,推进跨境电子商务综合服务体系建设,依托省电子口岸平台等建设全省跨境电子商务综合服务平台和离岸数据中心,形成"一点接入、信息共享、联合监管、便捷服务"的工作机制。创新符合跨境电子商务发展的检验检疫监管模式,依托企业信用管理平台,推动建立跨境电子商务企业信用数据库,实现企业信用等级与分类监管相结合。简化电子商务企业境外直接投资审批流程,支持建设跨境电子商务公共海外仓,加强国际合作和经营交流,完善海外营销服务网络和物流体系。

4. 推进电子商务试点示范

推进电子商务示范城市建设,实施电子商务进园区"双百工程",创建一批电子商务示范企业、电子商务创客中心、电子商务示范基地。推动示范基地招引优质电商企业入驻,设立总部或区域性总部。积极发挥创客中心电商孵化功能,大力培育电子商务经营主体,打造电子商务平台经济集聚区。建立健全电子商务平台经营安全监督体系,强化电子商务数据安全保障。建立电子商务产品质量追溯机制,解决消费者维权难、退货难、产品责任追溯难等问题。加快电子商务信用体系建设,实现社会化对接和共享,构建诚信交易环境。推动成立电子商务协会、电子商务专家咨询委员会等行业中介组织,提高行业发展服务水平。

(六)"互联网+"便捷交通

加强互联网等现代信息技术与交通运输业的深度融合,通过基础设施、运输工具、运行信息等互联网化,加快交通运输转型升级步伐。汇聚整合各类交通运输信息资源,建设综合交通信息服务平台,向社会提供多层次、多样化的智慧交通服务。到2020年,全省交通信息服务系统实现系统内数据共享,跨地域、跨类型的交通运输信息感知和信息服务体系基本建立。公共出行服务品质和行业监管治理能力大幅提高,交通基础设施和城市交通智能化水平显著提升。(省交通运输厅、发展改革委、公安厅、住房城乡建设厅、商务厅、经济和信息化委,南京海关等负责)

1. 完善交通信息服务系统

以江苏智慧交通信息化系统总体设计架构为指导,加强公路、水路、铁路、民航、客货运枢纽和城市交通等交通网络设施运行状态和通行信息的采集,建设省、市两级交通运输综合数据中心与基础平台,推动跨地域、跨类型交通信息互联互通。完善空间地理信息服务平台,推广车联网、船联网等智能化技术应用,基本建成全面覆盖、泛在互联的智能交通感知网络,实现全省交通行业业务应用一张图,形成更加完善的交通运输信息感知和信息服务体系。加快智慧交通行业信息平台建设,优化江苏交通出行网,完善公众出行综合信息服务体系。

2. 提升公共出行服务品质

加快路网智能化运行服务平台建设,优化智能终端在各类交通基础设施网络的布局与应用,整合公路、水路、城市公共交通、民航、铁路等出行信息,完善和推广掌上公交、公交智能调度系统、出租车管理与服务系统等应用,加强公交、轨道交通、长途客运、公共自行车等运输方式运行信息、换乘信息及各类停车场车位信息的整合共享与服务。推进全省交通"一卡通"县级应用联网,提供基于互联网的便捷化、个性化公共交通服务。推广电子不停车收费、公共交通一卡通、移动支付、电子客票和电子检票,提升交通支付智能化水平。开展汽车维修配件追溯试点和"汽车电子健康档案"系统建设,鼓励 O2O 汽车维修服务或连锁经营等"互联网＋汽修"模式创新。

3. 增强行业监管治理能力

推动交通运输大数据应用,将交通运输服务性数据资源向社会有序开放,为优化交通设施建设、安全运行控制、运输管理决策提供支撑。推进基于互联网的交通行政许可办理、综合执法、市场监管、安全应急处置等交通监管新模式向基层延伸。建立全省综合运输公共管理信息服务大数据平台,推进公路、水路、民航、铁路等监管系统联网。推进交通、公安、住建、海关、海事、环保、质监等部门的数据交换和监管联动,实现对车辆、船舶等运载装备运行状态的实时监测。推进省、市、县三级执法信息网络的互联互通,加强对交通运输违章违规行为的智能化监管,提高交通运输治理能力。

(七)"互联网＋"高效物流

深化物联网、云计算、大数据等在物流领域的应用,以省级重点物流基地(园区)和重点物流企业为基础,加强智慧物流企业培育,推动物流企业效率提升和物流产业向价值链高端延伸。加快物流信息服务平台、智能仓储和智能配送体系建设,提高物流供需信息对接和使用效率,促进智慧物流与智慧交通运输、电子商务等新型业态的融合互动发展。到 2020 年,基本建成物流信息共享互通、仓储系统智能高效、配送体系智慧便捷、成本大幅下降的网络化、自动化、智能化的现代物流体系。(省经济和信息化委、发展改革委、交通运输厅、商务厅、邮政管理局,南京海关等负责)

1. 建设智慧物流信息平台

围绕汽车、钢铁、医药、农产品等重点行业,积极整合行业物流信息资源,加快建成一批提供全程供应链服务的行业物流专业信息平台。加快推进具有品牌效应、规模优势、区域影响力的物流资源交易平台建设,优化交易方式,创新运营模式,实现社会物流资源的高效配置。加快推进物流枢纽城市多式联运信息平台、口岸物流信息平台的建设。加快推进物流园区数据分析应用中心和智慧公共服务平台建设,打造一批具备信息发布、交易、支付结算、企业管理、方案咨询等功能的公共信息平台,形成一批涵盖交通、税务、电子报关、安防、应急调度等功能的政务服务平台。

2. 推进多式联运智能化

加快推进物流公共服务平台和企业物流管理平台交互对接,实现对运输车辆、船舶、司机资质、信用、服务水平、营运状况等方面的跟踪分析和智能化管理。推进以铁水联运为重点的"货运一单制"建设,实现与口岸查验监管部门相关系统及各地电子口岸的平台对接。建设"一带一路、长江经济带"多式联运信息通道,提升多式联运全程信息跟踪追溯服务能力,将南京、连云港、苏州等打造成在全国具有重要地位的国际化智能化多式联运中心。整合物流产业链,完善运输信息采集、交换、共享、开放机制,实现物流运输联网管理,为货主和运输方提供公开透明的供需信息和综合解决方案。

3. 完善智能仓储系统

鼓励国际国内大企业在我省建设智能化物流仓储基地和货物集散中心等,引导区域中心城市、交通枢纽城市等加快仓储中心、商贸中心的网络化改造,优化资源配置,提升智能化服务水平,提高辐射带动能力。在各级仓储单元积极推广应用二维码、无线射频识别等物联网感知技术和大数据技术,实现仓储设施与货物的实时跟踪、网络化管理以及库存信息的高度共享,提高货物调度效率。推动移动云仓储技术的研发和应用,整合物流网络中分散的仓储资源,打造虚拟仓库和网络管理系统,对供应链上原材料、产成品库存进行动态化监管,实现供应链动态化监管和集成化管理。鼓励各类仓储机构运用智能物流装备,提升仓储、运输、分拣、包装等作业效率,提高各类复杂订单的出货处理能力,破解货物囤积停滞等难题,提升仓储运管水平和效率。加快仓储数据集成和开放步伐,提供大数据平台接入口,实现仓储数据的高效应用。

4. 优化智能物流配送体系

进一步优化物流流程,加快建设省际互通、城乡互联、标准规范、开放共享的配送信息网络,鼓励统一配送和共同配送,实现交通物流、产地物流和城市配送物流无缝衔接,形成高效的物流运作网络。加快推进货运车联网、船联网与物流园区、仓储设施、配送网点等信息互联,促进人员、货源、车源等信息高效匹配,有效降低货车空驶率,提高配送效率。鼓励发展社区自提柜、冷链储藏柜、代收服务点等新型社区化配送模式,结合构建物流信息互联网络,加快推进县到村的物流配送网络和村级配送网点建设,解决物流配送"最后一公里"问题。推广配送终端的信息识别,对配送信息实现智能化收集和处理,为高效实时配送提供大数据分析支撑。

(八)"互联网+"智慧能源

加快互联网技术在能源生产、能源供应和能源消费等领域的应用,推动发电设施、用电设施和电网的智能化改造,构建智慧能源体系,提高能源系统的安全性、可靠性。加强分布式能源网络建设,提高可再生能源的消费比重,优化能源结构,推进能源消费变革,促进节能减排。到2020年,多元化、规模化的能源互联网发展成效明显,能源互联网产业体系和市场机制基本建立。开放共享的能源互联网生态环境基本形成,能源综合利用效率明显改善,可再生能源消费占比稳步提升,化石能源清洁高效利用取得积极进展,有力支撑能源生产和消费革命。(省发展改革委、能源局、经济和信息化委等负责)

1. 推进能源生产智能化

依托能源生产运行的监测、管理和调度信息公共服务网络,建立基于互联网的能源生产调度信息公共平台,加强能源生产关键环节的信息采集、共享与分析。结合国家新能源综合示范区、新能源示范城市、绿色能源示范县和微电网区域示范等建设,综合利用太阳能、风能、生物质能、地热能等新能源资源,建设多能源协调互补的能源互联网。鼓励能源企业通过物联网、云计算和大数据技术对设备状态、电能负载等数据进行分析挖掘与预测,开展精准调度、故障判断和预测性维护,提高能源生产效率。

2. 促进电网智慧化

大力发展智能电网,进一步提升电网接纳、优化和配置多种能源的能力,实现能源供应的综合调配,提升输配电网络柔性控制能力。推进基于太阳能、风能等分布式可再生能源的能源互联网试点,突破分布式发电、智能微网等关键技术,重点开展基于光电、风电预测预报的电力运行调度体系建设,选择适宜地区,推进分布式新能源渗透率较高或多能互补的微电网建设,促进新能源电力与常规电力协调运行。实施电网基础设施和电力终端的双向通信和智能调控,促进分布式电源、新能源汽车等发电用电终端的协同发展。

3. 创新能源消费模式

探索多样化的市场化交易模式,健全交易规则和工作机制,推进能源生产和消费协调匹配,实时发布能源供应和消费信息,发展用户端能源共享经济和能源自由交易。进一步深化电力需求侧管理,加快电能管理公共服务平台建设,鼓励引导用户实现电能在线监测并积极参与需求响应,实现用电与电网互连互通互动。推广智能采集控制技术与产品应用,将智能化用电管理与生产自动化相结合,推进智能小区和智能园区试点。面向高能耗行业,建设工业在线能耗监测、能源交易信息平台。实施城镇新能源综合应用示范,重点开展分布式能源示范区、城镇新能源清洁供暖以及与生产生活相结合的新能源综合应用示范,提高新能源在终端能源中的比重。

(九)"互联网+"绿色生态

坚持以改善生态环境为核心,推动互联网与生态文明建设深度融合,构建市场化绿色生态服务体系。利用物联网、云计算、大数据技术开展生态信息共享和环保大数据挖掘利用,实现生态环境和污染源的自动实时监测。加快逆向物流回收体系建设,促进资源循环再利用,推动生产生活方式绿色化。到2020年,全省智能化生态环境保护监管体系和覆盖主要生态要素的资源环境承载能力动态监测网络基本形成,实现全省重点污染物排放和重点用能单位能耗在线监测。建成若干特色鲜明的资源循环利用产业集聚区。(省环保厅、发展改革委、经济和信息化委、国土资源厅、农委、商务厅、气象局等负责)

1. 完善智能化资源环境监测

以推进生态文明建设为目标,建设水、气、土壤、自然资源、生态状况和污染源智能监管体系。优化监测站点布局,充分利用传感技术、射频技术、遥感技术等在线监测技术,构建"天地一体化"立体监控系统,实现对生态环境和污染源的全天候、多层次的智能多源监测。利用多维地理信息系统、智慧地图等技术,开展地理国情变化监测与统计分析,实现对全省土地利用、生态环境、重点污染源、地质资源和灾害、垃圾处理等领域的动态监测、自动采集、自动分析、网络传输和精准锁定。建设全省环保政务一体化管理云平台,统一监测标准和精确度,规范数据交换标准,推动资源环境动态监测信息互联共享,实现规范化、高效率环保监管和跨区域协同联动监管。

2. 大力发展智慧环保

建设完善省、市、县三级环境信息网络平台和省环境大数据资源中心,整合优化现有的业务子系统,实现环境管理业务与环境信息化的集约管理。整合数据资源,大力培养预测性分析能力,建立科学的事件模型,为环境预警提供数据支持,提升环保决策管理智能化、科学化水平。运用信息技术推动火电、钢铁、建材、石化、纺织等高能耗、高物耗和高污染行业改造,建立重点行业、重点企业能源和主要污染物排放监测信息系统,加快对主要耗能、耗材设备和工艺流程的智能化改造,促进节能增效和安全、清洁生产。推广智能电表、智能水表、智能燃气表和供热计量器具,形成智能电力、水资源和燃气等控制网络,开展基于物联网模式的区域性工业环境监测与管理平台建设,实现企业生产网络化环保控制。通过网络或移动APP实现面向公众的在线查询和定制推送,保障公众的环境知情权,提升公众参与环境保护积极性。

3. 鼓励资源循环利用

开展信息采集、数据分析、流向监测,优化逆向物流网点布局。利用电子标签、二维码等物联网技术对可再生资源进行识别、回收、压缩、分类、流向跟踪和费用结算,实现一级回收、分拣中心、再利用企业的全面互联,指导支撑回收业务创新。鼓励互联网企业积极参与各类产业园区废弃物信息平台建设,推动现有骨干再生资源交易市场向线上线下结合转型升级,逐步形成行业性、区域性、全国性的产业废弃物和再生资源在线交易系统。完善线上信用评价和供应链融资体系,开展在线竞价,发布价格交易指数,提高稳定供给能力,增强主要再生资源品种的定价权。

4. 推进环保信息公开

推动互联网技术与环境管理的结合,推进企业环境行为信息公开,将企业的污染排放情况、污染治理情况、造成环境损失情况等环境行为信息通过互联网向社会公布,置于公众监督之下,使环保工作从有限的行政监督转化为无所不在的社会监督,建立新型"政府—社会—企业"管理模式。构建公众通过互联网参与环境保护的平台,拓展公众参与环境保护的渠道,有效发挥公众的监督作用,提高公众的环保意识,调动公众参与环保的积极性。推进环境保护管制性政策向管制性、引导性相结合的政策转化,建立激励机制,强化政策导向,引入市场机制,研究建立"一企一档"基础数据采集体系、排污总量交易体系和环境价格体系,开展企业绿色等级评定,发展企业环境信用体系,推动绿色发展。

(十)"互联网+"政务服务

加快互联网与政务服务的深度融合,推动电子政务数据的集中、开放、共享,实现政务和民生信息的互联互通和管理协同,促进社会治理创新,为公众提供优质、规范、透明、高效的公共服务。到2020年,全面建成统一规范的全省电子政务网络,网络信息安全保障能力显著增强,信息共享、业务协同和数据开放能力明显提升,政府网上公共服务进一步普及。"互联网+"政务服务成为各级政府部门加强能力建设,提升决策、管理和公共服务水平不可或缺的重要支撑。(省政府办公厅、网信办、编办、省政府各部门等负责)

1. 推进建设"网上政府"

推动实体行政服务中心向网上迁移,逐步建立贯通省、市、县、镇(乡)、村各级的网上政务服务体系,丰富政务服务渠道,打造"网上政府"。建设标准统一、覆盖全省、纵横联动、线上线下互为补充的高效、便捷、智能、透明的政务服务平台,开展全覆盖、全联通、全方位、全天候和全过程服务。在政务平台支撑下,结合各地实际情况,推进省、市统一架构、纵横联动的二级数据处理中心建设,逐步建立政务数据信息在省、市二级的集中存储、集中处理和集中管理的数据处理机制,便捷政务服务,提高行政效能。进一步完善便民服务网,实现行政权力网上运行与部门核心业务工作、政务服务中心、行政绩效管理的"三个融合"。建立多部门网上项目并联审批平台,加强政府部门资源共享、业务协同,通过"线上预约、线下办理""线上一站式办理""全流程电子化办理"提高办事效率,为公众带来更优的服务体验。探索移动化政务服务模式,完善移动政府应用,实现全业务办理在线化和移动化。

2. 强化政务数据共建共享

建设全省统一的政务大数据中心和政务云平台,完善人口、法人单位、自然资源、空间地理和宏观经济等基础数据库,以及就业、社保、国土、商务、工商、税务、统计、信用等重要领域信息资源,统一和规范信息资源云汇聚交换接口,推动部门数据向云平台汇聚对接。建立政务信息资源开放标准和共享机制,促进跨地区、跨部门、跨行业的数据交换和开放共享。强化政务数据服务以及政务数据与相关资源数据的关联分析和融合利用,切实将各类实时动态数据转化为政府引导经济运行动态监测、产业安全预测预警、实施社会治理服务民生等方面的决策依据,提高经济运行和社会治理的科学性和预见性。

3. 提升民生保障服务水平

按照"大服务、大数据、大平台"的总体要求,着力推进"智慧人社"建设,加快建设全省人力资源和社会保障统一集中服务对象基础数据库和业务资源信息库、一体化公共服务平台和统一高效的数据监控平台,促进社保、就业、劳动监察、健康等信息资源共享和业务协作。建设全省统一的人力资源社会保障业务网上办理平台和 APP,积极开展网上社保办理、个人社保权益查询、跨地区医保结算等应用。利用互联网开展政策宣传、信息发布、参保信息查询、参保缴费、业务办理、远程招聘、社保关系转移、个性化信息推送等新业务。借助大数据分析,探索开展就业形势预测、失业监测预警、病种结算分析、基金预警分析、政策法规仿真与执行情况评估等服务。

(十一)"互联网+"教育服务

推动互联网技术与教育教学深度融合,全面推进教育信息化,构建网络化、数字化、个性化、终身化教育体系。加强省级优质教育资源公共平台建设,促进教育资源聚合、开放、共享,加快建设省级教育管理公共服务平台和教学信息服务系统,为实现教育现代化和构建学习型社会提供有力支撑。到 2020 年,基本实现优质数字教育资源全面覆盖省内各级各类学校,并向社会开放共享,全省教育信息化水平位居全国前列。(省教育厅、人才办、人力资源社会保障厅、发展改革委、科技厅等负责)

1. 推进数字教育资源共建共享

以"三通两平台"(宽带网络校校通、数字资源班班通、学习空间人人通和教学资源公共服务平台、教育管理公共服务平台)建设为抓手,推动省级数字教育云平台建设,建立省级数字教育资源技术标准和规范,健全政府引导、多方参与的数字教育资源共享共建和师资互动合作机制,推进基础教育资源库、公益性教育资源库、特色职业教育资源库、高校精品课程库建设,完善数字教育资源云服务体系,实现优质教育资源开放共享,提升教育资源公共服务水平和能力。鼓励企业和社会机构参与个性化数字教育资源的研发,提供开放式在线课程,丰富在线教育产品。推动高校数字图书馆向全省大学生开放、优质在线课程资源面向社会开放共享。

2. 探索网络化教育新模式

充分利用信息技术手段改革教学模式、创新学习方式,以"云平台+优质资源库+移动应用"实现多元化的信息化基础教育。加快向农村教学点推送优质数字教育资源,探索远程教育、在线教育、移动教育等网络化教育教学模式,切实提升农村教育教学质量。加快高等院校课程教学数字化改造,推动互联网环境下科学研究与人才培养的融合创新,增强学生的自主学习、自主管理、自主服务的意识和能力。鼓励社会培训机构建设网络培训平台,推进实名制网络学习空间在教育教学中深入应用,推广微课、慕课、翻转课堂等新型教学模式,大幅提升网络学习应用覆盖面,降低教育信息获取门槛以及教学成本。

3. 加快智慧校园建设

建设面向全省的教育管理公共服务平台,整合优化省级教育管理应用系统,集成推送各种优质教育资源,实现教学科研、管理服务和文化建设的数字化、网络化、智能化,为提高教育管理水平、提升教育治理能力提供保障。建设纵向贯通、横向关联、全省统一的教育基础数据库和教育管理信息系统,实现对教育质量、招考信息、学生流动、毕业就业等状况的有效管理。推广智能身份识别、位置感应、全景监控、远程视频、无线监控、大数据分析等技术应用于校园安全管理,对接公安、教育等部门,形成报警联动机制,打造平安校园。

(十二)"互联网+"文化创意

充分发挥互联网的资源集成和优化效应,推动文化内容数字化、文化传媒网络化、文化创意产业化。加快整合网上文化资源平台,优化规范数字创意、数字设计、数字出版、数字影视、数字媒体等发展环境,引导支持互联网文化产业基地建设,建设文化、出版、广电大数据产业平台,加速产业集聚发展,全面提高文化创意产业发展水平。到 2020 年,文化创意和设计服务增加值占文化产业增加值比重超过 25%,把江苏建设成为创意设计强省。(省委宣传部,省网信办、文化厅、新闻出版广电局、发展改革委、经济和信息化委、科技厅等负责)

1. 推动文化内容数字化

深入实施江苏文化科技融合发展行动计划,加快文化数字内容系统支撑平台建设和关键技术开发,着力推进一批数字化、网络化的文化内容产业重点项目建设,提升重点企业的数字影视制作能力和服务水平。加强动漫游戏虚拟仿真技术的集成应用和多媒体动漫、游戏软件等开发设计,鼓励对舞台剧目、音乐、美术、文化遗产的数字化转化,支持开发适合互联网移动终端的数字化产品,丰富数字文化内容和产品。支持建设基于互联网的数字内容生产、集成和服务平台,发展线上展示与线下实地体验相结合的文化资源服务模式,加快优秀传统文化数字化进程。

2. 促进文化传播网络化

支持传统文化单位和企业发展网络视听、数字出版、新媒体广告、移动多媒体等互联网新媒体,加快内容集成和数字传输综合平台建设,推动传统媒体和新兴媒体融合发展。引导和推动凤凰出版传媒集团、新华报业传媒集团、江苏广播电视总台(集团)、江苏广电有线信息网络股份有限公司等一批骨干数字文化企业发展,加快推进国家级数字出版基地、国家级数字电影产业园和国家级动漫游戏产业基地等建设。促进网台、网刊、网报联动互补,构建有线无线全覆盖的现代媒体传播体系。充分利用微博、微信、APP 等互联网新媒体,让优秀传统文化走进市民生活,推动数字文化产业快速发展。

3. 加快创意设计产业化

推动建设一批涵盖公共技术支撑、投融资服务、信息发布、培训交流、资源共享等功能的创意设计公共综合服务平台,为创意设计产业规模化、集约化、专业化发展创造条件。鼓励和促进传统创意设计企业加快技术改造,充分利用众包设计、虚拟仿真、3D 打印等互联网新技术、新模式,提升创意设计水平。加强重点文化创意设计园区建设,建成一批"互联网+"创意设计产业基地和专业市场,完善产业链,增强集聚优势。积极发展基于互联网的工业设计,加快形成具有江苏特色的工业设计创新体系,将江苏打造成为全国一流的工业设计中心。

(十三)"互联网+"健康医疗

充分利用互联网、物联网、云计算等新技术,加快推进医疗资源和服务共享,积极推广在线医疗健康服务模式,缓解城乡和区域间医疗资源不均衡问题,大力发展智慧健康养老产业,为城乡居民提供高效化、便捷化、智能化的健康保障与服务。到 2020 年,全省人口健康信息服务平台实现互联互通,惠及民生的"互联网+"健康医疗服务普遍开展,初步形成覆盖城乡的医养融合养老服务网络体系。(省卫生计生委、发展改革委、食品药品监管局、民政厅、经济和信息化委、科技厅等负责)

1. 推进医疗资源和服务共享

建立省、市、县三级人口健康信息平台和大数据中心,实现医疗健康数据的互联互通和信息共享。实施基于全员人口、服务资源、电子健康档案、电子病历、健康知识数据库的智慧健康服务工程,完善覆盖公共卫生、计生服务、医疗服务、医疗保障、药品供应保障和综合管理等领域的业务应用信息系统。建立跨医院的医疗数据共享交换标准体系,推动医学影像、健康档案、检验报告、电子病历等医疗信息在跨地区、跨层级医疗机构间的开放共享。支持和推动各级医疗机构加快内部诊疗信息管理系统建设,实现在线预约挂号、候诊提醒、划价缴费、诊疗报告及医疗档案查询等服务功能,提升居民就医效率。鼓励医院与第三方合作,建立和利用医疗信息共享服务平台,借助互联网、大数据、基因工程和细胞诊断等技术手段,辅助医生开展医疗检测诊断,提高诊疗服务的及时性和准确性。

2.发展在线医疗卫生服务

支持发展基于互联网的医疗卫生服务,建立基层医疗卫生机构与二、三级医院相连的医疗远程协作体系,引导医疗机构面向基层、农村开展远程影像诊断、远程监护、移动医疗、视频会诊等远程医疗服务。推动预约诊疗、双向转诊、慢性病管理等业务协同新模式,探索互联网延伸医嘱、电子处方等网络医疗服务应用,提高基层医院诊疗质量,促进医疗资源优化配置和分级诊疗制度建立。支持和鼓励上级医疗机构依托医疗远程协作体系,对基层医院开展远程指导、专业课程培训,提高基层医疗机构医生相关医疗业务水平。加强区域医疗卫生服务资源整合,充分利用公共医疗卫生信息化平台,提高重大疾病和突发公共卫生事件监测预警和防控处置能力。

3.开展智慧健康养老服务试点

鼓励龙头企业和慈善机构带动普及智能化家居设备、老年人便携式检测设备的使用,运用智能呼叫、生命体征监测等手段和远程监测系统,实现实时定位、无缝化健康监控、远程化医疗诊断,构建完善的互联网养老服务体系。以"智慧社区"为依托,完善基层养老信息服务平台,构建覆盖城乡社区的养老服务信息化网络,提供护理看护、健康管理、紧急救助、健康照料等居家养老服务。依托"省级开发、四级使用"的全省养老服务信息管理平台,充分运用智能穿戴设备和无线射频等物联网技术采集居民健康信息,实现养老信息与医疗信息的互通,促进老年人的健康信息动态管理,提高养老服务水平。

(十四)"互联网＋"智慧旅游

加强互联网技术在旅游资源利用、旅游管理、旅游服务、旅游体验等方面的应用,进一步促进旅游领域网络化、数字化、智能化。打造智慧景区,培育在线旅游新业态,丰富旅游产品,提供更加优质、高效、便捷的旅游服务。到2020年,建成全省统一的旅游公共服务平台,形成一批智慧景区,江苏成为全国旅游消费便捷化、信息传播网络化、旅游服务优质化、运行管理智能化的先行区和示范区。(省旅游局、住房城乡建设厅、交通运输厅、发展改革委、经济和信息化委、国土资源厅等负责)

1.完善旅游信息服务平台

建设完善"江苏e旅游"省级旅游资讯公众服务平台,制定数据采集交换标准规范,促进旅游资源和服务数据的开放共享。加快推进景区、景点、旅游集散地、机场、车站、宾馆饭店、"美丽乡村"等重点场所的无线上网环境建设,普及旅游信息智能互动终端,提升旅游公共信息服务能力。加快建设涵盖在线办事、行政审批、资质评定、行业监管、游客流量监测、投诉处理等内容的旅游产业运行管理系统,提高产业管理效能。

2.建设智慧景区

加快制定江苏智慧旅游景区标准,梳理全省景区智能化现状,开展智慧景区试点示范。构建包括云闸机系统、自动售票系统、视频监控系统、智能停车场、手机APP、可穿戴设备等在内的智慧旅游基础设施,增强游客智慧体验。利用大数据、网络支付以及地理信息系统等技术,实现在线预订、电子门票、智能导游、电子讲解、信息快捷发布、安全管理,提高景区服务水平。建立景区拥挤程度预测机制及游客实时动态评价机制,提高景区管理水平。

3.培育在线旅游新业态

进一步加强在线旅游资源开发、创新在线旅游服务模式,引导旅游企业依托互联网平台,发展旅游、休闲、美食、购物、运动、健康等关联产业,推动旅游业跨界融合,延伸在线旅游产业链。整合闲置房产、私人导游等社会资源，规范发展在线旅游租车和在线度假租赁平台等互联网在线旅游新业态，积极推动途牛、同程等在线旅游企业做大做强。完善在线旅游购物和餐饮服务平台，积极推广"线上下单、线下购物"的在线旅游购物模式和手机餐厅服务模式。发展虚拟旅游，利用互联网、虚拟现实技术或其他载体，实现景区的数字再现，打造足不出户即可实现畅游江苏的旅游方式。

三、保障措施

（一）加强组织实施

由省政府办公厅、发展改革委、经济和信息化委、科技厅，各市、县（市、区）人民政府等负责。

1. 完善工作机制。2. 推进试点示范。

（二）夯实产业基础

由省发展改革委、通信管理局、经济和信息化委、网信办、新闻出版广电局、公安厅、科技厅、住房城乡建设厅，各市、县（市、区）人民政府等负责。

1. 提升网络基础。2. 强化产业支撑。3. 保障信息安全。

（三）突出创新驱动

由省科技厅、发展改革委、经济和信息化委、工商局、质监局、法制办、知识产权局、版权局等负责。

1. 加强创新能力建设。2. 构建融合标准体系。3. 强化知识产权保护。4. 推进体制机制创新。

（四）优化发展环境

由省发展改革委、商务厅、经济和信息化委、网信办、科技厅、工商局、法制办、知识产权局、通信管理局等负责。

1. 促进开放合作。2. 完善信用支撑体系。3. 推进数据开放共享。

（五）强化智力支撑

由省人才办、教育厅、人力资源社会保障厅、发展改革委、经济和信息化委、科技厅等负责。

1. 引进高端领军人才。2. 培育专业技术人才。3. 加强人力资源服务。

（六）完善投入机制

由省财政厅、省国税局、省地税局、人民银行南京分行、江苏银监局、江苏证监局、江苏保监局、省发展改革委、省经济和信息化委、省科技厅等负责。

1. 加大财税支持力度。2. 强化融资服务能力。

江苏省人民政府

2016 年 3 月 31 日

（本文有删减）

省政府关于印发江苏省大数据发展行动计划的通知

苏政发〔2016〕113 号

各市、县(市、区)人民政府,省各委办厅局,省各直属单位:

现将《江苏省大数据发展行动计划》印发给你们,请认真组织实施。

江苏省人民政府

2016 年 8 月 19 日

江苏省大数据发展行动计划

为贯彻落实《国务院关于印发促进大数据发展行动纲要的通知》(国发〔2015〕50 号)和《国务院办公厅关于运用大数据加强对市场主体服务和监管的若干意见》(国办发〔2015〕51 号)精神,加快我省大数据产业发展,推动政府治理和公共服务能力现代化,促进经济社会转型升级,制订本行动计划。

一、总体要求

(一) 指导思想

深入贯彻党的十八大和十八届三中、四中、五中全会精神,牢固树立创新、协调、绿色、开放、共享的发展理念,科学规划大数据产业布局,加强关键技术研发攻关,加快科技成果转化,加快紧缺人才培养和引进,完善相关法规制度和标准体系,培育大数据发展新模式、新业态,规范和深化大数据应用,助力"互联网＋"行动,服务智慧江苏建设,不断提升政府在社会治理、市场监管、商事与民生等方面的服务与监管能力,争创全国领先、特色明显的国家大数据综合试验区,为建设"强、富、美、高"新江苏提供有力支撑。

(二) 基本原则

1. 统筹规划、全面推进

统筹规划江苏大数据发展主体框架和产业布局,建立大数据发展共享协调机制。充分发挥政府在大数据发展中的引导推动作用,完善大数据发展政策措施、规范标准、投融资体系、创新创业环境、安全保障以及公共服务体系,建立健全政、产、学、研、金、用联合推进机制,形成大数据资源、技术、产品、应用、安全、交易六位一体、全面推进的良好局面。

2. 政府带头、开放共享

大力推动政府数据开放共享,建立全省政府数据统一共享交换平台,结合信息惠民工程实施和智慧江苏建设,在依法加强安全保障和保护隐私的前提下,稳步推动公共数据资源开放。充分发挥市场配置资源的决定性作用,加强社会信息资源共享,构建政府和社会互动的信息采集、共享和应用机制。

3. 融合创新、应用示范

加强大数据基础研究和关键技术研发,推动大数据技术产品、应用模式、商业模式创新发展,培育和挖掘大数据应用新业态、新模式。坚持以应用需求为导向,推动大数据与经济社会各领域深度融合,鼓励满足市场需求的各类大数据开发利用,实施一批大数据示范工程,支持重点领域和特色产业大数据应用。

4. 自主可控、安全可信

推进大数据标准体系建设,支持发展有自主知识产权的信息安全产品和服务。制定和完善数据采集、存储、传输、应用及开放共享法规,建立跨部门、跨行业协同监管机制,加强政府、社会、企业、个人信息安全保护。建立政府信息系统建设监理制度,加强信息安全审计,落实安全审查制度,开展政府和社会云计算中心和云平台安全评估,消除大数据应用安全隐患。

(三) 发展目标

1. 完善大数据产业生态

在数据采集、整理、分析、发掘、展现、应用等领域突破关键技术,制定发布一批大数据技术标准和应用规范。建立政、产、学、研、金、用联动,大中小企业协调发展的大数据产业体系和公共服务支撑体系,带动相关产业产值超过 1 万亿元。到 2020 年,全省大数据产品和服务广泛应用,企业集聚度和创新研发能力显著提高,形成较为完善的大数据生态产业链。建成 10 个省级大数据产业园,建成一批大数据产业(交易)中心,引进培养 100 名大数据领军人才,60% 的软件企业实现服务化转型,培育 5 家业务收入超 100 亿元、50 家业务收入超 10 亿元的大数据龙头企业。

2. 丰富大数据示范应用

以智能制造为主攻方向,在装备、冶金、纺织、化工等传统优势领域全面推动工业大数据示范应用,建设具有国际竞争力的先进制造业基地。充分运用大数据加强对经济运行的监测、分析、预测、预警,提升宏观调控、产业发展、市场监管、信用体系等方面的管理效能。围绕智慧江苏建设,在公用事业、城乡环境、健康医疗、减灾救灾、社会保障、交通旅游等领域形成一批大数据典型应用。到 2020 年,工业大数据应用全国领先,政府和社会数据开放共享格局基本形成、互动整合机制进一步完善。

3. 提升社会治理能力

将大数据作为提升政府治理能力的重要手段,提升政府服务水平和监管效率,增强乡村社会治理能力,推动简政放权和政府职能转变,推动商事制度改革,促进政府监管和社会监督有机结合。2017 年底前,建成全省政府数据统一开放平台,形成省、市两级以及跨部门数据资源共建共享和开发利用机制;2020 年底前,逐步、安全、规范地推动社会治理相关领域的政府数据向社会开放,打通政府部门、企事业单位之间的数据壁垒,基于数据共享和部门协同全面提升各级政府治理和公共服务能力。

二、主要任务

(一) 夯实信息网络基础,促进数据资源共建共享

1. 统筹信息基础设施建设

以提升大数据获取、传输、存储、处理能力为目标,加快宽带江苏、无线江苏、高清江苏等信息基础设施工程建设,推进三网融合普及。支持具备条件的高新区、开发区及大中型骨干企业建设基于"云+网+端"(工业云、工业互联网、工业信息终端)三级构架的工业信息基础设施,支持电信运营商、IT 企业和工业企业开展"企企通"工程建设与合作。加快建设城市传感网络,支持传感器、智能

可穿戴设备等数据采集设备的应用推广。制定城市交通、环保、地下管网、隧道桥梁等基础信息及社区家庭水、电、煤气等数据采集和接口规范。（责任单位：省经济和信息化委、省新闻出版广电局、省通信管理局、省质监局等）

2. 构建统一数据资源中心

完善自然资源和空间地理、宏观经济、公共信用、人口等基础信息资源库以及健康、就业、社会保障、能源、统计、质量、国土资源、环境保护、农业、安全监管、城乡建设、企业登记、旅游、食品药品监管、公共安全、交通运输、教育科研等重要领域信息资源库。建立信息资源共享服务平台和公共数据中心，逐步实现区域性信息系统集约化建设和统一运营维护管理。统筹协调数据中心项目建设，充分发挥已建项目和在建的经济社会发展数据中心作用，严格控制政务部门新建数据中心，避免盲目建设和重复投资。鼓励有条件的地区和行业部门集约建设大数据基础设施，整合构建区域性、行业性数据汇聚平台，逐步实现设施集中、应用整合、数据共享、管理统一。（责任单位：省政府办公厅和省有关部门，市、县人民政府）

3. 提升数据中心服务能力

支持建设全国或区域性数据中心，推进无锡国家云计算服务创新发展试点和国家超级计算无锡中心建设，吸引国家级数据服务中心、云计算中心等功能性平台落户江苏，建设一批公共服务、重点行业、大型企业云计算数据中心和灾备中心。支持通信运营商和地区大数据中心增强高性能计算、海量数据存储、大数据分析能力，拓展大数据服务。鼓励有条件的地区和行业部门在确保安全的情况下向社会购买数据托管服务。（责任单位：省政府办公厅、省经济和信息化委、省通信管理局、省发展改革委，市、县人民政府）

（二）推动创新发展，培育新兴业态

1. 突破大数据关键技术

鼓励省内企业、高校、科研机构参与国内外大数据标准化建设和关键技术研发，集成创新资源开展前瞻性、先导性、关键共性技术研究，重点突破虚拟化、并行计算、海量信息处理、大数据存储、数据挖掘、分析算法、建模融合、机器学习等一批关键核心技术。加强科技成果转化，加快推动核心芯片、高性能安全可控服务器、海量存储等大数据产品和设备研发及产业化，推进云操作系统、工业控制实时操作系统、智能终端操作系统以及高端传感器、工业控制系统、人机交互等软硬件基础产品的研发和应用。（责任单位：省经济和信息化委、省发展改革委、省科技厅等）

2. 统筹大数据产业布局

支持地方政务大数据、经济大数据、生态文明大数据、民生服务大数据以及大数据公共服务平台、大数据产业（交易）中心建设，鼓励各地结合实际发展大数据特色产业，建设一批特色鲜明的大数据产业园。加快打造数据获取、数据存储、数据处理与分析及数据应用的大数据技术产业链，构建技术研发、设备制造、存储服务、融合应用等大数据关联产业的协同生态体系。选择数据资源共享开放、大数据产业发展、数据应用创新和数据安全保障等方面基础较好的城市创建大数据示范城市。（责任单位：省经济和信息化委、省发展改革委、省通信管理局）

3. 培育大数据新兴业态

推动大数据与云计算、物联网、移动互联网等新一代信息技术融合发展，探索大数据与传统产业协同发展的新业态、新模式，促进传统产业转型升级和新兴产业加快发展，培育新的经济增长点。重点扶持国产实时数据库、地理信息处理、海量视频处理、大数据可视化工具等大数据系统和应用软件，形成一批可满足大数据重大应用需求的产品、系统和解决方案。强化我省在电网大数据、电信大数据、交通大数据、旅游大数据等行业应用领域国内市场的领先地位,加大智慧城市大数据、政务大数据、工业大数据、大数据安全等领域产品与服务的开发应用力度。(责任单位:省经济和信息化委、省发展改革委、省通信管理局)

4. 促进软件企业转型

加快软件企业网络化、平台化、融合化、服务化转型发展,形成面向行业应用、公共服务、社会治理等领域的自主大数据产品与服务体系。促进软件企业利用大数据推动信息化与工业化深度融合,拓展大数据在研发设计、生产制造、经营管理、市场营销、售后服务等产业链各环节的应用,提升对传统企业互联网化转型的服务支撑能力。推动软件企业深入挖掘公共服务数据,利用大数据在健康医疗、社会保障、交通旅游、文化教育等公共服务领域和社会信用、环境保护、食品药品监管、舆情监控等社会治理领域创新服务模式,打造一批特色产品和服务。(责任单位:省经济和信息化委和省有关部门)

5. 推动大数据创业创新

坚持创新驱动发展战略,实施大数据创新行动计划,鼓励企业和公众开发应用政府和社会数据资源,激发创新创业活力。鼓励互联网企业、征信机构以及掌握社会和行业数据资源的企事业单位,深入挖掘大数据商业价值,助力产业转型升级。鼓励交通运输、工商、环保等部门主动提供行业数据,发布大数据应用需求,激发相关企业和创新团队创新创业热情。继续办好"中国软件杯"大学生软件设计大赛、"i创杯"互联网创新创业大赛、江苏科技创业大赛等活动,打通创新创业大赛与企业发展的通道,不断发现人才、培养人才,推动万众创新、开放创新和协同创新。(责任单位:省经济和信息化委、省发展改革委、省科技厅,省工商局、省交通运输厅、省环保厅等)

(三)实施重点工程,推广典型应用

1. 工业大数据

全面落实《中国制造2025江苏行动纲要》,深入实施企业互联网化提升计划,促进大数据在工业行业深度应用。加强制造业大数据关键技术研发,着力在工业控制系统、智能感知元器件、操作系统和工业软件等核心环节取得突破。建设一批高质量的工业云服务平台和面向不同行业、不同环节的工业大数据聚合分析应用平台,促进软件与服务、设计与制造资源、关键技术与标准的开放共享。推动工业企业与互联网跨界融合,促进物联网、大数据、云计算、3D打印等技术在全产业链的集成应用,推动智能车间(工厂)建设和制造模式变革。加强工业大数据在产品全生命周期、产业链各环节的应用,分析感知用户需求,发展个性化定制、众包设计、云制造等新兴制造模式,鼓励企业利用大数据技术开展故障预警、远程维护、质量诊断等在线增值服务,拓展产品价值空间,有效支撑制造业智能化、服务化转型,构建开放、共享、协作的智能制造产业生态。(责任单位:省经济和信息化委)

2. 金融大数据

鼓励银行、证券、保险、基金等金融机构利用大数据技术加强风险和营销管理,创新金融产品和服务,发展消费信贷、金融租赁等业务。支持金融机构与互联网企业合作开展金融服务,共享社交网络、电子商务、终端媒体产生的数据,把握客户消费习惯、风险收益偏好等行为特征,为用户提供多样化、个性化、精准化的金融产品和服务,切实解决中小企业融资难题。(责任单位:人民银行南京分行、江苏银监局、江苏证监局、江苏保监局等)

3. 电网大数据

研究智能电网发输变配用调各环节大数据体系架构、营配调融合、多源异构数据集成、存储、处理、分析及可视化技术。开展客户行为大数据分析,绘制全省"电力地图",实现中长期负荷预测,实现电网规划与城乡规划、市政规划有机衔接。建立融合电网、气候、经济等信息的多维度用电影响模型,研究节电用电预测与需求侧管理。研究开发充电桩智能供用电系统、新能源发储用与电能质量的统一调控体系,促进新能源、电动汽车充换电设施健康有序发展。(责任单位:省经济和信息化委、江苏能源监管办等)

4. 电子商务大数据

建立江苏省电子商务大数据研究机构,加强数据分析和价值挖掘,提升企业精准营销能力,推进电子商务经营模式创新。统一电子商务与快递企业信息交换标准,加强电子商务与物流快递信息对接。完善安全认证体系,强化电子商务数据安全保障,推动数字证书互认兼容。建立健全电子商务平台经营产品质量安全监督体系,建设电子商务售后服务质量检测云平台,加大对在线交易产品的监管力度,提升消费安全感和满意度。建设跨境电子商务综合服务平台,实现监管部门与电商企业、物流企业之间数据共享交换和"一站式"服务。推进电子商务信用体系建设,实现社会化对接和共享,构建可信交易环境。依托省电子口岸平台,加快"大通关"建设,实现信息共享。(责任单位:省商务厅、省经济和信息化委、省工商局、省质监局、南京海关、江苏检验检疫局等)

5. 物流大数据

积极推广应用二维码、无线射频识别等物联网感知技术,实现仓储设施与货物的实时跟踪、网络化管理以及库存信息的共享,提高货物调度效率。聚合各类物流信息资源,整合仓储、运输和配送信息,开展物流全程监测、预警,提高物流安全、环保和诚信水平,统筹优化社会物流资源配置。构建互通省际、下达市县、兼顾乡村的物流信息互联网络,建立各类可开放数据的对接机制,完善物流信息交换开放标准体系,促进物流信息充分共享与互联互通。(责任单位:省经济和信息化委等)

6. 现代农业大数据

积极实施"互联网+"现代农业行动,加快国家涉农大数据省级分中心和各类农业实用数据库建设,强化数据采集、分析,利用大数据提升农业生产、经营、管理和服务水平,培育一批网络化、智能化、精准化的现代农业生产新模式,积极发展智能农业、感知农业、精准农业。支持新型农业生产经营主体利用大数据技术对生产经营过程实行精细化、信息化管理。逐步建立农副产品、农资质量安全追溯体系,建立农产品生产的生态环境、生产资料、生产过程、市场流通、加工储藏、检验检测等数据共享机制,与农产品电子商务等交易平台互联,实现种子、农药、化肥等信息可追溯,为生产者、消费者、监管者提供农产品质量安全信息服务。建立农业信息监测体系,为灾害预警、耕地质量监测、重大动植物疫病疫情防控、市场波动预测、经营决策等提供服务。(责任单位:省农委、省科技厅)

7. 税费大数据

健全政府部门税费信息共享机制,保障国税、地税部门及时获取第三方税费信息,解决征纳双方信息不对称问题。建设统一的税费数据公共服务平台,加强重点行业、重点项目、重点企业及重点人群的投资建设、生产经营、收入财产等涉税(费)信息的归集。发挥税费大数据优势,加强数据增值应用,在提高征管效能和纳税服务水平的同时,更深刻地反映经济运行情况,服务经济社会管理和宏观决策,为增强政府治理能力提供有力支撑。(责任单位:省地税局、省国税局、省财政厅)

8. 经济运行大数据

加快推进省经济社会发展数据中心项目建设,构建覆盖省、市、县三级经济部门以及重点领域、重点行业、重点企业的大数据支撑服务平台,建立企业、项目、专家等信息资源库,与信用等数据库互联,加强重点行业和企业经济运行监测,动态分析产业发展情况,强化重点项目管理,提升综合研判与决策分析能力。(责任单位:省统计局、省经济和信息化委)

9. 健康医疗大数据

加强基于电子病历的医院信息平台和基于电子健康档案的区域健康信息平台建设,实现医疗服务、公共卫生服务、医疗保障、药品供应保障、卫生计生监管、健康管理等信息共享,支持健康医疗大数据应用。充分利用大数据开展疾病监测以及健康危害因素相关监测预警,探索个性化医疗、精准医疗和大数据健康管理,提供有针对性的疾病防治和连续性的健康服务。依托互联网资源和社会力量搭建养老信息服务网络平台,支持开展社区、居家养老和康复服务,提高老年人、慢性病患者等重点人群健康保障水平。(责任单位:省卫生计生委、省民政厅、省科技厅)

10. 交通旅游大数据

推广车联网、船联网等智能化技术应用,形成完善的交通运输感知体系。加强与互联网公司的政企合作,强化交通运输信息综合分析应用,利用大数据平台挖掘分析都市圈交通联系度、公众出行需求、枢纽客流规模、车辆船舶行驶特征等,为优化交通运输设施规划与建设、安全运行控制、交通运输管理决策提供支撑。建立省级旅游数据中心,搭建旅游产业综合管理与服务平台,实现旅游基础数据的共建共享。完善游客行为分析平台,实时掌握游客流量等重点数据,合理引导游客消费,提升旅游舒适度。建立旅游市场信息化监管平台,实时接受游客投诉,开展游客满意度评价,提升旅游服务质量。利用数据挖掘、分布式处理等技术汇集旅游、园林、气象、交通运输等部门的食、住、行、游、购、娱等数据资源,推动旅游资源与相关数据资源的深度融合与开发。(责任单位:省交通运输厅、省公安厅、省旅游局等)

11. 教育服务大数据

建设省级教育数据中心,搭建覆盖全省各级各类学校的教育管理公共服务平台、优质教育资源公共服务平台,实现全省教育管理、教育教学和科研信息的共建共享。依托省教育和科研计算机网建设省教育专网,实现省、市、县、校四级网络高速互联,进一步提升宽带网络校校通、优质资源班班通、网络学习空间人人通建设水平,构建网络化、数字化、个性化、终身化的教育体系,建设"人人皆学、时时能学、处处可学"的学习型社会。基于教育大数据推进智慧校园、智慧课堂、智慧管理和智慧决策建设,提升课堂教学、教师教研、学生学习、管理评价、家校互动、学校管理、教育决策的智能化、科学化水平。(责任单位:省教育厅)

12. 人力资源社会保障大数据

建立全省统一的服务对象(人员、单位、社会保障卡)基础信息库,全面整合就业、社保、人才、人事等业务资源信息,加强与公安、工商、税务、教育等部门的信息交换,建立全省集中的人社业务资源信息库,为各级、各地、各业务系统提供综合查询、分类比对、分析挖掘、监测指挥等信息服务,以大数据技术创新管理服务模式,推进人社业务的源头化、精确化、智能化管理。建立数据共享利用平台,提升全民参保登记、高校毕业生就业服务、劳动保障监察等业务应用的数据综合利用水平。(责任单位:省人力资源社会保障厅)

13. 信用大数据

加快建立和完善"诚信江苏"网、省社会法人信用基础数据库、省自然人信用基础数据库、省金融信用信息基础数据库和公共信用信息服务平台等"一网三库一平台",进一步提高"诚信江苏"网建设和服务水平。加强设区市和县(市、区)信用信息系统建设,实现省、市两级信用信息的交换、共享和应用,逐步实现信用信息归集交换全覆盖。建立和完善覆盖全社会的公共信用信息系统,提高信用信息归集质量,推进信用信息和信用产品的广泛应用,建立以信用为核心的新型市场监管体制,提高政府行政效能。建立行政执法与司法、金融、旅游环境等信息共享机制,运用大数据技术增强联合执法能力。(责任单位:省经济和信息化委、省工商局、省质监局等)

14. 食品药品大数据

建设覆盖省、市、县、乡四级食品药品监管部门、统一的信息网络和智能移动监管平台,提升对重点食品药品的质量安全监管能力,提高风险预警和突发事件应急处置能力。建立食品药品安全风险监控监测中心,探索对生产经营高风险环节的重点部位、重点场所和重点品种开展信息化监管。健全食品药品安全追溯体系,整合食品药品监管、商务、农业等部门的电子追溯资源,实现追溯信息互通共享,保障食品药品安全。建设省级食品药品监管云数据中心,整合监管信息资源,实现食品药品安全监管信息共享与业务协同。(责任单位:省食品药品监管局、省商务厅、省农委)

15. 环境保护大数据

结合互联网大数据分析,优化监测站点布局,扩大动态监控范围,构建资源环境承载能力立体监控系统,完善污染物排放在线监测系统,建立环境信息数据共享机制,统一数据交换标准,逐步实现各级政府资源环境动态监测信息互联共享,推进区域污染物排放、空气环境质量、水环境质量等信息公开。(责任单位:省环保厅等)

16. 国土资源大数据

建设完善国土资源"一库三平台"("一张图"核心数据库、政务管理平台、综合监管平台、信息服务平台),加快推进"国土云"建设,集聚各类国土资源数据、融合经济等领域的相关数据,服务国土资源节约集约"双提升",面向全社会提供专业化、高效能的国土资源信息服务。(责任单位:省国土资源厅)

17. 舆情分析大数据

建设网络舆情大数据基础平台,加强关联舆情信息分析和预测。通过构建模型预测舆情走向,通过挖掘、分析舆情关联数据,加强对舆情产生、传导、影响、反馈、处理、引导的动态跟踪和综合治理,将监测目标时间节点提前到敏感消息传播初期。运用大数据创新社会舆情管理,快速准确地划分舆情级别,确定应对措施,做到科学研判、快速处置。(责任单位:省网信办、省公安厅、省安全厅、省通信管理局、省保密局等)

18. 警务、反恐大数据

充分整合公安机关内部、社会单位、互联网等不同来源的信息资源,开展基于大数据、云计算技术的警务数据智能化挖掘分析和研判应用,建设反恐大数据预警分析平台,增强对涉恐事件或重点人群的分析和预测能力,为维稳反恐、侦查办案、治安管理、服务群众等工作提供主动型、预警型、精确化的数据支撑,不断增强公众安全感、满意度。(责任单位:省网信办、省公安厅、省安全厅、省科技厅等)

(四)加快数据共享开放,提升政府治理能力

1. 深化政府数据共享交换

统筹规划建设省级和市级电子政务内外网,鼓励、支持基层电子政务集中统一开发和建设,依托电子政务平台普遍开展县级政府政务公开和政务服务。完善省、市政府数据共享交换平台,建立信息资源共享目录,明确共享信息的内容、来源、范围、更新要求和使用权限,推动信息资源跨地区、跨层级、跨部门共享。通过开放数据接口、制定共享目录、签订共享协议等方式,实现省市之间、各部门之间的数据共享交换。(责任单位:省政府办公厅、省经济和信息化委、省政务服务管理办公室,市、县人民政府)

2. 推动数据资源共享开放

强化对数据资源建设以及数据共享开放、数据质量和安全的审计监督,研究编制数据资源特许使用管理办法,明确数据安全要求和责任界面,建立政府数据采集、质量保障和安全管理标准,建立政府数据开放平台和标准体系。加快建立政府数据资源目录清单,制订政府数据开放计划,明确各部门数据开放的时间节点和路线图,促进政府数据在风险可控原则下向社会开放。引导企业、行业协会、科研机构、社会组织等主动采集并开放数据,加强政府数据与社会大数据的汇聚整合和关联分析。(责任单位:省政府办公厅、省经济和信息化委,市、县人民政府)

3. 推进阳光政务商事服务便捷化

加快省政务服务中心网上平台建设,打造集行政审批、便民服务、政务公开、效能监察等为一体的网上办事大厅,实现对权力运行的全程、实时监控。加快建立项目并联审批平台,形成网上审批大数据资源库,实现跨部门、跨层级项目审批、核准、备案的统一受理、同步审查、信息共享、透明公开。整合工程建设项目招投标、土地使用权和矿业权出让、国有产权交易、政府采购等平台,建立健全统一规范、上下衔接的公共资源交易平台。建立行政许可审批信息、工商登记信息、行政处罚信息、企业年度报告信息的共享机制,依托全省统一市场监管信息平台实现市场主体信息的互联共享,依托省企业信用信息公示系统和省公共信用信息平台推进市场主体信息公示。鼓励政府部门高效采集、有效整合并充分运用政府数据和社会数据,掌握企业需求,推动行政管理流程优化再造,在注册登记、市场准入等商事服务中提供更加便捷有效、更有针对性的服务。(责任单位:省政府办公厅、省政务服务管理办公室、省经济和信息化委,市、县人民政府)

(五) 强化安全保障,促进健康发展

1. 强化信息资源保护

加强地理、人口、法人、统计等基础信息资源的保护和管理,促进部门间信息系统互联互通,保障信息资源共享安全。明确敏感信息保护要求,强化企业、机构在网络经济活动中保护用户数据和国家基础数据的责任,严格规范企业、机构在我国境内收集数据的行为。在软件服务外包、信息技术服务、电子商务、电子政务等领域开展个人信息保护试点。加强个人信息保护管理办法研究,加强个人信息安全防护知识宣传和普及,保障个人信息安全。(责任单位:省网信办、省公安厅、省安全厅、省保密局等)

2. 夯实网络信息安全基础

推动信息安全风险评估和重点领域网络与信息安全检查等基础性工作制度化、规范化、常态化、自动化。切实落实信息安全等级保护制度,做好信息系统定级备案、安全建设整改、等级测评和监督检查等工作,加强部门网络与信息安全事件应急预案备案管理和效能评估。建设省级信息安全应急指挥平台,提升政务网站及重要信息系统安全监测预警平台的监测预警能力,完善信息安全攻防实验室,扩大容灾备份规模。建设全省 IP 地址和域名基础资源库。加强基础通信网和公共互联网统一管控平台建设。(责任单位:省网信办、省经济与信息化委、省公安厅、省安全厅、省保密局、省通信管理局等)

3. 加强网络信息安全监管

加强网络与信息安全专家队伍、专业骨干队伍和应急技术支撑队伍建设,提高评估检测技术装备水平,提升风险隐患发现、监测预警和突发事件处置能力。建立健全网络与信息安全信息通报机制,及时发现、预警、通报、报告重大网络与信息安全突发事件和漏洞隐患,加大对网络违法犯罪活动的打击力度。进一步完善监管体制,充实监管力量,倡导行业自律,充分发挥社会组织和广大网民的监督作用。(责任单位:省网信办、省经济与信息化委、省公安厅、省安全厅、省通信管理局、省保密局等)

4. 加强信息安全技术攻关

加大网络与信息安全技术研发力度,加强对大数据、云计算、物联网、移动互联网、下一代互联网等方面的信息安全技术研究。加大信息安全产业发展扶持力度,积极培育信息安全品牌和骨干企业,重点培育发展安全咨询、测评认证、风险评估等第三方服务机构。建设江苏信息安全产业基地以及工业控制系统安全互联网监测等公共服务平台。完善信息安全政府采购政策措施和管理制度,加强国产自主安全可控产品的推广应用。(责任单位:省经济和信息化委、省通信管理局、省公安厅等)

三、保障措施

(一)建立协调机制

在省信息化工作领导小组领导下,设立大数据发展办公室,负责拟定并组织实施大数据发展规划、计划和政策措施,统筹推进全省大数据发展。办公室设在省经济和信息化委,省经济和信息化委会同省发展改革委承担办公室的日常工作。成立省大数据发展专家咨询委员会,加强发展战略和重大问题研究,为全省大数据发展提供决策支持。各市、县(市、区)要将大数据发展纳入本地区经济社会和城镇化发展规划,建立相应的工作推进机制,突出区域特色,强化责任落实,共同推动全省大数据持续健康发展。(责任单位:省经济和信息化委、省发展改革委、省网信办、省科技厅、省安全厅、省通信管理局等)

(二)完善法规制度

推进公共数据共享开放地方立法工作,明确政府统筹利用市场主体大数据的权限及范围,实现对数据资源采集、传输、存储、利用、开放的规范管理。修订《江苏省政府信息公开暂行办法》。制定政府数据共享开放目录与指南,建立政府部门数据资源统筹管理和共享复用制度,促进政府数据在风险可控原则下最大程度开放。推行信用承诺、信用报告、信用审查制度,建立跨部门、跨地区、跨行业的失信行为联合惩戒制度。研究推动网上个人信息保护立法工作,界定个人信息采集应用的范围和方式,明确相关主体的权利、责任和义务,加强对滥用数据、侵犯个人隐私等行为的管理和惩戒。(责任单位:省政府办公厅、省法制办、省经济和信息化委、省公安厅、省安全厅,市、县人民政府)

(三)制定标准规范

推进大数据产业标准体系建设,加快建立政府部门、事业单位等公共机构的数据标准和统计标准体系,制定和实施数据采集、政府数据开放、指标口径、分类目录、交换接口、访问接口、数据质量、数据交易、技术产品、安全保密等关键共性标准。鼓励企业、产业技术联盟和相关机构参与国际标准、国家标准和行业标准的研究和制定。加快推进社会统一信用代码,建立大数据市场交易行业规范和标准体系。开展标准验证和应用试点示范,建立标准符合性评估体系,充分发挥标准在培育服务市场、提升服务能力、支撑行业管理等方面的作用。(责任单位:省经济和信息化委、省质监局、省科技厅等)

(四)加强政策扶持

完善大数据政策环境,在城市规划、土地使用、行业准入、规费减免等方面加大支持力度。引导各类风险投资机构投资大数据产业,鼓励设立一批投向大数据产业的创业投资基金。鼓励金融机构加强和改进金融服务,开发符合大数据企业的金融产品,支持大数据企业创新发展。省级专项资金引导集中力量支持大数据核心关键技术攻关、产业链构建、重大应用示范、标准规范制定和公共服务平台建设等,加大对政府部门和企业合作开发大数据的支持力度。完善政府采购大数据服务的配套政策,将购买大数据服务纳入政府购买服务指导目录。(责任单位:省财政厅、省发展改革委、省经济和信息化委、省科技厅、江苏银监局等)

(五)优化发展环境

鼓励社会信用服务机构、互联网企业等依照国家相关法律法规和市场信用需求,建立信用信息数据库,依法向客户提供方便、快捷、高效的信用信息服务。制定政府部门和公用事业单位大数据应用采购目录,引导重点行业、重点领域的企业和机构将非核心的大数据应用业务外包,培育和壮大大数据应用市场与企业。加强省市共建大数据产业园区,完善配套设施与服务,促进重大项目落地,对关键技术研发、公共服务平台、重大应用示范和国家级大数据平台等项目建设优先保障用地。(责任单位:省经济和信息化委、省政府办公厅、省发展改革委、省科技厅、省国土资源厅、省质监局等,市、县人民政府)

(六)强化智力支撑

创新人才培养模式,建立健全多层次、多类型的大数据人才培养体系。鼓励高校设立数据科学和数据工程相关专业,重点培养数据工程师等大数据专业人才,鼓励多渠道、多方式培养实用型人才、综合型人才、复合型人才。支持各类大数据众创空间建设,鼓励大数据人才创业。继续实施"333"高层次人才培养工程、"双创计划"、"育鹰计划"、产业人才高峰行动计划等省级重点人才工程,加强大数据高端人才的引进和培养,落实人才配套政策,吸引海内外大数据领域高层次人才来江苏创新创业。(责任单位:省人才办、省教育厅、省科技厅、省经济和信息化委、省人力资源社会保障厅等)

江苏省企业互联网化提升计划

苏政发〔2016〕10 号

为贯彻实施《中国制造 2025 江苏行动纲要》和《关于加快发展互联网经济的意见》，引导企业深化互联网融合创新，加快企业互联网化进程，提升工业经济核心竞争力，特制订本计划。

一、总体要求

（一）指导思想

深入贯彻十八届五中全会精神和习近平总书记对江苏工作的新要求，践行创新、协调、绿色、开放、共享五大发展理念，落实省委十二届十一次全会决策部署，围绕制造强省和智慧江苏建设目标，深刻把握"互联网＋"大融合、大变革趋势，充分发挥互联网在企业生产组织、资源配置、产品形态和商业模式的优化集成作用，促进新一代信息技术向研发设计、生产管控、供应链管理、市场服务等环节渗透融合，推动生产方式向柔性、智能、精细转变，增强企业创新能力，支撑产业向中高端迈进、经济保持中高速增长。

（二）基本原则

——市场主导。突出企业主体地位，发挥市场机制作用，优化资源配置，完善监管服务方式，营造宽松环境。加大政策支持力度，引导企业运用互联网等信息技术重构生产组织、创新方式、商业模式，打造转型升级新优势。

——融合创新。促进信息技术在企业生产经营各环节的深度融合和广泛应用，引导企业加快跨界融合，开展基于互联网的各类创新，推动发展模式变革，使互联网成为增强企业核心竞争力的重要手段。

——开放共享。发挥互联网在促进产业升级、企业两化深度融合中的平台作用，引导企业全面整合优势资源，加快形成以开放共享为特征的互联网化运行模式，建立优势互补、合作共赢的开放型产业生态体系。

——安全可控。加强重要领域工业控制系统安全保障体系建设，构建有效的预警和管理机制，完善行业标准和规范，增强企业互联网化发展的安全防护和自主可控能力。

（三）主要目标

按照智能管控、跨界融合、协同创新、提质增效的要求，推进企业网络化、智能化、集成化、协同化。到"十三五"末，规模以上企业研发设计、生产管理、营销服务等关键环节互联网应用覆盖率达到 60％，关键管控软件普及率达到 65％，重点管控系统集成覆盖率达到 45％；大中型企业互联网应用及关键管控软件应用实现全覆盖，重点管控系统集成覆盖率达到 65％。建成 100 个面向重点行业有影响力的互联网化服务平台。2016 年，规模以上企业互联网应用覆盖率和关键管控软件应用普及率均达到 50％，重点管控系统集成覆盖率达到 25％；大中型企业互联网应用覆盖率和关键管控软件应用普及率均达到 65％，重点管控系统集成覆盖率达到 35％。创建 30 个重点互联网化服务平台。

二、重点任务

(一) 推进研发设计协同化

实施"互联网＋研发设计推进计划"。重点培育发展协同式研发设计模式。支持企业完善产品研发设计数字化网络化环境,建立及时响应、持续改进、全流程创新的产品研发设计创新体系,发展众创设计、众包设计、用户参与设计等新型研发设计模式,培育一批基于互联网实现设计与生产联动、产学研异地协同研发的示范企业。鼓励企业开放研发设计资源。支持大中型企业在线实时发布研发设计资源,建立虚拟化产品开发网络和面向全社会的研发设计服务平台,为中小企业新产品开发提供工业设计、研发测试、创业孵化、技术转移等开放服务,鼓励有条件的企业发展创客空间、创新工厂,推动研发设计服务领域延伸和服务模式升级。重点支持面向行业协同研发创新平台建设。发挥国家级和省级各类企业研发机构作用,建立装备制造、电子信息、纺织服装、生物医药和轻工等行业开放创新交互平台、在线设计中心,提升重点行业互联网协同研发设计水平。

(二) 推进生产管控集成化

实施"重点管控软件普及推广计划"。推进大中型企业关键管控软件一体化规划设计及全覆盖应用,支持企业信息化升级改造,促进企业资源计划(ERP)、制造执行系统(MES)、供应链管理(SCM)、产品数据管理(PDM/PLM)、客户关系管理(CRM)等关键管控软件的普及推广应用。推进中小企业应用信息化公共服务平台共享软件资源。实施"企业生产管控集成互联计划"。加快生产设备、装备的互联互通(M2M),集成运用传感网、智能终端、智能控制系统,提升端到端集成水平。加快自动化生产单元推广应用,推动工业网络、智能机器等集成应用,实现生产单元之间的互动协同。加速自动化生产线研发和推广应用,推进生产设备、制造单元、生产线的系统集成和智能对接,建立智能工厂(车间)与柔性化制造系统。加快企业"人机物务"(人员机器、物料设备、生产服务)的互联互通,推进行业信息物理系统(CPS)的关键技术研发和产业化,实现设备联网、远程实时监控、生产过程协同、故障智能诊断、决策支持和安全生产监管等功能。实施"企业两化融合管理体系贯标推进计划"。全面开展两化融合管理体系贯标评估,加快培育两化融合咨询服务机构,建立市场化贯标模式和机制。制定两化融合管理体系行业标准,重点建设百家贯标示范企业、千家贯标试点企业,组织万家企业对标评估。在大中型企业普及首席信息官(CIO)制度,制定企业互联网化发展规划,推动企业信息流、物流、资金流协同管控,加快互联网环境下的业务创新和组织变革。

(三) 推进购销经营平台化

实施"企业电商拓市提升计划"。推进企业电商普及应用。支持规模以上企业自建电商平台或应用第三方平台,开展线上购销、供应链管理和创新服务,鼓励发展以销定产、个性化定制等产品销售模式。支持大中型企业构建与上下游企业对接的互联网＋供应链管理系统,优化供应链管理服务,推广零库存管理模式。发展重点行业电商服务平台。积极培育钢铁、化工、工程机械、医药、有色金属、纺织面料、纸浆等重点细分行业垂直电商平台,大力发展省内有产业优势的大宗产品电子交易平台,鼓励企业建设再制造、再生资源等行业专业交易平台,带动关联产业发展。发展以撮合货源和运力配对为主的第四方物流网络平台,提高物流效率,降低物流成本。集中建设 30 家重点行业 B2B 平台,培育 20 家大宗商品交易平台,打造百家细分行业特色平台。

（四）推进制造服务网络化

实施"企企通"工程。加强工业信息基础设施建设规划与布局,完善"网＋云＋端"(工业宽带、工业云、工业智能终端)的工业信息基础设施,建设低时延、高可靠、广覆盖的工业互联网。推广重点工业企业及生产性服务企业高带宽专线服务,加快推进宽带网络进企业、入车间、联设备,提升大中型企业高速宽带接入能力。实施"企业云平台建设计划"。完善工业云、企业云、中小企业"e 企云",建设工业大数据中心,集聚资源支持建设面向重点行业重点地区的云服务平台,鼓励重点企业优质信息资源上平台、引导中小企业用平台。加强工业云平台对中小企业的服务能力建设,提供面向中小企业的研发设计、优化控制、设备管理、质量监控与挖掘分析等软件应用服务。实施"产品网络化服务创新计划"。推进物联网、人工智能、多媒体技术融入新产品开发,通过在装备和产品中嵌入传感器、数控装置及软件系统,增强产品的信息获取、处理和自适应能力,提高产品的数字化、网络化、智能化水平。发展大规模个性化定制,引导企业运用移动 O2O(线上线下)、云计算、大数据等打造用户聚合平台、多元社交平台,开展基于个性化产品的服务模式创新。加快互联网与工业融合创新。支持企业内部及企业之间生产要素资源共享协同的生产组织创新、服务模式创新和业态模式创新。引导大型数控成套装备、风电、电梯、智能终端等行业企业基于互联网开展远程维护、质量控制、故障预警、过程优化等在线增值服务,培育一批总集成总承包、协同生产、远程服务、定制服务等融合创新应用典型。

（五）加快技术支撑自主化

实施企业互联网应用解决方案提升计划。支持制造企业、软件和信息服务企业、互联网企业、系统集成企业建立协作机制,开展智能芯片、工控软件、工业大数据、系统集成、协同制造等联合攻关,形成一批企业互联网化关键核心技术;面向重点行业智能制造单元、智能生产线、智能车间、智能工厂建设,提升工业自动化、信息技术等集成服务企业的架构设计、综合集成和解决方案能力。提升互联网信息服务支撑能力。推动软件和信息服务企业深度参与工业企业研发设计和生产制造过程,提供工业咨询设计、数据挖掘分析、流程优化重组、设备能源管理等服务;推进电商服务企业能力提升,支持省内重点电商平台为企业提供电商应用解决方案,选择行业龙头或应用成熟度较高的企业开展试点示范;加快重点行业工业大数据、工业云平台的推广应用,提升"云计算＋大数据"综合支撑能力。推进工业互联网发展部署。加快智能车间、智能工厂等领域标准化建设,引导企业开展工业互联网、工业大数据、工业软件和信息物理系统(CPS)等技术标准的研制、评估、试点及推广。推进工业互联网技术研发及产业化,建立企业主导的产学研协同创新体系,组织开展工业互联网关键资源管理平台和关键技术试验验证平台建设,攻关解决智能控制、系统自治、人机交互、物理仿真等共性关键技术。加快基于 IPv6、5G、软件定义网络(SDN)等新型技术的工业互联网部署,支持有条件的大中型企业开展工业互联网创新应用示范。

三、2016 年重点工作

（一）研发设计环节

推进大中型企业研发设计互联网化建设,推动行业重点企业完善产品研发设计数字化、网络化环境,开放研发设计资源,支持重点企业建立协同研发设计云服务平台、开放创新交互平台、在线设计中心,培育 100 家协同研发设计示范企业,新增 15 家以互联网协同设计为特色的省级工业设计中心。推进互联网协同设计供需合作,举办对接交流活动。

(二)生产管控环节

大规模推进管控系统普及集成,以大中型企业为实施重点向规模以上企业拓展,支持千家大中型企业关键管控系统普及推广应用、500家大中型企业生产管控系统集成互联。全面开展两化融合贯标行动,组织100家企业实施两化融合贯标试点,培育10家两化融合咨询服务机构,开展万家规上企业对标评估诊断,启动两化深度融合行业标准制定工作。推进数字企业示范建设,组建数字企业创建咨询专家库,组织专家开展数字企业创建咨询诊断活动,认定一批数字企业。

(三)购销经营环节

发展壮大重点行业B2B平台,在装备制造、冶金、化工、电子信息、新医药、新材料、纺织、轻工等领域培育百家行业特色平台。深化规上企业电商普及应用,将电商拓市工程延伸向规上企业,引导全省4万余家规上企业融入重点电商平台生态体系。支持30家重点平台企业服务全省企业电商应用,将电商拓市环省行活动深化拓展至细分行业和工业集聚区,扩大服务规模、提升服务实效。

(四)制造服务环节

启动全省企业互联网化"企企通"工程试点建设和示范推广,组织制定"企企通"重点行业信息化解决方案。完成全省国家级开发区、高新技术产业园区G级宽带接入和500家工业企业和生产性服务企业高速宽带接入。优化和应用推广江苏工业云平台,启动工业大数据中心建设,完善企业云、中小企业"e企云"等信息服务平台服务功能。推进众包服务、个性化定制、智能协同制造、O2O市场服务模式等应用推广,培育一批互联网平台企业和融合创新示范企业。

(五)支撑能力建设

在重点行业组织龙头骨干企业开展工业互联网、工业大数据、信息物理系统(CPS)共性技术联合攻关,打造一批网络化制造服务平台,推出一批企业互联网化整体解决方案。加快培育智能制造系统服务集成商,组织省内软件与信息技术服务企业和行业骨干企业对接,推动工业互联网、工业软件、工业大数据、工控安全系统等集成应用。组织开展智能制造示范试点,形成20个智能制造系统解决方案。在重点领域研制若干工业互联网和大数据标准,建设工业大数据服务中心,创建10项"互联网+云计算""互联网+大数据"应用示范。组织30家电商服务企业针对各细分行业,制定解决方案,形成可复制可推广的建设应用模式。

四、保障措施

(一)加大政策支持

认真贯彻落实国家和省发展互联网经济、生产性服务业的财税优惠政策。省工业和信息产业投资基金积极投向企业互联网化提升。优化工业和信息产业转型升级、战略性新兴产业等省级专项资金使用结构,加大省级财政对企业互联网化提升的支持力度。对企业研发设计协同化、生产管控集成化、购销经营平台化、制造服务网络化等重点环节提升项目按投资额或固定资产贷款额给予一定比例补助或贴息支持;对企业互联网化支撑体系建设重大技术攻关、企业互联网化专业化服务、企业互联网化示范应用等项目按研发投入或新增销售额给予适当奖补,具体细则由省财政厅会省经济和信息化委等有关部门制定。

（二）培养创新人才

以高层次、领军型人才培养为重点,实施企业互联网化人才培养计划,培养一批高端领军人才,发掘一批创新创业团队,建立多层次、全方位、宽领域的企业互联网化人才培养、引进和融合服务体系。对通过"互联网＋专家服务"推进企业互联网化做出突出贡献的人才给予一定奖补。支持和鼓励各类创新创业机构开展互联网创业培训,在达到一定标准的高等院校、技师学院和培训机构建立人才培训基地。

（三）提升服务保障

充分发挥各类中介服务机构的桥梁纽带作用,提升省企业信息化协会、互联网创新联盟、互联网众创联盟等行业机构的服务功能,建设省级互联网融合创新服务平台,创建一批省级互联网产业园、众创园,培育一批为企业互联网化提升提供软件服务和系统解决方案的咨询服务机构。开展网络安全应用示范,提高工业互联网安全核心技术和产品水平。加强企业互联网化关键领域重要信息系统的安全保障,建设完善网络安全监测评估、监督管理、标准认证和创新能力体系。引导企业建立合理的知识产权权利归属和利益分配机制,促进研发协同创新健康有序发展。

（四）强化统筹协调

在制造强省建设领导小组统一领导下,建立协同联动机制,协调省有关部门和市、县共同推进企业互联网化提升,每年制定推进方案,细化目标任务,明确工作责任,建立监测体系,加强督促检查和考评。

江苏省人民政府

2016 年 2 月 1 日

关于印发《江苏省"十三五"互联网产业人才发展规划》的通知

苏经信软件〔2016〕598 号

各设区市、昆山市、泰兴市、沭阳县经济和信息化主管部门、人才工作领导小组办公室，各有关单位：

为深入贯彻落实省委、省政府《江苏省"十三五"人才发展规划》，有效推动江苏供给侧结构调整，产业转型升级，夯实江苏互联网经济发展的人才基础，我们组织编制了《江苏省"十三五"互联网产业人才发展规划》，现印发给你们，请遵照执行。

江苏省经信和信息化委员会　江苏省人才工作领导小组办公室

2016 年 10 月 23 日

江苏省"十三五"互联网产业人才发展规划

为贯彻落实"互联网＋"行动计划、《中国制造 2025 江苏行动纲要》，推动江苏产业转型升级，夯实江苏互联网经济发展的人才基础，根据《江苏省"十三五"人才发展规划》、《江苏省十三五"互联网经济"发展规划》以及江苏省委、省政府《关于加快发展互联网经济的意见》，制定本规划。

一、发展基础与面临形势

"十二五"期间，全省上下深入实施科教与人才强省战略，加大了互联网等新兴产业人力资源的开发力度，相关产业人才总量稳步增长，结构逐步完善，江苏的互联网经济发展稳步提升，人才工作取得显著成效。

（一）发展基础

人才储备资源丰富。江苏高校人才储备优势全国领先。全省现有 134 所普通高校，数量位列全国首位。互联网相关的计算机、软件、电子商务等专业学生 2011—2015 年共计入学 887 445 人，数量稳居全国前列。江苏经济和产业基础雄厚，为人才集聚提供有力支撑。"十二五"时期，全省软件和信息服务业快速发展，连续走在全国前列，2015 年总收入达 7 062 亿元，同比增长 14.4％。互联网产业从业人数超过 100 万，其中研发、产品、营销、运营和服务保障等关键岗位人员的本科及以上层次占比均超过 80％，85％以上的人员来源为省内招聘。

人才政策支持有力。全省各地强化招才引智力度，以"双创计划"为引领，实施近百项引才计划，引进海内外高层次人才 2 万多人，省级软件与互联网"双创团队"27 支，人才国际化水平明显提升。坚持"引进一个人才，发展一个企业，带动一个产业"，并对引进人才提供项目申报、医疗、落户、社会保险、居留和出入境、住房、子女就读、配偶就业等配套服务。

发展环境逐步优化。2015 年起举办"i 创杯"江苏省互联网创新创业大赛，在全省营造"激情创业、共赢未来"的互联网创新创业氛围。首届大赛共吸引了 723 个项目参赛，项目覆盖云计算与大数据、智能硬件以及"互联网＋"工业、农业、民生、文化等多个领域和行业，决赛期间穿插各类项目路演、创业训练、电视转播等配套活动，成为极具影响的互联网创客节日。"十二五"期间实施的"育鹰计划"通过与清华大学、北京大学等优秀企业家培养机构的多层次合作，形成梯队型企业领军人才的培养模式,共计培训全省各类企业家学员近 2 000 人,成为互联网企业领军人才学习、交流、合作发展的优质平台。

服务体系基本形成。成立江苏省互联网服务产业联盟,促进经验交流、行业自律和业务合作,推动并参与互联网服务标准制定。省市共建 11 个互联网产业园、12 个互联网众创园并成立江苏省互联网众创联盟,促进资源共享,推动互联网与传统产业融合创新。大力支持江苏软件产业人才发展基金会开展公益活动,累计服务江苏软件和互联网人才 7 万余人,为江苏互联网产业发展提供了强大的人才服务保障。

与全省互联网经济发展的要求相比,当前还存在一些问题。主要有:互联网产业人才总量相对不足,其中软件研发、安全管理、产品运营等方向的中高端人才尤为缺乏;互联网企业面临的专业化、实用型人才招聘难的问题较为严重;互联网企业间人才争夺加剧,人员平均流动率近 20%;互联网产业发展与发达地区相比仍有差距,具有全国影响力的龙头企业和企业家较少,对优秀人才的虹吸效应不足;高校现有培养模式与企业实际需求匹配度不够;专业化社会培训和人才服务机构力量较为薄弱等。

(二) 面临形势

产业需求极为迫切。互联网产业正值迅猛发展高峰期,互联网与云计算、大数据、物联网等信息技术不断突破创新、加速应用,深刻改变着企业生产、市场供给、商业服务和生活方式。互联网技术的加速迭代与渗透融合成为新一轮科技革命和产业变革的重要驱动力,同时对互联网人才也提出了新的更高的要求。"互联网+"、"中国制造 2025"、国家大数据战略等部署进一步掀起了加快发展互联网经济的浪潮,在积极运用互联网思维、促进经济转型升级、主动适应经济发展新常态的情况下,江苏互联网产业人才培养、储备、引进将面临巨大挑战。

人才竞争愈发激烈。根据调查显示,北京、上海、广州和深圳四大发达城市对互联网从业人员需求尤为旺盛,个别地区甚至出现井喷式增长,需要快速累积经验的互联网人才往往首选北上广深等地发展,甚至在江苏起步后再跳槽到北上广深互联网人才聚集地区。同时,由于大规模互联网企业的薪酬比中小型及创业公司的薪酬更有吸引力而省内互联网企业规模仍以中小型为主,因此省内、外的互联网人才竞争愈演愈烈。

区域特色逐渐显现。全省已建成中国(南京)软件谷大数据、苏州云计算、南京徐庄电子商务、泰州医药信息服务、徐州矿山信息、江阴智能电网等 11 个特色产业园,无锡物联网、常州嵌入式软件等 7 个鼓励发展的特色产业方向。全省各地根据自身具体情况,发展和培育"互联网+"多领域的特色化产业布局已初步形成,区域特色化人才发展需求也愈加明显。

二、指导思想和基本原则

(一) 指导思想

深入贯彻党的十八大和十八届三、四、五中全会精神,紧紧围绕"四个全面"的战略布局,落实"创新、协调、绿色、开放、共享"五大发展理念,按照《江苏省"十三五"人才发展规划》和省委、省政府《关于加快发展互联网经济的意见》要求,坚持"党管人才"原则,在把握好人才成长规律的同时,要把发展互联网产业人才作为第一资源、第一要素、第一推动力,开发利用好国际、国内和省内人才资源,加大省外创新型互联网领军人才的引进力度,加快省内复合型中高端互联网人才的培养步伐;进一步完善人才培养体系,进行政策创新,统筹推进高端技术人才、操作应用基础人才以及区域特色人才队伍建设;努力优化互联网人才发展生态环境,形成政府积极引导、企业主动参与、中介专业服务的人才发展格局,为全省互联网经济发展提供人才保证和智力支持。

(二)基本原则

政府引导,市场主导。发挥政府优势和作用,坚持人才为先,提高人才管理和服务水平,完善人才制度体系,充分运用政策杠杆,引导互联网人才培训机构、中介服务组织和中高端人才向江苏集聚。充分发挥市场在人才资源配置中的主导作用,运用好财政支持资金,引导社会组织和资本积极参与互联网人才培养和服务,提升人才服务效率,完善人才公共服务网络。突出企业主体地位,形成企业自身特有的引人、育人、用人、留人的机制。

突出应用,整合引进。充分开发利用国际、国内和省内互联网人才资源,以全球化的视野,引进稀缺的复合型和创新型互联网人才,发挥高端人才的引领作用。进一步营造创新创业的良好氛围,吸引中高端省外人才来江苏创业,发挥中高端人才的集聚效应。更加突出互联网的应用,注重"产才"深度融合,在互联网产业链上构建互联网人才链,最终形成创新链,以创新链重构新模式,催生新业态。

构建体系,联动培育。充分发挥政、产、学、研、用各方力量,积极构建多方有效互动、结构完善的人才培育体系。政府要以购买服务和市场运作相结合的方式,加大领军人才的培养。相关院校、社会培训机构和重点企业要加强人才培养的合作,建立多元化、多层次、全方位人才培养机制。加大本省人才的培养力度,激发本土人才的创新活力,培育互联网+协同制造人才,着力构建工业互联网人才体系。

优化生态,完善环境。积极营造互联网创新创业发展环境,形成推动互联网人才合理流动的体制机制。根据互联网打破传统行业界限、跨界发展、融合创新的特性,探索更加灵活的人才管理机制和平台载体建设模式,形成人才创新价值正向激励机制。充分发挥社会组织在人才服务中的作用,推动公共服务机构建立专业化人才评价标准,促进人才合理有序流动,形成良性的人才发展"生态圈"。

三、发展目标

(一)总体目标

以引领和助推我省互联网经济更好更快发展为基本着力点,充分发挥和整合政、产、学、研、用等各方资源,"十三五"期间将我省建成结构合理、布局科学、优势明显、特色鲜明、国内一流的互联网产业人才集聚区,建立多层次、全方位、宽领域的互联网人才培养、引进和融合服务体系,总体发展水平全国领先。

(二)具体目标

到2020年,我省互联网人才发展具体目标如下:
——引进优秀软件和互联网创新创业团队30个,发掘优秀的潜力型互联网创新创业团队300个。
——培养互联网产业高端领军人才1 000名,其中科技企业家100名。
——新增互联网相关行业从业人员50万名,其中本科及以上层次超70%。
——建成省级互联网产业人才培训基地20个,在全省形成区域错位发展、优势互补的特色化人才培养格局,开展 5 万人次以上的各类互联网产业技术、运营、服务、安全保障和管理实操等各类培训。

四、主要任务

(一)建设一支高水平的互联网企业领军人才队伍

1. 互联网企业家

遵循互联网企业家成长规律,拓宽引进和培养渠道。不唯学历论英雄,破除论资排辈、求全责备等陈旧观念,鼓励引导传统企业领军人才跨界创新、二次创业,抓紧培养造就互联网企业家,建立有利于互联网企业家发展的新机制,依法保护互联网企业家财产权和创新收益,进一步营造尊重、关怀、宽容、支持互联网企业家发展的社会文化环境。整合各方力量与资源,强化互联网产业有关政策和企业发展战略咨询与辅导,提供互联网项目投融资、知识产权咨询服务、合作发展信息服务等各项专业化、精细化的公共服务。

2. 互联网技术领军人才

加大对互联网企业首席技术官(CTO)、系统架构师以及互联网产品经理等技术领军人才的引进和培养力度。整合政府和社会资源,为互联网企业 CTO 主导开展领先性技术研发创新和国内外合作提供平台和支持;鼓励相关高校、培训机构与国内外优秀的互联网大型企业共同合作,联合选派优秀的理论和实战师资,强化对系统架构师、互联网产品经理的实战式继续教育,建立线上线下同步学习和交流渠道,通过理论学习、案例分析、实践参与和实战辅导,快速提升中小规模互联网企业的系统架构师和产品经理能力,进一步提升互联网技术领军人才的创新能力和发展水平。

(二)建设一支高水平的互联网中坚骨干人才队伍

1. 互联网中坚技术人才

不断强化对互联网软件开发工程师、用户界面(UI)设计师、搜索引擎优化(SEO)工程师、安全测评师和大数据分析师等各类互联网中坚技术人才的引进与培养。建立"互联网中坚技术人才沙龙",促进国内外互联网技术开发人才之间的交流和合作;鼓励国内外知名互联网企业组织有针对性的互联网技术培训,经认定的相关证书在岗位定级和职务晋升时作重要参考,打造一批专业扎实、学用结合、知识能力不断快速更新的互联网中坚技术人才。

2. 互联网中坚运营人才

不断强化对市场运营、用户运营、内容运营、社区运营和商务运营等互联网中坚运营人才的引进和培养。联合相关院校和互联网企业,成立"互联网运营联盟",促进运营人才之间的交流、沟通和合作;组织"互联网运营专题高级研修班",开设互联网运营管理、互联网运营实务等专门课程;在相关企业设立"互联网运营实习岗位",为在校和新毕业大学生提供实习机会;鼓励有经验的优秀运营人才以"传帮带"的方式帮助指导新入职的企业运营人员快速成长为中坚运营人才。

(三)建设一支高水平的互联网服务保障人才队伍

1. 互联网营销服务人才

强化引进和培养力度,快速提升互联网营销服务人才的专业能力和水平。鼓励企业引进高水平的互联网营销服务人才,促进传统营销向官网营销、微信营销、自媒体营销等互联网新型营销方式进行转型升级。为高校有关专业在校生提供互联网营销实习岗位,进一步提升其互联网营销技能；联合相关院校和有经验的互联网及电子商务企业组织互联网营销培训班，开设互联网营销理论与实务、互联网营销案例以及新媒体营销等课程；组织工业、农业、商贸流通、金融等行业开设"行业互联网营销人才"培训班，强化行业互联网营销服务人才基础。

2. 互联网安全保障人才

加强互联网安全保障人才引进、选拔和培养，培育互联网安全咨询服务、应急技术支撑团队。组织面向全省党政机关信息安全员和相关企业"互联网安全"岗位的专业培训班，开设互联网安全理论与实务、互联网安全分析、网络与信息安全案例等课程；建立"江苏省互联网安全专家组"，为全省互联网安全提供智力支持；组织开展"江苏省互联网安全技能竞赛"，提升全省党政机关、高等院校和企业安全管理人才水平；建立江苏省互联网安全预警监测、应急指挥平台和互联网安全人才辅助决策库，设立"江苏省互联网安全应急互助组"。

（四）建设一支强有力的互联网跨界融合人才队伍

互联网人才具有较强的融合性和较高的创新性，从江苏产业转型发展实际出发，通过有效融合和创新，全面打造以互联网＋工业为首的跨界融合人才队伍。

1. "互联网＋"工业人才

深入贯彻实施《中国制造2025江苏行动纲要》，加速推进江苏省企业互联网化提升，以新一代信息技术产业、高档数控机床和机器人、航空航天装备、先进轨道交通装备、节能与新能源汽车、电力装备、农机装备、生物医药及高性能医疗器械等为重点，鼓励工业企业采用众包设计、个性化定制、协同制造、互联网服务等新模式，大力推进"互联网＋"工业人才高地建设。加强"互联网＋"工业人才发展统筹规划和分类指导，加大专业技术人才、经营管理人才和技能人才的培养力度，完善从研发、转化、生产、营销到管理的人才培养体系；以高层次、急需紧缺专业技术人才和创新型人才培养为重点，实施先进制造卓越工程师培养计划，在相关院校建设一批工程创新训练中心，打造高素质专业技术人才队伍。强化职业教育和技能培训，建立一批实训基地，开展现代学徒制试点示范，形成一支门类齐全、技艺精湛的技术技能人才队伍；加大"互联网＋"工业引智力度，引进领军人才和紧缺人才，加强工业互联网信息物理系统与智能控制系统网络架构、传感和通信系统协议、工业应用软件及诊断工具等工业信息基础设施等领域人才引进、培育和提升力度；引进和培养协同制造人才，鼓励有条件的企业形成基于网络、数据驱动的线下资源线上配置的新型生产方式。

2. 互联网＋重点领域人才

鼓励建立农村互联网志愿者队伍，为农村电商、农业互联网应用提供指导和帮助。大力推进互联网与农业的深度融合，促进农业增效、农民增收、农村发展。组织"跨境电商与O2O（线上与线下）"等为主题的电子商务专题培训班，为商贸流通企业培训急需的专业人才，构筑互联网＋商贸人才高地。举办互联网＋金融专业培训班，加强对P2P（网络借贷）、网络保险、众筹等互联网金融业务风险管理和业务运营管理人才的培养，联合培养互联网＋金融信息安全人才，切实保障金融业安全发展的需要。支持相关政府部门设立政府CIO（首席信息官）职位，提升互联网＋政务管理部门和主管人员的地位，并促进其职位的专业化，促进全省互联网＋政务人才的合作和交流，深度融合培养适应不同专业领域的互联网＋政务人才。鼓励相关部门共同培养新媒体管理和经营人才，促进传统媒体和新兴媒体的融合发展；组织全省影视美术、书籍报刊、动漫游戏等相关产业共同举办互联网＋文化专业培训，促进传统文化产品和服务的数字化、网络化，不断满足新的市场需要。组建互联网＋民生志愿者队伍，开发多层次、多角度、广覆盖的志愿者服务人才；以加快互联网＋民生人才的培养推动民生服务的提档升级,保障全省民生工作水平的不断提高。

五、重点工程

(一)育鹰计划升级工程

在"十二五"期间"育鹰计划"取得明显成效的基础上,部署实施"育鹰计划"升级工程。以培养面向"互联网＋"工业、农业、商贸、金融、政务、文化、民生等多领域的优秀企业家和创业者为主要关注点,通过育鹰峰会、育鹰特训营、育鹰董事会等线下活动,培养一批具有未来国际化战略眼光、互联网思维及卓越领导力的优秀互联网企业家。全面开展与清华大学、北京大学等国内外知名院校的合作,每年培养优秀企业家200人以上。

(二)领军人才打造工程

整合正在实施的多个人才计划项目,打造高标准的江苏互联网领军人才品牌。"十三五"期间,通过"i创杯"互联网创新创业大赛每年发现和培育不少于60支互联网创业团队;举办"江苏省互联网产业人才高峰论坛";在"江苏省互联网十大风云企业和十大新锐企业评选"的基础上增设"江苏省互联网十大领军人物"和"江苏省互联网十大创新团队",形成互联网企业人才"双十"品牌。

(三)网英聚苏引智工程

多管齐下,实施吸引国内外创新型高端互联网人才到江苏集聚发展,为江苏提供智力支持的"网英聚苏"引智工程。进一步加大对软件和互联网领域"双创团队"引进和支持力度;实施"归鸿行动",定期开展面向海外优秀互联网人才的集中招聘和柔性引智活动;深化实施"爱英之旅"全国校园招聘系列活动,加大优秀应届毕业生的引进力度;充分发挥"中国软件杯"大学生软件设计大赛等重要人才活动作用,从中发现和引进一批软件和互联网新锐。

(四)培训基地建设工程

联合省内相关高校以及培训服务企业,结合各地互联网产业特色化发展方向,建设一批互联网产业人才培训基地。鼓励行业协会制订培训基地建设标准,并依据培训基地的师资条件、课程设置、管理水平、硬件设施、培训规模和社会贡献等因素进行分级管理。各地根据本地实际情况设立与本地产业发展需求相适应的互联网产业人才特色化培训基地,实行规范化管理。

(五)中坚精英培养工程

根据我省互联网产业发展的实际需要,实施以培育互联网相关企业中坚力量为主要目标的"中坚精英培养工程",重点围绕开发工程师、产品运营经理和人力资源经理等职位有针对性地开展精英人才培训。充分整合省内相关高等院校和主要互联网企业的专家,组建"江苏省互联网精英导师库",由相关部门颁发证书并进行考核管理。组建"江苏省互联网精英培训联盟",鼓励相关企业加强合作交流并根据自身优势条件为社会提供优质资源和服务。

(六)公益学堂强基工程

组织实施各类互联网公益学堂强基工程,培育一支扎根基层、服务基层、奉献基层的互联网志愿者队伍,充分发挥大学生村官、基层组织以及江苏企业大学等其他公益力量的作用,全面夯实基层互联网发展人才基础。"十三五"期间每年组织省级公益学堂培训活动不少于20场,总人数不少于1 000人。根据发展需要,分设面向农村基层、城市社区、企事业单位等不同对象的志愿者服务团,提供基层公益互联网服务。发挥各类公共技术服务平台作用,强化产业技工互联网知识和技能的培养培训,促进互联网与产业技术的融合发展。

六、保障措施

（一）强化协调合力推进

牢固树立"互联网人才"是互联网经济发展"第一资源"的理念,探索建立江苏省互联网产业人才发展工作协调机制,充分发挥各部门和全社会的作用,多方联动、形成合力、协同推进互联网产业人才发展战略的实施,营造互联网产业人才积极汇聚、脱颖而出和人尽其才的良好环境。鼓励各地结合自身实际,出台符合地区特色产业发展需求的人才发展和激励政策,为全省互联网产业人才发展提供良好的政策保障。

（二）创新机制加大投入

发挥人才发展专项资金、有关产业发展专项资金和投资基金等政府投入的对人才工作的支持引导和撬动作用,建立适应互联网人才发展需要的多元化投入机制。创新人才与资本、技术对接合作模式,研究制定鼓励企业、社会组织加大人才投入的政策措施。发展天使投资和创业投资引导基金,鼓励金融机构创新产品和服务,加大对互联网人才创新创业资金扶持力度,逐步增加对互联网人才公益活动项目的资金奖励比例。

（三）深化服务完善体系

全面整合全省互联网产业人才服务资源,充分发挥各产业联盟、行业组织、高等院校和人才服务机构作用,共同建设互联网产业人才公共服务平台,建立"互联网产业人才数据库",形成专业化、精细化、规范化的互联网产业人才服务体系。设立"江苏省互联网产业人才专家委员会",参与制定全省互联网产业人才发展的重要政策,为各类互联网人才提供专业指导和技术支撑,同时为全省各级政府实施互联网战略提供专家支持。

（四）突出绩效加强评估

把互联网产业人才发展主要指标纳入全省各地有关部门的绩效评价体系,逐步提高互联网产业人才工作指标权重;研究探索互联网产业人才发展水平的评价指标体系,为政府、企业、高校等开展互联网人才工作提供决策支持和信息服务;加强动态监测和跟踪分析,及时把握规划实施中出现的新情况、新问题,持续优化调整具体工作措施。

关于软件和集成电路产业企业所得税优惠备案有关事项的通知

苏财税〔2017〕12 号

各市、县财政局、国家税务局、地方税务局,苏州工业园区国家税务局、地方税务局,张家港保税区国家税务局、地方税务局,省国家税务局直属分局,省地方税务局直属税务局,各有关单位:

根据《关于软件和集成电路产业企业所得税优惠政策有关问题的通知》(财税〔2016〕49 号,以下简称"49 号文件")和《关于印发国家规划布局内重点软件和集成电路设计领域的通知》(发改高技〔2016〕1056 号)相关规定,为做好我省软件和集成电路产业企业享受所得税优惠政策备案工作,提高工作质量和效率,现就有关事项通知如下:

一、备案时间

享受软件和集成电路产业企业所得税优惠政策的企业,每年汇算清缴时应向税务机关备案并提交享受所得税优惠政策备案资料。省级税务部门每年分两批将上述企业名单及其备案资料提交省级发展改革、工业和信息化部门核查。企业拟纳入第一批核查的,应在 3 月 10 日前将备案资料报送主管税务机关,税务部门应在 3 月 20 日前将备案企业名单和备案资料提交给核查部门;除此之外均纳入第二批核查,企业应在 6 月 10 日前将备案资料报送主管税务机关,税务部门应在 6 月 20 日前将备案企业名单和备案资料提交给核查部门。

二、备案资料

请各相关企业区分企业类别,按照我省制定的《集成电路生产企业备案资料》、《集成电路设计企业备案资料》、《软件企业备案资料》、《国家规划布局内重点软件企业备案资料》、《国家规划布局内重点集成电路设计企业备案资料》等备案资料明细(详见附件)向主管税务机关提交备案资料。相关纸质材料,重点软件企业一式 3 份,两份胶装装订,一份活页装订;其他企业一式 2 份,1 份胶装装订,1 份活页装订。相关电子文档(《申请表》和附件表格等),以数据光盘形式报送 1 份。

三、其他要求

1. 请各企业认真研读相关政策文件,提前做好财务审计、软件产品检测等前期工作。

2. 各相关企业可通过江苏省财政厅门户网站(www.jscz.gov.cn)"网上办事"的"税政服务"板块下载相关附件。

3. 企业如无法准确判断能否享受优惠政策的,应提前履行备案手续,纳入税务部门第一批提交核查名单。如经核查不符合减免税条件的,可在汇算清缴期内补缴税款,避免加收滞纳金。

4. 省国税局、省地税局根据省发展改革委和省经信委核查情况,将 2 个批次的核查结果分别在省国、地税门户网站公示 5 个工作日。对核查不通过的企业,由税务机关及时通知企业。企业如对公示结果有异议,应在公示期内向省级税务机关提出,由税务机关转请核查单位复核。

　　附件(略):1. 集成电路生产企业备案资料

　　　　　　　2. 集成电路设计企业备案资料

　　　　　　　3. 软件企业备案资料

4. 国家规划布局内重点软件企业备案资料
5. 国家规划布局内重点集成电路设计企业备案资料

江苏省财政厅　江苏省国家税务局　江苏省地方税务局
江苏省发展和改革委　江苏省经济和信息化委员会

2017 年 3 月 6 日

第六部分

2016 年产业大事记

江苏省2015年度互联网企业"双十强"发布

1月8日,由中共江苏省委宣传部、江苏省经济和信息化委员会指导,江苏省软件行业协会和金陵科技学院承办,中国(南京)软件谷协办的江苏省2015年度互联网风云企业新锐企业双十强发布会在宁举行。会上正式发布了江苏省2015年度互联网企业"双十强"名单。苏宁云商集团股份有限公司(苏宁易购)、南京途牛科技有限公司(途牛旅游)、焦点科技股份有限公司(中国制造网)、江苏仕德伟网络科技股份有限公司、同程网络科技股份有限公司(同程旅游)、八爪鱼在线旅游发展有限公司(八爪鱼在线旅游)、苏三六五网络股份有限公司(三六五网)、南京零号线电子商务有限公司(零号线)、南京矽汇信息技术有限公司(育儿网)、常州买东西网络科技有限公司(淘常州)等10家企业获评2015年度江苏省互联网十大风云企业;苏州清睿教育科技股份有限公司(口语100网络学习空间)、江苏蜂云供应链管理有限公司(我要订货网)、江苏易乐网络科技有限公司、科升无线(苏州)股份有限公司(流量云)、江苏千米网络科技有限公司(千米网)、江苏银承网络科技股份有限公司(同城票据网)、久康云健康科技股份有限公司(九康网)、江苏马上游科技股份有限公司(马上游)、无锡华云数据技术服务有限公司(华云数据)、无锡路大在线科技有限公司(Eput.com)等10家企业获评江苏省2015年度互联网十大新锐企业。

《南京市促进大数据发展三年行动计划(2016—2018年)》出台

1月份,南京市制定出台《南京市促进大数据发展三年行动计划(2016—2018年)》,明确提出了南京市促进大数据发展的指导思想、总体目标、重点任务、保障措施等。按照计划,南京市将重点在促进大数据开放共享、推动大数据应用、加快大数据产业发展、加强大数据信息安全等四方面完成十二项重点任务,以此推动全市经济转型升级和产业结构调整,提升政府治理能力。到2018年,南京市基本形成跨部门数据资源共享共用格局,初步实现政府数据和社会数据互联开放共享,大数据在南京市政务管理、民生服务、经济发展等若干领域得到广泛应用,大数据产业规模年均增幅达到20%。

省政府发布《江苏省企业互联网化提升计划》

2月1日,江苏省人民政府印发《江苏省企业互联网化提升计划》(苏政发〔2016〕10号),大力推进研发设计协同化、生产管控集成化、购销经营平台化、制造服务网络化、技术支撑自主化,并提出以下目标:到"十三五"末,规模以上企业研发设计、生产管理、营销服务等关键环节互联网应用覆盖率达到60%,关键管控软件普及率达到65%,重点管控系统集成覆盖率达到45%;大中型企业互联网应用及关键管控软件应用实现全覆盖,重点管控系统集成覆盖率达到65%。建成100个面向重点行业有影响力的互联网化服务平台。2016年,规模以上企业互联网应用覆盖率和关键管控软件应用普及率均达到50%,重点管控系统集成覆盖率达到25%;大中型企业互联网应用覆盖率和关键管控软件应用普及率均达到65%,重点管控系统集成覆盖率达到35%。创建30个重点互联网化服务平台。

苏州市政府发布《关于推进软件和集成电路产业发展的若干政策》

3月7日,苏州市人民政府发布《关于推进软件和集成电路产业发展的若干政策》,内容涵盖财税政策、投融资政策、创业创新政策、人才政策、优化产业发展环境政策共五大类30条细则,旨在推进苏州市软件和集成电路产业在更高层次上发展,着力优化产业发展环境。

2016 江苏企业家"育鹰峰会"在扬州举行

3月25日,2016江苏企业家"育鹰峰会"暨江苏企业大学启动仪式在扬州举行。江苏省人才办、省经信委、省人社厅、扬州市政府有关领导,"育鹰计划"企业家代表等300多人参加会议。峰会回顾了"育鹰计划"开展以来的精彩片段,5位育鹰学员代表分享了学习成果,并举行了育鹰成果颁奖典礼,27家企业获奖。会上,经江苏省经信委批准,由江苏中企教育科技股份有限公司运营的人才服务平台——江苏企业大学正式成立。该平台将围绕企业强省的人才战略目标,以国际化视野整合全球优质教育资源,构建特色培训项目,通过线上线下的教育模式,为企业提供基于人才竞争优势的教育培训服务。

省经信委批准认定第四批省级软件企业技术中心

5月9日,省经信委批准认定了第四批省级软件企业技术中心。国电南瑞南京控制系统有限公司技术中心、南京国电南自软件工程有限公司技术中心、南京东大智能化系统有限公司技术中心、南京富士通南大软件技术有限公司技术中心、南京嘉环科技有限公司技术中心、远景能源(南京)软件技术有限公司技术中心、南京途牛科技有限公司技术中心等29家技术中心上榜。

省经信委召开全省 ITSS 和云计算综合标准化体系建设宣贯会

5月17日,省经信委组织召开全省 ITSS 和云计算综合标准化体系建设宣贯会。工信部信软司巡视员李颖、省经信委副主任龚怀进出席会议并讲话,13个省辖市和3个省管县经信部门负责人、省级以上软件园和软件产业标准化工作负责人、部分重点软件企业负责人共100多人参会。龚怀进在会上表示,近年来,江苏省高度重视 ITSS 标准化工作,已在全省形成了促进 ITSS 标准应用推广的良好态势。主要表现在四个方面:一是标准工作的支援保障体系初步建立;二是标准宣贯培训得到持续强化;三是公共服务体系得到持续增强;四是符合性评估工作获得丰硕成果。下一步,全省将继续加大 ITSS、云计算、大数据等标准推广使用力度,重点从以下两个方面开展工作:一是着力加强标准研制工作;二是持续强化标准应用宣贯。

省经信委印发《江苏省推进"互联网＋小微企业"行动计划》

6月6日,省经信委印发《江苏省推进"互联网＋小微企业"行动计划》,提出了"十三五"推进"互联网＋小微企业"六大行动任务。一是提升小微企业信息化水平,包括实施小微企业信息化推进工程、开展数字企业创建等。二是推动互联网技术运用,包括集聚资源建设面向小微企业的云服务平台、实施"上网触电"专项计划,推动小微企业依托专业化电商平台开展电子商务应用等。三是培育新模式新业态,包括开展"互联网＋小微企业"融合试点示范、建设小微企业"互联网＋"转型升级实训基地等。四是完善服务体系。包括实施中小企业公共服务平台网络建设工程等。五是促进信息化服务平台发展。包括实施小微企业信息化服务平台 O2O 推进计划等。六是支持小微企业创新创业。

江苏 7 企上榜 2016 年中国互联网企业 100 强榜单

7月12日,中国互联网协会、工业和信息化部信息中心在京召开 2016 年中国互联网企业 100 强发布会暨百强企业论坛,会上发布了 2016 年中国互联网企业 100 强榜单,阿里巴巴、腾讯、百度分列前三。江苏共有7家企业上榜,其中苏宁云商跻身十强(第10位),途牛旅游(第30位)、同程旅游(第 31 位)、焦点科技(第 41 位)、苏州蜗牛科技(第 78 位)、江苏 365 网络(第 79 位)、好享购(第 93 位)同时入围。上述上榜企业凸显了江苏省互联网产业在商业互联网、在线旅游等领域的优势。

泰州市入选"宽带中国"示范城市

7 月 25 日,工信部、国家发改委公布 2016 年度"宽带中国"示范城市(城市群)评选结果,泰州等 39 个城市榜上有名,这是泰州市继成为国家"三网融合"试点城市、智慧试点城市后,在信息通信领域获得的又一项"国字号"牌匾。据悉,"宽带中国"示范城市将在信息通信新技术新业务试点、示范项目等方面获得国家相关部门优先支持。根据泰州市"宽带中国"示范创建方案和发展规划,到 2018 年,全市固定宽带普及率将达 85%,城市和农村家庭宽带接入能力分别达 100M、20M,4G 站点总数达 12 200 个,城市核心区 WLAN 热点覆盖率达 100%,3G/4G 移动电话普及率达 80%,高清互动电视用户占有线电视用户比例超过 50%,建成并逐步完善涉及金融、农业、教育、环保等行业的社会公共信息化服务平台。

江苏 10 企入围 2016 年中国软件业务收入前百强

7 月 28 日,工信部发布了 2016 年(第 15 届)中国软件业务收入前百家企业名单。华为技术有限公司以软件业务年收入 1 786 亿元,连续 15 年蝉联软件前百家企业之首,中兴通讯股份有限公司、海尔集团公司分别列第二和第三名。本届江苏共有 10 家企业上榜,分别为:南京南瑞集团公司(第 6 位)、熊猫电子集团有限公司(第 13 位)、江苏集群信息产业股份有限公司(第 17 位)、江苏省通信服务有限公司(第 27 位)、国电南京自动化股份有限公司(第 28 位)、江苏金智集团有限公司(第 73 位)、南京联创科技集团股份有限公司(第 81 位)、恒宝股份有限公司(第 83 位)、江苏润和科技投资集团有限公司(第 91 位)、江苏国光信息产业股份有限公司(第 95 位),上榜企业总数较上届增加 2 家,10 家企业 2015 年软件总收入为 393.3 亿元,占全国百家企业软件总收入的比重为 6.55%,比上届提高 0.7 个百分点。

省经信委批准认定第二批省级互联网产业园和众创园

8 月 5 日,省经信委批准认定了第二批江苏省互联网产业园和众创园。中国(南京)软件谷、无锡惠山软件园、徐州软件园、昆山软件园、淮安软件园、盐城市电商快递产业园等 6 家园区获评省级互联网产业园;南京理工大学、中国矿业大学、昆山启迪科技园等 15 家单位入围省级互联网众创园。

省经信委公布 2016—2017 年江苏省规划布局内重点软件企业名单

8 月 9 日,省经信委公布了 2016—2017 年江苏省规划布局内重点软件企业名单,共有 116 家软件企业上榜,其中规模型 56 家,出口型 7 家,潜力型 53 家。据悉,此次申报的门槛有所抬高,入围的企业在 2016 年和 2017 年两年有效。按照企业自愿申报,经各市推荐,受理单位省软件行业协会按申报规定作出初步审查和组织专家评审,最后报省经信委认定、公布了该批名单。此次上榜的 116 家企业中,按市分布前三名全部在苏南,其中南京市 60 家,苏州市 25 家,无锡市 16 家;泰州市有 4 家企业入围,名列第四。与上届相比,本届入围的重点软件企业总数增加了 18 家,其中规模型增加了 20 家,出口型增加了 3 家,潜力型减少了 5 家。

省政府发布《江苏省大数据发展行动计划》

8月19日,江苏省人民政府发布《江苏省大数据发展行动计划》,提出以下发展目标:一是完善大数据产业生态。到2020年,全省大数据产品和服务广泛应用,企业集聚度和创新研发能力显著提高,形成较为完善的大数据生态产业链。建成10个省级大数据产业园,建成一批大数据产业(交易)中心,引进培养100名大数据领军人才,60%的软件企业实现服务化转型,培育5家业务收入超100亿元、50家业务收入超10亿元的大数据龙头企业。二是丰富大数据示范应用。到2020年,工业大数据应用全国领先,政府和社会数据开放共享格局基本形成、互动整合机制进一步完善。三是提升社会治理能力。2017年底前,建成全省政府数据统一开放平台,形成省、市两级以及跨部门数据资源共建共享和开发利用机制;2020年底前,逐步、安全、规范地推动社会治理相关领域的政府数据向社会开放,打通政府部门、企事业单位之间的数据壁垒,基于数据共享和部门协同全面提升各级政府治理和公共服务能力。

《南京市建设国际软件名城实施方案》发布

8月22日,南京市委、市政府印发《南京市建设国际软件名城实施方案》,提出到2020年将南京"建成国际软件名城"的总目标,并围绕六方面提出了具体目标:产业规模方面,到2020年,全市软件和信息服务业收入达8 000亿元,其中软件业务收入达5 500亿元,规模在国内城市中名列前茅;产业集聚方面,全面建成中国(南京)软件谷、南京软件园、江苏软件园(简称"一谷两园")软件产业集聚区,"一谷两园"对全市软件和信息服务业贡献度超过80%;技术水平方面,培育一批国际知名软件产品和服务品牌,在基础软件和工业软件、云计算和大数据、人工智能、集成电路设计、虚拟现实/增强现实/混合现实(VR/AR/MR)等技术领域突破和掌握一批核心关键技术,形成位居国际前列、国内领先的创新能力;企业培育方面,将引进和培育30—50家国际知名软件和信息服务企业,收入超百亿元企业达到10家以上,新培育中国软件百强企业5—8家,新落户的全球软件500强企业、国内软件百强企业、国内外涉软上市企业20家以上,全市涉软企业超过5 000家;人才建设方面,集聚软件行业顶尖专家10名、培育创新型企业家20名、引进高层次创业人才200名、扶持2 000名青年大学生创业,涉软从业人员达100万人;国际化程度方面,全面提升南京软件产业国际知名度,开展跨国经营的软件企业超过100家,在境外设立研发机构的软件企业超过20家,全市信息技术离岸外包执行额超60亿美元,把软博会打造成为全国最有影响力的专业国际展会之一。

部省市合作共建国家级盐城大数据产业基地

8月27日,工信部信息化和软件服务业司、江苏省经信委、盐城市人民政府在宁共同签署《部省市共同打造国家级大数据产业基地三方战略合作备忘录》,以"盐城大数据产业园"为载体,进一步深化合作,集中互联网、大数据、云计算融合创新各类发展要素,共同推动盐城国家级大数据产业基地建设。合作内容包含以下七个方面:一是将盐城大数据产业发展纳入国家"十三五"互联网经济和大数据产业发展总体规划;二是支持盐城作为重要节点积极参与国家大数据综合试验区建设,引导和推动国家、智慧江苏重点项目落户盐城;三是支持盐城大数据优势骨干企业和研究机构承接国家级项目和平台,推动各类资源向盐城汇聚;四是支持盐城在全国率先建设工业大数据平台,并在盐城开展中德合作园区大数据试验区建设;五是支持盐城参与联合发起成立中国大数据企业联盟,并承担相关工作;六是联合举办中国大数据企业大会,并将盐城作为大会固定会址;七是对落户盐城的相关大数据重点企业、项目给予一定基金扶持。

第十二届中国(南京)软博会在宁举行

9月2—5日,第十二届中国(南京)国际软件产品和信息服务交易博览会在南京国际博览中心隆重举行。本届软博会以"贯彻落实'中国制造2025'和'互联网+'国家战略,建设国际软件名城"为主题,通过展示、交易、论坛、人才招聘等系列活动,为软件产业交流合作、资源共享搭建平台,共计达成签约项目85项,总投资达316亿元,创下历届软博会之最。相关活动方面,本届软博会共组织高层次专题论坛和活动14场,展会规模达10万平方米,共计吸引30多个国家和地区参展参会,20多个国内省市代表团参加活动,1 237家国内外企业参展,超过11万名观众参与本次软博会,其中专业观众、企业用户达到8万人,规模及影响力继续保持国内同类展会第一。

省政府与阿里巴巴集团签署战略合作协议

10月16日,江苏省人民政府与阿里巴巴集团、蚂蚁金服集团在南京分别签署战略合作框架协议,共同推动电子商务、产业升级、云计算大数据、智能制造、政务治理等方面实现突破发展。省委书记李强、时任江苏省省长石泰峰、阿里巴巴集团董事局主席马云出席签约仪式。根据协议,阿里巴巴将推动江苏制造升级为智慧制造,与江苏省及各地政府、行业龙头企业合作搭建云计算平台,更好地利用大数据和云计算技术发展工业互联网,推动传统产业升级合作。双方还将在零售电商、跨境电商、农村电商、建设现代商业物流体系等领域开展全面。与蚂蚁金服的战略合作则主要侧重于互联网+普惠金融、政务服务一张网、智慧城市、线下商业升级四大领域,具体合作内容包括互联网+政务服务、互联网+精准扶贫、绿色出行、医保支付、智慧商业、信用体系建设、小微企业贷款、创业孵化等14个项目。

省政府与中国电信集团签署战略合作协议

10月19日,江苏省人民政府与中国电信集团公司在南京签署推进"互联网+"战略合作协议。时任江苏省省长石泰峰、中国电信集团董事长杨杰出席签约仪式。协议明确,双方将进一步深化合作,共同推进国家"互联网+"行动在江苏省全面落地,加快推动互联网与江苏省经济社会各领域的深度融合和创新发展。到2020年末,共同推进江苏省基本形成网络化、智能化、服务化、协同化的"互联网+"产业生态体系和社会治理模式,互联网经济发展水平显著提升,政府服务能力明显增强,"互联网+"成为江苏经济社会创新发展的重要驱动力量。

第二届"i创杯"互联网创新创业大赛在宁落幕

10月25日,由江苏省经信委主办,江苏省委组织部、江苏省委宣传部、江苏省互联网信息办公室、江苏省教育厅、江苏省财政厅、共青团江苏省委员会、江苏省青年联合会共同支持,南京市江宁区人民政府、江苏省广播电视总台、创客公社、企运网、江苏启迪、啡咖啡承办,各市经济和信息化主管部门、各省级互联网产业园、互联网众创园、软件园等协办的第二届"i创杯"互联网创新创业大赛在南京圆满落幕。本届大赛突出培育新动能,突出"互联重塑价值,融合创造未来"主题,在充分继承发扬首届大赛成功经验的基础上,更加注重内容和形式创新,参赛项目覆盖消费领域、云计算与大数据、智能硬件、互联网+工业、农业、教育文化等领域及行业。开赛以来,共吸引1 000多个项目参赛,经过为期3天的激烈角逐,20个项目脱颖而晋级总决赛,最终决出企业组特等奖1个、一等奖3个、二等奖4个、三等奖8个,团队组一等奖2个、三等奖2个,另有最佳人气奖、最佳创意奖、最具潜力奖各1名。苏州老玩童信息技术有限公司的"就爱广场舞社交软件"项目在众多作品中脱颖而出,获得特等奖,赢得 10 万元奖金。试达测评、天峋智能无人机解决方案、安防视频大数据分析引擎、仪器设备及检测研发共享平台、学海智伴等项目荣获一等奖,分别赢得 8 万元奖金。

省经信委发布《江苏省"十三五"互联网产业人才发展规划》

10 月 27 日,省经信委发布《江苏省"十三五"互联网产业人才发展规划》,提出到 2020 年,引进优秀软件和互联网创新创业团队 30 个,发掘优秀的潜力型互联网创新创业团队 300 个;培养互联网产业高端领军人才 1 000 名,其中科技企业家 100 名;新增互联网相关行业从业人员 50 万名,其中本科及以上层次超 70%;建成省级互联网产业人才培训基地 20 个,在全省形成区域错位发展、优势互补的特色化人才培养格局,开展 5 万人次以上的各类互联网产业技术、运营、服务、安全保障和管理实操等各类培训。此外,《规划》提出四项主要任务:建设一支高水平的互联网企业领军人才队伍、一支高水平的互联网中坚骨干人才队伍、一支高水平的互联网服务保障人才队伍、一支强有力的互联网跨界融合人才队伍;并明确了六项重点工程:育鹰计划升级工程、领军人才打造工程、网英聚苏引智工程、培训基地建设工程、中坚精英培养工程、公益学堂强基工程。

省政府与中国移动集团签署战略合作协议

11 月 1 日,江苏省人民政府与中国移动通信集团公司在南京签署共同推进江苏物联网发展专项战略合作协议。时任江苏省省长石泰峰、中国移动通信集团公司董事长尚冰出席签约仪式。根据协议,双方将在加快构建物联网基础设施、全面推动物联网产业发展、打造特色示范应用等方面展开合作。中国移动将充分发挥在物联网技术、产业、应用以及跨界融合等方面的规模和应用优势,紧紧围绕江苏"强富美高"战略目标,未来五年,在江苏开展蜂窝物联网基础设施重点工程建设,引领物联网行业技术标准,打造精品示范应用。省政府将把中国移动作为重点扶持企业,重点支持中国移动在江苏的信息基础设施建设,不断优化发展环境,做好引导支撑,鼓励中国移动参与智慧江苏建设,构建完善物联网高新技术产业链,共同推进江苏物联网跨越式发展。

省政府与华为签署战略合作协议

11 月 16 日,江苏省人民政府与华为技术有限公司在南京签署战略合作协议。省委书记李强、时任江苏省省长石泰峰会见华为公司总裁任正非一行并出席签约仪式。根据协议,双方将组织实施 20 多个具体合作项目,包括共同推进江苏信息产业创新发展、共同打造江苏物联网产业新高地、共同推动江苏智能制造发展、共同深化江苏行业大数据应用、共同加快新型江苏智慧城市建设、共同搭建新型智慧城市管理服务平台、共同促进江苏"互联网+"政务服务发展、共同培育信息化领域专业人才等。华为将依托自身在大数据、云计算、物联网、智慧城市等方面的技术优势,助力江苏智慧强省建设和经济转型升级。

省政府与京东集团签署战略合作框架协议

11 月 29 日,省政府与京东集团签署了战略合作框架协议,时任江苏省省长石泰峰在南京会见京东集团首席执行官刘强东。根据协议,双方将在互联网与现代物流、"三农"、商贸流通、制造业、数据服务、创业创新、医药、金融等领域加强合作,促进江苏经济转型升级。未来 5 年,京东集团将在江苏省投资建设多个合作项目,积极带动关联产业发展。

全省软件与信息服务业系统年度工作会议在宁召开

12 月 20—21 日,江苏省经信委在南京组织召开全省软件与信息服务业系统年度工作会议。

省经信委副主任龚怀进出席会议并为 2016 年新入选的 22 家互联网产业园、众创园授牌。省经信委软件与信息服务业处处长池宇,副处长张巍、张北虹出席会议。全省 13 个各设区市经信委(信电局),昆山市、泰兴市、沭阳县经信委(局)分管领导及业务处室负责人,各省级互联网产业园、众创园负责人参加会议。会上,池宇介绍了 2016 年度我省软件和信息技术服务业的总体运行情况和省经信委 2016 年开展的相关工作。张巍针对 2016 年江苏互联网产业人才培养、软件和信息技术服务标准建设等方面的工作进行了补充说明。张北虹副处长就互联网产业园、众创园省市共建工作进行了总结。龚怀进作总结发言。他表示,2016 年我省软件产业取得了一定成绩,但在发展过程中也同样暴露出部分问题。对此,相关部门应加强监管,引导软件产业健康发展。在总结 2016 年工作的基础上,龚怀进副主任对 2017 年全省软件产业相关工作提出要求。他表示,各相关部门应进一步把握软件产业发展方向和重点领域,集中资源向互联网＋、云计算、物联网应用、大数据、人工智能、智慧城市六大方向发力;整合产学研用资源,将江苏创新体系融入国家创新体系;围绕重点产业链鼓励企业走出去;着力解决高端人才紧缺问题;打造地方和园区特色化产业;增强为企业转型服务的能力。讨论交流会上,全省 13 个设区市经信委(信电局)、昆山市经信委、泰兴市经信委、沭阳县经信委相关负责人分别汇报了所辖市(县)2016 年软件产业的总体运营情况和 2017 年软件产业年度工作计划,并就工作中的相关问题展开交流。各省级互联网产业园、众创园负责人汇报了所属园区 2016 年度总体发展情况。

附　　录

附录 A　2016 年江苏省通过评估的软件企业一览表

序号	评估号	企业名称	序号	评估号	企业名称
1	苏 RQ－2016－A0236	南京鸿科信软件有限公司	30	苏 RQ－2016－A0619	南京群立年代软件有限公司
2	苏 RQ－2016－A0056	南京睿肯信息技术有限公司	31	苏 RQ－2016－A0007	南京东源电力科技有限公司
3	苏 RQ－2016－A0331	南京浅橙软件有限公司	32	苏 RQ－2016－A0625	江苏高伟达信息技术有限公司
4	苏 RQ－2016－A0842	南京华益信息科技有限公司	33	苏 RQ－2016－A0563	南京易瞬间软件科技有限公司
5	苏 RQ－2016－A0562	南京景桥软件有限公司	34	苏 RQ－2016－A0521	南京品佳科技开发有限公司
6	苏 RQ－2016－A0608	南京世纪桥软件 系统工程有限公司	35	苏 RQ－2016－A0167	南京乾坤科技实业有限公司
7	苏 RQ－2016－A0112	南京新索奇科技有限公司	36	苏 RQ－2016－A0532	南京卓飞科技有限公司
8	苏 RQ－2016－A0549	南京优泰科技发展有限公司	37	苏 RQ－2016－A0298	南京众览教育科技有限公司
9	苏 RQ－2016－A0194	南京万汇弘信息技术有限公司	38	苏 RQ－2016－A0491	南京大汉网络有限公司
10	苏 RQ－2016－A0878	江苏汉鼎信息技术有限公司	39	苏 RQ－2016－A0634	江苏创纪云网络科技有限公司
11	苏 RQ－2016－A0524	南京鱼跃软件技术有限公司	40	苏 RQ－2016－A0789	南京优创科技有限公司
12	苏 RQ－2016－A0129	江苏先安科技有限公司	42	苏 RQ－2016－A0223	南京凯唱软件有限公司
13	苏 RQ－2016－A0552	南京长江瑞亨软件有限公司	41	苏 RQ－2016－A0470	南京雷宜特信息技术有限公司
14	苏 RQ－2016－A0417	南京北斗星网讯技术有限公司	43	苏 RQ－2016－A0685	南京绿库信息技术有限公司
15	苏 RQ－2016－A0663	南京纽豪斯智能科技有限公司	44	苏 RQ－2016－A0418	江苏三希科技股份有限公司
16	苏 RQ－2016－A0709	江苏省公用信息有限公司	45	苏 RQ－2016－A0362	江苏瑞福智能科技有限公司
17	苏 RQ－2016－A0215	南京梅花软件系统有限公司	46	苏 RQ－2016－A0294	南京同人软件系统有限公司
18	苏 RQ－2016－A0771	南京川陀大匠信息技术有限公司	47	苏 RQ－2016－A0755	南京视事盛电子科技有限公司
19	苏 RQ－2016－A0184	南京畅洋科技有限公司	48	苏 RQ－2016－A0399	江苏新大陆科技有限公司
20	苏 RQ－2016－A0918	南京时玳运成网络 科技发展有限公司	49	苏 RQ－2016－A0343	南京帆软软件有限公司
			50	苏 RQ－2016－A0432	南京讯点软件技术有限公司
21	苏 RQ－2016－A0926	南京迈特望科技股份有限公司	51	苏 RQ－2016－A0461	南京科秀软件开发有限公司
22	苏 RQ－2016－A0679	南京亿柯森信息技术有限公司	52	苏 RQ－2016－A0096	江苏斯玛特地理信息 技术有限公司
23	苏 RQ－2016－A0502	南京江琛科技有限公司			
24	苏 RQ－2016－A0228	南京君富科技有限公司	53	苏 RQ－2016－A0673	南京市市民卡有限公司
25	苏 RQ－2016－A0588	南京听说软件有限公司	54	苏 RQ－2016－A0864	南京飞步科技有限公司
26	苏 RQ－2016－A0161	南京慧立信息系统有限公司	55	苏 RQ－2016－A0349	南京金水尚阳信息技术有限公司
27	苏 RQ－2016－A0232	南京恩博科技有限公司	56	苏 RQ－2016－A0872	南京维瓦数字科技有限公司
28	苏 RQ－2016－A0244	江苏轩途电子科技有限公司	57	苏 RQ－2016－A0192	南京水晶石数字科技有限公司
29	苏 RQ－2016－A0259	南京普旭科技发展有限公司	58	苏 RQ－2016－A0510	江苏虚拟软件园股份有限公司

序号	评估号	企业名称	序号	评估号	企业名称
59	苏 RQ - 2016 - A0222	江苏前景信息科技有限公司	92	苏 RQ - 2016 - A0357	南京久特软件有限公司
60	苏 RQ - 2016 - A0375	江苏团聚新媒体发展有限公司	93	苏 RQ - 2016 - A0734	南京高运信息系统工程有限公司
61	苏 RQ - 2016 - A0657	江苏猎宝网络科技有限公司	94	苏 RQ - 2016 - A0681	江苏优瀛科技有限公司
62	苏 RQ - 2016 - A0246	南京远古科技有限公司	95	苏 RQ - 2016 - A0852	南京智绘星图信息科技有限公司
63	苏 RQ - 2016 - A0689	南京汇微达信息技术有限公司	96	苏 RQ - 2016 - A0449	南京虹尚通信科技有限公司
64	苏 RQ - 2016 - A0114	南京全高信息科技有限公司	97	苏 RQ - 2016 - A0820	南京智精灵教育科技有限公司
65	苏 RQ - 2016 - A0487	南京麦格米特控制软件技术有限公司	98	苏 RQ - 2016 - A0301	南京数聚科技有限公司
66	苏 RQ - 2016 - A0153	南京敏思科技有限公司	99	苏 RQ - 2016 - A0488	南京麦格米特驱动软件技术有限公司
67	苏 RQ - 2016 - A0564	南京西祠信息技术股份有限公司	100	苏 RQ - 2016 - A0796	南京雷超科技有限公司
68	苏 RQ - 2016 - A0419	江苏金思维软件有限公司	101	苏 RQ - 2016 - A0602	南京大牛信息科技有限公司
69	苏 RQ - 2016 - A0516	南京新模式软件集成有限公司	102	苏 RQ - 2016 - A0380	江苏友邦软件有限公司
70	苏 RQ - 2016 - A0798	北京国电软通江苏科技有限公司	103	苏 RQ - 2016 - A0366	江苏容德科技有限公司
71	苏 RQ - 2016 - A0939	南京奕米互动网络科技有限公司	104	苏 RQ - 2016 - A0836	南京商周纵联软件有限公司
72	苏 RQ - 2016 - A0638	南京开江科技有限公司	105	苏 RQ - 2016 - A0457	南京国图信息产业股份有限公司
73	苏 RQ - 2016 - A0591	南京华之聚信息科技有限公司	106	苏 RQ - 2016 - A0703	南京贝龙软件有限公司
74	苏 RQ - 2016 - A0085	南京海泰医疗信息系统有限公司	107	苏 RQ - 2016 - A0830	南京金晟远建信息技术有限公司
75	苏 RQ - 2016 - A0676	南京好易家网络科技有限公司	108	苏 RQ - 2016 - A0198	南京远志资讯科技开发有限公司
76	苏 RQ - 2016 - A0097	江苏兰德数码科技有限公司	109	苏 RQ - 2016 - A0073	江苏连邦信息技术有限公司
77	苏 RQ - 2016 - A0518	南京格安信息系统有限责任公司	110	苏 RQ - 2016 - A0441	江苏国瑞信安科技有限公司
78	苏 RQ - 2016 - A0756	南京云麦尚博信息科技有限公司	111	苏 RQ - 2016 - A0325	江苏思迈特软件工程有限公司
79	苏 RQ - 2016 - A0150	江苏友上科技实业有限公司	112	苏 RQ - 2016 - A0014	南京胜太迪玛斯电力系统有限公司
80	苏 RQ - 2016 - A0444	南京长城信息系统有限公司	113	苏 RQ - 2016 - A0579	南京睿辰欣创网络科技股份有限公司
81	苏 RQ - 2016 - A0171	南京嘉业德软件技术有限公司	114	苏 RQ - 2016 - A0238	江苏翔晟信息技术股份有限公司
82	苏 RQ - 2016 - A0109	南京多茂科技发展有限公司	115	苏 RQ - 2016 - A0140	江苏金中天计算机网络有限公司
83	苏 RQ - 2016 - A0759	南京铭图软件科技有限公司	116	苏 RQ - 2016 - A0499	江苏瑞德信息产业有限公司
84	苏 RQ - 2016 - A0882	南京振兴华电子成套设备有限公司	117	苏 RQ - 2016 - A0535	南京中科盟联信息有限公司
85	苏 RQ - 2016 - A0735	南京沃旭通讯科技有限公司	118	苏 RQ - 2016 - A0156	南京铭卷数码科技有限公司
86	苏 RQ - 2016 - A0389	南京宏图天安软件系统有限公司	119	苏 RQ - 2016 - A0361	南京途牛科技有限公司
87	苏 RQ - 2016 - A0177	南京本安仪表系统有限公司	120	苏 RQ - 2016 - A0320	南京嘉腾维新软件有限公司
88	苏 RQ - 2016 - A0045	南京泥巴怪网络科技有限公司	121	苏 RQ - 2016 - A0825	南京东屹讯多媒体科技有限公司
89	苏 RQ - 2016 - A0288	江苏捷士达高校科技开发有限责任公司	122	苏 RQ - 2016 - A0015	南京艾速德信息科技有限公司
90	苏 RQ - 2016 - A0580	南京纳加软件有限公司	123	苏 RQ - 2016 - A0329	南京量为石信息科技有限公司
91	苏 RQ - 2016 - A0154	江苏高登电子有限公司	124	苏 RQ - 2016 - A0260	江苏普旭软件信息技术有限公司
			125	苏 RQ - 2016 - A0664	南京合容电气有限公司

（续表）

序号	评估号	企业名称	序号	评估号	企业名称
126	苏 RQ－2016－A0544	南京轩永科技有限公司	160	苏 RQ－2016－A0875	南京坚卓软件科技有限公司
127	苏 RQ－2016－A0068	南京润奇检测仪器有限公司	161	苏 RQ－2016－A0506	江苏省金茂国际电子商务有限公司
128	苏 RQ－2016－A0306	南京贝凯信息技术有限公司	162	苏 RQ－2016－A0782	南京炬塔信息技术有限公司
129	苏 RQ－2016－A0401	南京学思信息技术有限责任公司	163	苏 RQ－2016－A0332	南京苏亚星资讯科技开发有限公司
130	苏 RQ－2016－A0543	南京市测绘勘察研究院有限公司	164	苏 RQ－2016－A0239	南京名都安防器械有限公司
131	苏 RQ－2016－A0592	南京迪聪科技有限公司	165	苏 RQ－2016－A0316	南京有嘉科技有限公司
132	苏 RQ－2016－A0497	南京一丹软件有限公司	166	苏 RQ－2016－A0711	南京宁智峰信息科技有限公司
133	苏 RQ－2016－A0695	江苏苏威尔科技有限公司	167	苏 RQ－2016－A0076	南京安之旭智能科技有限公司
134	苏 RQ－2016－A0937	南京国之迈信息科技有限公司	168	苏 RQ－2016－A0404	南京拓界信息技术有限公司
135	苏 RQ－2016－A0733	南京阿尔易智能科技有限公司	169	苏 RQ－2016－A0808	江苏从容金融信息服务有限公司
136	苏 RQ－2016－A0443	南京研控科技有限公司	170	苏 RQ－2016－A0731	江苏省天珑电子科技有限公司
137	苏 RQ－2016－A0272	江苏金蝶软件有限公司	171	苏 RQ－2016－A0905	南京钟山苑航空技术有限公司
138	苏 RQ－2016－A0032	南京金麦地电子设备有限公司	172	苏 RQ－2016－A0627	南京普华思莱威软件有限公司
139	苏 RQ－2016－A0398	南京探索计算机软件有限公司	173	苏 RQ－2016－A0224	南京远望蓝卫系统集成有限责任公司
140	苏 RQ－2016－A0599	南京巴盛电力科技有限公司	174	苏 RQ－2016－A0269	南京钜盛电脑自动化有限公司
141	苏 RQ－2016－A0582	南京红苹果网络科技有限公司	175	苏 RQ－2016－A0108	江苏公信软件科技发展有限公司
142	苏 RQ－2016－A0534	南京感动科技有限公司	176	苏 RQ－2016－A0585	南京德人慧云软件系统有限公司
143	苏 RQ－2016－A0025	江苏运时数据软件股份有限公司	177	苏 RQ－2016－A0833	南京焦耳科技有限责任公司
144	苏 RQ－2016－A0393	南京芯传汇电子科技有限公司	178	苏 RQ－2016－A0190	南京东邦科技有限公司
145	苏 RQ－2016－A0249	南京南软科技有限公司	179	苏 RQ－2016－A0396	南京壹进制信息技术股份有限公司
146	苏 RQ－2016－A0302	南京美桥信息科技有限公司	180	苏 RQ－2016－A0545	久康云健康科技股份有限公司
147	苏 RQ－2016－A0893	南京赛克蓝德网络科技有限公司	181	苏 RQ－2016－A0106	南京晟磐科技开发有限公司
148	苏 RQ－2016－A0764	南京希迪麦德软件有限公司	182	苏 RQ－2016－A0065	南京嘉谷初成通信科技有限公司
149	苏 RQ－2016－A0475	南京耀泽电子科技有限公司	183	苏 RQ－2016－A0760	江苏省新通智能交通科技发展有限公司
150	苏 RQ－2016－A0074	南京倍宁医疗器械有限公司	184	苏 RQ－2016－A0569	南京户传软件技术有限公司
151	苏 RQ－2016－A0812	南京亚册云象通信技术有限公司	185	苏 RQ－2016－A0036	江苏首屏信息产业有限公司
152	苏 RQ－2016－A0170	南京多邦软件有限公司	186	苏 RQ－2016－A0237	南京医健通信息科技有限公司
153	苏 RQ－2016－A0469	南京保通电讯公司	187	苏 RQ－2016－A0324	南京文盛科技有限公司
154	苏 RQ－2016－A0420	南京慧松信息工程有限公司	188	苏 RQ－2016－A0604	南京磐众计算机科技有限公司
155	苏 RQ－2016－A0455	南京钰和隆电子科技有限公司	189	苏 RQ－2016－A0934	南京好多龙数码科技有限公司
156	苏 RQ－2016－A0453	南京银石计算机系统有限公司	190	苏 RQ－2016－A0088	南京惠贸通信息科技有限公司
157	苏 RQ－2016－A0636	南京捷希科技有限公司	191	苏 RQ－2016－A0631	江苏亿科达科技发展有限公司
158	苏 RQ－2016－A0780	江苏长运交通科技有限公司	192	苏 RQ－2016－A0726	南京云创大数据科技股份有限公司
159	苏 RQ－2016－A0682	南京艾科朗克信息科技有限公司			

序号	评估号	企业名称	序号	评估号	企业名称
193	苏 RQ－2016－A0624	南京坤拓土木工程科技有限公司	227	苏 RQ－2016－A0858	南京启旭电子科技有限公司
194	苏 RQ－2016－A0070	南京图观网络科技有限公司	228	苏 RQ－2016－A0642	江苏易斯特电子口岸信息科技有限公司
195	苏 RQ－2016－A0183	南京岱恩教育科技有限公司	229	苏 RQ－2016－A0705	智器云南京信息科技有限公司
196	苏 RQ－2016－A0317	南京瀚之显电子科技有限公司	230	苏 RQ－2016－A0001	南京艾瑞特软件科技有限公司
197	苏 RQ－2016－A0135	江苏长天智远交通科技有限公司	231	苏 RQ－2016－A0806	南京珥仁科技有限公司
198	苏 RQ－2016－A0652	南京睿希信息科技有限公司	232	苏 RQ－2016－A0886	南京分布文化发展有限公司
199	苏 RQ－2016－A0311	江苏三才软件技术有限公司	233	苏 RQ－2016－A0196	南京欧巴马科技有限公司
200	苏 RQ－2016－A0958	南京理学工程数据技术有限公司	234	苏 RQ－2016－A0144	南京凯普逊信息技术有限公司
201	苏 RQ－2016－A0204	南京莱斯信息技术股份有限公司	235	苏 RQ－2016－A0639	南京信风网络科技有限公司
202	苏 RQ－2016－A0407	南京唐博科技有限责任公司	236	苏 RQ－2016－A0482	南京联澳科技有限公司
203	苏 RQ－2016－A0337	南京维拓科技有限公司	237	苏 RQ－2016－A0790	南京北斗城际在线信息股份有限公司
204	苏 RQ－2016－A0211	南京昌讯信息科技有限公司	238	苏 RQ－2016－A0309	南京弘道软件有限公司
205	苏 RQ－2016－A0333	南京元欣高英科技有限公司	239	苏 RQ－2016－A0310	南京执著科技发展有限公司
206	苏 RQ－2016－A0819	南京市瑞奕惟扬信息科技有限公司	240	苏 RQ－2016－A0254	江苏欣网视讯软件技术有限公司
207	苏 RQ－2016－A0916	南京智之达信息科技有限公司	241	苏 RQ－2016－A0101	江苏宏创信息科技有限公司
208	苏 RQ－2016－A0688	南京新伟康信息技术有限公司	242	苏 RQ－2016－A0752	江苏维纳达软件技术有限公司
209	苏 RQ－2016－A0363	江苏清大维森科技有限责任公司	243	苏 RQ－2016－A0826	南京快页数码有限公司
210	苏 RQ－2016－A0092	江苏知贸网络科技有限公司	244	苏 RQ－2016－A0091	江苏万圣伟业网络科技有限公司
211	苏 RQ－2016－A0690	江苏叁拾叁信息技术有限公司	245	苏 RQ－2016－A0078	江苏星网软件有限公司
212	苏 RQ－2016－A0409	南京旭顶通讯科技有限公司	246	苏 RQ－2016－A0138	南京文采科技有限责任公司
213	苏 RQ－2016－A0447	南京联成科技发展有限公司	247	苏 RQ－2016－A0151	江苏长顺江波软件科技发展有限公司
214	苏 RQ－2016－A0197	南京未来高新技术有限公司	248	苏 RQ－2016－A0414	南京龙永戈软件科技有限公司
215	苏 RQ－2016－A0139	南京秉英信息科技有限公司	249	苏 RQ－2016－A0037	南京才丰软件技术开发有限公司
216	苏 RQ－2016－A0899	南京金理念信息技术有限公司	250	苏 RQ－2016－A0018	南京贝龙通信有限公司
217	苏 RQ－2016－A0935	江苏银企通支付技术有限公司	251	苏 RQ－2016－A0697	江苏苏科畅联科技有限公司
218	苏 RQ－2016－A0012	南京讯集科技有限公司	252	苏 RQ－2016－A0713	江苏生活谷信息科技有限责任公司
219	苏 RQ－2016－A0503	南京易之恒软件科技有限公司	253	苏 RQ－2016－A0066	江苏慧泽信息技术有限公司
220	苏 RQ－2016－A0304	南京多康信息技术有限公司	254	苏 RQ－2016－A0027	南京星邺汇捷网络科技有限公司
221	苏 RQ－2016－A0768	江苏火火网络科技有限公司	255	苏 RQ－2016－A0784	南京耐威特瑞科技有限公司
222	苏 RQ－2016－A0811	南京利特嘉软件科技有限公司	256	苏 RQ－2016－A0605	南京吉帝思信息科技有限公司
223	苏 RQ－2016－A0347	南京国云电力有限公司	257	苏 RQ－2016－A0188	南京掌控网络科技有限公司
224	苏 RQ－2016－A0668	南京能迪电气技术有限公司	258	苏 RQ－2016－A0496	南京瑞倍佳信息技术有限公司
225	苏 RQ－2016－A0945	南京科融数据系统股份有限公司	259	苏 RQ－2016－A0845	江苏铨铨信息科技有限公司
226	苏 RQ－2016－A0413	南京软腾信息科技有限公司			

(续表)

序号	评估号	企业名称	序号	评估号	企业名称
260	苏 RQ－2016－A0050	南京中卫信软件科技有限公司	293	苏 RQ－2016－A0743	南京贝伦思网络科技股份有限公司
261	苏 RQ－2016－A0917	南京景玉本网络科技有限公司	294	苏 RQ－2016－A0378	南京林洋电力科技有限公司
262	苏 RQ－2016－A0596	南京皓都信息科技有限公司	295	苏 RQ－2016－A0618	南京烽火星空通信发展有限公司
263	苏 RQ－2016－A0431	南京万得资讯科技有限公司	296	苏 RQ－2016－A0883	江苏高速公路信息工程有限公司
264	苏 RQ－2016－A0384	联迪恒星(南京)信息系统有限公司	297	苏 RQ－2016－A0479	南京声准科技有限公司
265	苏 RQ－2016－A0387	南京维笛而科技有限公司	298	苏 RQ－2016－A0541	南京信通科技有限责任公司
266	苏 RQ－2016－A0751	南京呆萌猫网络科技有限公司	299	苏 RQ－2016－A0107	南京瑞虹信息科技有限公司
267	苏 RQ－2016－A0257	南京魔盒信息科技有限公司	300	苏 RQ－2016－A0268	江苏省视讯传媒有限公司
268	苏 RQ－2016－A0693	网盈科技服务有限公司	301	苏 RQ－2016－A0553	南京需求响应信息科技有限公司
269	苏 RQ－2016－A0500	天泽信息产业股份有限公司	302	苏 RQ－2016－A0145	江苏汇文软件有限公司
270	苏 RQ－2016－A0855	南京长亚自动化技术有限公司	303	苏 RQ－2016－A0857	南京泛鹏天地软件技术有限公司
271	苏 RQ－2016－A0373	南京风靡科技有限公司	304	苏 RQ－2016－A0180	南京汉森思物联网有限公司
272	苏 RQ－2016－A0126	南京唯实科技有限公司	305	苏 RQ－2016－A0335	南大傲拓科技江苏股份有限公司
273	苏 RQ－2016－A0336	南京小网科技有限责任公司	306	苏 RQ－2016－A0220	南京讯优智超软件科技有限公司
274	苏 RQ－2016－A0577	南京普恩信息技术有限公司	307	苏 RQ－2016－A0554	南京迪码科技有限公司
275	苏 RQ－2016－A0647	南京赢纳信息科技有限公司	308	苏 RQ－2016－A0292	诚迈科技(南京)股份有限公司
276	苏 RQ－2016－A0157	南京语意生物科技有限公司	309	苏 RQ－2016－A0678	江苏亚寰软件股份有限公司
277	苏 RQ－2016－A0178	南京易管在线信息技术有限公司	310	苏 RQ－2016－A0266	南京科颐通信技术有限公司
278	苏 RQ－2016－A0127	南京唐卡软件科技有限公司	311	苏 RQ－2016－A0019	江苏达科信息科技有限公司
279	苏 RQ－2016－A0421	江苏省共创软件有限责任公司	312	苏 RQ－2016－A0928	江苏经信信息技术有限公司
280	苏 RQ－2016－A0537	南京酷奇信息科技有限公司	313	苏 RQ－2016－A0219	南京迪软软件有限公司
281	苏 RQ－2016－A0410	南京翼盛腾电子科技有限公司	314	苏 RQ－2016－A0437	南京肯麦思智能技术有限公司
282	苏 RQ－2016－A0724	南京江大搏达信息科技有限公司	315	苏 RQ－2016－A0799	南京关宁电子信息科技有限公司
283	苏 RQ－2016－A0160	南京金软科技有限公司	316	苏 RQ－2016－A0113	南京音视软件有限公司
284	苏 RQ－2016－A0649	南京天溯自动化控制系统有限公司	317	苏 RQ－2016－A0099	江苏博瑞思信息技术有限公司
285	苏 RQ－2016－A0533	江苏大创金诚信息科技有限公司	318	苏 RQ－2016－A0526	南京信雅达友田信息技术有限公司
286	苏 RQ－2016－A0779	南京建普软件有限公司	319	苏 RQ－2016－A0328	南京新奕天智能视频技术有限公司
287	苏 RQ－2016－A0749	南京乐游星空信息科技有限公司	320	苏 RQ－2016－A0252	南京铁马信息技术有限公司
288	苏 RQ－2016－A0137	南京苏慧信息技术有限公司	321	苏 RQ－2016－A0346	南京康尼电子科技有限公司
289	苏 RQ－2016－A0628	南京栎树信息科技有限公司	322	苏 RQ－2016－A0186	南京国瑞自动化工程有限公司
290	苏 RQ－2016－A0617	南京烽火软件科技有限公司	323	苏 RQ－2016－A0055	南京固飞特电气科技有限公司
291	苏 RQ－2016－A0748	江苏华库数据技术有限公司	324	苏 RQ－2016－A0824	江苏好博网络科技有限公司
292	苏 RQ－2016－A0016	南京从容信息科技有限公司	325	苏 RQ－2016－A0912	南京荟学智能科技有限公司
			326	苏 RQ－2016－A0769	江苏南大苏富特通信有限公司

（续表）

序号	评估号	企业名称	序号	评估号	企业名称
327	苏 RQ－2016－A0226	江苏移动信息系统集成有限公司	361	苏 RQ－2016－A0460	南京国高电气自动化有限公司
328	苏 RQ－2016－A0084	南京维智泰信息技术有限公司	362	苏 RQ－2016－A0542	南京联创信息科技有限公司
329	苏 RQ－2016－A0810	南京庞培软件科技有限公司	363	苏 RQ－2016－A0717	南京科海智博信息技术有限公司
330	苏 RQ－2016－A0804	南京弹跳力信息技术有限公司	364	苏 RQ－2016－A0243	江苏金盾检测技术有限公司
331	苏 RQ－2016－A0669	南京安元科技有限公司	365	苏 RQ－2016－A0430	南京睿建节能技术有限公司
332	苏 RQ－2016－A0009	南京奇奕科技有限责任公司	366	苏 RQ－2016－A0829	南京攀登信息技术有限公司
333	苏 RQ－2016－A0729	江苏瑞中数据股份有限公司	367	苏 RQ－2016－A0134	南京正驰科技发展有限公司
334	苏 RQ－2016－A0174	江苏海隆软件技术有限公司	368	苏 RQ－2016－A0684	南京恒新天朗电子科技有限公司
335	苏 RQ－2016－A0643	南京卫泽科技信息有限公司	369	苏 RQ－2016－A0004	南京比硕科技有限公司
336	苏 RQ－2016－A0653	南京时珍教育科技有限公司	370	苏 RQ－2016－A0557	亚信科技(南京)有限公司
337	苏 RQ－2016－A0229	南京博讯嘉德信息科技有限公司	371	苏 RQ－2016－A0795	江苏苏银传媒科技股份有限公司
338	苏 RQ－2016－A0903	南京云白信息科技有限公司	372	苏 RQ－2016－A0930	南京锐驰鼎欣科技股份有限公司
339	苏 RQ－2016－A0052	江苏釜鼎能源科技有限公司	373	苏 RQ－2016－A0267	江苏摩尔信息技术有限公司
340	苏 RQ－2016－A0507	南京东进诚软件有限公司	374	苏 RQ－2016－A0730	南京奥派信息产业股份公司
341	苏 RQ－2016－A0640	南京南大尚诚软件科技有限公司	375	苏 RQ－2016－A0823	南京朵诺信息科技有限公司
342	苏 RQ－2016－A0381	南京通达海思远软件有限公司	376	苏 RQ－2016－A0803	南京科讯次元信息科技有限公司
343	苏 RQ－2016－A0761	南京广域同和科技有限责任公司	377	苏 RQ－2016－A0053	江苏久久软件集团有限公司
344	苏 RQ－2016－A0094	南京达默曼电气有限公司	378	苏 RQ－2016－A0416	江苏国能电气自动化有限公司
345	苏 RQ－2016－A0425	南京齐仕欣软件开发有限公司	379	苏 RQ－2016－A0203	富迪科技(南京)有限公司
346	苏 RQ－2016－A0655	南京汉廷信息技术有限责任公司	380	苏 RQ－2016－A0321	江苏易图通信息工程有限公司
347	苏 RQ－2016－A0527	南京斯帝普科技有限公司	381	苏 RQ－2016－A0538	江苏电力信息技术有限公司
348	苏 RQ－2016－A0195	南京国之鑫科技有限公司	382	苏 RQ－2016－A0002	南京集艾思软件科技有限公司
349	苏 RQ－2016－A0429	江苏华招网信息技术有限公司	383	苏 RQ－2016－A0351	南京麦伦思科技有限公司
350	苏 RQ－2016－A0571	南京安怀远信息技术有限公司	384	苏 RQ－2016－A0900	南京迈宸科技有限公司
351	苏 RQ－2016－A0548	南京碧慧电子技术有限公司	385	苏 RQ－2016－A0889	南京夏恒网络系统有限公司
352	苏 RQ－2016－A0434	南京南瑞集团公司	386	苏 RQ－2016－A0369	南京华设科技股份有限公司
353	苏 RQ－2016－A0111	南京科桓科技有限公司	387	苏 RQ－2016－A0550	南京安正软件工程有限责任公司
354	苏 RQ－2016－A0075	南京盛经管理信息技术有限公司	388	苏 RQ－2016－A0365	江苏赫奕科技有限公司
355	苏 RQ－2016－A0279	南京邮源软件科技有限公司	389	苏 RQ－2016－A0474	江苏省紫光智能系统有限公司
356	苏 RQ－2016－A0385	江苏德勤环境技术有限公司	390	苏 RQ－2016－A0358	南京博鼎资讯科技有限公司
357	苏 RQ－2016－A0786	南京禄辉物联科技有限公司	391	苏 RQ－2016－A0792	江苏尚视数字传媒有限公司
358	苏 RQ－2016－A0660	朗坤智慧科技股份有限公司	392	苏 RQ－2016－A0480	南京毕升飞翔软件有限公司
359	苏 RQ－2016－A0102	南京图慧信息技术有限公司	393	苏 RQ－2016－A0807	南京德益康信息科技有限公司
360	苏 RQ－2016－A0090	南京港汇信息科技有限公司	394	苏 RQ－2016－A0314	南京讯唐科技有限公司

(续表)

序号	评估号	企业名称	序号	评估号	企业名称
395	苏 RQ - 2016 - A0904	南京君子游信息技术有限公司	428	苏 RQ - 2016 - A0801	南京思柏瑞信息科技有限公司
396	苏 RQ - 2016 - A0125	南京哈伯电子科技有限公司	429	苏 RQ - 2016 - A0466	南京绿色科技研究院有限公司
397	苏 RQ - 2016 - A0330	南京超智科技有限责任公司	430	苏 RQ - 2016 - A0281	南京亿格软件有限公司
398	苏 RQ - 2016 - A0859	南京梯云纵信息技术有限公司	431	苏 RQ - 2016 - A0654	南京马普科技有限公司
399	苏 RQ - 2016 - A0704	南京光岳科技有限公司	432	苏 RQ - 2016 - A0492	南京亚尔软件测试有限公司
400	苏 RQ - 2016 - A0179	南京鑫三强科技实业有限公司	433	苏 RQ - 2016 - A0581	南京红桧树软件有限公司
401	苏 RQ - 2016 - A0879	江苏知能邮电通信技术有限公司	434	苏 RQ - 2016 - A0644	南京翰宏科技信息有限公司
402	苏 RQ - 2016 - A0278	南京思创信息技术有限公司	435	苏 RQ - 2016 - A0630	江苏东大集成电路系统工程技术有限公司
403	苏 RQ - 2016 - A0561	南京药育信息技术有限公司	436	苏 RQ - 2016 - A0242	南京擎天全税通信息科技有限公司
404	苏 RQ - 2016 - A0559	江苏南大苏富特科技股份有限公司	437	苏 RQ - 2016 - A0105	南京地正信息技术有限公司
405	苏 RQ - 2016 - A0467	南京华设智能系统有限公司	438	苏 RQ - 2016 - A0424	南京德宏数码技术有限公司
406	苏 RQ - 2016 - A0300	南京乐飞航空技术有限公司	439	苏 RQ - 2016 - A0303	南京利马科技有限公司
407	苏 RQ - 2016 - A0838	南京紫米网络科技有限公司	440	苏 RQ - 2016 - A0620	南京安威德科技有限公司
408	苏 RQ - 2016 - A0064	江苏南能电气有限公司	441	苏 RQ - 2016 - A0426	江苏中寰卫星导航通信有限公司
409	苏 RQ - 2016 - A0896	南京高讯信息科技有限公司	442	苏 RQ - 2016 - A0172	南京爱睦能源自动化有限公司
410	苏 RQ - 2016 - A0033	南京荣飞科技有限公司	443	苏 RQ - 2016 - A0556	江苏超惟科技发展有限公司
411	苏 RQ - 2016 - A0216	南京保合太和电力科技有限公司	444	苏 RQ - 2016 - A0248	江苏芍园科技有限责任公司
412	苏 RQ - 2016 - A0083	南京欣网通信科技股份有限公司	445	苏 RQ - 2016 - A0656	南京敏捷企业管理研究所
413	苏 RQ - 2016 - A0589	南京中软软件与技术服务有限公司	446	苏 RQ - 2016 - A0785	江苏北斗卫星应用产业研究院有限公司
414	苏 RQ - 2016 - A0120	江苏擎天信息科技有限公司	447	苏 RQ - 2016 - A0202	中博信息技术研究院有限公司
415	苏 RQ - 2016 - A0509	焦点科技股份有限公司	448	苏 RQ - 2016 - A0601	南京盈放科技股份有限公司
416	苏 RQ - 2016 - A0505	南京英蓓信息技术有限公司	449	苏 RQ - 2016 - A0035	南京长峰航天电子科技有限公司
417	苏 RQ - 2016 - A0512	江苏苏世嘉华软件技术有限公司	450	苏 RQ - 2016 - A0513	钛能科技股份有限公司
418	苏 RQ - 2016 - A0334	南京康裕软件科技有限公司	451	苏 RQ - 2016 - A0286	南京磐能电力科技股份有限公司
419	苏 RQ - 2016 - A0039	江苏激扬软件有限公司	452	苏 RQ - 2016 - A0576	江苏天智互联科技股份有限公司
420	苏 RQ - 2016 - A0276	南京新联电力自动化有限公司	453	苏 RQ - 2016 - A0546	江苏爱信诺航天信息科技有限公司
421	苏 RQ - 2016 - A0892	江苏卓越计算机系统有限公司	454	苏 RQ - 2016 - A0080	南京昊清物联网科技有限公司
422	苏 RQ - 2016 - A0206	江苏科建教育软件有限责任公司	455	苏 RQ - 2016 - A0448	南京前鹏信息科技有限公司
423	苏 RQ - 2016 - A0555	南京中能瑞华电气有限公司	456	苏 RQ - 2016 - A0405	南京富岛信息工程有限公司
424	苏 RQ - 2016 - A0121	南京横渡医疗技术有限公司	457	苏 RQ - 2016 - A0575	南京欣网互联网络科技有限公司
425	苏 RQ - 2016 - A0043	南京钛能软件发展有限公司	458	苏 RQ - 2016 - A0574	南京欣网互联信息技术有限公司
426	苏 RQ - 2016 - A0082	南京长峰软件技术有限公司	459	苏 RQ - 2016 - A0567	羽冠(南京)系统集成有限公司
427	苏 RQ - 2016 - A0319	江苏大唐信息技术有限公司	460	苏 RQ - 2016 - A0522	江苏南大先腾信息产业有限公司

序号	评估号	企业名称	序号	评估号	企业名称
461	苏RQ-2016-A0119	南京擎天科技有限公司	494	苏RQ-2016-A0736	南京东威电力科技有限公司
462	苏RQ-2016-A0921	南京普澳医疗设备有限公司	495	苏RQ-2016-A0218	南京西瀚网络科技有限公司
463	苏RQ-2016-A0531	江苏安防科技有限公司	496	苏RQ-2016-A0848	南京汉恩科技有限公司
464	苏RQ-2016-A0370	南京新冶电气工程有限公司	497	苏RQ-2016-A0271	南京青豆软件科技有限公司
465	苏RQ-2016-A0034	南京国电南自美卓控制系统有限公司	498	苏RQ-2016-A0235	南京成标软件有限公司
466	苏RQ-2016-A0313	国电南瑞南京控制系统有限公司	499	苏RQ-2016-A0641	南京西奥仪表测控有限公司
467	苏RQ-2016-A0797	江苏北斗地下管线研究院有限公司	500	苏RQ-2016-A0098	南京文道自动化系统有限公司
468	苏RQ-2016-A0176	南京移安通信息科技有限公司	501	苏RQ-2016-A0821	南京紫图科技有限公司
469	苏RQ-2016-A0013	南京功略科技有限公司	502	苏RQ-2016-A0051	南京聪诺信息科技有限公司
470	苏RQ-2016-A0908	南京倍速创恒信息技术有限公司	503	苏RQ-2016-A0902	南京比肩信息科技有限公司
471	苏RQ-2016-A0255	南京天石软件技术有限公司	504	苏RQ-2016-A0201	江苏恒安方信科技有限公司
472	苏RQ-2016-A0692	南京西尔特电子有限公司	505	苏RQ-2016-A0906	南京优测信息科技有限公司
473	苏RQ-2016-A0318	江苏大唐电子产品有限公司	506	苏RQ-2016-A0745	南京赢泰电子商务有限公司
474	苏RQ-2016-A0044	南京开悦软件有限公司	507	苏RQ-2016-A0287	南京高华传感科技有限公司
475	苏RQ-2016-A0514	台塑网软件科技(南京)有限公司	508	苏RQ-2016-A0957	江苏火禾信息技术有限公司
476	苏RQ-2016-A0308	江苏保旺达软件技术有限公司	509	苏RQ-2016-A0721	南京阔友信息技术有限公司
477	苏RQ-2016-A0067	世纪新讯科技(南京)有限公司	510	苏RQ-2016-A0587	南京斯代尔网络科技有限公司
478	苏RQ-2016-A0547	富士康(南京)软件有限公司	511	苏RQ-2016-A0710	南京博杉信息技术有限公司
479	苏RQ-2016-A0057	南京云兴昌电网技术有限公司	512	苏RQ-2016-A0494	南京熊猫仪器仪表有限公司
480	苏RQ-2016-A0672	南京诺依曼智能科技有限公司	513	苏RQ-2016-A0873	玄谷信息技术南京有限公司
481	苏RQ-2016-A0095	南京协澳智能控制系统有限公司	514	苏RQ-2016-A0515	江苏久高电子科技有限公司
482	苏RQ-2016-A0956	南京竞天科技有限公司	515	苏RQ-2016-A0128	南京百珏科技有限公司
483	苏RQ-2016-A0607	南京银络软件有限公司	516	苏RQ-2016-A0199	南京德阳科技有限公司
484	苏RQ-2016-A0456	南京亚派软件技术有限公司	517	苏RQ-2016-A0356	南京威翔科技有限公司
485	苏RQ-2016-A0722	南京兵来网络科技有限公司	518	苏RQ-2016-A0744	南京奥看信息科技有限公司
486	苏RQ-2016-A0383	西门子电站自动化有限公司	519	苏RQ-2016-A0732	南京智采信息科技有限公司
487	苏RQ-2016-A0775	江苏永翔信息技术有限公司	520	苏RQ-2016-A0472	南京汇龙科技有限公司
488	苏RQ-2016-A0699	南京三宝科技股份有限公司	521	苏RQ-2016-A0305	江苏云想信息技术有限公司
489	苏RQ-2016-A0081	南京三商电脑软件开发有限公司	522	苏RQ-2016-A0093	南京冠图信息科技有限公司
490	苏RQ-2016-A0854	南京盘铭软件技术有限公司	523	苏RQ-2016-A0040	南京振文壹卡信息技术有限公司
491	苏RQ-2016-A0947	南京砺磊软件科技有限公司	524	苏RQ-2016-A0322	南京安捷锐自动化科技有限公司
492	苏RQ-2016-A0049	南京重黎源智能科技有限公司	525	苏RQ-2016-A0783	江苏中创碳投低碳科技有限公司
493	苏RQ-2016-A0674	江苏强业金融信息服务有限公司	526	苏RQ-2016-A0368	南京吉印信息科技有限公司
			527	苏RQ-2016-A0566	南京城市智能交通股份有限公司

（续表）

序号	评估号	企业名称	序号	评估号	企业名称
528	苏 RQ－2016－A0866	南京泰泽信息技术有限公司	561	苏 RQ－2016－A0719	南京晟开信息科技有限公司
529	苏 RQ－2016－A0048	南京朗赢信息技术有限公司	562	苏 RQ－2016－A0603	南京国睿信维软件有限公司
530	苏 RQ－2016－A0130	南京盾华交通科技有限公司	563	苏 RQ－2016－A0843	南京协创互联网科技有限公司
531	苏 RQ－2016－A0185	南京安智易达智能科技有限公司	564	苏 RQ－2016－A0367	南京凯瑞得信息科技有限公司
532	苏 RQ－2016－A0696	江苏骆驼环保科技有限公司	565	苏 RQ－2016－A0791	南京和度软件科技有限公司
533	苏 RQ－2016－A0560	南京聚合数码科技有限公司	566	苏 RQ－2016－A0666	南京易司拓电力科技股份有限公司
534	苏 RQ－2016－A0670	江苏联宏自动化系统工程有限公司	567	苏 RQ－2016－A0350	江苏中兴华易科技发展有限公司
535	苏 RQ－2016－A0827	南京中科川思特软件科技有限公司	568	苏 RQ－2016－A0687	南京日星月信息工程有限公司
536	苏 RQ－2016－A0887	南京谦阳投资咨询有限公司	569	苏 RQ－2016－A0327	南京多禾信息技术有限公司
537	苏 RQ－2016－A0840	南京汉图信息技术有限公司	570	苏 RQ－2016－A0290	江苏苏迪信息科技有限公司
538	苏 RQ－2016－A0395	南京先能光电科技有限公司	571	苏 RQ－2016－A0558	南京酷派软件技术有限公司
539	苏 RQ－2016－A0844	江苏南大苏富特智能交通科技有限公司	572	苏 RQ－2016－A0665	江苏巨成软件有限公司
540	苏 RQ－2016－A0523	南京维数软件技术有限公司	573	苏 RQ－2016－A0274	江苏大泰信息技术有限公司
541	苏 RQ－2016－A0737	南京吉泽信息科技有限公司	574	苏 RQ－2016－A0193	南京欣网视讯信息系统集成有限公司
542	苏 RQ－2016－A0338	江苏运联信息股份有限公司	575	苏 RQ－2016－A0578	南京绛门通讯科技股份有限公司
543	苏 RQ－2016－A0671	南京德云思信息科技有限公司	576	苏 RQ－2016－A0869	南京奥工信息科技有限公司
544	苏 RQ－2016－A0809	威创软件南京有限公司	577	苏 RQ－2016－A0508	南京惠昊信息科技有限公司
545	苏 RQ－2016－A0635	南京思孚泰科信息技术有限公司	578	苏 RQ－2016－A0412	南京中兴维先信息技术有限公司
546	苏 RQ－2016－A0072	南京金圣杰软件有限公司	579	苏 RQ－2016－A0953	南京西晴百合文化传播有限公司
547	苏 RQ－2016－A0763	江苏中纪海富网络科技有限公司	580	苏 RQ－2016－A0340	南京维沃软件技术有限公司
548	苏 RQ－2016－A0079	南京方能自动化设备有限公司	581	苏 RQ－2016－A0146	南京鼎恩电子信息有限公司
549	苏 RQ－2016－A0898	南京成达医疗科技有限公司	582	苏 RQ－2016－A0062	南京信安宝信息科技有限公司
550	苏 RQ－2016－A0890	江苏筑讯信息技术有限公司	583	苏 RQ－2016－A0440	南京好乐电子科技有限公司
551	苏 RQ－2016－A0832	南京绿谷信息科技有限公司	584	苏 RQ－2016－A0776	南京六的平方信息技术有限公司
552	苏 RQ－2016－A0122	南京慧智灵杰信息技术有限公司	585	苏 RQ－2016－A0600	南京傲途软件有限公司
553	苏 RQ－2016－A0377	南京普惠恒丰信息科技有限公司	586	苏 RQ－2016－A0835	南京网觉软件有限公司
554	苏 RQ－2016－A0282	南京超然科技有限公司	587	苏 RQ－2016－A0422	南京璟瑞信息技术有限公司
555	苏 RQ－2016－A0739	随身云(南京)信息技术有限公司	588	苏 RQ－2016－A0483	南京讯润软件科技有限公司
556	苏 RQ－2016－A0943	南京创斐信息技术有限公司	589	苏 RQ－2016－A0191	江苏博智软件科技有限公司
557	苏 RQ－2016－A0662	中兴软创科技股份有限公司	590	苏 RQ－2016－A0142	南京龙视捷自动化科技有限公司
558	苏 RQ－2016－A0210	南京雅普网络科技有限公司	591	苏 RQ－2016－A0802	南京华阜信息科技有限公司
559	苏 RQ－2016－A0493	南京厚建软件有限责任公司	592	苏 RQ－2016－A0828	南京粤讯电子科技有限公司
560	苏 RQ－2016－A0212	南京九华信息技术有限公司	593	苏 RQ－2016－A0454	南京创网网络技术有限公司
			594	苏 RQ－2016－A0397	南京斯丹美数码科技有限公司

(续表)

序号	评估号	企业名称	序号	评估号	企业名称
595	苏 RQ－2016－A0750	南京泽本信息技术有限公司	628	苏 RQ－2016－A0115	江苏华博创意产业有限公司
596	苏 RQ－2016－A0907	南京亚信软件有限公司	629	苏 RQ－2016－A0163	南京橡东信息科技有限公司
597	苏 RQ－2016－A0834	南京布林特网络技术有限公司	630	苏 RQ－2016－A0951	南京前瞻软件科技有限公司
598	苏 RQ－2016－A0609	南京拓宝信息科技有限公司	631	苏 RQ－2016－A0392	南京安讯科技有限责任公司
599	苏 RQ－2016－A0451	南京锐翼信息科技有限公司	632	苏 RQ－2016－A0880	南京西格玛网络科技有限公司
600	苏 RQ－2016－A0723	南京飞搏数据技术有限公司	633	苏 RQ－2016－A0788	南京艾迪亚数字影画有限公司
601	苏 RQ－2016－A0059	南京神经喵网络科技有限公司	634	苏 RQ－2016－A0411	南京迅云网络科技有限公司
602	苏 RQ－2016－A0767	南京施塔特信息科技有限公司	635	苏 RQ－2016－A0504	南京闻望自动化有限公司
603	苏 RQ－2016－A0446	南京苏迪科技有限公司	636	苏 RQ－2016－A0922	南京青米软件有限公司
604	苏 RQ－2016－A0520	南京欣威视通信息科技股份有限公司	637	苏 RQ－2016－A0959	南京融泰信息技术有限公司
605	苏 RQ－2016－A0746	南京微特喜网络科技有限公司	638	苏 RQ－2016－A0165	南京立坤智能技术有限公司
606	苏 RQ－2016－A0003	南京埃尔乔亿自控设备有限公司	639	苏 RQ－2016－A0772	南京万宏测控技术有限公司
607	苏 RQ－2016－A0241	南京环盟科技有限责任公司	640	苏 RQ－2016－A0686	南京一步智能科技有限公司
608	苏 RQ－2016－A0323	南京怀业信息技术有限公司	641	苏 RQ－2016－A0583	江苏舜天信息有限公司
609	苏 RQ－2016－A0476	南京金贝网络科技有限公司	642	苏 RQ－2016－A0837	南京奔象大数据科技有限公司
610	苏 RQ－2016－A0058	南京矽乐信息科技有限公司	643	苏 RQ－2016－A0757	南京东擎科技有限公司
611	苏 RQ－2016－A0610	南京东明电子设备有限公司	644	苏 RQ－2016－A0436	江苏启泰物联网科技有限公司
612	苏 RQ－2016－A0124	江苏金审软件技术有限公司	645	苏 RQ－2016－A0565	南京博纳睿通软件有限公司
613	苏 RQ－2016－A0570	江苏欣网科技股份有限公司	646	苏 RQ－2016－A0258	江苏谷科软件有限公司
614	苏 RQ－2016－A0519	江苏赛联信息产业研究院股份有限公司	647	苏 RQ－2016－A0530	南京智润华信息科技有限公司
615	苏 RQ－2016－A0714	南京红柑桔信息技术有限公司	648	苏 RQ－2016－A0348	南京博创海云电子科技有限公司
616	苏 RQ－2016－A0341	南京步步高通信科技有限公司	649	苏 RQ－2016－A0289	南京明德软件有限公司
617	苏 RQ－2016－A0728	江苏荣泽信息科技股份有限公司	650	苏 RQ－2016－A0727	南京云在商鹊信息科技有限公司
618	苏 RQ－2016－A0707	南京擎盾信息科技有限公司	651	苏 RQ－2016－A0529	南京英孚科信息科技有限公司
619	苏 RQ－2016－A0169	南京安信达信息科技有限公司	652	苏 RQ－2016－A0450	南京楚云软件技术有限公司
620	苏 RQ－2016－A0382	江苏凤凰优阅信息科技有限公司	653	苏 RQ－2016－A0110	南京中科创达软件科技有限公司
621	苏 RQ－2016－A0136	南京微开信息技术有限公司	654	苏 RQ－2016－A0054	南京新视云网络科技有限公司
622	苏 RQ－2016－A0478	江苏物联网络科技发展有限公司	655	苏 RQ－2016－A0650	南京麦杰软件有限公司
623	苏 RQ－2016－A0168	南京正思信息技术有限公司	656	苏 RQ－2016－A0675	南京中新赛克科技有限责任公司
624	苏 RQ－2016－A0597	南京中兴集群软件有限公司	657	苏 RQ－2016－A0213	南京星指针软件工程有限公司
625	苏 RQ－2016－A0913	南京君联软件技术有限公司	658	苏 RQ－2016－A0794	江苏集瑞信息科技有限公司
626	苏 RQ－2016－A0275	南京盘谷电气科技有限公司	659	苏 RQ－2016－A0623	南京偶酷软件有限公司
627	苏 RQ－2016－A0087	南京瀚和软件技术有限公司	660	苏 RQ－2016－A0551	江苏南水信息有限公司
			661	苏 RQ－2016－A0209	金证财富南京科技有限公司

（续表）

序号	评估号	企业名称	序号	评估号	企业名称
662	苏 RQ-2016-A0853	南京开心印电子商务有限公司	696	苏 RQ-2016-A0594	南京敏行软件有限公司
663	苏 RQ-2016-A0273	南京爱西柚网络科技有限公司	697	苏 RQ-2016-A0428	南京云恒瑞通网络科技有限责任公司
664	苏 RQ-2016-A0181	南京云易信息科技有限公司	698	苏 RQ-2016-A0123	南京沛奇软件科技有限公司
665	苏 RQ-2016-A0141	南京济拓信息系统有限公司	699	苏 RQ-2016-A0360	南京特维软件有限公司
666	苏 RQ-2016-A0020	江苏达科教育科技有限公司	700	苏 RQ-2016-A0353	南京九致信息科技有限公司
667	苏 RQ-2016-A0473	南京贝思兰信息技术有限公司	701	苏 RQ-2016-A0868	南京睿悦信息技术有限公司
668	苏 RQ-2016-A0147	南京富士通南大软件技术有限公司	702	苏 RQ-2016-A0846	南京顶瑞电机有限公司
669	苏 RQ-2016-A0386	南京青牛通讯技术有限公司	703	苏 RQ-2016-A0390	南京笃行计算机科技有限公司
670	苏 RQ-2016-A0615	南京启宸智能技术有限公司	704	苏 RQ-2016-A0438	南京洛菲克智能科技有限公司
671	苏 RQ-2016-A0716	南京翰杰软件技术有限公司	705	苏 RQ-2016-A0847	南京上为信息科技有限公司
672	苏 RQ-2016-A0606	南京优玛软件科技有限公司	706	苏 RQ-2016-A0295	南京通软信息技术有限公司
673	苏 RQ-2016-A0901	南京朗道信息科技有限公司	707	苏 RQ-2016-A0931	南京中观软件技术有限公司
674	苏 RQ-2016-A0758	南京新梦乐动软件科技有限公司	708	苏 RQ-2016-A0354	南京普天大唐信息电子有限公司
675	苏 RQ-2016-A0026	江苏南谷云信息技术有限公司	709	苏 RQ-2016-A0285	南京悦能智能科技有限公司
676	苏 RQ-2016-A0850	南京慧目信息技术有限公司	710	苏 RQ-2016-A0910	南京天谷电气科技有限公司
677	苏 RQ-2016-A0944	南京广融科技有限公司	711	苏 RQ-2016-A0225	南京远驱科技有限公司
678	苏 RQ-2016-A0253	南京延熙软件科技有限公司	712	苏 RQ-2016-A0459	南京万思迪威信息技术有限公司
679	苏 RQ-2016-A0439	南京伟思瑞翼电子科技有限公司	713	苏 RQ-2016-A0813	南京科蓝德网络科技有限公司
680	苏 RQ-2016-A0296	南京高普科技有限公司	714	苏 RQ-2016-A0371	南京洛尧智慧信息技术有限公司
681	苏 RQ-2016-A0415	江苏慧松信息科技股份有限公司	715	苏 RQ-2016-A0017	南京怡化信息技术有限公司
682	苏 RQ-2016-A0949	南京波多游网络科技有限公司	716	苏 RQ-2016-A0754	南京奥拓软件技术有限公司
683	苏 RQ-2016-A0391	江苏和艺文化创意产业有限公司	717	苏 RQ-2016-A0445	南京天能电力自动化有限公司
684	苏 RQ-2016-A0477	南京凯润易事软件科技有限公司	718	苏 RQ-2016-A0251	南京中兴软件有限责任公司
685	苏 RQ-2016-A0950	南京永泽网络科技有限公司	719	苏 RQ-2016-A0400	南京东兴强信息科技有限公司
686	苏 RQ-2016-A0646	南京优仕智业软件有限公司	720	苏 RQ-2016-A0011	南京达汇软件有限公司
687	苏 RQ-2016-A0086	南京赛诚软件有限责任公司	721	苏 RQ-2016-A0022	南京创维信息技术研究院有限公司
688	苏 RQ-2016-A0765	江苏新纪元信息发展有限公司	722	苏 RQ-2016-A0536	江苏南水科技有限公司
689	苏 RQ-2016-A0611	南京泰伦信息科技有限公司	723	苏 RQ-2016-A0877	江苏琼泽信息科技有限公司
690	苏 RQ-2016-A0517	南京埃斯顿软件技术有限公司	724	苏 RQ-2016-A0572	南京优通信息科技股份有限公司
691	苏 RQ-2016-A0645	南京天创电子技术有限公司	725	苏 RQ-2016-A0584	南京中能软件科技有限公司
692	苏 RQ-2016-A0919	南京特迈软件科技有限公司	726	苏 RQ-2016-A0187	江苏飞搏软件股份有限公司
693	苏 RQ-2016-A0720	南京骐骏软件有限公司	727	苏 RQ-2016-A0364	江苏迪杰特教育科技股份有限公司
694	苏 RQ-2016-A0315	南京嘉环科技有限公司	728	苏 RQ-2016-A0595	南京征途信息技术有限公司
695	苏 RQ-2016-A0633	南京北大工道软件技术有限公司	729	苏 RQ-2016-A0621	南京铱迅信息技术股份有限公司

序号	评估号	企业名称	序号	评估号	企业名称
730	苏 RQ - 2016 - A0874	南京微模式软件有限公司	763	苏 RQ - 2016 - A0117	南京苏文软件技术有限公司
731	苏 RQ - 2016 - A0495	南京西晴百合信息技术有限公司	764	苏 RQ - 2016 - A0774	南京骞翮物联网科技有限公司
732	苏 RQ - 2016 - A0486	南京伟思好翼电子科技有限责任公司	765	苏 RQ - 2016 - A0452	南京奥驮福科技有限责任公司
733	苏 RQ - 2016 - A0342	南京博管信息科技有限公司	766	苏 RQ - 2016 - A0230	南京未来网络产业创新有限公司
734	苏 RQ - 2016 - A0481	南京迈鼎信息技术有限公司	767	苏 RQ - 2016 - A0352	南京全威系统软件有限公司
735	苏 RQ - 2016 - A0265	江苏博微电力科技有限公司	768	苏 RQ - 2016 - A0885	技鼎软件科技（南京）有限公司
736	苏 RQ - 2016 - A0468	南京码动通信科技有限公司	769	苏 RQ - 2016 - A0131	南京柏飞电子科技有限公司
737	苏 RQ - 2016 - A0312	南京与人软件科技有限公司	770	苏 RQ - 2016 - A0149	南京协宏软件技术有限公司
738	苏 RQ - 2016 - A0069	南京有度致远信息技术有限公司	771	苏 RQ - 2016 - A0702	南京科诚软件技术有限公司
739	苏 RQ - 2016 - A0326	江苏润和软件股份有限公司	772	苏 RQ - 2016 - A0501	江苏引跑网络科技有限公司
740	苏 RQ - 2016 - A0427	南京金鸥讯网络科技有限公司	773	苏 RQ - 2016 - A0006	南京祥合利信息技术服务有限公司
741	苏 RQ - 2016 - A0339	南京希曼软件技术有限公司	774	苏 RQ - 2016 - A0793	南京优速网络科技有限公司
742	苏 RQ - 2016 - A0155	江苏三源教育实业有限公司	775	苏 RQ - 2016 - A0464	南京龙渊微电子科技有限公司
743	苏 RQ - 2016 - A0166	南京中科龙脉物联网技术有限公司	776	苏 RQ - 2016 - A0773	南京燚霆物联网科技有限公司
744	苏 RQ - 2016 - A0715	南京鼎盛合力电子技术有限公司	777	苏 RQ - 2016 - A0277	欧特艾远东（南京）计算机技术有限公司
745	苏 RQ - 2016 - A0817	南京通衡信息科技有限公司	778	苏 RQ - 2016 - A0030	南京海之林通信技术有限公司
746	苏 RQ - 2016 - A0632	江苏海马通信科技有限公司	779	苏 RQ - 2016 - A0402	南京友博网络科技有限公司
747	苏 RQ - 2016 - A0299	南京共捷信息技术有限公司	780	苏 RQ - 2016 - A0897	南京戎光软件科技有限公司
748	苏 RQ - 2016 - A0046	矽柏（南京）信息技术有限公司	781	苏 RQ - 2016 - A0598	南京首讯信息技术有限公司
749	苏 RQ - 2016 - A0573	南京深拓软件有限公司	782	苏 RQ - 2016 - A0841	南京然非文化传播有限公司
750	苏 RQ - 2016 - A0103	南京易学信息技术有限公司	783	苏 RQ - 2016 - A0593	南京声宏毅霆网络科技有限公司
751	苏 RQ - 2016 - A0881	南京赛慧软件有限公司	784	苏 RQ - 2016 - A0800	江苏矽望电子科技有限公司
752	苏 RQ - 2016 - A0867	南京岸泊信息科技有限公司	785	苏 RQ - 2016 - A0200	南京昊控软件技术有限公司
753	苏 RQ - 2016 - A0394	江苏宽创信息科技有限公司	786	苏 RQ - 2016 - A0762	联琛辉信息科技（南京）有限公司
754	苏 RQ - 2016 - A0876	南京财信网络科技有限公司	787	苏 RQ - 2016 - A0626	南京美天信安网络科技有限公司
755	苏 RQ - 2016 - A0462	江苏金智科技股份有限公司	788	苏 RQ - 2016 - A0041	南京苏曼等离子科技有限公司
756	苏 RQ - 2016 - A0952	南京福中软件系统开发有限公司	789	苏 RQ - 2016 - A0683	南京力赢信息有限公司
757	苏 RQ - 2016 - A0738	南京拓为软件技术有限公司	790	苏 RQ - 2016 - A0616	南京视通天下数字科技有限公司
758	苏 RQ - 2016 - A0264	南京茂毓通软件科技有限公司	791	苏 RQ - 2016 - A0839	江苏万维艾斯网络智能产业创新中心有限公司
759	苏 RQ - 2016 - A0250	南京新空间信息科技有限公司	792	苏 RQ - 2016 - A0182	南京邻动网络科技有限公司
760	苏 RQ - 2016 - A0143	南京唯恒思信息技术有限公司	793	苏 RQ - 2016 - A0021	南京智友尚云信息技术有限公司
761	苏 RQ - 2016 - A0927	江苏买卖网电子商务有限公司	794	苏 RQ - 2016 - A0856	南京创联智软信息科技有限公司
762	苏 RQ - 2016 - A0403	南京智浩软件科技有限公司	795	苏 RQ - 2016 - A0884	南京九易信息科技有限公司

(续表)

序号	评估号	企业名称	序号	评估号	企业名称
796	苏 RQ－2016－A0651	南京讯思雅信息科技有限公司	830	苏 RQ－2016－A0622	南京国电南自软件工程有限公司
797	苏 RQ－2016－A0029	南京海之感信息技术有限公司	831	苏 RQ－2016－A0787	南京鑫禾智能科技有限公司
798	苏 RQ－2016－A0152	集万得(南京)信息技术有限公司	832	苏 RQ－2016－A0100	南京智数科技有限公司
799	苏 RQ－2016－A0465	江苏龙睿物联网科技有限公司	833	苏 RQ－2016－A0911	南京智耀网络科技有限公司
800	苏 RQ－2016－A0214	江苏迈拓智能仪表有限公司	834	苏 RQ－2016－A0159	江苏创航电气有限公司
801	苏 RQ－2016－A0234	南京绿高电子科技有限公司	835	苏 RQ－2016－A0661	南京中兴软创软件技术有限公司
802	苏 RQ－2016－A0725	智汇神州信息发展有限公司	836	苏 RQ－2016－A0227	南京凯图科技有限责任公司
803	苏 RQ－2016－A0691	南京理大软件科技有限公司	837	苏 RQ－2016－A0256	南京中电自动化有限公司
804	苏 RQ－2016－A0132	南京亚电电力软件有限公司	838	苏 RQ－2016－A0777	南京华清智能科技有限公司
805	苏 RQ－2016－A0005	南京加林系统工程技术有限公司	839	苏 RQ－2016－A0718	江苏汇鑫融智软件科技有限公司
806	苏 RQ－2016－A0164	南京移腾电力技术有限公司	840	苏 RQ－2016－A0284	南京瑞康资讯有限公司
807	苏 RQ－2016－A0747	南京河海电力软件有限公司	841	苏 RQ－2016－A0345	南京因泰莱软件技术有限公司
808	苏 RQ－2016－A0262	江苏航天信息有限公司	842	苏 RQ－2016－A0659	延锋伟世通电子科技(南京)有限公司
809	苏 RQ－2016－A0805	南京赛宁信息技术有限公司	843	苏 RQ－2016－A0060	南京儒岳网络科技有限公司
810	苏 RQ－2016－A0667	南京博芯电子技术有限公司	844	苏 RQ－2016－A0511	南京斯布乔信息科技有限公司
811	苏 RQ－2016－A0929	南京长天测绘技术有限公司	845	苏 RQ－2016－A0189	南京昊飞软件有限公司
812	苏 RQ－2016－A0247	新天林科技实业(南京)有限公司	846	苏 RQ－2016－A0221	中科信保江苏网络系统工程有限公司
813	苏 RQ－2016－A0207	南京中兴力维软件有限公司	847	苏 RQ－2016－A0960	南京天地人自动化技术有限公司
814	苏 RQ－2016－A0613	江苏科工科技有限公司	848	苏 RQ－2016－A0680	南京坦道信息科技有限公司
815	苏 RQ－2016－A0741	南京联坤软件技术有限公司	849	苏 RQ－2016－A0614	远景能源(南京)软件技术有限公司
816	苏 RQ－2016－A0489	南京科远自动化集团股份有限公司	850	苏 RQ－2016－A0941	南京云澜信息技术有限公司
817	苏 RQ－2016－A0766	南京恒智信息技术有限责任公司	851	苏 RQ－2016－A0173	南京麦澜德医疗科技有限公司
818	苏 RQ－2016－A0047	江苏智通交通科技有限公司	852	苏 RQ－2016－A0753	南京重明鸟文化科技有限公司
819	苏 RQ－2016－A0233	南京清科信息科技有限公司	853	苏 RQ－2016－A0490	南京科远软件技术有限公司
820	苏 RQ－2016－A0648	南京盛事金服网络科技有限公司	854	苏 RQ－2016－A0008	南京新联电能云服务有限公司
821	苏 RQ－2016－A0946	南京诚筑城软件有限公司	855	苏 RQ－2016－A0024	南京亚兴为信息技术有限公司
822	苏 RQ－2016－A0283	南京飞烽通信有限公司	856	苏 RQ－2016－A0568	南京丹书科技有限公司
823	苏 RQ－2016－A0245	富洲科技(江苏)有限公司	857	苏 RQ－2016－A0629	南京金智视讯技术有限公司
824	苏 RQ－2016－A0539	南京迈迹软件科技有限公司	858	苏 RQ－2016－A0914	南京简睿捷软件开发有限公司
825	苏 RQ－2016－A0063	南京智中信息技术有限公司	859	苏 RQ－2016－A0586	南京科兴软件有限公司
826	苏 RQ－2016－A0205	南京美乐威电子科技有限公司	860	苏 RQ－2016－A0525	江苏鱼跃信息系统有限公司
827	苏 RQ－2016－A0028	江苏馥榕信息技术有限公司	861	苏 RQ－2016－A0920	南京德邦智能存储系统有限公司
828	苏 RQ－2016－A0932	江苏华奥科自动化技术有限公司	862	苏 RQ－2016－A0133	南京全水信息科技有限公司
829	苏 RQ－2016－A0694	南京智程信息科技有限公司	863	苏 RQ－2016－A0849	南京妙动信息科技有限公司

(续表)

序号	评估号	企业名称	序号	评估号	企业名称
864	苏 RQ－2016－A0700	南京浩伟智能科技有限公司	898	苏 RQ－2016－A0742	南京艾档信息技术有限公司
865	苏 RQ－2016－A0463	江苏金智教育信息股份有限公司	899	苏 RQ－2016－A0217	江苏金士通信息技术有限公司
866	苏 RQ－2016－A0379	南京国电南思科技发展有限公司	900	苏 RQ－2016－A0485	南京银石支付系统科技有限公司
867	苏 RQ－2016－A0408	南京威测环保科技有限公司	901	苏 RQ－2016－A0372	南京润内克西信息科技有限公司
868	苏 RQ－2016－A0263	江苏大喜科技发展有限公司	902	苏 RQ－2016－A0442	南京蓝图医疗科技有限公司
869	苏 RQ－2016－A0089	南京上游软件有限公司	903	苏 RQ－2016－A0261	江苏敏行信息技术有限公司
870	苏 RQ－2016－A0423	南京牧信科技有限公司	904	苏 RQ－2016－A0270	江苏金恒信息科技有限公司
871	苏 RQ－2016－A0162	南京慧点信息科技开发有限公司	905	苏 RQ－2016－A0433	南京卓坤信息科技有限公司
872	苏 RQ－2016－A0355	江苏科思机电工程有限公司	906	苏 RQ－2016－A0863	南京遒涯信息技术有限公司
873	苏 RQ－2016－A0590	南京远御网络科技有限公司	907	苏 RQ－2016－A0374	江苏岳创信息科技有限公司
874	苏 RQ－2016－A0376	南京卓越能源技术有限公司	908	苏 RQ－2016－A0895	南京朗拓电子科技有限公司
875	苏 RQ－2016－A0923	南京世海声学科技有限公司	909	苏 RQ－2016－A0924	江苏三步网络科技有限公司
876	苏 RQ－2016－A0860	南京苏立机器人科技有限公司	910	苏 RQ－2016－A0712	南京优妙信息科技有限公司
877	苏 RQ－2016－A0458	江苏君立华域信息安全技术有限公司	911	苏 RQ－2016－A0816	江苏艾迪生教育发展有限公司
878	苏 RQ－2016－A0851	南京东亿笛纳安全技术有限公司	912	苏 RQ－2016－A0208	南京春雪自动化科技有限公司
879	苏 RQ－2016－A0925	江苏微网信息科技有限公司	913	苏 RQ－2016－A0933	南京赛融信息技术有限公司
880	苏 RQ－2016－A0955	南京奥联汽车电子技术有限公司	914	苏 RQ－2016－A0870	南京提米信息技术有限公司
881	苏 RQ－2016－A0862	南京知更鸟网络科技有限公司	915	苏 RQ－2016－A0071	南京伊瑞新能源科技有限公司
882	苏 RQ－2016－A0818	南京能云电力科技有限公司	916	苏 RQ－2016－A0023	南京长协信息技术有限责任公司
883	苏 RQ－2016－A0435	南京南瑞信息通信科技有限公司	917	苏 RQ－2016－A0822	南京能建科技发展有限公司
884	苏 RQ－2016－A0528	南京盟联信息科技有限公司	918	苏 RQ－2016－A0831	南京涵韬信息科技有限公司
885	苏 RQ－2016－A0293	南京迪塔维数据技术有限公司	919	苏 RQ－2016－A0658	南京纳贤软件科技有限公司
886	苏 RQ－2016－A0677	南京航天银山电气有限公司	920	苏 RQ－2016－A0388	南京金龙新能源汽车研究院有限公司
887	苏 RQ－2016－A0031	南京微传物联网科技有限公司	921	苏 RQ－2016－A0740	南京创维电器研究院有限公司
888	苏 RQ－2016－A0061	南京依盛信息技术有限公司	922	苏 RQ－2016－A0280	南京开云智能电网科技有限公司
889	苏 RQ－2016－A0175	南京南瑞继保电气有限公司	923	苏 RQ－2016－A0498	南京直觉科技有限公司
890	苏 RQ－2016－A0781	南京宜开数据分析技术有限公司	924	苏 RQ－2016－A0891	江苏优硕软件科技有限公司
891	苏 RQ－2016－A0344	南京深科博业电气股份有限公司	925	苏 RQ－2016－A0042	南京金达传媒科技有限公司
892	苏 RQ－2016－A0708	南京再胜电子科技有限公司	926	苏 RQ－2016－A0701	南京三泰软件技术有限公司
893	苏 RQ－2016－A0865	南京能尚电子科技有限公司	927	苏 RQ－2016－A0484	南京鹏智电气设备有限公司
894	苏 RQ－2016－A0778	南京光研软件系统有限公司	928	苏 RQ－2016－A0010	南京锐格香草信息技术有限公司
895	苏 RQ－2016－A0231	江苏东大金智信息系统有限公司	929	苏 RQ－2016－A0077	江苏星网资讯有限公司
896	苏 RQ－2016－A0116	南京业祥科技发展有限公司	930	苏 RQ－2016－A0637	江苏华高软件技术有限公司
897	苏 RQ－2016－A0948	江苏育亿信息科技有限公司	931	苏 RQ－2016－A0148	南京恒泰信息技术有限公司

(续表)

序号	评估号	企业名称	序号	评估号	企业名称
932	苏 RQ－2016－A0871	南京积分惠信息科技有限公司	965	苏 RQ－2016－B0126	无锡恒悦软件科技有限公司
933	苏 RQ－2016－A0118	南京淡志宁远信息科技有限公司	966	苏 RQ－2016－B0069	江苏骏通信息科技发展有限公司
934	苏 RQ－2016－A0540	南京讯汇科技发展有限公司	967	苏 RQ－2016－B0255	昂科信息技术无锡有限公司
935	苏 RQ－2016－A0158	南京昆虫软件有限公司	968	苏 RQ－2016－B0090	中科怡海高新技术发展有限公司
936	苏 RQ－2016－A0359	南京华苏科技股份有限公司	969	苏 RQ－2016－B0158	无锡飞威信息系统有限公司
937	苏 RQ－2016－A0894	南京云仙智慧信息科技发展有限公司	970	苏 RQ－2016－B0086	无锡中科智远科技有限公司
938	苏 RQ－2016－A0861	南京汉普通讯工程有限公司	971	苏 RQ－2016－B0089	中科怡海高新技术发展江苏股份公司
939	苏 RQ－2016－A0942	南京吉图广行信息科技有限公司	972	苏 RQ－2016－B0183	无锡北斗空间信息科技有限公司
940	苏 RQ－2016－A0291	南京讯天网络科技有限公司	973	苏 RQ－2016－B0001	无锡君元科技开发有限公司
941	苏 RQ－2016－A0954	江苏腾泽信息科技有限公司	974	苏 RQ－2016－B0152	无锡新欧信息科技服务有限公司
942	苏 RQ－2016－A0814	诚派科技南京有限公司	975	苏 RQ－2016－B0096	无锡中威云海软件系统有限公司
943	苏 RQ－2016－A0888	江苏群杰软件有限公司	976	苏 RQ－2016－B0153	无锡凯数科技有限公司
944	苏 RQ－2016－A0038	江苏鹏为软件有限公司	977	苏 RQ－2016－B0196	无锡安东科技有限公司
945	苏 RQ－2016－A0307	南京保旺达科技有限公司	978	苏 RQ－2016－B0197	江苏睿泰教育科技有限公司
946	苏 RQ－2016－A0406	南京百敖软件有限公司	979	苏 RQ－2016－B0206	泛亚信息技术江苏有限公司
947	苏 RQ－2016－A0240	南京爱特拉斯科技实业有限公司	980	苏 RQ－2016－B0110	江苏大为科技股份有限公司
948	苏 RQ－2016－A0915	南京吉冉软件有限公司	981	苏 RQ－2016－B0021	无锡港湾网络科技有限公司
949	苏 RQ－2016－A0938	南京易派优信息科技有限公司	982	苏 RQ－2016－B0234	无锡优赛科技有限公司
950	苏 RQ－2016－A0297	南京南大智慧城市规划设计有限公司	983	苏 RQ－2016－B0035	无锡世融网络科技有限公司
951	苏 RQ－2016－A0770	南京科瑞电力科技有限公司	984	苏 RQ－2016－B0164	无锡朗奇软件科技有限公司
952	苏 RQ－2016－A0471	南京奇点创意数字科技有限公司	985	苏 RQ－2016－B0118	无锡贯方信息科技有限公司
953	苏 RQ－2016－A0698	南京雪糕网络科技有限公司	986	苏 RQ－2016－B0048	无锡中矿立兴软件科技有限公司
954	苏 RQ－2016－A0940	启华信息技术江苏有限公司	987	苏 RQ－2016－B0007	无锡联企云网信息科技有限公司
955	苏 RQ－2016－A0612	南京雀翼信息科技有限公司	988	苏 RQ－2016－B0182	无锡会腾软件科技有限公司
956	苏 RQ－2016－A0706	江苏元畅网络科技有限公司	989	苏 RQ－2016－B0024	无锡蓝剑软件科技有限公司
957	苏 RQ－2016－A0104	江苏瑞奥风软件科技有限公司	990	苏 RQ－2016－B0141	无锡中科软信息技术有限公司
958	苏 RQ－2016－A0936	南京秀我信息科技集团有限公司	991	苏 RQ－2016－B0011	无锡安财网络科技有限公司
959	苏 RQ－2016－A0909	南京用友通信息技术有限公司	992	苏 RQ－2016－B0189	无锡智科传感网技术股份有限公司
960	苏 RQ－2016－A0815	南京卓易信息科技有限公司	993	苏 RQ－2016－B0162	江苏京玉信息技术有限公司
961	苏 RQ－2016－B0026	无锡昂卓信息科技有限公司	994	苏 RQ－2016－B0091	无锡中太数据通信股份有限公司
962	苏 RQ－2016－B0270	江苏厚达信息科技有限公司	995	苏 RQ－2016－B0204	无锡智晟物联科技发展有限公司
963	苏 RQ－2016－B0083	无锡赛格软件有限公司	996	苏 RQ－2016－B0038	博耳(无锡)软件科技有限公司
964	苏 RQ－2016－B0167	无锡易瑞德节能控制科技有限公司	997	苏 RQ－2016－B0239	无锡汉软工业智能技术有限公司
			998	苏 RQ－2016－B0056	无锡安真通科技有限公司

(续表)

序号	评估号	企业名称	序号	评估号	企业名称
999	苏 RQ－2016－B0215	无锡挪瑞科技股份有限公司	1033	苏 RQ－2016－B0186	软通动力信息系统服务有限公司
1000	苏 RQ－2016－B0139	无锡流迪信息技术有限公司	1034	苏 RQ－2016－B0036	无锡市新科自动控制科技有限公司
1001	苏 RQ－2016－B0202	无锡慧眼电子科技有限公司	1035	苏 RQ－2016－B0180	无锡市天业智能科技有限公司
1002	苏 RQ－2016－B0172	无锡力合数字电视技术有限公司	1036	苏 RQ－2016－B0093	无锡华云数据技术服务有限公司
1003	苏 RQ－2016－B0114	无锡科尤艾信息科技有限公司	1037	苏 RQ－2016－B0210	江苏开拓信息与系统有限公司
1004	苏 RQ－2016－B0144	无锡中云宏业软控科技有限公司	1038	苏 RQ－2016－B0101	江苏蓝深远望系统集成有限公司
1005	苏 RQ－2016－B0125	无锡航天飞邻测控技术有限公司	1039	苏 RQ－2016－B0059	无锡慧润电子有限公司
1006	苏 RQ－2016－B0080	无锡韩信信息技术服务有限公司	1040	苏 RQ－2016－B0109	顿楷信息技术有限公司
1007	苏 RQ－2016－B0145	无锡卓峰信息科技有限公司	1041	苏 RQ－2016－B0151	江苏蓝创智能科技股份有限公司
1008	苏 RQ－2016－B0081	无锡汉风网络科技有限公司	1042	苏 RQ－2016－B0037	无锡市同威科技有限公司
1009	苏 RQ－2016－B0233	无锡申晨科技有限公司	1043	苏 RQ－2016－B0236	无锡新图云创科技发展有限公司
1010	苏 RQ－2016－B0115	江苏天益网络信息有限公司	1044	苏 RQ－2016－B0178	无锡正元信息科技有限公司
1011	苏 RQ－2016－B0140	无锡联源新能源技术有限公司	1045	苏 RQ－2016－B0042	无锡市比奥迪科技有限公司
1012	苏 RQ－2016－B0057	无锡银通软件科技有限公司	1046	苏 RQ－2016－B0211	光荣使命网络科技有限公司
1013	苏 RQ－2016－B0253	博耳智能科技(无锡)有限公司	1047	苏 RQ－2016－B0012	江苏太湖云计算信息技术股份有限公司
1014	苏 RQ－2016－B0146	无锡煜杰网络信息技术有限公司	1048	苏 RQ－2016－B0130	江苏华御信息技术有限公司
1015	苏 RQ－2016－B0142	无锡中鼎物流设备有限公司	1049	苏 RQ－2016－B0229	无锡艾云信息技术有限公司
1016	苏 RQ－2016－B0074	江苏大润传感科技有限公司	1050	苏 RQ－2016－B0100	无锡汇川软件技术有限公司
1017	苏 RQ－2016－B0170	无锡久源软件科技有限公司	1051	苏 RQ－2016－B0076	无锡中科物联网基础软件研发中心有限公司
1018	苏 RQ－2016－B0148	无锡新易图信息科技有限公司			
1019	苏 RQ－2016－B0225	无锡华标软件有限公司	1052	苏 RQ－2016－B0006	无锡鲲腾软件科技有限公司
1020	苏 RQ－2016－B0045	江苏智联天地科技有限公司	1053	苏 RQ－2016－B0073	江苏智远数字科技发展有限公司
1021	苏 RQ－2016－B0181	无锡神探电子科技有限公司	1054	苏 RQ－2016－B0077	无锡中科方德软件有限公司
1022	苏 RQ－2016－B0108	无锡市大华激光设备有限公司	1055	苏 RQ－2016－B0213	无锡睿思凯科技股份有限公司
1023	苏 RQ－2016－B0174	无锡天奇信息技术有限公司	1056	苏 RQ－2016－B0061	无锡移讯惠信息技术有限公司
1024	苏 RQ－2016－B0184	无锡赛尔泰克科技有限公司	1057	苏 RQ－2016－B0195	无锡加视诚智能科技有限公司
1025	苏 RQ－2016－B0227	无锡瑞祥科技有限公司	1058	苏 RQ－2016－B0050	无锡远迈信息技术有限公司
1026	苏 RQ－2016－B0243	无锡嘉禾感知技术服务有限公司	1059	苏 RQ－2016－B0067	无锡市中慧康索有限公司
1027	苏 RQ－2016－B0205	软通动力技术服务无锡有限公司	1060	苏 RQ－2016－B0160	创博(中国)工程技术有限公司
1028	苏 RQ－2016－B0259	江苏德亚智能科技股份有限公司	1061	苏 RQ－2016－B0165	东软集团(无锡)有限公司
1029	苏 RQ－2016－B0098	无锡爱睿芯电子有限公司	1062	苏 RQ－2016－B0218	无锡赛博盈科技有限公司
1030	苏 RQ－2016－B0261	江苏东志信科技有限公司	1063	苏 RQ－2016－B0044	江苏尚博信息科技有限公司
1031	苏 RQ－2016－B0095	无锡市中健科仪有限公司	1064	苏 RQ－2016－B0163	无锡同方融达信息科技有限公司
1032	苏 RQ－2016－B0043	无锡尚博软件科技有限公司	1065	苏 RQ－2016－B0099	无锡市润邦智能控制技术有限公司

序号	评估号	企业名称	序号	评估号	企业名称
1066	苏 RQ - 2016 - B0055	江苏哲勤科技有限公司	1098	苏 RQ - 2016 - B0149	江阴市富仁软件科技有限公司
1067	苏 RQ - 2016 - B0117	无锡华通智能交通技术开发有限公司	1099	苏 RQ - 2016 - B0244	江阴力垦软件有限公司
1068	苏 RQ - 2016 - B0266	中船重工奥蓝托无锡软件技术有限公司	1100	苏 RQ - 2016 - B0079	江阴市华恒仪表有限公司
1069	苏 RQ - 2016 - B0224	江苏睿杰斯软件有限公司	1101	苏 RQ - 2016 - B0268	江苏欣皓测试技术有限公司
1070	苏 RQ - 2016 - B0262	江苏志宁信息科技有限公司	1102	苏 RQ - 2016 - B0207	江苏风雷文化传媒有限公司
1071	苏 RQ - 2016 - B0049	无锡飞思科技有限责任公司	1103	苏 RQ - 2016 - B0212	江苏斯菲尔电气股份有限公司
1072	苏 RQ - 2016 - B0199	因为科技无锡有限公司	1104	苏 RQ - 2016 - B0103	江苏汉德天坤科技发展有限公司
1073	苏 RQ - 2016 - B0134	无锡市华焯光电科技有限公司	1105	苏 RQ - 2016 - B0047	江苏达梦信息科技有限公司
1074	苏 RQ - 2016 - B0016	江苏微锐超算科技有限公司	1106	苏 RQ - 2016 - B0082	无锡市奥智科技有限公司
1075	苏 RQ - 2016 - B0230	江苏紫米软件技术有限公司	1107	苏 RQ - 2016 - B0242	无锡智学苑科技有限公司
1076	苏 RQ - 2016 - B0257	江苏汇众网络科技有限公司	1108	苏 RQ - 2016 - B0013	无锡市陶都巨龙软件有限责任公司
1077	苏 RQ - 2016 - B0190	江阴方程电气自动化研究所有限公司	1109	苏 RQ - 2016 - B0004	无锡浩跃信息科技有限公司
1078	苏 RQ - 2016 - B0226	江阴市创仁软件科技有限公司	1110	苏 RQ - 2016 - B0040	无锡西科网络技术有限公司
1079	苏 RQ - 2016 - B0116	江苏圣意达自控科技有限公司	1111	苏 RQ - 2016 - B0269	无锡信欧光电科技有限公司
1080	苏 RQ - 2016 - B0246	江苏鸿利智能科技有限公司	1112	苏 RQ - 2016 - B0154	江苏天长环保科技有限公司
1081	苏 RQ - 2016 - B0123	江苏智优信息技术有限公司	1113	苏 RQ - 2016 - B0147	宜兴市宜信信息技术有限公司
1082	苏 RQ - 2016 - B0104	江阴紫光软件有限公司	1114	苏 RQ - 2016 - B0078	江苏颠峰软件有限公司
1083	苏 RQ - 2016 - B0185	无锡夸微科技有限公司	1115	苏 RQ - 2016 - B0238	江苏金指南科技有限公司
1084	苏 RQ - 2016 - B0258	江苏联优信息科技有限公司	1116	苏 RQ - 2016 - B0150	无锡艾德思奇软件有限公司
1085	苏 RQ - 2016 - B0029	江阴亮景电子科技有限公司	1117	苏 RQ - 2016 - B0143	中科曙光信息技术无锡有限公司
1086	苏 RQ - 2016 - B0005	江阴市全盛自动化仪表有限公司	1118	苏 RQ - 2016 - B0020	无锡双旗网络有限公司
1087	苏 RQ - 2016 - B0137	江苏博大光通物联科技有限公司	1119	苏 RQ - 2016 - B0065	江苏意源科技有限公司
1088	苏 RQ - 2016 - B0240	江苏宏晶微电子科技有限公司	1120	苏 RQ - 2016 - B0250	无锡艾邦软件有限公司
1089	苏 RQ - 2016 - B0166	江阴鼎峰网络通信有限公司	1121	苏 RQ - 2016 - B0214	恩梯梯数据(中国)信息技术有限公司
1090	苏 RQ - 2016 - B0159	江阴市普尔网络信息技术有限公司	1122	苏 RQ - 2016 - B0066	无锡创思感知科技有限公司
1091	苏 RQ - 2016 - B0191	江阴泛函软件有限公司	1123	苏 RQ - 2016 - B0223	江苏中科惠软信息技术有限公司
1092	苏 RQ - 2016 - B0071	江苏东歌电气有限公司	1124	苏 RQ - 2016 - B0193	无锡祥生科技有限公司
1093	苏 RQ - 2016 - B0072	江阴汇智软件技术有限公司	1125	苏 RQ - 2016 - B0052	无锡众志和达数据计算股份有限公司
1094	苏 RQ - 2016 - B0256	江苏利得智能监测科技有限公司	1126	苏 RQ - 2016 - B0252	无锡中科泛在信息技术研发中心有限公司
1095	苏 RQ - 2016 - B0169	江阴浪涛软件技术有限公司	1127	苏 RQ - 2016 - B0097	无锡英臻科技有限公司
1096	苏 RQ - 2016 - B0019	江苏远望神州软件有限公司	1128	苏 RQ - 2016 - B0187	横新软件工程(无锡)有限公司
1097	苏 RQ - 2016 - B0260	江阴云端网络技术有限公司	1129	苏 RQ - 2016 - B0039	无锡丹尼克尔自动化科技有限公司
			1130	苏 RQ - 2016 - B0138	无锡拓奇信息科技有限公司

序号	评估号	企业名称	序号	评估号	企业名称
1131	苏RQ-2016-B0220	无锡开云信息技术有限公司	1164	苏RQ-2016-B0034	无锡敏晶科技有限公司
1132	苏RQ-2016-B0177	无锡乾煜信息技术有限公司	1165	苏RQ-2016-B0085	无锡华捷电子信息技术有限公司
1133	苏RQ-2016-B0216	江苏曼荼罗软件股份有限公司	1166	苏RQ-2016-B0228	无锡维森智能传感技术有限公司
1134	苏RQ-2016-B0219	江苏强强信息科技有限公司	1167	苏RQ-2016-B0113	无锡锐格思信息技术有限公司
1135	苏RQ-2016-B0094	无锡艾思博科技有限公司	1168	苏RQ-2016-B0017	无锡金思达科技有限公司
1136	苏RQ-2016-B0084	无锡广华科技有限公司	1169	苏RQ-2016-B0201	无锡三通科技有限公司
1137	苏RQ-2016-B0168	无锡扬晟科技有限公司	1170	苏RQ-2016-B0173	无锡欣软兴泰信息技术有限公司
1138	苏RQ-2016-B0088	无锡永中软件有限公司	1171	苏RQ-2016-B0121	无锡七酷网络科技有限公司
1139	苏RQ-2016-B0014	无锡华桑电子科技有限公司	1172	苏RQ-2016-B0022	无锡艾卡科技有限公司
1140	苏RQ-2016-B0102	无锡英威腾电梯控制技术有限公司	1173	苏RQ-2016-B0221	无锡珍岛数字生态服务平台技术有限公司
1141	苏RQ-2016-B0112	无锡要玩娱乐网络技术有限公司	1174	苏RQ-2016-B0062	无锡触角科技有限公司
1142	苏RQ-2016-B0231	无锡桃之源物联网科技有限公司	1175	苏RQ-2016-B0235	无锡睿米信息技术有限公司
1143	苏RQ-2016-B0105	无锡掌睿星软件技术有限公司	1176	苏RQ-2016-B0155	无锡超正软件有限公司
1144	苏RQ-2016-B0060	无锡市海鹰加科海洋技术有限责任公司	1177	苏RQ-2016-B0128	无锡知谷网络科技有限公司
1145	苏RQ-2016-B0087	江苏辰云信息科技有限公司	1178	苏RQ-2016-B0208	无锡触典科技有限公司
1146	苏RQ-2016-B0222	无锡迎嘉信息技术有限公司	1179	苏RQ-2016-B0176	无锡宙斯物联网股份有限公司
1147	苏RQ-2016-B0249	无锡天阳宏业软件技术有限公司	1180	苏RQ-2016-B0015	江苏税软软件科技有限公司
1148	苏RQ-2016-B0008	无锡协生科技有限公司	1181	苏RQ-2016-B0265	中兴智能交通股份有限公司
1149	苏RQ-2016-B0018	无锡时间感知科技有限公司	1182	苏RQ-2016-B0161	无锡中讯高科软件有限公司
1150	苏RQ-2016-B0237	无锡索福微尔信息科技有限公司	1183	苏RQ-2016-B0245	无锡智明创发软件有限公司
1151	苏RQ-2016-B0157	无锡优电科技有限公司	1184	苏RQ-2016-B0027	光宝联合科技无锡有限公司
1152	苏RQ-2016-B0248	无锡恒烨软件技术有限公司	1185	苏RQ-2016-B0119	无锡天游网络科技有限公司
1153	苏RQ-2016-B0033	江苏钧翔航空科技有限公司	1186	苏RQ-2016-B0009	无锡汉柏信息技术有限公司
1154	苏RQ-2016-B0124	无锡浙潮科技有限公司	1187	苏RQ-2016-B0254	江苏云和飞尚软件技术有限公司
1155	苏RQ-2016-B0203	无锡美凯能源科技有限公司	1188	苏RQ-2016-B0136	无锡奥驰实达信息技术有限公司
1156	苏RQ-2016-B0002	无锡美湖信息技术有限公司	1189	苏RQ-2016-B0131	无锡市中安捷联科技有限公司
1157	苏RQ-2016-B0127	无锡市同飞科技有限公司	1190	苏RQ-2016-B0120	无锡蛮荒网络科技有限公司
1158	苏RQ-2016-B0075	朗新科技股份有限公司	1191	苏RQ-2016-B0070	无锡泛太科技有限公司
1159	苏RQ-2016-B0232	无锡德思普科技有限公司	1192	苏RQ-2016-B0051	无锡雅座在线科技发展有限公司
1160	苏RQ-2016-B0046	大唐融合通信技术无锡有限公司	1193	苏RQ-2016-B0092	无锡市扬软科技有限公司
1161	苏RQ-2016-B0247	无锡沃格软件有限公司	1194	苏RQ-2016-B0179	无锡和晶信息技术有限公司
1162	苏RQ-2016-B0133	无锡儒安科技有限公司	1195	苏RQ-2016-B0032	无锡骏聿科技有限公司
1163	苏RQ-2016-B0156	江苏海宝软件股份有限公司	1196	苏RQ-2016-B0188	无锡海斯凯尔医学技术有限公司
			1197	苏RQ-2016-B0122	无锡三色堇信息科技有限公司

（续表）

序号	评估号	企业名称	序号	评估号	企业名称
1198	苏 RQ－2016－B0251	无锡宽视彩讯信息科技有限公司	1231	苏 RQ－2016－C0057	徐州思研软件科技有限公司
1199	苏 RQ－2016－B0010	无锡点春互联科技有限公司	1232	苏 RQ－2016－C0059	徐州市俊羽网络科技有限公司
1200	苏 RQ－2016－B0041	无锡真源网络服务有限公司	1233	苏 RQ－2016－C0056	江苏百瑞自动化科技有限公司
1201	苏 RQ－2016－B0264	无锡博盾信息科技有限公司	1234	苏 RQ－2016－C0061	江苏创源信息科技有限公司
1202	苏 RQ－2016－B0263	无锡佳游网络科技有限公司	1235	苏 RQ－2016－C0044	徐州市华网信息科技有限公司
1203	苏 RQ－2016－B0192	无锡守望者软件开发有限公司	1236	苏 RQ－2016－C0009	徐州市永康电子科技有限公司
1204	苏 RQ－2016－B0200	无锡恺易物联网科技发展有限公司	1237	苏 RQ－2016－C0062	江苏利商信息科技股份有限公司
1205	苏 RQ－2016－B0194	无锡尚游软件科技有限公司	1238	苏 RQ－2016－C0026	徐州华社信息技术有限公司
1206	苏 RQ－2016－B0003	无锡市朗珈软件有限公司	1239	苏 RQ－2016－C0001	江苏锦源医疗科技有限公司
1207	苏 RQ－2016－B0198	无锡日联软件技术有限公司	1240	苏 RQ－2016－C0013	江苏创导信息科技有限公司
1208	苏 RQ－2016－B0030	无锡豪哲自控系统有限公司	1241	苏 RQ－2016－C0008	徐州市恒众科技有限公司
1209	苏 RQ－2016－B0171	无锡市耐特软件技术有限公司	1242	苏 RQ－2016－C0012	徐州市启维计算机科技有限公司
1210	苏 RQ－2016－B0028	无锡市优特科技有限公司	1243	苏 RQ－2016－C0023	徐州世奇医疗保健有限公司
1211	苏 RQ－2016－B0058	央视国际网络无锡有限公司	1244	苏 RQ－2016－C0045	徐州市华易软件科技有限公司
1212	苏 RQ－2016－B0241	无锡市新京软件有限责任公司	1245	苏 RQ－2016－C0033	徐州华讯科技有限公司
1213	苏 RQ－2016－B0031	无锡宇信易诚科技有限公司	1246	苏 RQ－2016－C0063	徐州中久信息技术有限公司
1214	苏 RQ－2016－B0068	江苏环宇软件有限公司	1247	苏 RQ－2016－C0052	徐州易存信息技术有限公司
1215	苏 RQ－2016－B0175	无锡稳捷网络技术有限公司	1248	苏 RQ－2016－C0050	智慧徐州建设投资发展有限公司
1216	苏 RQ－2016－B0023	中科联合自动化科技无锡有限公司	1249	苏 RQ－2016－C0041	徐州市元申软件有限公司
1217	苏 RQ－2016－B0209	无锡高运金融信息服务有限公司	1250	苏 RQ－2016－C0018	徐州尚思电子科技有限公司
1218	苏 RQ－2016－B0106	无锡君通软件有限公司	1251	苏 RQ－2016－C0025	江苏增宇信息科技开发有限公司
1219	苏 RQ－2016－B0132	无锡北洋清安物联科技有限公司	1252	苏 RQ－2016－C0047	江苏畅想之星信息技术有限公司
1220	苏 RQ－2016－B0053	无锡凌志软件有限公司	1253	苏 RQ－2016－C0035	徐州市科健高新技术有限公司
1221	苏 RQ－2016－B0063	无锡中卫信科技发展有限公司	1254	苏 RQ－2016－C0034	江苏旭丰软件技术有限公司
1222	苏 RQ－2016－B0111	无锡云拓科技有限公司	1255	苏 RQ－2016－C0039	徐州嘉讯软件技术有限公司
1223	苏 RQ－2016－B0217	无锡奥特维科技股份有限公司	1256	苏 RQ－2016－C0010	徐州华煤电子科技有限公司
1224	苏 RQ－2016－B0135	无锡赛睿科技有限公司	1257	苏 RQ－2016－C0054	江苏鼎驰电子科技有限公司
1225	苏 RQ－2016－B0267	无锡优拓信息技术股份有限公司	1258	苏 RQ－2016－C0042	徐州中瑞信息技术有限公司
1226	苏 RQ－2016－B0064	无锡金卫信网络工程有限公司	1259	苏 RQ－2016－C0029	徐州新云网络科技有限公司
1227	苏 RQ－2016－B0025	无锡兰霖网络科技有限公司	1260	苏 RQ－2016－C0043	江苏弘软服务外包有限公司
1228	苏 RQ－2016－B0129	无锡华赛信息技术有限公司	1261	苏 RQ－2016－C0017	徐州福安科技有限公司
1229	苏 RQ－2016－B0107	无锡君通科技服务有限公司	1262	苏 RQ－2016－C0019	徐州瑞晨矿业科技发展有限公司
1230	苏 RQ－2016－B0054	无锡新气象科技有限公司	1263	苏 RQ－2016－C0014	徐州市市民卡有限公司
			1264	苏 RQ－2016－C0028	徐州金蝶软件有限公司

序号	评估号	企业名称	序号	评估号	企业名称
1265	苏 RQ－2016－C0037	徐州英利特软件技术有限公司	1298	苏 RQ－2016－C0004	徐州市科诺医学仪器设备有限公司
1266	苏 RQ－2016－C0067	徐州道格信息科技有限公司	1299	苏 RQ－2016－D0102	常州同步软件技术有限公司
1267	苏 RQ－2016－C0006	徐州中能发网络科技有限公司	1300	苏 RQ－2016－D0071	常州市瑞昶信息科技有限公司
1268	苏 RQ－2016－C0060	徐州超伟电子股份有限公司	1301	苏 RQ－2016－D0126	常州元测软件有限公司
1269	苏 RQ－2016－C0002	徐州中矿华信科技有限公司	1302	苏 RQ－2016－D0010	江苏明基逐鹿物联技术股份有限公司
1270	苏 RQ－2016－C0065	江苏佳华电子设备有限公司	1303	苏 RQ－2016－D0075	常州龙驰新能源汽车技术有限公司
1271	苏 RQ－2016－C0015	徐州永安科技发展有限公司	1304	苏 RQ－2016－D0074	常州市正元计算机软件有限公司
1272	苏 RQ－2016－C0016	徐州海派科技有限公司	1305	苏 RQ－2016－D0055	常州国光软件系统工程有限公司
1273	苏 RQ－2016－C0040	徐州中矿新远晨自动化系统有限公司	1306	苏 RQ－2016－D0122	常州易龙信息科技有限公司
1274	苏 RQ－2016－C0038	徐州天泉信息科技有限公司	1307	苏 RQ－2016－D0114	常州能惠软件科技有限公司
1275	苏 RQ－2016－C0021	徐州中讯电子科技有限公司	1308	苏 RQ－2016－D0001	常州市步云软件科技有限公司
1276	苏 RQ－2016－C0053	华洋通信科技股份有限公司	1309	苏 RQ－2016－D0059	常州旗云科技有限公司
1277	苏 RQ－2016－C0032	徐州雷奥医疗设备有限公司	1310	苏 RQ－2016－D0088	常州万联网络数据信息安全股份有限公司
1278	苏 RQ－2016－C0031	徐州市宝兴医疗设备有限公司	1311	苏 RQ－2016－D0119	常州普九教育科技有限公司
1279	苏 RQ－2016－C0048	江苏省精创电气股份有限公司	1312	苏 RQ－2016－D0012	常州蓝城信息科技有限公司
1280	苏 RQ－2016－C0046	徐州市彭康电子设备有限公司	1313	苏 RQ－2016－D0056	常州正道信息咨询有限公司
1281	苏 RQ－2016－C0030	徐州市圣普医疗设备技术有限公司	1314	苏 RQ－2016－D0041	常州奥施特信息科技有限公司
1282	苏 RQ－2016－C0068	徐州恒佳电子科技有限公司	1315	苏 RQ－2016－D0099	常州正选软件有限公司
1283	苏 RQ－2016－C0055	三维医疗科技江苏股份有限公司	1316	苏 RQ－2016－D0052	常州领信信息科技有限公司
1284	苏 RQ－2016－C0066	徐州市广科新技术发展有限公司	1317	苏 RQ－2016－D0004	常州梓铭电力科技有限公司
1285	苏 RQ－2016－C0024	江苏祥云谷物联网科技有限公司	1318	苏 RQ－2016－D0100	江苏银科金典信息技术股份有限公司
1286	苏 RQ－2016－C0027	江苏丙辰电子有限公司	1319	苏 RQ－2016－D0043	江苏同和信息技术有限公司
1287	苏 RQ－2016－C0011	新沂市至上网络科技有限公司	1320	苏 RQ－2016－D0042	常州风靡软件有限公司
1288	苏 RQ－2016－C0007	徐州博创信息科技有限公司	1321	苏 RQ－2016－D0050	常州东瑞电力软件有限公司
1289	苏 RQ－2016－C0051	江苏同人医疗电子科技有限公司	1322	苏 RQ－2016－D0028	常州市珠峰网络科技有限公司
1290	苏 RQ－2016－C0036	徐州翰林科技有限公司	1323	苏 RQ－2016－D0066	江苏科佳软件开发有限公司
1291	苏 RQ－2016－C0005	徐州市凯信电子设备有限公司	1324	苏 RQ－2016－D0076	江苏启航开创软件有限公司
1292	苏 RQ－2016－C0020	江苏瑞祺生命科学仪器有限公司	1325	苏 RQ－2016－D0062	江苏富深协通科技股份有限公司
1293	苏 RQ－2016－C0058	徐州雷恒信息科技有限公司	1326	苏 RQ－2016－D0039	常州市泰尚软件科技有限公司
1294	苏 RQ－2016－C0003	徐州格雷软件开发有限公司	1327	苏 RQ－2016－D0007	常州西普信息科技有限公司
1295	苏 RQ－2016－C0022	江苏新立迅软件科技有限公司	1328	苏 RQ－2016－D0032	常州常工电子科技股份有限公司
1296	苏 RQ－2016－C0064	徐州西尼科自动化控制技术有限公司	1329	苏 RQ－2016－D0026	常州三维天地通讯系统有限公司
1297	苏 RQ－2016－C0049	江苏徐工信息技术股份有限公司	1330	苏 RQ－2016－D0049	常州富桑信息科技有限公司

序号	评估号	企业名称	序号	评估号	企业名称
1331	苏 RQ－2016－D0027	常州香传电子商务股份有限公司	1365	苏 RQ－2016－D0034	江苏联卓信息科技有限公司
1332	苏 RQ－2016－D0084	常州友畅软件科技有限公司	1366	苏 RQ－2016－D0023	常州卡灵克软件有限公司
1333	苏 RQ－2016－D0033	小牛电子商务(江苏)有限公司	1367	苏 RQ－2016－D0078	常州市维邦网络软件有限公司
1334	苏 RQ－2016－D0005	常州天成数码科技有限公司	1368	苏 RQ－2016－D0133	江苏蓝安信息科技有限公司
1335	苏 RQ－2016－D0068	常州伊博软件技术有限公司	1369	苏 RQ－2016－D0079	常州电子研究所有限公司
1336	苏 RQ－2016－D0025	常州罗赛尔信息技术有限公司	1370	苏 RQ－2016－D0127	中节能(常州)城市节能研究院有限公司
1337	苏 RQ－2016－D0083	常州伍杰科技软件有限公司	1371	苏 RQ－2016－D0117	江苏四海商舟电子商务有限公司
1338	苏 RQ－2016－D0070	常州得实新技术开发有限公司	1372	苏 RQ－2016－D0016	常州和佳软件技术有限公司
1339	苏 RQ－2016－D0063	常州爱索电子有限公司	1373	苏 RQ－2016－D0018	常州网视领航网络科技有限公司
1340	苏 RQ－2016－D0014	江苏索派系统集成有限公司	1374	苏 RQ－2016－D0030	常州元素信息技术有限公司
1341	苏 RQ－2016－D0131	常州华清科盛信息系统集成有限公司	1375	苏 RQ－2016－D0019	常州瑞信电子科技有限公司
1342	苏 RQ－2016－D0045	常州化龙网络科技股份有限公司	1376	苏 RQ－2016－D0022	常州维格电子有限公司
1343	苏 RQ－2016－D0093	常州市凯星电子电控有限公司	1377	苏 RQ－2016－D0101	常州埃依琦科技有限公司
1344	苏 RQ－2016－D0086	江苏好奇网络科技有限公司	1378	苏 RQ－2016－D0061	江苏鑫亿软件股份有限公司
1345	苏 RQ－2016－D0073	常州市龙元软件有限公司	1379	苏 RQ－2016－D0120	常州航加网络科技有限公司
1346	苏 RQ－2016－D0057	常州神盾软件科技有限公司	1380	苏 RQ－2016－D0054	江苏优度软件有限公司
1347	苏 RQ－2016－D0111	常州哈酷那软件科技有限公司	1381	苏 RQ－2016－D0118	常州瑞克斯信息科技有限公司
1348	苏 RQ－2016－D0105	常州博洋软件有限公司	1382	苏 RQ－2016－D0069	卓谨信息科技(常州)有限公司
1349	苏 RQ－2016－D0085	常州康菲自动化设备有限公司	1383	苏 RQ－2016－D0002	常州三优网络科技有限公司
1350	苏 RQ－2016－D0112	江苏雷卡信息技术有限公司	1384	苏 RQ－2016－D0124	常州市康臣卫信信息科技有限公司
1351	苏 RQ－2016－D0038	常州市星网计算机技术有限公司	1385	苏 RQ－2016－D0081	江苏新科软件有限公司
1352	苏 RQ－2016－D0092	筑巢软件(江苏)有限公司	1386	苏 RQ－2016－D0098	江苏金仕达卫宁软件有限公司
1353	苏 RQ－2016－D0097	常州小米软件有限公司	1387	苏 RQ－2016－D0107	常州中设软件有限公司
1354	苏 RQ－2016－D0113	常州迅强数字网络科技有限公司	1388	苏 RQ－2016－D0089	常州科合软件技术有限公司
1355	苏 RQ－2016－D0013	常州市市民卡建设有限公司	1389	苏 RQ－2016－D0064	常州固得软件有限公司
1356	苏 RQ－2016－D0051	常州常工富藤科技有限公司	1390	苏 RQ－2016－D0044	江苏金马扬名信息技术股份有限公司
1357	苏 RQ－2016－D0128	常州诗歌达软件有限公司	1391	苏 RQ－2016－D0077	常州苏电科技有限公司
1358	苏 RQ－2016－D0090	冲电气软件技术(江苏)有限公司	1392	苏 RQ－2016－D0087	常州金蝶软件有限公司
1359	苏 RQ－2016－D0125	常州千帆网络科技有限公司	1393	苏 RQ－2016－D0020	常州迪迦软件有限公司
1360	苏 RQ－2016－D0031	常州吉源能源科技有限公司	1394	苏 RQ－2016－D0017	常州大江网络工程有限公司
1361	苏 RQ－2016－D0096	常州发创软件有限公司	1395	苏 RQ－2016－D0011	常州市新博科技有限公司
1362	苏 RQ－2016－D0053	常州珞珈中网信息技术有限公司	1396	苏 RQ－2016－D0065	常州龙城软件有限公司
1363	苏 RQ－2016－D0121	常州市龙星软件有限公司	1397	苏 RQ－2016－D0009	常州市全有信息技术有限公司
1364	苏 RQ－2016－D0035	江苏世轩科技股份有限公司	1398	苏 RQ－2016－D0060	常州创科信息科技有限公司

序号	评估号	企业名称	序号	评估号	企业名称
1399	苏 RQ - 2016 - D0082	常州介子软件科技有限公司	1432	苏 RQ - 2016 - D0058	常州安控电气信息技术有限公司
1400	苏 RQ - 2016 - D0106	江苏节安得能源科技有限公司	1433	苏 RQ - 2016 - D0047	溧阳市华城软件技术信息服务有限公司
1401	苏 RQ - 2016 - D0021	常州智泰数码技术有限公司	1434	苏 RQ - 2016 - E0076	苏州市阳帆软件有限公司
1402	苏 RQ - 2016 - D0110	江苏鑫软图无线技术股份有限公司	1435	苏 RQ - 2016 - E0111	苏州协诚信息科技有限公司
1403	苏 RQ - 2016 - D0072	江苏印信通达电子科技有限公司	1436	苏 RQ - 2016 - E0436	苏州全欧光电科技有限公司
1404	苏 RQ - 2016 - D0067	江苏唐恩科技有限公司	1437	苏 RQ - 2016 - E0068	苏州友科电脑软件有限公司
1405	苏 RQ - 2016 - D0003	常州思雅医疗器械有限公司	1438	苏 RQ - 2016 - E0411	江苏乐建网络科技有限公司
1406	苏 RQ - 2016 - D0129	常州市星空医疗美容门诊有限公司	1439	苏 RQ - 2016 - E0101	南信大影像技术工程(苏州)有限公司
1407	苏 RQ - 2016 - D0094	常州巨蟹软件技术有限公司	1440	苏 RQ - 2016 - E0438	苏州睿新捷信息科技有限公司
1408	苏 RQ - 2016 - D0130	常州天鹅科技有限公司	1441	苏 RQ - 2016 - E0447	苏州宽温电子科技有限公司
1409	苏 RQ - 2016 - D0108	宝东信息技术有限公司	1442	苏 RQ - 2016 - E0208	苏州微缔软件股份有限公司
1410	苏 RQ - 2016 - D0116	常州燕润能源科技有限公司	1443	苏 RQ - 2016 - E0073	苏州知行易信息科技有限公司
1411	苏 RQ - 2016 - D0048	常州英贝通信息技术有限公司	1444	苏 RQ - 2016 - E0112	苏州益维鑫计算机科技有限公司
1412	苏 RQ - 2016 - D0008	常州智控信息科技有限公司	1445	苏 RQ - 2016 - E0488	苏州艾乐信息科技有限公司
1413	苏 RQ - 2016 - D0037	洛克互娱智能科技有限公司	1446	苏 RQ - 2016 - E0367	苏州冠辰计算机信息技术有限公司
1414	苏 RQ - 2016 - D0109	亿迅信息技术有限公司	1447	苏 RQ - 2016 - E0474	苏州航天系统工程有限公司
1415	苏 RQ - 2016 - D0135	江苏振邦医用智能装备有限公司	1448	苏 RQ - 2016 - E0332	苏州迈联网络科技有限公司
1416	苏 RQ - 2016 - D0015	江苏效擎软件科技有限公司	1449	苏 RQ - 2016 - E0215	苏州格尔斯计算机信息技术有限公司
1417	苏 RQ - 2016 - D0029	常州闲度软件科技有限公司	1450	苏 RQ - 2016 - E0066	苏州掌柜软件股份有限公司
1418	苏 RQ - 2016 - D0091	常州欧开通信技术有限公司	1451	苏 RQ - 2016 - E0416	苏州恒智友软件有限公司
1419	苏 RQ - 2016 - D0040	常州易奇信息科技有限公司	1452	苏 RQ - 2016 - E0048	安佑科技(苏州)有限公司
1420	苏 RQ - 2016 - D0080	常州市莱特信息科技有限公司	1453	苏 RQ - 2016 - E0055	苏州恒赛特自动化科技有限公司
1421	苏 RQ - 2016 - D0104	常州市思源软件有限公司	1454	苏 RQ - 2016 - E0234	苏州蓝恩信息科技有限公司
1422	苏 RQ - 2016 - D0123	常州泰迪伦供应链管理有限公司	1455	苏 RQ - 2016 - E0249	苏州君联网络科技有限公司
1423	苏 RQ - 2016 - D0046	常州路航轨道交通科技有限公司	1456	苏 RQ - 2016 - E0118	苏州市大创信息运用有限公司
1424	苏 RQ - 2016 - D0103	江苏三艾网络科技有限公司	1457	苏 RQ - 2016 - E0365	苏州思迪信息技术有限公司
1425	苏 RQ - 2016 - D0115	常州金智能软件有限公司	1458	苏 RQ - 2016 - E0337	江苏新弈软件有限公司
1426	苏 RQ - 2016 - D0024	常州博恩中鼎医疗科技有限公司	1459	苏 RQ - 2016 - E0442	苏州坤信微电子科技有限公司
1427	苏 RQ - 2016 - D0095	常州华文文字技术有限公司	1460	苏 RQ - 2016 - E0050	苏州黑盾软件科技有限公司
1428	苏 RQ - 2016 - D0006	江苏点逸网络科技有限公司	1461	苏 RQ - 2016 - E0128	苏州乐朋文化传播有限公司
1429	苏 RQ - 2016 - D0132	江苏一站地网络科技有限公司	1462	苏 RQ - 2016 - E0226	苏州康云信息科技有限公司
1430	苏 RQ - 2016 - D0134	江苏时光信息科技有限公司	1463	苏 RQ - 2016 - E0471	诚商聚盟(苏州)软件科技开发有限公司
1431	苏 RQ - 2016 - D0036	江苏振邦智慧城市信息系统有限公司	1464	苏 RQ - 2016 - E0086	苏州狮子星软件技术有限公司

(续表)

序号	评估号	企业名称	序号	评估号	企业名称
1465	苏 RQ - 2016 - E0434	苏州市若水网络科技有限公司	1498	苏 RQ - 2016 - E0456	苏州金脑袋智能系统工程有限公司
1466	苏 RQ - 2016 - E0461	苏州吉讯信息科技有限公司	1499	苏 RQ - 2016 - E0019	苏州和云观博数字科技有限公司
1467	苏 RQ - 2016 - E0007	苏州九维通信技术有限公司	1500	苏 RQ - 2016 - E0227	苏州汇通软件科技有限公司
1468	苏 RQ - 2016 - E0362	苏州市助航软件有限公司	1501	苏 RQ - 2016 - E0414	苏州亿通在线网络科技有限公司
1469	苏 RQ - 2016 - E0099	苏州美生元信息科技有限公司	1502	苏 RQ - 2016 - E0092	苏州法幂特信息科技有限公司
1470	苏 RQ - 2016 - E0404	苏州奥莱维信息技术有限公司	1503	苏 RQ - 2016 - E0155	苏州英索软件科技有限公司
1471	苏 RQ - 2016 - E0145	苏州华墨信息科技有限公司	1504	苏 RQ - 2016 - E0391	苏州凌宇汽车科技有限公司
1472	苏 RQ - 2016 - E0476	江苏学正教育科技有限公司	1505	苏 RQ - 2016 - E0457	苏州市千尺浪信息技术服务有限公司
1473	苏 RQ - 2016 - E0370	苏州海云网络科技有限公司	1506	苏 RQ - 2016 - E0157	苏州讯智信息技术有限公司
1474	苏 RQ - 2016 - E0472	苏州深锐信息科技服务有限公司	1507	苏 RQ - 2016 - E0183	吴江万商信息技术服务有限公司
1475	苏 RQ - 2016 - E0041	苏州赛科计算机信息系统有限公司	1508	苏 RQ - 2016 - E0171	吴江绿控电控科技有限公司
1476	苏 RQ - 2016 - E0084	苏州兴财通用网络科技有限公司	1509	苏 RQ - 2016 - E0253	苏州多棱镜网络科技有限公司
1477	苏 RQ - 2016 - E0402	苏州智能交通信息科技股份有限公司	1510	苏 RQ - 2016 - E0036	苏州清研微视电子科技有限公司
1478	苏 RQ - 2016 - E0057	苏州领丰信息技术有限公司	1511	苏 RQ - 2016 - E0417	吴江市神龙建设工程有限公司
1479	苏 RQ - 2016 - E0002	苏州贝图科技有限公司	1512	苏 RQ - 2016 - E0182	苏州英普思软件有限公司
1480	苏 RQ - 2016 - E0428	江苏岐凤科技有限公司	1513	苏 RQ - 2016 - E0450	苏州亿脉互联网络科技有限公司
1481	苏 RQ - 2016 - E0085	苏州捷安信息科技有限公司	1514	苏 RQ - 2016 - E0369	苏州万汇天融物联科技有限公司
1482	苏 RQ - 2016 - E0035	苏州卓云软件有限公司	1515	苏 RQ - 2016 - E0256	苏州凌犀物联网技术有限公司
1483	苏 RQ - 2016 - E0255	江苏国保信息系统测评中心有限公司	1516	苏 RQ - 2016 - E0424	吴江华宏软件有限公司
1484	苏 RQ - 2016 - E0179	江苏天创科技有限公司	1517	苏 RQ - 2016 - E0383	苏州联纺信息技术服务有限公司
1485	苏 RQ - 2016 - E0427	苏州乐佰图信息技术有限公司	1518	苏 RQ - 2016 - E0211	苏州盛开信息科技有限公司
1486	苏 RQ - 2016 - E0107	江苏达科智能科技有限公司	1519	苏 RQ - 2016 - E0065	江苏东方英塔安防保全系统股份有限公司
1487	苏 RQ - 2016 - E0070	苏州苏恒网络科技有限公司	1520	苏 RQ - 2016 - E0121	江苏亿友慧云软件股份有限公司
1488	苏 RQ - 2016 - E0049	苏州金禾通软件有限公司	1521	苏 RQ - 2016 - E0357	苏州青颖飞帆软件科技有限公司
1489	苏 RQ - 2016 - E0409	苏州威博世网络科技有限公司	1522	苏 RQ - 2016 - E0272	苏州罗想信息技术有限公司
1490	苏 RQ - 2016 - E0374	苏州鑫三强通信信息有限公司	1523	苏 RQ - 2016 - E0429	苏州宝科软件技术有限公司
1491	苏 RQ - 2016 - E0198	苏州冠锐信息科技有限公司	1524	苏 RQ - 2016 - E0437	苏州志知物联科技有限公司
1492	苏 RQ - 2016 - E0006	苏州缆迅通信技术有限公司	1525	苏 RQ - 2016 - E0454	常熟市宝文软件有限公司
1493	苏 RQ - 2016 - E0116	苏州卓硕信息技术有限公司	1526	苏 RQ - 2016 - E0051	江苏天使电子科技有限公司
1494	苏 RQ - 2016 - E0058	苏州黑盒子智能科技有限公司	1527	苏 RQ - 2016 - E0031	常熟市奥特软件技术有限公司
1495	苏 RQ - 2016 - E0100	苏州鼎丞大通医疗科技有限公司	1528	苏 RQ - 2016 - E0126	常熟电子口岸有限公司
1496	苏 RQ - 2016 - E0385	统一通信(苏州)有限公司	1529	苏 RQ - 2016 - E0333	苏州苏三软件有限公司
1497	苏 RQ - 2016 - E0026	苏州市民卡有限公司	1530	苏 RQ - 2016 - E0154	常熟市中海和电子科技有限公司

（续表）

序号	评估号	企业名称	序号	评估号	企业名称
1531	苏RQ-2016-E0375	苏州汇欣计算机信息技术有限公司	1563	苏RQ-2016-E0021	苏州泰博信息科技有限公司
1532	苏RQ-2016-E0482	江苏远诚信息科技有限公司	1564	苏RQ-2016-E0408	张家港富耐特新能源智能系统有限公司
1533	苏RQ-2016-E0412	苏州美房云客软件科技股份有限公司	1565	苏RQ-2016-E0142	江苏智慧港城投资发展有限公司
1534	苏RQ-2016-E0364	苏州大汇信息科技有限公司	1566	苏RQ-2016-E0225	张家港电子口岸有限公司
1535	苏RQ-2016-E0174	常熟市高专电气设备有限公司	1567	苏RQ-2016-E0467	江苏极限网络技术股份有限公司
1536	苏RQ-2016-E0368	江苏蛙宝网络技术有限公司	1568	苏RQ-2016-E0320	昆山博浪信息科技有限公司
1537	苏RQ-2016-E0177	苏州博云软件有限公司	1569	苏RQ-2016-E0473	昆山炫生活信息技术有限公司
1538	苏RQ-2016-E0005	江苏唯安信息科技有限公司	1570	苏RQ-2016-E0313	昆山礼建网络科技有限公司
1539	苏RQ-2016-E0120	常熟市德虞矿山机电有限公司	1571	苏RQ-2016-E0323	苏州金域信息科技有限公司
1540	苏RQ-2016-E0398	苏州中科启慧软件技术有限公司	1572	苏RQ-2016-E0464	易艾管理软件（昆山）有限公司
1541	苏RQ-2016-E0264	苏州雷博信息技术有限公司	1573	苏RQ-2016-E0376	昆山鸿源信息科技有限公司
1542	苏RQ-2016-E0459	常熟市悠扬信息技术有限公司	1574	苏RQ-2016-E0322	昆山百润科技股份有限公司
1543	苏RQ-2016-E0195	江苏广和企业管理有限公司	1575	苏RQ-2016-E0466	昆山路通软件技术有限公司
1544	苏RQ-2016-E0432	常熟飞碟网络科技有限公司	1576	苏RQ-2016-E0305	昆山禾信质谱技术有限公司
1545	苏RQ-2016-E0328	江苏龙芯梦兰信息安全技术有限公司	1577	苏RQ-2016-E0470	昆山鹰之眼软件技术有限公司
1546	苏RQ-2016-E0205	江苏国泰智慧软件股份有限公司	1578	苏RQ-2016-E0286	昆山中慈工控科技开发有限公司
1547	苏RQ-2016-E0091	江苏恒创软件有限公司	1579	苏RQ-2016-E0287	昆山必捷必信息技术有限公司
1548	苏RQ-2016-E0254	江苏亿都电子科技有限公司	1580	苏RQ-2016-E0312	昆山华东资讯科技有限公司
1549	苏RQ-2016-E0201	张家港卓软信息技术有限公司	1581	苏RQ-2016-E0318	昆山聚交信息科技有限公司
1550	苏RQ-2016-E0266	张家港市企飞软件科技有限公司	1582	苏RQ-2016-E0390	昆山合才智能科技有限公司
1551	苏RQ-2016-E0196	张家港天创科技有限公司	1583	苏RQ-2016-E0311	网进科技（昆山）有限公司
1552	苏RQ-2016-E0209	苏州飞讯动力信息科技有限公司	1584	苏RQ-2016-E0288	昆山奥德鲁自动化技术有限公司
1553	苏RQ-2016-E0193	苏州龙盾智能化科技有限公司	1585	苏RQ-2016-E0004	昆山市明思克条码系统集成有限公司
1554	苏RQ-2016-E0400	苏州东方金汇通智能科技有限公司	1586	苏RQ-2016-E0280	昆山盈硕软件科技有限公司
1555	苏RQ-2016-E0206	江苏国泰新点软件有限公司	1587	苏RQ-2016-E0378	昆山自云软件有限公司
1556	苏RQ-2016-E0194	苏州首创科技发展有限公司	1588	苏RQ-2016-E0349	昆山信德佳电气科技有限公司
1557	苏RQ-2016-E0178	江苏耐维思通科技股份有限公司	1589	苏RQ-2016-E0284	苏州仕云欣信息技术有限公司
1558	苏RQ-2016-E0389	江苏润桐数据服务有限公司	1590	苏RQ-2016-E0291	苏州科正网络科技有限公司
1559	苏RQ-2016-E0371	张家港赛通通信科技有限公司	1591	苏RQ-2016-E0324	昆山有光计算机信息科技有限公司
1560	苏RQ-2016-E0331	江苏远大信息股份有限公司	1592	苏RQ-2016-E0283	昆山麦克斯泰科技有限公司
1561	苏RQ-2016-E0083	苏州安景信息科技有限公司	1593	苏RQ-2016-E0297	江苏国网自控科技股份有限公司
1562	苏RQ-2016-E0044	苏州凯特信息科技有限公司	1594	苏RQ-2016-E0465	江苏比尔信息科技有限公司
			1595	苏RQ-2016-E0326	昆山悦利电气有限公司

序号	评估号	企业名称	序号	评估号	企业名称
1596	苏 RQ－2016－E0304	昆山康斯特精密机械有限公司	1628	苏 RQ－2016－E0356	昆山视杰维光电科技有限公司
1597	苏 RQ－2016－E0290	昆山麦伊斯资讯顾问有限公司	1629	苏 RQ－2016－E0294	苏州爱思普信息科技有限公司
1598	苏 RQ－2016－E0282	昆山海为自动化有限公司	1630	苏 RQ－2016－E0463	昆山海创力机器人科技有限公司
1599	苏 RQ－2016－E0289	江苏普信达电子科技有限公司	1631	苏 RQ－2016－E0293	江苏君鼎电子科技有限公司
1600	苏 RQ－2016－E0285	江苏锐桥智能科技有限公司	1632	苏 RQ－2016－E0329	江苏三棱智慧物联发展股份有限公司
1601	苏 RQ－2016－E0295	昆山瑞阳软件有限公司	1633	苏 RQ－2016－E0379	佰钧成信息技术(苏州)有限公司
1602	苏 RQ－2016－E0316	昆山华信软件技术有限公司	1634	苏 RQ－2016－E0315	昆山英赛特自动化科技有限公司
1603	苏 RQ－2016－E0202	昆山佳谊软件有限公司	1635	苏 RQ－2016－E0307	苏州立刻电子商务有限公司
1604	苏 RQ－2016－E0298	苏州海盛翔和光显科技有限公司	1636	苏 RQ－2016－E0440	昆山爱贝儿网络科技有限公司
1605	苏 RQ－2016－E0302	昆山吉立富软件信息有限公司	1637	苏 RQ－2016－E0468	苏州惠源成信息技术有限公司
1606	苏 RQ－2016－E0299	克洛索软件科技(苏州)有限公司	1638	苏 RQ－2016－E0308	江苏实达迪美数据处理有限公司
1607	苏 RQ－2016－E0303	江苏天瑞仪器股份有限公司	1639	苏 RQ－2016－E0327	苏州八百里网络科技有限公司
1608	苏 RQ－2016－E0279	昆山市倍智信息咨询顾问有限公司	1640	苏 RQ－2016－E0301	安迈信息科技(昆山)有限公司
1609	苏 RQ－2016－E0381	印象茶画(昆山)电子商务有限公司	1641	苏 RQ－2016－E0300	台塑网软件科技(昆山)有限公司
1610	苏 RQ－2016－E0321	江苏润创信息系统工程有限公司	1642	苏 RQ－2016－E0351	苏州鑫禾金电气设备有限公司
1611	苏 RQ－2016－E0281	昆山乔布斯教育科技有限公司	1643	苏 RQ－2016－E0296	昆山柯索信息咨询有限公司
1612	苏 RQ－2016－E0350	立德高科(昆山)数码科技有限责任公司	1644	苏 RQ－2016－E0380	海隆软件(昆山)有限公司
1613	苏 RQ－2016－E0469	昆山华岳软件有限公司	1645	苏 RQ－2016－E0386	太仓贝岭思拓软件科技有限公司
1614	苏 RQ－2016－E0292	昆山鸿鹄信息技术服务有限公司	1646	苏 RQ－2016－E0405	苏州华秀网络科技有限公司
1615	苏 RQ－2016－E0451	昆山恩希必信息技术有限公司	1647	苏 RQ－2016－E0387	太仓埃特奥数据科技有限公司
1616	苏 RQ－2016－E0309	江苏新宁供应链管理有限公司	1648	苏 RQ－2016－E0133	苏州腾迈信息技术有限公司
1617	苏 RQ－2016－E0458	昆山软龙格自动化技术有限公司	1649	苏 RQ－2016－E0159	苏州麦卡软件有限公司
1618	苏 RQ－2016－E0319	昆山塔米机器人有限公司	1650	苏 RQ－2016－E0103	太仓兰天软件技术有限公司
1619	苏 RQ－2016－E0487	昆山和君纵达数据科技有限公司	1651	苏 RQ－2016－E0167	太仓创造电子有限公司
1620	苏 RQ－2016－E0314	昆山华东信息科技有限公司	1652	苏 RQ－2016－E0475	太仓明慧软件科技有限公司
1621	苏 RQ－2016－E0347	江苏爱科赛尔云数据科技有限公司	1653	苏 RQ－2016－E0134	苏州安软信息科技有限公司
1622	苏 RQ－2016－E0325	科文信息技术(昆山)有限公司	1654	苏 RQ－2016－E0415	苏州惟迩茨节能科技有限公司
1623	苏 RQ－2016－E0348	昆山艾派斯软件科技有限公司	1655	苏 RQ－2016－E0439	苏州天时中信息技术有限公司
1624	苏 RQ－2016－E0377	苏州逍遥天地网络科技有限公司	1656	苏 RQ－2016－E0063	苏州科大国创信息技术有限公司
1625	苏 RQ－2016－E0317	昆山颠峰云智网络科技股份有限公司	1657	苏 RQ－2016－E0115	苏州江一软件技术有限公司
1626	苏 RQ－2016－E0310	昆山双叶软件科技有限公司	1658	苏 RQ－2016－E0054	神箭数码科技(苏州)有限公司
			1659	苏 RQ－2016－E0180	苏州凌霄科技有限公司
1627	苏 RQ－2016－E0306	昆山乐至达信息技术有限公司	1660	苏 RQ－2016－E0156	苏州盛景空间信息技术有限公司
			1661	苏 RQ－2016－E0071	苏州蓝鹤信息技术有限公司

(续表)

序号	评估号	企业名称	序号	评估号	企业名称
1662	苏 RQ－2016－E0407	苏州同思软件有限公司	1696	苏 RQ－2016－E0064	江苏梦兰神彩科技股份有限公司
1663	苏 RQ－2016－E0366	苏州询测信息科技有限公司	1697	苏 RQ－2016－E0047	苏州工业园区九越科技有限公司
1664	苏 RQ－2016－E0135	苏州思杰马克丁软件有限公司	1698	苏 RQ－2016－E0410	苏州酷德信息科技有限公司
1665	苏 RQ－2016－E0241	苏州聚阳环保科技股份有限公司	1699	苏 RQ－2016－E0110	苏州苏大信息科技有限公司
1666	苏 RQ－2016－E0216	苏州我爱酷信息技术有限公司	1700	苏 RQ－2016－E0338	苏州数字地图信息科技股份有限公司
1667	苏 RQ－2016－E0373	苏州叠纸网络科技有限公司	1701	苏 RQ－2016－E0217	苏州工业园区迪锐信信息科技有限责任公司
1668	苏 RQ－2016－E0343	方正国际软件有限公司			
1669	苏 RQ－2016－E0218	苏州博纳讯动软件有限公司	1702	苏 RQ－2016－E0339	苏州百智通信息技术有限公司
1670	苏 RQ－2016－E0448	苏州易易通电子商务有限公司	1703	苏 RQ－2016－E0236	苏州盈建信息科技有限公司
1671	苏 RQ－2016－E0271	苏州商联万通信息科技股份有限公司	1704	苏 RQ－2016－E0150	苏州迈科网络安全技术股份有限公司
			1705	苏 RQ－2016－E0137	苏州工业园区凌志软件股份有限公司
1672	苏 RQ－2016－E0336	苏州贝尔塔数据技术有限公司	1706	苏 RQ－2016－E0435	泰邺电子(苏州)有限公司
1673	苏 RQ－2016－E0042	苏州工业园区优频科技有限公司	1707	苏 RQ－2016－E0132	苏州广达科技有限公司
1674	苏 RQ－2016－E0423	苏州迪凯尔医疗科技有限公司	1708	苏 RQ－2016－E0344	创发信息科技(苏州)有限公司
1675	苏 RQ－2016－E0029	江苏北极光科技发展有限公司	1709	苏 RQ－2016－E0334	苏州工业园区物流信息平台有限公司
1676	苏 RQ－2016－E0144	海瑞斯信息科技(苏州)有限公司	1710	苏 RQ－2016－E0040	冠博软件技术(苏州)有限公司
1677	苏 RQ－2016－E0433	苏州盈迪信康科技股份有限公司	1711	苏 RQ－2016－E0388	苏州龙的信息系统股份有限公司
1678	苏 RQ－2016－E0104	苏州通技自动化系统有限公司	1712	苏 RQ－2016－E0187	江苏瀚远科技股份有限公司
1679	苏 RQ－2016－E0238	苏州思英智能科技有限公司	1713	苏 RQ－2016－E0102	苏州鼎锐软件科技有限公司
1680	苏 RQ－2016－E0239	苏州全维软件科技有限公司	1714	苏 RQ－2016－E0163	苏州慧迪企业管理有限公司
1681	苏 RQ－2016－E0074	苏州麦萌信息科技有限公司	1715	苏 RQ－2016－E0244	苏州光魔软件有限公司
1682	苏 RQ－2016－E0192	苏州海之星科技有限公司	1716	苏 RQ－2016－E0113	博视联(苏州)信息有限公司
1683	苏 RQ－2016－E0243	苏州工业园区思毅软件有限公司	1717	苏 RQ－2016－E0184	苏州闻政信息科技有限公司
1684	苏 RQ－2016－E0480	苏州开心盒子软件有限公司	1718	苏 RQ－2016－E0446	苏州卡斯旦电子科技有限公司
1685	苏 RQ－2016－E0346	苏州玩友时代科技股份有限公司	1719	苏 RQ－2016－E0397	苏州聊医聊信息科技有限公司
1686	苏 RQ－2016－E0401	苏州哇喔网络科技有限公司	1720	苏 RQ－2016－E0059	苏州智奇胜软件有限公司
1687	苏 RQ－2016－E0045	苏州谱道光电科技有限公司	1721	苏 RQ－2016－E0109	新宇软件(苏州工业园区)有限公司
1688	苏 RQ－2016－E0421	苏州布达拉信息科技有限公司	1722	苏 RQ－2016－E0258	华信富融(苏州工业园区)软件技术有限公司
1689	苏 RQ－2016－E0075	苏州双捷信息技术有限公司			
1690	苏 RQ－2016－E0443	苏州亿飞网络科技有限公司	1723	苏 RQ－2016－E0235	苏州工业园区人才资讯科技有限公司
1691	苏 RQ－2016－E0012	苏州诺思医疗技术有限公司	1724	苏 RQ－2016－E0117	苏州客凯易科技有限公司
1692	苏 RQ－2016－E0136	江苏黄金屋教育发展股份有限公司	1725	苏 RQ－2016－E0078	苏州和积信息科技有限公司
1693	苏 RQ－2016－E0043	苏州西邦网络技术有限公司	1726	苏 RQ－2016－E0087	苏州美名软件有限公司
1694	苏 RQ－2016－E0431	苏州百目视觉科技有限公司	1727	苏 RQ－2016－E0396	苏州海加网络科技股份有限公司
1695	苏 RQ－2016－E0330	苏州迪讯软件开发有限公司	1728	苏 RQ－2016－E0022	苏州工业园区托特科技有限公司

（续表）

序号	评估号	企业名称	序号	评估号	企业名称
1729	苏 RQ－2016－E0479	苏州职在哪网络科技有限公司	1761	苏 RQ－2016－E0233	苏州润含电子有限公司
1730	苏 RQ－2016－E0483	苏州景昱医疗器械有限公司	1762	苏 RQ－2016－E0129	苏州贝尔普软件有限公司
1731	苏 RQ－2016－E0394	苏州艾吉威机器人有限公司	1763	苏 RQ－2016－E0275	苏州迈科全机电有限公司
1732	苏 RQ－2016－E0125	华格科技(苏州)有限公司	1764	苏 RQ－2016－E0352	双乾网络支付有限公司
1733	苏 RQ－2016－E0168	苏州派欧特信息科技有限公司	1765	苏 RQ－2016－E0027	苏州鼎晟网络发展有限公司
1734	苏 RQ－2016－E0062	方舟信息技术(苏州)有限公司	1766	苏 RQ－2016－E0403	苏州工业园区澳维网络科技有限公司
1735	苏 RQ－2016－E0263	苏州智合健医疗科技有限公司	1767	苏 RQ－2016－E0430	苏州乐动时代网络科技有限公司
1736	苏 RQ－2016－E0219	苏州太谷电力股份有限公司	1768	苏 RQ－2016－E0340	苏州争渡科技有限公司
1737	苏 RQ－2016－E0426	苏州朗动网络科技有限公司	1769	苏 RQ－2016－E0014	苏州博瑞凯德信息技术有限公司
1738	苏 RQ－2016－E0413	苏州风采信息技术有限公司	1770	苏 RQ－2016－E0278	苏州尤力美客信息技术有限公司
1739	苏 RQ－2016－E0420	苏州天瑞迅腾信息科技有限公司	1771	苏 RQ－2016－E0093	苏州臻智信息科技有限公司
1740	苏 RQ－2016－E0147	苏州朗为控制技术有限公司	1772	苏 RQ－2016－E0341	苏州博彦信息技术有限公司
1741	苏 RQ－2016－E0060	苏州西博三维科技有限公司	1773	苏 RQ－2016－E0053	苏州瑞鹏信息技术有限公司
1742	苏 RQ－2016－E0185	苏州华祥信息科技有限公司	1774	苏 RQ－2016－E0276	苏州联讯图创软件有限责任公司
1743	苏 RQ－2016－E0199	苏州朗拓锐软件有限公司	1775	苏 RQ－2016－E0247	苏州工业园区天下数码科技有限公司
1744	苏 RQ－2016－E0478	苏州齐顺信息科技股份有限公司	1776	苏 RQ－2016－E0130	苏州梦想人软件科技有限公司
1745	苏 RQ－2016－E0485	苏州工业园区测绘地理信息有限公司	1777	苏 RQ－2016－E0197	苏州朗拓软件有限公司
1746	苏 RQ－2016－E0096	苏州仁创信息科技有限公司	1778	苏 RQ－2016－E0261	苏州工业园区丰游网络科技有限公司
1747	苏 RQ－2016－E0148	苏州大拿信息技术有限公司	1779	苏 RQ－2016－E0052	苏州简约纳电子有限公司
1748	苏 RQ－2016－E0363	苏州新科兰德科技有限公司	1780	苏 RQ－2016－E0046	苏州俊盟科技有限公司
1749	苏 RQ－2016－E0023	苏州市普实软件有限公司	1781	苏 RQ－2016－E0028	阔地教育科技有限公司
1750	苏 RQ－2016－E0248	笛卡尔物流技术系统(苏州)有限公司	1782	苏 RQ－2016－E0245	苏州跨界软件科技有限公司
1751	苏 RQ－2016－E0212	凯美瑞德(苏州)信息科技有限公司	1783	苏 RQ－2016－E0025	苏州中智谷软件科技有限公司
1752	苏 RQ－2016－E0358	苏州派尔网络科技有限公司	1784	苏 RQ－2016－E0141	苏州乐志软件科技有限公司
1753	苏 RQ－2016－E0257	苏州易极云商网络科技有限公司	1785	苏 RQ－2016－E0252	荐客极聘网络技术(苏州)有限公司
1754	苏 RQ－2016－E0089	澳洋顺昌能源技术(苏州)有限公司	1786	苏 RQ－2016－E0277	苏州微拓网络科技有限公司
1755	苏 RQ－2016－E0220	苏州谷夫道自动化科技有限公司	1787	苏 RQ－2016－E0335	苏州铭星金融信息服务股份有限公司
1756	苏 RQ－2016－E0098	苏州艾隆科技股份有限公司	1788	苏 RQ－2016－E0207	苏州国泰新点软件有限公司
1757	苏 RQ－2016－E0146	苏州德亚交通技术有限公司	1789	苏 RQ－2016－E0186	苏州浩辰软件股份有限公司
1758	苏 RQ－2016－E0082	苏州巨能图像检测技术有限公司	1790	苏 RQ－2016－E0009	高达计算机技术(苏州)有限公司
1759	苏 RQ－2016－E0232	苏州清睿教育科技股份有限公司	1791	苏 RQ－2016－E0361	苏州超擎图形软件科技发展有限公司
1760	苏 RQ－2016－E0105	苏州工业园区格网信息科技有限公司	1792	苏 RQ－2016－E0418	苏州恒琪信息科技有限公司

(续表)

序号	评估号	企业名称	序号	评估号	企业名称
1793	苏 RQ－2016－E0237	固耀软件科技(苏州)有限公司	1825	苏 RQ－2016－E0008	苏州大宇宙信息创造有限公司
1794	苏 RQ－2016－E0449	苏州德融嘉信信用管理技术股份有限公司	1826	苏 RQ－2016－E0392	苏州敏行医学信息技术有限公司
1795	苏 RQ－2016－E0382	雨来智能科技服务(苏州)股份有限公司	1827	苏 RQ－2016－E0003	慧盾信息安全科技(苏州)股份有限公司
1796	苏 RQ－2016－E0210	苏州凌创电子科技有限公司	1828	苏 RQ－2016－E0231	费舍尔物流科技(苏州)有限公司
1797	苏 RQ－2016－E0353	苏州罗想软件股份有限公司	1829	苏 RQ－2016－E0230	苏州星熙数据科技有限公司
1798	苏 RQ－2016－E0181	苏州宽连信息技术有限公司	1830	苏 RQ－2016－E0152	神州数码国信信息技术(苏州)有限公司
1799	苏 RQ－2016－E0056	苏州市数字城市工程研究中心有限公司	1831	苏 RQ－2016－E0114	苏州盈天地资讯科技有限公司
1800	苏 RQ－2016－E0259	苏州爱洛克信息技术有限公司	1832	苏 RQ－2016－E0250	苏州天智通信息科技有限公司
1801	苏 RQ－2016－E0273	苏州市艾信物联网技术有限公司	1833	苏 RQ－2016－E0033	盟拓软件(苏州)有限公司
1802	苏 RQ－2016－E0267	苏州全真网络科技有限公司	1834	苏 RQ－2016－E0214	苏州矩子智能科技有限公司
1803	苏 RQ－2016－E0173	中盟软件(苏州)有限公司	1835	苏 RQ－2016－E0360	苏州乐盈科技有限公司
1804	苏 RQ－2016－E0067	苏州麦迪斯顿医疗科技股份有限公司	1836	苏 RQ－2016－E0265	苏州广立信息技术有限公司
1805	苏 RQ－2016－E0188	苏州蜗牛数字科技股份有限公司	1837	苏 RQ－2016－E0441	苏州三洲网络科技有限公司
1806	苏 RQ－2016－E0123	江苏优控新能源科技有限公司	1838	苏 RQ－2016－E0345	苏州盟思软件有限公司
1807	苏 RQ－2016－E0251	苏州智铸通信科技股份有限公司	1839	苏 RQ－2016－E0453	苏州正微至达信息科技有限公司
1808	苏 RQ－2016－E0200	苏州锐创通信有限责任公司	1840	苏 RQ－2016－E0191	苏州冰点智能科技有限公司
1809	苏 RQ－2016－E0189	苏州万戈软件科技有限公司	1841	苏 RQ－2016－E0077	苏州搜客信息技术有限公司
1810	苏 RQ－2016－E0072	苏州欧软信息科技有限公司	1842	苏 RQ－2016－E0161	苏州运智互动科技有限公司
1811	苏 RQ－2016－E0140	苏州闻道网络科技股份有限公司	1843	苏 RQ－2016－E0359	苏州智康信息科技股份有限公司
1812	苏 RQ－2016－E0354	苏州仙峰网络科技有限公司	1844	苏 RQ－2016－E0164	苏州融希信息科技有限公司
1813	苏 RQ－2016－E0162	苏州盈联智能科技股份有限公司	1845	苏 RQ－2016－E0484	苏州云极客信息技术有限公司
1814	苏 RQ－2016－E0030	苏州沃鼎自动化系统有限公司	1846	苏 RQ－2016－E0001	苏州恒为软件科技有限公司
1815	苏 RQ－2016－E0393	苏州真鉴信息科技有限公司	1847	苏 RQ－2016－E0039	苏州市天智企业管理咨询服务有限公司
1816	苏 RQ－2016－E0143	中城泰信(苏州)科技发展股份有限公司	1848	苏 RQ－2016－E0455	诺富通(苏州)电子技术有限公司
1817	苏 RQ－2016－E0032	苏州誉隆信息技术有限公司	1849	苏 RQ－2016－E0477	苏州信安达信息科技有限公司
1818	苏 RQ－2016－E0108	超存软件科技(苏州)有限公司	1850	苏 RQ－2016－E0444	苏州亿动非凡网络科技有限公司
1819	苏 RQ－2016－E0124	苏州忆信捷信息技术有限公司	1851	苏 RQ－2016－E0013	苏州番茄互娱信息科技有限公司
1820	苏 RQ－2016－E0395	苏州诚卓信息技术有限公司	1852	苏 RQ－2016－E0203	苏州市软件评测中心有限公司
1821	苏 RQ－2016－E0153	苏州国云数据科技有限公司	1853	苏 RQ－2016－E0079	苏州工业园区汇智科技有限公司
1822	苏 RQ－2016－E0069	苏州大禹网络科技有限公司	1854	苏 RQ－2016－E0061	苏州恒元华建信息技术有限公司
1823	苏 RQ－2016－E0228	银科环企软件(苏州)有限公司	1855	苏 RQ－2016－E0246	苏州嘉图软件有限公司
1824	苏 RQ－2016－E0034	苏州日升软件有限公司	1856	苏 RQ－2016－E0131	苏州百捷信息科技有限公司
			1857	苏 RQ－2016－E0422	苏州云清伟业网络科技有限公司

(续表)

序号	评估号	企业名称	序号	评估号	企业名称
1858	苏 RQ－2016－E0139	苏州瑞云信息技术有限公司	1891	苏 RQ－2016－E0149	苏州浪声科学仪器有限公司
1859	苏 RQ－2016－E0097	苏州先施科技有限公司	1892	苏 RQ－2016－E0119	苏州人为峰软件科技有限公司
1860	苏 RQ－2016－E0011	苏州铭冠软件科技有限公司	1893	苏 RQ－2016－E0213	苏州金螳螂怡和科技股份有限公司
1861	苏 RQ－2016－E0221	苏州睿航节能技术有限公司	1894	苏 RQ－2016－E0224	苏州市恩赐信息技术有限公司
1862	苏 RQ－2016－E0342	苏州英威腾电力电子有限公司	1895	苏 RQ－2016－E0081	苏州盖雅信息技术有限公司
1863	苏 RQ－2016－E0037	苏州交运电子科技有限公司	1896	苏 RQ－2016－E0445	苏州恩巨网络有限公司
1864	苏 RQ－2016－E0274	江苏欧索软件有限公司	1897	苏 RQ－2016－E0269	苏州深信达网络科技有限公司
1865	苏 RQ－2016－E0175	苏州润田思源信息科技有限公司	1898	苏 RQ－2016－E0024	先特计软件(苏州)有限公司
1866	苏 RQ－2016－E0018	苏州神州数码捷通科技有限公司	1899	苏 RQ－2016－E0419	苏州达联信息科技有限公司
1867	苏 RQ－2016－E0088	苏州市志杰信息技术有限公司	1900	苏 RQ－2016－E0223	苏州乐米信息技术有限公司
1868	苏 RQ－2016－E0106	苏州软通信息科技有限公司	1901	苏 RQ－2016－E0176	苏州安硕软件软件有限公司
1869	苏 RQ－2016－E0262	苏州梦图数码科技有限公司	1902	苏 RQ－2016－E0486	山石网科通信技术有限公司
1870	苏 RQ－2016－E0010	江苏高弗特信息科技有限公司	1903	苏 RQ－2016－E0122	江苏超敏仪器有限公司
1871	苏 RQ－2016－E0242	江苏中集科技股份有限公司	1904	苏 RQ－2016－E0481	江苏威盾网络科技有限公司
1872	苏 RQ－2016－E0399	苏州盛世十月软件技术有限公司	1905	苏 RQ－2016－E0165	苏州世纪泰鼎电子科技有限公司
1873	苏 RQ－2016－E0138	江苏仕德伟网络科技股份有限公司	1906	苏 RQ－2016－E0460	苏州快信通档案服务有限公司
			1907	苏 RQ－2016－E0015	苏州市科远软件技术开发有限公司
1874	苏 RQ－2016－E0172	苏州奥科星电子科技有限公司	1908	苏 RQ－2016－E0166	苏州玖天信息科技有限公司
1875	苏 RQ－2016－E0038	苏州华启智能科技有限公司	1909	苏 RQ－2016－E0017	苏州优圣美智能系统有限公司
1876	苏 RQ－2016－E0384	苏州博远容天信息科技股份有限公司	1910	苏 RQ－2016－E0127	苏州图比特软件技术有限公司
1877	苏 RQ－2016－E0016	苏州富鑫林光电科技有限公司	1911	苏 RQ－2016－E0268	苏州瀚易特信息技术股份有限公司
1878	苏 RQ－2016－E0020	苏州市拓德网络科技有限公司	1912	苏 RQ－2016－E0160	苏州奇宝利软件科技有限公司
1879	苏 RQ－2016－E0425	苏州中科图新网络科技有限公司	1913	苏 RQ－2016－E0462	苏州迅博信息科技有限公司
1880	苏 RQ－2016－E0222	苏州富欣智能交通控制有限公司	1914	苏 RQ－2016－E0190	苏州睿洋科技有限公司
1881	苏 RQ－2016－E0169	苏州天准软件有限公司	1915	苏 RQ－2016－E0355	苏州鸿铁智能科技有限公司
1882	苏 RQ－2016－E0372	江苏云学堂网络科技有限公司	1916	苏 RQ－2016－E0260	苏州能欣数字技术有限公司
1883	苏 RQ－2016－E0094	苏州仅一测控技术有限公司	1917	苏 RQ－2016－E0170	苏州龙山软件技术有限公司
1884	苏 RQ－2016－E0095	苏州维瑞软件科技有限公司	1918	苏 RQ－2016－E0406	苏州江山软件技术有限公司
1885	苏 RQ－2016－E0158	苏州市创智科技有限公司	1919	苏 RQ－2016－E0229	江苏亚太伟业智能科技有限公司
1886	苏 RQ－2016－E0452	苏州点格信息科技有限公司	1920	苏 RQ－2016－E0204	苏州龙唐信息技术有限公司
1887	苏 RQ－2016－E0090	苏州沈苏自动化技术开发有限公司	1921	苏 RQ－2016－E0080	苏州庚商教育智能科技有限公司
			1922	苏 RQ－2016－F0034	南通春晖软件有限公司
1888	苏 RQ－2016－E0270	苏州天下布医信息科技有限公司	1923	苏 RQ－2016－F0024	南通华冈计算机系统有限公司
1889	苏 RQ－2016－E0151	明基逐鹿软件(苏州)有限公司	1924	苏 RQ－2016－F0021	南通英创软件技术有限公司
1890	苏 RQ－2016－E0240	苏州国网电子科技有限公司	1925	苏 RQ－2016－F0020	江苏泓顺软件科技有限公司

（续表）

序号	评估号	企业名称	序号	评估号	企业名称
1926	苏RQ-2016-F0033	江苏吉泰科电气股份有限公司	1959	苏RQ-2016-F0015	江苏中天科技软件技术有限公司
1927	苏RQ-2016-F0003	南通通镭软件有限公司	1960	苏RQ-2016-F0005	中兴网信南通科技有限公司
1928	苏RQ-2016-F0009	南通日华信息科技有限公司	1961	苏RQ-2016-F0002	江苏汇环环保科技有限公司
1929	苏RQ-2016-F0008	南通天和电脑有限公司	1962	苏RQ-2016-G0003	连云港港口集团通信信息工程公司
1930	苏RQ-2016-F0022	南通智通信息科技有限公司	1963	苏RQ-2016-G0008	连云港协众软件开发有限公司
1931	苏RQ-2016-F0016	江苏百瑞信息工程有限公司	1964	苏RQ-2016-G0009	连云港易简信息技术服务有限公司
1932	苏RQ-2016-F0028	南通市华诚软件有限公司	1965	苏RQ-2016-G0013	江苏同德信息科技有限公司
1933	苏RQ-2016-F0029	南通大恒创新技术有限公司	1966	苏RQ-2016-G0007	连云港市青之峰网络技术有限公司
1934	苏RQ-2016-F0031	江苏优泰智能科技有限公司	1967	苏RQ-2016-G0006	江苏正融科技有限公司
1935	苏RQ-2016-F0030	江苏浪潮企业管理咨询有限公司	1968	苏RQ-2016-G0012	连云港杰瑞深软科技有限公司
1936	苏RQ-2016-F0014	智锐达仪器科技南通有限公司	1969	苏RQ-2016-G0001	江苏新元素数字科技有限公司
1937	苏RQ-2016-F0040	南通感创电子科技有限公司	1970	苏RQ-2016-G0002	连云港三众软件科技有限公司
1938	苏RQ-2016-F0004	江苏中威科技软件系统有限公司	1971	苏RQ-2016-G0011	连云港龙泽商务有限公司
1939	苏RQ-2016-F0023	南通国信软件技术有限公司	1972	苏RQ-2016-G0010	连云港金豆科技有限公司
1940	苏RQ-2016-F0026	南通星网软件科技有限公司	1973	苏RQ-2016-G0005	连云港信友科技有限公司
1941	苏RQ-2016-F0007	江苏海湾电气科技有限公司	1974	苏RQ-2016-G0004	连云港互动网络有限公司
1942	苏RQ-2016-F0018	南通市测绘院有限公司	1975	苏RQ-2016-H0013	江苏极光网络技术有限公司
1943	苏RQ-2016-F0011	南通友联数码技术开发有限公司	1976	苏RQ-2016-H0011	淮安易云科技有限公司
1944	苏RQ-2016-F0039	南通迅驰计算机系统工程有限公司	1977	苏RQ-2016-H0015	淮安远景德盛科技发展有限公司
1945	苏RQ-2016-F0013	江苏一米智能科技股份有限公司	1978	苏RQ-2016-H0010	江苏冲浪软件科技有限公司
1946	苏RQ-2016-F0035	江苏隆堡电子科技有限公司	1979	苏RQ-2016-H0002	江苏旭升网络科技有限公司
1947	苏RQ-2016-F0017	南通天开信息技术有限公司	1980	苏RQ-2016-H0001	淮安纷云软件有限公司
1948	苏RQ-2016-F0038	南通今政软件科技有限公司	1981	苏RQ-2016-H0016	淮安市淮信科技有限公司
1949	苏RQ-2016-F0036	江苏品德网络科技有限公司	1982	苏RQ-2016-H0012	江苏物合智联科技有限公司
1950	苏RQ-2016-F0006	江苏赛飞信息技术有限公司	1983	苏RQ-2016-H0004	江苏微优软件有限公司
1951	苏RQ-2016-F0027	江苏太平洋通信科技有限公司	1984	苏RQ-2016-H0017	淮安乘风科技有限公司
1952	苏RQ-2016-F0012	启东鑫业网络科技有限公司	1985	苏RQ-2016-H0008	淮安讯鼎信息科技有限公司
1953	苏RQ-2016-F0032	南通精鹜软件有限公司	1986	苏RQ-2016-H0021	淮安民福康科技股份有限公司
1954	苏RQ-2016-F0025	南通东软信息科技有限公司	1987	苏RQ-2016-H0014	淮安致远信息技术有限公司
1955	苏RQ-2016-F0019	上海博辕信息技术服务如皋有限公司	1988	苏RQ-2016-H0007	淮安凯盈网络科技有限公司
1956	苏RQ-2016-F0037	江苏佳佳新能源有限公司	1989	苏RQ-2016-H0009	淮安易趣网络科技有限公司
1957	苏RQ-2016-F0001	感析信息技术南通有限公司	1990	苏RQ-2016-H0023	江苏楚淮软件科技开发有限公司
1958	苏RQ-2016-F0010	南通范思软件有限公司	1991	苏RQ-2016-H0003	淮安市迪达科技有限公司
			1992	苏RQ-2016-H0006	淮安至尊网络科技有限公司

（续表）

序号	评估号	企业名称	序号	评估号	企业名称
1993	苏 RQ‑2016‑H0005	淮安卓烁网络科技有限公司	2026	苏 RQ‑2016‑J0026	盐城优因信息科技有限公司
1994	苏 RQ‑2016‑H0022	中斗科技（江苏）有限公司	2027	苏 RQ‑2016‑J0010	江苏华大网安科技有限公司
1995	苏 RQ‑2016‑H0018	淮安爱月科技有限公司	2028	苏 RQ‑2016‑J0002	江苏尧圣文化发展有限公司
1996	苏 RQ‑2016‑H0020	淮安市淮工深蓝软件有限公司	2029	苏 RQ‑2016‑J0031	江苏金财信息技术有限公司
1997	苏 RQ‑2016‑H0019	淮安海恒科技有限公司	2030	苏 RQ‑2016‑K0050	江苏创新睿智科技有限公司
1998	苏 RQ‑2016‑J0019	江苏华生恒业科技股份有限公司	2031	苏 RQ‑2016‑K0122	江苏易联光电科技有限公司
1999	苏 RQ‑2016‑J0017	江苏沃叶软件有限公司	2032	苏 RQ‑2016‑K0036	扬州大自然网络信息有限公司
2000	苏 RQ‑2016‑J0011	江苏金石软件有限公司	2033	苏 RQ‑2016‑K0075	江苏南开之星软件技术有限公司
2001	苏 RQ‑2016‑J0018	江苏星月测绘科技股份有限公司	2034	苏 RQ‑2016‑K0048	江苏怡丰通信设备有限公司
2002	苏 RQ‑2016‑J0028	盐城市浪微软件有限公司	2035	苏 RQ‑2016‑K0067	江苏深爱科技有限公司
2003	苏 RQ‑2016‑J0025	江苏世纪龙科技有限公司	2036	苏 RQ‑2016‑K0142	扬州乐游山水网络科技有限公司
2004	苏 RQ‑2016‑J0022	江苏源普科技有限公司	2037	苏 RQ‑2016‑K0120	扬州鸿鼎配料设备科技有限公司
2005	苏 RQ‑2016‑J0030	盐城睿泰数字科技有限公司	2038	苏 RQ‑2016‑K0083	江苏易图地理信息工程有限公司
2006	苏 RQ‑2016‑J0009	江苏封氏网络科技有限公司	2039	苏 RQ‑2016‑K0133	扬州易瑞德信息产业有限公司
2007	苏 RQ‑2016‑J0021	中科天工电气控股有限公司	2040	苏 RQ‑2016‑K0107	扬州竹西电子科技有限公司
2008	苏 RQ‑2016‑J0027	江苏谷盛能源有限公司	2041	苏 RQ‑2016‑K0132	江苏掌控传媒技术有限公司
2009	苏 RQ‑2016‑J0013	江苏博克斯自动化控制工程有限公司	2042	苏 RQ‑2016‑K0054	江苏苏维信息科技有限公司
2010	苏 RQ‑2016‑J0023	江苏鸿洲自动化研究院有限公司	2043	苏 RQ‑2016‑K0025	扬州新大通科技有限公司
2011	苏 RQ‑2016‑J0004	江苏思玛软件科技有限公司	2044	苏 RQ‑2016‑K0124	扬州市聚名网络科技有限公司
2012	苏 RQ‑2016‑J0029	地道东台电商服务有限公司	2045	苏 RQ‑2016‑K0031	扬州易游物联网络科技有限公司
2013	苏 RQ‑2016‑J0020	江苏金沄软件科技有限公司	2046	苏 RQ‑2016‑K0003	江苏金鑫信息技术有限公司
2014	苏 RQ‑2016‑J0016	盐城市新时代网络科技有限公司	2047	苏 RQ‑2016‑K0002	扬州艾默软件技术有限公司
2015	苏 RQ‑2016‑J0007	江苏科乐科技发展有限公司	2048	苏 RQ‑2016‑K0109	扬州宇安电子科技有限公司
2016	苏 RQ‑2016‑J0005	盐城中奥软件科技有限公司	2049	苏 RQ‑2016‑K0026	扬州海润软件有限公司
2017	苏 RQ‑2016‑J0003	小蜘蛛网络盐城有限公司	2050	苏 RQ‑2016‑K0125	扬州鹏为软件有限公司
2018	苏 RQ‑2016‑J0015	东方赛普物联网产业研究有限公司	2051	苏 RQ‑2016‑K0157	江苏京网电讯高科技有限公司
2019	苏 RQ‑2016‑J0032	江苏灵狐软件有限公司	2052	苏 RQ‑2016‑K0037	江苏智慧城市研究院有限公司
2020	苏 RQ‑2016‑J0001	江苏华恒兄弟动漫制作有限公司	2053	苏 RQ‑2016‑K0015	扬州卓见科技有限公司
2021	苏 RQ‑2016‑J0024	江苏泽宇软件科技有限公司	2054	苏 RQ‑2016‑K0045	江苏智途科技股份有限公司
2022	苏 RQ‑2016‑J0006	江苏捷嘉智能系统技术有限公司	2055	苏 RQ‑2016‑K0023	昱珂汽车零部件扬州有限公司
2023	苏 RQ‑2016‑J0012	盐城光阳软件科技有限公司	2056	苏 RQ‑2016‑K0018	江苏省金泉网络科技有限公司
2024	苏 RQ‑2016‑J0008	江苏异博科技发展有限公司	2057	苏 RQ‑2016‑K0091	扬州风云软件有限公司
2025	苏 RQ‑2016‑J0014	盐城思源网络科技有限公司	2058	苏 RQ‑2016‑K0101	扬州百米生活电子商务有限公司
			2059	苏 RQ‑2016‑K0027	江苏大观信息技术有限公司

序号	评估号	企业名称	序号	评估号	企业名称
2060	苏 RQ－2016－K0035	江苏阿尼信息技术股份有限公司	2094	苏 RQ－2016－K0087	扬州亚联光电科技有限公司
2061	苏 RQ－2016－K0110	江苏七葫芦信息科技有限公司	2095	苏 RQ－2016－K0108	扬州鑫凯诚机器人系统有限公司
2062	苏 RQ－2016－K0012	扬州源悦信息技术研究院有限公司	2096	苏 RQ－2016－K0082	扬州市三园科技有限公司
2063	苏 RQ－2016－K0066	扬州紫竹软件有限公司	2097	苏 RQ－2016－K0161	江苏鑫三园医疗科技有限公司
2064	苏 RQ－2016－K0061	扬州梦幻世界科技有限公司	2098	苏 RQ－2016－K0062	扬州宏创科技发展股份有限公司
2065	苏 RQ－2016－K0139	扬州迅博信息科技有限公司	2099	苏 RQ－2016－K0049	扬州市佳融信息技术有限公司
2066	苏 RQ－2016－K0039	江苏云控软件技术有限公司	2100	苏 RQ－2016－K0090	扬州市永坚流体传动与控制技术研发有限公司
2067	苏 RQ－2016－K0042	扬州万方电子技术有限责任公司	2101	苏 RQ－2016－K0004	江苏天驰电气有限公司
2068	苏 RQ－2016－K0038	扬州仕德伟网络科技有限公司	2102	苏 RQ－2016－K0013	江苏润洲信息产业有限公司
2069	苏 RQ－2016－K0141	扬州华科智能科技有限公司	2103	苏 RQ－2016－K0030	江苏铭泰数控机械科技有限公司
2070	苏 RQ－2016－K0160	江苏威迅软件有限公司	2104	苏 RQ－2016－K0017	扬州普安思软件科技有限公司
2071	苏 RQ－2016－K0158	扬州创友网络科技有限公司	2105	苏 RQ－2016－K0010	扬州恒隆软件有限公司
2072	苏 RQ－2016－K0135	扬州市文天网络科技有限公司	2106	苏 RQ－2016－K0088	扬州鸿天机械有限公司
2073	苏 RQ－2016－K0024	扬州戎智科技有限公司	2107	苏 RQ－2016－K0014	江苏中瀚通讯技术有限公司
2074	苏 RQ－2016－K0084	扬州网畅智城网络科技有限公司	2108	苏 RQ－2016－K0089	江苏鸿都医疗科技有限公司
2075	苏 RQ－2016－K0005	扬州天苗科技有限公司	2109	苏 RQ－2016－K0009	扬州市奥特瑞汽车电子科技有限公司
2076	苏 RQ－2016－K0085	江苏国脉软件有限公司	2110	苏 RQ－2016－K0059	扬州向阳花智能设备有限公司
2077	苏 RQ－2016－K0070	扬州玉泰软件开发有限公司	2111	苏 RQ－2016－K0046	江苏六鑫科教仪器设备有限公司
2078	苏 RQ－2016－K0032	江苏四象软件有限公司	2112	苏 RQ－2016－K0086	江苏新真威试验机械有限公司
2079	苏 RQ－2016－K0058	扬州网景科技有限公司	2113	苏 RQ－2016－K0123	扬州泽旭电子科技有限责任公司
2080	苏 RQ－2016－K0117	江苏高泰软件技术有限公司	2114	苏 RQ－2016－K0011	江苏天雨环保工程设计研究院有限公司
2081	苏 RQ－2016－K0006	扬州恒润软件科技有限公司	2115	苏 RQ－2016－K0001	宝应县斯达斯软件科技有限公司
2082	苏 RQ－2016－K0041	江苏万润软件有限公司	2116	苏 RQ－2016－K0056	宝应县华能软件有限公司
2083	苏 RQ－2016－K0134	江苏思创医疗科技有限公司	2117	苏 RQ－2016－K0034	扬州浩杰信息科技有限公司
2084	苏 RQ－2016－K0130	扬州瑞控汽车电子有限公司	2118	苏 RQ－2016－K0021	扬州崇伟软件科技有限公司
2085	苏 RQ－2016－K0063	扬州永信计算机有限公司	2119	苏 RQ－2016－K0033	宝应百惠特软件科技有限公司
2086	苏 RQ－2016－K0128	江苏松晨信息科技有限公司	2120	苏 RQ－2016－K0080	江苏幻网软件有限公司
2087	苏 RQ－2016－K0016	扬州奥瑞科技有限公司	2121	苏 RQ－2016－K0044	江苏鑫东方环保设备科技有限公司
2088	苏 RQ－2016－K0159	扬州优诺电子商务有限公司	2122	苏 RQ－2016－K0040	扬州京柏自动化科技有限公司
2089	苏 RQ－2016－K0007	扬州睿华信息技术有限公司	2123	苏 RQ－2016－K0077	江苏四明软件有限公司
2090	苏 RQ－2016－K0071	扬州市锐佳德软件有限公司	2124	苏 RQ－2016－K0052	扬州木立方软件科技有限公司
2091	苏 RQ－2016－K0029	扬州创讯科技有限公司	2125	苏 RQ－2016－K0074	扬州特安科技有限公司
2092	苏 RQ－2016－K0127	扬州通彩网络科技有限公司	2126	苏 RQ－2016－K0057	宝应东信软件有限公司
2093	苏 RQ－2016－K0069	扬州华控科技有限公司			

序号	评估号	企业名称	序号	评估号	企业名称
2127	苏 RQ－2016－K0053	扬州凯利软件科技有限公司	2161	苏 RQ－2016－K0137	江苏顺泰交通集团有限公司
2128	苏 RQ－2016－K0020	扬州鑫华明软件科技有限公司	2162	苏 RQ－2016－K0140	江苏金丰机电有限公司
2129	苏 RQ－2016－K0065	江苏果米文化发展有限公司	2163	苏 RQ－2016－K0100	扬州市东昇软件技术有限公司
2130	苏 RQ－2016－K0093	扬州领先企业管理有限公司	2164	苏 RQ－2016－K0079	江苏豪纬交通集团有限公司
2131	苏 RQ－2016－K0150	扬州友畅信息技术有限公司	2165	苏 RQ－2016－K0136	扬州市鑫通智能信息技术有限公司
2132	苏 RQ－2016－K0095	扬州慧扬信息科技有限公司	2166	苏 RQ－2016－K0081	扬州华航工程软件有限公司
2133	苏 RQ－2016－K0152	仪征飞龙计算机科技有限公司	2167	苏 RQ－2016－K0121	腾云科技(江苏)有限公司
2134	苏 RQ－2016－K0099	仪征龙本软件科技有限公司	2168	苏 RQ－2016－K0106	扬州欧峰智能科技有限公司
2135	苏 RQ－2016－K0151	扬州鸿图网络科技股份有限公司	2169	苏 RQ－2016－K0060	扬州江苏油田瑞达石油工程技术开发有限公司
2136	苏 RQ－2016－K0145	仪征智诚计算机科技有限公司	2170	苏 RQ－2016－K0008	扬州新宇软件有限公司
2137	苏 RQ－2016－K0094	扬州华智软件开发有限公司	2171	苏 RQ－2016－K0019	扬州景维信息科技有限公司
2138	苏 RQ－2016－K0092	江苏爱斯凯电气有限公司	2172	苏 RQ－2016－K0068	江苏格邦科技开发有限公司
2139	苏 RQ－2016－K0105	江苏瑞曼信息技术有限公司	2173	苏 RQ－2016－K0064	江苏天海美擎信息技术有限公司
2140	苏 RQ－2016－K0153	江苏睿云医学科技有限公司	2174	苏 RQ－2016－K0076	江苏税友软件有限公司
2141	苏 RQ－2016－K0146	仪征市新华网络科技有限公司	2175	苏 RQ－2016－K0055	江苏新紫软件有限公司
2142	苏 RQ－2016－K0103	扬州畅易信息技术有限公司	2176	苏 RQ－2016－K0131	扬州彩鲜科技有限公司
2143	苏 RQ－2016－K0118	扬州康道软件开发有限公司	2177	苏 RQ－2016－K0114	扬州仕林信息科技有限公司
2144	苏 RQ－2016－K0097	仪征荣定软件科技有限公司	2178	苏 RQ－2016－K0116	扬州新瑞软件技术有限公司
2145	苏 RQ－2016－K0143	扬州超云信息科技有限公司	2179	苏 RQ－2016－K0073	江苏云智传媒技术有限公司
2146	苏 RQ－2016－K0155	百纳德(扬州)电能系统有限公司	2180	苏 RQ－2016－K0022	扬州明辰信息科技有限公司
2147	苏 RQ－2016－K0156	仪征市星光信息科技有限公司	2181	苏 RQ－2016－K0119	扬州润迈信息技术有限公司
2148	苏 RQ－2016－K0149	扬州鼎通模具有限公司	2182	苏 RQ－2016－K0111	扬州航盛科技有限公司
2149	苏 RQ－2016－K0102	江苏仪化信息技术有限公司	2183	苏 RQ－2016－K0129	扬州灰点网络科技有限公司
2150	苏 RQ－2016－K0138	江苏真云计算科技有限公司	2184	苏 RQ－2016－K0113	江苏壹鼎数据网络有限公司
2151	苏 RQ－2016－K0096	扬州方略信息科技有限公司	2185	苏 RQ－2016－K0126	扬州远大信息科技有限公司
2152	苏 RQ－2016－K0144	扬州市金运环宇激光设备有限公司	2186	苏 RQ－2016－K0043	扬州网新新思软件有限公司
2153	苏 RQ－2016－K0072	中意恒信扬州科技有限公司	2187	苏 RQ－2016－K0112	江苏鼎集智能科技股份有限公司
2154	苏 RQ－2016－K0148	江苏永电太阳能照明有限公司	2188	苏 RQ－2016－K0115	扬州睿博信息技术有限公司
2155	苏 RQ－2016－K0104	仪征市东联软件开发有限公司	2189	苏 RQ－2016－K0028	扬州瑞丰信息技术有限公司
2156	苏 RQ－2016－K0078	扬州新讯科技有限公司	2190	苏 RQ－2016－K0047	江苏爬山虎科技有限公司
2157	苏 RQ－2016－K0098	扬州盛成软件开发有限公司	2191	苏 RQ－2016－L0047	镇江乐游网络科技有限公司
2158	苏 RQ－2016－K0147	扬州智联网络科技有限公司	2192	苏 RQ－2016－L0016	镇江天和计算机科技有限公司
2159	苏 RQ－2016－K0154	仪征海华电脑科技有限公司	2193	苏 RQ－2016－L0010	镇江市新创计算机系统集成有限公司
2160	苏 RQ－2016－K0051	扬州小白兔网络科技有限公司	2194	苏 RQ－2016－L0034	江苏绪普信息科技有限公司

（续表）

序号	评估号	企业名称	序号	评估号	企业名称
2195	苏 RQ－2016－L0052	镇江微端网络科技有限公司	2228	苏 RQ－2016－L0045	镇江傲世星网导航科技有限公司
2196	苏 RQ－2016－L0063	江苏艾克斯信息科技有限公司	2229	苏 RQ－2016－L0007	江苏骏普智能仪表有限公司
2197	苏 RQ－2016－L0009	镇江傲游网络科技有限公司	2230	苏 RQ－2016－L0002	江苏舾普泰克自动化科技有限公司
2198	苏 RQ－2016－L0060	镇江市澳华测控技术有限公司	2231	苏 RQ－2016－L0015	江苏元中直流微电网有限公司
2199	苏 RQ－2016－L0004	江苏科大汇峰科技有限公司	2232	苏 RQ－2016－L0008	镇江兴港网络信息技术有限公司
2200	苏 RQ－2016－L0038	江苏怡通数码科技有限公司	2233	苏 RQ－2016－L0039	镇江华扬信息科技有限公司
2201	苏 RQ－2016－L0059	江苏易润信息技术有限公司	2234	苏 RQ－2016－L0067	江苏畅远信息科技有限公司
2202	苏 RQ－2016－L0044	镇江江大科茂信息系统有限责任公司	2235	苏 RQ－2016－L0051	江苏穿越金点信息科技有限公司
2203	苏 RQ－2016－L0057	二四六零(镇江)智慧社区信息服务有限公司	2236	苏 RQ－2016－L0030	江苏诚志软件科技有限公司
			2237	苏 RQ－2016－L0042	云神科技投资股份有限公司
2204	苏 RQ－2016－L0020	镇江市金舟软件有限责任公司	2238	苏 RQ－2016－L0026	江苏网商精益管理软件有限公司
2205	苏 RQ－2016－L0046	镇江扬程科技信息有限公司	2239	苏 RQ－2016－L0011	江苏飞尚安全监测咨询有限公司
2206	苏 RQ－2016－L0031	镇江精英软件科技有限公司	2240	苏 RQ－2016－L0001	镇江光宁航海电子科技有限公司
2207	苏 RQ－2016－L0033	江苏科海智能系统有限公司	2241	苏 RQ－2016－L0054	镇江雅迅软件有限责任公司
2208	苏 RQ－2016－L0006	江苏锐天信息科技有限公司	2242	苏 RQ－2016－L0043	丹阳精锐软件有限公司
2209	苏 RQ－2016－L0048	江苏省现代船舶与海洋工程软件研发中心有限公司	2243	苏 RQ－2016－L0032	恒宝股份有限公司
			2244	苏 RQ－2016－L0013	丹阳迅航自动化设备有限公司
2210	苏 RQ－2016－L0027	镇江金鹏软件科技有限公司	2245	苏 RQ－2016－L0040	江苏同茂自动化科技有限公司
2211	苏 RQ－2016－L0049	江苏睿泰数字产业园有限公司	2246	苏 RQ－2016－L0022	江苏金迪电子科技有限公司
2212	苏 RQ－2016－L0024	镇江明润信息科技有限公司	2247	苏 RQ－2016－L0065	美嘉科技(镇江)有限公司
2213	苏 RQ－2016－L0056	镇江明润环境科技有限公司	2248	苏 RQ－2016－L0021	金海新源电气江苏有限公司
2214	苏 RQ－2016－L0012	镇江银联软件有限公司	2249	苏 RQ－2016－L0062	镇江华大软件开发有限公司
2215	苏 RQ－2016－L0005	江苏马上游科技股份有限公司	2250	苏 RQ－2016－L0066	江苏华太智能电控设备有限公司
2216	苏 RQ－2016－L0029	镇江润欣科技信息有限公司	2251	苏 RQ－2016－L0025	江苏津荣激光科技股份有限公司
2217	苏 RQ－2016－L0023	镇江为天下信息服务有限公司	2252	苏 RQ－2016－L0064	江苏众胜灭菌设备有限公司
2218	苏 RQ－2016－L0055	江苏万佳科技开发股份有限公司	2253	苏 RQ－2016－L0028	永固新科电气(江苏)有限公司
2219	苏 RQ－2016－L0019	镇江凌创电力科技有限公司	2254	苏 RQ－2016－L0068	镇江市南方工矿器材有限公司
2220	苏 RQ－2016－L0035	镇江博科软件有限公司	2255	苏 RQ－2016－L0041	江苏唐邦电子科技有限公司
2221	苏 RQ－2016－L0017	江苏鼎峰信息技术有限公司	2256	苏 RQ－2016－L0014	江苏赛达电子科技有限公司
2222	苏 RQ－2016－L0036	镇江易蝶软件科技有限公司	2257	苏 RQ－2016－L0053	江苏迈特菲光电技术有限公司
2223	苏 RQ－2016－L0003	镇江道博科技信息有限公司	2258	苏 RQ－2016－L0018	江苏华大天益电力科技有限公司
2224	苏 RQ－2016－L0058	镇江苏仪德科技有限公司	2259	苏 RQ－2016－M0052	泰州市龙祥智业网络有限公司
2225	苏 RQ－2016－L0037	威凡智能电气高科技有限公司	2260	苏 RQ－2016－M0038	泰州市天锐广告传媒有限公司
2226	苏 RQ－2016－L0050	镇江亿海软件有限公司	2261	苏 RQ－2016－M0051	江苏新智源医学科技有限公司
2227	苏 RQ－2016－L0061	镇江金蝶软件有限公司			

（续表）

序号	评估号	企业名称	序号	评估号	企业名称
2262	苏 RQ－2016－M0013	泰州仁齐信息科技有限公司	2296	苏 RQ－2016－M0031	江苏安瑞泰电器有限公司
2263	苏 RQ－2016－M0008	泰州腾翔信息科技有限公司	2297	苏 RQ－2016－M0006	江苏百科电器有限公司
2264	苏 RQ－2016－M0012	江苏大有信息系统有限公司	2298	苏 RQ－2016－M0019	泰州市普源视景仿真科技有限公司
2265	苏 RQ－2016－M0001	泰州市祥龙科技有限公司	2299	苏 RQ－2016－M0060	泰州市悦然信息科技有限公司
2266	苏 RQ－2016－M0045	泰州非尔电子科技有限公司	2300	苏 RQ－2016－M0056	泰州携程软件有限公司
2267	苏 RQ－2016－M0027	泰州市昌泰电子有限公司	2301	苏 RQ－2016－M0015	泰州市中科电子科技有限公司
2268	苏 RQ－2016－M0017	泰州嘉通信息技术开发有限公司	2302	苏 RQ－2016－M0066	泰州子思软件服务有限公司
2269	苏 RQ－2016－M0011	泰州昊龙信息科技有限公司	2303	苏 RQ－2016－M0067	泰州市远东高科自动化工程有限公司
2270	苏 RQ－2016－M0053	江苏派克斯医学科技有限公司	2304	苏 RQ－2016－M0050	兴化市企盟计算机软件有限公司
2271	苏 RQ－2016－M0044	江苏好利来电器有限公司	2305	苏 RQ－2016－M0014	江苏永安控制设备有限公司
2272	苏 RQ－2016－M0024	江苏春兰清洁能源研究院有限公司	2306	苏 RQ－2016－M0025	江苏泰普智能科技有限公司
2273	苏 RQ－2016－M0023	泰州市苏大泰禾软件有限公司	2307	苏 RQ－2016－M0065	靖江市博大计算机信息技术有限公司
2274	苏 RQ－2016－M0021	江苏图南智能科技有限公司	2308	苏 RQ－2016－M0054	靖江天晟机电科技有限公司
2275	苏 RQ－2016－M0041	江苏护佑软件有限公司	2309	苏 RQ－2016－M0030	靖江市宁泰科技有限公司
2276	苏 RQ－2016－M0007	江苏天淼软件开发有限公司	2310	苏 RQ－2016－M0046	江苏东华测试技术股份有限公司
2277	苏 RQ－2016－M0064	泰州车到软件科技有限公司	2311	苏 RQ－2016－M0055	靖江市大唐控制软件技术有限公司
2278	苏 RQ－2016－M0010	江苏京华澄电力科技有限公司	2312	苏 RQ－2016－M0061	江苏宏泰智能电子科技有限公司
2279	苏 RQ－2016－M0005	江苏鹤天达软件有限公司	2313	苏 RQ－2016－M0032	江苏泰斯特电子设备制造有限公司
2280	苏 RQ－2016－M0026	泰州祥云软件开发有限公司	2314	苏 RQ－2016－M0047	江苏立源自动化工程有限公司
2281	苏 RQ－2016－M0049	泰州板桥软件有限公司	2315	苏 RQ－2016－M0048	靖江市天虹软件有限公司
2282	苏 RQ－2016－M0040	江苏扬子江计算机科技有限公司	2316	苏 RQ－2016－M0009	泰兴市华威软件技术有限公司
2283	苏 RQ－2016－M0063	泰微课网络股份有限公司	2317	苏 RQ－2016－M0058	江苏蓝韵凯泰医疗设备有限公司
2284	苏 RQ－2016－M0043	江苏牧野教育科技有限公司	2318	苏 RQ－2016－M0036	江苏凯特莉包装科技有限公司
2285	苏 RQ－2016－M0002	江苏中泽电气自动化有限公司	2319	苏 RQ－2016－M0003	江苏华骋科技有限公司
2286	苏 RQ－2016－M0016	泰州市久信医疗科技有限公司	2320	苏 RQ－2016－M0034	泰兴市丛升工业自动化有限公司
2287	苏 RQ－2016－M0018	江苏睿瀚信息科技有限公司	2321	苏 RQ－2016－M0042	江苏友诚数控科技有限公司
2288	苏 RQ－2016－M0028	泰州金源软件科技有限公司	2322	苏 RQ－2016－M0022	江苏河海电气有限公司
2289	苏 RQ－2016－M0004	江苏普源机电实业有限公司	2323	苏 RQ－2016－M0033	江苏晨光数控机床有限公司
2290	苏 RQ－2016－M0062	江苏苏吴信息技术有限公司	2324	苏 RQ－2016－M0057	江苏赛勒宝科技有限公司
2291	苏 RQ－2016－M0035	泰州联迪信息系统有限公司	2325	苏 RQ－2016－M0059	江苏江分电分析仪器有限公司
2292	苏 RQ－2016－M0037	江苏泰网信息科技有限公司	2326	苏 RQ－2016－N0004	江苏点点信息科技有限公司
2293	苏 RQ－2016－M0039	泰州市云联网络信息系统有限公司	2327	苏 RQ－2016－N0009	宿迁梦想网络科技有限公司
2294	苏 RQ－2016－M0029	江苏优云软件有限公司	2328	苏 RQ－2016－N0013	宿迁乐胜信息科技有限公司
2295	苏 RQ－2016－M0020	江苏汉美科技有限公司	2329	苏 RQ－2016－N0012	江苏拓创信息科技有限公司

（续表）

序号	评估号	企业名称	序号	评估号	企业名称
2330	苏 RQ－2016－N0007	江苏索派信息科技有限公司	2335	苏 RQ－2016－N0002	宿迁华璨电子有限公司
2331	苏 RQ－2016－N0003	江苏友创信息技术有限公司	2336	苏 RQ－2016－N0015	宿迁大成信息科技有限公司
2332	苏 RQ－2016－N0005	江苏海宝物联科技有限公司	2337	苏 RQ－2016－N0010	江苏明润信息技术有限公司
2333	苏 RQ－2016－N0006	江苏联旺信息科技有限公司	2338	苏 RQ－2016－N0011	宿迁爱科尔软件技术有限公司
2334	苏 RQ－2016－N0001	江苏国科智感物联网科技有限公司	2339	苏 RQ－2016－N0014	江苏智魁软件技术有限公司
			2340	苏 RQ－2016－N0008	江苏凤凰学易教育科技有限公司

附录 B 江苏省计算机信息系统集成资质企业名单
(截至 2016 年年底)

序号	单位名称	所在地	序号	单位名称	所在地
一级					
1	江苏鸿信系统集成有限公司	南京	10	江苏金陵科技集团有限公司	南京
2	南京莱斯信息技术股份有限公司	南京	11	江苏省邮电规划设计院有限责任公司	南京
3	南京南瑞集团公司	南京	12	南京南瑞继保工程技术有限公司	南京
4	中兴软创科技股份有限公司	南京	13	朗新科技股份有限公司	无锡
5	南京熊猫信息产业有限公司	南京	14	国电南瑞科技股份有限公司	南京
6	南京擎天科技有限公司	南京	15	江苏东大金智信息系统有限公司	南京
7	南京恩瑞特实业有限公司	南京	16	亚信科技(南京)有限公司	南京
8	江苏航天大为科技股份有限公司	无锡	17	江苏智运科技发展有限公司	南京
9	国电南京自动化股份有限公司	南京			
二级					
1	南京科远自动化集团股份有限公司	南京	23	天地(常州)自动化股份有限公司	常州
2	江苏金恒信息科技有限公司	南京	24	江苏达科信息科技有限公司	南京
3	赛特斯信息科技股份有限公司	南京	25	江苏国瑞信安科技有限公司	南京
4	华洋通信科技股份有限公司	徐州	26	苏州朗捷通智能科技有限公司	苏州
5	江苏安防科技有限公司	南京	27	江苏世轩科技有限公司	常州
6	南京轨道交通系统工程有限公司	南京	28	江苏长天智远交通科技有限公司	南京
7	江苏瑞中数据股份有限公司	南京	29	南京南大智慧城市规划设计有限公司	南京
8	朗坤智慧科技股份有限公司	南京	30	苏州希格玛科技有限公司	苏州
9	南京天溯自动化控制系统有限公司	南京	31	江苏金智科技股份有限公司	南京
10	江苏三棱智慧物联发展股份有限公司	苏州	32	江苏金智教育信息股份有限公司	南京
11	江苏国光信息产业股份有限公司	常州	33	江苏苏源高科技有限公司	南京
16	南京紫津融畅信息科技服务有限公司	南京	34	南京多伦科技股份有限公司	南京
17	钛能科技股份有限公司	南京	35	江苏国泰新点软件有限公司	苏州
18	江苏润和软件股份有限公司	南京	36	南京东大智能化系统有限公司	南京
19	南京广播电视系统集成有限公司	南京	37	中兴智能交通股份有限公司	无锡
20	江苏晓山信息产业股份有限公司	无锡	38	南京中网卫星通信股份有限公司	南京
21	南京科安电子有限公司	南京	39	江苏振邦智慧城市信息系统有限公司	常州
22	南京保旺达科技有限公司	南京	40	连云港杰瑞电子有限公司	连云港

（续表）

序号	单位名称	所在地	序号	单位名称	所在地
41	苏州麦迪斯顿医疗科技股份有限公司	苏州	47	南京三宝科技股份有限公司	南京
42	江苏曼荼罗软件股份有限公司	无锡	48	江苏开拓信息与系统有限公司	无锡
43	江苏达海智能系统股份有限公司	南通	49	南京洛普股份有限公司	南京
44	中科怡海高新技术发展江苏股份公司	无锡	50	江苏电力信息技术有限公司	南京
45	江苏蓝深远望科技股份有限公司	无锡	51	江苏移动信息系统集成有限公司	南京
46	江苏天技科技实业有限公司	南京	52	中博信息技术研究院有限公司	南京
三级					
1	南京北路自动化系统有限责任公司	南京	29	江苏省引江水利水电设计研究院	扬州
2	南京烽火星空通信发展有限公司	南京	30	扬州国脉通信发展有限责任公司	扬州
3	南京南自信息技术有限公司	南京	31	江苏东南智能系统科技有限公司	南京
4	江苏未至科技股份有限公司	苏州	32	苏州金螳螂怡和科技有限公司	苏州
5	苏州万龙电气集团股份有限公司	苏州	33	溧阳二十八所系统装备有限公司	常州
6	江苏银科金典信息技术股份有限公司	常州	34	南京铁马信息技术有限公司	南京
7	常州永安公共自行车系统股份有限公司	常州	35	南京群顶科技有限公司	南京
8	中移(苏州)软件技术有限公司	苏州	36	南京协成楼宇系统工程有限公司	南京
9	昆山必捷必信息技术有限公司	苏州	37	江苏中科惠软信息技术有限公司	无锡
10	昆山华东信息科技有限公司	苏州	38	江苏神州数码国信信息技术有限公司	苏州
11	无锡华云数据技术服务有限公司	无锡	39	江苏尚博信息科技有限公司	无锡
12	江苏荣博智能科技有限公司	南京	40	江苏有线邦联新媒体科技有限公司	南京
13	南京锦图数码演示系统有限公司	南京	41	南京卡索系统工程有限公司	南京
14	南京宽慧无线网络通信有限公司	南京	42	南京奥派信息产业股份公司	南京
15	南京览众智能系统工程有限公司	南京	43	江苏方天电力技术有限公司	南京
16	南京路邦远大科技有限公司	南京	44	江苏风云科技服务有限公司	苏州
17	南京云创大数据科技股份有限公司	南京	45	江苏省计算机技术服务有限公司	南京
18	苏州航天系统工程有限公司	苏州	46	昆山颠峰云智网络科技股份有限公司	苏州
19	江苏太元智音信息技术股份有限公司	南京	47	南京市市民卡有限公司	南京
20	南京尚运网络技术有限公司	南京	48	苏文电能科技有限公司	常州
21	南通赛尔科技信息系统有限公司	南通	49	徐州信智科技有限公司	徐州
22	江苏源之岭智能科技有限公司	淮安	50	南京中环自动化设备有限公司	南京
23	无锡新敏通网络技术有限公司	无锡	51	江苏中天科技工程有限公司	南通
24	无锡和风系统集成有限公司	无锡	52	南京坤拓土木工程科技有限公司	南京
25	常州市同济科技有限公司	常州	53	南京灿能电力自动化股份有限公司	南京
26	常州市盛景网络技术有限公司	常州	54	江苏金思维软件有限公司	南京
27	南京福斯登信息科技有限公司	南京	55	南京创鸿景智能科技研究有限公司	南京
28	江苏恒翔智产信息技术股份有限公司	南京	56	南京深业智能化系统工程有限公司	南京

(续表)

序号	单位名称	所在地	序号	单位名称	所在地
57	江苏卓茂智能科技有限公司	南通	91	江苏创新睿智科技有限公司	扬州
58	南通市测绘院有限公司	南通	92	昆山市慧谷信息工程有限公司	苏州
59	南京绛门通讯科技股份有限公司	南京	93	江苏首创高科信息工程技术有限公司	常州
60	南京盾华交通科技有限公司	南京	94	扬州莱斯信息技术有限公司	扬州
61	扬州市鑫通交通器材集团有限公司	扬州	95	江苏贝优特建设工程有限公司	南京
62	南京新索奇科技有限公司	南京	96	江苏仁安高新技术有限公司	徐州
63	无锡中金鼎讯信通科技股份有限公司	无锡	97	南通方德信息技术有限公司	南通
64	苏州工业园区和信计算机系统工程有限公司	苏州	98	苏州光格设备有限公司	苏州
65	江苏综创数码科技有限公司	南通	99	南通五建智能工程有限公司	南通
66	江苏德林环保技术有限公司	南京	100	靖江市旭飞安防工程有限公司	泰州
67	江苏依迪科技发展有限公司	南京	101	江苏长宏邮电设备实业有限公司	无锡
68	江苏爱信诺航天信息科技有限公司	南京	102	南京苏创汇网络有限公司	南京
69	南京因泰莱电器股份有限公司	南京	103	江苏速度信息科技股份有限公司	南京
70	江苏科安电子科技发展有限公司	徐州	104	南京东富智能股份有限公司	南京
71	江苏齐龙电子科技有限公司	淮安	105	南京磐能电力科技股份有限公司	南京
72	江苏瑞银科技有限公司	南京	106	南通感创电子科技有限公司	南通
73	南京华讯方舟通信设备有限公司	南京	107	南京安元科技有限公司	南京
74	南京佳强科技有限公司	南京	108	亿嘉和科技股份有限公司	南京
75	南京斯坦德云科技股份有限公司	南京	109	连云港杰瑞深软科技有限公司	连云港
76	南京新立讯科技股份有限公司	南京	110	江苏群立世纪科技发展有限公司	南京
77	南京未来网络产业创新有限公司	南京	111	江苏网进科技股份有限公司	苏州
78	镇江天和计算机科技有限公司	镇江	112	江苏南水科技有限公司	南京
79	苏州中德宏泰电子科技股份有限公司	苏州	113	苏州嘉华计算机系统工程有限公司	苏州
80	中科融通物联科技无锡股份有限公司	无锡	114	江苏中天龙科技有限公司	南京
81	江苏科工科技有限公司	南京	115	南京拓控信息科技股份有限公司	南京
82	南京博时德科技有限公司	南京	116	江苏尤特斯新技术有限公司	南京
83	南京市测绘勘察研究院有限公司	南京	117	江苏远大信息股份有限公司	苏州
84	南京金水尚阳信息技术有限公司	南京	118	神州交通工程集团有限公司	扬州
85	江苏恒越智能系统集成有限公司	南通	119	江苏中科新瑞科技股份有限公司	无锡
86	南京城市智能交通股份有限公司	南京	120	软通动力信息系统服务有限公司	淮安
87	南京蓝泰交通设施有限责任公司	南京	121	江苏泽宇电联通讯网络设备有限公司	南通
88	江苏量为石科技股份有限公司	南京	122	南京联成科技发展有限公司	南京
89	淮安市迪达科技有限公司	淮安	123	苏州嘉璟智能科技有限公司	苏州
90	江苏容德科技有限公司	南京	124	江苏苏科畅联科技有限公司	南京

序号	单位名称	所在地	序号	单位名称	所在地
125	江苏中威科技软件系统有限公司	南通	159	江苏省东方世纪网络信息有限公司	南京
126	江苏智诚信息科技有限公司	苏州	160	中船重工海博威（江苏）科技发展有限公司	扬州
127	南通同方计算机系统集成有限公司	南通	161	南京鸿舟科技有限公司	南京
128	江苏新和网络科技发展有限公司	南通	162	江苏苏源光一科技有限公司	南京
129	江苏万全科技有限公司	南京	163	江苏百瑞信息工程有限公司	南通
130	中国船舶重工集团南京鹏力科技集团有限公司	南京	164	江苏中建盈科自动化工程有限公司	徐州
131	江苏诚通网络科技有限公司	南京	165	江苏南大尚诚高科技实业有限公司	南京
132	南京鼎盟科技有限公司	苏州	166	江苏豪纬交通集团有限公司	扬州
133	苏州华启智能科技有限公司	苏州	167	江苏神州信源系统工程有限公司	南京
134	南京普建维思信息技术有限公司	南京	168	江苏乾坤教学设备有限公司	淮安
135	南京南方电讯有限公司	南京	169	江苏友上科技实业有限公司	南京
136	扬州顺泰建设工程有限公司	扬州	170	南京华设科技股份有限公司	南京
137	江苏博融信息技术有限公司	南京	171	江苏南工科技集团有限公司	南京
138	南京南瑞信息通信科技有限公司	南京	172	南京易司拓电力科技股份有限公司	南京
139	江苏金仕达卫宁软件有限公司	常州	173	江苏淮工深蓝信息技术有限公司	淮安
140	南京凌云科技发展有限公司	南京	174	南京慧立信息系统有限公司	南京
141	江苏科海智能系统有限公司	镇江	175	江苏南大苏富特科技股份有限公司	南京
142	江苏南大先腾信息产业有限公司	南京	176	江苏景雄科技有限公司	苏州
143	南京国电南思科技发展有限公司	南京	177	中投建设集团有限公司	南京
144	江苏有线数据网络有限责任公司	南京	178	江苏同步信息技术有限公司	常州
145	江苏欧索软件有限公司	苏州	179	江苏天创科技有限公司	苏州
146	德讯科技股份有限公司	南京	180	江苏三恒科技股份有限公司	常州
147	南京盛佳建业科技有限责任公司	南京	181	江苏星网软件有限公司	南京
148	江苏梦兰神彩科技股份有限公司	苏州	182	江苏富深协通科技股份有限公司	常州
149	江苏科大汇峰科技有限公司	镇江	183	江苏雷奥生物科技有限公司	徐州
150	江苏瀚远科技股份有限公司	苏州	184	南京嘉环科技有限公司	南京
151	南京科融数据系统股份有限公司	南京	185	江苏中科梦兰电子科技有限公司	苏州
152	南京欣网通信科技股份有限公司	南京	186	苏州市创美信息工程有限公司	苏州
153	南京中新赛克科技有限责任公司	南京	187	江苏晟晖信息科技有限公司	南通
154	南京特恩驰科技有限公司	南京	188	江苏瑞德信息产业有限公司	南京
155	南京联迪信息系统股份有限公司	南京	189	江苏亚太伟业智能科技有限公司	苏州
156	南通中德计算机网络工程有限公司	南通	190	江苏中智系统集成工程有限公司	南通
157	江苏中铭慧业科技有限公司	无锡	191	江苏巨楷科技发展有限公司	南京
158	南京才华科技集团有限公司	南京	192	苏州朗格智能股份有限公司	苏州

(续表)

序号	单位名称	所在地	序号	单位名称	所在地
193	无锡同方融达信息科技有限公司	无锡	227	江苏高登电子有限公司	南京
194	苏州亿阳值通科技发展股份有限公司	苏州	228	江苏华招网信息技术有限公司	南京
195	南京国图信息产业有限公司	南京	229	江苏亚奥科技股份有限公司	南京
196	江苏华博创意产业有限公司	南京	230	无锡航天飞邻测控技术有限公司	无锡
197	苏州信颐系统集成有限公司	苏州	231	苏州天华信息科技股份有限公司	苏州
198	江苏三希科技股份有限公司	南京	232	国电南瑞南京控制系统有限公司	南京
199	江苏鑫瑞德系统集成工程有限公司	南京	233	南京大汉网络有限公司	南京
200	南通思创信息技术有限公司	南通	234	江苏集群信息产业股份有限公司	徐州
201	苏州工业园区锦豪智能科技有限公司	苏州	235	江苏中盈高科智能信息股份有限公司	常州
202	苏州博远容天信息科技股份有限公司	苏州	236	南京通用电器有限公司	南京
203	江苏国贸酷领智能股份有限公司	苏州	237	南京优创科技有限公司	南京
204	苏州荣诚建筑安装有限公司	苏州	238	南京华苏科技有限公司	南京
205	无锡中科智远科技有限公司	无锡	239	南京恒星自动化设备有限公司	南京
206	江苏联盟信息工程有限公司	镇江	240	江苏鼎驰电子科技有限公司	徐州
207	江苏飞搏软件股份有限公司	南京	241	朗高工程有限公司	南京
208	南京富岛信息工程有限公司	南京	242	国睿集团有限公司	南京
209	南京厚华通信设备有限责任公司	南京	243	南京新联电子股份有限公司	南京
210	南京理工科技园股份有限公司	南京	244	江苏联宏智慧能源股份有限公司	南京
211	南京欣网互联网络科技有限公司	南京	245	江苏扬子江计算机科技有限公司	泰州
212	江苏中科智能系统有限公司	苏州	246	无锡艾斯科信息技术股份有限公司	无锡
213	苏州市伏泰信息科技股份有限公司	苏州	247	诚迈科技(南京)股份有限公司	南京
214	江苏宝道信息科技有限公司	南京	248	无锡江南计算技术研究所	无锡
215	南京盈放科技股份有限公司	南京	249	江苏隆创信息技术有限公司	南京
216	南京柯莱特信息系统工程有限公司	南京	250	江苏卓易信息科技股份有限公司	无锡
217	南京电研电力自动化股份有限公司	南京	251	南通天和电脑有限公司	南通
218	江苏擎天信息科技有限公司	南京	252	江苏信捷智能科技有限公司	南通
219	江苏金服信息系统集成有限公司	徐州	253	苏州云博信息技术有限公司	苏州
220	江苏富润电子工程有限公司	无锡	254	无锡华通智能交通技术开发有限公司	无锡
221	苏州新希望信息技术有限公司	苏州	255	南京旭飞光电有限公司	南京
222	南京中铁信息工程有限公司	南京	256	镇江市新创计算机系统集成有限公司	镇江
223	江苏金中天计算机网络有限公司	南京	257	江苏巨鸿信息科技有限公司	南京
224	江苏怡通数码科技有限公司	镇江	258	南通华远科技发展有限公司	南通
225	江苏意源科技有限公司	无锡	259	无锡市恒通智能交通设施有限公司	无锡
226	常州常工电子科技股份有限公司	常州			

（续表）

序号	单位名称	所在地	序号	单位名称	所在地
			四级		
1	江苏中源物联网技术发展有限公司	南通	34	镇江汉唐电子有限公司	镇江
2	昆山市华远智能科技有限公司	苏州	35	江苏大有信息系统有限公司	泰州
3	江苏万维艾斯网络智能产业创新中心有限公司	南京	36	江苏安康智能科技工程有限公司	徐州
4	江苏智慧港城投资发展有限公司	苏州	37	南京音视软件有限公司	南京
5	淮安市锦宏信息科技有限公司	淮安	38	江苏省地质隧道与地下工程科技有限公司	南京
6	江苏省淮安市保安服务总公司	淮安	39	南京安岚特智能化系统工程有限公司	南京
7	无锡市同芯恒通科技有限公司	无锡	40	南京君诺鑫成网络科技有限公司	南京
8	南通阿尔法机电有限公司	南通	41	南京越祥科技有限公司	南京
9	江苏睿博信息科技有限公司	南通	42	南京大全自动化科技有限公司	南京
10	江苏扬州富达液压机械集团有限公司	扬州	43	江苏澳邦智能系统工程有限公司	南京
11	常州皓鸣信息科技有限公司	常州	44	南京英之茂电子科技有限公司	南京
12	南京鼎石东诚信息科技有限公司	南京	45	苏州普斯特信息科技有限公司	苏州
13	江苏安盾建设有限公司	盐城	46	南京安仁电子科技有限公司	南京
14	江苏鼎峰信息技术有限公司	镇江	47	昆山一通信息科技有限公司	苏州
15	江苏蓝盾智能科技有限公司	常州	48	苏州领丰信息技术有限公司	苏州
16	昆山南科迪电力科技有限公司	苏州	49	江苏感创电子科技股份有限公司	无锡
17	罗伯泰克自动化科技（苏州）有限公司	苏州	50	江苏国恩信息科技有限公司	镇江
18	马上游科技股份有限公司	南京	51	江苏卓悦嘉信息科技有限公司	盐城
19	南京鸿鸣建设工程有限公司	南京	52	南京和贤电子科技有限公司	南京
20	南京昕天卫光电科技有限公司	南京	53	江苏盛德电子仪表有限公司	常州
21	南通江海建筑智能科技有限公司	南通	54	南京英玛格系统工程有限公司	南京
22	无锡港湾网络科技有限公司	无锡	55	南通腾源智能科技有限公司	南通
23	无锡合壮智慧交通有限公司	无锡	56	苏州易百特信息科技有限公司	苏州
24	无锡扬晟科技有限公司	无锡	57	南京军理科技股份有限公司	南京
25	无锡云商通科技有限公司	无锡	58	江苏迈腾电气有限公司	常州
26	扬州荣泰电子科技有限公司	扬州	59	泰州中创天成信息技术有限公司	泰州
27	江苏金晓电子信息股份有限公司	南京	60	苏州凌旭信息有限公司	苏州
28	江苏懒人帮软件科技有限公司	南京	61	南京建策科技股份有限公司	南京
29	江苏耐维思通科技股份有限公司	苏州	62	江苏东学志遥电力科技有限公司	南京
30	南京苏比尔信息技术有限公司	南京	63	江苏法尔胜光电科技有限公司	无锡
31	江苏海恩德电气有限公司	南京	64	南京合品众尚信息科技有限公司	南京
32	焦点教育科技有限公司	南京	65	恒宝股份有限公司	镇江
33	阔地教育科技有限公司	苏州	66	江苏德亚智能科技股份有限公司	无锡

(续表)

序号	单位名称	所在地	序号	单位名称	所在地
67	江苏华视信息工程有限公司	常州	101	江苏高弗特信息科技有限公司	苏州
68	江苏青木信息科技有限公司	扬州	102	因为科技无锡股份有限公司	无锡
69	江苏越岭物联网技术发展有限公司	南通	103	昆山安盾网络科技有限公司	苏州
70	江阴钟舟电气股份有限公司	无锡	104	南京前鹏信息科技有限公司	南京
71	南京苏利特信息科技有限公司	南京	105	威创软件南京有限公司	南京
72	南通明烨计算机有限公司	南通	106	南京亚辰信息技术有限公司	南京
73	苏州百智通信息技术有限公司	苏州	107	江苏磐数信息科技有限公司	苏州
74	苏州鸿铁智能科技有限公司	苏州	108	南京新方茂科技有限责任公司	南京
75	苏州申浪信息科技有限公司	苏州	109	南京森孚自动化有限公司	南京
76	南京英仕全通讯设备有限公司	南京	110	无锡卓感科技有限公司	无锡
77	智锐达仪器科技南通有限公司	南通	111	南京丹溪环保科技有限公司	南京
78	星慧照明工程集团有限公司	扬州	112	南京拾柴信息科技有限公司	南京
79	苏州市创美科技有限公司	苏州	113	江苏富士通通信技术有限公司	苏州
80	江苏泰宁建设工程科技股份有限公司	扬州	114	苏州亿络迪智能化工程有限公司	苏州
81	南京新源电力自动化系统有限公司	南京	115	江苏容力科技有限公司	镇江
82	南京东邦科技有限公司	南京	116	江苏省海量数据技术研究所有限公司	南京
83	苏州金脑袋智能系统工程有限公司	苏州	117	江苏兰深科技有限公司	苏州
84	常州市思索数码科技有限公司	常州	118	南京铁盟计算机系统工程有限公司	南京
85	江苏初信系统集成有限公司	南通	119	江苏伍陆信息科技有限公司	苏州
86	江苏大展信息工程有限公司	常州	120	江苏联友网络有限公司	苏州
87	江苏九方智能科技有限公司	淮安	121	苏州东方智旅信息有限公司	苏州
88	江苏凯天新能源股份有限公司	南通	122	南京感动科技有限公司	南京
89	南京感知信息技术有限公司	南京	123	南京冠安科技有限公司	南京
90	南京昆能电气设备有限公司	南京	124	南京通衡信息科技有限公司	南京
91	南京网元通信技术有限公司	南京	125	江苏普信达电子有限公司	苏州
92	南京智润华信息科技有限公司	南京	126	江苏瑞孚特物联网科技有限公司	无锡
93	行云信息科技无锡有限公司	无锡	127	神州金山物联网江苏有限公司	无锡
94	库柏裕华(常州)电子设备制造有限公司	无锡	128	江苏圣彤软件有限公司	南京
95	南通翰林电子有限公司	南通	129	苏州南师大智慧创意产业有限公司	苏州
96	盐城天创智能科技有限公司	盐城	130	苏州雨轩信息技术有限公司	苏州
97	苏州创昇通讯科技有限公司	苏州	131	南京云声信息技术有限公司	南京
98	苏州帕科泰克物联技术有限公司	苏州	132	南京慧智灵杰信息技术有限公司	南京
99	扬州盛世天和科技有限公司	扬州	133	江苏美淼环保科技有限公司	常州
100	江苏中畅网络科技发展有限公司	无锡	134	江苏点点信息科技有限公司	宿迁

（续表）

序号	单位名称	所在地	序号	单位名称	所在地
135	江苏新纪元信息发展有限公司	南京	169	江苏耘和计算机系统工程有限公司	苏州
136	南京振兴华电子成套设备有限公司	南京	170	无锡市神力通信工程有限公司	无锡
137	网盈科技服务有限公司	南京	171	苏州扬名信息系统工程有限公司	苏州
138	苏州网信信息科技有限公司	苏州	172	江苏慧智云信息技术有限公司	南通
139	江苏得凯瑞科技有限公司	南京	173	江苏越洋信息科技有限公司	南通
140	泰州市云联网络信息系统有限公司	泰州	174	苏州明中系统工程有限公司	苏州
141	苏州工业园区保安服务有限公司	苏州	175	盐城中奥软件科技有限公司	盐城
142	常州盛图网络信息有限公司	常州	176	南通盛云电子科技有限公司	南通
143	苏州市长江电脑有限公司	苏州	177	南京东明电子设备有限公司	南京
144	苏州易维迅信息科技有限公司	苏州	178	苏州天一信德环保科技有限公司	苏州
145	南京载元自动化科技有限公司	南京	179	江苏富润得智能科技有限公司	淮安
146	银科环企软件(苏州)有限公司	苏州	180	江苏康尚生物医疗科技有限公司	镇江
147	江苏鼎集科技有限公司	扬州	181	通州建总智能通信系统工程有限公司	南通
148	苏州热工研究院有限公司	苏州	182	江苏金鼎楼宇智能系统工程有限公司	常州
149	苏州中博电子工程有限公司	苏州	183	江苏睿广信息技术有限公司	南通
150	江苏金伦明智智能科技有限公司	常州	184	南京亚派软件技术有限公司	南京
151	江苏谷德信息科技有限公司	南京	185	江苏青大信息技术有限公司	南京
152	中铁大桥(南京)桥隧诊治有限公司	南京	186	东方赛普物联网产业研究有限公司	盐城
153	江苏优联环境发展有限公司	南通	187	江苏好奇网络科技有限公司	常州
154	江苏中天科技软件技术有限公司	南通	188	南通博士未来信息科技有限公司	南通
155	南京悠阔电气科技有限公司	南京	189	江苏西屋智能科技股份有限公司	苏州
156	江苏军一物联网股份有限公司	南京	190	丹阳瑞翼信息工程有限公司	镇江
157	南京索酷信息科技有限公司	南京	191	南京新视云网络科技有限公司	南京
158	江苏万隆信息技术有限公司	宿迁	192	江苏百盛信息股份有限公司	南京
159	苏州驰声信息科技有限公司	苏州	193	南通东惠通建设工程股份有限公司	南通
160	江阴力特科技有限公司	无锡	194	南通易通网络科技有限公司	南通
161	南京全水信息科技有限公司	南京	195	南京瑞迪水利信息有限公司	南京
162	苏州格瑞特电子科技工程有限公司	苏州	196	南通力兰高科技发展有限公司	南通
163	西门子电力自动化有限公司	南京	197	海安县精诚电子有限责任公司	南通
164	江苏亿友慧云软件股份有限公司	苏州	198	江苏泽天智能科技有限公司	苏州
165	苏州乐韵信息科技有限公司	苏州	199	苏州工业园区杰达通讯工程有限公司	苏州
166	南通濠云网络技术有限公司	南通	200	吴江智远信息科技发展有限公司	苏州
167	无锡锐泰节能系统科学有限公司	无锡	201	南通宝来信息技术有限公司	南通
168	南京轩高科技发展有限公司	南京	202	江苏网域科技有限公司	镇江

（续表）

序号	单位名称	所在地	序号	单位名称	所在地
203	江苏秉信科技有限公司	南京	219	苏州金迪智能科技有限公司	苏州
204	张家港市泰克软件有限公司	苏州	220	苏州拉斐尔网络科技有限公司	苏州
205	南通德高智能系统工程有限公司	南通	221	常州瑞新网络科技股份有限公司	常州
206	南通华天建设工程有限公司	南通	222	昆山市同心智能科技工程有限公司	苏州
207	南通中旭信息科技有限公司	南通	223	江苏锐桥智能科技有限公司	苏州
208	南通力天网络科技发展有限公司	南通	224	江苏迦南智控技术有限公司	南通
209	苏州特安智能工程有限公司	苏州	225	江苏冲浪软件科技有限公司	淮安
210	扬州楚门机电设备制造有限公司	扬州	226	中傲智能科技(苏州)有限公司	苏州
211	江苏承煦电气集团有限公司	扬州	227	江苏德威系统集成有限公司	常州
212	苏州泽宇智能系统工程有限公司	苏州	228	江苏斯菲尔电气股份有限公司	无锡
213	南京东亮科技有限公司	南京	229	南京竞丰达科技实业有限公司	南京
214	苏州市世跃智能科技有限公司	苏州	230	南京市水利规划设计院有限责任公司	南京
215	泰州市新时代系统集成有限公司	泰州	231	南京益美沃电子科技有限公司	南京
216	苏州朝阳智能科技股份有限公司	苏州	232	江苏翔宇系统集成有限公司	盐城
217	江苏星月测绘科技股份有限公司	盐城	233	南京扬子信息技术有限责任公司	南京
218	苏州工业园区格网信息科技有限公司	苏州			